KB177497

니콜로 마키아벨리(1469~1527)

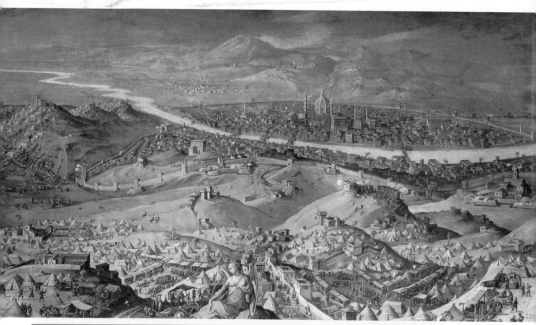

▲피렌체를 포위한 에스파냐군 주르조 바사리. 1555~74. 멀리 보이는 피렌체 한가운데는 아르노 강이 흐르고 있다. 그 중심에 둥근 지붕의 산타 마리아 델 피오레 성당이 보인다. 피렌체는 예술가·건축가·문학가·학자 등을 보호하는 정책을 취한 메디치 집안의 지배 아래 이탈리아 르네상스 문화의 중심지로 크게 성장했다.

◀산타 마리아 델 피오레 대성당 돔과 종탑(피렌체 두오모)

▲피렌체 정부 청사 팔라초 베키오
1498년 마키아벨리는 29세에 피렌체 공화국 정부 제2서기국 장관에 취임하지만 실제로는 외교에 힘썼다. 그러나 1512년 메디치 집안 정권이 복권하면서 그의 직무는 끝난다. 그림은 종교개혁자 사보나롤라가 두 명의 수도사와 함께 화형에 처해지는 장면이다(1498년 5월 23일).

▶사보나롤라(1452~1498)

▼사보나롤라 설교집 속표지 그림 16세기

▲피렌체 교외 산탄드레아 인 페르쿠시나에 있는 산 카시아노 산장
이 산장에서 마키아벨리는 피렌체로 돌아갈 날을 꿈꾸면서 《군주론》을 쓴다.

◀체사레 보르자
교황 알렉산드로 6세의 사생아. 마키아벨리는 체사레 보르자를 이상적인 군주의 모델로 예시했다. 그러나 그는 정치권력에 매달렸던 교활하고 야심 많고 사악한 기회주의자였다.

▼로마 교황 알렉산드로 6세
성질이 교활하고 잔인하여 사상 최악의 교황으로 불렸으나 학문과 예술을 펼쳤다.

로마 교황 율리우스 2세(1443~1513, 재위 1503~1513)

마키아벨리는 율리우스 2세가 이탈리아에서 외국세력을 축출한 점을 높이 평가했다. "…이탈리아에서 프랑스군을 몰아내려 했으며 이를 성공시켰다. 더구나 율리우스는 모든 일을 개인을 위해서가 아니라 로마 교회의 세력신장을 위해 수행했으므로 평판은 한층 높았다."

티투스 리비우스(BC 59~AD 17) 고대 로마 역사가
로마 건국부터 아우구스투스의 세계 통일에 이르기까지의 역사를 편년체로 기술한 《로마사》(142권)가 있다. 마키아
벨리의 《로마사론》은 여기에 기초하고 있다.

코르넬리우스 타키투스(55?~117?) 로마 재정시대 역사가
티베리우스 황제에서 도미티아누스 황제에 이르기까지의 역사를 연대기식으로 서술한 《연대기》와 《역사》가 있다.

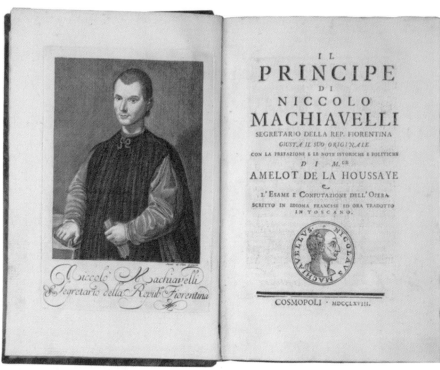

《군주론》(1513) 권두화 및 속표지

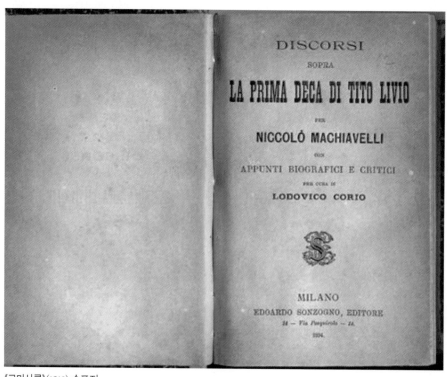

《로마사론》(1519) 속표지

세계사상전집010
Niccolò Machiavelli
IL PRINCIPE/DISCORSI

군주론/정략론

마키아벨리 지음/황문수 옮김

동서문화사

차례

군주론

정략론

제1권

마키아벨리에 대하여

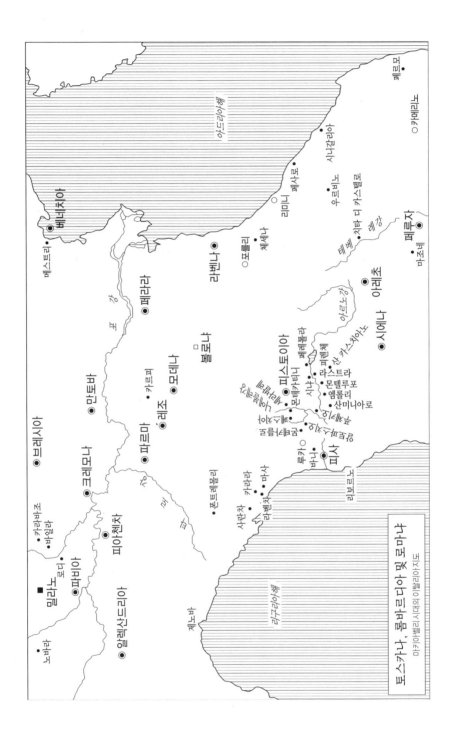

토스카나, 롬바르디아 및 로마냐

마키아벨리시대의 이탈리아지도

Il Principe
군주론

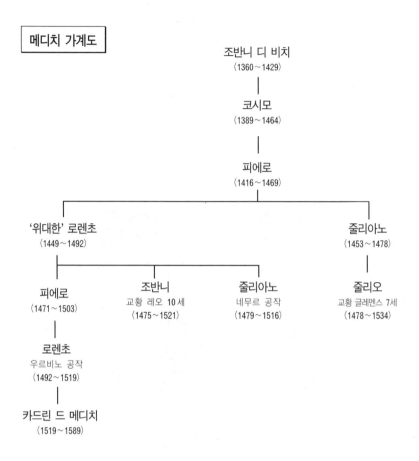

메디치 가계도

조반니 디 비치
(1360~1429)

코시모
(1389~1464)

피에로
(1416~1469)

'위대한' 로렌초
(1449~1492)

줄리아노
(1453~1478)

피에로
(1471~1503)

조반니
교황 레오 10세
(1475~1521)

줄리아노
네무르 공작
(1479~1516)

줄리오
교황 글레멘스 7세
(1478~1534)

로렌초
우르비노 공작
(1492~1519)

카드린 드 메디치
(1519~1589)

르네상스 시대 교황 계승 순서

식스투스 4세 (1471~1484) * * 재위기간

이노켄티우스 8세 (1484~1492)

알렉산데르 6세 (1492~1503)

피우스 (비오) 3세 (1503)

율리우스 2세 (1503~1513)

레오 10세 (1513~1521)

로렌초 데 메디치 전하께 올리는 글
니콜로 마키아벨리

마키아벨리는 《군주론》*을 피렌체의 지배자 줄리아노 데 메디치(1479~
1516)에게 바치고자 했다. 그러나 그가 일찍 세상을 떠나 그의 조카이자 로
렌초 대공의 손자 로렌초 데 메디치(1492~1519)에게 책을 바쳤다. 이 헌사
는 제26장과 함께 본문보다 뒤늦게, 1516년 무렵 씌어진 것이다. 로렌초도
우르비노를 재정복한 뒤 곧 죽었으므로 《군주론》을 읽지 못했을 것이다.

군주의 은총을 받으려고 하는 사람은 그가 소중히 여기고 있는 것이나 군
주가 받고 기뻐할 것을 가지고 군주를 찾는 것이 관습화된 것 같습니다. 그
렇기 때문에 군주들은 말, 무기, 비단, 보석 등을 비롯하여 군주의 위엄에
어울릴 만한 장신구를 선물받는 일이 자주 있습니다.

저 또한 전하에 대한 보잘것없는 충성의 표시를 가지고 찾아 뵙고 싶습니
다. 그러나 제가 지니고 있는 것이라고는 소중하고 존중할 만한 것이 별로 없
으며, 있다면 오직 근래에 일어난 일에 대한 오랜 세월에 걸친 경험과, 고대
사에 대한 끊임없는 독서를 통해 터득한 위인의 행적에 대한 지식뿐입니다.

특히 이것은 시간과 정성을 들여 고심과 노력을 기울여서 상세히 조사해
온 지식이므로 이제 그 지식을 한 권의 작은 책으로 정리하여 전하께 올리려
합니다.

이 책이 전하께 어울리는 선물이 되리라고는 생각지 않습니다. 오랜 나날
에 걸쳐 온갖 시련과 위험을 무릅쓰고 제가 연구한 사항을 짧은 날들 안에

---

* 《군주론》책 이름이 원전에는 기입되지 않았다. 저자가 친구인 프란체스코 베토리에게 보낸 1513
년 10월 편지에 '여러 가지 정치 양식을 논하여 나라를 얻고, 보전하고, 잃게도 되는 정치 본연의
자세를 명백히 하는 군주론 *De principatus*이라는 작은 책'이라 씌어 있는 것이 책이름의 유래이다.

줄리아노 데 메디치   로렌초 데 메디치

읽어 보실 수 있도록 온 힘을 기울였으므로 그 정성을 전하께 바치고자 하는 것입니다. 또 그것이 제가 할 수 있는 최대의 선물이라는 것을 너그러우신 전하께서는 굽어살피시어 흔쾌히 받아 주시리라 믿습니다.

이 작품에 대해 말씀드리면, 본인은 많은 저자들이 각각의 논제를 서술할 때 흔히 쓰는 문구 끝의 불필요한 운율(Clausule : 중세의 산문에서 흔히 쓰이던 수사법의 한 가지)이나 과장된 미사여구나 비유나 겉치레의 요란한 수식 등은 사용하지 않았습니다. 왜냐하면 이 작품이 오로지 제재의 독창성과 주제의 중요성으로 받아들여지기만을 원할 뿐이기 때문입니다.

신분이 낮고 비천한 자가 대담하게도 군주의 정치를 논하고 지적한 일을 주제넘은 일이라고 꾸짖지 말아 주시기 바랍니다. 그것은 풍경화가가 산이나 언덕의 특성을 관찰하려고 평지에 서기도 하고 저지대의 특성을 관찰하려고 산꼭대기에 서기도 하듯이, 민중의 성격을 충분히 알려면 군주의 입장이 되어 봐야 하고, 군주의 성격을 충분히 알려면 민중의 입장에 서 봐야 하기 때문입니다.

하오니 전하께서는 부디 선물을 보내는 본인의 심정을 헤아리시어 보잘것

없는 이 선물을 받아 주시기 바랍니다. 전하께서 만일 이 책을 소중히 받아 주시고 읽어 주신다면, 운명과 전하의 여러 자질에 의해 전하께 약속되어 있는 위대한 자리에 이르게 될 것이며, 또한 그것만이 더 바랄 수 없는 저의 소망이라는 것도 아시게 될 것입니다. 그와 동시에 전하께서 그 높은 곳에 계시면서도 때로는 이러한 음지에도 눈을 돌려 주신다면 본인이 얼마나 부당한 학대를 견디고 있는지도 헤아리실 수 있을 것입니다.

제 1 장
군주국의 종류와 성립 방법

프란체스코 스포르차

오늘날까지 인류를 다스려 온 국가나 정부는 모두 공화국 또는 군주국 중 어느 하나였다. 군주국이란 통치자의 혈통을 이어받은 자가 오랜 시일에 걸쳐 왕위를 차지해 온 세습 군주국이거나, 새로 탄생한 군주국을 가리킨다. 새로 탄생한 군주국은 프란체스코 스포르차*¹가 통치하기 시작한 밀라노와 같은 새로운 국가와, 에스파냐 왕*²이 지금 다스리고 있는 나폴리 왕국*³처럼 한 군주가 원래의 세습 영토에 수족과 같이 병합한 새로운 국가도 있다.

그런데 이렇게 해서 얻어진 영토에는 군주 통치하에 살아온 곳과 공화제하에서 자유롭게 살아온 곳이 있다. 또 영토를 획득하는 방법에는 다른 나라의 무력을 이용하는 방법과 자기의 무력을 행사하는 방법이 있으며, 또한 운에 따르는 경우와 능력에 좌우되는 경우가 있다.

---

*1 스포르차 가문은 용병대장 출신으로 밀라노의 영주인 필리포 마리아 비스콘티의 딸과 결혼하였다. 장인이 죽은 뒤 스포르차는 밀라노 군주의 자리에 올랐다.

*2 페르난도 5세(1452~1516) : 아라곤 왕. 나폴리·시칠리아 왕으로서 페르난드 3세. 1469년에 카스티야 왕국의 왕인 엔리케 4세의 여동생 이사벨라 결혼. 1479년 아라곤 왕위를 계승하면서 카스티야와 합병하여 에스파냐 통일 국가를 탄생케 했다. 1492년 에스파냐 남부의 그라나다 왕국을 정복하여 국토를 회복했고, 1504년에 나폴리를 점령했다.

*3 아라곤의 페텔리코 1세의 지배에 있다가 1501년 에스파냐·프랑스와 동맹군에 의해 점령되었다. 1504년 에스파냐의 페르난도 5세가 프랑스군을 격파하고 영토로 삼았다.

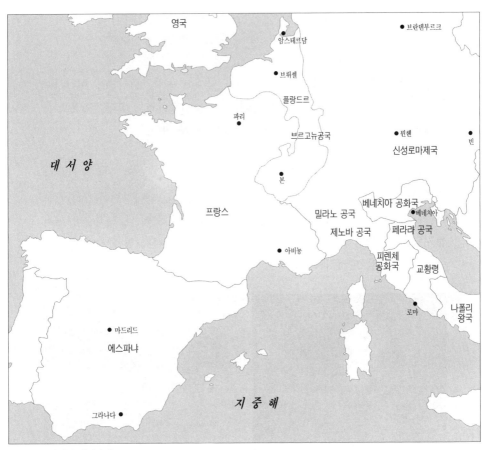

영국

● 브란덴부르크

● 암스테르담

● 브뤼셀

플랑드르

파리 ●

브르고뉴공국

● 뮌헨

빈 ●

신성로마제국

대 서 양

본 ●

베네치아 공화국

● 베네치아

프랑스

밀라노 공국

제노바 공국

페라라 공국

아비뇽 ●

피렌체
공화국

교황령

마드리드 ●

에스파냐

로마 ●

나폴리
왕국

지 중 해

그라나다 ●

르네상스 시대의 이탈리아

제 2 장
세습 군주국에 대하여

공화국에 대해서는 《정략론》 제1권에서 자세히 논하기로 하고, 여기서는 군주국에만 한정하여 앞선 분류에 따라 논의를 전개하기로 한다. 그리고 군주국은 어떻게 통치하고 유지할 것인가를 논하기로 하자.

우선 군주의 혈통을 대대로 이어온 세습 군주국이 새로운 군주국보다 나라를 유지하기가 훨씬 수월하다는 점을 말할 수 있다. 왜냐하면 전자의 경우에는 조상이 행한 정책을 충실히 지키면서 불의의 사고에 대해 적절히 대처하기만 하면 충분하기 때문이다. 이렇게만 한다면 뜻하지 않은 강대한 세력에 의해 지위를 빼앗기지 않는 한, 군주는 평범한 능력만 지니고 있어도 나

페라라 공(알폰소 데 에스테)   교황 율리우스 2세

라를 충분히 유지해 나갈 수 있다. 설사 나라를 빼앗기는 일이 있더라도 약탈자에게 사소한 불운이 닥쳐오면 되찾을 수 있는 것이다.

이런 실례로서 이탈리아의 페라라 공(에스테 가의 에르콜레 1세)을 들 수 있다. 만일 이 군주가 대대로 왕위를 계승해 온 가문 출신이 아니었던들 1484년에 있었던 베네치아군의 공격이나 1510년에 율리우스 교황의 공격을 견디지 못했을 것이다. * 세습 군주는 민중을 학대할 이유나 필요가 거의 없으므로 자연히 존경을 받게 된다.

그러므로 상식 밖의 비행을 범해 미움을 받지 않는 한, 당연히 민중에게 호감을 사게 된다. 게다가 왕위가 오래 지속될수록 혁신의 동기와 생각도 사라져 버린다. 하나의 변혁은 반드시 또 다른 하나의 변혁을 초래하는 화근을 남긴다.

---

* 이상적인 군주였던 에르콜레 데 에스테가 죽자, 뒤이어 그 아들 알폰소 데 에스테가 페라라 공이 되었다. 그는 강력한 포병부대를 창설하여 교황 율리우스 2세의 공격을 막았다. 베네치아 공격을 막은 것은 에르콜레 데 에스터였다.

제 3 장
복합형 군주국에 대하여

그러나 새로 형성된 군주국에는 여러 가지 난점이 따르게 마련이다. 우선 완전히 새로운 군주국은 아니지만, 본래 있던 군주국에 수족처럼 병합된 새로운 군주국을 예로 들기로 하자. 거기서 발생하는 변혁은 모든 신생 군주국이 겪어야 하는 자연 발생적 문제에서 생겨나게 된다.

이 문제란 신생 군주국에서는 민중의 생활이 차차 향상되리라 믿고 지배자를 갈아치우려는 것이며, 이런 신념 아래 손에 무기를 들고 지배자에게 맞서게 된다. 그러나 민중의 이런 생각은 잘못된 것이다. 왜냐하면 전보다 악화되었다는 것을 경험으로써 알게 되기 때문이다.

이런 사태가 발생하는 또 하나의 원인은 새로 군주가 되려는 자가 부하 병사들의 난폭함에 의해, 또한 점령 뒤에 일어나는 여러 가지 가해 행위에 의해 민중에게 피해를 끼치게 되기 때문이다. 이럴 경우 정복자는 나라를 정복하는 데 있어 피해를 끼친 모든 사람들을 적으로 만들고, 특히 그를 지원해 온 사람들까지 이미 약속한 대로 대우해 줄 수 없기 때문에 자연히 멀어지게 마련이다. 그렇다고 은혜를 입은 지원자들에게 강력한 대응책을 마련하기도 힘들다. 그러므로 아무리 강력한 군사력을 지닌 군주라도 어느 지역을 침입하려면 그곳 주민의 지원을 받아야 한다.

예를 들어 프랑스 왕 루이 12세는 단숨에 밀라노를 점령했다가 순식간에 이를 잃고 만 일이 있다. *¹ 이때 루도비코 모로 공이 소수의 자기 부하만으로 루이 12세를 쉽게 물리칠 수 있었던 일도 다 여기에 기인한다. *² 즉 그곳 주민들은 루이 왕을 위해 성문을 열기는 했지만 뒤에 그들의 생각이나 장래

---

*1 루이 12세(1462~1515) : 샤를 8세가 즉위할 때 반란에 가담했다가 체포된 일이 있었으나, 사면된 후 왕과 함께 이탈리아 원정에 나섰다. 샤를 8세에 이어 왕위에 오른 뒤에도 이탈리아 정복에 주력했으나 결국 패배하여 물러났다. 국내적으로는 안정되어 국민의 신임을 받았다.

루이 12세　　　　　　　　　　　루도비코 모로 공(루도비코 스포르차)

의 행복에 대한 기대가 빗나갔다는 것을 알고부터는 새로운 군주를 더 이상 받아들일 수 없었던 것이다.

　그러나 일단 반란이 일어났던 나라를 되찾게 되면 그 다음에는 쉽게 빼앗기는 일이 없다. 그것은 군주가 이런 반란의 기회를 통해 반역자를 처벌하고, 수상한 자를 규탄하며, 스스로의 약점을 보완하여 앞으로의 대책을 확고히 강구할 수 있기 때문이다. 그래서 첫 번째는 루도비코 같은 이가 국경 변경에서 한바탕 싸움을 벌여 프랑스로부터 밀라노를 되찾았지만 그 뒤 프랑스 왕으로부터 밀라노를 되찾는 데는 전세계가 프랑스에 대항해서 프랑스 군대를 전멸시키고 이탈리아에서 퇴각시켜야 했다. 이것은 앞에서 말한 원인 때문이다. 그럼에도 불구하고 밀라노를 두 번씩이나 프랑스로부터 되찾을 수 있었다.

　첫 번째 탈환에 대한 일반적인 원인은 앞에서 말했으므로 이번에는 두 번

─────────────

＊2 루도비코 모로 공(1451~1508) : 루도비코 스포르차. 프란체스코 스포르차의 아들. 에스테 가문의 사위. 조카의 섭정으로 있다가 그 지위를 빼앗아 밀라노 공이 되었다. 프랑스에 패배한 뒤 스위스에서 죽었다.

째 원인에 대해 알아보기로 하자. 이 경우 프랑스 왕은 어떤 대책을 세웠으며, 만일 다른 자가 프랑스 왕의 입장에 처했더라면 빼앗은 나라를 그대로 장악하기 위해 이 프랑스 왕보다도 어떤 좋은 정책을 강구할 수 있었겠는지를 알아보기로 하자.

여기서 우선 주의할 점은 정복자가 새로운 영토를 얻어 본국에 합칠 경우에, 두 영토가 같은 지방이고 언어도 공통될 때와 그렇지 않을 때가 있다는 것이다. 그것이 공통된 데다가 그곳 주민이 아직 자유로운 생활을 모를 경우라면 영토를 장악하는 일은 참으로 간단하다. 그런 영토를 영구적으로 확보하려면 지금까지 지배하고 있던 군주의 혈통을 근절함으로써 가능하다. 그밖의 일은 주민에게 그전 그대로의 생활을 계속하게 하면 풍습의 차이가 없기 때문에 주민들은 다 평온하게 살아갈 수 있다.

예를 들어, 전에 프랑스에 병합된 부르고뉴·브르타뉴·가스코뉴 및 노르망디 등은 바로 그런 경우이다. 비록 언어상에 약간의 차이는 있어도 풍습은 서로 비슷했으므로 쉽게 통합이 되었다.

이런 나라를 정복하는 군주는 그 점령지를 유지하는 데 특히 다음의 두 가지에 유의해야 한다. 그 하나는 그 영토에서 예부터 내려오는 군주의 혈통을 근절하는 일이며, 또 하나는 그곳에 기존했던 법률이나 세제에 손을 대지 않는 일이다. 이런 방법을 쓰면 빠른 시일 내에 새로운 지역과 기존의 공국은 완전히 융합할 수 있게 된다.

한편 언어, 풍습, 제도가 다른 지역의 영토를 새로 지배하게 될 때는 여러 가지 문제가 따르게 마련인데, 그것을 유지하는 데 많은 노력과 함께 행운이 따라야 한다. 이 경우 효과적인 최선의 대책은 정복자가 그 지방에 가서 정주하는 것이다. 이 대책은 영토의 유지를 한층 확고히 하고 영속적이게 한다. 예를 들어, 투르크의 그리스에 대한 정책이 바로 그것이다.

만일 투르크의 군주가 그곳으로 이주하지 않았더라면 다른 어떤 방법을 강구했다 하더라도 결국 투르크는 그 나라를 유지할 수 없었을 것이다. 현지에 정주하면 불온한 기미가 보일 때 재빨리 살펴서 대책을 세울 수 있으나, 떨어져 있으면 사건이 커진 다음에야 알게 되므로 대책을 세울 수 없다. 또한 군주가 현지에 살고 있으면 부하를 관리하여 부하들이 영지를 약탈하는 일 따위는 일어나지 않는다. 한편 주민들도 무슨 일이 있을 때 군주에게 직접 호소할 수 있으므로 안심하고 살아갈 수 있다. 주민에게 충성심이 생기면 군주를 따르는 마음이 점점 두터워지며, 반역심을 품을 때도 군주를 두려워하게 된다. 특히 외부에서 이 나라를 공격하려고 꾀하는 자도 상당히 신중을 기하게 된다. 그러므로 군주가 새 영토에 살고 있으면 그 나라를 빼앗기란 매우 어렵다.

그 밖에 또 한 가지 대책은 영토의 중요한 전략 지역 한두 군데에 이민병을 파견하는 일이다. 이 방법을 취하지 않는다면 아무래도 기병대나 보병대를 다수 주둔시켜야 한다. 이민병의 경우에는 경비를 많이 들이지 않아도 된다. 그 파견과 유지에는 자비를 들이지 않을 수도 있고, 혹은 약간의 비용으로 충당할 수도 있다. 특히 새로 정주하게 되는 이민병 때문에 전답이나 가옥을 빼앗겨 피해를 입는 주민들이 생기지만, 그들은 영토 전체로 본다면 일부에 지나지 않는다. 이렇듯 피해를 입은 무리는 언젠가는 뿔뿔이 흩어져 빈곤해지므로 군주에게 해를 끼치지는 못할 것이다. 그 밖의 주민은 이런 굴욕을 받지 않으므로 대부분 안심하고 생활할 것이며, 내심 그런 피해가 자기네 신상에도 일어나지 않을까 하는 공포심에서 과오를 범하지 않으려고 몹시 조심할 것이다. 결국 이민병은 경비가 적게 드는 데다 대단히 충실하고, 주민들을 해치는 일이 적을 것이며, 또 만일 해를 준다 해도 피해자들은 지금 말했듯이 빈곤에 허덕이다 뿔뿔이 흩어지므로 큰 위협은 되지 못할 것이다.

어쨌든 알아 두어야 할 것은 민중이란 머리를 쓰다듬거나 없애 버리거나, 둘 중에 하나를 택해야 한다는 것이다. 왜냐하면 사람은 사소한 모욕에 대해서는 보복하려고 하나, 너무나 엄청난 모욕에 대해서는 감히 보복할 엄두를 내지 못하기 때문이다. 따라서 타인에게 해를 가할 때는 보복의 우려가 없도록 해야 한다.

그런데 이민병 대신 주둔군을 두게 된다면 막대한 비용이 들어 국고 수입을 주둔군이 모두 소모하게 된다. 이렇게 되면 영토를 획득한 일이 오히려 손해를 가져오게 된다. 게다가 그 군대를 여러 주둔지로 이동시킴으로써 영토 전역에 해를 끼치게 되므로, 민심이 소란해지고 많은 주민에게 피해가 가므로 많은 사람이 적으로 되고 만다. 주민들은 제압당하고 있다 하더라도 자기네 나라에서 기거하므로 언제나 적이 될 수 있는 소질은 지니고 있다. 따라서 어느 면으로 보나 이민병은 도움이 되지만 주둔병은 무익하다고 할 수 있다.

그 다음, 풍습이 다른 지역을 다스릴 경우에 군주는 인접한 약소 국가들의 맹주가 되어 스스로 보호자 노릇을 해야 한다. 또한 그 지역의 강력한 국가에 대해서는 국력이 약화되도록 노력을 기울여, 돌발 사건이 일어나더라도 자기 나라와 맞먹는 강한 외부 세력이 개입하지 않도록 경계를 게을리하지 말아야 한다. 왜냐하면 쓸데없는 야심과 공포심이 원인이 되어 자기 나라에 불만을 지닌 사람들이 외부 세력을 끌어들이는 예가 많기 때문이다.

옛날, 아이톨리아인이 로마군을 그리스 땅에 끌어들인 일이 그 좋은 예이다. 로마군이 각지로 진출할 수 있었던 것은 각 지방의 주민들이 호응해 왔기 때문이다.

상식적인 일이지만 가령 어느 강력한 군주가 외부에서 침입해 오면 그 지방의 모든 약소국은 자기네를 지배하던 군주에 대한 원한으로 금방 외부 세력을 따르게 된다. 그래서 이런 약소국들은 힘들이지 않고 손쉽게 차지할 수 있다. 약소국은 그 지방을 정복한 나라와 재빨리 결속하고자 하기 때문이다.

그러나 여기서도 한 가지 유의할 점은, 그런 약소국에 너무 큰 세력이나 권한을 부여해서는 안 된다는 것이다. 언제나 자기 세력을 중심으로 해서 이약소국의 지원으로 강력한 나라들을 쓰러뜨리기만 하면 완전히 그 지역의 패자가 될 수 있는 것이다. 이런 방법을 충분히 강구하지 않는 자는 손에 들어온 것도 그 자리에서 놓치기 일쑤며, 영토를 유지하고 있는 동안에도 헤아릴 수 없는 곤란과 재난이 계속될 것이다.

로마인은 그들이 점유한 지방에서 이 방침을 잘 지켰다. 그들은 둔전병을 파견하여 식민지를 세우고 약소국을 억눌러 세력을 장악했다. 그리고 강국에 대해서는 이를 쳐부수고 한편으로는 제3의 외부 세력의 평판이 높아지지 않도록 유의했다.

그 실례로 그리스 지방의 일을 들기로 하자. 로마군은 아카이아인과 아이톨리아인을 자기 편으로 끌어들이는 한편 마케도니아 왕국을 치고, 시리아 왕인 안티오코스 3세를 쫓아냈다. 특히 아카이아인과 아이톨리아인의 공적이 있었지만 양국의 영토 확장을 허용하지 않았고, 마케도니아 왕인 필리포스 5세가 협력을 청해도 일단 그의 세력을 약화시킨 뒤에야 비로소 자기 편으로 삼았다. 한편 안티오코스가 강대한 세력을 지니고 있었음에도 그 지방의 영토를 그에게 양보하는 일은 하지 않았다.

시리아 왕 안티오코스 3세

로마인은 이렇게 현명한 군주라면 누구나 당연히 해야 할 일을 했다. 현명한 군주란 단순히 눈앞에 보이는 일만이 아니고 먼 장래에 있을 분쟁에 대해서도 배려해야 하며, 모든 노력을 기울여 이에 대처해야 한다. 위험이란 미리 알면 쉽게 대책을 세울 수 있지만 코앞에 닥쳐올 때까지 그냥 보고만 있으면 그 병은 악화되어 불치병이 된다.

의사들이 흔히 말하는 것인데, 폐질환은 초기에 발견하기는 어려우나 빨리 손을 쓰면 치료가 쉽다. 이와는 반대로 빠른 시일 안에 손을 쓰지 않으면 시간이 흐름에 따라 병은 쉽게 발견되지만 치료는 어렵게 된다. 국가의 정치에서도 마찬가지 일이 일어난다. 즉 현명한 사람은 멀리서도 재난의 싹이 트는 것을 알아보기에 재난은 쉽게 가라앉힐 수 있다. 이와 반대로 이를 미리 알지 못하고 일이 표면화될 때까지 방치해 둔다면 대책을 강구할 수 없게 된다.

이런 점에서 로마인은 화근을 미리 예견할 수 있었기 때문에 항상 대책을 강구할 수 있었다. 또 전쟁을 피하기 위해 재난을 묵과하는 일은 절대로 없었다. 왜냐하면 전쟁은 피할 수 없는 것이고, 망설이다 보면 적을 이롭게 할 뿐이라는 것을 잘 알고 있었기 때문이다. 그래서 로마인은 필리포스 왕이나 안티오코스를 이탈리아 본토로 맞아들여 싸우는 일을 피하고 그리스 본토에서 싸움을 시작한 것이다. 로마인은 당시 이 전쟁을 원하기만 했다면 얼마든지 피할 수 있었을 것이다. 그러나 그들은 그러기를 원하지 않았다. 로마인은 오늘날 약삭빠른 사람들이 입버릇처럼 이야기하는 '좋은 시기를 조용히 기다린다'는 수법은 환영하지 않았으며, 차라리 자기 능력과 사려 분별의 방법을 택했다. 그 이유는 원래 시간은 모든 것을 구현시키며 선이나 악이나 구분 없이 몰고 오기 때문이다.

그러면 여기서 프랑스로 화제를 돌려 프랑스가 이런 사항을 실제로 행했는지의 여부를 검토해 보기로 하자. 샤를 8세*¹보다 루이 12세의 이야기를 하는 것이 낫겠다. 루이 왕은 아주 오랫동안 이탈리아에 영토를 소유했기 때문에 그에 대한 행적을 충분히 조사할 수 있다. 그는 풍습이 다른 지역의 영토를 다스릴 때는 당연히 해야 할 일과 정반대 되는 일을 했다는 것을 알 수 있다.

루이 왕이 이탈리아에 침입한 것은 베네치아의 야망에 유혹받았기 때문이다. 베네치아는 루이 왕의 침입을 계기로 롬바르디아 영토의 반을 획득하려 한 것이었다. 그렇다고 루이 왕의 이 방침을 비난하는 것은 아니다. 왜냐하면 이탈리아에 근거지를 구축하려던 왕으로서는 이 지방에 자기 편은 아무도 없는 데다 모든 성문이 굳게 닫혀 있었으므로 그때 그는 상대를 가리지 않고 우호 관계를 맺어야 할 처지에 놓여 있었기 때문이다. 그가 취한 방침은 만일 다른 방면에서 실패만 하지 않았던들 훌륭하게 성공했을 것이다.

어쨌든 루이 12세는 롬바르디아를 손아귀에 넣자, 삽시간에 샤를 8세가 상실했던 명성을 되찾게 되었다. 제노바는 항복했고 피렌체 공화국도 그의 편을 들게 되었다. 만토바 후작, 페라라 공작, 벤티볼리오 가문,*² 포를리 백작부인,*³ 파엔차, 페사로, 리미니, 카메리노, 피옴비노의 제후들, 루카, 피사, 시

＊1 샤를 8세(1470~1498) : 프랑스 왕 루이 11세의 아들. 나폴리 왕국을 점령하여 메디치 가문을 몰아냈다. 그러나 나폴리 귀족의 반란으로 물러나고 나폴리는 에스파냐령이 되었다.
＊2 지오반니 벤티볼리오(1438~1508) : 볼로냐를 다스리다가 율리우스 2세에게 패퇴하여 죽었다. 제19장 참조
＊3 포를리 백작부인 : 본명은 카테리나 스포르차. 지오반니 메디치와 세 번째 결혼했으나, 만년에 수도원에 들어가 여생을 보냈다. 제20장 참조

에나 공화국은 다투어 그의 편이 되려고 몰려들었다. 그때서야 베네치아 공화국은 그들이 취한 정책이 경솔했다는 것을 알아차렸다. 베네치아는 롬바르디아의 영토 몇 군데를 손에 넣으려다가 루이 12세에게 이탈리아 반도의 3분의 1의 지배자로 만들어 버린 것이다.

그런데 여기서 생각할 문제는 루이 왕이 앞에서 제시한 정책을 베풀어 자기 편이 된 여러 나라를 굳게 단결시키고 보호해 줬더라면 그다지 힘들이지 않고 이탈리아에서 그 자리를 지켜 나갈 수 있었을 것이라는 점이다. 루이 왕 편이 된 나라들은 수는 많지만 모두 국력이 약해서, 교회 또는 베네치아에 대해 공통된 위협을 느끼고 있었기에 마침내 프랑스 왕에게 의지하게 되었다. 따라서 프랑스 왕은 이런 나라들의 힘을 빌려 당시 세력을 떨치던 다른 나라도 정복할 수 있었다.

그러나 루이 왕은 밀라노에 입성하자마자, 알렉산데르 교황의 로마냐 지방 정복 계획을 지원하는 등 역행위를 해 버린 것이다. 그는 이런 정책을 쓸 경우 지금까지 그의 수하에 있던 사람들과 자기 편이 되었던 여러 국가를 놓치게 되어 자기 입장이 약화된다는 것, 그리고 권위와 교권을 갖고 있는 로마 교회에 더 큰 속권(俗權)을 줌으로써 로마 교회가 강대해지리라는 것 등을 미처 생각하지 못했던 것이다.

이렇듯 그는 최초에 실패를 한 이후로 다른 실패를 거듭하게 되어, 결국에는 알렉산데르 교황의 야심을 꺾고 교황이 토스카나 지방의 지배자가 되는 것을 막기 위해 다시 이탈리아를 침입해야만 했다. 나아가서는 로마 교회의 세력을 강화시켰고 자기 편을 상실한 것도 부족하여 다시 나폴리 왕국을 탐내어 그 왕국을 에스파냐 왕과 분할하고자 했다.

그 당시 루이 왕은 거의 단독으로 이탈리아의 지배자로 군림할 수 있게 되는데도 귀찮게도 상대를 끌어들인 격이 되었다. 이것은 이 지역에서 그에게 불만을 품고 있는 야심가에게 도움이 될 수 있는 인물을 모셔다 준 거나 다름없게 되었다. 나폴리 왕국에는 그에게 공물을 바칠 만한 왕을 앉혀 놓아야 했는데, 이런 왕 대신 오히려 자기를 쫓아낼 자를 그 자리에 앉혔던 것이다.

영토를 확장하고자 하는 욕구란 매우 자연스럽고 당연한 욕망이다. 따라서 능력 있는 자가 영토를 더 얻으려고 하면 이는 칭찬을 받으면 받았지 비

교황 알렉산데르 6세

난을 받지는 않는다. 그러나 능력도 없는 자가 어떤 희생을 치르고서라도 그것을 손에 넣으려 한다면 이는 그릇된 일로 비난을 받아 마땅하다. 만일 프랑스가 독자적인 병력으로 나폴리를 점령할 수 있었다면 당연히 해볼 만한 일이었을 것이다. 그러나 그런 능력을 갖지 않은 이상 분할해서 영유한 일은 잘못이었다. 롬바르디아 지방을 베네치아인과 분할한 것도 이탈리아에 프랑스 왕이 근거지를 만든다는 점에서는 이해가 가지만, 그 뒤에 있었던 분할은 이런 필요에서 벗어난 일이므로 비난의 대상이 된다.

따라서 루이는 다음의 다섯 가지 실패를 했다고 볼 수 있다. 즉 약소국을 없애 버린 일, 교황 알렉산데르 6세*의 세력을 이탈리아에서 강화시킨 일, 상당히 강력한 외국 군주 에스파냐 왕 페르난도를 이 나라에 끌어들인 일, 그곳에 본인이 정주하지 않은 일, 이주민을 보내지 않은 일이다.

게다가 루이가 베네치아 공화국의 영토를 탈취하려는 여섯 번째의 과실, 즉 캄브라이 동맹에 가담하여 베네치아 공화국을 쳐부순 일만이라도 범하지 않았던들, 이상의 다섯 가지 실패도 왕이 살아 있는 동안은 그다지 해가 되지는 않았을 것이다. 다시 말하면, 그가 베네치아를 친다는 것은 로마 교회가 강대하게 되기 전이나, 에스파냐를 이탈리아로 끌어들이기 이전 단계에서는 이치에 맞는 일이며 꼭 필요한 일이었을 것이다. 그러나 이런 정책을 범한 이상 베네치아는 절대로 몰락될 수 없다는 것을 알아차려야 했다.

---

* 교황 알렉산데르 6세(1431~1503) : 본명은 로드리고 보르자. 에스파냐 출신 교황. 권모술수에 능했던 교황으로 사생아를 두었다. 마키아벨리가 이상적인 군주로 내세운 그의 사생아 체사레 보르자와 함께 이탈리아를 괴롭혔다.

가령 베네치아를 그대로 강력한 상태로 두었다면, 다른 세력들이 롬바르디아를 쳐들어오는 일 따위는 없었을 것이다. 베네치아로서는 자국이 롬바르디아의 맹주가 되지 않고서는 어떤 정책에도 동의하지 않았을 것이기 때문이다. 한편 제3국으로서도 롬바르디아 지방을 일부러 프랑스로부터 빼앗아 베네치아에게 넘겨줄 리는 만무했고, 또한 이 두 나라에게 정면으로 충돌할 만한 용기도 아마 없었을 것이다.

이에 대하여 루이 왕이 로마냐 지방을 알렉산데르 교황에게 양보하고 나폴리 왕국을 에

페르난도 2세

에스파냐 왕. 이사벨 여왕과 공동 군주로서 카스티야 왕을 겸했다. 에스파냐의 여러 왕국을 통일하고 이때부터 제국주의 팽창기로 들어섰다.

스파냐에게 양보한 것은 전쟁을 회피하기 위해서였다고 주장하는 자가 있다면, 앞에서 말한 근거에 따라 나는 이렇게 대답하겠다. 전쟁을 회피하기 위해 혼란을 그대로 계속해서는 안 되며, 전쟁은 피할 수 없는 것일 뿐더러 주저하다 보면 당신에게 손해만 초래할 뿐이라고.

또한 이런 루이 왕의 정책에 대해 루이 왕이 자기의 이혼 문제[1]와 루앙의 대주교를 추기경으로 취임 조건[2]으로 맺은 전쟁 협력의 약속을 이행한 데 불과하다고 그를 변명하는 이가 있다면, 앞으로 군주는 어떻게 서약을 지킬 것인가에 대하여 논의할 때 여기에 대해 답할(18장에서) 것이다.

이런 이유로 루이 왕이 롬바르디아를 잃은 것은 정복지를 훌륭히 지키려

---

[1] 루이 12세는 루이 11세의 딸과 결혼했다. 샤를 왕이 죽자, 왕의 미망인이었던 브르타뉴 공국의 앤이 소유한 영지를 탐냈다. 루이 12세는 앤과 결혼하기 위해 교황 알렉산데르 6세에게 로마냐 정벌 때 도와주기로 약조하고 이혼 허가서를 받아냈다.

[2] 루이 12세는 루앙을 추기경으로 진출시킴으로써 차기에 교황 진출의 발판으로 삼고자 했다.

는 군주들이 마땅히 지켜야 할 방침을 하나도 지키지 않았기 때문이다. 따라서 그 상실 자체는 조금도 이상할 게 없고, 오히려 당연한 결과라고 할 수 있다.

그런데 이 문제에 대하여 알렉산데르 교황의 아들 발렌티노 공작(체사레 보르자)이 로마냐 지방을 점령했을 당시, 나는 루앙의 추기경과 낭트에서 대화를 나눈 일이 있다. 그때 루앙의 추기경은 이탈리아인은 전쟁이라는 것을 모른다고 하기에 나는 프랑스인은 정치를 모른다고 반박하고, 만일 그들이 정치를 알았다면 로마 교회 세력을 그렇게 크게 되도록 하지는 않았을 것이라고 말했다. 또한 경험으로 봐서 명백한 것은 로마 교회와 에스파냐가 이탈리아에서 큰 세력을 얻은 것은 결국 프랑스 때문이라는 것이다. 더구나 프랑스 왕의 몰락은 바로 이들이 야기했다는 것이다.

이런 사실에서 일반 원칙을 발견할 수 있다. 이는 거의 틀림없는 규칙일 것이다. 즉 타인을 강하게 만드는 자는 자기를 자멸시킨다는 것이다. 그 이유는, 강하게 되는 자는 그를 그렇게 만드는 이의 술책과 권력으로 그렇게 되는데, 일단 강하게 된 뒤에는 바로 이 두 가지 수단을 두려워하기 때문이다.

제 4 장
알렉산드로스 대왕에 의해 정복당한 다리우스 왕국이 대왕이 죽은 뒤 그의 후계자들에게 승복한 이유

새로 차지한 영토를 유지하기가 얼마나 어려운 일인가를 생각할 때, 다음 사실에 대하여 의문을 갖는 사람이 있을지도 모른다. 마케도니아 왕 알렉산드로스는 불과 수년 사이에 아시아 중근동 지방의 지배자가 되었고, 그 지방을 정복하자마자 사망했다. 그런 나라에서는 으레 반란이 일어날 듯한데, 실제로 알렉산드로스의 후계자들은 나라를 유지했다. 동료 간에 영토 쟁탈전은 있었을망정 영토 유지의 곤란은 느끼지 않았다. 이것은 무엇 때문일까?

알렉산드로스 대왕 흉상

나의 답변은 이렇다. 우선 모든 군주국은 두 가지 양식으로 다스려지고 있다. 하나는 한 사람의 군주와 그 군주가 인정하는 대신들이 국정을 보좌하는 양식이다. 또 하나는 한 사람의 군주와 봉건 제후로 이루어지는 것인데, 이 제후는 군주와는 관계없이 예부터 내려오는 혈통에 의해 저마다 자기 위치를 확보하고 있다. 특히 이 경우에 제후는 각자 자기 영토와 영민을 보유하고 있어서 주민들은 그들을 영주로 모시고 자연스런 충성을 표현한다. 그러나 한 사람의 군주와 신하만으로 다스려지고 있는 나라에서는 군주는 더 큰 권력을 지니고 있으며, 군주보다 더 높은 지위에 있는 자는 있을 수 없다. 그래서 민중은 누구에게나 대신과

알렉산드로스 대왕

관리에 대한 복종심만으로 대하게 되고 특별한 친밀감을 갖는 일은 없다.

　이처럼 다른 두 종류의 정치 양식의 실례로는 최근의 투르크의 술탄과 프랑스 왕을 들 수 있다. 투르크는 현재 한 사람의 통치자가 다스리고 있으며 나머지는 모두 그의 신하들이다. 통치자는 나라를 산자크(Sangiag)라는 여러 행정 구역으로 분할해서 거기에 행정관을 보내 자기 마음대로 지배하고 있다.

　한편 프랑스 왕은 예부터 내려오는 수많은 제후에 둘러싸여 있다. 제후는 각자 영내에서는 주권자로 인정받으며, 주민들은 그를 따르고 있다. 제후들에게는 특권이 있는데 이 특권은 국왕이라도 마음대로 건드릴 수 없다. 따라서 이 두 나라를 비교해 볼 때 투르크의 경우에는 정복하기는 어렵지만 일단 정복한 뒤에는 쉽게 통치할 수 있다는 것을 알게 된다.

　투르크 왕국을 정복하기 힘든 이유는, 거기서는 침략자가 그 왕국의 신하들로부터 유인받는 일이 어렵고, 군주 측근에서 반란이 일어나 외부 세력의 침입이 쉽게 이루어진다는 일은 도저히 바랄 수 없기 때문이다. 이것은 앞서 말한 이유, 즉 정치 형태에 기인한다. 왜냐하면 부하는 완전히 예속되어 있

알렉산드로스 대왕 (좌측)과 다리우스 왕 (중간)의 전투

으므로 그들을 타락시킨다는 일은 대단히 어려운 일이며, 만일 타락자가 생겼다 하더라도 앞에서와 같은 이유로 민중까지 동조시킬 수는 없으므로 반란의 성공은 기대하기 힘들기 때문이다.

따라서 투르크를 공격하려는 자는 먼저 적이 일치 단결하여 저항한다는 것을 염두에 두어야 한다. 상대편의 내분에 기대를 걸기보다는 자력(自力)을 믿어야 할 것이다. 그러나 일단 투르크를 쳐부수어 두 번 다시 군대를 소유하지 못하도록 제압한다면 군주의 혈통을 가진 자들 외에는 아무것도 두려워할 것이 없다. 따라서 군주의 혈통을 없애 버리면 민중 편에 설 자는 없게 되며, 두려워할 자도 존재하지 않게 된다. 이리하여 전쟁 전에 그곳 민중에게 기대를 걸지 않았던 이 승자는 점령 뒤에도 민중을 두려워할 필요가 없다.

한편 프랑스 왕국과 같은 정치를 하고 있는 나라에서는 이와는 반대 현상이 일어난다. 그곳에는 변혁을 원하는 무리와 불만을 품는 세력이 있기 마련이어서 제후 중 한 사람만 자기 편으로 끌어들이면 그 나라의 침입은 매우 수월해진다. 그리고 이미 제시한 이유로 승리를 얻을 수 있다. 그러나 일단 그 나라를 통치하려면 그때까지 침략자를 지원했던 사람들과 반대했던 사람들로부터 어려운 문제가 속출한다. 더구나 이런 경우에 새로운 변혁의 지도자격인 여러 제후가 뒤에 도사리고 있기 때문에 군주의 혈통을 없애 버리는 일만으로는 문제가 해결되지 않는다. 그러므로 불만을 품은 세력들을 만족시켜 주지도 못하고 그들을 없애지도 못하므로 언젠가는 다시 그 나라를 빼앗기게 된다.

이제 페르시아의 다리우스 3세*의 왕국이 어떤 정치 형태를 가졌는지 살펴보자. 이 나라는 투르크 왕국과 비슷하다는 것을 알 수 있다. 따라서 알렉산드로스는 다리우스 왕과 정면 충돌하여 그의 영토를 빼앗을 수밖에 없었다. 다리우스가 죽고 전쟁이 끝난 뒤의 알렉산드로스의 통치는 앞서 말한 이유로 평탄하게 되었다. 또 알렉산드로스의 후계자들도 서로 결속만 했더라면 그대로 평화로운 생활을 즐길 수 있었을 것이다. 사실 내부 불화로 생긴 소요 외에는 아무 일도 없었다.

이에 반하여 프랑스 왕국과 같은 정치 형태를 취한 나라에서는 이처럼 평온할 수는 없었다. 그래서 에스파냐, 프랑스, 그리스 같은 나라에서는 각 지방의 수많은 제후가 앞장서서 로마인에 대한 반란을 계속 일으켰다. 로마인은 그런 반란이 계속되는 동안에는 영토 확보에 큰 불안을 느꼈다. 그러나 로마 제국의 세력이 팽창하고 통치가 장기화함에 따라 옛 제후의 기억도 사라졌으며, 비로소 확고한 지배자가 되었다. 그리고 로마인은 다시 서로 다투며 각자가 권력을 행사하고 있던 지역을 지배했다. 그 지역에서는 예부터 내려오는 군주의 혈통은 끊겼으므로 로마인만이 지배자로서의 지위를 인정받게 되었다.

이상의 모든 사실을 감안한다면, 알렉산드로스 대왕이 중근동 지방의 점령지를 쉽게 통치할 수 있었던 이유와, 에피루스 왕 피루스나 그 밖의 여러 군주가 정복지 통치에 지극히 곤란했던 이유를 알게 되었을 것이다. 이는 정복자의 능력 여하에 따른 결과라기보다는 정복지 사정의 차이 때문이라고 할 수 있다.

---

* 다리우스 3세(기원전 ?~330) : 페르시아 아케메네스 마지막 왕. 알렉산드로스 대왕과의 이수스 전투에서 패전 후, 가족을 버리고 도주하였다가 박트리아에서 피살되었다.

제5장
점령되기 전에 자치적이었던 도시나 군주국 다스리는 방법

앞 장에서 언급한 것처럼, 주민들이 스스로 만든 법률하에서 자유롭게 생활해 오던 국가를 점령했을 경우, 그 나라를 다스리는 데에는 세 가지 방법이 있다. 첫째, 그런 도시를 멸망시키는 일이고, 둘째, 그곳에 군주 자신이 이주해 사는 것이며, 셋째, 그들에게 예전의 법률하에서 살도록 허용해 주어 공물을 바치게 하고, 그 영내에 군주와 밀접한 우호 관계를 유지할 과두정치를 실시하는 일이다. 이 경우 정권은 완전히 군주의 힘으로 이루어지게 된다. 따라서 이들은 군주의 호의와 영향력을 상실하는 날에는 자신들의 존속이 위협받으므로 전력을 다해 나라를 다스리려 노력할 것이다. 일반적으로 자유로운 생활을 해 온 도시를 다스리는 데에는 다른 어떤 방법보다도 이와 같이 시민을 이용하는 방법이 가장 훌륭하다고 볼 수 있다.

그 실례로서 스파르타인과 로마인을 비교해 보자. 스파르타인은 아테네나 테베를 통치하는 데 있어서 과두 정치 체제를 수립했으나 그 뒤 이 나라들에 대한 통치권을 잃었다. 로마인은 카푸아·카르타고·아만티아를 통치할 때 이 나라들을 다 멸망시켰으므로 두 번 다시 빼앗기는 일이 없었다. 그러나 로마인이 그리스를 통치할 때에는 스파르타인이 한 것처럼 주민들의 법률에는 손을 대지 않고 자유롭게 내버려두었으나 성공하지 못했다. 그래서 자신들의 통치를 위해 부득이 여러 도시들을 멸망시켜야 했다. 그런 나라를 통치하려면 멸망시키는 일 이외에는 확실한 방법이 없다.

지금까지 자유로운 생활을 영위해 온 도시의 지배자가 되어 그 도시를 멸망시키지 않는 자는 오히려 그들로 인해 파멸되고 말 것이다. 이런 도시는 자유라는 명목과 종래 제도에 어긋난다는 명목으로 계속 반란을 일으킬 것

아크로폴리스 유적
스파르타는 그리스의 도시국가 중 가장 강력한 군대를 만들었다. 스파르타의 아크로폴리스에서는 당시의 모습이 투영된 투구 쓴 전사상, 방패와 창을 들고 투구를 쓴 아테나 상 등이 발굴되었다.

이기 때문이다.

이런 경향은 세월이 흘러도, 은혜를 베풀어도 쉽사리 주민의 머리에서 사라지지 않는다. 특히 군주가 어떻게 대하든 상관없이 내분이 있거나 주민들이 분산되지 않고서는 그 자유나 제도를 잊지 않을 것이며, 무슨 사건이 일어날 때마다 반항하려 들 것이다. 100년간이나 피렌체 공화국의 지배를 받아 온 피사가 다시 사건을 일으킨 것은 그 좋은 예라 할 수 있다.

이에 반하여 군주의 지배하에 살아 온 도시나 지방의 주민들은 군주의 혈통이 끊기면 복종하는 습관이 있는 데다 군주를 잃었지만 동료 중 누구를 군주로 추대할 수도 없고, 그렇다고 자유로운 생활을 할 수도 없으므로 우물쭈물할 뿐 무기를 들고 맞서는 일이 없다. 따라서 군주는 쉽게 그 도시를 손아귀에 넣을 수 있고, 시민들로부터 몸을 지키기도 쉽다.

그러나 공화 정치를 해 오던 도시의 경우에는 증오심도 한층 강하고 복수의 염원도 끈질기다. 시민들은 그 기분을 쉽사리 버리지 못하며 잃어버린 자유를 잊지 못한다. 따라서 가장 안전한 방법은 그 시민을 말살하든가 군주 자신이 그곳으로 이주하는 수밖에 없다.

제6장
자신의 힘과 능력으로 지배하게 된 신생 군주국

군주와 영토가 완전히 새로운 군주국에 대하여 논의하기 위해 위대한 인물을 인용하더라도 그리 놀랄 일은 아니다. 그 이유는, 인간이란 대부분 타인이 먼저 지나간 길을 따라 그 선인의 행동을 모방하면서 살아가려 하기 때문이다. 그러면서도 선인의 길을 그대로 따르기는 매우 어렵고, 더구나 그 인물의 능력에 도달하기는 극히 힘든 노릇이다.

그러므로 현인은 위인이 걸어온 발자취를 더듬어 위대한 인물을 선택해 모범으로 삼아야 한다. 이는 자기 능력이 그 인물까지 도달하지는 못한다 하더라도 적어도 그 근처까지는 가서 냄새 정도는 맡을 수 있기 때문이다. 이 것은 현명한 사수가 취하는 방법과 같다. 만일 사수의 목표가 너무나 먼 거리여서 그 활로써 도저히 쏠 수 없음을 자각했을 경우 그는 목표보다 훨씬 높은 곳을 겨냥한다. 이것은 사수가 그 높은 곳을 맞추려는 게 아니라 이렇게 높이 겨냥함으로써 가능한 한 그 목표물 가까이에 화살이 날아가도록 하기 위해서이다.

새로운 군주국을 통치하는 데 대한 어려움은 그 나라를 정복한 군주의 능력에 달려 있다고 할 수 있다. 그때까지 군주가 아니었던 일개 시민이 군주가 되었을 경우에는 당연히 따르는 능력과 운 중 어느 하나로 일을 처리해 나가 어느 정도 곤란은 감소하겠지만, 이 경우에는 운에 지나치게 의지하지 않는 사람이 좀더 안전하다. 또 영토를 가지고 있지 않기 때문에 부득이 군주가 이주하게 되면 사태는 차츰 안전하게 된다.

여기서 운에 의지하지 않고 자신의 능력으로 군주가 된 인물을 꼽아 본다면, 특히 탁월한 자로서 모세, 키루스*¹, 로물루스*², 테세우스*³ 등을 들 수 있

모세의 홍해도섭
모세를 따라 홍해를 건너는 유대인들. 로마, 스파르타 미술관

겠다. 그 중 모세는 신의 명령에 따라 단지 실천했을 뿐이므로 논의의 대상이 되지 않을지도 모른다. 그러나 그는 신의 은총으로 신과 대화할 수 있는 자로 뽑혔으니 그것만으로도 찬양의 대상이 될 수 있을 것이다.

다음으로 여러 나라를 점령했거나 건국한 키루스나 그 밖의 인물에 대해 고찰해 볼 때, 그들은 모두가 훌륭한 왕이었다. 그리고 그들 개개인의 행위나 규율을 고찰해 보면 그처럼 위대한 스승(신)을 가졌던 모세와 크게 다르지 않다는 것을 알 수 있다.

더구나 그들의 행적이나 생애를 고찰해 볼 때, 운수면에서 다만 좋은 기회를 얻었다는 것 이외에는 별다른 것이 없었다. 그리고 그 좋은 기회라는 것도 그들에게 재료를 주었을 뿐이고 그 재료로 작품을 만든 것은 역시 그들

＊1 키루스 : 이집트를 제외한 전 오리엔트를 정복한 페르시아의 왕으로, 포로로 잡혀 있던 유대인들을 해방시켰다.

＊2 로물루스 : 알바 왕의 손자이지만 버림받고 후에 로마를 건국했다.

＊3 테세우스 : 그리스 신화의 인물로 반인반우의 미노타우로스를 잡은 일화로 유명. 아테네를 건국했다.

로마의 건국자 로물루스
로물루스와 동생 레무스는
태어나자마자 버려졌으나 암
늑대가 젖을 먹여 키움으로
써 살아나 로마를 세웠다.

자신이었다. 다시 말해 이런 기회가 없었더라면 그것을 추구하여 관철할 의욕이 생기지 않았을 것이며, 또 그런 능력이 없었다면 그 기회는 무의미했을 것이다.

이런 의미에서 유대인들이 노예 상태에서 벗어나 모세의 뒤를 따르고자 결의한 이면에는, 유대인이 이집트에서 노예 신분으로 학대받았기에 모세가 그런 유대인을 만나는 일이 필요했다. 마찬가지로 로물루스가 로마의 국왕이 되고 조국의 건설자가 될 수 있었던 것은, 그가 알바에 있지 않고 생후 곧 버림받은 몸이 되었기 때문이다.

또한 키루스 왕의 경우도 페르시아인이 메디아의 지배에 불만을 품었고 오랜 태평세월로 메디아인이 연약해져 있었던 것이 기회가 되었다. 테세우스도 자기 능력을 발휘하는 데는 분열 상태의 아테네인을 만나지 않고서는 어려운 일이었다. 이처럼 여러 가지 좋은 기회가 이 사람들을 성공으로 이끈 것이며, 그들의 뛰어난 능력이 기회를 살린 것이다. 그래서 그들의 조국은 한층 번영하여 영광을 찾게 되었다. 이들과 같이 자신의 능력에 의해 군주가 된 자들은 나라를 정복하는 데는 곤란이 따랐지만 막상 나라를 다스리기에는 별 어려움이 없었다.

이들이 봉착한 어려움이란 나라를 수립하여 안전을 도모하는 데 따르게 마련인 새로운 질서와 새로운 정치 양식에서 발생하는 것이다. 이 경우 새로운 질서를 확립한다는 것은 실행하기도 어렵고 성공하기도 힘들며, 위험하다는 점을 충분히 고려해야 한다. 왜냐하면 이런 군주는 옛 질서 아래에서 편히 살아오던 사람들을 모두 적으로 만들 가능성이 있기 때문이다. 또한 새로운 질서 안에서 살고자 하는 사람들은 내키지 않는 마음으로 소극적인 지지자로 따라올 뿐이다. 그 이유는 다소나마 유리한 법률을 가진 새로운 집권층을 두려워하고, 새로운 것에 대한 확신이 설 때까지 인간은 본능적으로 불신하기 때문이다. 그러므로 적이 된 자는 공격의 기회를 잡기만 하면 언제나 동료와 함께 결속하여 맹렬히 대항해 오지만, 그 지지자들은 군주 편에 적극적으로 서지 않는다. 따라서 군주는 이들과 함께 궁지에 빠질 수 있다.

그러므로 이 문제를 충분히 검토하기 위해서는 우선 개혁을 시도하는 군주가 과연 자력으로 할 것인가 아니면 다른 사람의 힘에 의존할 것인가를 알아볼 필요가 있다. 다시 말해서 자기 일을 달성하기 위해 원조를 필요로 하느냐, 아니면 자력으로 처리할 수 있느냐의 문제이다. 원조를 필요로 하는 경우에는 반드시 재난이 발생하여 아무 일도 달성하지 못한다. 반대로 자력으로 힘을 발휘했을 때에는 궁지에 빠지는 일은 별로 없다. 그래서 무장을 한 예언자는 승리를 차지할 수 있으나, 말뿐인 예언자는 멸망하고 마는 것이다.

그것은 이미 언급한 이유 외에도 민중의 천성이 변덕스럽다는 것을 들 수 있다. 민중에게 어떤 일을 설득시키는 일은 쉽지만 설득된 상태로 언제까지나 그들을 잡아 두기란 어렵다. 그러므로 말로써 되지 않으면 힘으로 믿게 하는 대책을 강구해야 한다.

모세, 키루스, 테세우스, 로물루스 역시 만일 무력을 갖고 있지 않던들 그들의 율법을 오랫동안 민중이 지키게 할 수는 없었을 것이다. 오늘날에도 수도사 지롤라모 사보나롤라*의 예가 이를 말해 주고 있다. 대중이 이 수도

---

* 지롤라모 사보나롤라(1452~1498) : 이탈리아 피렌체 출생. 교황과 교회의 타락한 것에 회의를 품고 도미니쿠스 교단의 수도사가 되었다. 그는 종교개혁을 부르짖고, 메디치 가문을 비난했다. 초기에는 추종자들이 많았으나 차츰 대중의 신뢰를 잃었다. 끝내는 교황으로부터 파문을 당하고 화형에 처해졌다.

사보나롤라   화형당하는 사보나롤라

사의 말을 믿지 않게 되자, 그는 자기가 만들어 놓은 새 제도와 함께 망해 버렸다. 결국 이 수도사는 일단 자기를 믿었던 민중을 무슨 방법으로라도 잡아 두며 믿지 않는 자들을 믿게 하는 수단을 갖지 못했다.

그와 같은 자들은 행동을 하는 데 있어서 큰 곤란을 갖게 하며 가는 곳마다 위험이 따르게 마련이다. 그러므로 이는 능력으로 극복해 나갈 수밖에 없다. 그러나 일단 그 위험을 극복하면 존경받게 되고, 또한 자기 지위를 시기하는 자들을 없애 버리면 세력은 강해지고 안정되며 명예와 번영을 갖게 된다.

앞선 예와 비교는 안 되지만 그래도 상응하는 점이 있기에 여기서 말하고 자 한다. 바로 시라쿠사의 히에론 왕[2]의 경우이다.

그는 한낱 평민에서 시라쿠사의 군주가 되었다. 역시 그도 좋은 기회를 갖게 되었다는 것 외에는 특별한 운은 없었다. 좋은 기회란 그가 당시 학대를 받고 있던 시라쿠사의 민중들로부터 대장으로 뽑혔다는 사실이다. 그리고

＊히에론 2세(기원전 ?～215, 재위 기원전 265～215). 시칠리아 섬에 있는 시라쿠사의 전제 군주. 선정을 했다고 전해진다.

그게 바탕이 되어 마침내 실력으로 군주가 된 것이다.

히에론 왕은 평민이었을 때부터 이미 충분한 능력을 가진 사람이었다. 어느 책에서 저자가 '이 사람이 군주로서 모자라는 점이 있다면 다만 다스릴 나라가 적다는 것뿐이다'라고 말했을 정도였다. 그는 옛 군사 제도를 폐지하고 새로운 제도를 확립했으며, 옛 우호 관계를 버리고 새로운 우방을 맺었으며, 이것을 토대로 자기 군대와 우방과 손을 잡자 그 토대 위에 여러 가지 사업을 할 수 있었다. 따라서 그는 나라를 수중에 넣기까지는 많은 시련을 겪었으나 일단 나라를 다스리게 되면서부터는 과히 큰 고생은 겪지 않아도 되었던 것이다.

제 7 장
타인의 힘과 운수로 얻어진 신생 군주국

한 개인의 신분으로 다만 운수가 좋아 군주가 된 자는 군주의 지위에 쉽게 올라갔지만, 나라를 다스리는 데에는 대단히 어려운 시련을 겪게 된다. 그는 그 자리를 거저 얻은 것과 같으므로 도중에 아무 어려움이 없었을 것이다. 그러나 그 자리에 오르는 순간부터 온갖 곤란한 일이 닥쳐온다. 금전이나 타인의 호의로 군주가 된 자들도 마찬가지이다. 예를 들어, 다리우스 왕이 자신의 안전과 영광을 위해 그 나라를 지키려고 군주의 자리에 오르게 한 많은 사람들, 즉 그리스의 이오니아나 헬레스폰트의 도시를 다스리게 된 많은 사람들 사이에 일어난 사건을 보면 쉽게 알 수 있다. 또한 병사들의 부패로 인해 지배자의 자리에 오른 황제들도 마찬가지이다.

이런 자들은 그들에게 나라를 넘겨준 자들의 호의와 운수 덕분에 그렇게 된 데 불과한데, 이 두 가지는 모두 변화하기 쉽고 불안정하다. 그들은 그 지위를 유지할 방법도 모르고 능력도 없다. 방법을 모른다는 것은 그들이 훌륭한 재능이나 능력이 있는 인물도 아닌 데다가 지금까지 한낱 시민으로 살아 왔기 때문에 지도하는 방법을 모른다는 것이다. 또한 지위를 유지할 수 없다는 것은 자기 편이 되어 충성을 바치는 무력이 없다는 것이다. 게다가 갑자기 이룩한 나라는 마치 솟아나자마자 급속히 자라나서, 뿌리를 뻗고 가지를 내리기 전에 처음 닥치는 악천후로 쓰러져 버리는 식물과 같다. 앞서 말한 것과 같이 별안간 군주가 된 자가 운수 좋게 굴러들어온 호박을 간직하기 위해서는 속히 대책을 세울 만한 기량이 없으면 불가능한 일이다. 즉 다른 군주가 미리 준비한 여러 기초를, 즉위하자마자 곧 갖출 수 있는 기량이 있어야만 한다.

지금까지 말한 두 가지 방법, 즉 능력에 의해 군주가 되느냐, 아니면 운수에 의해 군주가 되느냐에 대해 현대인의 기억에 생생히 남아 있는 실례를 두 가지 들기로 하자. 그것은 프란체스코 스포르차와 체사레 보르자의 경우이다.

프란체스코는 적절한 수단과 자신의 훌륭한 능력에 의해 평민에서 밀라노 공작이 되었다. 따라서 그가 나라를 차지하기까지는 숱한 고난을 겪었지만 다스리는 단계에서는 조금도 어려움이 없었다.

그와 반대로 발렌티노 공작이라 불리는 체사레 보르자는 아버지 교황 알렉산데르 6세의 덕으로 나라를 얻기는 했으나, 아버지가 세상을 떠나자 그 지위를 잃고 말았다. 하지만 보르자가 비록 프랑스 왕 루이 12세의 군대로부터 지원받아 영토를 얻기는 했지만 사려 깊고 능력 있는 자로서 해야 할 일, 즉 자기 세력의 팽창을 위해 해야 할 일은 모두 했던 것은 사실이다.
앞서 말했듯이 모름지기 인간은 일찌감치 기초를 닦아야지 뒤늦게 기초를 닦으려면 몇 배의 노력이 필요하다. 원래 거기에는 건축가의 노고가 필요한데다 건물 그 자체도 튼튼한 것이 못 되기 때문이다.

여기서 발렌티노 공작이 취한 발자취를 살펴본다면, 그는 장래의 자기 세력을 구축하기 위해 기초를 훌륭히 닦았음을 알 수 있다. 내 생각으로는 새로운 군주로서 그 이상 본받을 만한 실례는 없다고 본다. 그러므로 여기서 그를 논하는 것도 뜻이 있으리라 믿는다. 그의 방침이 성공하지 않았다 해도 그것은 그의 죄는 아니었다. 결국 그것은 악의적인 운명의 일격에 의한 것이었기 때문이다.

알렉산데르 6세가 자기 아들인 발렌티노 공작을 훌륭하게 만들려고 했을 때 그 당시에는 물론 장래에도 수많은 곤란이 있으리라는 것을 알았다. 첫째로 교황령에 속해 있기는 했지만 실제로 지배력이 미치지 않았던 로마냐 지방과 마르케 지방에 아들을 군주로 앉히는 것 외에는 별 도리가 없었다. 교회의 영지를 빼앗으려 해도 밀라노 공작과 베네치아 공화국이 동의할 리 만무했으며, 파엔차와 리미니는 이미 베네치아 공화국의 보호하에 있었던 것이다.

그 밖에도 이탈리아의 병력, 특히 교황이 이용할 수 있을 만한 병력은 교황의 강대화를 두려워하는 자들의 손에 들어가 있다는 것을 알고 있었다. 다시 말해서 모든 병력은 오르시니와 콜론나의 양가 및 그 추종자의 지휘하에 놓여 있어서 믿을 수가 없었다. 따라서 그가 할 수 있었던 것은 이 질서를 어지럽히고 여러 나라를 혼란에 빠뜨림으로써 그 나라의 일부를 자기 지배하에 두는 일이었다. 이때 마침 베네치아 공화국이 다른 이유로 다시 프랑스군을 이탈리아로 끌어들이려고 모의하고 있었기 때문에 교란시키기에는 참으로 좋은 기회였다. 교황은 베네치아의 계획에

체사레 보르자

발렌티노 공작. 체사레는 프랑스의 도움을 받아 이탈리아를 통일하려 했다. 피렌체는 마키아벨리를 사신으로 보내 위험으로부터 벗어나고자 했다. 체사레를 만난 마키아벨리는 그가 이탈리아를 통일할 수 있는 이상적인 군주로 여기게 된다.

반대하지 않았을 뿐 아니라 루이 12세의 이혼을 허가해 줌으로써 이를 한층 원활히 만들었다. 그래서 루이 왕은 베네치아 공화국의 지원과 알렉산데르 교황의 허가를 얻어 이탈리아로 침입해 왔다. 루이 왕이 밀라노로 쳐들어가자, 교황은 루이 왕으로부터 병력을 빌려서 로마냐 지방의 공략에 착수했다.

그러자 로마냐 지방은 교황군에게 굴복했다. 발렌티노 공작은 로마냐 지방을 점령한 뒤 콜론나 가를 쳐부수고, 그 영토를 확보한 다음 다시 영토를 확장하려 했다.

그러나 그때 발렌티노 공작에게는 뜻하지 않았던 두 가지 장애가 나타났다. 그 하나는 그가 이끄는 군대의 충성심에 의심이 가는 일이었고, 또 하나는 프랑스의 진의를 알 수 없었던 일이었다. 다시 말해 지금까지 신임하고

있던 오르시니 계 용병대가 공격시 말을 잘 듣지 않아, 정복 자체를 저해하려고 할뿐더러 점령지까지 빼앗으려 들지 않을까 하는 의심과, 루이 왕에 대한 같은 걱정이 앞섰던 것이다. 오르시니 가의 군인들은 파엔차를 점령한 직후 볼로냐 공략에 나섰을 때 그 공격 태도에서 뭔가 냉담한 반응을 보였는데, 이것이 걱정의 원인이 된 것이다. 한편 루이 왕의 경우에는 우르비노 공국을 점령한 뒤 토스카나 지방으로 쳐들어가려 할 때 왕이 이 공격을 반대하는 편에 서게 됨으로써 그 진의를 의심하게 되었다. 거기서 발렌티노 공작은 앞으로는 타인의 무력이나 호의에 의지하지 말아야겠다고 깊이 깨달았다.

발렌티노 공작은 우선 로마에서 오르시니 가와 콜론나 가 양당파의 세력을 꺾어 버렸다. 즉 양당파에 가담했던 귀족들을 많은 보수를 주어 자기 손아귀에 넣은 다음, 각기 자질에 따라 군사 또는 정치 임무를 줌으로써 후대했다. 이렇게 되니 몇 개월도 되기 전에 그들의 마음은 당파에 대한 충성심을 잃고 공작에게 충성을 바치게 되었다.

그 다음에 공작은 콜론나 가의 지도자들을 분열시키고 오르시니 가의 주요 인물들을 섬멸시킬 기회를 엿보았다. 마침 그 기회가 찾아와 그는 수단껏 기회를 이용했다. 그 무렵 발렌티노 공작과 교회의 세력이 커지는 일은 결국 그들의 멸망을 초래한다는 것을 오르시니 가의 사람들은 늦게나마 깨닫고, 페루자 근교 마조네에서 회합을 가졌다. 이 회합이 동기가 되어 우르비노 반란과 로마냐의 소란이 일어나 공작은 수많은 위험을 겪게 되었다. 그러나 공작은 프랑스군의 지원으로 이 사건을 진압하는 데 성공했다.

이리하여 권력을 되찾은 공작은 프랑스와 그 밖의 외부 세력에 의지했던 무모한 계획을 버리고 간계를 쓰기로 했다. 그가 교묘하게 본심을 숨기고 있었으므로 오르시니 가는 파올로를 내세워 화해를 제의해 왔다. 그러자 발렌티노 공작은 파올로에게 금전, 의복, 말 등을 선사하여 상대방을 안심시켰다. 그래서 단순한 그들은 세니갈리아에서 발렌티노 공작의 술책에 빠져들었다.

이렇게 해서 상대편의 지도자들을 죽이고 그 추종자들을 자기 편으로 포섭함으로써 공작은, 우르비노 공국과 아울러 로마냐 지방의 전역을 손에 넣게 되었고, 자기 세력의 기초를 확고하게 닦아 놓았다. 특히 로마냐의 주민

알렉산데르 6세와
아들 체사레 보르자

들이 그의 지배하에 번영을 누리자 그를 환영하게 되었으므로 그 지방의 민심을 파악할 수 있었고, 훌륭한 자기 세력이 생겼다고 공작은 믿게 되었다.

　이런 일들은 주목할 만한 가치가 있어 다른 사람들도 모방할 필요성이 있다고 믿기에 여기에 언급하고자 한다. 즉 로마냐 지방을 자기 손에 장악한 공작은 그때까지 그 지방을 지배해 온 자들이 무능력하기 짝이 없어 민중을 올바르게 다스리기는커녕 민중의 것을 약탈하고, 단결시키기는커녕 분열의 원인을 조성하고 있었다는 것을 알게 되었다. 그래서 이 지방에는 싸움과 온갖 폭력 사태가 난무하고 있었다. 이에 그는 이 지방의 평화를 되찾고 군주적 권위에 복종하게 하려면 민중에게 선량한 정치를 베풀어야 한다는 것을 깨달았다.

　그래서 그는, 비정하지만 기민한 레미로 데 오르코(Remirro de Orco)에게 큰 권한을 주어 로마냐로 파견했다. 그는 짧은 시일 내에 이 지방의 평화를 되찾았고 명성을 떨치게 되었다. 그 뒤 공작은 지나친 권한은 민중의 반감을 살 염려가 있다 하여 레미로의 권한을 줄이기로 했다.

　그래서 그 영내에 민사 재판소를 설치하고, 뛰어난 장관을 임명했으며, 각 지방에서 선출된 변호사를 그곳에 두도록 했다. 또한 발렌티노 공작은 지금까지의 엄한 다스림에 다소나마 민중의 반감이 있음을 깨닫고, 그런 반감을 무마시켜 민심을 전면적으로 잡고자 했다. 그래서 그때까지의 모든 비행은 자기 탓이 아니라 대리인의 냉혹한 성격 탓이었음을 은근히 보여 주려 했다. 드디어 공작은 기회를 잡아 어느 날 아침 체세나 광장에서 레미로의 시체를 두 토막 내어 피묻은 칼과 함께 만인 앞에 공개했다. 이 처참한 광경에 민중은 통쾌한 기분과 아울러 전율을 금하지 못했다.

이제 다시 본론으로 돌아가자. 이리하여 발렌티노 공작은 아주 강력해졌고 자기 나름대로 무력도 갖추어, 공격해 올 만한 전력을 지닌 이웃은 대부분 격파했으므로 당면한 위험은 어느 정도는 극복한 셈이었다. 이제 정복을 계속할 때 걸리는 유일한 존재는 프랑스 국왕 루이 12세밖에는 없게 되었다. 왜냐하면 늦게나마 자신의 과실을 깨달은 프랑스 왕으로부터 이제는 도저히 지원을 얻을 수 없다는 것을 잘 알고 있었기 때문이다. 그래서 그는 새로운 지원자를 구하고자, 프랑스군이, 가에타를 공격 중인 에스파냐군과 대전하기 위해 나폴리 왕국으로 쳐들어갔을 때는 프랑스에 대해 기회주의적인 태도를 취했다. 이는 다시 말해 프랑스의 세력권에서 벗어나 자기를 확립해 보려는 몸부림이었다. 만일 알렉산데르 교황이 살아 있었다면 그것도 쉽게 성공할 수 있었을 것이다. 당면 문제에 대해서 발렌티노 공작은 이상과 같은 정책을 취했다.

그러나 미래 일에 대해서는 로마 교회의 새로운 계승자가 자기 편이 되리라고는 믿지 않고, 오히려 알렉산데르가 자기에게 준 것까지도 빼앗지 않을까 하는 의구심마저 있었다. 따라서 발렌티노 공작은 다음의 네 가지 방법으로 미리 자기를 보호하려고 계획했다. 첫째, 지금까지 그가 빼앗은 영토 제후들의 혈통을 완전히 단절시켜 새로운 교황에게 간섭할 구실을 주지 않도록 할 것, 둘째, 앞서 말했듯이 로마의 귀족들을 모두 자기 편으로 끌어들여 그들로 하여금 새로운 교황의 힘을 견제케 할 것, 셋째, 추기경 회의를 자기 편에 유리하도록 할 것, 넷째, 현재의 교황이 생존 중에 충분한 세력을 구축하여 독자적으로도 공격에 대처할 수 있게 한다는 것이다.
이상의 네 가지 정책 중 세 가지는 알렉산데르 교황의 생존 중에 이미 달성되었고, 네 번째 정책도 거의 달성되어 가고 있었다. 즉 발렌티노 공작은

로마 교황청을 뒤로 한 체사레 보르자

마키아벨리가 가장 이상적인 군주의 예로 삼았던 체사레 보르자는 교활하고 야심 가득찬, 무절제한 권세가였지만 지배자로서는 유능하였다. 이 그림은 체사레가 아버지인 교황 알렉산데르 6세를 방문했다가 끌려 나오는 장면이다(교황은 독살당했고, 체사레는 중병 상태).

점령한 모든 영지의 제후들을 거의 살해했고 극히 소수만을 살려 두었다. 또한 로마의 귀족은 그의 손에서 좌우되었고 추기경 회의에서는 과반수를 지배하게 되었다. 마지막으로 새로운 영토에 대한 정복도 토스카나의 지배자가 되려는 계획을 세워, 재빨리 페루자와 피옴비노를 점령하여 그의 피사를 보호하에 두었다.

특히 프랑스에 대해서는 더이상 신경쓰지 않아도 되었기에——왜냐하면 프랑스군은 이미 에스파냐군의 손에 의해 나폴리 왕국에서 쫓겨났고 어느 나라건 프랑스와는 우호를 맺지 않으려 하므로——발렌티노 공작은 다시 피사를 공격했다. 그러자 루카와 시에나는 공작을 두려워함과 동시에 피렌체 공화국에 대한 경쟁 의식도 있어서 즉시 항복했다. 이렇게 하여 피렌체 공화국도 궁지에 몰리게 되었다.

만일 여기서 발렌티노 공작이 계속 성공했더라면——알렉산데르가 죽을 때까지는 확실히 성공했었지만——이미 많은 세력과 명성을 얻어 자력으로 일어설 수 있었을 것이며, 운명이나 타인의 힘에 의존하지 않고 자기 세력과 능력만으로 버티어 나갈 수 있었을 것이다.

그러나 공작이 칼을 뽑은 지 5년 만에 알렉산데르는 죽었다. 교황이 죽자 공작에게 남겨진 것은 다만 로마냐의 영지뿐이었고, 다른 영지는 적대하는 양대 강국 프랑스와 에스파냐 세력 사이에서 허공에 뜨게 되었다. 게다가 공작 자신은 중병에 걸려 있었다.

그러나 발렌티노 공작은 뛰어난 용맹심과 능력을 가진 사람으로서 민중을 다스리는 법과 쳐부수는 재주를 충분히 지녔기에 짧은 시일 안에 견고한 토대를 구축했다. 그렇기 때문에 만일 강대국의 공격을 받지 않고, 또 그 자신의 건강만 허락했더라면 어떤 시련이라도 이겨 나갈 수 있었을 것이다.

발렌티노 공작의 기초 작업이 얼마나 훌륭했던가는 다음의 사실로도 알 수 있다. 로마냐는 1개월 이상이나 그의 재기를 기다리고 있었다. 로마에서는 그가 다 죽어가는데도 여전히 그에 대해 아무 공격이 없었다. 또한 발리오니 가(家), 비텔리 가, 오르시니 가의 무리들이 로마를 침입했지만 그들의 반란에 동조하는 자는 없었다. 발렌티노 공작 자기가 원하는 인물을 다음 교황으로 앉히지는 못했지만, 최소한 그가 싫어하는 자를 교황 자리에 앉히지는 않았다. 그래서 만일 알렉산데르가 임종했을 때 그가 건강하기만 했더라면 모든 것이 순조롭게 이루어졌을 것이다.

율리우스 2세가 선출되던 날, 발렌티노 공작은 나에게 이런 이야기를 했다. 즉 그는 아버지가 세상을 떠나면 무슨 일이 일어나리라는 것을 미리 생각해 두었으며 또한 거기에 대한 대책도 세워 놓았는데, 단지 아버지가 세상을 떠날 때 자기도 같이 죽을 운명이란 것만은 예견하지 못했다고.

발렌티노 공작의 모든 정책을 회고해 볼 때 나는 그를 비난할 수는 없다. 오히려 이미 말한 것과 같이 운명이나 타인의 무력으로 정권을 잡은 자들이 반드시 추종해야 할 인물로 그를 추천하고 싶다. 그 이유는 그의 위대한 용기와 높은 뜻을 고려할 때, 그가 취한 방법 이외의 행동은 생각할 수 없기 때문이다. 발렌티노 공작의 계획을 좌절시킨 것은 오로지 알렉산데르 교황의 단명과 그 자신의 병뿐이었다.

그러므로 적으로부터 방비하는 일, 자기 편을 늘리는 일, 힘이나 꾀로 승리를 거두는 일, 민중으로부터 사랑받으며 동시에 두려워하게 하는 일, 병사에게는 명령을 지키게 하는 동시에 존경받는 일, 군주에게 해를 끼치거나 끼치려는 자들을 섬멸시키는 일, 낡은 제도를 새로운 방법으로 개혁하는 일, 엄격하면서도 정중하고 관대하면서도 활달한 처세, 충실치 않은 군대를 폐지하고 새로운 군대를 조직하는 일, 국왕이나 영주들과 친교를 맺어서 자기에게 존경심을 갖게 하고, 해를 가하는 것을 주저하게 만드는 일, 이상의 모든 사항이야말로 새로운 군주국에서 반드시 필요한 일이라고 생각된다면, 발렌티노 공작의 정책에서만큼 생생한 실례를 볼 수는 없을 것이다.

다만 한 가지 비난할 수 있는 것은 율리우스를 교황으로 선택한 일이다. 앞서 말했듯이 공작은 자기 마음에 드는 자를 교황으로 선출할 수는 없었다 하더라도 어떤 자가 교황 자리에 앉는 것을 저지할 수는 있었을 것이다. 그렇다면 그가 해를 끼쳤던 추기경이나, 교황이 되면 그를 두려워할 추기경들 중에 한 사람을 교황 자리에 오르도록 용납해서는 안 되었던 것이다. 왜냐하면 인간은 공포심이나 미움으로도 해를 끼치는 일이 있기 때문이다. 그가 학대했던 자들이란 산 피에로 애드 빈쿨라(교황 율리우스 2세가 된다), 조반니 콜론나, 산 조르지오(라페엘로 리아리오), 아스카니오(스포르차) 등이었다. 그 밖의 사람들도 다 교황이 되면 그를 두려워할 사람들이었다.

다만 예외로 루앙의 추기경(조르주 당브와주)과 에스파냐 출신의 추기경이 그를 두려워하지 않았다. 전자는 프랑스 왕국과 결부되는 세력이었기에 그를 두려워하지 않았고, 후자는 혈연 관계(보르자 가는 에스파냐 출신이다)인 데다가 은혜를 입은 적이 있기 때문이었다. 그래서 공작은 무슨 수를 쓰더라도 에스파냐 출신을 교황 자리에 앉혔어야 했다. 그게 무리한 일이라면 루앙의 추기경을 추대했어야 했다. 결코 산 피에로 애드 빈쿨라를 인정해서는 안 되었다. 위인들 사이에서는 지난 날의 원한이, 새로운 은혜를 베풂으로써 깨끗이 씻어진다고 생각하면 큰 잘못이다. 결국 발렌티노 공작은 교황 선출에서 잘못을 범하여 파멸을 자초하고 말았다.

제 8 장
사악한 방법으로 군주가 된 인물들

한낱 평민에서 군주가 되는 방법에는 또 두 가지가 있다. 이 방법들은 지금까지 말한 것처럼 전적으로 운이나 능력에 의한 것이 아니므로 이야기하지 않을 수 없다. 이 둘 가운데 하나는 공화국을 다룰 때 더 상세히 설명하게 될 것이다.

그 두 가지 방법이란, 도리에 어긋나는 모독적 수단으로 군주의 자리에 오르는 경우와, 한낱 시민이 동료 시민들의 지원으로 그 나라의 군주가 되는 경우이다. 우선 첫째 방법을 논하면서 고대와 현재로부터 두 가지 실례를 들어 해설하고자 한다. 이는 내 생각으로는 필요한 이에게는 실례를 모방하는 게 이론보다 훨씬 간편하다고 보기 때문이다.

시라쿠사의 왕이 되었던 시칠리아의 아가토클레스(기원전 361~289)는 평민 중에서도 특히 비천한 신분이었다. 질그릇 만드는 집안에서 태어난 그는 일생을 방탕한 삶을 살아왔다. 그러나 그는 악행에도 불구하고 심신에 활력이 있어서, 군대에 들어가자 순조롭게 계급이 올라 시라쿠사의 사령관까지 되었다. 이렇게 지위가 확보되자, 아가토클레스는 언젠가는 군주가 되겠다고, 그것도 지금까지는 타인의 승인을 얻어 허락받았던 일을 전혀 남의 신세 지지 않고 폭력으로 권력을 장악하겠다고 마음먹었다. 그리고 시칠리아에 군대를 끌고 쳐들어 온 카르타고의 하밀카르에게 그 계획을 말해 양해를 얻은 다음, 어느 날 아침 국정에 대한 중요한 심의가 있다면서 시라쿠사의 시민과 원로들을 소집했다. 그리고 미리 정해두었던 신호로 원로원 의원과 도시의 부유한 자들을 부하 병사의 손으로 몰살시켰다. 살육이 끝나자 그는 도시를 점거하고, 시민의 저항도 없이 군주 자리에 올랐다.

그 뒤 아가토클레스는 카르타고 군대에게 두 번이나 패하고, 결국에는 포위 공격까지 당하게 되었다. 그러나 그는 그 도시를 방비하는 데 그치지 않고 방비는 일부 군사에게 맡기고, 나머지 병력을 이끌고 아프리카를 공격했다. 이로 인해 짧은 시일 내에 시라쿠사의 포위망은 해제되고, 카르타고 군은 궁지에 몰려 그와 화해를 맺어야만 했다. 그 결과 카르타고는 아프리카의 영유만으로 만족하고, 시칠리아를 아가토클레스에게 넘겨주게 되었다.

따라서 아가토클레스의 행동과 일생을 볼 때 그의 성공에 운명은 아무런 역할을 하지 않았다. 또 했다 하더라도 불과 몇 번에 지나지 않았다. 그는 누구의 원조도 받지 않고 온갖 어려움과 위험을 이겨내면서, 군대에서 각 계급을 착실히 밟아 마침내 군주의 자리에까지 올라갔다. 그 뒤에도 위험을 무릅쓴 용맹한 정책으로 자신의 자리를 유지했다.

그렇다고 해서 동향 사람들을 학살하고, 자기 편을 배신하고, 신의없이 무자비하게 종교심을 저버린 일을 능력이라고 부를 수는 없다. 이런 수단으로는 지배권을 잡을 수는 있어도 영광을 차지할 수는 없다. 하지만 아가토클레스가 위기를 극복하면서 보여 준 기개나, 역경을 물리칠 때의 불굴의 정신은 다른 우수한 장군과 비교해서 아무런 손색도 없다고 본다. 그럼에도 불구하고 그의 수많은 악행과 언어 도단의 잔학성 및 비인도성 때문에 훌륭한 인물로 평가되지 못한다. 운이나 능력과는 무관하게 달성한 것을 운이나 능력이라는 동기에 귀착시킬 수는 없다.

현대의 예로는, 교황 알렉산데르 6세 때 페르모의 올리베로토가 있다. 그는 어려서 아버지를 잃고 삼촌인 조반니 폴리아니 밑에서 양육되었다. 청년이 되자 비텔리 가문의 파올로에게 보내졌다. 그 뒤 파올로가 죽자 그의 동생인 비텔로초 밑에서 일하게 되었다.

올리베로토는 영리하고 심신이 용맹스러워 순식간에 그 군대에서 제일가는 지도자가 되었다. 그러나 남의 밑에 있는 것이 괴로웠던 그는, 조국의 자유보다도 예속 상태를 원하는 페르모의 일부 시민의 협력과 비텔리 가의 원조를 얻어 페르모를 점령하기로 결심했다.

올리베로토는 우선 조반니 폴리아니에게 서신을 보내, 오랫동안 집을 떠나 있으니 고향에 돌아가 삼촌을 만나 뵙고 싶고, 자기 상속 재산도 어느 정도 정리하고자 한다고 했다. 그리고 자기가 지금까지 노력해 온 것은 고향 사람들에게 자신이 허송 세월을 하지 않았다는 것을 보여 주기 위한 일념에서였으며, 그래서 친구와 부하를 100명쯤 이끌고 당당히 방문하기를 원하니 페르모의 시민들이 정중히 맞이해 주도록 삼촌께서 주선해 줬으면 한다고 했다. 그렇게 되면 단지 자기 혼자만의 명예가 아니라 양부(養父)인 조반니의 명예도 드높아질 것이라고 덧붙였다.

조반니는 조카를 위해, 페르모의 시민들에게 정중히 환영하게끔 하였다. 올리베로토는 며칠 동안 삼촌 집에 묵으면서 몰래 흉악한 간계를 꾸미고 기회를 노렸다. 어느 날 올리베로토는 성대하게 연회를 베풀고 조반니 폴리아니를 비롯해 페르모 시의 상류 인사들을 모두 초대했다.

어느덧 연회가 끝나고 여흥도 끝날 무렵, 올리베로토는 갑자기 화제를 돌려 알렉산데르 교황과 그의 아들 체사레 보르자의 비범함과 그 활동에 대해 말을 꺼냈다. 그 화제에 대해 조반니와 모든 사람들이 와글와글 떠들어대자 그는 별안간 자리에서 일어나더니, 이런 화제는 비밀 장소에서 조용히 이야기하는 것이 좋을 것이라 하며 다른 방으로 물러났다. 이에 조반니를 비롯한 시민들도 그의 뒤를 따랐다. 그들이 자리에 앉자마자 숨어 있던 병사들이 뛰어나와 조반니와 그 밖의 시민들을 모조리 학살했다.

학살이 끝나자 올리베로토는 말을 타고 시내를 돌아다니며 행정 장관들을 건물째 에워쌌다. 그러자 시민들은 공포에 못 이겨 그의 명령에 복종하게 되었으며, 그는 새로운 정부를 세워 그 자신이 군주로 앉았다. 자기에게 대항하는 불만을 품은 세력은 모두 몰살해 버리고, 민정과 군사 제도를 개혁했다. 그래서 군주의 자리를 빼앗은 지 1년도 되지 않아 그는 페르모 시에 안전한 지위를 확보했을 뿐 아니라 모든 이웃 나라에게 두려운 존재가 되었다.

앞서 말한 대로 체사레 보르자가 시니갈리아에서 오르시니 가와 비텔리가의 사람들을 붙잡았을 때, 올리베로토가 만일 보르자의 책략에 빠지지 않았더라면 그는 아가토클레스와 마찬가지로 실권하지는 않았을 것이다. 결국 그는 외삼촌을 죽인 1년 뒤에 시니갈리아에서 그에게 나쁜 지혜를 가르쳐 준 비텔로초와 함께 교살당하고 말았다.

아가토클레스를 비롯해 그 밖의 사람들이 배신과 잔혹한 일을 일삼아 왔음에도, 각기 제 나라에서 오랫동안 평안하게 지낼 수 있고, 외적을 막아 내고, 시민들의 반란도 전혀 없었던 것은 무슨 이유일까? 보통 대다수의 지배자는 그 잔혹함 때문에 전시에는 물론 평화시에도 나라를 유지하기 어려운데, 그들은 어떻게 해서 성공했을까 하는 의문이 생길지도 모른다.

이런 차이점의 원인은, 잔혹함이 서투르게 사용되었는가, 아니면 교묘하게 사용되었는가 하는 데 있다고 생각한다. 잔혹함이 훌륭히——만일 악에서도 '훌륭히'라는 말이 사용될 수 있다면——사용되었다는 것은 자기 입장을 지키기 위해서 필요상 한 번은 그것을 행사했지만 그 뒤 더 이상은 거기에 집착하지 않고, 가능한 한 부하들에게 도움이 되는 방법으로 전환한 경우를 말한다. 반면 서투르게 사용되었다는 것은 처음에는 사소하게 시작된 잔혹함이 시간이 흐름에 따라 중지되기는커녕 점점 심하게 행사되는 경우를 말한다. 먼저 방법을 존중하는 자는 아가토클레스처럼 신과 민중의 도움을 얻어 자신의 위상을 개선시킬 수 있으나, 후자인 경우에 자신의 권력을 유지하기는 무리한 일이다.

이렇게 볼 때 나라를 빼앗을 경우 정복자는 잔혹한 가해 행위를 여러 차례 행할 것이 아니라 한꺼번에 치르도록 하고, 다시는 되풀이하지 않는다는 약속으로 민심을 수습한 다음 은혜를 베풀어 민심을 잡아야 한다. 겁쟁이 노릇을 하거나 그릇된 의견으로 어리석은 일을 저지르는 자는 항상 위험을 벗어나지 못한다. 계속되는 위해가 원인이 되어 부하도 군주를 믿지 않게 되고, 군주도 그런 부하는 전적으로 신임할 수 없게 된다.

요컨대 가해 행위는 한번에 해내야만 된다. 그렇게 해서 짧은 시일 내에 끝내면 그만큼 민중의 분노도 쉽게 사라지게 된다. 반대로 은혜는 민중이 오랫동안 음미하도록 조금씩 베풀어 줘야 한다.

또한 군주는 신하들과 생활을 같이함으로써 우발적인 사태로 신하들의 행동이 빗나가지 않도록 주의해야 한다. 왜냐하면 일단 사태가 바뀌면 급히 진압하려 해도 이미 때는 늦으며, 그 때 가서 은혜를 베푼다 해도 약점만 드러내는 격이 될 뿐 아무 도움도 되지 못하고 아무도 그것을 고맙게 생각하지 않기 때문이다.

제 9 장
시민형 군주국에 대하여

다음으로는 어느 극악 무도한 개인이 허용할 수 없는 폭력 방법으로 군주 자리에 오르게 된 게 아니라, 동료 시민의 후원으로 군주가 되는 경우에 대해 말하고자 한다. 이것이 바로 시민형 군주국이다. 이 경우 군주가 되는 것은 전적으로 능력과 행운에 의해서가 아니라, 오히려 행운을 잘 이용하는 재주에 의해서이다. 여기서 군주가 되는 길은 민중의 지지를 얻는 경우와 귀족의 지지를 얻는 경우가 있다. 민중은 귀족의 명령을 받거나 억압당하는 일을 피하려 하며, 귀족은 민중에게 그들의 권력을 행사하여 억압하려 하기 때문에 이렇게 대립되는 당파는 늘 있어 왔다. 도시에 존재하는 이 두 가지 다른 기질로부터 군주제나 공화제나 무정부상태 중 어느 하나의 결과가 초래된다.

군주제는 민중이나 귀족 중 어느 한편이 기회를 잡음으로써 이루어진다. 귀족들은 자기들이 민중에게 대항할 수 없다는 것을 알게 되면, 동료 중 한 사람에게 명성을 집중시켜 그 인물을 군주로 만들고는 그들 자신은 이 군주 뒤에 숨어서 자신들을 보호하려 한다. 반대로 민중들도 귀족들에게 저항할 수 없다는 것을 알게 되면, 자기들 중 어느 한 사람을 추대하여 그 인물을 군주로 옹립하여 그 권력 밑에서 자기들을 보호하려 한다.

그런데 귀족의 지지를 받아 군주가 된 자와 민중의 지지를 얻어 군주가 된 자를 비교해 보면, 전자가 군주의 자리를 유지하는 데 훨씬 큰 어려움을 겪게 된다. 그 이유는 귀족의 지지를 받은 군주는 스스로를 군주와 대등하게 여기는 여러 귀족들에게 둘러싸여 자기 뜻대로 그들을 명령하거나 조종할 수 없기 때문이다.

이와 비교할 때 민중의 후원으로 군주가 된 자는 어느 정도 독립된 입장에 있게 되고, 주위에는 복종심 없는 자는 거의 없으며, 만약 있다 해도 극히 소수에 지나지 않는다. 또한 귀족들의 욕망을 채워 주려면 제3자에게 해를 끼치지 않는 공명 정대한 방법으로 할 수 없으나, 민중의 경우에는 그렇지도 않다. 왜냐하면 민중의 소원은 귀족의 욕망에 비해 너무도 온당할 뿐 아니라, 귀족은 권력으로 억압하려는 데 비해 민중은 억압당하지 않는 것만을 원하기 때문이다. 또한 민중은 절대다수이므로 민중을 적으로 돌리는 군주는 마음이 편할 수 없지만 귀족은 소수이므로 안심할 수 있다.

군주가 민중을 적대시할 경우에 생기는 최악의 사태는 민중으로부터 버림받는 일이다. 그러나 귀족을 적대시하여 귀족으로부터 버림받거나 저항받는 것은 두려워할 필요가 없다. 왜냐하면 귀족은 눈치가 빠르고 이기적이라 자기의 안전을 위해서는 재빨리 승산이 보이는 쪽(군주)으로 쏠리기 때문이다. 또한 민중이란 늘 생활을 같이해야 하고 군주 마음대로 그들을 바꿀 수도 없지만, 귀족은 경우에 따라 적당히 귀족들의 작위를 수여할 수도 폐지할 수도 있으므로 자신이 원하는 만큼 그들의 권력을 조절할 수 있다.

이 점을 더 명백히 하기 위해 귀족에 대해서 주로 두 가지 형태로 나누어 말할 수 있다. 즉 상대하고 있는 귀족이 전적으로 운명을 같이할 인물인가 아닌가 하는 문제이다.

만일 그가 군주와 끝까지 행동을 같이할 사람이면 그를 찬양하고 소중히 다루어야 한다. 그리고 복종하지 않는 귀족에 대해서는 두 가지 태도로 나누어 취급해야 한다. 하나는 그들이 소심하거나 원래 결단력이 없기 때문에 복종하지 않는 경우이다. 그런 경우에는 그들을 등용해야 한다. 특히 훌륭한 학식을 가지고 있는 자일수록 더욱 그래야 한다. 왜냐하면 이렇게 함으로써 군주가 한창 융성할 때는 그들도 군주를 존경할 것이며, 또 군주가 역경에 처한다 해도 그들은 두려워할 만한 자들이 못 되기 때문이다.

또 하나는 야심이 있어서 복종하지 않는 자들이다. 이것은 군주의 일보다도 자기들의 일만을 생각하는 증거이므로 군주는 이들을 경계해야 하며 적과 다름없이 간주해야 한다. 이들은 역경에 이르러서는 반드시 군주를 망하게 하는 쪽의 편이 되기 때문이다.

한편 민중의 지지로 군주가 된 자는 항상 민중을 자기 편으로 잡아 두어야 한다. 민중은 다만 억압당하는 것만을 싫어하므로 이것만 주의를 하면 민중을 잡아 두는 일은 그다지 어려운 일도 아니다. 또한 민중의 반대를 무릅쓰고 귀족의 후원으로 군주가 된 자도 무엇보다 민심을 잡도록 힘을 기울여야 한다. 그것은 민중의 보호자로 행동하면 비교적 쉽게 달성될 수 있다. 사실 인간이란 자기에게 해를 끼치리라 생각했던 자로부터 오히려 은혜를 입게 되면, 보통 때 은혜를 받은 것보다 몇 배나 더 고마움을 느끼게 되는 법이다. 그래서 민중은 원래 자기들의 지지로 군주가 된 자에게 더욱 깊은 호의를 갖게 된다.

그 밖에도 군주가 민심을 파악하는 데에는 여러 가지 수단이 있다. 그러나 그것은 상황에 따라 달라지기 때문에 일정한 법칙을 세울 수 없어 여기서는 생략하기로 한다. 결론적으로 말할 것은 군주는 민중을 항상 자기 편으로 잡아 두어야 한다는 것이다. 그렇지 않고서는 역경에 처할 때 대책을 세울 수 없게 된다.

스파르타의 군주 나비스*¹는 그리스군과 승승장구하는 로마군의 포위 공격을 잘 감내해 조국과 영토를 지킬 수 있었다. 그런 위기를 맞았을 때도 그는 몇몇 사람들의 위협만 제거함으로써 족했다. 다시 말해서 그가 평상시 민중을 자기 편으로 잡아 두지 않았더라면 그렇게 무사히 끝나지는 못했을 것이다.

이런 내 의견에 대하여 '민중을 토대로 삼는 자는 진흙 위에 토대를 잡는 것과 같다'는 고루한 속담을 들어 반박할지도 모른다. 인민의 의지를 얻어 권력을 장악한 일개 시민이 적이나 고관에게 억압당했을 때 이 진흙의 토대인 민중을 믿고, 그들이 꼭 자기를 구해 주리라 생각할 때는 이 속담이 꼭 들어맞는다. 이를테면 로마의 그라쿠스*² 형제나 피렌체의 조르조 스칼리*³

---

*1 나비스(기원전 ?~192, 재위 기원전 207~192) : 스파르타 전제 군주. 기원전 201년에 아카이아인의 침략을 받아 대패하였고, 기원전 195년에 로마군에 대패한 후 아르고스에 항복했다가 피살되었다.

*2 그라쿠스(기원전 169~133) : 형 티베리우스와 동생 가이우스의 그라쿠스 형제. 로마 공화제 말기의 개혁자로 모두 피살되었다.

*3 조르조 스칼리(?~1382) : 피렌체의 치옴피의 난(1378~1382)의 지도자. 공화국의 정권을 빼앗아 성공한 것 같았으나, 금방 민중의 지지를 잃은 데다 오만함으로 인해 피살되었다.

의 경우처럼 뒤늦게 민중에게 속았다고 깨닫게 되는 것이 좋은 예이다. 그러나 군주가 민중 위에 토대를 구축하고, 지도적인 입장에서 결단력을 가지고 역경에 처했을 때도 당황하지 않고, 모든 준비를 게을리하지 않으면서 일반 대중의 마음을 용기와 규율로써 잡고 있다면, 결코 민중으로부터 버림받는 일은 없을 것이며 확실한 토대에 서 있다는 자신을 가질 수 있다.

그러나 이런 군주는 민주제에서 전제 체제로의 변천기에는 위기에 부닥치게 된다. 전제 군주는 직접 정치를 하는가 혹은 여러 대신을 통해 다스리게 되기 때문이다. 후자의 경우 군주의 입장은 더욱 불안정하며 위험하다. 왜냐하면 이런 경우에 군주는 대신에게 휘둘려드는 것이 보통이기 때문이다. 특히 대신들은 군주가 역경에 처할 경우에 때로는 군주에게 반항하거나 명령에 거역하기도 하며 마침내 군주 자리까지도 빼앗아 버리기도 한다.

더욱이 군주는 위기에 처했을 때 절대적 권력을 휘두를 여유가 없다. 왜냐하면 줄곧 대신의 명령만을 받아 오던 시민이나 근방의 영민들은 위기시에 군주의 명령을 들으려 하지 않기 때문이다. 따라서 고난에 처했을 때 군주가 신뢰할 수 있는 것은 극소수에 불과하다. 그러므로 군주는 민중이 군주의 필요성을 느끼는 평화시의 태도만을 보고 평가해서는 안 된다. 평화시에는 누구나 다 충실하고 헌신적이다. 죽음이 저 멀리 있을 때에는 모두가 군주를 위해서는 목숨이라도 바칠 것처럼 말한다.

그러나 막상 역경에 처해서 군주가 그런 민중이 정말로 필요할 때는 도저히 헌신적인 민중을 찾아볼 수가 없다. 이런 경험은 경험하는 그 자체가 위험천만이므로 일생에 한 번 정도밖에 겪을 수 없을 것이다. 그러므로 현명한 군주는 항상 어떤 사태가 발생하든 시민들로 하여금 자기 정권이 꼭 필요하다는 것을 느끼게끔 대책을 강구해 두어야 한다. 그렇게 되면 시민은 군주에게 언제까지나 충성을 다할 것이다.

제 10 장
군주국의 힘은 어떻게 평가되어야 하나

이런 군주국의 성질을 규명하는 데 있어서 또 하나의 다른 관점이 필요하다. 이는 어떤 사태가 야기되었을 때 군주가 자력으로 국가를 지켜나갈 수 있는가, 아니면 계속 제3자의 조력을 필요로 하는 나라인가 하는 문제이다. 더 구체적으로 설명한다면 자력으로 국가를 지켜 나갈 수 있는 군주란, 풍부한 인적 자원과 재력으로 어떤 침략자에 대해서도 맞서서 전쟁을 수행하기에 충분한 군대를 조직할 수 있는 자를 말한다. 이에 반해 제3자를 필요로 하는 군주란, 전장에서 적과 맞설 수 없어서 자신의 성 안에 피신해서 적의 공격을 방어해야 하는 자를 말한다.

첫 번째 경우에 대해서는 앞서 말한 것과 같고, 또 앞으로도 필요에 따라 언급하고자 한다. 두 번째 경우에는 이렇게 조언하고자 한다. 군주 자신이 성의 방비를 굳건히 하고 필수품을 갖출 것, 그리고 성 밖의 영지에 대해서는 신경 쓰지 말 것 등이다. 아무튼 성의 방비를 충분히 하고, 신하에 대한 정책도 앞서 살펴본 것과 같이, 또한 앞으로도 언급하는 것과 같이 해 나가면 공격하는 측에서도 다시 한 번 생각해 볼 것이다. 왜냐하면 인간은 곤란이 따라오는 계획에는 반드시 반대하기 마련이라서 그 성의 방비가 견고하고 군주가 민중의 미움을 받지 않는 것을 안다면 감히 쉽게 공략할 수 없다는 것을 알기 때문이다.

독일의 도시국가들은 대단히 자유스러울 뿐 아니라 농촌지역의 영토를 그다지 가지고 있지 않다. 이런 도시국가들은 자기들 편의상 황제에 복종하는 경우는 있지만, 황제나 인접한 유력 군주를 두려워하지는 않는다. 그 이유는 이 도시국가들은 견고한 성벽으로 방비되어 있어서 누구의 눈에도 쉽게 함락될 것 같지 않기 때문이다. 즉 이 도시들은 모두 강력한 성벽이나 호수로

자력으로 국가를 지켜 나갈 수 있는 군주는, 어떤 침략에 대해서도 맞서 싸울 수 있는 군대를 갖추고 있어야 한다.

둘러싸여 있고 대포도 부족함이 없이 준비되어 있다. 또 도시의 창고에는 1년을 버티기에 충분한 음료수와 식량과 연료가 비축되어 있다. 또한 하층 계급 사람들이 국가의 도움 없이도 충분히 먹고 살 수 있고, 너나할것없이 1년간은 일할 수 있는 일거리가 주어지고 있다. 그럴 수 있는 충분한 원자재를 항상 확보하고 있으며, 이를 통해 하층민들이 생계를 유지한다. 게다가 군사 훈련을 중요시하여 이를 육성하기 위한 여러 가지 규정이 있다.

이상 말한 것을 종합해 보건대, 강고한 성을 가진 데다 민중의 미움을 받지 않는 군주는 외부의 공격을 받는 일은 있을 수 없다. 설사 공격받았다 하더라도 침략자는 창피를 당하고 도망가는 것이 고작이다. 왜냐하면 세상일이란 장담할 수 없어서 군대를 이끌고 1년간이나 한 성을 포위한다는 것은 도저히 있을 수 없기 때문이다. 그래도 여전히 반박하는 사람이 있을지도 모른다.

가령 시민이 성 밖에 개인 재산을 갖고 있는 경우에는 사재가 파괴되고 황폐해지는 것을 보면 참지 못하게 될 것이며, 자기 개인의 사욕으로 군주에 대한 소속감은 완전히 잊어버리게 될 것이라고. 이런 위기에 대해 나는, 강력하고 용감한 군주라면 이런 위기를 다음과 같은 방법으로 쉽게 극복할 수 있다고 생각한다. 즉 그의 신민들을 '재난은 오래 계속되지 않을 것이다'라는 희망으로 그들의 용기를 북돋워 주거나, 적의 잔인함을 들어 공포심을 자극시키거나, 또는 지나치게 불만을 표시해 온 사람들을 교묘하게 처리하는 방법으로 위기를 극복할 수 있다.

또 하나의 이유는 다음과 같다. 적군은 그 지역에 쳐들어 가면 당연히 성 밖 외곽지역을 불사르고 약탈할 것이다. 그러나 그 시기에는 아직도 성 안의 분위기는 방어 의욕에 불타 있을 것이다. 그러므로 초기에는 군주가 두려워해서는 안 된다. 왜냐하면 며칠이 지나 시민의 기력이 쇠진할 때쯤이면 시민은 이미 타격으로 불운한 꼴이 된 다음이니 어쩔 수 없게 되기 때문이다. 그렇게 되면 시민들은 군주의 나라를 지키기 위해 자신들의 집과 재산을 없앴으므로, 군주가 반드시 자기들에게 그 은혜를 보상해 줄 것으로 기대하고 더욱 군주와 단결하게 된다.

인간이란 그 성격상 은혜를 받을 때는 물론 은혜를 베풀 때에도 마찬가지로 의리를 느끼는 존재이다. 이로 미루어 볼 때, 가령 성이 포위되더라도 식량만 충분히 비축해 놓고 적절히 방위한다면, 시민의 인심을 잡아 두는 일은 현명한 군주라면 그다지 어려운 일은 아닐 것이다.

제 11 장
종교적 군주국에 대하여

이제 남은 것은 종교적 군주국에 대한 것뿐이다. 이런 나라에 있어서 시련은 국가를 소유하는 그 과정에 있다. 국가를 능력이나 용기 또는 행운에 의해 일단 소유하게 되면 그 현상을 유지하기란 극히 쉽다. 이런 국가는 종교에 근거를 둔 강력하고도 특색 있는 옛 제도에 의해 다스려지고 있기 때문에 군주가 어떤 태도로 생활하든 간에 그 나라는 유지되기 때문이다. 이런 군주는 국토를 방위할 필요도 없고 민중을 애써 다스릴 필요도 없다. 비록 군주가 국가를 방위하지 않은 채 내버려 둔다 하여도 빼앗길 염려가 없다.

민중도 정치에 대해서는 무관심하다. 그들은 군주를 배신할 생각도 하지 않고, 그럴 힘도 없다. 따라서 이런 국가는 태평 세월을 누릴 수 있는 것이다.

그러나 이런 국가는 인간의 마음이 감지할 수 없는 초월적인 권능에 의해 다스려지기 때문에 여기서는 더 이상 언급하지 않기로 한다. 왜냐하면 신에 의해 칭송되고 유지되는 나라를 논하는 것은 오만하고, 신을 두려워하지 않는 소행이 되기 때문이다.

그러나 다음과 같은 사정에 대하여 묻는 자가 있을지도 모른다. 이탈리아 권력자들은——누구나 인정하고 있는 군주는 말할 것도 없고, 봉건 귀족과 군후 영주까지도 포함해서——알렉산데르의 출현 이전까지는 로마 교회의 세속적인 권력을 너무 대수롭지 않게 생각했다. 그러다가 오늘날에는 로마 교회가 프랑스 국왕까지도 놀라게 하고, 또 프랑스 왕을 이탈리아로부터 추방하여 베네치아 공화국을 망하게 할 정도까지 강대하게 된 것을 보고 그 원인은 무엇일까 하고 궁금하게 여기는 사람들도 있을 것이다. 이 사건은 여기서 그 중요한 점을 다시 생각해 보는 것도 무의미한 일은 아닐 것이다.

교황 식스투스 4세
식스투스 4세는 교황령을 이탈리아 국가권력으로 만든 강력한 교황이다. 교황 앞에 서 있는 사람이 교황의 조카이자 후에 율리우스 2세가 되는 줄리아나 델라 로베로 추기경이다.

  프랑스의 샤를 왕이 이탈리아를 침입하기 전에 이탈리아는 교황, 베네치아 공화국, 나폴리 왕국, 밀라노 공국, 피렌체 공화국의 지배하에 있었다. 이 강대국에는 당시 크나큰 걱정이 두 가지 있었다. 하나는 외부 세력이 이탈리아에 침입하지 않을까 하는 것과, 또 하나는 그들 가운데 어느 한 나라가 영토 확장을 시도하지 않을까 하는 것이었다. 그 중에서도 가장 경계 대상이 되었던 것은 교황과 베네치아 공화국이었다. 베네치아를 누르기 위해서는 페라라를 방위했을 때 보았듯이 나머지 나라들이 모두 단결하는 일이, 또 교황을 누르기 위해서는 로마의 봉건 귀족들을 잘 이용하는 일이 필요했다. 그들은 오르시니 가와 콜론나 가로 파벌을 이루어 계속 분쟁을 일으켰으며, 교황의 면전인 로마에서도 무기를 들고 다투어 교황의 권위를 약화시키고 불안정하게 만들었다.
  때로는 식스투스 4세와 같은 과감한 교황이 나타난 적도 있지만, 그의 행

교황 레오 10세

교황 양쪽에 치오리오 데 메디치와 데 로시 추기경이 서 있다. 피렌체 메디치 대공의 차남으로, 13세에 추기경이 되었고, 37세에 교황이 되었다. 문인과 예술을 사랑하여 학예·미술을 보호하였다. 성 베드로 성당 건축을 위하여 면죄부를 팔다가 이를 비판한 루터를 파문함으로써 종교개혁의 원인이 되었다.

운과 영특함도 이런 문제를 극복할 수는 없었다. 거기에는 교황들의 단명도 원인이 되었다. 교황의 재위 기간은 평균 10년 정도였는데 그 짧은 기간에 교황이 이 양쪽 당파 중 어느 하나를 완전히 제압하기는 힘든 일이었기 때문이다. 예를 들어, 한 사람의 교황(오르시니 계)이 콜론나 가를 거의 제압했다 하더라도, 다음에는 오르시니 가를 적대시하는 교황(콜론나 계)이 자리에 올라 다시 콜론나 파를 등장하게 한다. 그렇다고 오르시니 가를 완전히 멸망시킬 만한 여유가 있는 것도 아니다. 이로 인해 이탈리아에서는 교황의 세속권은 거의 무시당하는 사태에 이르렀다.

그런데 알렉산데르 6세가 출현하여 교황이 금전과 무력을 가지면 어떤 힘을 발휘할 수 있는가를 역대 교황 중에서 가장 뚜렷이 보여 주었다. 그는 발렌티노 공작을 이용하여 프랑스군 진출의 좋은 기회를 포착했고, 앞장에서 말했듯이 세력 확장에 성공했다. 알렉산데르의 의도는 로마 교회보다 그의 아들 공작의 세력을 강대하게 하는 데 있었으나 교황이 한 일은 결과적으로 로마 교회의 융성을 가져왔다. 교황이 죽고 공작이 몰락한 뒤에 그 과업을 이어받은 것은 로마 교회였기 때문이다.

그 뒤 율리우스 교황(율리우스 2세)이 나타났을 때 로마 교회는 한층 융성하게 되었다. 로마냐 지방 전부를 지배하고, 이미 알렉산데르 압제하에 무력해진 로마 봉건 귀족들과 그 당파 사람들의 세력을 제거했다. 거기다 율리우스는 알렉산데르 치세 이전에는 없었던 축재의 수단인 성직 매매까지 행했다. 율리우스는 이렇게 전임자의 발자취를 따랐을 뿐 아니라 그것을 더 확대하여 볼로냐를 차지하고, 베네치아 공화국을 공략하여 이탈리아에서 프랑스를 축출하는 데 거의 성공하게 되었다. 더구나 율리우스는 무엇이나 자기 개인을 위해서가 아니라, 로마 교회의 세력 신장을 위해 일했으므로 명성이 더욱 드높아졌다.

나아가서 율리우스는 오르시니·콜론나 두 당파에 대해서는 세력이 이미 약화된 그 당시 상태에서 더 이상 재기하지 못하도록 했다. 이 두 당파에도 개혁의 지도자가 없었던 것은 아니었으나 다음의 두 가지 사태가 그들의 움직임을 구속했다. 하나는 로마 교회의 세력이 강대해서 그들이 두려워하고 있었다는 것이고, 또 하나는 어느 한 파벌이라도 이끌 수 있는 추기경이 없었다는 사실이다.

추기경들은 늘 당파 간 반목의 원인이었다. 이들 추기경들은 로마 안팎에서 당파를 형성했고, 봉건 귀족들은 자신들이 속한 당파를 지지할 수밖에 없었다. 이와 같이 고위 성직자들의 야심이 원인이 되어 봉건 귀족들 사이에 알력과 분쟁이 일어났다.

이리하여 교황 레오 10세는 오늘날과 같은 강력한 교회 국가를 가지게 되었다. 다른 교황들은 무력에 의해 교회를 다스렸더라도, 이 교황은 어질고 옳은 마음과 덕성으로 국가를 더욱 번영케 하고 모든 이의 존경을 받길 바랐다.

제 12 장
군대의 종류와 용병에 대하여

처음에 내가 살펴보고자 하던 군주국의 성격에 대해서는 이미 자세히 설명했다. 또한 각국의 장단점과 그 원인에 대해서도 살펴보았다. 그리고 이런 국가를 정복하고 유지하려 할 때 여러 군주들이 취한 태도에 대해서도 살펴보았다. 이제는 앞서 말한 어느 국가에나 해당되는 공격과 방비에 대한 일반적인 것을 알아보기로 한다. 군주로서는 좋은 토대를 구축하는 것이 얼마나 중요한가 하는 것은 이미 말했다. 이를 소홀히 하면 필연적으로 파멸의 길을 밟게 된다. 그런데 예부터 군주국이든, 복합형 국가든, 신생 군주국이든 간에 가장 중요한 토대가 되는 것은 좋은 법률과 훌륭한 군대이다. 훌륭한 군대가 없는 곳에 좋은 법률이 있을 수 없고, 훌륭한 군대가 있어야 비로소 좋은 법률이 있을 수 있다. 여기서는 군대에 대해 논하기로 한다.

예부터 군주가 자기 나라를 지키기 위해 가질 수 있는 무력은 본국 군대, 용병대, 외국 원군, 이 세 가지를 혼합한 혼성군 등이 있다. 이 가운데 용병대 및 외국 원군은 도움이 되지 못하고 위험하다. 어느 군주가 용병대로 국가의 토대를 구축했다면, 장래의 안정을 보장할 수 없게 된다. 그 이유는 용병은 통솔하기 어렵고, 야심적이며, 규율이 없고, 충실하지 않기 때문이다. 동료 사이에서는 용맹스러운 것 같으나 적중에 들어가면 비굴하기 짝이 없다. 신에 대한 두려움도 없고 인간에 대한 신의도 지키지 않는다. 그러므로 당신의 파멸은 당신에 대한 공격이 지연되고 있는 만큼 늦추어지고 있는 것에 불과하다.

결국 평상시에는 용병들에게 시달림을 받고 전시에는 적군에게 시달림을 받게 된다. 그 이유는, 용병이 전쟁터에 나가려는 것은 불과 얼마 안 되는 급료가 목적일 뿐 그 밖에 아무런 동기도 없고 감정도 없기 때문이다. 더구나 그 급료는 군주를 위해 죽음을 각오할 만큼 큰 액수도 아니다. 그들은 전쟁이 없을 동안에는 군주에게 충성을 맹세하지만 일단 전쟁이 터지면 도망치거나 사라져 버린다. 이 점은 일부러 강조하지 않아도 알 수 있을 것이다. 왜냐하면 현재 이탈리아의 몰락은 오랫동안 용병대를 믿어온 데 그 원인이 있기 때문이다.

물론 일부 용병들은 어떤 특정한 사람 편을 들어 어느 정도 효과를 올리기도 하고 서로 다투어 용맹함을 발휘하는 것같이 보이기도 한다. 그러나 일단 외국군이 침입하면 단숨에 그들의 정체가 드러난다. 그렇기 때문에 프랑스 왕 샤를은 이탈리아를 분필 한 자루*로 점령할 수 있었다. 이 사태에 대해 사보나롤라는 그 책임이 도덕적으로 퇴폐한 이탈리아인에게 있다고 했는데 이것은 사실 그대로이다. 그러나 문제의 책임은 군주에게 있었다. 따라서 벌을 받은 것도 군주 자신이었다.

나는 여기서 이런 군대가 가지는 결함을 더 명백히 하고자 한다. 용병대장에는 유능한 인재와 그렇지 않은 인물이 있다. 용병대장이 유능한 자일 경우에, 그는 고용 군주를 압박하거나 군주의 뜻을 어기고 제3자의 세력을 제압하여 자기 개인의 번영을 꾀하므로 신뢰할 수 없다. 반면 무능한 인물이라면 그 군주를 파멸로 이끌어 갈 것이다.

그러나 여기서 용병이든 아니든 인간은 무기를 잡으면 그런 일쯤은 할 수 있지 않느냐고 반박하는 자가 있을지도 모른다. 그에 대해서는 군주 또는 공화국은 군대를 어떻게 사용할 것인가를 설명함으로써 그 답으로 삼고자 한다.

군주는 스스로 자기 군대의 최고 통수로서 행세해야 되며, 공화국에서는 그 나라의 시민을 장군으로 파견해야 한다. 파견한 시민이 무능력하다고 판단되는 경우에는 즉시 경질해야 한다. 반대로 유능하다고 생각될 때는 목적에 벗어나지 않도록 법률로 규제해야 한다. 사실 경험을 통해서 보더라도 자립하고 있는 군주나 군비를 갖춘 공화국은 비교적 번영해 온 반면, 용병대는 손해를 끼쳤을 뿐 아무런 도움도 되지 못했다. 또한 공화국에서도 자신의 군

＊샤를 8세의 이탈리아 원정은 '분필 전쟁'이라 불리고 있다. 왜냐하면 프랑스군 이탈리아에 입성했을 때 병사들이 묵고 싶은 집 대문에 분필로 표시만 하면 될 정도로, 조금도 저항을 받지 않았기 때문이다.

대를 가진 공화국이 외국 군대에 의존하는 공화국보다 한 시민이 권력을 탈취할 위험성이 적었다.

로마와 스파르타는 몇백 년 동안 군비가 잘 갖추어진 덕분에 독립을 유지했다. 스위스도 충분한 무력을 지니고 있었으므로 완전한 독립을 유지했다. 용병을 불러들여 그 결과가 어찌 되었는가를 보여주는 좋은 예로 가졌던 고대 국가 카르타고를 들 수 있다. 카르타고는 지휘관이 카르타고 시민이었음에도 불구하고 로마와 제1차 전쟁(포에니 전쟁)이 끝난 뒤부터 용병의 공격을 받기 시작했다.

용병대장 흉상

용병은 전투에 소홀하고 규율이 없기 때문에 당시 이탈리아 군주들은 전쟁을 수행하려면 용병대장과 약정부터 해야 했다. 그리하여 마키아벨리는 징병제를 강력 주장한 것이다.

마케도니아의 필리포스 2세(알렉산드로스 대왕의 아버지)는 에파미논다스[*1]가 죽은 후 테베 시민에 의해 추대되어 그 장군으로 선출되었다. 그러나 승리를 거둔 뒤에 시민의 자유를 빼앗아 버렸다.

또한 밀라노는 필리포 공작[*2]이 죽은 뒤 프란체스코 스포르차를 고용하여 베네치아 공화국에 대항하도록 했다. 그러나 이 자는 오히려 카라바조에서 베네치아군을 격파하자, 고용주인 밀라노를 제압하기 위해 베네치아와 결탁

[*1] 에파미논다스(기원전 401~362) : 테베의 군인·정치가. 기원전 371년 레욱트라에서 스파르타군을 격파, 기원전 370년에 펠로폰네소스 침략, 기원전 361년 만티네이아에서 스파르타군을 격파한 뒤 중상을 입고 전사했다.

[*2] 필리포 공작(1392~1447) : 필리포 마리아 비스콘티로, 갈레아초의 아들. 후손이 없어 사위인 프란체스코 스포르차가 밀라노의 왕이 되었다.

했다. 스포르차의 아버지도 최초의 나폴리 여왕 조반나 2세의 용병대장으로 고용되자, 여왕의 군대를 갑자기 해산시켜 버렸다. 그래서 여왕은 왕국을 빼앗기지 않기 위해 아라곤 왕가의 신세를 져야 했다.

이와는 반대로 베네치아와 피렌체에서는 용병을 이용하여 각각 지배 세력을 확장하면서도 용병대장이 군주가 되는 일도 없었고 오히려 통치자를 지켜 왔다고 반문한다면, 나는 그 원인을, 피렌체의 경우에는 다만 운이 좋았다고 할 수밖에 없다. 왜냐하면 위협이 될 만한 실력 있는 용병대장 중의 일부는 승리를 거두지 못했으며, 다른 일부는 반대에 부딪쳤으며, 나머지 사람들은 다른 방면에 야심을 품고 다른 곳으로 갔기 때문이다.

승리를 거두지 못한 자란 존 호크우드(영국 출신 용병대장 조반니 아쿠토라고도 함)가 바로 그렇다. 그는 승리를 거두지 못했으므로 그 충성심의 정도는 알 수 없으나 만일 그가 승리를 거두었다면 피렌체는 그의 뜻대로 되었을 것이다. 스포르차 가 출신들은 항상 브라치오 가 출신의 군대와 경쟁관계였기 때문에 두 파벌은 서로 견제하고 있었다. 예를 들어 프란체스코(스포르차 가)가 롬바르디아 지방에 야심을 가진 반면, 브라치오 가는 로마 교회와 나폴리 왕국에 야심을 품고 있었다.

또 하나 근래에 일어난 사건에 눈을 돌려 보자. 피렌체 공화국은, 앞서 평민의 신분에서 큰 명성을 얻게 된 파울로 비텔리라는 자를 용병대장에 임명한 일이 있었다. 만일 그가 피사를 점령했다면 피렌체는 무슨 수를 써서라도 그와의 관계를 유지했을 것이다. 그가 만일 적 측의 용병으로 넘어갔더라면 대책을 강구할 수 없었을 것이고, 그렇다고 그대로 내버려두었더라면 피렌체인들은 그의 명령에 복종해야만 했을 것이다.

이제는 베네치아의 경우이다. 이 나라의 발전상을 볼 때, 베네치아는 자력으로 전쟁을 하고 있을 동안 착실히 발전했다는 것을 알 수 있다. 즉 내륙에서 작전을 전개하기 이전에는, 귀족들이나 하층 계급에 이르기까지 함께 무장하고 용감하게 싸웠다. 그런데 내륙에서 싸움을 하기 시작한 뒤(14세기 이후)부터는 이 용감한 기풍은 없어지고, 이탈리아 본토의 습성에 따르려 했다. 내륙으로 세력을 뻗치던 초기에 베네치아는 아직 영토라는 것은 거의 없는 상태였으나, 국위만은 드높았기에 용병대장쯤 두려워할 이유가 없었다.

에파미논다스의 죽음

  그런데 카르마뇰라*¹의 통솔로 영토 확장을 계획했을 때 베네치아는 정책의 실패를 뼈아프게 느끼게 되었다. 베네치아인들은 처음에 그가 지휘해서 밀라노 공작을 쳐부쉈을 때 그를 능력 있는 인물로 인정했으나, 한편으로는 그가 전쟁에 열의를 갖지 않았다는 것도 알아차렸다. 그래서 그를 더 이상 고용해도 앞으로의 승산은 없다고 생각했다. 그러나 이제 와서 점령한 지역을 상실하기는 싫었으므로 그를 해고할 수도 없었다.

  베네치아는 결국 국가의 안전을 위해 그를 살해할 수밖에 없었다. 그 뒤 베네치아는 용병대장 자리에 베르가모의 바르톨로메오*², 산 세베리노의 루베르토*³, 피틸리아노 백작*⁴ 등을 차례로 임명했다. 그러나 그들은 새로 영

＊1 프란체스코 부소네 카르마뇰라(1390~1432) : 베네치아의 용병대장. 필리포 공작의 부하였으나, 후에 장군이 되었다. 필리포의 의심을 받자, 적국인 베네치아군으로 들어가 대군을 이끌고 필리포 공작을 격파했다. 그러나 베네치아는 그에게 밀라노 공작과 내통했다는 혐의를 씌워 처형했다.
＊2 바르톨로메오 콜레오니(1400~1475) : 15세기 베네치아의 용병대장·사령관, 최고 전략가. 용병대장. 페라라 공격전에서 전공을 세우고 장군이 되었으나 전사했다. 마키아벨리는 이탈리아에서 가장 탁월한 장군이었다고 격찬했다.

토를 획득하기는커녕 오히려 기존의 영토를 상실할까봐 걱정할 지경이 되었다. 사실 베네치아 공화국은 800년에 걸쳐 심혈을 기울여 얻은 영토를 바일라에서 불과 하루 만에 잃은 적도 있었다. 요컨대 이런 용병들이 가지고 오는 수확이란 시간만 걸리고 보잘것없는 것인데 반해, 그 손실은 눈 깜짝할 사이에 엄청난 것이었다.

이상으로 오랫동안 용병대에 의해 좌우되던 이탈리아 국내의 실례들을 살펴보았다. 다음에는 이 제도의 기원과 발전을 살핌으로써 좀더 효과적으로 용병제가 지닌 문제점을 해결할 수 있도록, 한번 고대로 거슬러 올라가 보자.

이탈리아에서 어떻게 황제 권력이 물러가고 교황의 세속적인 권력이 대두하기 시작하여 명성을 떨치게 되었는지, 어떻게 이탈리아가 수많은 국가로 분열되었는지를 알아야 한다. 그 많은 대도시가, 황제의 비호 아래 그 도시를 제압했던 귀족에 대항하여 무기를 들고 일어났을 때, 로마 교회는 세속적인 권력을 확대시키기 위해 이 도시들을 원조했다. 또 그 밖의 많은 도시에서는 시민 스스로가 나라의 지배권을 장악하기에 이르렀다.

그래서 이탈리아는 로마 교회와 몇 개의 공화국 수중으로 들어가게 되었으며, 성직자나 시민은 원래 무기를 다룰 줄 몰랐기 때문에 용병을 고용하게 되었다. 이런 성격의 군대를 널리 알리게 한 이는 로마냐 출신의 알베리코 다 코니오*5였다. 그의 훈련을 받고 세상에 나간 자는 꽤 많았는데, 그중에서도 브라치오와 스포르차 두 사람은 당시의 이탈리아를 좌우하는 자였다. 이 두 사람 이후로도 많은 인물이 배출되어 오늘날까지 용병대를 지휘하고 있었다. 그리고 그들이 세운 혁혁한 전공의 결과 이탈리아는 샤를 왕에게 쫓겨나고, 루이 12세에게는 약탈당하고, 에스파냐의 페르난도 왕에게는 천대받고, 스위스 병사에게는 창피를 당하게까지 되었다.

용병대장들이 취한 방법은 우선 그들의 평판을 높이기 위해 보병대를 헐

---

*4 피틸리아노 백작(1442~1510) : 본명은 니콜로 오르시니. 바일라에서 벌어진 전투의 베네치아군 용병대장.

*5 알베리코 다 코니오 : 본명은 알베리코 다 바르비아노. 로마냐의 코니오 백작. 교황 우르바노 6세의 지시로, 잘 훈련된 성 조르단을 편성한 뒤 여러 전투에서 승리하여 교황 친위대장이 되었다.

뜯는 일이었다. 그런 행동을 하게 된 것은 그들에게는 영토가 없는 데다 모든 것이 그들의 태도 여하에 달려 있었으며, 또한 소수의 보병으로는 명성을 떨칠 수도 없었고, 그렇다고 해서 다수의 보병을 거느릴 능력도 없었기 때문이다. 그래서 용병대장은 충분히 거느릴 수 있고 소수로 명성도 떨칠 수 있는 기병만을 거느렸다. 결국 2만 명의 부대가 있다면 보병은 불과 2천 명도 안 되는 정도였다.

또한 용병대장들은 자기 자신들 및 병사의 노고와 공포심을 제거하기 위해 노력했다. 전투에서는 죽이지

피렌체를 포위한 프랑스군
이탈리아에서 침입한 샤를 8세의 대규모 군대는 무자비한 살육전을 감행하여 이탈리아의 용병 군대를 전멸시켜 버렸다.

않고 포로로 했으며, 몸값은 받지 않기로 했다. 그리고 야간에는 성을 공격하지 않았다. 성 안에 있는 자들도 적의 야영을 기습하지 않았다. 야영 주위에는 방책과 참호를 설치하지 않았고, 그 야영도 겨울철에는 하지 않았다. 이런 모든 일들은 전쟁의 불문율로 인정되었고, 앞서 말했듯 고통과 위험을 피하기 위한 방법이었다. 그래서 결국 용병은 이탈리아를 노예와 치욕의 땅으로 전락시키고 말았다.

밀라노 공국
시부아 공국
토리노
피에몬테
밀라노 공국
밀라노
롬바르디아
파비아
제노바
제노바 공화국
카라라
루카
피사
피렌체 공화국
토스카나
시에나
시에나 공화국
베네치아 공화국
파도바
만토바 공국
페라라
베네치아
페라라 공국
볼로냐
포클리
피스토이아
피렌체
우르비노
페루자
교황령
로마냐
리미니
아드리아해
로마
나폴리 왕국
캄파냐
나폴리
지 중 해
이오니아해
팔레르모
시칠리아

르네상스 시대의 이탈리아

제 13 장
외국 원군·혼성군·자국군

그 밖의 무의미한 병력으로는 외국 원군이 있다. 이것은 다른 유력한 군주에게 그 군대와 함께 지원해 줄 것을 요청하여 파견된 군대이다. 예를 들면 율리우스 교황도 외국 원군을 청한 적이 있다. 그는 용병의 실정을 잘 알고 있었으므로 페라라 공격 때는 원군을 청하기로 했다. 율리우스는 에스파냐 국왕 페르디난도에게 병력과 무력의 원조를 요청하여 타협이 되었다. 그러나 이런 군대는 그 자체로는 가치가 있으나 반드시 이를 불러들인 쪽에 해를 끼친다. 왜냐하면 원군이 지면 군주는 멸망하게 될 것이고, 이기면 이기는 대로 군주는 그들의 포로가 되기 때문이다.

이런 실례는 역사상 얼마든지 찾아볼 수 있다. 그런데 나로서는 교황 율리우스 2세의 색다른 실례를 주목하고자 한다. 그가 페라라를 탐낸 나머지 외국인 수중에 자기를 온통 맡겨 버린 듯한 정책을 쓴 것은 경솔한 일이었다. 하지만 그는 요행히도 그 그릇된 정책에서 오는 결과를 피할 수 있었다. 즉 그의 원군이 라벤나에서 패배했을 때 스위스군이 갑자기 궐기하여 그를 비롯한 제3자의 예상을 뒤엎고 승리에 날뛰는 적군을 무찌른 것이다. 그래서 교황은 적의 포로가 될 신세도 면했고, 자기 원군과는 관계없이 다른 병력으로 이기게 되었다.

피렌체 공화국은 무력을 전혀 갖고 있지 않았기 때문에 피사 공략 때 프랑스군 1만 명을 불러들였다. 그 결과 피렌체는 말할 수 없는 위험에 처하게 되었다.

콘스탄티노플의 요한네스 6세는 주변 국가에 대항하기 위해 투르크군 1만 명을 그리스에 끌어들인다. 그런데 이 외국군은 전쟁이 끝나도 돌아가려 하지 않았다. 그리스의 이교도에 대한 예속은 여기서부터 시작되었다.

현명한 군주는 외국 원군, 용병을 끌어들이지 않고 자국군을 선호한다. 외국 원군으로 얻어진 승리는 참다운 승리가 아님을 알기 때문이다.

이런 예를 보건대 승리를 원하지 않는 군주가 있다면 그에게 외국 원군을 이용하라고 권하고 싶다. 왜냐하면 외국 원군은 용병대보다 훨씬 위험하기 때문이다. 외국 원군의 병력이라면 파멸은 확실하다. 외국 원군의 병사들은 모두 단결하여 제3자의 군주에게 충성을 바친다. 이에 반해 용병의 경우는 모두 하나가 되어 있지도 않은 데다 군주에게서 급료를 받고 있기 때문에 가령 전쟁에서 이겨 군주를 위협한다 하더라도 그러기에는 많은 시간과 좋은 기회가 수반되어야 한다. 그리고 그들의 장군으로 임명한 용병들은 군주를 위협할 만한 권력을 쉽게 잡을 수 없다. 요점을 말하자면 용병대에 있어서 가장 위험한 일은 그들이 겁을 먹는 일이고, 외국 원군에 있어서는 그들이 용감하게 싸우는 일이다.

따라서 현명한 군주는 항상 이런 병력을 피하고 자기 나라 군대에 기초를 둔다. 그리고 외국의 병력에 의해 얻어진 승리는 참다운 것이 못 되며, 제3자의 힘으로 이길 바에야 자력으로 싸우다가 패하는 것을 원하게 될 것이다.

여기서 나는 체사레 보르자가 취한 행동을 일례로 들어 보겠다.

보르자 공작은 스스로 외국 원군과 함께 로마냐에 들어가 순전히 프랑스 군사로만 이루어진 군대를 이끌고 그 병력으로 이몰라와 포를리를 점령했다. 그러나 그는 그 군대에 불안을 느껴 용병 쪽이 위험이 적다고 보고, 오르시니와 비텔리의 용병을 불러들였다. 그런데 막상 겪어 보니 그들도 충실하지 못하여 불안과 위험한 기미가 보였으므로 그들을 해고하고 자기 나라 군대로 바꾸었다. 그들 병력의 차이는, 보르자 공작이 프랑스군만을 인

다윗 베르니니 작

솔했을 때 및 오르시니와 비텔리의 용병을 고용했을 때의 평판과, 자국 병사와 자력만으로 밀고 나왔을 때의 평판을 비교해 보면 명백할 것이다. 즉 자국군만을 이끌게 되자 보르자 공작은 높은 명성을 떨쳤다. 그가 자기 군대를 완전히 장악하고 있다는 것이 세상에 알려지자, 그에 대한 평가도 최고도에 달한 것이다.

나는 실례로서 최근 이탈리아에서의 일만 소개하려 했으나 그보다 앞서 이름을 떨친 인물로 시라쿠사의 히에론의 이야기를 덧붙여야겠다. 히에론은 시라쿠사의 민중에 의해 추대되어 군대의 지휘관이 되었다. 그러나 히에론은 당시 그의 지휘하에 있던 용병부대가 마치 이탈리아의 용병부대처럼 아무 쓸모 없다는 것을 알게 되었다. 그래서 히에론은 이들을 유지하는 것도, 해산시키는 것도 위험하다고 생각하여 그들을 모두 참살해 버렸다. 그리고 이후로는 용병은 전혀 쓰지 않고 자기 병력만으로 싸움을 하기로 했다.

이와 비슷한 예로 구약성서 《열왕기상》의 한 인물을 생각해 보기로 하자.

즉 다윗은 블레셋 용사인 골리앗과 싸울 것을 사울 왕에게 제의했다. 사울 왕은 그를 격려하기 위해 자기 무기와 갑옷을 다윗에게 주었다. 다윗은 이를 잠깐 걸쳐 봤으나, 자기로선 충분히 활용하지 못할 것 같다고 사양했다. 그리고 자기의 투석기와 단검만을 들고 적중으로 뛰어들었다. 말하자면 남의 무기란 몸에 맞지도 않아 부담이 될 뿐이고, 그렇지 않으면 거북한 것을 참아야 한다.

루이 11세의 선친인 샤를 7세는 자기 능력과 행운으로 프랑스를 영국으로부터 해방시켰다. 그때 그는 본국의 군비를 강화해야 한다는 것을 깨닫고 왕국 내에 기병과 보병으로 된 제도를 실시했다. 그러나 그의 아들인 루이 왕은 보병대를 폐지하고 스위스 용병을 고용하기 시작했다. 이 실정(失政)은 다음 왕에게까지 영향을 미쳐 프랑스 왕국의 위기를 초래하는 원인이 되었다. 왜냐하면 보병을 완전히 폐지했기 때문에 기병은 외국에 보병의 원조를 청하게 되었고, 따라서 결국 스위스 용병의 이름만 높이고 프랑스 군대는 약화시키고 마는 결과가 되었기 때문이다. 그래서 항상 스위스 보병과 협동 작전을 해야 하는 습관이 생겨 스위스 병사 없이는 승리할 수 없다고 생각하게 되었다. 따라서 프랑스군은 스위스의 개입 없이는 단독으로 행동할 수 없게 되었고, 또 스위스 용병 없이는 적에게 속수무책인 지경에까지 이르렀다.

이렇게 되어 프랑스군은 일부는 용병, 일부는 자국 병사인 혼성군 형태가 되었다. 이런 혼성 부대는 단순한 외국 원군, 또는 단순한 용병군 병력보다는 훨씬 뛰어나지만 그래도 자국군에 비교하면 형편없이 뒤떨어졌다. 따라서 만일 프랑스 왕국이 샤를이 구축한 군사 조직을 육성하고 유지했더라면 결코 패하는 일이 없었을 것은, 앞서 말한 예를 봐도 충분히 알 수 있을 것이다.

생각이 얕은 사람은 처음 단맛에 속아, 속에 숨어 있는 해독을 알아차리지 못하고 일을 시작해 버린다. 이것은 앞서 말한 소모성 열병과 마찬가지이다. 따라서 군주의 자리에 있는 자가 재난이 눈앞에 닥칠 때까지 모르고 있다면 이는 현명한 군주라 할 수 없다. 그러나 이런 통찰력을 지닌 자는 극소수에 지나지 않는다.

여기서 다시 로마 제국이 멸망하게 된 최초의 원인을 살펴보면, 고트인을 용병으로 고용하기 시작한 데*1 전적으로 원인이 있다는 것을 알게 된다. 그것이 동기가 되어 로마 제국의 위세는 떨어지기 시작했고, 그 용맹성마저 로마 제국의 손을 떠나 고트인에게로 옮아갔다.

여기서 나는 이렇게 결론짓는다. 자기 군대를 지니고 있지 않으면 어떤 군주국이라도 평안할 수 없다. 오히려 일단 위기에 처하게 되면 자신을 지켜 나갈 힘

샤를 7세
프랑스를 영국으로부터 해방시켰고, 자국 군비 강화의 필요성을 절감하고, 기병·보병 징병제도를 실시했다.

이 없으므로 모든 것을 운명에 맡기게 된다.

'자력에 의지하지 않는 권세나 명성만큼 약하고 믿지 못할 것은 없다'*2라는 말은 지금까지 현명한 사람들이 부르짖어 온 의견이며 잠언이었다.

자기 무력이란 신하 및 시민, 또는 군주의 부하로 조직된 군대를 말한다. 또 기타의 무력이란 용병군 또는 외국 원군을 말한다. 자기 무력을 조직하는 수단에 대해서는 내가 앞서 인용한 네 사람, 즉 체사레 보르자, 히에론 왕, 다윗, 샤를 7세, 알렉산드로스 대왕의 아버지 필리포스 왕을 비롯한 여러 군주국과 공화국이 어떻게 무장을 갖추고 어떻게 군사 조직을 했는지를 살펴보면 쉽게 알 수 있을 것이다. 나는 그런 방법들에 절대적인 신뢰를 갖고 있다.

---

*1 4세기 말경. 로마 황제 발렌티니아누스와 테오도시우스가 많이 고용했다.
*2 타키투스, 《연대기》 XIII, 19

제 14 장
군사에 대한 군주의 임무

군주는 전투, 군사 조직, 훈련 이외에 어떤 목적도, 배려도, 직무도 가져서는 안 된다. 이것이 통치자에 속하는 유일한 임무이다.

이 일은 원래 군주 자리에 있는 자에게 그 나라를 보전하는 힘이 될 뿐만 아니라, 한낱 평민에서 군주의 자리까지 올라가게 하는 원동력이 되기도 한다. 이에 반해 군주가 무력 이외에 사치스러운 취미에 마음을 쏟게 되면 나라를 잃는 것은 분명한 일이다. 그러므로 군주가 나라를 잃는 첫째 원인은 바로 이 직무를 소홀히 하는 데 있으며, 군주가 되는 기초도 이 직무에 정통한가 여부에 달렸다.

프란체스코 스포르차는 무력을 지니고 있었으므로 한 평민에서 밀라노 군주가 되었다. 그러나 그의 자식들*은 군사를 귀찮은 것이라고 피했기 때문에 평민으로 전락해 버렸다.

무장을 갖추지 않은 것에 대한 폐해는 여러 가지 있으나 특히 문제되는 것은 사람들이 군주를 얕본다는 것이다. 이 '얕본다'는 것은 뒤에서도 언급하겠지만 군주로서는 엄중히 경계해야 할 점이다.

사실 무력을 가진 자와 가지지 않은 자는 엄청난 차이가 있었다. 가령 무력을 지닌 자가 무력을 지니지 않은 자에게 스스로 복종한다거나, 무력을 지니지 않은 자가 무력을 지닌 자에게 둘러싸여 안이하게 있다든가 하는 일은 있을 수 없다. 왜냐하면 서로 얕보고 의심하는 자들끼리 함께 일한다는 것은 도저히 불가능하기 때문이다. 요컨대 군사에 정통하지 않은 군주는 부하로

---

* 프란체스코 스포르차에게는 두 아들, 즉 장남 갈레아초 마리아는 살해되었고, 차남 루도비코는 프랑스 루이 12세에게 인질로 잡혀가 그곳에서 죽었다.

로마인과 이민족의 싸움 4~5세기에 고트인과 반달인 등의 이민족들이 서로마 제국에 침입해 왔다. 476년에 서로마 제국은 소멸되었고, 이탈리아는 이민족의 지배 아래 들어갔다.

부터 존경받지 못하며 군주도 부하를 신뢰할 수 없다.

이런 식으로 생각하면 군주는 한시도 군사상의 훈련을 염두에서 떠나게 해서는 안 될 것이다. 그리고 평상시에도 전시를 능가하는 훈련을 해야 할 것이다. 이 훈련에는 두 가지 방법이 있다. 하나는 행동으로 하는 것이고, 하나는 두뇌를 사용해서 하는 것이다. 행동으로 하는 데는 병사를 잘 조직화하고 군사 훈련을 행함은 물론 수렵을 통해 심신을 단련시켜야 한다. 또 이로 인해 각 지형의 특징을 파악하여 산의 기복 상태, 계곡의 모양, 평야의 생김새, 하천과 늪지대의 특징을 잘 알아 두어야 한다. 군주는 이런 점에 특히 유의해야 한다.

이런 지식은 다음의 두 가지 뜻에서 유익하다. 첫째, 자기 나라를 더욱 잘 알게 됨으로써 국방에 좀더 깊은 이해를 갖게 된다. 둘째, 각 지형의 개념을 알고 지리에 밝게 되어 어떤 지방에 가도 새로운 지형의 특징을 쉽게 파악할 수 있게 된다. 예를 들어, 토스카나 지방의 구릉·계곡·평원·하천·늪 등은 다른 지방의 지리적 조건과도 비슷한 점이 있다. 그러므로 한 지방의 지형에 익숙해지면 다른 지방에 가도 쉽사리 알 수 있게 되는 것이다. 결국 이런 지식이 없는 군주는 지휘관으로서 당연히 갖추어야 할 가장 중요한 자질을 지니지 못하는 셈이다. 왜냐하면 이 지식이야말로 적군을 추적하고, 야영지를 결정하고, 군대를 전진시키고, 전투 대열을 정하고, 적의 요새에 대해 유리한 진을 칠 수 있게끔 하기 때문이다.

아카이아 동맹의 지도자였던 아카이아인의 군주 필로포이멘*에 대해서는 역사가들에 따라 갖가지 찬사가 나왔지만, 특히 그가 평상시에도 전술에 대한 일만 연구했다는 점을 칭찬하고 있다. 그는 친구들과 야외에 나갔을 때도 그들과 이런 말을 자주 주고받았다고 한다.

"적이 저 언덕을 점거하고 있고 우리가 이곳에 포진하고 있다면 어느 편

군사에 대한 군주의 임무
군주는 군사 조직과 군사 훈련에 역점을 두어야 한다고 마키아벨리는 강조하고 있다.

---

* 필로포이멘(기원전 253~182): 아카이아 동맹을 이끈 그리스의 명장으로, '마지막 그리스인'이라고 평한다. 셀라시에 전투(기원전 222~221)에 공을 세워 대장군이 되었다. 스파르타 왕 나비스(재위 기원전 204~203)를 격파하고, 메시나 전투에서 포로가 되어 죽었다.

아킬레우스와 헥토르의 싸움
기원전 500~480년 경, 대영박물관

이 더 유리할까? 이곳 진형(陣形)을 어떻게 사용해야 적의 공격을 막아낼 수 있을까? 그리고 우리가 후퇴를 하려면 어떻게 하면 좋을까? 또 적이 후퇴하면 우리는 어떻게 추격해야 할까?'

그는 이런 말을 하면서 산책길에서도 부대에 일어날 상황을 친구에게 제기해서 친구의 의견을 듣고, 또 자기 의견도 말하는 등 여러 가지 논거를 거듭해 자기 전술을 강화해 나갔다고 한다. 그는 이처럼 계속 인식을 넓혀 갔기에 스스로 군대를 지휘하게 되었을 때, 어떤 우발적인 사건이 일어나도 대책을 세우는 데 당황하지 않았다.

한편 두뇌를 써서 훈련하기 위해서는 군주는 역사물을 읽고, 그를 통해 위인의 행적을 연구해야 한다. 전쟁을 치르는 데 있어서 위인들이 어떻게 지휘했는지를 알아보고, 그들의 승패 원인이 어디에 있었는지를 검토하여 하나의 모범으로 삼아야 한다. 그리고 위대한 인물이 밟아 온 길을 뒤따라야 한다. 그 위대한 인물 역시 그들 이전에, 세상 사람들에게 칭송을 받고 영광을 누렸던 위대한 인물을 모범삼아 그 행동과 업적을 항상 좌우명으로 삼았다.

예를 들어, 알렉산드로스 대왕은 아킬레우스를, 카이사르는 알렉산드로스를, 스키피오는 키루스를 모범으로 삼은 것처럼 말이다. 그리고 크세노폰이 쓴 키루스 왕 전기를 읽으면, 스키피오의 일생은 키루스 왕을 얼마나 훌륭히 모방하였는가를 알 수 있다. 또한 스키피오가 절제와 온화함, 인간미와 관용 면에서 크세노폰이 묘사한 키루스 왕과 얼마나 닮았는지도 알 수 있을 것이다.

총명한 군주는 당연히 이런 위대한 인물들의 태도를 존중해야 한다. 평상 시에도 게으름 피우지 말고 노력하고 실천하여 역경에 처했을 때도 충분히 이겨 나갈 수 있어야 한다. 즉 운명이 뒤바뀌었을 때도 운명을 견디어 나갈 수 있는 마음가짐이 있어야 한다.

제 15 장
인간, 특히 군주가 칭송이나 비난받는 경우

그러면 군주는 신하나 자기 편 사람들에 대해 어떤 태도를 취하고, 어떻게 다스려야 하는지를 살펴보기로 하자. 이 논점에 대해서는 많은 사람들이 여러 가지로 저술했으므로, 여기서 내가 새삼스럽게 이 문제를 다룬다면 틀림없이 주제의 취급 방법이 다른 저자와 달라질 것이다. 그러므로 나를 건방지다고 생각할지도 모르겠다.

그러나 내가 의도하는 것은 독자에게 직접 도움이 될 것을 쓰려고 하는 것이다. 상상의 세계보다 구체적인 진실을 추구하는 편이 도움이 되리라고 생각한다.

세상 사람들 중에 현실 속에 존재하지도 않고, 또 알려지지도 않는 공화국이나 통치권에 대해 상상하는 이가 많다. 그러나 사람이 어떻게 살아가야 하느냐 하는 문제 때문에 현재 사람이 살아가고 있는 실태를 허술히 보아 넘기는 자는 자기를 보존하기는커녕 눈 깜짝할 사이에 파멸을 초래하게 될 것이다. 일반적으로 행해지는 것을 행하지 않고 무슨 일에서나 선(善)을 내세우고자 하는 사람은 좋지 않은 사람들 속에서 파멸을 면하지 못할 것이다. 그래서 권력을 유지하려는 군주는 선하기만 해도 안 되고, 악인이 되는 법도 알아야 하며, 또한 그 태도를 때에 따라 행사도 하고 중지도 할 줄 알아야 한다.

그러면 군주의 처신에 관하여 일어날 수 있는 일은 제쳐 두고 실제 인물에 대해 알아보자. 인간은, 특히 군주는 그 신분이 높기 때문에 세평에 오르내리게 되는데, 이 경우 당사자의 기질 속에 있는 어떤 면이 두드러지게 비난이나 찬사를 받는다. 가령 어떤 사람은 관대하다거나, 또 어떤 사람은 인색하다는 평을 받는 일이 바로 그것이다.

아리스토텔레스와 알렉산드로스
아리스토텔레스가 왕자(후에 알렉산드로스 대왕)의 개인교수가 되어 가르치고 있다.

그리고 또 이런 식으로도 평판한다. 즉 저 사람은 잘 베풀지만 이 사람은 욕심이 많다든가, 저 사람은 잔인하지만 이 사람은 자애심이 많다든가, 저 사람은 신의가 없지만 이 사람은 의리가 있다든가, 저 사람은 인간미가 있지만 이 사람은 거만하다든가, 저 사람은 음탕하지만 이 사람은 순결하다든가, 저 사람은 겉과 속이 다르지 않지만 이 사람은 교활하다든가, 저 사람은 융통성이 없지만 이 사람은 있다든가, 저 사람은 근엄하지만 이 사람은 경박하다든가, 저 사람은 경건하지만 이 사람은 신을 믿지 않는다든가 등······.

물론 여기 열거한 기질 중에서 좋은 점만을 갖춘 군주가 최고로 찬양받으리라는 것은 누구나 인정할 것이다. 그러나 인간이란 하나에서 열까지 다 구비할 수는 없으므로, 한 군주가 좋은 기질을 다 지니고 훌륭히 지켜 나간다는 것은 불가능한 일이다. 그러므로 군주는 세심하게 주의해서 자기 나라를 빼앗기는 수치스러운 악덕의 오명만은 피해야 할 것이고, 가능하면 나라를 빼앗기는 일과는 무관한 오명이라 하더라도 이를 피해야 한다. 후자의 경우가 불가능하다면 너무 신경 쓰지 말고 되는 대로 내버려두는 게 좋다.

하지만 어떤 악덕을 행사하지 않으면 나라를 유지하기 힘든 어쩔 수 없는 경우라면 오명 따위는 생각하지 말고 행사하는 것이 좋다. 왜냐하면 미덕처럼 보이는 것도 그것을 행하다 보면 자신을 파멸로 이끌어 가는 수도 있으며, 반면 악덕으로 보이지만 그것을 행사함으로써 자신의 안전과 번영이 유지되는 경우도 있기 때문이다.

제 16 장
관대함과 인색함에 대하여

앞서 말한 군주의 기질 중에서 우선 첫 번째 것을 논한다면, 관대하다고 인정받는 일은 확실히 좋은 일이라고 생각된다. 그러나 그 행위가 명망 없는 일반적인 관대함이라면 오히려 해를 입게 된다. 고결한 행동을 하는 것이 통칙으로 되어 있는 입장에서, 고결한 행동을 하면 남의 눈에 띄지 않을 뿐더러 오히려 다른 오명까지 뒤집어쓰게 된다. 그 이유는 많은 대중으로부터 관대하다는 평판을 들으려면 필연적으로 사치에 기울게 되기 때문이다. 그래서 군주는 그런 일에 자신의 전 재산을 탕진하게 된다. 게다가 관대하다는 평판을 계속 듣기 위해서는 결국 민중에게 터무니없는 짐을 주게 되고, 무거운 과세를 하고, 또 어떻게 해서든지 돈을 우려내려고 한다. 이렇게 되면 백성의 원한을 사게 되고, 자신도 가난해져서 누구에게서도 존경받을 수 없게 된다. 따라서 그 관대한 기질 때문에 이 군주는 극히 소수에게만 은혜를 베풀었을 뿐 대다수의 사람을 해치게 되는 셈이다. 그는 불만의 징조를 느끼게 될 것이며, 그의 권좌에 대한 최초의 위협이 그에게 중대한 시련으로 다가올 것이다. 군주가 이를 알아차리고 몸을 빼려고 하면, 이번에는 즉시 인색하다는 악평을 듣게 된다.

요컨대 군주가 관대하다는 미덕을 보이고 세평을 한 몸에 지니려 한다면 자기에게 불리한 일을 초래할 수밖에 없다. 따라서 현명한 군주는 인색하다는 평판에는 신경 쓰지 말아야 한다. 일단 군주가 검소해서 세입을 풍부하게 하고, 외적으로부터 몸을 지켜 주며, 민중에게 부담을 주지 않고 전쟁을 할

가이우스 율리우스 카이사르(BC 100~44)
로마의 장군으로 갈리아를 정복하는 등 눈
부신 승리를 거두었고, 내전을 진압하고 정
적들에게 너그러이 대했다. 그러나 그들에
게 암살당하게 된다.

수 있는 사람이라고 알려지면 시간이 흐름에 따라 이 군주는 더욱 관대하다
는 평을 듣게 된다. 이렇게 되면 그는 수많은 사람들에게서 재산을 빼앗지
않고도 관대한 행동을 하는 것이 되고, 소수에게만 특별한 은혜를 베푸는 일
이 없기에 인색하다는 말을 듣게 된다.

우리 시대의 위대한 업적은 인색하다는 사람의 손에 의해서만 이루어졌으
며, 그 밖의 사람들은 다 멸망했다. 예를 들어, 교황 율리우스 2세는 교황
자리에 오를 때까지는 관대하다는 평판을 이용했다. 그러나 그 뒤에는 전쟁
을 치르기 위해 평판이 떨어지는 것 따위는 생각하지도 않았다. 또한 현재의
프랑스 국왕 루이 12세는 국민에게 과도한 세금을 물리지 않고도 몇 차례에
걸친 전쟁을 감행해 왔다. 이것도 오로지 장기간에 걸친 절약 습관이 막대한
추가 경비를 충당할 수 있었기 때문이다. 현재의 에스파냐 왕 페르난도 5세
도 만일 그가 관대하다는 평을 받았더라면 도저히 그처럼 많은 전투에 몸을
바쳐 승리를 거두지 못했을 것이다.

그렇기 때문에 군주는 백성으로부터 금품을 약탈하는 일이 없도록 하기
위해서도, 자기 방어를 위해서도, 가난해져서 경멸을 당하지 않기 위해서도,

아우구스투스(BC 63~AD 14)
본명 가이우스 옥타비아누스. 어머니가 카이
사르의 질녀이다. 카이사르가 암살되자 유언
장에 자신이 후계자로 지명되었음을 안다.
반대파와 추종자 사이의 내전을 겪으면서 카
이사르 암살자들을 축출하고, 로마 제국의
초대 황제가 된다.

탐욕자가 되지 않기 위해서도, 인색하다는 평판쯤은 조금도 개의치 말아야
한다. 이것은 지배자로서의 지위를 얻게 하는 하나의 악덕이기 때문이다.

만일 어느 누가 카이사르가 그 관대한 씀씀이로 로마 제국을 얻었고, 또한
많은 사람들로부터 관대했다고 인정받았기 때문에 지극히 높은 자리에 앉지
않았는가 하고 반박한다면, 나는 다음과 같이 대답할 것이다. 그 사람은 이
미 군주가 된 사람인가, 아니면 앞으로 군주가 될 사람인가를 먼저 생각해야
한다고 말이다. 앞의 경우라면 관대한 일은 그에게 해가 된다. 그러나 뒤의
경우라면 관대하다고 보일 필요가 있다. 카이사르는 로마 제국에서 권력을
추구하던 사람 중의 하나였다. 그런데 그가 권력을 장악한 뒤에도 그 낭비벽
을 고치지 않고 계속 그런 생활을 했더라면 아마 그의 정권은 멸망했을 것이
다.

또한 누군가, 많은 군주들이 지극히 관대하다는 세평을 받으면서도 사적
승리를 거두지 않았느냐고 반박한다면, 이에 대해 나는 이렇게 대답할 것이
다. 군주가 돈을 쓸 때도 자기 돈이나 신하의 돈을 쓸 경우가 있고 타인의
돈을 쓸 경우가 있다. 첫 번째 경우라면 인색해야 할 것이다. 그러나 두 번
째 경우라면 얼마든지 관대해도 좋다.

이를테면 군주가 군대를 인솔하고 공격해 들어갈 때 전리품을 얻고, 약탈을 행하고, 마음대로 징벌하며, 남의 것을 마음대로 좌우할 수 있다면 그 때는 한껏 관대해야 한다. 그렇지 않으면 병사들이 뒤따르지 않을 것이다. 즉 당신이나 당신의 신하들 것이 아니라면, 키케로나 카이사르나 알렉산드로스처럼 얼마든지 관대하게 행동해도 무방하다. 남의 것을 낭비하더라도 그것은 당신의 평판을 떨어뜨리기는커녕 오히려 한층 더 드높이기 때문이다. 이와 반대로 군주 자신의 것을 낭비하면 결국 그 자신에게 해가 돌아온다.

그렇지만 관대함처럼 자기 자신을 탕진해 버리는 일은 없다. 관대함을 발휘하다 보면 모르는 사이에 실천할 수 있는 능력을 잃게 된다. 그렇게 되면 빈곤해지고 남에게 업신여김을 받든가 또는 빈곤에서 벗어나려고 탐욕스러워져 남의 원망을 사는 것이 고작이다.

그런데 남에게 업신여김을 받는 것과 원한을 사는 일은 군주가 엄격히 경계해야 할 일이다. 관대함은 이 가운데 어느 한쪽으로 당신을 이끌어 가게 된다. 그래서 관대하다는 평판을 얻으려 발버둥치다가 결과적으로 탐욕자가 되어 미움과 오명을 사게 된다면, 오명만을 얻고 미움은 사지 않는 인색한 군주가 되는 편이 훨씬 현명할 것이다.

제 17 장
잔인함과 인자함, 존경과 두려움의 평판 중 어느 것이 나은가

앞서 말한 군주의 기질에 대해 좀더 말을 하자면, 모든 군주들이 잔인하다기보다는 인자하다는 평판을 받기 원한다는 것을 알 수 있다. 그러나 이런 온정도 역시 서투르게 사용하는 일이 없도록 신경 써야 할 것이다. 예를 들어 체사레 보르자는 잔인한 인간으로 알려져 왔다. 그러나 그의 잔인함은 로마냐의 질서를 회복하고, 그 지방을 통일하여 평화와 충성을 지키는 결과를 가져왔다. 그렇다면 피렌체 시민이 냉혹하다는 악평을 피하려고 피스토이아의 붕괴를 수수방관한 데*¹ 비하면 보르자가 훨씬 더 자애로웠다는 것을 알 수 있다. 따라서 군주는 자기네 백성을 단결시키고 충성을 지키게 하려면 잔인하다는 악평쯤은 개의치 말아야 한다. 그것은 자애심이 너무 깊어서 혼란 상태를 초래하여 급기야 시민들을 죽거나 약탈당하게 하는 군주에 비하면, 소수의 몇몇을 시범적으로 처벌하여 질서를 바로잡는 잔인한 군주가 훨씬 인자한 셈이 되기 때문이다. 또한 후자의 경우에는 군주가 명령한 처형이 한 개인을 다치는 것으로 그치지만 전자의 경우에는 국민 전체를 다치게 하기 때문이다.

그런데 신생 국가는 그만큼 위험도 많기 때문에 신생 군주가 잔인하다는 평판을 면할 수는 없다. 그래서 베르길리우스는 디도*²를 통해 이렇게 말하

---

*1 피스토이아에서는 두 파의 권력자 사이에 투쟁이 계속되었다. 이때 피렌체는 처음에 양 당파의 지도자를 쫓아내고 평화를 회복하려는 정책을 썼다.

*2 디도 : 베르길리우스의 《아이네이스》에 나온다. 디도는 재산가인 그녀의 남편 시카이오스가 그녀의 오빠 피그말리온에게 살해당하자, 재산을 싣고 아프리카로 도망간다. 그곳에서 그녀는 카르타고 시를 건설한다. 어느 날 아이네이아스가 트로이 전쟁 후 항해 중에 도움을 요청하기 위해 방문한다. 디도는 아이네이아스를 사랑하게 되나 제우스 신은 그들 사이를 떼어 놓는다. 너무도 큰 자존심의 상처를 입은 디도는 나뭇더미 위에서 자결하고 불타버린다.

고 있다.

"나에게 주어진 냉혹한 운명과 아직 확립되지 않은 나라의 불확실함이 나로 하여금 국경을 구석구석 감시하게끔 했노라."

그러나 군주는 경솔하게 남을 믿거나 경거망동해서는 안 되며, 자기 그림자를 두려워해서도 안 된다. 그리고 상대편을 너무 지나치게 믿어 분별 없이 군다든가 아니면 너무 불신에 사로잡혀 편협되지 않도록 사려와 인간미로써 침착하게 일을 해나가야 할 것이다.

여기서 또 하나의 문제가 생기게 된다. 즉 사랑을 받는 것과 두려움의 대상이 되는 것 중 어느 쪽이 좋은가 하는 점이다. 누구나 양쪽을 다 갖추었으면 하는 대답을 할 것이다. 그러나 이 두 가지를 동시에 구비하기란 어려운 일이다. 따라서 만일 그 중 어느 하나를 택해야 한다면 사랑받는 것보다는 두려움의 대상이 되는 편이 훨씬 안전하다. 그것은 인간에 대해 일반적으로 다음과 같은 말을 할 수 있기 때문이다.

원래 인간은 은혜도 모르고 변덕이 심하며, 위선자인 데다 뻔뻔스럽고, 신변의 위험을 피하려 하고, 물욕에는 눈이 어둡기 때문이라고. 그래서 당신이 은혜를 베푸는 동안에는 모든 사람이 당신 뜻대로 되고, 그들은 피와 재산과 생명과 아이들까지도 당신에게 바친다. 그러나 이것은 앞서 말했듯이 그럴 필요가 별로 없을 때뿐이다. 막상 군주가 궁지에 빠지면 그들은 등을 돌린

베르길리우스(기원전 70~19)
로마의 시인. 만토바 출생. 로마에서 활동하면서 옥타비아누스의 도움을 받았다. 서사시 《아이네이스》를 썼다. 단테는 《신곡》에서 베르길리우스를 칭송했다.

다. 따라서 그들의 약속만 전적으로 믿고 있던 군주는 다른 준비를 모두 소홀히 해 멸망하고 만다. 숭고한 정신과 위대함에서가 아니라 보수로 매수한 우정은 그만큼의 값어치밖에 없으며, 영원한 가치가 있는 것이 아니므로 유사시에는 힘이 될 수 없다.

또한 인간은 두려워하던 자보다도 애정을 느끼던 자에게 더 가차없이 해를 입힌다. 그 이유는 원래 사람은 사악하므로 단순히 은혜로 맺어진 애정쯤은 자기와 이해 관계가 얽히는 기회가 생기면 즉시 끊어 버리기 때문이다. 그러나 두려워하는 자에 대해서는 그들 자신이 처벌이라는 공포로 묶여 있기에 결코 모르는 척할 수 없다.

한니발

즉 두려움의 대상이 되는 것과 원한을 사지 않는 일은 얼마든지 양립할 수 있다. 이것은 군주가 자기 시민의 재산이나 그들 부녀자에게 손을 대지 않으면 반드시 할 수 있는 일이다.

또 기어코 유혈 소동을 일으켜야 할 경우에는 적당한 구실과 그럴 만한 이유를 내세워야 한다. 그러나 인간은 아버지가 죽음을 당한 일은 곧 잊을 수 있어도 자기 재산의 손실은 여간해서 잊지 못하므로 남의 소유물에 손을 대는 일이 있어서는 안 된다. 물품을 빼앗기 위한 구실은 얼마든지 있을 수 있다. 그렇기 때문에 일단 약탈을 해 본 군주는 남의 것을 빼앗기 위한 구실을 항상 발견하게 된다. 이에 비해 피를 흘리게 하는 구실은 그리 손쉽게 얻을 수 있는 것이 못 된다.

그러나 군주가 군대를 이끌고 많은 병사들을 지휘하게 되었을 때는 잔인하다는 악평 따위는 문제삼을 필요가 없다. 이런 평판 없이는 군대의 결속을 꾀하고 군사 행동을 취할 수 없기 때문이다. 한니발*[1]의 그 눈부신 활약의 이

스키피오

면에는 이런 점도 포함되어 있다. 그는 수많은 인종이 뒤섞인 대단히 방대한 군단을 이끌고 이국 땅에서 전쟁을 일으켰지만, 전세가 유리할 때나 불리할 때나 그의 군단에서는 병사끼리의 내분이나 지휘관에 대한 반란이 전혀 발생하지 않았다. 이는 바로 한니발의 비인도적인 잔인성 덕분이었다. 부하 병사들의 눈에는 몇 가지 덕성과 아울러 잔인한 기질을 지닌 그가 항상 숭고하고 두려운 인물로 비쳤던 것이다. 이런 기질 없이 덕성만 지녔더라면 그는 그만한 성과를 올릴 수 없었을 것이다. 특히 이 점을 깊이 고찰하지 못했던 저술가들은 한편으로는 그의 위업에 경탄하면서도 그 성공의 주된 원인이었던 잔인성에 대해서만 비난하고 있다.

덕성만 갖고는 한니발이 성공하지 못했으리라는 것은 스키피오*²의 경우를 보면 알 수 있다. 스키피오는 동시대에서뿐 아니라 고금을 통하여 실로 뛰어난 인물이었다. 그런데도 그의 부하 병사들은 에스파냐에서 반란을 일으켰다. 그것은, 군사 훈련에는 불필요한 자유를 부하 병사들에게 허용했던 그의 지나친 온정주의 때문이었던 것이다.

그 때문에 그는 원로원에서 파비우스 막시무스 쿵크타토르*³로부터 로마군대를 부패시킨 장본인이라는 탄핵을 받고 말았다. 또한 로크리아인들은

---

*1 한니발(기원전 247~183) : 카르타고의 용감한 장군. 기원전 218년 제2차 포에니 전쟁 때 알프스를 넘어 로마군에 대승을 했으나, 후에 로마군의 지연 작전에 패하여 귀국한 후, 정적의 배신으로 망명 생활 중 자살했다.

*2 스키피오(기원전 236~184) : 로마의 장군 아프리카누스. 기원전 209년 에스파냐의 카르타고군을 격파했고, 다음해 로마의 에스파냐 지배를 확립했다.

*3 파비우스 막시무스 쿵크타토르(기원전 ?~203) : 로마의 군사령관·정치가. 제2차 포에니 전쟁(기원전 218~201) 때 지연 전술로 카르타고의 한니발을 격퇴했다. 5번이나 콘술을 지냈다.

스키피오가 파견한 장관 때문에 원성을 산 일이 있었다. 그런데 스키피오 자신은 그 백성들의 원한을 보상하려 하지도 않았고, 그렇다고 그 장관의 횡포를 규탄하려고도 하지 않았다. 이것은 그의 관대한 기질에서 생긴 처사였다. 그래서 어떤 이는 원로원에서 스키피오의 변호에 나서, 스키피오는 남의 잘못을 나무라기보다는 스스로가 잘못을 저지르지 않으려고 노력하는 사람이라고 설명했

파비우스 막시무스 쿵크타토르

다. 스키피오가 만일 이런 기질을 가진 채 사령관의 지위에 머물러 있었다면 그의 영광과 명성은 시간이 지남에 따라 흐려졌을 것이다. 그러나 그는 원로원의 지시에 따라 생활했으므로 이 해로운 기질은 표면화되지 않았을 뿐더러 그를 끝내 영광의 자리에 앉게 해 주었다.

그러면 여기서 두려움의 대상이 되는 것과 사랑받는 것 중 어느 편이 나은가 하는 논제로 돌아가 결론을 내리기로 하자. 백성이 군주를 사랑하는 것은 그들의 뜻이다. 또한 백성이 군주를 두려워하는 것은 군주의 선택에 달려 있다. 따라서 현명한 군주는 본래 자기 방침을 밀고 나가야 하며, 남의 생각에 의존해서는 안 된다. 다만 앞서 말한 것과 같이 미움을 사는 일만은 가능한 한 피하는 게 좋다.

제 18 장
군주는 어떻게 신의를 지켜야 하나

한 군주가 신의를 지키며 기만책을 쓰지 않고 공명정대하게 산다는 것은 얼마나 칭찬받을 만한 일인가는 누구나 다 알고 있을 것이다. 그러나 오늘날에는 신의 같은 것은 전혀 개의치 않고, 간계로써 사람들을 혼란케 한 군주가 오히려 위대한 업적을 성취하고 있다. 결국 그들이 신의에 입각한 군주들을 압도해 온 것을 알 수 있다.

싸움에 이기려면 두 가지 방법이 있는 것을 알아야 한다. 그 하나는 법에 의한 것이고, 다른 하나는 힘에 의한 것이다. 전자는 인간 본연의 수단이고, 후자는 짐승의 수단이다. 그러나 대개의 경우 전자의 방법만으로는 불충분하므로 후자의 도움을 받아야 한다. 즉 군주는 짐승과 인간을 교묘히 구사할 줄 알아야 한다. 이 점에 대해서는 옛 저술가들이 군주들을 암암리에 일깨워주고 있다. 예를 들면 그 저술가들은 그리스 신화에서 아킬레우스를 비롯한 많은 고대의 군주들이 반인반마(半人半馬) 케이론에게 맡겨져 교육을 받았다는 것을 적어 놓았다. 여기서 반인반마의 지도를 받았다는 이야기는, 군주는 반드시 이런 양쪽의 기질을 구사할 줄 알아야 한다는 뜻이다. 그 중 어느 한쪽이 결여되어도 군주의 자리를 오래 유지할 수 없다는 것을 말하고 있는 것이다.

이처럼 군주는 짐승의 성질을 적당히 배울 필요가 있는데, 그런 경우에는 여우와 사자의 성질을 배우도록 해야 한다. 왜냐하면 사자는 책략의 함정에 빠져들기 쉽고, 여우는 늑대를 당해 내지 못하기 때문이다. 함정을 알아차리는 일은 여우여야 하고, 늑대의 혼을 빼려면 사자여야 한다. 그저 단순히 사자의 용맹만을 믿고 안심하는 자들은 이 점을 잘 모르고 있는 것이다.

그렇기 때문에 현명한 군주라면 신의를 지키는 일이 오히려 자기에게 불리할 경우나, 약속을 했을 당시의 동기가 이미 없어졌을 경우에는 신의를 지킬 수도 없고, 또한 지켜서도 안 된다. 물론 이런 가르침은 만일 세상에 모두 선한 인간만 있다면 올바른 가르침이 아니다. 그러나 인간은 사악한 존재라 당신에 대한 신의를 충실히 지켜 주지 않을 것이니 당신도 그들에게 신의에 구속될 필요는 없다. 게다가 군주에게는 신의의 불이행을 합법적으로 내세울 만한 구실은 얼마든지 있는 법이다.

아킬레우스를 가르치는 케이론
트로이의 영웅 아킬레우스는 반인반마 켄타우로스 케이론의 가르침을 받았다.

이 일에 대한 예로는 근래에 일어난 일에서도 무수히 들 수 있다. 또한 군주의 불성실로 인해서 얼마나 많은 평화 협정이나 약속이 깨지고 효력이 상실되었는가를 제시할 수도 있을 것이다. 그리고 여우의 기질을 잘 구사한 군주가 좋은 결과를 얻게 되었다는 사실도 명백히 알 수 있다. 하지만 이러한 기질은 능숙하게 분장할 줄 알아야 하며, 감쪽같이 위장도 해야 하고 때로는 뻔뻔스러워져야만 한다. 인간은 매우 단순하기 때문에 눈앞의 필요성에 의해 동요되기 쉽다. 그러므로 속이려 들면 속아넘어가는 인간은 얼마든지 있는 법이다.

그런데 최근의 실례 가운데 묵과할 수 없는 것이 하나 있다. 그것은 알렉산데르 6세의 일이다. 이 교황은 사람을 속이는 일만 생각했고 그 일에만 열중해 왔다. 그 수단 방법 역시 무궁무진했다. 이 교황처럼 효과적인 활약을 하고, 어떤 약속에 있어서 과장된 서약을 하면서도 그 약속을 완전히 도외시한 사람도 없었다. 그러면서도 그의 속임수는 뜻대로 이루어졌으니 그만큼 인간의 단순성을 잘 알고 있던 사람도 없을 것 같다.

요컨대 군주는 앞서 말한 여러 가지 좋은 기질을 모두 갖출 필요는 없다 하더라도, 갖추고 있는 것처럼 보일 필요는 있다는 것이다. 아니, 더 대담하게 말한다면, 그런 훌륭한 기질을 갖추고 항상 존중하는 것은 오히려 해로우며, 갖추고 있는 것처럼 보이는 바로 그것이 더 유익하다. 즉 자비심이 많다든가, 신의가 두텁다든가, 인정이 있다든가, 겉과 속이 같다든가, 경건하다든가 하는 것을 믿게 하는 그것이 바로 필요한 것이다. 그러면서도 만일 그와 같은 태도를 버려야 할 경우에는 전혀 반대 기질로 전환할 수 있어야 하고, 또한 전환의 수단을 알고 있다는 자신감을 항상 갖고 있어야 한다.

군주라 하면, 특히 신생 군주라면 나라를 유지하기 위해서는 신의도 버리고, 자비도 버리고, 인간미도 잃고, 반종교적인 행동도 때로는 취해야 한다는 것을 알아 두어야 한다. 즉 일반인에게 좋은 사람으로 통하려는 생각만을 소중히 여기고 있을 수 없다는 것이다. 그래서 군주는 운명의 방향과 사태의 변화에 따라 자유자재로 행동할 수 있는 태도가 필요하다. 또 앞서 말했듯이 가능하다면 좋은 일도 저버리지 말아야 하며, 그러면서도 부득이 필요한 때는 나쁜 일에도 발을 들여놓을 줄 아는 것이 중요하다.

그렇기 때문에 지금 말한 다섯 가지 기질에 어긋나는 말을 군주가 입에 담는다는 것은 극히 조심해야 할 일이다. 그리고 군주를 찾아보고 그의 말을 듣고자 하는 사람에 대해서는 군주가 어디까지나 성실하고, 신의가 두텁고, 겉과 속이 같고, 인정미가 넘치고, 신실한 인물이라고 생각하게끔 마음을 써야 한다. 더구나 그 중에서도 마지막 요소인 종교심이 몸에 배어 있게 보이는 것만큼 중요한 것은 없다.

인간은 대체로 직접 손으로 만지는 것보다는 눈으로 보는 것만으로 판단해 버리는 경우가 많다. 그 이유는 눈으로 보는 것은 누구나 할 수 있으나, 손으로 만지는 것은 몇몇 사람들에 한해서만 허용되기 때문이다. 모든 사람들이 겉으로만 당신을 볼 뿐, 실제로 당신을 속속들이 알고 있는 사람은 극소수에 불과하다. 더구나 이 몇몇 사람도, 자기들을 보호하고 있는 나라의 위력이 되고 있는 다수 국민의 의견에 대해 구태여 반대하려 들지는 않는다. 게다가 사람의 행동, 특히 군주의 행동에 대해서는 반박할 수 있는 재판소가 없으므로 다만 결과만을 보게 된다.

그래서 군주는 오로지 전쟁에 이기고 나라를 유지하는 일이 제일이다. 그렇게 하면, 그 수단은 훌륭하다고 누구에게서나 칭송받을 것이다. 대중은 언제나

사자와 여우 두 기질
이 그림은 청년기의 사냥개 같은 열정, 중년기의 사자 같은 용기, 노년기의 여우 같은 교활함을 보여 준다. 마키아벨리는 '군주는 사자의 힘과 여우의 교활함을 겸비해야 한다'고 말했다.

표면만을 보고, 일의 결과만을 보고 평가하기 때문이다. 더구나 이 세상은 대중이 있을 뿐이며, 이 대중이 버티고 있는 자리에 소수가 파고들 여지는 없다.

에스파냐 왕 페르난도 5세는 입으로는 평화와 신의를 외치면서 실은 두 가지를 다 반대하고 있다. 하기야 만일 그가 두 가지를 존중하고 있었다면 오늘날에 이르기까지 그의 명성과 국토는 여러 차례 빼앗겼을 것이다.

제 19 장
경멸과 미움을 피하는 방법

이제 앞에서 지적했던 군주의 기질 중에서 중요한 것은 대충 이야기했다. 그러므로 나머지 기질에 대해서는 이와 같은 표제로 일괄하여 간단히 검토하고자 한다. 계속 말한 일이지만 군주는 경멸을 당하는 일이나 미움을 사는 일은 피해야 한다. 이것만 피할 수 있다면 군주의 임무는 반드시 성취할 수 있을 것이며, 달리 파렴치한 행위가 있더라도 이렇다 할 위험이 닥치지는 않을 것이다.

군주가 가장 큰 미움을 사는 일은 앞서 말했듯이 신하의 재산을 강탈하거나 부녀자에게 손을 대는 일이다. 이 일은 스스로 경계해야 할 일이다. 인간이란 재산과 명예만 빼앗지 않는다면 그럭저럭 만족하고 살아가는 존재이다. 따라서 군주가 싸워야 할 적은 몇몇의 야심가뿐인데, 그들의 야심을 누르는 수단은 여러 가지가 있어서 그리 어려운 일도 아니다.

군주가 경멸을 당하는 이유는, 변덕이 심하고 경박하며, 여성적이고 무기력하며, 결단력이 없다고 보여질 때이므로 군주는 이런 것을 하나의 암초로 생각하고 크게 경계해야 한다. 그와 동시에 자기 행동 속에는 위대함이라든가 용맹심, 신중함, 강직함이 엿보이도록 노력해야 한다. 그리고 신하들에 대한 개개인의 취급에 있어서도, 한번 내린 결단은 절대로 철회하지 않도록 하며, 또 누구를 막론하고 군주를 속인다거나 농락하는 일은 감히 생각도 할 수 없다는 인식을 갖게 해야 한다.

이런 평판을 들었던 군주만이 사람들로부터 많은 존경을 받았다. 존경을 받고 있는 군주에게는 여간해서 반란을 일으킬 수 없다. 또한 군주가 탁월한 인물이어서 부하들로부터도 경애받고 있음이 널리 알려지면 군주에 대한 공격을 기도하는 일은 그리 쉬운 일이 아닐 것이다. 왜냐하면 보통 군주는 두 가지 근심을 갖고 있기 때문이다. 하나는 신민이 일으키는 내우(內憂)이고, 또 하나는 외국 세력에서 오는 외우(外憂)이다.

후자에 대해서는 훌륭한 군비와 훌륭한 동지들이 있으면 막을 수 있다. 그리고 훌륭한 군비가 있으면 훌륭한 동지들은 반드시 얻을 수 있다. 그 나라가 전에 내란으로 어지럽혀진 일이 없고 대외 관계도 안정되어 있을 때는 국내는 안정을 유지할 수 있다. 혹시 대외 관계가 시끄러울 때라도, 이미 말했듯이 국내 질서가 잡히고 국력이 쇠하지 않는 한 어떤 공격이라도 반드시 견뎌 낼 것이다. 그것은 앞서 말한 스파르타의 나비스의 행동에서도 살펴보았다.

국외 정세가 시끄러워지기 전에 신민 중에 혹시 남몰래 반란을 꾀하는 자가 없는지를 감시해야 한다. 이 점에 대해서는 군주가 백성으로부터 원한을 사거나 경멸당하는 일이 없고, 백성이 군주의 통치에 만족하고 있다면 안심할 수 있다.

군주가 반란을 모면하는 유효한 대책의 하나는 백성들로부터 미움을 사지 않는 것이다. 왜냐하면 반란을 일으키는 자는 반드시 군주를 죽이면 백성들은 만족할 것이라고 생각하기 때문이다. 그러나 원래 반란자에게 따르는 곤란은 사전에 짐작하기 힘든 것이어서 만일 군주의 죽음이 백성의 노여움을 불러일으킨다면 그런 일을 꾀하려는 반란자들의 용기는 좌절될 것이다.

지금까지 반란은 자주 일어났지만 경험에 비춰 봐도 반란이 성공한 예는 극히 드물다. 반란은 단독으로 일으킬 수는 없고, 보통 불만이 가득 차 보이는 자에게서 도움을 받지 않을 수 없기 때문이다. 여기서 당신이 이 불평분자들에게 본심을 털어놓는다면 그게 바로 그들의 불만을 해소할 수 있는 기회를 주는 것이 된다. 바꿔 말하면, 상대편은 당신의 본심을 앎으로 해서 자기들의 이익을 공공연히 요구해 온다. 상대편은 이쪽에 붙으면 확실한 이익을 얻을 수 있겠다든가, 저쪽에 붙으면 아무래도 믿을 수 없고 위험이 많을 것이라는 등의 생각을 하게 된다. 그리고 당신에 대한 약속을 지켜 어디까지나 군주에 대해 철저한 적이 되든가, 아니면 군주에게 둘도 없는 친구로서 동조하든가 둘 중 하나가 된다.

간단히 정리하여 말한다면, 원래 반란을 일으키는 측은 공포와, 동료들에 대한 시기심과, 형벌에 대한 걱정 때문에 겁을 먹고 있다. 이와 반대로 군주 측은 군주로서의 권위와 법률, 그리고 동지들과 국가의 가호가 있어 군주의 한몸을 지키고 있다. 이런 상황 외에 군주가 백성으로부터 두터운 신망을 받고 있다면, 아무리 분별이 없는 자라도 그리 쉽게 반란을 일으키지 못할 것이다. 그러잖아도 반란을 일으키는 자는 거사를 도모하면서 공포에 사로잡혀 있는 상태이다. 하물며 이 경우에는 민중이 적이 되기 때문에 범행 뒤에도 공포가 뒤따르기 때문에 어디에 몸을 숨길 수조차 없게 된다.

이 문제에 대해서는 얼마든지 예를 들 수 있다. 그러나 여기서는 우리 조상이 겪은 단 하나의 역사적 사실만을 들기로 하자. 현재의 안니발레 영주의 조부로 옛날 볼로냐의 군주였던 메세르 안니발레 벤티볼리오는, 칸네스키 가(家) 사람들의 모반에 의하여 살해되었다. 그래서 그의 집에는 아직 갓난 아이였던 아들 조반니 벤티볼리오만 남게 되었다. 그런데 안니발레가 살해된 직후 오히려 민중이 봉기하여 칸네스키 가의 일족을 몰살해 버렸다. 이것은 당시 벤티볼리오 가문에 쏠린 민중의 신망에서 일어난 일이었다. 더구나 이 민중의 신망은 참으로 깊었다.

안니발레가 죽은 뒤 그 가문에는 볼로냐의 통치자가 될 만한 자가 없었다. 다만 소문으로 당시 피렌체의 어느 대장간 아들 산티 벤티볼리오가 실은 벤티볼리오 가문의 혈통을 이은 자라는 것이 시민들의 귀에 들어갔다. 그래서 볼로냐 시민들은 피렌체까지 가서 그에게 도시의 통치를 임시로 맡기기로 했다. 이렇게 해서 조반니가 정무를 맡을 수 있는 나이가 될 때까지 산티 벤티볼리오에게 정치를 맡겼다.

이런 점으로 미루어 결론을 짓는다면, 군주는 민중의 호감을 사고 있는 한은 반란에 신경 쓸 필요가 없다. 그러나 민중이 적의를 품고 미움을 갖게 될 때는 매사에, 또한 누구에게나 조심해야 한다.

그래서 질서가 잡힌 나라나 현명한 군주는 귀족들을 실망시키지도 않고 동시에 민중을 만족시켜 그들이 안심하고 살 수 있도록 주의를 기울여왔다. 요컨대 이것이 군주가 해야 할 가장 중요한 일 중의 하나이다.

오늘날 질서가 잡혀서 통치가 잘 되고 있는 국가가 몇 있으니, 프랑스 왕국도 이에 속한다. 이들 나라에서는 국왕의 자유와 안전에 밑받침이 되는 훌륭한 제도들을 많이 볼 수 있다. 그 중에서도 가장 뛰어난 제도는 고등 법원과 그 권위이다.

애초에 이 나라의 제도를 개혁한 사람들은 권력자들의 야심과 횡포를 환히 알고 있었기 때문에 그들을 바로잡기 위해서는 제약이 필요하다고 생각했다. 동시에 이들 귀족에 대하여 일반 민중이 공포에 찬 증오를 품

조반니 벤티볼리오

고 있다는 것을 알았기 때문에 민중의 보호도 생각하게 되었다. 그러나 이런 심정을 군주 개인의 관심사로 나타낸다면 민중 편에 서는 게 되어 귀족들의 원망을 사게 되고, 그렇다고 귀족들 편에 서면 민중의 원망과 미움을 사게 되므로, 이는 피해야 한다고 생각했다. 그래서 제3자인 재판관을 정하여 국왕이 책임지는 일 없이 큰 세력을 누르고 작은 세력을 보호할 수 있게 했다.

정말 이 정도로 뛰어나고 용의주도한 제도는 없으며, 국왕과 국가의 안전을 지키는 데 이만큼 훌륭한 제도는 없을 것이다.

이 사실에서 또 하나 유의해야 할 점이 있다. 그것은 미움받는 역할은 다른 자에게 떠넘기고 군주는 고맙게 여길 일만을 해야 한다는 것이다. 결론을 되풀이하면, 군주는 권력자들을 존중하는 한편 민중의 미움도 받지 않도록 해야 한다.

그러나 적지 않은 사람들이 로마 황제의 생애와 죽음을 고찰하면서 이렇게 생각할지도 모른다.

'로마의 황제들 중에는 인생을 고상하게 살며 위대한 성품을 갖추고 있었음에도 불구하고, 제국을 잃거나 혹은 부하들의 반란으로 살해된 자가 있었다. 이것은 당신이 말하는 것과는 정반대의 예가 아닌가?'

이 반론에 답하기 위해 나는 몇몇 로마 황제의 기질을 재검토하고, 그들이 파멸한 원인이 앞서 내가 지적한 것과 모순되지 않는다는 것을 명백히 밝혀 두려고 한다. 아울러 당시의 사건들을 살펴볼 때 주목할 만한 사건이 무엇이 었는지도 고찰하기로 하자. 그 점에 대해서는, 철학자 마르쿠스 아우렐리우스 황제부터 막시미누스 황제에 이르기까지 로마 제국의 제위를 계승한 황제들을 살펴보면 충분하다. 즉 마르쿠스의 아들 콤모두스, *1 페르티낙스, *2 디디우스 율리아누스, *3 세베루스, *4 카라칼라*5와 그의 아들 소카라칼라, 마크리누스, *6 헬리오가발루스, *7 세베루스 알렉산데르, *8 막시미누스*9 등의 황제들이다.

여기서 우선 염두에 두어야 할 것은, 다른 군주 국가에서는 단순히 귀족의 야심과 민중의 반란에만 맞서면 되지만, 로마 황제의 경우에는 병사들의 횡포와 탐욕에도 견디어내야 하는 제3의 난관이 있다. 더구나 이것은 고질적이어서 많은 황제의 파멸의 원인이 되기도 했다. 일반적으로 백성들은 평화를 사랑하고 온화한 군주를 따르는 데 반해, 병사들은 호전적이고 거만하고 잔인하며 탐욕스런 군주를 원한다. 그러므로 병사들과 백성들을 동시에 만족시키기란 극히 어려운 일이다. 더구나 병사들은 군주가 백성들을 그런 태도로

---

*1 콤모두스(161~192) : 마르쿠스 아우렐리우스의 아들로, 아버지에 이어 황제에 올랐으나, 포악하여 참살당했다.

*2 페르티낙스(126~193) : 마르쿠스 아우렐리우스 때 부장을 지냈고, 콤모두스의 죽음으로 황제에 올랐다. 즉위 3개월만에 친위대의 반란으로 피살되었다.

*3 디디우스 율리아누스(135~193) : 페르티낙스가 피살된 후 혼란을 틈타 황제에 올랐으나 원로원이 인정하지 않아 2개월만에 처형되었다.

*4 세베루스(146~211) : 카르타고 출신으로, 마르쿠스 아우렐리우스 때 부장을 지냈고, 율리아누스가 황제를 참칭하자 그를 타도하고 황제로 추대되었다.

*5 카라칼라(188~217) : 세베루스의 아들. 아버지가 죽자 아우 게타와 함께 공동 황제에 올랐으나, 이듬해 아우를 죽이고 단독 황제가 되었다. 로마 최대의 폭군으로 마크리누스에 의해 암살되었다.

*6 마크리누스(164~218) : 카라칼라 황제를 암살하고 황제에 올랐다. 안티오크 전투에서 헬리오가발루스에게 패하고 처형되었다.

*7 헬리오가발루스(204~222) : 엘라가발루스라고 한다. 카라칼라의 서자. 마크리누스를 처부수고 황제에 올랐다. 실정과 낭비로 인해 근위대에게 암살당했다.

*8 세베루스 알렉산데르(208~235) : 헬리오가발루스가 암살되자, 그의 조카로서 황제에 올랐다. 현명하고 단정한 황제였으나, 군대의 반란으로 피살되었다.

*9 막시미누스(173~238) : 세베루스 알렉산데르에 이어 황제에 올랐으나, 포악하여 참살당했다.

하고 병사들의 급료를 올려줘서 자기
네들이 탐욕함과 잔학성을 만끽하게
해주기를 원했다. 그렇기 때문에 기
질이나 정치 경험이 부족하여 이 양
쪽 세력을 충분히 눌러 버릴 만한 명
성을 얻지 못한 군주는 반드시 멸망
했다. 예를 들어 대다수의 황제들은,
특히 평민의 신분에서 황제가 된 자
일 때는 이 상반된 상황에 직면하면
병사들을 만족시키는 것에만 신경 쓰
고, 백성들을 괴롭히는 일에 대해서
는 무시하는 태도로 나왔다. 이런 식

마르쿠스 아우렐리우스(121~180)

161~180년까지 로마 황제. 로마 제국의 황금 시
의 결정은 어쩔 수 없는 일이기는 하
대 상징이며, 또한 스토아 철학자로서 《명상록》을
다. 군주는 원래 아무에게서도 원한
저술했다. 재위 동안 남부를 평정하고, 포로 석방
을 사지 않는다는 것이 불가능하기
과 황무지 개척, 변경 방비 등의 공을 세웠다.

때문이다. 우선 군주가 할 일은 모든 사람들로부터 미움을 받지 않도록 노력
해야 하는 것이다. 이것이 실행되지 않을 경우에는 특히 세력 있는 집단의
미움을 피하도록 노력해야 한다. 지금 말했던 평민 신분이었던 황제는 더 강
력한 지원을 필요로 해서 백성에게보다는 병사들 편에 섰다. 그러나 이 방침
이 과연 그 황제에게 도움이 되었는지의 여부는 황제가 병사들 사이에서 얼
마나 명성을 유지할 수 있느냐에 달려 있었다.

이런 원인으로 해서 마르쿠스나 페르티낙스, 알렉산데르는 모두 겸허한 생
활을 했고, 정의를 사랑하고 잔혹함을 미워했으며, 인정이 있고 인자했음에
도 불구하고 마르쿠스 한 사람을 제외하고는 모두 비참한 최후를 마쳤다.
마르쿠스만이 명예에 빛나는 생애를 보내고 죽었는데, 이것은 그가 상속법
에 의해 제위를 계승한 것이어서 자기 지위를 병사들이나 백성들로부터 특별
히 인정받을 필요가 없었기 때문이다. 그런 데다가 많은 미덕을 몸에 지니고
사람들로부터 존경을 받았으므로 일생 동안 양쪽 세력을 통제할 수 있었고
한 번도 원한을 사거나 경멸을 받았던 일이 없었다.

그러나 페르티낙스는 병사들의 뜻을 거역하고 황제로 선정된 사람이었다. 더구나 병사들은 콤모두스 황제 치하에서 멋대로 생활을 즐겨 왔던 터였다. 그런 것을 페르티낙스가 규율 있는 생활로 이끌려 하자 병사들은 도저히 참을 수가 없었다. 그 때문에 황제는 원한을 사게 된 것이다. 더구나 황제는 노령이었기 때문에 경멸까지 받았다. 그래서 그는 제위에 오르자마자 일찌감치 피살되고 말았다.

그런데 여기서 생각해 둘 것은 사람의 원한이란 악행뿐 아니라 선행에서도 생긴다는 것이다. 그렇기 때문에 군주가 나라를 보전하려면 가끔 좋지 못한 일도 하지 않을 수 없었다. 군주가 군주의 자리를 지키기 위해서 자기 편으로 삼아야 할 필요가 있다고 판단을 내린 백성이나 병사나 또는 귀족이라는 집단이 부패했다면, 그들의 욕구를 채워 주기 위해 군주는 나쁜 풍조에 물들 수밖에 없는 것이다. 그렇게 되면 이런 경우 선행은 군주의 적이 된다.

여기서 이야기를 알렉산데르로 옮기기로 하자. 이 황제는 선량하기 이를 데 없는 인물이었고, 그런 면에서 많은 칭송을 받아왔다. 그 중에서도 특히 14년에 걸친 재위 기간 중 재판을 거치지 않고 황제에게 살해된 자가 한 사람도 없었다는 것은 가히 칭송받고도 남음이 있다. 그러나 한편으로 이 황제는 여성적이고 어머니가 하라는 대로 정치를 한 인물이라는 점에서 경멸당했다. 그래서 급기야는 군대의 음모로 인해 살해당하고 말았다.

다음에는 콤모두스, 세베루스, 안토니누스 카라칼라, 막시미누스의 기질을 검토해 보자. 그들은 모두 극히 잔인하고 욕심이 많았다. 그들은 병사들의 소망을 채워 주기 위해서는 백성들에 대해 온갖 부정을 서슴지 않고 자행했다. 그래서 그들 황제는 세베루스만을 제외하고는 모두 비참한 최후를 마쳤다.

세베루스는 충분한 역량을 몸에 지니고 있었기 때문에 백성을 학대했건만 병사들을 자기 편에 잡아둠으로써 통치를 항상 잘 할 수 있었다. 그것은 그의 역량이 병사들에게나 백성들에게도 참으로 존경할 만한 것으로 인정되었기 때문이다. 그의 역량은 백성을 망연자실한 상태로 빠뜨리는 한편 병사들

마르쿠스 아우렐리우스 황제의 기념주 로마 시대 아우렐리우스 황제의 마르코만니족과 사르마티아족에 대한 승리를 기념하기 위해 건조된 것으로, 당시의 보병·기병 이동 모습을 상세하게 표현하였다(2세기 말).

세베루스

에게는 황제를 존경하게끔 했고 만족을 느끼게 했다.

이 황제의 행동은 새 군주로서는 대단한 것이었으므로 여기서 다시 그가 얼마만큼 교묘하게 여우와 사자의 기질을 발휘했는지를 간단히 설명하기로 한다. 앞서도 말했듯이 이 성질이야말로 군주가 꼭 지녀야 할 본보기이다.

원래 율리아누스 황제의 소심함을 꿰뚫어 보고 있던 세베루스는 당시 자기 지휘하에 있던 스클라보니아(현재의 오스트리아, 헝가리 유고슬라비아 일대) 주둔 군대에게, 전에 친위대의 손에 살해당한 페르티낙스의 복수를 위해 로마로 진격할 것을 호소했다. 그리고 이것을 구실로 해서 자기가 제위를 노리고 있다는 눈치는 조금도 보이지 않고 군대를 로마로 진격하게 했다. 더구나 그의 출동이 전해졌을 무렵, 이미 그의 군대는 이탈리아에 도착해 있었다. 그가 로마에 다다르자 원로원은 벌벌 떨면서 그를 황제로 선출했고 율리아누스를 죽였다.

이 일을 계기로 나라 전체에 군림하려는 소망을 품은 세베루스 앞에는 두 가지 난관이 놓이게 되었다. 그 중 하나는 아시아였다. 그곳에는 아시아 방면의 군사령관 니그리누스가 황제를 자칭하고 있었다. 또 하나는 서쪽의 군사령관이었다. 여기서는 알비누스가 역시 제위를 엿보고 있었다. 그래서 세베루스는 이 둘을 동시에 적으로 돌리는 것은 위험하다고 보고, 니그리누스를 먼저 공격하고 알비누스는 책략으로 다스리려고 했다.

세베루스는 우선 알비누스에게 편지를 보냈다. 자기는 원로원이 추대한 황제이지만 이 황제의 존엄을 알비누스와 함께 누리고 싶어 '카이사르'(황제)의 칭호를 보내고, 원로원의 결정에 의해 알비누스와 나는 동렬에 서게 되었다고 알렸다. 알비누스는 이를 곧이곧대로 받아들였다.

이윽고 세베루스는 니그리누스와의 싸움에서 이겨 그를 죽이고, 동방의 사태를 수습한 다음 로마로 돌아왔다. 그리고 원로원에 호소하여 알비누스는 자기가 베푼 은덕을 조금도 고맙게 생각하지 않고 변절해서 오히려 자기를 죽이려 하고 있으니 아무래도 이 배은망덕한 자를 그냥 둘 수는 없다고 주장했다. 그러고 나서 그와 대결하기 위해 프랑스로 떠나 그의 영지와 생명을 빼앗았다.

세베루스의 이런 행위를 면밀히 살펴본다면 누구나 거기에서 사자의 용맹성과 여우의 교활함을 느낄 수 있을 것이다. 또한 모든 사람들로부터 두려움의 대상이 되었고, 더구나 군

카라칼라

대로부터 미움을 받지 않은 인물임을 발견하게 될 것이다. 그러므로 입신 출세한 그가 그만한 위세를 유지했다 해도 그리 놀라울 일은 아니다. 즉 그를 둘러싼 높은 평판이 그의 탐욕스런 평판에 대한 백성의 증오를 시종 억누르고 있었다.

그 다음은 그의 아들인 안토니누스 카라칼라이다. 그도 역시 걸출한 데가 있는 인물이었다. 백성의 눈에도 경이적으로 보였고 병사들에게도 인기가 있었다. 그것은 그가 전사 기질로 어떤 곤란도 견뎌냈으며, 미식이나 기타 모든 유약한 것을 가까이하지 않았기 때문이다. 군인들은 그런 그를 모두 경애했다. 그러나 그의 용맹성과 잔인성은 보통을 넘어서는, 참으로 전대미문의 것이었다. 일반인을 많이 살해한 다음 수많은 로마 시민과 알렉산드리아의 주민들을 남김없이 몰살해 버렸을 정도였다. 그 때문에 세상의 모든 사람들은 그를 증오하게 되었고, 끝내는 측근들도 그를 무서워하게 되었다. 그래서 결국 안토니누스 카라칼라는 군대를 사열하던 중 한 백인대장의 손에 살해당하고 말았다.

여기서 유의해야 할 점은, 어떤 집념을 지닌 인간의 결단으로 나오는 살해 행위는 군주라 할지라도 피할 수 없다는 것이다. 왜냐하면 죽음을 각오한 인

콤모두스

간은 상대가 누구라 할지라도 위해를 가할 수 있기 때문이다. 그러나 이런 경우는 여간해서 없는 것이니까 군주는 신경 쓸 필요가 없다. 군주로서는 자기가 부리고 있는 자들과 측근에서 정사에 이바지하는 자들에게는 중대한 위해를 가하지 않도록 노력해야 할 필요가 있을 뿐이다.

예를 들어, 안토니누스가 범한 것이 바로 그것이었다. 그는 어느 백인대장의 형제를 무도하게 죽였고, 더구나 그 백인대장마저도 항상 위협했다. 그러면서도 그는 그 백인대장을 자기 군대의 수비대장으로 두었다. 이런 것은 너무도 무분별한 파멸을 불러들이는 행동이었고 사실 그대로의 결과를 가져온 셈이 되었다.

그러면 이제 콤모두스 황제를 생각해 보자. 그는 마르쿠스의 아들로서 상속법에 의해 제위를 계승한 사람이었기 때문에 제위를 유지하는 데는 지극히 편한 입장에 있었다. 요컨대 아버지의 발자취를 그대로 따르기만 하면 되었다. 그러면 병사도 백성들도 만족했을 것이다. 그러나 그는 잔인하고 야수적인 성질을 지녔다. 따라서 그는 백성들에게 탐욕스러움을 한껏 발휘하려고 했다. 콤모두스는 군대를 자기 편으로 이끌기 위해 오만한 군대를 만들고 말았다. 그 밖에 황제의 존엄성은 생각하지도 않고 스스로 투기장에 내려가 검투사를 상대로 싸우는 등 황제의 품위를 벗어나는 천한 행위를 자행했다. 이런 행동으로 병사들에게서까지 경멸의 눈총을 받게 되었다. 이처럼 증오와 경멸을 받게 되었기 때문에 끝내 음모를 받아 죽음을 당했다.

이제 남은 막시미누스의 기질만 설명하면 된다. 이 황제는 더없이 호전적인 사람이었다. 앞서 말한 알렉산데르 황제의 연약함에 진저리가 난 군대가 황제를 죽이고, 막시미누스를 제위에 추대했다. 그러나 그도 그 지위에 오래 머물지는 못했다. 그것은 다음 두 가지 이유로 미움을 사고 경멸을 받게 되었기 때문이다. 그 중 하나는, 옛날 트라키아에서 목동 노릇을 했을 만큼 비천한 집안 출신인데, 이 사실이 잘 알려지면서 모든 면에서 경멸당하는 원인이 되었다. 또 하나의 사정은 다음과 같다. 그는 로마 황제에 추대되었음에도 불구하고 스스로 로마로 가서 황제의 자리에 앉을 생각을 하지 않았다. 그러면서 그 동안에 그의 장관을 파견하여 로마를 비롯한 로마 제국의 각지에서 가혹한 잔학 행위를 하게끔 했다. 그 때문에 그는 결과적으로 잔인한 사나이라는 평판을 얻고 말았다.

그래서 세상 사람들은 모두 그의 비천한 혈통을 경멸하고, 그의 잔인무도함을 증오하게 된 것이다. 그렇게 되자 우선 아프리카가 황제를 배반했고, 이어서 로마의 원로원이 온 백성들과 함께 반기를 들었으며, 급기야 이탈리아 전체가 그에 대한 반란을 일으켰다. 게다가 황제의 군대까지 거기에 가담하게 되었다. 즉 아퀼레이아*의 공략을 맡았던 그의 군대는 포위 전략에 어려움을 겪고 있다가 급기야 황제의 잔인함을 참지 못하게 된 것이다. 황제에 대한 반대 세력이 너무도 많다는 것을 알고는 황제에 대한 두려움도 사라져 그를 살해하고 말았다.

나는 헬리오가발루스, 마크리누스, 율리아누스에 대해서는 논할 생각이 없다. 왜냐하면 그들은 너무도 경멸을 받아 곧 멸망했기 때문이다.

그러면 이제 결론으로 들어가기로 하자. 생각건대 오늘날에는 옛날처럼 군주가 상식을 벗어난 수단으로 자국 병사들에게 만족을 줘야 하는 그런 어려움은 별로 없다. 물론 오늘날에도 군주는 병사에 대해 다소의 배려는 해야 한다. 그렇기는 하나 지금의 군주는 모두 옛날 로마 제국의 군대처럼 오랫동안 일정 지역에 주둔하면서 그 지역을 지배하고 행정업무를 관장하는 군대는 갖고 있지 않다. 그래서 문제는 쉽게 해결될 수 있다. 게다가 로마 시대에는 백성보다도 병사들이 권력을 갖고 있었으므로 군주는 당연히 백성보다도 병사들의 환심을 사려고 했다. 그러나 오늘날은 투르크 황제와 이집트 술탄을

---

*아퀼레이아 (Aquileia) : 이탈리아 북동부에 위치한 도시.

제외하고는 어느 나라에서나, 병사들보다도 백성들이 권력을 지니고 있으므로 군주는 병사들보다도 백성들의 환심을 사야 한다.

여기서 투르크 황제를 제외한 것은 이 나라에는 1만 2천 명의 보병과 1만 5천 명의 기병이 항상 국왕을 보필하고 있어서 나라의 안태와 세력이 그들 병사의 손에 달려 있기 때문이다. 따라서 황제는 군대와의 친선을 도모해야 한다. 마찬가지로 이집트에서도 모든 것이 병사들의 수중에 달려 있다.

특히 이집트의 술탄은 다른 군주국과는 다르다. 이 나라는 세습 군주국 혹은 신 군주국이라고도 부를 수 없으며, 교황국과 비슷하다. 즉 군주의 아들이 군주의 계승자가 되는 것이 아니라, 선거권을 가진 사람들의 손에 의해 군주가 선출되어 군주의 자리에 오르게 된다. 이 제도는 예부터 내려오는 것이므로 새삼 신생 군주국이라 부를 수는 없다. 거기에는 신생 군주국이 반드시 겪어야 하는 곤란이 전혀 없다. 그것은 아무리 군주가 새롭다 해도 나라의 제도 자체는 오래 전부터 정해져 있는 것이기 때문이다.

그러면 다시 본론으로 돌아가자. 아무튼 지금까지의 논의를 고찰해 보면 앞서 말한 황제들의 파멸 원인이 증오와 경멸을 받은 데 있다는 것을 잘 알 수 있다. 동시에 그 황제들 중 어떤 사람이 취한 겸허한 태도와 또 다른 사람이 취한 잔혹한 태도는 전혀 달랐지만, 그러면서도 각각 거기서 성공한 자나 비참한 최후를 마친 자가 나온 것은 어디에 기인하느냐 하는 것도 잘 알 수 있었을 것이다.

신생 군주였던 페르티낙스와 알렉산데르의 경우, 상속법에 의해 군주의 자리를 계승한 마르쿠스를 모방하려 한 것은 유해무익한 일이었다. 같은 뜻에서 카라칼라나 콤모두스나 막시미누스가 세베루스를 모방하려 했다 해도 그들이 세베루스의 업적을 따를 만한 충분한 역량을 갖고 있지 않은 이상 위험한 일이 된다. 따라서 신생 국가의 새 군주는 마르쿠스의 행동을 모방해 봐야 아무 소용 없으며, 또 세베루스의 행동을 따르려고 애쓸 필요도 없다.

그렇기는 하지만 세베루스로부터는 나라의 기초를 닦는 데 필요한 방책을, 마르쿠스로부터는 이미 안정되고 견고한 나라를 훌륭히 유지해 가는 적절한 방책을 본받을 필요는 있다.

제 20 장

요새 구축 등의 군주가 하는 일들이 유익한가

어떤 군주는 나라를 안전하게 유지하려고 백성들을 무장 해제시켰다. 또 어떤 군주는 통치하에 있는 여러 도성의 분열을 꾀했다. 또 어떤 군주는 자신에 대한 적을 일부러 만들고, 어떤 군주는 정권 초기에 자기에게 불신감을 품은 사람들을 회유하는 데 노력했다. 어떤 군주는 요새를 구축했고, 어떤 군주는 성을 무방비 상태로 내버려두거나 파괴했다.

이런 대책에 대하여 일정한 판단을 내리려면, 각 군주들이 결단을 내리기까지의 각국의 특수 사정을 고려해야 할 것이다. 그러나 여기서는 자료가 허용하는 범위 내에서 총괄적인 논의를 하고자 한다.

새로 군주가 된 자로서 백성들을 무장 해제시킨 자는 지금까지 아무도 없었다. 오히려 백성들이 무장되어 있지 않은 것을 본 새 군주는 반드시 그들을 무장시켰다. 이것은 백성을 무장시키면 그 병력은 바로 자기 힘이 되기 때문이다. 또 그에 대해 딴 생각을 품고 있던 자는 충실해질 것이고, 원래부터 충성을 서약했던 자도 그대로 잡아둘 수 있기 때문이다. 그래서 백성들도 단순한 백성에서 새 군주의 지지자로 변하게 되는 것이다.

만일 백성 전체를 무장시킬 수 없을 때는, 이미 무장된 자들에게만 특별한 은혜를 베풀면 그 밖의 자들에 대해서는 안심하고 대처할 수 있을 것이다. 더구나 양자 간에 나타나는 대우의 차이로 인해 무장된 자는 군주에게 은혜를 느끼게 된다. 한편 무장되지 않은 자들도, 무장된 자는 위험성도 크고 책임도 무겁기 때문에 보상을 더 많이 받는 것이 당연하다고 해석하여, 그의 태도를 그대로 납득할 것이다.

그러나 만일 백성들의 무장을 해제시켜 버린다면 백성들의 마음에 상처를 입히는 결과가 되고 만다. 그리고 백성들을 겁이 많다고 보았거나, 충성심이

상트 앙드레 요새
프랑스 남동부 론 강을 끼고 아비니용의 맞은편에 있는 견고한 요새.

부족하다고 봄으로써 그들을 불신하고 있다는 증거를 보인 셈이 된다. 어느 쪽이든 이렇게 되면 백성들이 군주를 미워하게 된다. 그리고 군주는 무방비 상태로 있을 수 없으므로 부득이하게 용병제를 택하게 된다. 그러나 이 군대는 앞서 말했듯이 충실한 군대가 못 된다. 용병은 아무리 훌륭하다 해도 강력한 적군이나 격분한 백성으로부터 군주의 몸을 보호할 만큼 충성되지는 못할 것이다. 그렇기 때문에 새로 군주의 자리에 오른 새 군주는 반드시 국내에서 군대를 조직해 왔다. 역사에는 이런 예들이 얼마든지 있다.

한편 기존의 국가에다 새로 수족처럼 다른 국가를 병합시킨 경우를 생각해 보자. 이런 경우에는 정복시에 그를 지지해 주었던 자들을 제외하고는 모두 비무장 상태로 내버려둬야 한다. 군주를 지지했던 자들도 시간이 흐르고 기회가 있을 때마다 연약하게 만들어야 한다. 그리고 군주는 측근자인 부하 병사들로만 자국 병력을 조직해야 한다.

우리 조상이나 현인이라고 존경받던 사람들은, 피사를 다스리려면 요새가 있어야 하고, 피스토이아를 다스리려면 파벌 전쟁이 필요하다고 입버릇처럼 말해 왔다. 이에 따라 그들은 점령 지역을 원활히 다스릴 수 있도록 그 지역에 분열 상태를 조성했다. 이 대책은 이탈리아에 어느 정도 평화의 균형이 유지되던 시대에는 해볼 만했을 것이다. 그러나 오늘날에도 그것이 일반 원칙으로서 그대로 통용된다고는 볼 수 없다. 왜냐하면 이 분열 정책이 효과가 있다고는 생각되지 않기 때문이다. 아니 오히려 세력이 약한 측은 외국 세력과 반드시 결탁하게 되기 때문이다. 그래서 강한 쪽은 대항할 수 없게 된다. 따라서 일단 적이 쳐들어오면 이렇게 분열된 도시는 당장 멸망하리라는 것은 뻔한 노릇이다.

지금까지 말한 이유에서, 베네치아 공화국은 그 지배하의 여러 도시에 교황파(겔프 파)와 황제파(기벨린 파)라는 두 파벌을 조성했다. 베네치아는 두 당파 사이의 유혈 참사는 막았지만, 실제로는 두 당파의 의견 대립을 선동했다. 이것은 각 시민들이 항쟁에 몰두하여 베네치아에 대해 결속된 힘으로 대항해 오지 못하도록 하기 위해서였다.

그러나 주지하는 바와 같이, 이것은 베네치아 시민의 이익은 될 수 없었다. 왜냐하면 베네치아가 바일라의 전투에서 패하자 일부 도시, 즉 베로나·비첸차·우디네·파도바 등은 곧 용기를 되찾아 원래의 영토를 다 차지했기 때문이다. 따라서 이와 같은 수단은 특정한 군주국의 약점을 노출시키는 일에 불과하며, 이런 내부 분열책은 강인한 군주국에서는 결코 허용될 수 없는 것이다. 평화시라면 이런 수단으로 백성들을 손쉽게 조종할 수 있어 효과를 거둘 수도 있겠지만, 일단 전쟁이 터지면 이 정책이 실패한다는 것은 분명한 사실이다.

군주가 자기 앞에 닥치는 고난과 반대를 극복하면 위대한 군주가 된다는 것은 당연한 노릇이다. 그렇기 때문에 운명의 여신은 새 군주를 거물로 성장시키고자 할 때 세습 군주와는 달리 꼭 평판을 얻어야 할 그들에게는 일부러 적을 만들어 전쟁을 하도록 강요한다. 그래서 새 군주가 거기서 승리하게 되면 적이 더 높은 곳으로 올라갈 수 있게 해준다. 많은 사람의 의견을 들어보면, 총명한 군주는 기회만 있으면 간계를 써서라도 적대 관계를 만들어 이를 극복함으로써 한층 더 세력을 확대한다고 한다.

그런데 군주, 특히 새 군주에게는 정권을 잡을 초기에 의심스럽게 보이던 자일수록, 애초에 미덥게 보이던 자보다도 훨씬 충성스럽고 도움이 되는 수가 가끔 있다. 시에나의 군주 판돌포 페트루치*의 경우가 그러했다. 그가 처음 나라를 다스리기 시작할 때는 자기를 불신하던 사람들과 함께 나라를 다스렸다. 특히 이 문제에 대해서는 사정에 따라 각기 다르므로 총괄적으로 그렇다고 말할 수는 없다.

다만 여기서 말해 두고 싶은 것은, 군주의 자리에 올랐을 당시 새 군주에게 적의를 품었던 사람들일지라도 자력으로는 자신의 지위를 유지하지 못할 만큼 충분히 강력하지 못한 사람들을 자기 편으로 끌어들일 필요성이 있다는 것이다. 군주는 아무 때라도 그들을 끌어들이는 일은 쉽게 할 수 있다. 더구나 이 사람들은 이미 알려진 악평을 실제 행동으로써 만회해야겠다는 필요성을 충분히 알고 있는만큼 군주에게 충성을 바치게 마련이다. 그래서 그저 안일한 기분으로 봉사하며 자기 이익만 생각하는 사람들보다는 이런 사람들에게서 군주는 훨씬 큰 이익을 얻을 것이다.

또한 이 문제의 중요성으로 보아, 군주를 위해 꼭 말해 둘 것이 있다. 그것은 상대국의 국내 지원을 발판으로 새로 나라를 얻은 군주는 이 지원자들이 어떤 동기로 자기 편을 들어 주었을까 하는 점을 신중히 생각해야 한다. 만일 지원해 준 사람들이 새 군주에 대한 자연스러운 존경심에서가 아니라

---

* 판돌포 페트루치(1450~1512) : 의부 니콜로 볼게제를 살해하고 시에나의 영주가 되었다.

동고트족의 로마 공성, 6세기

오로지 그전 나라에 대한 불만 때문에 협력한 것이라면 그런 자들을 동지로 삼는 군주는 몹시 어려운 문제를 짊어지는 셈이 된다. 왜냐하면 새 군주로서도 그들의 기대를 만족시킬 수는 없기 때문이다.

고금의 역사에서 몇 가지 실례를 들어 보자. 결국 전의 군주에 대한 불만 때문에 신 군주에게 호의를 보이고 그를 떠받들어 자기 나라를 정복하게 하는 자들을 자기 편으로 삼기보다는, 그전 정권에 만족하고 그대로 새 군주의 적이 된 사람들을 자기 편으로 삼는 편이 훨씬 쉽다는 것을 알게 된다.

종래의 군주들은 나라를 방위하기 위해, 반란을 꾀하는 자들을 막기 위해, 또 갑작스러운 습격을 피할 수 있는 안전한 대피소로 삼기 위해 요새를 구축하는 습관이 있었다. 이 수단은 예부터 내려왔으므로 나도 그 점에는 박수를 보낸다. 그럼에도 불구하고 현대에도 니콜로 비텔리 경* 같은 이는 나라를 수호하기 위해 일부러 치타 디 카스텔로의 두 보루를 허물어 버린 일이 있다.

우르비노 공작인 구이도발도(우르비노 대공 1세의 아들)는 앞서 체사레 보르자에게 쫓겨 자

---

*니콜로 비텔리 : 유명한 용병대장. 메디치 가의 지원으로 치타 디 카스텔로의 영주가 되었으나, 1474년 교황 식스투스 4세에 의해 추방되었다가, 교황이 죽은 후 피렌체 군대의 도움으로 복귀했다.

기 지배 지역에서 벗어났다가 다시 영토로 돌아오자, 곧 이 지방의 요새를 완전히 파괴해 버렸다. 그는 요새만 없다면 두 번 다시 나라를 빼앗기는 일은 없을 것으로 판단한 것이다. 벤티볼리오 가의 사람들이 볼로냐에 복귀했을 때도 같은 방법을 취했다.

요컨대 요새는 때에 따라 유효하게도 해롭게도 되는 것이다. 또 일면으로는 당신에게 도움이 되어도, 다른 면에서는 당신에게 해로울 때도 있다.

따라서 다음과 같은 결론을 내릴 수 있다. 즉 국외 세력보다 자국민을 두려워하는 군주는 요새를 구축해야 한다. 그러나 자국민보다 국외 세력을 두려워하는 군주는 요새를 구축해서는 안 된다.

일찍이 프란체스코 스포르차는 밀라노에 요새를 구축했지만 스포르차 가 자신들에게는 나라의 모든 분쟁보다도 더 재난의 씨앗이 되었으며, 앞으로도 역시 그럴 것이다. 그러므로 최상의 요새가 있다면, 그것은 민중의 미움을 사지 않는 것이다. 왜냐하면 어떤 요새를 구축한다 해도 백성들의 미움을 샀다면 요새는 당신을 구해 주지 않기 때문이다. 민중이 반란을 일으키면 반드시 민중 편에 서려는 세력이 나타나게 마련이다.

현대에는 요새가 군주에게 도움이 된 예는 볼 수 없다. 다만 예외로서 남편 지롤라모 백작(교황 식스투스 4세의 조카. 로렌초 암살 주모자)이 살해되었을 때의 포를리 백작 부인*의 경우가 있다. 백작 부인은 요새 덕분에 민중의 습격을 피해 밀라노의 구원을 기다릴 수 있어서 나라를 되찾았다. 더구나 당시에는 다행히도 민중에게 가세할 만한 국외 세력이 전혀 없었기 때문이기도 하다. 그러나 뒤에 이 부인이 체사레 보르자로부터 공격을 받아 민중이 외적과 결탁했을 때는 요새가 완전히 무용지물이 되었다. 그러므로 이때도, 또 전에도 요새를 구축하기보다는 민중의 미움을 사지 않았더라면 부인에게는 훨씬 안전했을 것이다.

이상의 여러 사실에 비추어 볼 때 나는 요새를 구축하는 자에게나 구축하지 않는 자에게나 똑같이 찬사를 보내고자 한다. 그러나 요새를 지나치게 믿어 민중의 미움을 사는 것을 개의치 않는 자는 비난을 면할 수 없다.

---

* 포를리 백작 부인 : 카테리나 스포르차. 조부는 프란체스코 스포르차, 숙부는 루도비코 스포르차이다. 1488년 남편 지롤라모 리아리오가 민중의 폭동으로 살해되자, 어느 요새에 숨어서 루드비코 일 모로의 원군이 오기를 기다려 군주의 자리를 지켰다.

제 21 장
군주가 존경을 받으려면 어떻게 해야 하나

군주가 존경을 받으려면 무엇보다도 큰 사업을 일으켜 몸소 모범이 되어야 한다. 현대에 와서는 에스파냐의 현재 국왕 아라곤 가의 페르난도*가 좋은 예이다. 페르난도는 한낱 약소한 군주에서 명성과 영예를 지닌 가톨릭 제1의 국왕으로 성장한 사람이니 새 군주라 해도 무방할 것이다. 그런데 페르난도의 실제 행동을 잘 관찰해 보면 모든 것이 대규모인 데다 어딘가 모르게 특출한 데가 있다는 것을 알 수 있다.

페르난도는 왕위에 오르자 곧 그라나다를 공격했는데 이 행동이 나라의 기초를 굳혔다. 그는 국내가 평화롭고 아무런 방해의 염려가 없을 때 이런 행동을 했다. 말하자면 카스티야의 봉건 제후들의 인심을 이 군사 행동에 집중시켜서, 전쟁만 생각하고 국내의 개혁 문제는 생각하지 않도록 한 것이다. 그 동안에 페르난도의 명성은 높아졌고 제후가 모르는 사이에 그들에 대한 페르난도의 지배력이 확고해졌다.

페르난도는 로마 교회와 민중의 돈으로 군대를 유지할 수 있었으므로 장기간에 걸친 전쟁을 통해 군사력의 기초를 확고히 할 수 있었다. 그 군사력은 후일 그의 명성을 높게 했다. 그 밖에도 페르난도는 다시 대단한 업적을 성취할 수 있도록 종교를 구실삼아 광신적인 잔학성으로 에스파냐의 이슬람교도와 헤브루인을 국내에서 쫓아내고 약탈을 자행했다. 참으로 그의 행동만큼 참혹한 실례는 없을 것이다.

이어서 페르난도는 역시 같은 구실로 아프리카를 공격하고 이탈리아 국내까지 침입했으며 나중에는 프랑스까지 공격했다. 그래서 이처럼 페르난도는

---

* 페르난도(1452~1515) : 아라곤 왕으로서 카스티야 왕녀 이사벨과 결혼하여 공동 통치자가 됨으로써 두 나라 군대를 합병하여 그라나다를 공략하였다. 교황으로부터 '가톨릭 부부 왕'의 칭호를 받았다. 페르난도 5세.

쉴새없이 대단한 일을 계획하고 수행했다. 그리하여 백성들은 항상 정신 못 차릴 정도로 감탄했으며, 그의 사업에 열중했다. 이런 행동은 세상 사람들에게 반대 행동을 일으킬 여유를 주지 않았고, 숨돌릴 틈 없이 이루어졌다.

군주가 국내 정치에서 위대함을 나타내는 보기 드문 실례를 제시해 두는 것도 큰 도움이 되는 일이다. 이를테면 밀라노의 군주인 베르나보 공작이 취한 행동이 바로 그렇다. 이 군주는 누구든지 좋든 나쁘든 시민 생활에서 남다른 행동을 하면, 그 사람에 대한 상벌에 대해 세상을 떠들썩하게 하는 방법을 택했다. 따라서 군주는 자기의 행동 전반에 걸쳐 거물이고 뛰어난 재능을 가진 사람이라는 세평을 얻도록 노력해야 한다.

그리고 군주는 어디까지가 자기 편이고 어디까지가 적이라는 것을, 다시 말해 어떤 자를 지지하고 어떤 자를 적대시한다는 것을 명백히 밝힐 때 대단히 존경을 받게 된다. 이런 방침은 어느 경우를 막론하고 어중간한 입장보다 훨씬 유효하다. 인접한 두 세력이 무기를 들고 대립하면 어쨌든 둘 중 하나가 승리를 하게 마련이다. 이때의 승리자는 당신이 두려워할 존재거나 아니면 두려워할 만한 존재가 아니다. 어느 경우든 군주는 자기 입장을 명백히 해서 훌륭한 전쟁을 치르는 편이 훨씬 유리하다.

첫 번째 경우, 즉 승리자가 두려운 존재일 때는 입장을 명백히 해두지 않는다면 당신은 반드시 승리자의 밥이 된다. 그뿐만 아니라 패자 측의 울분을 풀어 주는 요소가 되기도 한다. 그리고 이런 때는 자기를 지키려 해도 명분이 서지 않고 숨겨 주는 사람도 없게 된다. 왜냐하면 승리자는 역경에 처했을 때 도움이 될 수 없는 수상한 자를 동지로 삼으려 들지 않으며, 한편 패자 측도 자기 운명을 걸고 무기를 들려 하지 않았던 자를 받아들이려 하지 않기 때문이다.

옛날 안티오쿠스가 아이톨리아인의 요청으로 로마군을 쫓으려고 그리스로 진격했을 때 안티오쿠스는 원래 로마군의 편이었던 아카이아에 사절을 보내어 중립을 지켜 줄 것을 제의했다. 한편 로마군도 자기들을 위해 무기를 들고 궐기해 달라고 그들을 설득했다. 그래서 아카이아는 이 문제를 평의회에

페르난도와 이사벨

서 심의하게 되었다. 안티오쿠스의 사절은 회의에서 중립을 권했는데 로마의 사절은 다음과 같이 반박했다.

"그들의 권유에 의하면 전쟁에 개입하지 않는 것이 당신네들에게 가장 유리하다고 합니다. 그러나 이처럼 당신네 이익을 무시한 논법도 없습니다. 그런 짓을 하면 당신네는 아무런 혜택도 받지 못하며, 존엄성도 유지하지 못하고, 다만 승리자의 전리품이 될 뿐입니다."

이처럼 당신 편이 아닌 자가 중립을 요구해 오든가, 또는 무기를 들고 궐기해 달라고 요청해 오는 일은 흔히 있을 수 있는 일이다. 이때 결단력이 없는 군주는 대체로 당면한 위험만을 회피하려고 중립의 길을 택한다. 그리고 대부분의 경우 그 군주는 멸망해 버린다.

이에 반해서 어떤 군주는 용감하게 어느 쪽을 지지한다는 자기 입장을 분명히 밝힌다 하자. 이럴 때 만일 가세했던 편이 승리를 거둔다면 설사 그자가 강력하여 당신을 마음대로 움직일 수 있다고 해도 승리자는 당신에 대해 감사한 마음을 갖는다. 그리고 우정으로써 인연을 맺게 된다. 게다가 인간이란 그런 당신을 학대하여 배은망덕한 본보기가 될 정도로 타락하지는 않았다. 게다가 승리를 거두었다 해서 승리자가 아무런 배려도 없이, 특히 정의에 대한 배려를 하지 않아도 될 만큼 완벽한 승리는 있을 수 없다.

또한 가세했던 편이 패배한 경우에 당신은 그자의 옹호를 받게 된다. 그리고 힘껏 당신을 성원해 준다. 즉 당신과 운명을 함께 나누는 동행자가 되어 주는 것이다. 그래서 언젠가는 당신에게 운이 다시 찾아올 수도 있다.

두 번째 경우, 즉 싸우고 있는 자 중에서 어느 편이 이기든지 당신이 두려워할 것이 없는 경우이다. 이럴 때 당신은 가세하는 문제에서 크게 신중을 기해야 한다. 왜냐하면 당신이 정말 현명하다면, 다같이 당신의 도움을 필요로 하는 존재임에도 불구하고 이 두 쪽 중에서 한쪽만을 돕는 것은 다른 한쪽을 멸망시키는 결과가 되기 때문이다. 만일 이겼다 하더라도 역시 당신 뜻대로 움직일 수 있다는 것뿐이고, 당신의 원조를 떠나서는 이길 수도 없다.

여기서 유의할 것은 앞서 말한 대로, 군주는 필수 불가결한 경우 외에는 자기보다 강한 자와 손을 잡고 제3자에 대해 공격해서는 안 된다는 것이다. 그것은 승리를 거두어도 그자의 포로가 되기 때문이다. 군주는 될 수 있는 한 남의 뜻대로 되는 일은 피해야 한다.

일찍이 베네치아 공화국은 프랑스와 동맹을 맺고 밀라노 공작 루드비코 일 모로에게 대항했다. 그러나 그들은 뒷날 베네치아를 파멸로 이끌게 되는 그 동맹을 맺지 않을 수도 있었을 것이다. 하지만 교황과 에스파냐가 군대를 이끌고 롬바르디아 지방을 공격했을 때의 피렌체 공화국처럼, 동맹을 피할 수 없었던 상황에서는 어느 한쪽에 가세하지 않으면 안 된다.

아무튼 어느 나라건 항상 안전책만을 취할 수는 없다는 것을 알아야 한다. 아니 오히려 항상 불완전한 방침을 택해야만 한다고 생각해야 한다. 그것은 사물의 원칙으로서, 하나의 고난을 피했다고 해서 다음에 또 고난이 없으리는 법은 없기 때문이다. 그러므로 사려 깊은 사람이라면 여러 가지 고난의

전투도 로자 작 나폴리, 카보디몬테 미술관

성질을 살펴서 될 수 있는 한, 해가 적은 것을 훌륭한 방책으로 택해야 한다.

그리고 군주는 실력 있는 자를 아끼고, 한 가지 재주에 뛰어난 자를 칭찬할 줄 알아야 한다. 아울러 시민들이 상업·농업 및 기타 모든 업무에 대하여 안심하고 각기 직책을 다 할 수 있도록 고무시켜야 한다. 또한 시민들이 재산을 군주에게 빼앗길까 두려워 자산을 늘리는 것을 게을리하고 부과될 세금이 무서워 상거래를 삼가는 일이 없도록 세심한 주의를 기울여야 한다.

뿐만 아니라 기특한 마음씨를 가진 자나, 자기네 도시나 나라를 어떻게 해서라도 번영시키고자 하는 자들에게는 포상을 준비해야 한다. 이 밖에도 1년 중 적당한 시기에 축제나 모임을 가져 민중을 이에 몰두시켜야 한다.

그리고 도시는 직업 조합이나 지방 단체로 나누어져 있어 각각 그 집단 사람들을 고려해서 기회 있을 때마다 그들과 회합을 갖고, 스스로 풍부한 인간미와 넓은 도량을 보여 주어야 한다. 그러면서도 군주의 엄격한 위엄을 지니고 있어야 한다. 이것은 어떤 경우에도 절대로 소홀히 해서는 안 된다.

제 22 장
군주의 측근들에 대하여

군주가 대신을 선정한다는 것이 결코 쉬운 일은 아니다. 군주의 생각에 따라 좋은 인재를 얻을 수도 있고, 또 무능한 인물을 쓰게 될 수도 있기 때문이다. 따라서 어떤 군주가 총명한지 아닌지를 알아보려면 먼저 군주의 측근들을 보면 된다. 측근들이 유능하고 성실하면 그 군주는 총명하다고 평가할 수 있다. 그것은 군주가 그들의 실력을 알아볼 수 있는 사람이고, 그들이 충성을 다 할 수 있게 이끌고 있기 때문이다. 반대로 측근이 무능할 때는 그 군주에게 좋은 평가를 내릴 수 없다. 그것은 그가 인선에 있어서 이미 잘못을 범하고 있기 때문이다.

예를 들어, 시에나의 군주 판돌포 페트루치의 재상인 안토니오 디 베나프로를 아는 사람들은, 그를 재상으로 거느리고 있다는 사실만으로도 판돌포가 아주 탁월한 군주라는 것을 알게 될 것이다.

대체로 인간의 두뇌에는 세 종류가 있다. 첫째로 자기 스스로 이해하는 것, 둘째로 남이 이해한 것을 알아차리는 것, 셋째로 자기도 이해할 수 없고 남도 이해할 수 없는 것의 세 가지이다. 첫 번째 두뇌가 가장 우수하고, 두 번째 두뇌는 다소 우수하며, 세 번째 두뇌는 무능하다고 할 수 있다.

판돌포는 첫 번째 정도는 못 된다 하더라도 두 번째 정도는 되고도 남았을 것이다. 왜냐하면 그 자신은 창의성이 부족하지만, 남의 말과 행동의 잘잘못을 가려내야 할 때 재상의 좋은 행동은 칭찬해 주고 나쁜 행동은 시정해 왔기 때문이다. 그러면 재상 쪽에서도 군주를 속이지 않고 순순히 복종하게 되는 법이다.

그러면 군주는 어떻게 대신의 인품을 알아낼 수 있을까? 이에 대해서는 절대로 잘못 보는 일이 없는 식별법이 있다. 그 대신이 당신의 일보다 자기 일을 먼저 생각하고 모든 행동에 있어서 자기 이익을 추구하는 인물로 보인다면, 이런 사람은 결코 좋은 대신이 될 수 없다. 따라서 군주도 마음을 놓을 수 없게 된다. 왜냐하면 나라를 위탁받은 인물은 자기 일을 생각할 게 아니라 항상 군주의 일을 생각해야 하기 때문이다. 또 군주에 관계 없는 일은 절대로 염두에 두어서는 안 되기 때문이다.

입장을 바꿔 말하자면, 군주는 대신들에게 충성심을 갖게 하기 위해 그에게 명예를 주고, 생활을 풍족하게 해주고, 은혜를 베풀어 명예와 관직을 함께 안겨 주는 등 그의 신상에 대한 일을 배려해 줘야 한다.

요컨대 군주는 대신들에게 군주인 자기 없이는 도저히 살아갈 수 없다는 것을 알게 하고, 분에 넘치는 명예를 주어 더 이상 명예를 바라지 않도록 하고, 충분한 재물을 주어 그 이상의 재산을 탐내는 일이 없도록 하고, 분에 넘치는 직책을 주어 변혁을 두려워하게끔 인식을 시켜야 한다. 군주에 대한 대신의 태도도, 대신에 대한 군주의 태도도 이렇게만 된다면 서로 믿을 수 있게 된다. 그렇지 못할 경우에는 양자 중 어느 한쪽에 반드시 해로운 결과가 생길 것이다.

제 23 장
아첨꾼은 어떻게 피할 것인가

여기서는 극히 중요한 문제, 즉 군주가 피하기 어려운 잘못에 대해 말하고자 한다. 이 잘못은 군주가 상당히 사려 깊은 사람이든가, 인물을 고르는 데매우 능숙하지 않고는 모면할 수 없는 곤란한 일들이다. 즉 궁정에서 흔히볼 수 있는 아첨꾼에 대해서이다.

인간은 자기 자신과 자신의 활동에 너무 만족한다. 그런 점에서 남이 말하는 대로 속아 버리기 때문에 이 아첨이라는 질환에서 몸을 지키기란 참으로힘들다. 더구나 이를 막으려다가는 우습게 보이게 될 위험성도 있다. 원래아부에서 자기 자신을 지키는 수단은, 자신은 진실을 듣더라도 결코 화를 내지 않는다는 것을 사람들에게 알리는 방법 이외에는 없다. 그렇다고 누구나당신에게 솔직하게 말할 수 있게 된다면, 당신에 대한 존경심은 순식간에 사라지고 말 것이다.

이렇게 생각할 때 사려 깊은 군주가 택할 길은 제3의 길이어야 할 것 같다. 즉 군주는 국내에서 현명한 사람들을 선출하여 이 사람들에게만 군주에게 사실대로 솔직히 말할 수 있는 자유를 주고, 더구나 그것은 군주가 묻는문제에 한할 뿐 다른 일은 허용하지 않는 것이다. 군주는 거기서 제반 사항에 대한 일을 그들에게 묻고, 그들의 의견을 들어 그 뒤에는 혼자서 자기 나름대로 결단을 내려야 한다.

더구나 이런 조언 전체에 대해서도, 또 개개의 조언자에 대해서도 솔직하게 말하면 말할수록 환영받는다는 뜻을 충분히 알도록 처신해야 한다. 또 그들 이외에는 다른 어떤 사람의 말도 듣지 않고, 군주 자신이 결단한 일은 실행하며, 그 결단을 끝까지 관철시켜야 한다.

그렇게 하지 않으면 반드시 간신에게 농락당할 것이며, 잡다한 의견이 나올 때마다 자기 의견을 번복하여 군주는 존경받지 못하는 결과가 된다.

이 일에 대해서 최근의 예를 하나 인용하고자 한다. 현 신성 로마 제국 황제 막시밀리안*의 신하인 루카(Luca Rinaldi)는 이 황제의 인품에 대해 이렇게 말했다.

"황제는 아무에게서도 조언을 들으려 하지 않았고, 또한 무엇 하나 자기 뜻대로 하는 일이 없었다."

이것은 황제가 지금 말한 방침과는 정반대로 행동한 결과이다.

이 황제는 비밀리에 하는 것을 좋아하는 사람이었다. 그는 자기 계획은 아무에게도 말하지 않았고, 또 누구의 의견도 들으려 하지 않았다. 그러나 실행 단계에 가서는 그 계획이 알려지고 전모가 명백해지기 마련이다. 그의 주변에 있는 사람들에게서 이의가 제기되면 마음이 약한 황제는 계획을 곧 철회했다.

이렇게 되자 오늘 시작한 일이 내일이면 허물어지고, 이 황제가 도대체 무엇을 희망하고 무엇을 계획하고 있는지를 아무도 이해할 수 없게 되었다. 결국 황제의 결단은 신용할 수 없다는 사태에까지 이르고 말았다.

그러므로 군주는 항상 남의 의견을 들어야 한다. 그것은 남이 말하고 싶을 때가 아니라 자기가 원할 때 들어야 한다. 아니 군주가 물을 때 이외에는 군주에 대하여 감히 조언할 수 없다는 것을 누구나 알 수 있게 해야 한다. 그리고 심문할 때 군주는 도량이 넓은 질문자가 되어야 한다. 질문한 사항에 대해서는 참을성 있고 진실한 태도로 들어야 한다. 그렇지만 황송한 나머지 대답을 주저할 때는 불쾌한 표정을 지어야 한다.

총명한 군주라는 평판을 듣는 사람은 사실 그 자신의 소질보다 측근에 훌륭한 조언자가 있기 때문이라고 평하는 사람들이 많다. 그러나 그런 생각은

---

* 막시밀리안(1459~1519): 독일의 왕이며 신성 로마 제국의 황제(로마 교황을 수호하는 제국의 왕이라는 뜻의 칭호). 밀라노와 나폴리를 차지하기 위해 프랑스와 개전하고, 베네치아에 대항하였으나 실패하였다.

오해이다. 왜냐하면 다음과 같은 어김없는 일반 법칙이 있기 때문이다. 즉 군주가 총명하지 않으면 남의 의견을 잘 받아들일 수 없다는 것이다. 다만 그 군주가 한 측근에게 의존하여 그에게 정무를 전면적으로 맡기고, 특히 그 측근자가 지극히 사려 깊은 자일 경우는 예외이다.

막시밀리안 1세

이런 경우에는 모든 것이 잘 운행되겠지만 이 국정 담당자는 머지않아 군주에게서 나라를 빼앗게 되어 오래 계속되지는 못한다. 게다가 조언자들은 각기 사리사욕만 생각할 것이다. 이렇게 되면 군주는 그들의 의견을 어떻게 조정하고 어떻게 이해해야 좋을지 알 수 없게 된다. 사람이란 필요에 의해 선행을 강요받지 않으면 사리사욕에 빠지기 쉬운 법이라서 당신에 대해서도 반드시 나쁜 짓을 저지르게 될 것이다.

결론을 내리면, 누군가 훌륭한 조언을 했을 때 그 조언은 당연히 군주의 깊은 사려에서 나오는 것이지, 훌륭한 조언에서 군주의 깊은 사려가 나오는 것은 아니라는 것이다.

제 24 장
이탈리아 군주들은 왜 나라를 잃게 되었나

이상에서 말한 사항을 신중하게 지키기만 한다면 새 군주는 세습 군주나 다름없이 존경받게 된다. 그뿐 아니라 세습 군주보다도 국내에서의 지위가 안정되고 한층 견고해진다. 새 군주의 행동은 세습 군주보다도 훨씬 주목을 끌며 그 인물이 역량 있다고 사람들의 인정을 받으면, 전통 있는 집안의 군주보다도 민심을 모으고 민중과의 결속이 한층 탄탄해진다. 왜냐하면 인간은 과거의 일보다도 현재의 일에 마음이 끌리게 되기 때문이다.

현재의 일에 행복을 느낄 때는 이를 즐길 뿐 다른 것은 바라지도 않는다. 아니 그뿐 아니라 이 군주가 어떤 잘못을 범하지 않는 한, 무슨 일에나 군주를 수호하려고 나서게 된다.

여기서 다시 새 군주가 나라의 기초를 닦고 훌륭한 법률과 강한 군대와 훌륭한 모범으로 나라를 강화한다면 더욱더 큰 영광을 누리게 된다. 그 반면 군주로 태어났으면서 군주 자신의 사려가 부족하여 나라를 잃었을 때는 이중으로 수모를 겪는다.

최근 이탈리아에서 나폴리 왕*1이나 밀라노 공작*2, 또 그 밖의 군주들처럼 나라를 잃은 군주들을 고찰해 보면 다음과 같은 결함을 찾아볼 수 있다.

첫째, 군사면에서 앞서 이야기한 이유에 입각한 공통된 결함을 갖고 있다는 것, 둘째, 그들 중 누가 민중의 미움을 샀든가, 아니면 민중의 편을 들어서 귀족으로부터 몸을 지키는 방법을 모르고 있다는 결함을 갖고 있다. 전장에 군대를 투입할 수 있을 만큼 강인한 나라가 이런 결함만 없었다면 결코

---

*1 아라곤 가의 프레데릭 1세. 에스파냐 왕 페르난도와 프랑스 왕 루이 12세의 동맹군에 의해 1503년 나폴리 왕국을 상실했다.
*2 루드비코 일 모로(루도비코 스포르차) : 루이 12세에 의해 1499년 군주의 자리를 빼앗겼다.

루도비코 일 모로(루도비코 스포르차)

나라를 잃는 일은 없을 것이다.

알렉산드로스 대왕의 아버지가 아닌, 티투스 퀸투스에게 패한 마케도니아의 필리포스는 공격해 온 로마나 그리스의 국력에 비하면 그리 큰 나라를 갖고 있는 것이 아니었다. 그래도 그는 용사였고, 민심을 사고 귀족을 누르는 방법을 알고 있었기에 적군에 항거하여 여러 해 동안 전쟁을 지탱할 수 있었다. 그래서 결국은 몇 개 도시의 지배권을 잃기는 했으나 자기 왕국만은 확보할 수 있었다.

따라서 오랜 세월에 걸쳐 군주 자리에 있었던 이탈리아 군주들이 나라를 빼앗겼다 해서 이 책임을 운명으로 돌릴 수는 없다. 이것은 그 군주의 무력함에 기인하는 것이다. 즉 날씨가 좋은 날 폭풍우를 생각하지 않는 것이 인간 공통의 약점이듯 그들도 평온한 시대에 사태가 어떻게 변할지는 생각하지 않았던 것이다. 그리고 그들은 일단 역경에 처하면 오로지 도망칠 궁리만 하고, 자기를 지킨다는 일은 생각하지 않았다. 그리고 점령자들의 횡포에 견디지 못한 민중이 자기를 다시 불러 주기만 하늘같이 믿고 있었다.

달리 방법이 없었다면 그렇게 생각할 수도 있을 것이다. 그러나 이 방법만을 믿고 다른 대책은 다 포기해 버렸다는 것은 참으로 잘못된 일이다. 그것은 마치 누군가 일으켜 주겠지 하고 스스로 쓰러지는 격이다. 아무도 일으켜 주는 자가 없을지도 모른다. 혹시 있다고 하더라도 그런 일은 당신 자신이 이룩한 일이 아니고 유약하고 비겁한 일이다. 결론은 오로지 당신 자신과 당신의 역량에 기반을 둔 대책만이 훌륭하고 확실하며 영구적이다.

제 25 장
운명은 인간사에 얼마나 영향력을 미치며,
또 어떻게 대처해야 할 것인가

원래 이 세상일은 운명과 신의 지배에 따르는 것으로, 인간이 아무리 머리를 쓴다 해도 이 세상의 진로를 수정할 수는 없다. 아니 대책조차 세울 수 없다. 또 예부터 오늘날까지 많은 사람들이 이렇게 생각해 왔다는 것을 나도 결코 모르는 바는 아니다. 이런 사람들의 의견을 따르자면, '무슨 일에나 땀 흘려 애쓸 필요 없고, 운명에 맡기는 것이 최선이다'라는 결론이 나온다.

특히 오늘날에 와서는 인간의 생각을 완전히 초월한 대격변을 밤낮으로 보고 있기 때문에 이런 견해는 점점 허용되는 경향이다. 그리고 이런 사실에 생각이 미칠 때 때로는 나도 어느 정도 그들의 의견에 솔깃하게 된다. 그러나 인간의 자유로운 의욕은 무슨 일이 있어도 잃어서는 안 된다. 가령 운명이 인간 활동의 절반을 주재한다고 해도 적어도 나머지 반은 우리의 지배에 맡겨져 있는 것이라고 생각된다.

운명의 여신을 다음과 같은 파괴적인 강에 비유해 보자. 이 강은 노하면 강물이 들판으로 범람하고, 수목이나 건물을 파괴하고, 이쪽의 흙을 저쪽으로 옮긴다. 누구나 다 그 격류를 보고 도망치고, 누구나 다 저항할 길이 없어 그 앞에 굴복하고 만다. 그러나 강이 이런 성질을 지니고 있다 해도 평온할 때 미리 제방이나 둑을 쌓아 방비를 단단히 해둘 수는 있다. 그래서 강물이 불더라도 제방을 넘어오지 못하게 하거나 강물이 제방을 넘더라도 맹위를 떨쳐 해를 가하는 일이 없도록 할 수는 있다.

운명에 대해서도 똑같은 말을 할 수 있다. 운명은 아직 저항하는 이 없는 곳에서 힘을 한껏 발휘하며, 또 제방이나 둑이 없어 저지할 힘이 없다고 보이는 곳에서 맹위를 떨친다.

지금 이탈리아는 격변하는 세계의 중심지이자 진원지이다. 이탈리아를 살펴보면 여기가 바로 제방도 없고 둑도 없는 강변이라는 것을 알 수 있다. 만일 이탈리아에 독일이나 에스파냐, 혹은 프랑스와 같이 적절한 힘이 준비되어 있었더라면 이런 홍수도, 오늘날과 같은 큰 격변도 일어나지 않았을 것이다. 이상의 예로, 운명에 대한 일반적인 대책이 어떤 것인가는 충분히 알았으리라 생각된다.

　이것을 좀더 고찰해 보면 어떤 군주가 오늘은 융성했다가 내일은 멸망해 버리는 일이 빈번히 일어난다. 더구나 이 군주의 성격이나 기질은 그동안 전혀 변한 것이 없어 보이는 데도 이런 일이 일어나는 이유에 대해 말하기로 하자. 이 사태는 앞서 상세히 말한 대로이다.

　그것은 운명에 전면적으로 의존해 버리는 군주는 운명이 바뀌면 망한다는 이유에서 연유된 것으로 생각된다. 시대와 상황의 변화와 함께 자기가 나아갈 길을 일치시키는 사람은 성공하고, 반대로 시대와 자기가 걷는 길이 일치되지 않는 사람은 실패하리라 생각된다.

　인간은 영광이나 부와 같은 각자의 목표를 향해 여러 가지 길을 걷고 있다. 신중하게 하는 자가 있는가 하면 과감하게 하는 자도 있고, 폭력을 휘두르는 자가 있는가 하면 교묘하게 하는 자도 있으며, 또 어떤 사람은 참을성이 있고 또 어떤 사람은 성급하다든가 하는 식으로 각자가 다 다른 길을 걸어 목표에 도달하게 된다.

　똑같이 용의주도했던 두 사람이 한쪽은 그 목표에 도달하고, 다른 한쪽은 도달하지 못하는 수가 있다. 또 한 사람은 용의주도한 사람이고 다른 한 사람은 과단성 있는 사람일 때와 같이, 각기 다른 기질을 가졌으면서도 둘이 다 성공하는 경우도 있는 것이다. 이것은 그들이 가는 길이 시대에 맞느냐 맞지 않느냐에 달려 있다. 즉 두 사람이 똑같이 행동해도 목적에 달하는 자와 달하지 못하는 자가 생기고, 또 두 사람이 반대로 행동해도 동일한 결과를 가져올 수 있다는 것은 바로 여기에서 비롯된다.

　그리고 번영하거나 망하는 일도 여기에서 기인한다. 만일 시대와 상황이, 신중하고 끈기 있게 나라를 다스리는 군주에게 적합하다면 융성하게 된다. 반대로 시대와 상황이 변했는 데도 군주가 자기 방침을 바꾸지 않는다면 망하고 만다. 그러나 시대와 상황에 적응하는 현명한 인간은 사실 그리 흔치 않다. 왜냐하면 인간은 타고난 성질대로 기울기 쉽고, 거기서 헤어나기는 어렵기 때문이다. 또 하나의 이유는, 하나의 길을 걸어 번영을 얻은 사람은 그 길에서 떨어져 나올 마음이 좀처럼 일어나지 않기 때문이다. 그래서 용의주도한 사람은 일단 과감히 행동할 때가 와도 팔짱만 끼고 있다가 멸망을 면치 못하는 것이다. 시대와 상황에 맞춰 이 사람이 성격을 바꾼다 해도 운명이 변할 리는 없다.

운명의 바퀴
철학의 여신이 포에티우스에게 운명의 여신으로부터 벗어나도록 경고하고 있다. 운명의 여신이 바퀴를 돌리자, 운명에 조종당하는 네 가지 모습이 오르내린다.

무슨 일에서나 과단성 있게 처리해 나가던 교황 율리우스 2세는 시대와 상황이 그의 방침과 부합했으므로 으레 좋은 결과를 초래했다.

예를 들어 그가 조반니 벤티볼리오가 살아 있을 당시의 볼로냐에 대해 도전한 최초의 싸움을 생각해 보자. 베네치아 공화국은 그의 계획을 좋게 생각하지 않았다. 에스파냐의 왕 페르난도 5세도 같은 심정이었고, 프랑스와 함께 그의 이런 행동을 서로 논의하기도 했다. 그런 상태에 둘러싸여 있으면서도 이 교황은 원래 지닌 용맹성과 과단성으로 스스로 원정 길에 나섰다. 그리고 그의 이 진격으로 에스파냐와 베네치아를 공중에 뜬 상태에서 손아귀에 넣어 버렸다. 전자는 공포심에서였고, 후자는 나폴리 왕국의 영토를 모두 되찾고 싶은 강한 욕구가 작용하고 있었기 때문이다.

한편 프랑스 왕 루이 12세도 교황의 뒤를 따르게 되었다. 그것은 교황이 움직이는 것을 본 프랑스 왕이 베네치아 공화국을 무릎 꿇게 하기 위해 교황과 손잡기를 원했고, 또한 병력의 원조를 거절하면 교황의 기분을 거슬리게 된다고 판단했기 때문이다.

그래서 교황 율리우스 2세는 그 과감한 행동으로 지금까지 어떤 교황의 인도주의적인 총명함으로도 미치지 못했던 일을 성취했다. 다른 교황이라면 거기서 결론이 나고, 만반의 준비가 갖추어지기를 기다렸다가 로마를 출발했을 것이다. 그러나 그렇게 했다면 그는 결코 성공하지 못했을 것이다. 그렇게 되면 프랑스 왕은 무수한 구실을 마련했을 것이고, 다른 나라들도 무언가로 그를 위협했을 것이다.

이 교황의 다른 여러 행동에 대해서는 생략하겠다. 그 밖의 행동은 모두가 다 이와 비슷하며, 한결같이 좋은 결말을 가져왔다. 그는 단명했기 때문에 나쁜 경험은 하지 않아도 되었다. 만일 신중한 방법이 요구되는 시대까지 생존했더라면 그는 결국 파멸의 길을 걸었을 것이다. 그는 타고난 성질대로의 태도를 결코 버리지 못했을 테니까.

이쯤에서 결론을 내리기로 하자. 운명은 변화하는 것이다. 그래서 사람이 자기 방법을 고집하면 운명과 사람의 생활 태도가 일치할 경우에는 성공하지만, 일치되지 않는 경우에는 불행한 결말을 맞게 된다. 나는 용의주도하기보다는 오히려 과단성 있는 편이 낫다고 생각한다. 운명의 신은 여신이기 때문에 그 신을 정복하려면 난폭하게 다루어야 하기 때문이다. 운명은 냉정한 생활 태도를 지닌 자에게보다도 이런 과단성 있는 사람들에게 고분고분한 것 같다. 요컨대 운명은 여신이므로 그 여신은 언제나 젊은이에게 이끌린다. 젊은이는 신중함보다는 거칠고 대담하게 여자를 지배하기 때문이다.

제 26 장
야만족으로부터
이탈리아를 해방시키기 위한 권고

지금까지 논의해 온 사항들을 돌이켜보고 나는 혼자서 다음과 같이 생각해 보았다.

'그렇다면 현재의 이탈리아에 새로운 군주가 명예를 드날릴 수 있는 적절한 시기가 찾아왔단 말인가? 또 한 사람의 현명하고 역량 있는 군주에게 명예를 안겨 줌과 동시에 이탈리아 국민 전체에게 행복을 가져다 줄, 새로운 형태를 이룰 수 있는 제반 상태가 과연 국내에 형성되었는가?'

새 군주에게 있어서 현재 만사가 좋은 상태인 것 같으니 지금처럼 적절한 시기는 일찍이 없었던 것으로 보인다.

앞서도 말했지만, 이스라엘 민족이 이집트에서 노예였다는 사실은 모세의 역량을 알게 했고, 페르시아 사람들이 메디아인의 핍박을 받았기 때문에 키루스 왕의 위대한 용기를 알 수 있었으며, 아테네 사람들이 분열되어 있었기에 테세우스의 탁월한 역량도 알게 되었다.

그렇다면 오늘날 이탈리아 사람들의 어떤 하나의 습속을 정확하게 알기 위해서는 이탈리아가 지금 눈앞에 보는 것처럼 절망적인 상황에 봉착하고, 헤브루 민족 이상으로 노예화되고, 페르시아 사람들보다도 더 혹사당하고, 아테네 사람들보다도 더 뿔뿔이 흩어져서 지도자도 없고, 질서도 없고, 박살당하고, 짓밟히고, 발가벗겨지고, 찢겨져야 한다. 즉 이루 말할 수 없는 황폐한 상황이 되어야 한다.

그래도 현재까지는 신이 한 인물, 즉 체사레 보르자에게 이탈리아의 속죄를 명한 것처럼, 한 줄기의 서광이 비친 것처럼 보였을 때도 있었다. 그러나 안타깝게도 그는 활동의 절정기에 운명에 의해 버림받았다. 그래서 마치 숨을 거둘 듯한 이탈리아는 그저 자기 상처를 아물게 해줄 인물, 그리고 롬바르디아 지방에서 거듭되는 약탈이나, 나폴리 왕국과 토스카나 지방의 착취에 종지부를 찍어 줄 인물, 또 오랜 세월에 걸쳐 곪아터진 상처를 치료해 줄 인물이 나타나기를 기다리고 있다.

누구나 뚜렷이 알 수 있듯이 이탈리아는 지금 이 야만인들의 잔학성과 횡포에서 자신을 구해 줄 인물을 보내 주기를 신에게 기도하고 있다. 또 누구의 눈에나 명백하게 비치듯이, 이탈리아는 깃발을 들고 궐기하는 사람만 있다면 언제라도 따라나설 마음의 준비가 되어 있다.

그러나 오늘날, 행운과 역량을 갖추고 신과 로마 교회의 자비로운 지지를 받아 지금의 교황 레오 10세를 배출한 명예로운 가문인 당신(뒤에 우르비노 공이
된 로렌초 데 메디치)의 집안이 이 속죄의 행렬에 앞장서지 않는 이상, 이탈리아가 기대하는 희망은 찾아볼 수 없을 것이다.

만일 내가 앞서 열거한 모세, 키루스, 테세우스의 위업이나 일생을 당신이 생각해 준다면, 이 일은 그다지 어렵지 않을 것이다. 그들은 보기 드물게 경탄할 만한 사람들이긴 했으나 역시 인간이었고, 그 중 누구를 놓고 보아도 지금처럼 혜택받은 기회를 갖지 못했다. 그들의 위업은 이번의 임무만큼 정의에 입각하지 못했고 또 쉬운 것도 아니었다. 또 당신만큼 신의 가호를 받고 있지도 않았다. 이것은 실로 정의로운 과업이다.

'어쩔 수 없는 전쟁은 정의로운 전쟁이며, 무력 외의 그 어떤 희망도 없을 때는 무력 또한 신성하다.'*

이 기회는 아주 유리하다. 이런 호기가 마련되었을 때 내가 앞서 지표로 말한 사람들의 방법을 쓰기만 하면 곤란한 일은 있을 리 없다.

그뿐 아니라 지금은 신이 개입된, 세상에서도 희귀한 불가사의까지 나타나 있는 것을 알아주기 바란다. 바다는 갈라지고, 구름은 당신의 길잡이가 되며, 바위에서 샘이 솟고, 이 땅에는 하늘에서 '만나(이스라엘 백성이 하느님의 은총으로)
받았다는 음식물. 《출애굽기》 참조)'

---

* 고대 로마의 역사가인 티투스 리비우스의 《로마사》 9권에 나오는 내용.

동방박사의 행렬 동방박사 행렬을 묘사한 이 벽화에는 '로렌초'가 동방박사로 그려져 있다. 팔라초 메디치 리카르디 궁내 예배당 벽화, 피렌체

가 내리고, 모든 것이 당신의 위엄에 다투어 이바지하려고 한다. 이제는 당신의 활동만을 기다릴 뿐이다. 신이 모든 것을 맡아하지 않으려는 것은 우리로부터 자유로운 의욕을 빼앗지 않고, 우리 인간에게 있는 약간의 영광을 없애지 않으려는 배려 때문이다.

고명한 당신 가문에 기대하는 이 유업, 다시 말해 앞서 말한 어느 이탈리아 지도자들*도 성취하지 못한 일에 대해 놀랄 필요는 없다.

또한 이탈리아의 군사력은 이 나라에서 일어난 수많은 변혁이나 전쟁의 소용돌이 속에서 멸망한 것처럼 보이더라도 놀랄 일은 못 된다. 이것은 이탈리아의 낡은 군사 제도가 적절하지 못하고, 새로운 제도를 생각해 내는 사람을 얻을 수 없었기 때문이다. 따라서 새로운 법률을 정하고, 새로운 제도를 정비하는 일은 신흥 군주에게 무엇보다도 큰 명예를 안겨 주는 것이다. 이상의 것이 굳건히 뿌리를 뻗고 훌륭하게 자라면, 이 군주는 존경을 받고 찬양을 받게 될 것이다.

더구나 이탈리아에는 이런 새로운 형태를 받아들일 내부 요인이 결코 없는 것이 아니다. 머리에는 힘이 없으나 수족에는 큰 힘이 있다. 가령 결투나, 소수인끼리의 투쟁 (이탈리아인의 개성이 발휘된 1503년의 바를레타 전투)을 살펴보면 이탈리아인이 힘이나 민첩함이나 재지에 있어서 얼마나 뛰어난가를 알 수 있을 것이다.

그러나 일단 군대라는 형태가 되면 이탈리아인은 그렇지 못하다. 이것은 지도자들이 유약해서 일어난다. 각 개인은 지력이 있으므로 남에게 복종하려 하지 않으며, 또 누구나 다 지력이 있다고 생각한다. 아직까지 한 사람도 역량이나 운명에 있어서 남을 승복시킬 만한 걸출한 인물이 나타나지 않았다. 이것이 원인이 되어 오랫동안, 즉 과거 20년에 걸친 수많은 전투에서 한 부대가 모두 이탈리아인들로만 구성된 부대일 경우에는 반드시 나쁜 결과를 초래했다. 그것을 실증하는 일로, 타로 전투 위시해서 알레산드리아·카푸아·제노아·바일라·볼로냐·메스트리의 전투가 있다.

따라서 저명한 당신네 가문이, 옛날 각국의 해방에 힘을 바쳤던 그 위인들 (모세·테세우스·키루스·)의 뒤를 계승하려면, 무엇보다도 먼저 모든 군사 행동의 참된 기

---

* 프란체스코 스포르차나 체사레 보르자를 암시하고 있다.

반이 되는 자국의 병력을 갖추는 일
이 중요하다. 이것이야말로 믿을 수
있고, 거짓 없는 우수한 병사를 얻
을 수 있다. 그리고 그들 병사의 개
개인이 훌륭하다면 전체적으로는 단
한 사람의 군주의 지휘를 받고, 그
군주에게 인정과 후대를 받음으로써
더 우수하게 될 것이다. 이탈리아인
의 용맹으로 이방 병사들로부터 나
라를 지키려면 이런 자국 군대를 정
비하는 것이 무엇보다도 필요하다.

메디치 가의 문장

　예를 들어, 스위스나 에스파냐의
보병대는 무섭다는 정평이 나 있다. 그러나 양군에는 각기 결함이 있기 마련
이어서 제3의 군사 체제인 민병제의 보병군으로 그곳을 찌르면 대항할 수
있을 뿐 아니라 충분히 양군을 막을 수 있다. 에스파냐군은 기병 부대에는
막아내지 못한다. 또 스위스군은 전장에서 그들과 필적할 만한 완강한 보병
대를 만나면 기세가 꺾인다. 그래서 예부터 오늘날에 이르기까지의 경험으
로 알게 된 것은, 에스파냐군은 프랑스 기병대를 막아 내지 못하고, 스위스
군은 에스파냐 보병대를 막아낼 수 없다는 것이다.

　특히 후자에 대해서는 지금까지 경험할 기회가 그리 없었다. 그러나 뜻밖
에도 라벤나 전투에서 증거가 나타났다. 이때 에스파냐 보병대는 스위스군
과 같은 전투 대형을 취한 독일 부대와 교전하게 되었다. 그런데 에스파냐
보병은 민첩한 몸과 손에 쥔 방패 덕분에 독일군의 창 밑으로 뛰어들어가 교
묘히 자기 몸을 보호하면서 독일군을 파죽지세로 공격했다. 그때 기병대가
단숨에 덤벼들지 않았더라면 독일군은 전원 몰살당했을 것이다.

　그러므로 양군 보병대의 결함을 각각 알고 있으면, 기병대에도 저항할 수
있고 보병대도 두려워할 필요가 없는 하나의 새로운 체제를 세울 수 있다.
그리고 이것은 적절한 무기를 선택하고 전투대형을 새롭게 바꾸는 일로 달
성할 수 있다. 더구나 이런 체제가 새로이 정립될 때 새 군주에게는 명성과

위세가 약속될 것이다.

페트라르카

그러므로 이탈리아가 오랜 세월 뒤에 한 사람의 구세주를 얻기 위해서라도 이 기회를 절대로 놓쳐서는 안 된다.

지금까지 이방인들의 침입에 괴로움을 받던 이탈리아의 각처 사람들은 얼마나 경모하는 마음으로 이분을 맞이할 것인가! 얼마나 보복에 대한 갈망을 갖고, 얼마나 충성의 일념으로, 얼마나 사랑하는 마음으로, 얼마나 눈물을 흘리며 이분을 맞이할 것인가! 이에 대하여 나는 뭐라 표현해야 할지 모르겠다. 그렇게 되면 군주에 대해 닫혀진 어떤 문이 그 앞을 가로막는단 말인가! 어느 백성이 이분에 대한 충성을 거절한단 말인가! 어떤 질투심이 이분에게 대항한단 말인가! 어느 이탈리아인이 이분을 따르기를 거부한단 말인가. 이 야만족의 지배는 누구에게나 못 견디는 일이다.

그러니 명예로운 당신 가문은 정의의 싸움을 할 때의 그 용기와 희망을 안고 이 책무를 짊어져야 한다. 그래서 당신이 게양한 깃발 아래 조국이 고귀하게 빛나고, 당신의 지도 아래 페트라르카[1]의 다음 시구가 현실화되기를 바란다.

미덕은 광포한 공격에 대항하여
무기를 들고 일어섰노라.
싸움은 곧 끝나리라.
이탈리아의 민심에
그 옛날의 용맹이 아직 사라지지 않았거늘.[2]

---

[1] 프란체스코 페트라르카(1304~1374) : 이탈리아 르네상스 시대의 서정 시인.
[2] 페트라르카, 《My Italy》 IV.

Discorsi

정략론

차노비부온 델몬티 전하와 코시모 루첼라이 전하께 바치는 글
니콜로 마키아벨리

메디치 집안이 주재하는 플라톤 아카데미가 소멸한 뒤를 이어 명문 루첼라이 집안이 주재하는 '루첼라이 토론 모임'이 개설되었다. 코시모 루첼라이 (Cosimo Rucellai. 1495~1519)는 이 아카데미의 창설자 베르날드의 손자. 그의 주재하에 당시의 저명한 학자나 문인을 모아 회합이 열렸다. 마키아벨리도 그 일원으로 참가하여 교양 있는 청년 그룹을 지도했다. 플라톤 아카데미의 중점적인 테마가 시였는데 비해, 이 모임은 정치와 역사에 관심을 쏟았다. 《정략론》의 일부도 여기서 발표된 모양이다. 본델몬티도 이 그룹의 일원이었다. 그는 디아체에트와 함께 공화국 헌법을 연구하고 정치 활동을 했기 때문에 메디치의 분노를 사서 1522년에 도망쳤다.

한 가지 선물을 드립니다. 이것은 제가 입고 있는 두 분의 은혜에는 미치지 못하지만 제가 보내 드릴 수 있는 최상의 것입니다. 왜냐하면 세상에서 일어난 사건에 대하여 오랜 세월에 걸쳐 경험을 쌓고 생각해 온 결과 제가 알게 되고, 얻게 된 모든 것을 이 안에서 토로했기 때문입니다.

따라서 두 분과 또 다른 분들도 저에게서 이 이상의 것을 원한다는 것은 무리한 일입니다. 또 보실 만한 것이 많지 않다고 해서 나무라지는 마십시오. 글이 미숙한 부분이 있지만 힘이 미치지 못하는 저의 무능을 너그러이 보아주십시오. 또 여러 곳에서 이야기가 뒤얽히어, 결국 잘못된 말을 하고 있을 때는 판단력이 모자라는 점을 웃어넘겨 주십시오. 그러나 그렇다고 해서 저와 두 분 중 어느 한 분에게 책임이 있다고 할 수 있겠습니까? 원래 해 보려 생각하지 않았던 사항을 써 보라고 저에게 강요하신 두 분에 대하여 제가 군소리를 하겠습니까? 또는 두 분을 만족시키지 못하는 저작을 쓴 제가 두 분의 책망을 들어야 하겠습니까?

어쨌든 이것을 받아 주십시오. 친구가 보낸 것은 무엇이건 간에 내용보다는 보내는 정성을 생각해서 받는다는 의도로 받아 주셨으면 좋겠습니다.

이 일에 있어서 많은 잘못을 범했다고는 생각합니다만, 이 《정략론》을 바치는 데 있어, 다른 사람을 제쳐놓고 두 분을 선정한 일에 대해서는 잘못이 없다는 것으로써 유일하게 만족함을 가지고 있음을 믿어 주시기 바랍니다.

보통 저술가들이 작품을 군주에게 바친다는 습관과는 동떨어진 것 같지만, 이렇게 함으로써 저는 두 분에게서 받은 은혜에 다소나마 감사한 뜻을 표하고자 합니다.

군주에게 저작을 바칠 경우, 저작가는 야망과 탐욕에 눈이 어두워 원래는 그 군주의 악덕을 심하게 비난해야 할 곳을 마치 덕이 높은 것처럼 치켜세우기도 합니다. 그래서 저는 이런 잘못을 되풀이하지 않기 위해 실제로 군주인 사람에게는 바치지 않고 군주가 될 만한, 무한히 훌륭한 자질을 갖춘 분들에게 헌정하기로 한 것입니다. 즉 저에게 온갖 지위 및 부(富)를 수여할 수 있는 분들에게 보내는 것이 아니라, 오히려 그렇게 원하면서도 그 권력을 가지고 있지 않은 분들에게 헌정하기로 한 것입니다. 왜냐하면 권력으로 남에게 공평하게 은혜를 베풀 수 있는 사람보다도 본질적으로 호기로운 사람을 존중해야 하기 때문입니다.

이런 입장에서 지식인들은 국왕이었던 마케도니아의 페르세우스[1]보다도 한 개인에 불과했던 시라쿠사의 히에론[2]을 찬양하는 것입니다. 왜냐하면, 히에론이 군주가 되려면 주권만 부족했던 데 비해 페르세우스는 주권 이외에는 아무것도 가지고 있지 않은 국왕이었기 때문입니다.

어쨌든 이 작품의 잘잘못은 불문에 부치고 마음대로 이용해 주십시오. 저의 의견이 두 분의 관심을 끌 만한 가치가 있다고 생각해 주신다면, 저는 처음에 약속했던 대로 이 역사서의 나머지 부분을 완성하는 일에 노력을 아끼지 않을 것입니다.

---

*1 기원전 213~158. 재위 기원전 179~162. 마케도니아 최후의 왕. 필립포스 5세의 아들.
*2 재위 기원전 265~215. 시라쿠사의 전제 군주. 선정을 했다고 전해진다.

제1권

머리말

남을 비난하는 데는 매우 열심이고 남을 칭찬하는 데는 아주 열의가 없는 것이 사람의 질투심이다. 그래서 새로운 학문의 방법이나 체계를 발견 또는 도입하는 일은 미지의 대해나 대륙을 탐험하는 것 같이 위험한 일이다. 그렇지만 나는 모든 사람들에게 도움이 되는 일을 하고 싶다는 소망으로 지금까지 아무도 들어간 적이 없는 미지의 길을 개척하고자 결심했다. 막상 이 길에 발을 들여놓고 보니 어쩌면 나는 어찌할 바를 모르고 꼼짝 못하게 되어 버릴지도 모르겠다. 그러나 나의 노력을 따뜻하게 이해해 주고 찬동해 주는 사람들이 있다면 나의 고통도 보상받게 될 것이다.

나는 재능도 부족하고, 최근의 일에 대한 경험도 적고, 고대에 대한 학식도 빈약하다. 그래서 이 시도도 결점투성이여서 쓸모 없는 것이 되어 버릴지도 모른다. 그러나 적어도 한층더 높은 재능과 웅변과 판단력을 갖춘 후진 인사들에 대하여 지표가 될 것이다. 따라서 나는 이 일로 명성은 높이지 못한다 하더라도 남들로부터 이러쿵저러쿵 말을 들을 일도 없으리라고 생각한다. 고대에 대한 오늘날의 숭배의 풍조는 헤아릴 수 없을 만큼 실례가 많으므로 다음의 예만을 들어보기로 한다. 때때로 볼 수 있는 일인데, 고대의 조각상 나부랭이를 거액의 돈으로 사들여서 신변에 놓고 어루만지며 집안의 자랑으로 삼거나 나아가서는 예술가에게 의뢰하여 모조하게 하는 일들에 바쁘다.

이에 대하여 역사가 우리에게 전해주는 저 고대의 왕국이나 공화국이 이행한 거룩한 역할에 대해서는 어떠한가? 현대인들은 고대의 국왕·군인·시민·입법자, 그 밖에 조국을 위해 몸을 바쳐 활약해 온 사람들에 대해서는 그들의 행위를 본받으려 하지 않고 말로만 칭찬할 따름이다. 즉 거기서는 아무도 고대 미덕의 흔적조차 인정하려 하지 않고 지극히 가볍게 다루고 있는 형편이다. 나에게는 이 풍조가 의아하게 느껴짐과 동시에 유감스레 여겨져서 견딜 수 없다.

시민 간에 대두되는 민법상의 분쟁이 늘어나고, 또 사람들이 점점 병에 걸리는 일이 많아지면서 현대인들이 의지하는 것이라고는 고대인에 의하여 내려진 판결뿐이다. 그들에 의하여 조합된 약의 처방인 것이다. 민법은 사실상 고대의 재판이 내린 판결로서 그것을 정리해서 판례집으로 만들어 놓은 것에 지나지 않는다. 그것을 현대의 재판관이 판결을 내릴 때의 안내서로 삼고 있다. 또한 의술도 고대 의사들의 경험에 불과하며, 그것을 기초로 해서 오늘날의 의사가 진단을 내리고 있다.

그러나 공화국을 정비하고, 왕국을 통치하고, 시민군을 편성하고, 전쟁을 지도하고, 정복의 결과로 지배하에 들어온 국민을 인도하고, 나아가 국토를 확장하는 일이 되고 보면 군주에게서도, 공화국에서도, 군인에게서도, 또한 시민에게서도 이런 점들을 해결하는 데 고대의 선례에서 구원을 찾고자 하는 사람은 누구 하나 눈에 띄지 않는 실정이다.

생각건대 이와 같은 고대를 무시하는 현상은 오늘날 교육의 결함 때문에 사회가 무기력해진 데에도 이유가 있을 것이다. 그러나 그보다는 오히려 기독교 국가의 여러 지방이나 도시에 퍼져 있는 교만한 무관심이 야기한 것이고, 또 참다운 역사 지식의 결여에 의한 것이다. 이것이 없으면 비록 역사를 읽는다 할지라도 거기서 진정한 의미를 알아낼 수도 없고 역사 속에 있는 진정한 맛도 이해할 수 없는 것이다.

역사를 읽는 이의 대부분은 역사가 펼치는 사건의 추이에 흥미를 가질 뿐 그것을 본보기로 삼으려는 생각은 잘 하지 않는다. 오히려 역사에서 배우는 건 시간이 걸릴 뿐만 아니라 불가능한 일이라고 단정하고 있다. 마치 하늘·태양·원소·인간은 예전에 있었던 모습과는 그 운행과 체계와 작용을 바꾸어서 완전히 다른 것이 되어 버린 것 같다.

그래서 나는 사람들을 이런 오류로부터 구제했으면 하는 생각으로 티투스 리비우스의 저작 중 오랜 세월 동안 그 일부가 누락되지 않고 완전한 형식으로 우리 손에 남은 것에 의거하여 저술하는 것이 적절하다고 판단한 것이다. 그리고 고대와 현대의 일들을 비교해서 올바르게 이해하기 위해 필요하다고 여겨지는 사항만을 덧붙이기로 했다. 그 결과 이 논집을 읽는 이들은 역사

연구가 지향해야 할 이익을 쉽게 끌어 낼 수 있을 것이다.

물론 이 시도는 지극히 어려운 일이다. 그러나 나는 이 계획에 뛰어들게끔 용기를 준 사람들로부터 도움을 받고 있다. 후진의 학도들이 조금이라도 수고를 줄이면서 목표에 도달할 수 있도록 될 수 있는 데까지 써 나가기로 하겠다.

제1장 도시의 기원, 특히 로마의 기원

로마는 어떻게 탄생했는가. 또 로마의 입법자들과 그 정치 기구가 어떤 것이었던가를 읽게 되면, 로마에서 몇 세기 동안이나 풍부한 재주가 유지되었다는 것, 그리고 그 재주가 바로 대제국을 낳는 원동력이 된 것임을 알게 되더라도 그다지 놀라지는 않을 것이다.

먼저 도시의 탄생에 대해 논하기 위해서, 모든 도시는 그 지방의 토착인이나 다른 곳에서 온 이주자에 의하여 건설되는 것이라는 사실에 대해 말해 두기로 한다.

첫 번째의 경우는 다음과 같은 조건 아래 성립된다. 즉 주민들이 많은 작은 집단으로 흩어져서 살고 있기 때문에 안전을 기하기 어렵다는 것, 각 집단마다 그 지형으로나 또는 인원수가 적은 것으로나 고립해 있어서는 적의 공격에 저항하기 어렵다는 것, 적이 쳐들어왔을 때 하나로 뭉쳐 방어하려 해도 이미 시간이 늦거나 설사 시간은 늦지 않다 해도 많은 성채를 내버려두고 달려오기 때문에 도리어 적의 밥이 되어 버린다는 것이다. 이런 위험으로부터 벗어나기 위해 자발적으로, 혹은 그들 중 가장 유력한 자의 의견에 따라 살기 좋고 방어하기에도 편리한 곳을 택하여 집단 생활을 하게 된다.

이런 많은 예 중에서 특히 아테네와 베네치아를 들 수 있다. 아테네는 테세우스에 의해 건설되었다. 그는 여기저기 흩어져 살고 있던 주민들을 모여 살게 하였다.

베네치아는 로마 제국 몰락 뒤 이탈리아를 석권한 야만족들의 침입으로 야기된 전쟁을 피하여 사람들이 아드리아 해 한 모퉁이에 있는 작은 섬들에서 지내게 되면서부터 시작되었다. * 그들은 자기들을 호령하는 특정 군주도 두지 않고 그들 동료끼리 가장 적합하다고 생각하는 법률에 따라 공동 생활

---

* 베네치아는 게르만 민족 침입의 여파를 받은 피난민들에 의해 건설되었다고 추정된다.

을 시작했다. 이것이 성공한 것은, 바다로 둘러싸여 외부와 차단된 지형이 베네치아에 오래도록 평화를 보장했기 때문이다. 또한 이탈리아를 괴롭힌 야만인들이 베네치아를 손에 넣는 데 필요한 선박을 갖고 있지 않았기 때문이라는 점도 생각할 수 있다. 이와 같이 베네치아는 그 미미한 출발점에서부터 오늘날의 대국으로 성장했다.

외부에서 온 이주자가 도시를 건설하는 두 번째의 경우는 자유민이나 예속민에 의해 성립되는 것이다. 이런 사람들은 본토의 인구 과잉을 완화하기 위해서, 또는 새로 손에 넣은 영토를 될 수 있는 대로 비용을 들이지 않고 확실하게 방어하기 위해서 그 지배자들에 의해 공화국 또는 군주국으로부터 보내어진 식민이다.

로마인은 이런 방법으로 그 영토 전체에 걸쳐서 많은 도시를 건설했다. 알렉산드로스에 의해 만들어진 알렉산드리아같이 본래 거주지로서가 아니라 지배자가 자기 위세를 과시하기 위해 한 군주에 의해서 구축된 것도 있다. 이런 도시는 애초 성립 자체부터 조그만 자유도 없어서 큰 발전을 이룰 까닭도 없고 아울러 국내 굴지의 도시로 꼽히게 되는 일도 대체로 있을 수 없다.

피렌체의 기원도 이와 비슷하다. 술라의 부하 병사들, 또는 피에솔레 언덕(피렌체의 동북 부에 있는 언덕)의 주민들이 옥타비아누스 지배하에 영속된 평화 덕분에 아르노 강변의 평지에서 무리를 짓고 살게 되었다. 로마 제국의 지배하에 이렇게 건설된 피렌체는 그 초창기에는 로마 제국 지배자들의 호의에 기대하는 수밖에 그 성장 발전의 길은 있을 수 없었다.

한 군주의 지배하에 살고 있었을 때나 독립해서 살고 있었을 때나, 역병·전쟁·기아 때문에 부득이 고향을 버리고 새 고장을 찾아서 도시를 건설한 사람들은 자유로운 법이다.

이런 경우, 모세가 한 것처럼 힘으로 손에 넣은 도시에서 살게 되든가, 아이네이아스*가 한 것처럼 아주 새로운 도시를 만들어서 이주하든가 둘 중 하나다. 후자일 경우 우리는 창립에 힘을 쓴 사람의 역량과 그가 한 일의 성과를 평가할 수 있다. 그 성과는 도시를 이룩한 사람의 역량에 따라서 굉장

---

* 트로이아의 전설적 영웅, 베르길리우스 《아에네이스》의 주인공. 트로이아 함락 뒤 이탈리아에 피신했다가 티베르 강으로 상륙하여 로마인의 조상이 되었다.

한 것이나 대단치 않은 것이 될 수 있다. 그 창립자의 역량은 두 가지에 의해 분간된다. 그 하나는 장소의 선정이고 또 하나는 법률의 정비이다.

대체로 사람의 행동에는 필요에 강요당하여 하는 경우와 선택의 결과로 하는 경우가 있다. 그 활동이 위력을 발휘하는 것은 선택의 결과일 경우보다도 오히려 다급해졌을 때라고 생각된다. 그러므로 도시를 건설하는 데도 불모의 땅을 선택하는 것이 훌륭한 방법일 것이다. 이런 경우 사람들은 부지런하게 일하지 않을 수 없으므로 나태에 몸을 맡기는 일이 적어서 더욱 단결하는 성과를 나타낸다. 그리고 토지가 황폐하면 국내에 불화가 일어날 원인도 적어진다.

황폐한 땅에 도시가 건설된 라우디아나 그 밖에 많은 도시에서 볼 수 있는 경우가 이것이다. 이런 곳을 선정하는 것은, 사람들이 가지고 있는 것만으로 만족하고 남을 지배하려는 야망이 없을 때는 매우 현명하고 유효하다.

그러나 힘을 갖지 않고 자기 안전을 보장할 수 없을 경우에는, 이런 불모의 땅을 피하고 훨씬 더 비옥한 곳에 자리를 잡을 필요가 있다. 이런 토지의 비옥함 때문에 나라를 강대하게 만들고, 공격해 오는 적을 물리치며, 발전에 걸림돌이 되는 것을 타파할 수 있는 것이다.

비옥한 토지의 상태로 인해 조장되는 나태한 풍조에 대해서는, 토지의 비옥함에 익숙해진 사람들의 마음을 부지런하게 만들도록 법률의 힘을 빌려서 규제해야 한다. 그러기 위해서는 인간을 나약하게 만들어서 군사에 종사하지 못할 만큼 소심한 사람으로 바꿔 버릴 정도로 쾌적하고 풍요로운 지방에서, 현명한 입법자가 어떤 방책을 수립했느냐는 것을 배워야 할 것이다. 그들은 풍토의 쾌적함과 비옥함이 가져오는 폐해를 보충하는 방법으로 병사가 될 사람들에게 군사훈련을 실시했다. 이 규제 덕분에 본래 거친 풍토의, 즉 불모 지역 출신의 군대보다 훨씬 더 우수한 병사로 성장했다.

이런 입법자 중에서 이집트의 원조를 인용해 두기로 한다. 이집트는 좋은 풍토에도 불구하고 엄격한 제도 덕분에 뛰어난 인재를 배출시켰다. 따라서 이집트 입법자들의 이름은 너무나 오래된 시대였기 때문에 잊혀지고 말았지만 만일 아직 전해지고 있다면, 알렉산드로스 대왕이나 오늘날 아직도 기억에 새로운 다른 많은 인물보다 더한 칭찬을 받을 것이 틀림없다.

그리고 대터키(오스만 터키)의 셀림 1세*[1]에게 타도되기 전의 이슬람교 군주 국가나, 마믈루크*2와 그 군사 제도를 고찰하는 사람이면 누구나 그들이 병사에게 실전 훈련을 하고 있었던 사실을 알게 될 것이다. 또한 법률을 아무리 엄격히 해도 막을 수 없었던, 따뜻한 기후로 생길 나태한 풍조를 얼마나 두려워했던가를 알게 될 것이다. 그래서 법률의 규제에 의하여 비옥함이 가져오는 악영향을 막을 수 있을 때만 비옥한 지역을 선택하여 도시를 이룩하는 것이 현명한 방법이라고 말하고 싶다.

자기의 영광을 위해 도시를 설립하고자 한 알렉산드로스 대왕에게 건축가 이노크라테스는 아토스 산꼭대기라면 쉽게 도시를 만들 수 있다고 제안했다. 그곳은 강고한 곳이어서 인체의 모양을 본뜬 공사를 할 수도 있다고 하였다. 또한 그것은 경탄할 만한 신기한 경관이 되므로 대왕의 위대함을 상징하기에 적당한 것이 되리라는 것이었다. 그래서 대왕은 그 건축가에게 몇 명쯤이나 그곳에서 살 수 있겠느냐고 물었더니 거기까지는 생각하지 않았다는 대답이 나왔다. 이 말을 들은 대왕은 웃으며 아토스 산을 채택하지 않고 알렉산드리아라는 도시를 건설했다. 이 도시는 땅이 비옥하고 지중해와 나일강으로 인해 교통이 편리했기 때문에 사람들이 자진해서 정주하게 되었다.

그런데 로마의 기원에 대하여 말할 때 아이네이아스가 그 시조라고 한다면 로마는 외부인에 의하여 건설된 도시가 되고, 또 로물루스를 시조로 한다면 토착인에 의하여 로마가 건설된 셈이 된다. 어쨌든 로마는 다른 것에 의존하지 않고 자유로웠던 것을 알 수 있다. 또한 나중에 서술하는 것과 같이 로물루스·누마와 그 밖의 사람들에 의하여 만들어진 법률이 얼마만큼 사람들을 궁핍 상태에 묶어 두었던가를 알게 될 것이다. 그래서 그 토지의 중요함, 바다가 주는 편의, 거듭되는 승리, 그리고 국토의 광대함만 하더라도 몇 세기에 걸쳐서 로마를 부패시킬 수는 없었다. 그리고 그 법률은, 다른 어떤 도시나 공화국도 지닐 수 없었던 충만한 역량을 계속 유지할 수 있게 했다.

로마가 달성한, 티투스 리비우스가 칭찬한 여러 사업은 정부 또는 개인이 노력한 덕택이다. 그 여러 사업은 내정에 다같이 관계되는 일이므로 내가 제일 주목할 가치가 있다고 판단한 정부의 내정부터 시작해서 그 성과를 서술

＊1 1465~1520 페르시아·시리아·이집트 등을 합쳐서 대제국을 건설했다.
＊2 징기스칸 서쪽정벌 때, 징기스 칸에게 붙잡힌 포로가 이집트의 군주에게 팔렸다. 그 노예군을 마믈루크라고 한다.

해 나가기로 하겠다. 이 문제가 나의 《정략론》 제1권, 그리고 적어도 첫 부분의 논제가 될 것이다.

제2장 공화국의 종류에 대하여,
그리고 로마는 그 어느 것에 해당하는가에 대하여

여기서는 도시의 창설이 외부의 힘에 의했던 경우를 설명하는 것은 삼가기로 한다. 공화국이건 민주국이건, 모든 외부의 지배로부터 독립된 기원을 갖고, 처음부터 자신의 법률에 의하여 통치되고 있었으므로 그 기원에 따라 독자적인 제도와 법률을 가지고 있는 국가에 대해서만 논하기로 한다.

어떤 도시의 경우에는 창설 당시, 또는 창설 직후에 한 사람의 입법자가 단번에 필요한 법률을 만들었다. 바로 스파르타의 리쿠르구스*의 예가 그것이다. 또한 로마같이 우연한 기회에 법률이 만들어지거나, 여러 차례 법률이 제정되는 예도 있다.

개혁할 필요도 없는 법률 밑에서 편안한 생활을 할 수 있는, 잘 연마된 법률을 국가에 줄 수 있는 현명한 입법자를 가진 공화국은 복된 국가라 하겠다. 스파르타는 800년 이상이나 그 법률을 변경하지 않고 지켜나갔어도 아무 위험한 소동도 야기되는 일이 없었다.

이와 반대로 용의주도한 입법자의 손에 맡겨지는 일도 없이 자력으로 법률을 고쳐 나가야 하는 공화국은 불행하다 하겠다. 또한 처음부터 올바른 질서와는 동떨어진 상태에서 출발한 도시의 경우에는 더욱 비참하다. 올바른 질서를 잃어버린 도시는 어지러운 질서 때문에 발전에 제약을 받아 바람직한 상태로 이를 수 있는 길을 걷지 못하게 된다. 이런 상태에 빠진 도시를 바람직하게 만들기는 힘들기 때문이다.

이와 반대로 완전한 법률을 가지고 있지 않더라도 좋은 지도 원리를 가지고 있어서 항상 개선의 여지를 남기고 있는 도시의 경우는 여러 가지 손을 써 나감에 따라 완전한 영역에 도달할 수 있다. 하지만 이 같은 개혁도 위험을 동반하지 않고서는 목적을 달성할 수 없다는 것도 사실이다.

---

* 기원전 820년 무렵에 크레타의 법을 기본으로 하여 군국적 법률인 리쿠르구스 법을 만들었다고 전해진다.

그것은 변화의 필요가 누구의 눈에도 뚜렷하게 나타나지 않는 한, 대다수의 사람들은 도시의 새로운 체제를 지향한 법률에는 결코 따르려 하지 않기 때문이다. 그리고 새로운 법률이 아무래도 필요하다는 것을 느끼게 하는 데도 역시 위험이 따르기 마련이어서, 필요한 체제를 수립하기 이전에 공화국 쪽이 먼저 손을 들어 버리는 일도 있기 쉽다. 좋은 예가 피렌체 공화국이다. 이 나라는 1502년의 아레초 반란*1으로 개혁되는데, 1512년의 프라트의 약탈*2을 기회로 하여 어쩔 수 없는 상태에 빠지고 말았다.

로마의 도시에서 성립된 정체(政體)가 어떤 것이며, 그것이 어떤 사건을 통해서 완성되었는지를 생각해 보고자 한다. 보통 지식인들이 말하는 것처럼 정체에는 군주 정치, 귀족 정치, 민중 정치라 불리는 세 종류가 있으므로 도시를 건설하고자 하는 사람은 자기 목적에 제일 적합한 것으로 여겨지는 것을 이 중에서 골라야 한다.

다른 현명한 학자들은 대부분의 사람들 생각과 마찬가지로 정체에 여섯 종류가 있다고 주장한다. 그 중 세 가지는 매우 나쁜 것이고 나머지 세 가지는, 그 자체는 바람직한 것이더라도 자칫하면 타락하기 쉬워서 철저히 악질적인 것으로 변해 버린다는 의견을 가지고 있다. 이 중에서 좋은 정체란 앞에서 말한 세 가지를 말하는 것이고, 유해한 정체란 앞에 말한 세 가지의 좋은 정체가 각각 타락해서 만들어진 세 가지이다.

따라서 나쁜 세 가지는 그 모체(母體)와 비슷하다. 그래서 한편에서 다른 것으로 형태를 바꾸기란 대단히 간단하다. 즉 군주 정치는 참주 정체(僭主政體)로, 귀족 정체는 과두 정체로, 민중 정체는 중우 정체로 쉽게 탈바꿈한다. 그러므로 비록 입법자가 자기가 기초를 둔 국가에, 세 가지 정체 중 한 가지를 준다 하더라도 그 정체를 유지할 수 있는 것은 잠깐 동안뿐이다. 그 이유는, 어떤 수를 써도 정체가 나쁜 형태로 급변해 가는 것을 도저히 막을 수 없기 때문이다. 그만큼 정체에 있어서 선과 악은 비슷한 것이다.

온갖 형태의 정체가 인간 사회 속에 발생해 가는 것은 우연이다. 처음에는

---

*1 체자레 보르지아의 지지를 받은 아레초 내부의 반피렌체 파가 피렌체 지배층에 대하여 일으킨 반란.

*2 1512년 8월 29일, 에스파냐 병사들에 의해 이룩된 약탈. 이 사건에 이어서 피렌체의 소데리니 정권이 붕괴되고 메디치 가문이 복귀되고 마키아벨리가 추방당하게 된다.

주민의 수가 적어서 짐승과 마찬가지로 사방에 흩어져 살고 있었다. 그 뒤 인구가 늘어남에 따라 그들은 마을을 만들었다. 그리고 방위를 더욱 완벽하게 하기 위해 그들은 동료 중에서 완력이 뛰어나고 기질도 야무진 인물을 자기들의 우두머리로 선택하여 우러르게 되었다. 이로부터 성실하고 선량한 인물이 위험하고 유해한 인물로부터 구별되어 존중되었다. 자기 은인에 대해 해를 가하는 사람이 나타나면 사람들의 마음 속에는 곧 부정을 저지른 자에게는 증오가, 은인에 대해서는 동정이 솟아오른다. 사람들은 배은망덕한 행위를 비난하고 신의에 돈독한 자를 찬양하게 된다. 그리고 자기들이 생생하게 목격한 배신행위가 이번에는 자기들에게 덮칠지도 모른다는 생각에서 같은 피해를 받지 않게끔 법률을 만들고, 그 법을 범하는 자에게는 형벌을 만든다. 이로부터 정의에 대한 인식이 생겨나는 것이다.

이 사실은 다음과 같은 점과 결부되었다. 즉 사람들은 뒤에 군주를 선택할 때, 완력이 센 용감한 사람에게는 눈도 돌리지 않고, 용의주도하고 정의감이 강한 인물을 지지하게 된다. 그러나 선거에 의하지 않고 상속에 의해서 군주가 형성되게 되면, 그 후계자는 선조와는 다르게 타락하게 된다. 그들은 선조의 역량에까지 도달하려고 노력하지 않고, 사치를 다하고 음탕함을 즐기며, 온갖 방탕함으로 몸을 망치는 일에 있어서 그 누구 못지않지만 아무것도 할 일이 없는 줄 안다. 그 결과 군주는 사람들의 증오를 한몸에 받게 되었다.

이처럼 자기가 증오의 대상이 되고 있다는 사실은 그를 공포로 몰아넣는다. 이 공포는 그를 거꾸로 몰아세우는데, 이것이 바로 참주 정치로 발전한다. 참주 정치의 종말은 당사자인 폭군이 멸망하든가 또는 그에 대한 음모가 꾸며지는 것이다. 이런 일은 소심하고 나약한 사람들이 행하는 것이 아니라 남달리 의협심이 강하고 인물도 출중하며 돈도 있고 게다가 명문 출신인 사람들이 해낸다. 이런 사람들은 우매한 군주의 엉터리 생활을 참을 수가 없다. 그래서 일반 민중들은 이 유력한 사람들의 지도력에 이끌려 군주를 향해 무기를 들고 나서서 그를 타도한 뒤에, 사건을 일으킨 자신들의 해방자에게 복종하는 것이다.

이 해방자들은 군주라는 명칭을 싫어하여 집단적으로 새로운 정부를 만든다. 그리고 처음 한동안은 자기들이 만든 법률에 위배되지 않도록 정치를 하여 공공의 복지 앞에서는 개인의 이익을 뒤로 돌리고, 공적인 일과 사적인 일에 세심한 주의를 기울여 통치하며 아울러 배려를 가한다. 그러나 이 행정을 맡고 있던 사람들의 자식 세대가 되면 다르다. 자식 세대는 운명이 가져오는 장난을 체험하지 못했을 뿐 아니라 역경에 빠져 본 적도 없기 때문에 시민적인 평등성이라는 원칙에 머물러 있다는 것을 참을 수 없게 된다. 그래서 탐욕에 마음을 움직이고 야망 앞에 몸을 드러내어 여자를 강탈하게 되며, 여기서 귀족 정치는 변하여 과두 정치로 떨어져 버린다. 그리고 시민의 권리에 대해서는 조금도 생각하지 않게 된다.

그들은 순식간에 이전의 참주의 운명을 뒤쫓게 된다. 이 같은 정치에 넌더리가 난 민중은, 현지배자를 타도하려 하는 사람이라면 누구든지 그의 명령에 따르게 된다. 이리하여 민중의 힘을 빌려서 현지배자를 타도하는 인물이 그 자리에서 등장하게 되는 것이다.

군주 정체와 그것이 범한 악업은 아직도 기억에 생생하고, 또한 과두 정치는 지금 갓 타도되었기 때문에 아무도 군주 정치로 다시 한 번 되돌려 보자는 생각은 꿈에도 하지 않는다. 그래서 민중 정치로 마음을 돌려 소수의 유력자나 한 사람의 군주가 실력을 휘두를 수 없는 정부가 조직된다.

어떤 정체라도 그 출발은 상당히 당당한 것이기 때문에 이 민중 정체도 한참 동안은 잘 돼 간다. 그러나 그것도 오래 계속되지는 않는다. 기껏해야 그 정체를 만든 세대 동안뿐이다. 그 결과 곧 무정부 상태로 되고 만다. 그렇게 되면 그 상태 속에서는 공공의 권위도 타인에 대한 배려도 무시된다. 사람들은 제멋대로 그날그날을 보내게 되어 악몽 같은 나날 속에 살게 된다.

여기서 어쩔 수 없게 되든, 어떤 양식 있는 사람의 지도에 의해서든 이 혼란을 벗어나고자 새로이 군주 정체로 되돌아가게 된다. 이 군주 정체는 지금 말한 것과 같은 순서로 다시 무정부적인 혼란으로 되돌아가는데, 그 과정도 원인도 지금까지와 똑같은 상태의 되풀이다.

이 점이 과거에서 현재에 이르기까지의 모든 국가가 더듬게끔 운명지어진 순환의 구조이다. 그러나 같은 출발점으로 되돌아오는 예는 지극히 드물다. 그것은 어떤 국가라 할지라도 여러 번 이 같은 순환 운동을 되풀이하고 나서, 그래도 여전히 자립할 수 있는 여력을 남기고 있을 정도의 활력을 갖는다는 것은 도저히 무리한 일이기 때문이다. 또한 일관된 분별이나 힘을 갖고 있지 않는 국가가 혼란 상태에 빠지게 되면, 그 나라보다 월등히 질서를 유지하고 있는 이웃 나라에 종속되는 것이 대개의 형세이다. 그런데 이 같은 이웃 나라에 의한 흡수라는 사태가 일어나지 않는다고 가정한다면, 그 나라는 끝없이 이 정체의 순환을 되풀이할 것이다.

따라서 지금 말한 모든 정체는 어느 것이고 모두 결점으로 가득 찬 것이라고 나는 감히 말한다. 즉 그나마 좋은 세 가지 정체는 생명이 짧기 때문이고, 다른 세 가지의 나쁜 정체는 타고난 사악함 때문이다. 법률을 신중하게 만들고자 하는 사람이라면 누구나 이 결점을 잘 알고 있기 때문에 이 정체 중 어느 것도 그대로의 형태로는 적용하지 않는다. 처음 세 가지 좋은 정체가 갖는 그 성격을 모두 다 포함한 하나의 정체를 택하여, 그것을 가장 안정되고 견실한 정체라고 판정한다. 왜냐하면 같은 도시 안에 군주 정체, 귀족 정체, 민중 정체가 있으면 서로가 서로를 견제하기 때문이다.

이런 정체를 만든 사람들 중에서 가장 명성을 떨친 사람은 리쿠르구스이다. 그는 국왕·귀족·민중에게 각각 본래 기능을 충분히 발휘하게끔 배려하면서 스파르타의 법률을 짠 인물이다. 그 국가는 800년 이상이나 영속했는데, 그 법률 덕분에 그의 명성은 후세에까지 울려퍼지고 그 도시는 오랜 평화를 즐길 수 있었다.

이와 반대인 인물은 아테네에 법률을 제정한 솔론*1의 경우이다. 그는 민중 정치만을 수립했기 때문에 그것은 단명으로 끝나고, 그가 죽기 전에 벌써 페이시스트라토스*2의 참주 정치가 생기게 되었다. 하기야 그 40년 뒤에 그의 후계자가 추방되고, 아테네에 자유가 되살아나기는 했으나 솔론의 체제를 본떠서 민중이 회복되었기 때문에 불과 100년 동안밖에 유지되지 않았다. 비록 100년간이라고는 하나 그 국가가 유지되었던 것은 솔론에 의해 간과되었던 유력자의 횡포나 민중들의 무질서를 억압하기 위한 많은 법률이 만들어져서 그 나름대로의 노력이 기울여졌기 때문이다. 바로 민중 정치를

---

*1 기원전 640~560년경. 기원전 594년에 집정관이 되어 가난한 자들의 빚을 말소시키고, 인신을 저당잡히는 일을 금했다.

*2 기원전 600년경~527. 아테네 참주. 메가라인과의 싸움에서 공을 세우고 급진적인 당의 수뇌로서 아테네의 주권을 잡았다. 한때 실각했으나 다시 세력을 얻어서 해상 발전, 상공업 진흥, 빈민 구제에 힘을 다했다.

군주 정치나 귀족 정치가 갖는 효과로 융합시키지 않았기 때문에 아테네는 스파르타에 비교하여 단명으로 끝나 버렸던 것이다.

이야기를 로마로 돌리기로 하자. 로마는 리쿠르구스 같은 사람이 한 사람도 없었다. 그래서 창설 직후에 장기간에 걸쳐서 로마의 자유를 보장해 줄 만한 정부를 수립해 줄 사람이 없었다. 그러나 민중과 원로원 사이의 불화에서 생긴 많은 사건들이 입법자 역할을 대신 해주었다. 이런 기회란 법률에 의해서는 주어질 수 없는 것이다.

로마는 좋은 입법자를 갖는 최상의 행운은 만나지 못했지만 적어도 그에 버금가는 이점을 갖추고 있었다. 로마 본래의 법률은 빈틈이 많은 것이었지만, 그것을 완성의 영역으로 높여가는 과정에서 한 발도 헛디디는 일이 없었다. 로물루스를 위시하여 다른 모든 국왕들이 우수한 법률을 숱하게 만들었는데, 그것은 역시 자유와 양립할 수 있는 것이었다.

그러나 그 법률들이 목적하는 왕국을 만들기 위한 것이지 공화국을 위한 것은 아니었다. 그래서 로마가 자유로운 정체로 되었을 때, 자유를 위해 필요한 많은 제도가 결여되어 있다는 것을 알게 되었다. 사실 그때까지 어떤 국왕도 이런 제도는 취급한 적이 없었다. 그리고 이런 왕들은 내가 이미 설명한 이유나 경위로 왕위를 잃었는데, 그것을 추방한 사람들은 즉시 왕위를 대신하여 두 명의 집정관을 두었다. 이리하여 로마에서 국왕이라는 명칭은 없어졌지만 그 실권은 유지되었다.

로마의 정부는 집정관과 원로원으로 성립되어 있었으며, 그것은 이미 지적한 세 가지 요소 가운데 두 가지, 즉 군주 정치와 귀족 정치를 갖는 것으로서 민중 정치는 채용되지 않았다. 그 때문에 로마의 귀족은 나중에 말하는 이유로 횡포해져서 민중으로 하여금 귀족에게 대항하게 만드는 결과가 되었다. 귀족은 전부를 잃는 것을 피하기 위하여 민중에 대해 자기가 갖는 권능의 일부를 양보할 수밖에 없었다. 그럼에도 불구하고 원로원과 집정관은 공화국에서의 자기들의 지위를 유지하고자 권력의 대부분을 놓치려 하지 않았다. 여기서 호민관^(민중의 권리를 귀족으로부터
지키기 위해 만들어진 관직)의 창설이 초래되어 로마 공화국은 보다 안정되었고, 위에서 말한 세 가지 정체의 요소가 모두 제자리를 찾게 되었다.

지금까지 설명한 것과 같은 이유와 경위에 의해서 권력의 소재가 국왕이나 귀족에서 민중에게로 이행했음에도 불구하고, 운이 좋은 로마는 귀족에게 권력을 주기 위해 왕으로부터 전 권력을 빼앗는 일도 없었고, 귀족의 권력을 깎아서 그것을 민중에게 나누어 주는 일도 없었다. 오히려 그 셋이 섞여서 완전한 국가를 만들고 있었다. 이와 같은 완벽한 상태에 도달할 수 있었던 것도 이어질 두 장에서 충분히 설명할, 민중과 원로원의 알력이라는 사태를 통해서다.

제3장 로마 공화국을 완성한 호민관 제도 설립 경위에 대하여

공화국에 대해서 기술하고 있는 모든 사람들의 지적에도 있는 것처럼, 또는 어떤 역사 속에도 찾을 수 있는 실례에 비추어 보더라도 국가를 수립하고 거기에 법률을 정비시키고자 하는 사람이면 다음과 같은 점을 명심해 둘 필요가 있다.

즉 사람이란 모두가 사악해서 자유로이 행동할 수 있는 조건이 갖추어지면, 본래의 사악한 성격을 마음껏 발휘해 보려고 틈을 노리게 되는 것이다. 그들의 사악함이 잠시 모습을 감추고 있다면 그것은 뭔가 아직 알려지지 않은 이유에 의한 것이므로 얼마 안 있어 모든 진리의 아버지라고 일컬어지고 있는 시간이 그 가면을 벗기게 된다.

로마에서는 타르키니우스*를 추방한 뒤, 민중과 원로원 사이에는 다시없는 조화가 유지되었던 것 같다. 귀족은 그 본래의 거만함을 버리고 민중의 마음을 몸에 익히게끔 하고 있었기 때문에 최하층민들조차도 그럭저럭 그들을 참고 보아 줄 수 있을 정도였다. 타르키니우스 집안 사람들이 살아 있을 동안에는 이런 상태가 계속되었고, 파탄도 일어나지 않았다. 그것은 귀족들이 타르키니우스 집안을 두려워하는 한편 민중을 학대하다가는 자기들로부터 떠나가 버릴 염려도 있고 해서 민중을 소중히 취급했기 때문이다. 그러나 타르키니우스 집안 사람들이 죽어 그 혈통이 끊기기가 무섭게 귀족들로서는 공포가 사라지게 되자 가슴속에 쌓였던 울분을 풀기 시작했다. 그리고 모든 방법으로 민중을 괴롭히게 되었다.

이런 사실이 바로 내가 앞에서 말한 것, 즉 사람이란 필요에 강요당하지

---

*타르키니우스 수페르부스, 로마 최후의 왕. 기원전 510년에 추방되었다.

않는 한 선을 행하지 않는 것이라는 증거가 된다. 구속이 제거되어 누구나 마음대로 행동할 수 있게 되면 당장에 모든 일이 혼란과 무질서로 묻혀 버리게 되는 것이다. 굶주림이나 빈곤이 사람을 부지런하게 만들고, 법률이 사람을 선량하게 만든다고 일컬어지는 것도 이런 이유에서다.

사실 법률의 힘을 빌리지 않고서 저절로 좋은 행동으로 인도되는 수가 있다면 법률 같은 것은 사실 필요 없을 것이다. 하지만 이런 편리한 습관이 없을 경우에는 아무래도 이를 대신하는 법률이 필요하게 된다. 그러므로 귀족들에게 겁을 주어서 그 행동을 구속하고 있던 타르키니우스 집안이 없어진 마당에서는 일찍이 타르키니우스 집안이 수행하고 있던 것과 똑같은 효과를 올릴 수 있는 법률을 새로 생각해 낼 필요가 있었다. 그래서 민중과 귀족들 간에 조성된 많은 혼란과 소동과 위기를 거쳐서 민중을 지키기 위해 호민관이 설립되었다. 이 호민관은 많은 권력과 명예가 부여되어 있어서 항상 민중과 원로원 사이에 존재하여 귀족의 횡포를 저지할 수 있었다.

제4장 민중과 원로원 대립에 의해 로마 공화국은 자유롭고 강대해졌다

타르키니우스가 죽고 나서 호민관의 설립에 이르는 로마에서의 내분에 대하여 언급하지 않을 수 없다. 로마는 내분이 계속된 공화국이므로 행운과 군사력이 공화국의 결함을 보충하지 않았더라면 대혼란의 구렁텅이에 빠져 버려, 다른 어떤 나라보다 못했을 것이라는 숱한 사람들의 의견에 대해서, 나는 다른 의견을 가지고 있다.

행운과 군사력이 로마의 국력의 기초였음은 부정할 수 없는 사실이다. 그러나 군사력이 있다는 것은 좋은 질서가 유지되어 있기 때문이고, 또 군사력과 좋은 질서가 있는 곳에는 반드시 행운이 찾아올 것이다.

아무튼 이 점에 대해서 다시 자세히 살펴보기로 한다. 귀족과 민중과의 불화를 비난의 대상으로 삼는 사람들은, 내가 볼 때 로마에 자유를 가져오게 한 원인 자체에 대해 불평하고 있는 것이나 다름없다고 생각한다. 말하자면 그들은 로마가 낳은 멋진 성과보다도 내분이 불러일으킨 절규라든가 외면적인 잡음 쪽에 마음을 빼앗기고 있는 것이다.

이런 사고방식을 가진 사람들은 어떤 국가 속에도 두 가지의 다른 경향, 즉 민중적인 것과 귀족적인 것이 존재한다는 것을 생각도 하려 하지 않는다.

즉 자유를 확보하기 위해 만들어진 법률이 로마에서 쉽사리 그 뒤를 더듬을 수 있는 것처럼 민중과 귀족과의 대립에서 생긴 것임을 깨닫지 못하는 것이다. 사실 타르키니우스로부터 그라쿠스에 이르는 300년 이상의 기간에, 로마에서 일어난 분쟁으로 추방되는 데까지 이른 사실은 얼마 없으며 피를 흘린 일도 매우 적었다. 그러므로 이런 분쟁을 유해한 것이라든가, 국가를 분열시킬 것이라고 판단할 수는 없다. 민중과 귀족의 대립이 계속된 긴 기간에 걸쳐서 불과 8명 내지 10명의 사람이 추방되었을 뿐이고 사형당한 자도 극소수이며, 재산을 몰수당한 자도 그리 많지 않았다.

많은 영웅적 행위에 의해 광채를 떨치고 있는 국가를 무질서한 국가라고는 말할 수는 없다. 왜냐하면 영웅적인 위업은 옳은 교육의 소산이고, 옳은 교육은 좋은 법률에서 생긴다. 그 좋은 법률은 대부분의 사람들이 잘못 알아 비난하고 있는 그 내부에서 유래되고 있기 때문이다. 그 내분의 결말을 신중히 검토해 보면, 그 시대에는 공공의 복지를 망치는 어떤 추방 사건이나 폭력 사건도 생기지 않았고 오히려 공공의 자유에 도움이 되는 법률과 체제가 만들어지고 있었다는 것을 알게 될 것이다.

가령 누군가 다음과 같은 의문을 던졌다고 생각해 보기로 하자. 즉 '이상과 같은 실속 없는 겉치레가 아니라 실제는 민중들이 입을 모아 원로원에 항의하자, 원로원이 민중을 향해 연설하느라 거리를 이리저리 뛰어다니는 바람에 상점은 문을 닫고 모든 하층민이 로마에서 물러나는 광경이 빚어지지 않았던가. 이것은 실로 이상하고 야만적인 수단이 아니겠는가'라고. 이런 주장은 읽는 이를 놀라게 할 따름이다.

나는 감히 다음과 같이 말하고 싶다.

'어느 도시라도, 특히 중요만 문제에 민중의 의지를 반영시키려고 하는 도시에서는 그들 민중은 자기들의 욕망을 던질 배출구를 발견할 수 있는 법이다.'

이런 수단은 로마에서도 사용되었다. 로마의 경우, 민중은 하나의 법률을 획득하기 위해 내가 지금 말한 것 같은 과격한 수단에 호소하거나 또는 전쟁 때 병적에 등록하기를 거부한다는 일도 일어났다. 원로원은 그들을 달래기 위해 어떤 방법으로든 그들의 환심을 사야 했다. 자유인이 자유 획득을 위한 운동에 궐기한다 해도 이것이 사회의 상태에 해를 끼치는 일은 거의 없었다.

그 까닭은 자유를 구하는 운동이란 억압되어 있든가 또는 억압될 것 같은 염려가 있을 때 나타나는 것이기 때문이다.

그들의 시기와 의심이 근거가 없는 것일 경우에는, 유식하고 신망 있는 인물이 연설하여 공개 토론을 통해서 사태를 수습하면 된다. 툴리우스 키케로*의 말과 같이, 민중이란 비록 무지하더라도 민중이 신뢰할 만하다고 믿는 인물이 그들에게 진리를 고하기만 한다면 쉽사리 설득될 수 있다. 그런 까닭에 로마의 통치법을 비난할 경우에는 충분히 조심한 다음 행해야 한다. 또 이 공화국에서 생긴 갖가지 훌륭한 성과가, 이 이상은 없을 훌륭한 동기에서만 생겨난 것은 아니라는 것도 생각해야 한다. 내분이 호민관 성립의 원인이라면 그 내분도 평가되기에 족할 만한 것이다. 다음 장에서 설명하는 것처럼 호민관은 행정 속에서 백성의 소리를 반영하게 되었을 뿐만 아니라 로마의 자유의 감시자가 되었기 때문이다.

제5장 민중과 귀족 어느 쪽이 더 확실하게 자유를 보호하는가.
      새로 권력을 손에 넣고자 하는 민중인가,
      기득권을 보전하고자 하는 귀족인가.
      어느 쪽이 더 내분의 원인이 되는가

한 국가를 세심한 배려로 이룩한 사람들은 자유의 보호와 감시를 하는 직책을 만드는 일이 무엇보다도 긴급한 일이라고 생각해 왔다. 이것이 잘 되느냐의 여부에 따라 자유가 존속하는 기간이 길어지기도 하고 짧아지기도 했다. 모든 공화국은 귀족과 민중으로 성립되어 있기 때문에, 자유 수호의 큰 역할을 그 어느 쪽에 맡기는 게 좋겠느냐는 의문이 생기게 된다. 예전에는 라케다이몬(스파르타의 첫 호칭)이, 현재에는 베네치아인이 그것을 귀족의 손에 맡겼고 로마인은 민중에게 맡겼던 것이다. 그래서 어느 국가의 선택이 가장 큰 성공을 거두었느냐는 것을 조사할 필요가 생기게 된다. 그 어느 쪽도 각각 이유는 있겠으나 결과만으로 판단할 때 아무래도 귀족의 손에 맡기는 쪽을 택하고 싶다. 그 까닭은 스파르타나 베네치아의 자유가 로마보다 훨씬 더 오래

---

*기원전 106~43 정치가·철학자·웅변가였고 집정관으로서 카테리나의 음모를 깨고 국부의 칭호를 얻었다. 카이사르에 반대하고, 나아가 안토니우스에도 반대하여 자살했다.

지속되었기 때문이다.

처음에 로마의 예를 들어서 그 점을 검토해 볼 때, 두 계급 중 자유를 획득하려고 하는 쪽에 자유의 감시를 맡겨야 한다고 말하고 싶다. 사실 귀족과 민중이 각각 지향하고 있는 것을 생각할 때, 귀족은 지배하려고 하는 강한 욕망에 불타고 있는 데 반하여, 민중은 오로지 지배당하지 않겠다는 마음뿐이다. 따라서 귀족은 자유를 파괴함으로써 그 목적을 달성하는 데 반해, 민중은 자유를 손에 넣음으로써 자기를 지킬 수 있으므로 민중이 한층 더 자유로운 생활을 바라게 된다. 그래서 민중이 자유를 감시하는 역을 맡게 되면, 자유를 독점할 만한 힘도 없고, 그렇다고 해서 귀족에게 그것을 빼앗기고 싶은 마음도 없기 때문에 자유의 감시라는 점에 주의력을 집중하게 되는 것은 당연하다.

이와 반대로 스파르타나 베네치아가 취한 방법이 좋다고 하는 사람들은 다음과 같이 말한다. 즉 자유의 감시 역할을 귀족에게 맡기는 데는 다음의 두 가지 이점이 있다는 것이다. 첫째는 귀족이 무기를 지니게 되면 국내에서 강한 입장에 서게 되기 때문에 그들은 그것만으로 만족하고 그 이상의 풍파를 일으키려고 하지 않는다는 것이다. 또 하나는 동요하기 쉬운 민중의 마음이 권력을 탐내는 것을 방지하는 데 도움이 된다는 것이다. 즉 민중의 욕망을 그대로 내버려두면 끝없는 불화와 분쟁을 국가에 심는 원인이 되어서 귀족을 어쩔 수 없는 궁지에 몰아 넣고 결국은 어떻게 할 방도도 없는 사태를 일으키게 되고 마는 법이다.

로마가 그 좋은 예를 보여 주고 있다. 로마에서 호민관에게 권력을 맡기자, 민중은 두 명의 집정관 중 민중 출신을 한 사람*1만 택한다는 것으로는 만족할 수 없었다. 그들은 두 명 다 민중 출신자에게 독점시키고자 한 것이다. 그래서 그들은 과세와 감찰을 맡는 감찰관이나 사법관뿐만 아니라 그 밖의 로마의 각종 지배권도 민중으로 독점하고자 했다. 이것으로 그치지 않고 당파 기질이 내키는 대로 시대가 내려감에 따라, 귀족을 타도하고자 한다고 생각되는 인물을 추켜올려서 우상시했다. 그래서 마리우스*2같이 권력을 제

---

*1 기원전 367년, 루키니우스 섹티우스 법에 의해 집정관 두 명 중 한 명을 민중 출신이 차지하기로 되어 있었다.

*2 가이우스 마리우스, 기원전 157~86. 일곱 번 집정관이 되었다.

멋대로 하는 자가 생겨나 그것이 로마를 망치게 되었다.

여기서 말해 온 두 경우에 대해서 충분히 검토해 본 사람이라 하더라도 자유를 지키는 데 있어서 귀족에게 맡기느냐, 민중에게 맡기느냐는 문제가 생기면 쉽게 결심이 서지 않을 것이다. 어떤 경향의 사람들이 국가에 유해한가. 즉 이미 획득한 영예에 매달리고자 하는 사람들과 갖지 못한 것을 얻고자 하는 사람들 중 그 어느 쪽이 유해한가 하는 문제가 되고 보면 쉽사리 알수 없기 때문이다. 결국 모두를 치밀하게 검토하면 다음의 결론에 도달하게될 것이다. 즉 로마처럼 지배권을 확립해 나가고자 노력하는 나라에서는 로마가 취한 방법을 따르는 것이 좋고, 이미 손에 넣은 국력을 유지해 가기만하면 되는 경우에는 베네치아나 스파르타의 예를 따라야 한다. 아무튼 그 근거는 다음 장에서 설명하기로 한다.

여기서 다시 한 번 어떤 인물이 국가에 대하여 더 바람직한가, 즉 획득하고자 애쓰는 사람과 일단 획득한 것을 놓치지 않으려고 매달려 있는 사람 중그 어느 쪽이 힘에 겨운 존재인가 하는 논제로 되돌아가기로 한다. 내가 말하고 싶은 것은 다음과 같은 이야기이다.

임시 독재 집정관*이 된 마루쿠스 메네니우스도, 기사의 장관이 된 마르쿠스 풀비우스도 다같이 민중 출신이었다. 그들은 카푸아(나폴리 북부에 있었던 도시)에서 로마에 대하여 주어진 어떤 음모 사건 때문에 취임한 것이었다. 그리고 이 두 사람에게는 다시 민중으로부터 새로운 권한이 부여되었다. 그 권한이란 로마에서 야심 내키는 대로 비상 수단을 써서라도 집정관이나 다른 큰 관직에 오르려는 자들을 폭로하는 일이었다.

그런데 귀족들 입장에서는 이 커다란 권력이 자기들을 위해서 만들어진것 같은 생각이 자꾸만 들었다. 그래서 야망이나 비상 수단으로 그 자리를얻고자 하는 것은 귀족이 아니라, 민중이 나쁜 태생과 능력 부족도 돌아보지않고 비상 수단을 써서라도 현직에 오르려 한다는 소문을 퍼뜨렸다. 그리고임시 독재 집정관인 메네니우스에게 특히 비난을 집중시켰다. 이 탄핵이 너무나 심했기 때문에 베네니우스는 모임을 열고 그 자리에서 귀족이 자기에

---

*비상시에 있어서의 로마의 최고직 2명의 집정관 중 한 명이 원로원에 의해 임명되면 임시 독재 집정관이 되어서 지상권을 휘둘렀다. 임기는 6개월.

게 가한 중상에 대해 상세히 호소한 다음, 임시 독재 집정관의 지위를 사임하고 자기에 대한 처지를 민중에 의한 재판에 맡기기로 했다. 그래서 결국 무죄가 되었다. 그 자리에서 아무것도 잃지 않겠다는 가진 자와, 새로이 획득하고자 하는 가지지 못한 자와 어느 쪽이 더 야심적이냐 하는 것이 열심히 논의되었다. 왜냐하면 지금 말한 양쪽의 욕망이 다같이 쉽사리 큰 소동의 원인이 될 수 있다고 생각되었기 때문이다.

그러나 소동을 제일 많이 일으키는 것은 가진 자 쪽이라고 생각된다. 무엇인가를 잃을 것 같다는 두려움이, 새로 무엇을 얻고자 하는 사람들이 갖는 욕망과 조금도 틀림없는 결과를 낳기 때문이다. 사람이란 이미 가진 것에 덧붙여서 다시 새것을 획득할 수 있다는 보장이 있을 때가 아니고는 물건을 가졌다는 안심에 잠길 수 없다는 사실 때문이다. 그래서 새로 획득한 것이 늘어나면 점점 더 큰 권력과 행동력을 가지게 된다. 그리고 그것에 의하여 세상을 바꿀 수 있게 된다.

더 나쁜 것은, 교만한 언동이 무엇인가를 얻고자 초조해하는, 가지지 못한 자의 노여움에 불을 지른다는 것이다. 그리고 전자가 가지고 있는 것을 자기도 가지고 싶도록 만들 뿐만 아니라, 그들 귀족들에 의해 악용되어 온 부나 명예를 빼앗아서 원한을 풀어 보자는 마음을 먹도록 만든다.

제6장 로마에서 민중과 원로원의 대립에
종지부를 찍을 수 있는 정부를 수립할 수 있었는가의 여부에 대하여

민중과 원로원 간의 대립이 가져온 결과에 대해서는 앞 장에서 말한 대로이다. 이 대립은 로마의 자유 상실의 원인이 된 그라쿠스 시대에까지 계속되었는데, 로마에 이 같은 대립이 없었더라면 그 도시는 더 훌륭한 성과를 거두었을 것이 틀림없다. 그러므로 나로서는 로마에서 그런 대립을 없앤 국가가 만들어졌는가의 여부를 조사하는 일이 아주 뜻있는 일같이 여겨진다.

이것을 검토하기 위해서는, 국내에 적대 관계나 분쟁이 없었기 때문에 영속적인 자유를 누린 여러 국가로 화제를 돌릴 필요가 있다. 그리고 그 국가들이 어떤 것이었는지, 그 조건이 로마에 도입될 수 없었는지의 여부를 조사할 필요가 있다.

이 예가 되는 것이 내가 이제까지 말해 온 것과 같이 고대에서는 스파르타고 현재에는 베네치아이다. 스파르타에서는 왕과 소수의 원로원이 나라를 다스리고 있었다. 그러나 베네치아는 스파르타와 달리, 지배 계급 내에서 상하를 마련하고, 각각에 다른 칭호를 주지 않고 행정에 참여할 수 있는 모든 사람들을 귀족이라는 칭호로 일괄하였다. 이런 형태가 갖추어진 것은 그런 정체를 준 입법자의 선견지명에 의해서라기보다는 우연한 일이었다.

앞에서 말한 이유로, 오늘날 도시가 있는 반석 위에 남을 피해 모여들었던 많은 사람들이 인구가 크게 늘어나자, 함께 살아가기 위한 법률을 만들 필요가 생겨서 거기에 일종의 정부가 성립되었다. 그들은 때때로 의회에 모여서 도시에 대한 것을 심의했다. 그러다가 시민의 수가 점차 더 늘어나 하나의 정부를 형성하기에 충분한 인구가 되었으므로, 새로 이주해 온 신참자에게는 그 정부에 참가할 권리를 인정하지 않기로 했다.

그러다가 시대가 흐름에 따라 정치에 참여할 수 없는 주민의 수가 현저히 늘어나게 되었다. 그래서 정치에 참여하는 권리를 가진 사람들의 긍지를 존중해서 그들을 귀족, 나머지 사람들을 민중이라 부르게 되었다. 이런 정체가 아무런 다툼 없이 성립되고 그것이 유지되어 간 것은, 베네치아가 발생했을 때 이미 그곳에 살고 있던 사람들은 아무도 불평할 수 없는 형태로 각각 정권에 참여하고 있었기 때문이다.

또한 그 뒤에 이주해 온 사람들도 그 국가가 강고한 데다 이미 완성되어 버렸기 때문에 그에 대해 불평할 근거도 없고 그 기회도 잡지 못했다. 그들이 반대할 근거가 없었던 것은 신참자는 어떤 사람도 채용되는 일이 없었기 때문이다. 또한 그들이 소동을 일으킬 기회가 없었던 것은, 지배자 측이 민중을 단단히 휘어잡고 민중들로 하여금 권력을 넘볼 수 없게끔 해 두었기 때문이다. 그리고 뒤늦게 베네치아로 옮겨 온 사람들의 수도 많지 않아서, 지배자 층의 수효와 피지배자 층의 수효가 균형을 잃는 일이 없었기 때문이다. 귀족의 수는 민중 인구에 필적하거나 그보다 조금 더 많을 정도였다. 이런 이유로 베네치아는 그 국가를 훌륭히 육성시키고 통일을 지킬 수 있었다.

스파르타도 이미 말한 것과 같이 한 사람의 왕과 소수의 원로원에 의해 통치되고 있었다. 장기간에 걸쳐서 이 국가가 유지될 수 있었던 것은 다음과 같은 이유 때문이다. 즉 스파르타에는 인구가 적었다는 것, 이주해 오는 자에 대해서는 문호를 열어주지 않을 뿐 아니라 리쿠르구스가 만든 법률을 준수하며, 내분의 원인이 되는 것을 모두 없애고 오랫동안 단결하여 생활해 온 사실 때문이다. 리쿠르구스는 바로 그 법률에 의해 스파르타에서의 부의 평등과 신분의 차이를 수립하였다.

스파르타에서는 일률적으로 청빈했고, 국가의 관직이 극소수의 시민에게 한정되어 있어서 민중에게는 동떨어진 존재였으므로 일반 민중에게는 야심이라는 것이 생길 수도 없었다. 또한 귀족도 주어진 것을 악용하는 일이 없었기 때문에 민중들도 그들로부터 권력을 빼앗아야겠다는 마음을 갖지도 않았다.

이것은 스파르타 왕들의 힘에 의한 것이다. 평생 왕위에 있으면서 귀족들 속에 몸을 두고 있던 그들에게는 민중을 모든 부정으로부터 지켜 주는 일 외에는 왕의 권위를 확보해 나갈 좋은 방법이 없었기 때문이다. 이런 사실 때문에 민중은 주권에 대해 공포심을 갖지 않게 되고, 또한 그것을 손에 넣으려고 바라지도 않게 되었으며, 그 결과 민중과 귀족 사이의 분쟁이나 내란의 원인이 없어졌다. 그래서 오랜 세월에 걸쳐 그들은 하나가 되어 생활해 나갈 수 있었던 것이다.

이상과 같은, 귀족과 민중과의 협조를 가져오게 한 일에 대해서는 두 가지 중요한 원인을 들 수 있다. 그 하나는 스파르타의 주민이 적었다는 점이 소수자에 의한 지배를 가능케 했다는 사실이고, 또 하나는 국가 안에 외부인을 받아들이는 일이 없었기 때문에 그들에 물들어 타락하는 일도 없었고, 인구도 늘어나지 않아 소수의 지배자가 정권을 감당해 내지 못할 정도의 힘겨운 사태가 일어나지 않았다는 것이다.

이런 점을 모두 종합해서 생각해 보기로 한다. 앞에서 말한 베네치아나 스파르타가 누렸던 것과 같은 평화를 로마에 가져오게 하려면, 그 입법자들은 다음에 말하는 두 가지 중 한 가지를 채택했어야 한다. 즉 베네치아의 경우처럼 민중을 전쟁에 동원하지 않는 것, 혹은 스파르타처럼 외부인의 이주에 대해 문호를 닫아 두는 것, 그 어느 쪽인가의 방책을 택해야만 했다.

그러나 실제로 로마인들은 전혀 반대의 일을 했다. 즉 민중에게는 무력을 주고 외부인에게 이주를 인정해서 인구 증대를 가져오게 했다. 그래서 소동이 일어나는 동기는 끝없이 생겨났다. 하지만 로마 내부가 더 평화스러웠다고 하면 결국 로마가 더 약해지는 결과를 가져와서 저 위대함에 이르는 길을 차단해 버렸는지도 모른다. 로마가 내분의 원인이 되는 것을 버리려고 하면 동시에 대국으로 가는 힘도 잃게 되었을 것이다.

따라서 상세히 검토해 보면 이 세상의 일이라는 것은 모두 한 가지 나쁜 일을 제거하면 반드시 다른 나쁜 일이 생기게 마련이라는 것을 알게 된다. 즉 민중 인구를 늘리고 나아가 그들에게 무기를 주어서 강고한 주권을 확립하기 위해 이용하려고 하다가는, 민중은 나중에 지배자의 손으로는 감당해 내지 못할 존재가 되어 버린다는 것이다.

한편 민중을 제어하기 쉽도록 그 수효를 적게 해서 무기를 주지 않는다면, 새 영토를 획득했을 경우 그것을 유지해 나가기는커녕 몹시 유약해서 외부로부터의 공격에 꼼짝도 할 수 없는 처지가 되어 버릴 것이다. 따라서 우리가 무엇보다 깊이 생각해 두어야 할 점은, 어떻게 하면 보다 실제적인 해를 적게 할 수 있느냐 하는 것이다. 그리고 이를 명심하고 이에 임해야 한다. 그 까닭은, 완전무결하게 아무 불만도 없는 일이란 이 세상에 있을 수 없기 때문이다.

로마에서도 스파르타를 본받아서 한 사람의 종신 왕과 적은 인원수의 원로원을 만들 수는 있었다. 그러나 로마가 대제국으로 발전해나가려고 한다면, 스파르타같이 시민의 수를 제한할 수는 없었다. 종신 왕과 소수 원로원은 국가의 통일을 위해서는 유효할지라도, 대제국의 건설에는 그다지 도움이 되지 않았을 것이다.

그러므로 새로 국가를 건설하고자 하는 자는, 그 국가를 로마같이 광대한 영토와 무한한 국가 권력으로 펼쳐 나가야 할 것인가, 또는 협소한 국토에서 그 판도를 눌러 둘 것이냐 하는 것을 우선 검토해야 할 것이다. 첫 번째 경우라면 로마와 같이 국가를 만들고, 그 안에서 일어나는 내분이나 불화의 피해를 최소한으로 막도록 해야 한다. 그 이유는 인구가 많고, 또 그것이 군사적으로 훈련되어 있지 않는 한 절대로 국가를 확장할 수 없고, 설사 확장할 수 있다 하더라도 그것을 유지해 나간다는 것은 도저히 안 될 일이기 때문이다. 두 번째 입장을 취한다면, 스파르타나 베네치아의 예에 따라서 국가를 만들어야 한다. 그러나 이런 국가에 있어서 국토를 확장한다는 것은 유해하기 짝이 없는 일이기 때문에 모든 수단을 다해서 국가가 새 영토를 획득하는 일을 막아야 한다. 그 까닭은, 나약한 국력 위에 새 영토가 덧붙여지면 스파르타나 베네치아에서 일어났던 것처럼 그 국가의 완전한 붕괴를 초래하기 쉽기 때문이다.

스파르타는 그리스 영토를 거의 거느렸다. 그러나 사소한 실수로 그 기초를 망가뜨리고 말았다. 즉 펠로피다스에 의해 야기된 테베의 반란*이 일어나자 다른 국가도 궐기하여 스파르타를 완전히 타도한 것이다.

마찬가지로 베네치아도 이탈리아에서 큰 면적을 점유하고 있었다. 그러나 그 대부분은 전쟁에 의해서 뺏은 것이 아니라 금전의 힘이나 간책으로 손에 넣은 것이기 때문에, 그 실력이 시험되었던 단 한 번의 아냐델네로 회전(會戰 ; 1509년)에서 모두를 잃고 말았다.

장기간 존속되는 국가를 만들고자 한다면 스파르타나 베네치아같이 국내를 정비하고 천연의 요충지를 택하여 국가를 세워서, 누구나 그것을 쉽사리 제압할 수 없는 것을 알게끔 방비를 굳혀야 한다고 생각한다. 그러나 동시에, 이웃 나라에 위협을 줄 정도로 그 국가를 강대하게 만들어서는 안 된다. 이상과 같이 해서 국가를 만들면 오랜 세월에 걸쳐 국가는 계속될 수 있을 것이다.

국가에 대해 전쟁을 거는 데는 두 가지의 동기를 인정할 수 있다. 한 가지는 정복함으로써 지배권을 획득하기 위해서이고, 또 한 가지는 자기가 정복되지 않겠다는 공포에서 나오는 것이다. 지금 말한 방법에 따르면 전쟁의 두 원인이 되는 길을 거의 완전히 막게 된다. 왜냐하면 만약 그 국가가, 내가 전제로 하는 것처럼 방어가 매우 철저하기 때문에 공략하기 어려울 경우에는 그 나라를 정복하고자 야망을 품는 자는 좀처럼 나오지 않거나, 혹은 전혀 없다고 해도 좋기 때문이다. 만약 그 국가가 그 국경 안에서만 머물고, 그 실적으로 보아 야심 같은 것을 갖지 않는 나라임을 알게 되면 그 국력에 겁을 먹은 나라가 전쟁을 걸어오는 일은 절대로 일어나지 않을 것이다. 이 경우, 특히 헌법이나 법률 등으로 영토 확장을 금하고 있을 경우에는 더군다나 전쟁이 일어날 염려는 없다. 이처럼 균형이 잡혀 있으면 거기에는 모범적인 정치 생활이나 도시의 참다운 평화가 찾아오리라고 나는 믿는다.

그러나 모든 세상사는 돌고 도는 법이고 못박아 둘 수도 없는 일이어서,

---

* 테베의 장군 펠로피다스가 기원전 379년에 일으킨 반란.

그것은 오르막이 되든 내리막이 되든 그 둘 중에 하나일 수밖에 없다. 그리고 우리들은 많은 일을 행하는 데 있어서 이성에 인도되어서가 아니라 필요에 강요되어서 하고 있다. 따라서 그것을 확장하지 않고도 유지해 나갈 수 있는 국가를 이룩한다 해도, 주위의 정세 때문에 부득이 그것을 확장해야 할 궁지에 몰리게 되면 국가의 기초는 흔들리고 순식간에 붕괴되어 버린다는 것을 알 수 있을 것이다.

이와는 달리 신의 은총으로 전쟁을 체험하지 않을 수 있는 경우에는 게으름의 풍조가 생겨서 그것이 국가를 약화시키고 분열을 낳게 하는 원인이 된다. 이 두 경향이 한데 어울려서 때로는 그것이 단독으로 국가 멸망의 원인을 만든다. 그렇지만 내가 믿는 바로는, 지금 말한 것을 균형을 잘 잡거나 그 중간 길을 걸어간다는 것은 도저히 할 수 없는 일이다. 따라서 국가를 만드는 마당에는 조금이라도 더 낫다고 생각되는 방법을 택해야 한다. 그리고 건설된 국가를 부득이 확대시켜야 할 사태가 일어나는 일이 있더라도 그 새로운 점령지를 확보해 나갈 수 있게 손을 써 두어야 할 것이다.

여기서 처음으로 돌아가, 나라를 건설하기 위해서는 로마의 조직에서 모범을 찾아야지 그 밖의 국가 사례들은 따를 가치가 없다고 믿는다. 왜냐하면 이 두 가지의 절충적인 방책이 있다고는 여겨지지 않기 때문이다. 또한 민중과 원로원 간에 대두되는 대립 관계도 로마 같은 위대한 국가로 성장하기 위해서는 아무래도 피할 수 없는 필요악으로서 참아야 하는 것이라고 생각하기 때문이다. 지금까지 말해 온 것 외에도 다른 이유들을 들 수 있을 것이다. 즉 호민관은 자유를 지키기 위해서 없어서는 안 될 존재라는 것, 그리고 그것이 국가에 있어서 탄핵할 수 있는 권한을 가지고 있다는 이점에 쉽사리 생각을 돌릴 수 있다는 것이다. 이 탄핵권이란 다른 권한과 더불어 호민관에게 부여되는 것인데, 이에 대해서는 다음 장에서 말할까 한다.

제7장 국가에서 자유를 보호하기 위해서는 탄핵권이 얼마나 중요한가에 대하여

자유를 지키는 임무가 국가로부터 부여된 인물에게, 국가의 자유를 침해하고자 하는 계획에 관하여 시민을 민회나 행정관들의 위원회 또는 법정에 고발하여 탄핵하는 권능만큼 유효하고 필요한 것은 달리 또 없다.

이 정치 제도는 국가에 아주 유익한 두 가지 영향을 준다. 첫째는, 시민들은 고발당하는 것이 두려워서 국가에 반역이 되는 일을 꾀하지도 않을뿐더러, 만일 꾀한다 하더라도 사정없이 제압되어 버린다는 것이다. 둘째는, 도시에서 어떤 형식으로 특정 시민에 대해 일어나고 있는 노여움에 배출구를 만들어 준다. 이런 노여움에 적당한 배출구를 주지 않을 경우, 그들은 극단적인 방법으로 쏠리게 되므로 국가 전체를 위태롭게 만든다. 이 초조한 감정을 폭발시키지 않게 조정하기 위해서는 법률의 힘으로 배출구를 부여해 주는 일보다 국가를 안태(安泰)하게 하고 강고하게 하는 일은 없다.

이에는 숱한 실례를 들 수 있는데, 그 중에서도 적절한 것은 티투스 리비우스가 드는 코리올라누스(로마의 반 전설적 영웅 그나에우스 마르키우스 코리올라누스)의 이야기일 것이다. 이 이야기에 따르면 로마의 귀족들은 민중이 호민관 창설로 말미암아 힘을 너무 많이 가지게 되었다고 화를 내고 있었다. 그 무렵 로마는 대단한 식량 위기에 처해 있어서 원로원은 곡식을 손에 넣기 위해 위원을 시칠리아로 파견했다.

그런데 민중파에 적대감을 갖고 있던 코리올라누스는 이제야말로 민중들을 혼내 줄 때가 왔다 싶어 귀족의 약점을 노리고 민중들이 자기들로부터 빼앗아간 권력을 되찾아야 한다고 주장하고, 그러기 위해서는 민중에게 곡물 배급을 주지 말고 굶겨야 한다고 제안했다. 이와 같은 의견이 민중의 귀에 들어갔기 때문에 코리올라누스에 대한 분노가 폭발했다. 호민관이 그를 소환하여 그의 변명을 듣지 않았더라면 원로원에서 나오기가 무섭게 혼잡한 틈을 타서 살해되었을 것이 틀림없다.

위에서 말한 사건은, 민중이 특정한 시민에게 품는 노여움에 대해 합법적으로 배출구를 부여해 주도록 배려한 법률이 얼마만큼 국가에 유익하고 필요한 것인가를 나타내고 있다. 왜냐하면 이것을 처리할 합법적인 수단이 없게 되면 비상 수단을 쓰게 되므로, 틀림없이 이 사실은 합법적 수단을 쓸 경우보다 더 나쁜 결과에 이르기 때문이다.

한 시민이 규정대로 법적 수속에 의해 처단될 경우 그것이 설사 그릇된 판결을 받고 있었다 하더라도 국가로서는 혼란이 일어나지 않을뿐더러 일어나봤자 대수롭지 않은 것이다. 왜냐하면 그것을 집행하는 것은 자유의 파괴를 가져오는 특정된 개인의 힘이나 외국의 세력이 아니라 공적인 힘과 사회 질서이기 때문이다. 그리고 이것들은 국가를 파괴시키는 일이 없게끔 각각의 목적이 부여되어 있기 때문이다.

이런 의견을 실례에 의해서 뒷받침하는 데는, 고대에서는 코리올라누스의 선례만으로 충분하다고 생각한다. 누구나 생각하는 것처럼 그가 폭동 속에서 살해되었더라면 로마에 얼마나 바람직하지 못한 결과가 초래되었을지 모른다. 왜냐하면 이 같은 일이 일어나면 개인 간의 대립을 낳고 그 대립은 공포심으로 연결되어서 공포에 쫓기는 사람은 몸을 지키려 하기 때문이다. 그것은 결국 무리를 만들고 국가를 분열시킨다. 그리고 그 결과는 국가가 멸망한다. 그런데 이런 사태가 공적인 권위를 갖는 인물에 의해 처리될 경우에는, 개인이 힘으로써 그것을 처리할 때 일어나는 파멸은 막을 수 있다.

오늘날 우리는 피렌체 공화국에서 똑같은 일을 새로 체험하고 있다. 그것은 프란체스코 발로리(사보나롤라를 지지한 피렌체의 귀족)가 도시의 지배권을 거의 수중에 넣고 있었을 때 일어난 일로, 이 특정한 시민에 대한 민중의 감정에 배출구를 부여해 줄 수가 없었다. 이 인물은 숱한 사람들로부터 야망을 품고 있다고 위험시되고 있었으며, 타고난 대담성을 가지고 시민 권리의 한계를 넘어 버리려 했다. 공화국 안에서 이에 대항할 수 있는 방법은 그에게 반대하는 당파를 만드는 길밖에 없었다. 이로 인하여 발로리는 자기에 대해 비상 수단이 사용되지 않나 하는 공포에 사로잡혀 자기를 지켜 줄 사람들을 신변에 모으기 시작했다.

한편 그를 반대하는 입장에 있는 사람들도 그를 굴복시킬 만한 좋은 수단이 없었기 때문에 자연히 비상 수단을 생각하게 되어 곧 무장하여 궐기했다. 이때 발로리를 누를 수 있는 합법적인 수단이 강구되었더라면 발로리의 세력을 타도하는 것만으로 그쳤을 텐데, 그 한 사람으로 그치지 않고 다른 많은 귀족들에게도 파멸을 가져오게 되었다.

앞에서 든 결론을 다시 뒷받침하기 위해서는 피에로 소데리니*를 둘러싸고 피렌체에서 일어난 사건을 덧붙여 두어야 할 것이다. 이 사건도 완전히 유력한 시민의 야심에 대해 탄핵을 가할 수단이 공화국에 없었기 때문에 일어난 것이다. 즉 한 사람의 유력자를 고발하는 데 불과 8명의 재판관만으로

---

*종신 통령으로서 귀족층과 중산층과의 균형 위에 1502~1512년까지 피렌체를 지배했다. 마키아벨리를 신임하고 있었다.

는 충분하지 못했던 것이다. 적은 인원수로서는 그 결정이 소수에게 편리하게끔 끌려가기 마련이어서 아무래도 다수의 재판관이 필요했다. 만약 피렌체에 적절한 법이 완비되어 있고, 게다가 시민들이 자기 고집을 관철시키는 소데리니에 대해 탄핵을 가했더라면 구태여 에스파냐군을 끌어들일 것까지도 없이 사람들의 노여움은 누그러졌을 것이다. 또한 소데리니의 방법이 나쁜 것이 아니었다면 감히 그에게 이의를 제기하는 일도 없었을 것이다. 그랬다가는 도리어 그들 자신이 고발될 염려가 있기 때문이다. 이렇게 해 두었더라면 소동의 원인이 된 그 증오는 양면으로부터 근절되었을 게 분명하다.

이상 말해 온 사실로부터 다음과 같이 결론지을 수 있다. 즉 어떤 도시에 사는 사람들이 만든 한 당파가 외국 세력을 도입해서 목적을 달성하려는 것은 언제나 그 도시의 제도가 잘못된 데서 유래된다.

이처럼 제도상에 결함이 있다는 것은 사람들의 마음속에 쌓여 있는 초조한 감정을, 비상 수단을 쓰지 않고 발산시킬 수 있는 방법이 없기 때문이다. 이를 위해서는 누구나 다수의 재판관에게 고소장을 제출할 수 있게 하고, 또 그 고소가 충분히 존중되어서 채택될 수 있게 해 두어야 한다. 로마에서는 이 방법이 잘 정비되어 있었기 때문에 민중과 원로원 사이의 감정은 상당히 좋지 않은 것이었는데도, 민중도 원로원도 특정 시민도 결코 외국 세력을 끌어 들이려고 하지 않았다. 국내에 적당한 수단이 있었기 때문에 굳이 밖에서 그것을 구할 필요가 없었다.

지금까지 살펴본 여러 가지 예로써 충분히 증명되었다고는 생각하지만, 티투스 리비우스가 《로마사》에서 이용하고 있는 또 하나의 실례를 덧붙여 두고자 한다. 키우지(크루시움)가 에트루리아 지방에서 유독 그 명성이 높았던 시대에 일어난 사건이다. 아룬테의 누이동생이 한 루크모네(에트루스키인 귀족을 이렇게 불렀다)에게 능욕을 당한 적이 있었다. 그런데 그 자의 세력이 무척 강했기 때문에 아룬테는 그에게 복수하지 못하고 지금의 롬바르디아에 해당하는 지방에서 세력을 떨치고 있던 갈리아인에게 가서 무기를 들고 키우지로 와 달라고 의뢰했다. 그러면서 자기들이 부당하게 당한 소행에 대해 복수해준다면 얼마나 이익이 될지 모른다고 갈리아인에게 일러 두는 것도 잊지 않았다. 그때 만약 키우지가 법률에 의해서 복수할 수 있었다면 그는 구태여 외국인의 힘을 빌리지는 않았을 것이다. 그러나 국내에서 이미 말해 온 탄핵이라는 수단이 지나치게 효과가 있으면 이번에는 중상이라는 폐해가 나오는 법이다. 이 문제에 대해서는 다음 장에서 논하기로 한다.

제8장 고발이 국가에 유익한 데 비하여 중상은 유해하다

호민관 푸리우스 카밀루스*¹는 훌륭한 무훈을 세워 로마를 갈리아인의 지배로부터 구했으므로, 모든 로마인은 그에게 명예와 높은 지위를 주었으며 그의 발목을 잡는 일은 생각조차 하지 않았다.

그러나 만리우스 카피톨리누스*²만은 달라서, 카밀루스에게 주어진 절대적인 명예를 보고 마음이 편치 않은 구석이 있었다. 그 까닭은, 그가 카피톨*³을 구한 적이 있었으므로 로마를 지켰다는 점에서는 적어도 카밀루스와 동등한 공적이 있었고 다른 군사적 평판에 있어서도 카밀루스에게 뒤질 리가 없다고 생각했기 때문이다.

질투에 불타오른 그는 카밀루스의 명성을 볼 때마다 자신을 억제할 수가 없었다. 그리하여 원로원 안에 불화의 씨를 뿌릴 수단을 찾지 못하게 되자 그는 민중들을 향해 온갖 안 좋은 평판을 뿌려댔다. 그가 뿌린 낭설 속에는 다음과 같은 것이 있었다. 그것은 갈리아인에게 주기 위해 모아진 금품이 갈리아인의 손에는 건너가지 않고 일부의 시민에게 가로채였다는 것이다. 그 것을 되찾아서 공공의 용도에 사용한다면 민중들은 세금이나 부채가 얼마나 덜어질지 모른다는 것이다.

이 말은 민중들의 마음에 단단히 새겨졌다. 그들은 모임을 열고 로마에 소동을 일으키려 했다. 원로원은 이를 유감스레 여기고, 일이 중대하고 위기를 내포하고 있음을 판단했다. 그래서 임시 독재 집정관을 설치하여 진상을 조사하여 만리우스를 소환했고, 이 두 사람은 사람들 앞에서 대결하게 되었다.

임시 독재 집정관은 귀족에게 에워싸이고 만리우스는 민중에게 에워싸였다. 이 자리에서 '만리우스가 문제로 삼고 있는 금품이 누구의 손에 있는지

---

*1 마르쿠스 푸리우스 카밀루스, 기원전 446~365.
*2 기원전 392년에 집정관이 된 인물. 전해오는 이야기에 의하면 갈리아인에게 포위된 카피톨 언덕을 구했다고 한다.
*3 카피톨 언덕에 주피터 신전이 있는 이곳은 로마 신앙의 중심이었으며 집정관은 그곳에서 서약을 하고 개선 장군은 승리를 보고했다.

를 명확하게 밝혀라. 이것은 민중 여러분과 마찬가지로 우리 원로원들로서도 알고 싶은 사항이니까'라고 물었다. 이 말에 대해 만리우스는 뚜렷한 대답도 하지 않고, 여러분이 잘 알고 있는 일이니까 말할 필요가 없다고 발뺌했다. 그러자 임시 독재 집정관은 만리우스를 체포했다.

이 사실은 공화국에서나 또는 다른 정체를 취하고 있는 국가에서나, 질투에 의한 중상이라는 것이 얼마나 가증스러운 것인지를 가르쳐 준다. 그리고 이를 방지하기 위해서라면 어떤 방법이 제출되든 그것을 채택하지 않고 내버려두는 일이 있어서는 안 된다는 것도 명시하는 것이다. 이런 중상을 없애는 가장 좋은 방법이란, 법적으로 고발할 수 있는 여지를 충분히 열어 두어야 한다는 점이다. 왜냐하면 중상이 국가를 해치는 것과 같은 정도로, 고발은 국가를 매우 이롭게 하기 때문이다. 중상과 고발이라는 양자 사이에는 다음과 같은 구별이 있다. 중상을 하는 데는 증인도 물증도 필요가 없으므로, 어느 시민이고 닥치는 대로 다른 시민을 공격의 대상으로 만들 수 있다. 그러나 탄핵이 되고 보면 고발이 틀림없는 것임을 명시하는 확실한 증거나 정황 증거가 있어야 하기 때문에 아무나 함부로 고발당하는 일이란 있을 수 없다.

타인을 고발하고자 하는 사람이 행정관이나 민회나 평의회에 제출하는 데 비해, 중상이 행해지는 곳은 광장이나, 사람들이 모이는 건물 안이다. 중상이 빈번히 행해지는 것은 고발이라는 형식이 별로 사용되지 않는 경우나 그 도시에 고발을 받아들이는 체제가 갖추어져 있지 않을 경우다. 따라서 국가의 건설에 임하는 자는 어느 시민에 대해서고, 아무런 두려움도 느끼지 않고 고발권을 행사할 수 있게끔 만들어 주어야 한다.

그리고 고발의 체제가 정비되고 그것이 잘 지켜지고 있을 때는 중상을 행하는 자는 엄격히 처벌되어야 한다. 이전에는 사람들이 모이는 건물 안에서 뿌려지고 있던 중상이 이제는 그 상대를 당당하게 탄핵할 수 있게 되어 있으므로 중상을 한 자가 그 때문에 벌을 받았다 해도 불평은 할 수 없게 된다.

이런 고발의 기능이 만족스럽게 갖추어져 있지 않은 나라에서는 엉뚱한 분쟁이 일어나는 것이 당연하다. 그런데 중상이 시민들을 화나게 만들기는 하지만 시민을 혼내 주는 역할은 수행하지 못한다. 화가 난 사람들은 자기에게 던져진 험담을 두려워하기보다는 미워하므로, 중상을 한 사람에게 보복해야겠다고 생각하기 때문이다.

위에서 말해 온 것과 같은 역할이 로마에서는 실로 잘 갖추어져 있다. 그러나 우리의 피렌체에서는 잘 되어 본 적이 없다. 로마에서는 이 제도가 대단히 잘 갖추어졌는데, 피렌체에서는 이 제도가 잘 갖추어지지 않는 바람에 큰 재난을 초래하게 되었다. 피렌체의 역사를 읽는 이는, 어느 시대이고 시의 요직에 있던 시민들에게 얼마나 중상이 던져졌던가를 알 수 있을 것이다. 이를테면 어떤 사람에 대해서는 그 사람이 도시의 공금을 착복했다고 하고, 다른 사람에 대해서는 매수되어 있었기 때문에 일부러 전쟁에 졌다느니, 또 다른 사람에게는 그 사람의 야심 때문에 이러이러한 실수를 저질렀다는 식으로 줄곧 비방이 행해졌다. 이로 인해 양쪽이 서로 증오하게 되고, 그 결과 분열을 일으키고, 분열은 당파 싸움을 낳고, 당파 싸움은 파멸로 연결되었다.

만약 피렌체에서도 시민을 고발할 수 있는 한편 중상하는 자를 처벌한다는 법률이 완비되어 있었더라면, 중상이 초래하는 끔찍한 내분은 계속되지 않았을 것이다. 그 까닭은 고발되더라도, 또는 무죄로 풀려났다 하더라도 시민들이 도시에 해악을 끼치는 일은 있을 수 없기 때문이다. 또한 고발되는 자는 중상되는 자보다 훨씬 그 수효가 적다. 그것은 이미 내가 지적한 것처럼 고발한다는 것은 서로가 서로를 중상하는 것처럼 간단하지가 않기 때문이다.

특정한 시민이 권력을 잡고자 할 경우에 흔히 쓰는 여러 가지 수단 가운데 이 중상이라는 수법이 있다. 이것은 그 인물의 야망 앞에 막아서는 유력 시민의 비난의 소리를 울려서 자기 목적을 관철시키려는 것이다. 즉 민중 쪽에 가담해서 그가 소문을 퍼뜨리려 하는 인물에 대해 민중들 사이에 악평을 퍼뜨려서 그 자리에서 민중을 자기 편으로 만드는 것이다.

이 점에 대해서는 얼마든지 실례를 들 수 있으나 한 가지 예로만 만족하고자 한다. 루카의 포위 때(1430～1433) 피렌체군은 사령관 조반니 귀차르디니에 의해 인솔되고 있었다. 그의 작전 지도가 서툴렀는지 혹은 운이 나빴는지 루카의 공략은 성공하지 못했다. 그래서 언제고 일어나기 쉬운 일이기는 하나, 조반니는 루카인에게 매수되었다는 비난을 받게 되었다. 이런 중상은 적에 의해서도 조장되었으므로 조반니는 파멸 직전에까지 몰리게 되었다.

그는 자신의 결백을 입증해야겠다는 생각으로 자진해서 시정 장관에게 출두했다. 그러나 무죄를 증명하지도 못한 채 끝나고 말았다. 왜냐하면 피렌체에는 그것이 될 수 있는 수단이라는 것이 없었기 때문이다. 그 결과, 그 대부분이 유력자였던 조반니의 친구들 사이에서, 또 피렌체의 정치 변혁을 바라고 있는 사람들 사이에서 심한 분쟁이 일어나게 되었다. 이 일에다 그 밖의 여러 가지 원인이 겹쳐져서 마침내 공화국의 멸망을 초래할 정도로 일이 커지게 되었다(그 다음해에 코시모 데 메디치가 추방지에서
귀환하여 그 뒤부터 메디치 시대를 맞게 된다).

만리우스 카피톨리누스는 중상을 일삼는 인물이었지 고발을 행한 것은 아니었다. 로마인은 적절하게도 이 경우를 가지고 중상을 하는 자는 죄에 해당된다는 것을 명시했다. 이 사건을 계기로 하여 로마인은 올바른 고발을 하는 습관을 가지게 되었다. 그리고 그 고발이 진실을 전하고 있음이 알려지면 상을 받게 되고 그 반대일 경우에는 만리우스처럼 처벌을 받게 되었던 것이다.

제9장 새로운 국가의 설립 또는
옛 제도의 철저한 개혁은 한 사람이 단독으로 해야 할 일이다

지금까지의 이야기에서, 내가 로마의 역사 자체에 너무 깊이 파고 들어가 국가를 건설한 사람들의 이야기며, 종교나 군사에 대한 여러 제도의 설명은 잊고 있지 않나 하는 생각이 들 것이다. 이런 점에 대해서 내 생각을 듣고자 하는 분들의 마음을 애타게 만드는 것은 내 본의가 아니다. 그래서 많은 사람들에게 재미있지 않은 실례인 로물루스에 대한 이야기를 들겠다.

로마 건설의 조상인 그도 실상은 처음에는 동생을 죽이고, 나아가 자기에게 왕권을 공유할 것을 인정해 준 사비니인의 왕 티투스 타티우스의 살해에도 가담한 인물이다. 이 실례로부터 틀림없이 다음과 같은 의견도 나올 것이다. 즉 로물루스가 행한 것이 선례가 되어서 후세의 로마인들 가운데, 분에 넘치는 소망이나 권력욕에 눈먼 사람들로 하여금 군주를 시해하게 만들지 않았느냐고 로물루스를 비판했다. 그러나 이 의견도 어찌하여 로물루스가 그와 같은 살인을 해야 했는가 하는 목적까지 생각하지 않고서는 엉뚱한 것이 되고 말 것이다.

우리는 일반론으로서 다음과 같이 생각해야 한다. 어떤 공화국이나 왕국이라도 그 시초부터 벌써 완벽의 영역에 도달할 수 없는 일이고, 또 어떤 인물이 하지 않는 한, 옛 제도를 근본부터 고칠 수는 없는 일이다. 좌우간 그 방법을 만드는 것은 오직 한 인간이므로 그런 인물의 정신에 의거해서 여러 가지 개혁이 행해지게 된다. 그러므로 세심한 배려를 가지고 국가를 건설하고자 하는 자로서, 사리사욕도 없고 단지 사람들에게 도움이 될 것만을 염원하고, 자기 자손의 일보다도 조국을 첫째로 삼는 인물이 실로 절대적인 권력을 손에 넣기 위해 분투해야 한다.

그러니까 그 인물이 왕국을 수립하거나 혹은 공화국을 만드는 데 어떤 비상 수단을 채택하더라도 사리를 분간할 줄 아는 사람이라면 이러쿵저러쿵 해서는 안 된다. 비록 그 행위가 비난받을 만한 것이더라도 결과만 좋으면 그것으로 족한 것이다. 로물루스의 예와 같이 초래된 결과가 훌륭한 것이라면, 범한 죄는 언제든지 용서된다. 단순한 파괴로 시종되고 아무런 건설적인 뜻도 없는 폭력이야말로 비난받아 마땅한 것이기 때문이다.

국가를 건설할 만한 그릇의 인물은 세심하고도 적극적이어야 한다. 그러나 그가 자기 수중에 넣은 권력을 유산으로서 누군가에게 남겨 주는 일이 있어서는 안 된다. 왜냐하면 사람이란 선보다는 악으로 기울기 쉬워서 앞서 권력자가 훌륭한 목적을 위해 사용하던 권력을 그 후계자는 개인의 욕망을 충족시키기 위해 남용하고 말 것이 틀림없기 때문이다. 그리고 설사 한 인물이 국가 건설에 활약했다 하더라도 그 국가를 유지해 가는 부담이 그 한 사람의 어깨에만 걸려 있어서는 도저히 그 국가는 오래 지속되지 않는다. 그러나 많은 사람들이 조국에 대해 진심으로 걱정하고 이를 유지해 가고자 노력한다면 틀림없이 번영을 이룩할 것이다.

하지만 많은 사람들이 아무리 모여 봤자 국가를 이룩하는 일을 해내지 못한다. 사람을 간추려 봐도 그들 사이에 서로 다른 의견이 자꾸 나와서 사실은 어느 것이 제일 우수한 국가의 상태인지 끝내 모르게 되고 말 것이기 때문이다. 그러나 일단 누군가의 힘으로 가장 좋은 방책이 세워져서 그것이 모두에게 철저히 알려지게 된 뒤에는, 누구나 이 방책을 폐지하고자 하는 음모에는 찬성하지 않게 된다. 그래서 많은 사람들에 의해 건국의 정신이 유지되는 것이다.

로물루스는 자기 동생과 협력자를 죽였는데도 용서되었다. 이는 그가 자기의 욕망을 채우기 위해서가 아니라 사회를 위해 행동한 것이기 때문이다.

로물루스가 곧 원로원을 설치하여 거기에 자문하거나 그 심의의 결론을 존중했다는 사실이 무엇보다도 좋은 증거라 할 수 있다. 로물루스가 가지고 있던 것은 전시에서의 군대 지휘권과 원로원의 소집권에 불과하다는 것을 알 수 있다.

이 사실은 뒤에 로마인이 타르키니우스를 추방해서 해방에 성공했을 때 이해된다. 이때는 종신제 국왕 대신 1년 교대의 두 집정관을 두기로 했을 뿐, 그 밖에는 옛 제도 중 아무것도 고친 것이 없었다. 이 사실은 로마가 시작되었을 때 그대로의 제도가, 어느 것을 채택하더라도 참주 정치에 비교하여 월등히 자유로워서 시민다운 생활을 하는 데 얼마나 알맞은 것이었는가를 증명하는 것이다.

지금까지 내가 말해 온 것을 뒷받침하기 위해서 모세나 리쿠르구스나 솔론, 그 밖의 입법자들의 예를 얼마든지 들 수 있다. 이런 인물들은 그들이 절대적인 권력을 가지고 있었기 때문에 그로 인해 사회의 이익을 중심으로 한 법률을 수립할 수 있었다. 그러나 이런 일은 누구나 다 알고 있는 일이므로 이 이상 언급하는 것은 삼가기로 하겠다. 다만 유명하지 않은 예 하나만을 들기로 한다. 이것은 우수한 입법자가 되고자 하는 사람이 마음에 새겨두어야 할 예이다.

스파르타 왕 아기스 5세는 지난날의 리쿠르구스 법을 스파르타 시민에게 엄격히 지키게 하려고 마음먹었다. 그의 눈에는, 스파르타 시민이 리쿠르구스 법에서 아주 이탈해 버려 스파르타가 예부터 지켜온 좋은 풍습은 땅에 떨어지고, 그에 따라 국가의 세력도 지배력도 상실된 것같이 보였기 때문이다. 그러나 아기스는 그 개혁에 착수하자마자 스스로 참가하려 하는 위험 인물이라는 이유로 감독관에게 살해되고 말았다.

그의 뒤를 계승한 클레오메네스 3세도 아기스와 같은 생각을 가지고 있었다. 클레오메네스는 아기스에 대한 기록이나 아기스의 저작을 통해서 아기스의 생각을 이해하고 있었던 것이다. 클레오메네스는 자기 혼자서 전권을 장악하지 않는 한 스파르타에 리쿠르구스 법을 부활시킬 수 없다는 사실을 깨달았다. 클레오메네스가 대다수의 사람에게 도움이 되는 일을 하고자 해도 일부 소수 사람들의 야심 때문에 방해를 받아 할 수 없다는 것을 느꼈기 때문이다.

그래서 좋은 기회를 잡은 클레오메네스는 감독관 모두를 비롯해서 자기에게 거역하는 자는 누구를 막론하고 죽인 다음 리쿠르구스 법을 완전히 부활시켰다. 클레오메네스의 과단성 있는 행동은 스파르타를 살렸기 때문에 리쿠르구스에 필적하는 명성을 주어 마땅했다. 그러나 마케도니아가 강해지자, 그에 비해 다른 그리스 여러 나라가 쇠퇴의 길을 걷는 현상이 일어나는 바람에 완전히 허사가 되고 말았다. 즉 클레오메네스의 개혁이 끝난 지 얼마 안 되어 마케도니아의 공격을 받게 되자 스파르타는 국력에 있어서도 뒤떨어지고 있었고 원조해 줄 나라도 없었다는 이유에서 패하고 말았다. (기원전 322년). 그의 계획이 아무리 정당하고 찬양할 만한 것이었다 하더라도 결국은 미완성으로 끝나고 말았다.

지금까지 말해 온 것을 이것저것 생각해 볼 때, 한 나라를 건설하는 데는 독재자에게 맡길 필요가 있다. 그리고 로물루스가 레무스나 티투스 타티우스를 살해한 일은 죄가 아닐뿐더러 비난할 일도 못 된다.

제10장 왕국이나 공화국의 창설자는 찬양되어야 하고
참주정치의 시조는 저주받아야 한다

칭찬받을 가치가 있는 모든 사람들 가운데 가장 존경을 받아 마땅한 인물이란 종교의 창시자로서 숭앙받는 사람들이다. 그 다음 가는 것이 왕국이나 공화국을 건설한 사람이다. 이 사람들 다음으로 경모의 대상이 되는 것은, 군대의 우두머리로서 자기 영토나 조국의 국토를 확장한 인물을 들 수 있다. 또 그 다음에는 붓으로써 일어선 사람들을 들 수 있다. 그들의 일에는 여러 가지 전문 분야가 있는데 저마다의 부분에서 나름대로의 존경을 받게 된다. 또한 다른 많은 사람들도 그 기능이나 직업에 따라서 사회로부터 존경을 받게 되는 것이다.

이와는 반대로 종교를 파괴하거나, 왕국이나 공화국을 파멸로 몰아넣거나, 인류에게 있어 유익하고도 자랑인 미덕이나 학문이나 그 밖의 기능을 적대시하는 자는 파렴치하므로 저주받아야 할 존재이다. 그들이야말로 믿을 수 없고, 옹고집쟁이이고, 바보이고, 무능하고, 게으르고 비열하다고 부를 만한 사람들이다.

지금까지 말해 온 두 종류의 사람을 구별할 경우, 똑똑한 사람이건 어리석은 사람이건, 또는 악당이건 성인이건 선악에 대한 판단은 누가 하나 마찬가지이다. 그렇지만 거의 모든 사람이 겉보기에 선행이라든가, 겉보기뿐인 영예에 간단하게 현혹되어서 스스로 임하거나 혹은 자기도 모르는 가운데 우수한 것일지라도 빛 좋은 개살구에 끌리고 마는 것이다.

따라서 공화국이나 왕국을 건설해서 불후의 영예를 누릴 수 있을 정도로 뛰어난 인물이라도 자칫하면 참주 정치에 마음을 빼앗기기 쉬운 법이다. 그리고 일단 참주 정치로 들어가고 나면, 명성이나 명예나 자기 일신의 안전과 편안함으로 충족된 마음을 속절없이 잃게 되며, 또한 얼마나 많은 악평과 욕설과 비난과 위험, 그리고 동요가 닥치리라는 것을 전혀 모르게 되는 법이다.

공화국 안에서 한낱 시민으로서 지내는 사람이든 또는 운과 역량에 힘입어 군주가 된 사람이든, 역사를 읽고 선례에서 무엇인가를 배우고자 한다고 치자. 그러면 조국 안에서 한 시민으로서 살고 있는 사람은 스키피오보다도 카이사르의 역할을 맡고 싶다고 희망하는 일 따위는 없을 것이다. 한편 군주가 된 인물도 아게실라우스(2세. 스파르타 왕. 기원전 444~360), 티몰레온(코린트 장군. 기원전 410~337), 디온보다도 나비스(스파르타 참주. 기원전 430~367), 팔라리스(아크라가스 참주. 재위 기원전 570~554), 디오니시우스를 존중해야 한다고는 생각하지 않을 것이다. 왜냐하면 카이사르, 나비스, 팔라리스, 디오니시우스 등이 하나같이 나쁘게 매도되고 있는 데 반해 스키피오를 비롯한 그 밖의 인물은 그 위에서 더 존경받고 있음을 볼 것이 틀림없기 때문이다. 또한 티몰레온 이하의 현군이 고국에서 디오니시우스나 팔라리스 같은 참주 못지않은 권력을 가졌음에도 불구하고 평생토록 평화롭게 지냈다는 사실을 알 수 있기 때문이다.

숱한 사람의 붓으로 가장 많은 존경을 받는 카이사르의 영광에 미혹되지 않는 사람은 없을 것이다. 카이사르를 칭찬하는 무리들은 그의 재력에 매수되어 버렸든지 또는 카이사르의 이름 밑에서 제국이 어디까지나 계속되므로 완전히 위축되어서 카이사르에 대한 것을 마음대로 말할 수 없게 된 사람들이다.

카에사르에 대한 자유로운 논평을 알고자 하는 이는 카테리나를 논하고 있는 대목을 보면 된다. 거기서는 카테리나보다 카이사르가 한층 더 비난받는다. 그것은 나쁜 일을 음모했을 뿐인 카테리나보다 실행에 옮긴 카이사르

쪽이 더 비난의 대상에 해당되기 때문이다. 또한 브루투스에 대한 찬사를 보더라도 잘 알 수 있다. 논자가 카이사르의 권세에 겁을 먹고 도저히 눈앞에 대고 비난은 못해도, 그 보복으로 카이사르의 적인 브루투스를 극구 칭찬하고 있는 것만 보아도 잘 알 수 있다. 한 나라의 지배적인 지위에 오를 만한 인물이라면, 법을 존중하여 현군이라는 평판이 자자했던 로마 제정 시대의 황제들이 그와 반대의 길을 걸었던 어리석은 군주에 비해 얼마나 칭찬할 만한 존재였던가를 생각해 봐야 한다.

이것을 생각하면 티투스, 네르바, 트라야누스, 하드리아누스, 마르쿠스 등의 현군들이 근위병이나 호위용 대군단을 사용하지 않는 것은, 민중을 사랑하고 원로원을 존중하는 관습 자체가 방위의 역할을 수행했기 때문이라는 것을 이해하게 되리라. 반대로, 칼리굴라, 네로, 비텔리우스, 그 밖의 악독한 황제들에게 있어서는 자신의 방자한 품행이나 그 썩어빠진 생활이 야기하는 적의 공격으로부터 몸을 지키기 위해서는 설사 전세계의 군대를 다 모아도 충분하지 않았으리라는 것을 알 수 있을 것이다. 이런 인물들의 역사를 충분히 검토하면 군주에게는 이 이상 더없는 교훈이 되므로 그들에게 영광이냐 매도냐, 안심이냐 불안이냐의 어느 쪽 길을 택해야 하는가를 표시해 줄 것이다.

카이사르에서 막시미아누스까지 26명의 황제 가운데 16명이 살해되고, 천수를 다한 사람은 10명에 불과하다. 살해된 사람들 가운데 갈바나 페르티낙스 같은 착한 황제가 들어 있기는 하다. 그 선량한 황제들은 일반적으로 저마다 앞선 황제가 군대 안에 심어 놓은 부패 때문에 살해되었다. 한편 천수를 다한 사람 가운데 세베루스 같은 악독한 사람도 있었으나 그의 경우는 지나칠 정도로 좋은 운과 적극성 덕분에 살 수 있었다. 정말 이 두 가지 요소는 극히 드문 몇몇 사람에 한해 주어지는 예외적인 것이다.

이상과 같은 로마의 역사가 가르쳐 주는 바에 따르면, 어떻게 하면 우수한 국가를 수립할 수 있는지를 알 수 있게 될 것이다. 즉 세습으로 왕위에 오른 모든 황제는 티투스(티투스 플라비우스 베스파시아누스 9~79. 재위 69~79. 예루살렘을 정복한 인물)를 제외하면 하나같이 악독한 황제인데 비해 선한 황제의 보위를 계승한 자는 네르바에서 마르쿠스에 이르는 다섯 황제, 즉 네르바, 트라야누스, 하드리아누스, 안토니우스 피우스, 마르쿠스 아우렐리우스의 예와 같이 모두가 이름이 드높은 군주다.

이와 같이 황제의 자리가 세습으로 되면 지배권이 땅에 떨어지는 법이다. 따라서 군주는 네르바에서 마르쿠스에 이르는 시대 속에 자신을 놓고 그것을 사이에 둔 앞뒤의 시대와 비교해 보는 것이 좋다. 그리고 다시 어느 시대에 태어나고 싶은가, 어느 시대의 통치를 하고 싶은가를 택하는 것이 좋다. 왜냐하면 현군 밑에서 통치되었던 시대에는 지배자가 행복한 생활을 하고 있는 신하들에게 둘러싸여서, 그 치세가 평화와 정의로 충만하기 때문이다. 또한 원로원의 권위가 높고, 모든 행정의 소임을 맡는 자는 평판이 자자할 정도로 성실해서, 부유한 시민은 저마다의 부를 즐길 수 있다. 거기에는 기품으로 충만하고 미덕으로 넘쳐 있어서 모두 평화와 행복 안에 살고 있음을 볼 수 있다. 그러나 그 이전 시대에는 온갖 원한과 방종과 부패와 타락과 야망이 소용돌이치고 있었다.

이윽고 황금 시대가 회복되면 누구나 자기 의견을 가질 수 있고, 그것을 지킬 수 있게 된다. 그리고 마침내 이 세상에 승리의 시기가 찾아온다. 거기에서 황제는 존경과 영광을 한몸에 받게 되고 민중은 상호간의 사랑과 평화에 싸여서 생활하는 것을 볼 수 있다.

이와는 달리 다른 황제들의 시대를 상세히 검토해 보면, 황제들은 전쟁으로 고통당하고 폭동에 시달려 전시와 평화시를 막론하고 잔학을 일삼고 있음을 알 수 있다. 이들 대부분의 황제는 칼날 밑에서 목숨을 잃었으며, 내란은 그칠 새 없었고, 또 외국과의 전쟁으로 쉴 겨를도 없었다. 이로 인해 이탈리아는 황폐해져서, 발로 가해지는 무한한 재액에 짓눌려 각 도시는 약탈되는 대로 내버려두어서 황야나 다름없이 되었다. 로마의 도시는 잿더미가 되고, 카피톨의 언덕은 시민의 손에 파괴되었으며, 옛 사원도 황폐해질 대로 황폐해져서 종교 행사는 타락하고, 각 도시는 음탕한 소굴이 되고 만 것이다. 바다 위는 추방자를 운반하는 배로 가득 차고, 모든 해안은 피로 물들어져 있음을 볼 수 있을 것이다.

로마에서는 수없이 많은 잔학 행위가 되풀이되고 고귀함, 부, 과거의 영광, 특히 용기 같은 것은 죽음에 상당하는 대죄로 삼았다. 중상을 일삼는 자는 도리어 칭찬받았고, 노예는 뇌물을 받고 주인을 배반했으며 자유인도 같은 것을 했다. 남에게 원망받을 일을 한 적 없는 사람이라도 친구로부터 파멸당할 만큼 지독한 변을 당했다. 이런 사실을 알아야만 비로소 로마가, 그리고 이탈리아가, 나아가 전 세계가 카이사르 때문에 어떤 파국에 놓이게 되었는가를 똑똑히 알 수 있을 것이다. 만약 카이사르가 다시 한 번 환생한다면 모든 사람들이 카이사르 시대를 흉내내고자 하고 있음을 보고 기겁할 것이며, 세상을 좋은 방향으로 되돌리고자 하는 마음으로 안절부절못할 것이 틀림없다.

사실 전세계의 영광을 한몸에 모으고자 진심으로 열망하는 군주라면, 카이사르같이 국가를 붕괴시키기 위해서가 아니라, 로물루스처럼 재건하기 위해서 부패한 국가를 다스려야 할 것이다. 사실 신이라 할지라도 인간에게 이 이상 멋진 영예를 초래할 기회는 주지 않을 것이며, 인간 역시 그 이상을 바랄 수 있는 것은 못 된다.

만일의 이야기이기는 하지만, 훌륭한 국가를 만들기 위해서는 아무래도 군주 정치를 그만두어야 할 경우를 만난 군주가, 자신의 군주권을 잃지 않겠다는 이유로 국가의 개혁을 중도에서 포기해 버렸다 하더라도 어느 정도는 너그럽게 보아 줄 수 있을 것이다. 그러나 군주 정치를 유지하면서도 국가를 개혁할 수 있을 경우라면 포기할 필요가 없다. 결국 이와 같은 좋은 기회를 하늘로부터 부여받은 사람이라면, 자기 앞에 두 길이 열려 있다고 생각해야 한다. 그 하나는 그에게 안정된 생애를 약속하며 그 사후에도 빛나는 명성을 주지 않고는 못 견딜 것이고, 또 하나의 길이란 살아 있는 내내 고통으로 시달릴 것이며, 사후는 사후대로 지울 수 없는 악평을 뒤집어쓰게 되는 것이다.

제11장 로마의 종교에 대하여

로마에 처음으로 기초를 준 것이 로물루스이며, 로마는 그의 딸처럼 생을 부여받고 키워졌다. 그러나 신은 로물루스가 만든 제도만으로는 강대한 지배권을 충족시킬 수 없다는 생각에서 로마의 원로원에다 어떤 생각을 불어넣어 로물루스의 후계자로서 누마 폼필리우스를 지명케 했다. 이렇게 된 것도, 로물루스가 손을 대지 않은 채 남겨 둔 법률을 누마의 손으로 완성시키려 했기 때문이다.

민중이 매우 광포하다는 것을 알아차린 누마는 평화적인 수단으로 그들을 유순한 시민의 모습으로 되돌리고자 종교에 주목했다. 그는 종교를, 사회를 유지해 나가기 위해서는 필요 불가결한 것이라 생각하고, 종교를 기초로 하여 국가를 구축했다. 그래서 몇 세기 지나는 동안에 이 나라의 신에 대한 존경은 다른 어디에서도 볼 수 없을 정도가 되었다. 이 사실이 배경에 있었기 때문에 로마의 원로원이나 유력자가 시도한 계획은 어느 것이나 모두 쉽게 진행되었다.

로마 민중이라는 집합체로서, 또는 많은 로마인의 개인으로서 수행한 일들을 검토하는 사람이라면, 누구나 로마인들이 법률에 저촉되는 일보다 맹세를 어기는 일을 훨씬 더 두려워하고 있었음을 알게 될 것이다. 이 사실은 그들이 인간의 힘보다 신의 힘을 더 존중하고 있었기 때문임이 틀림없다.

이런 사실은 스키피오와 만리우스 토르쿠아투스의 실례 가운데 각각 명확하게 나타나 있다. 즉 한니발이 칸나에서 로마군을 격파했을 때의 일이다. 대부분의 로마 시민이 한데 모여서 이제 조국을 구할 가망도 없어졌으니까 이탈리아를 버리고 시칠리아로 피난 가자는 쪽으로 의견이 모아졌다. 이 말을 들은 스키피오는 그 자리에 뛰어들어가 칼을 뽑아들고 절대로 조국을 버리지 않겠다고 그들에게 억지로 맹세를 시켰다.

그리고 또 하나의 예는, 티투스 만리우스의 아버지, 즉 뒤에 토르쿠아투스라 불린 루키우스 만리우스가 호민관의 한 사람인 마르쿠스 폼포니우스에게 고발되었을 때의 일이다. 재판일이 오기 전에 아들인 티투스가 마르쿠스를 찾아가 면회하고, 아버지의 고소를 취하한다고 맹세하지 않으면 죽이고 말겠다고 위협하여 그 말을 맹세하게끔 강요했다.

스키피오의 예에 나오는 도망을 기도한 시민들은 조국에 대한 사랑에 의해서나 또는 법률을 가지고서나 이탈리아에 묶어 둘 수 없는 사람들이었다. 그러나 맹세를 한 사실로 인하여 조국에 머물게 되었으므로 완력으로 사로잡힌 꼴이 되었다. 또 하나 호민관의 예는 아버지 루키우스에 대한 증오나 아들 티투스로부터 당한 악독한 행동이나 자기 자신의 체면 등을, 일단 서약한 맹세를 지키기 위해서는 잊어버려야 했다.

이렇게 맹세를 지킨다는 정신은, 일찍이 로마에 도입한 종교에서 생겼음이 틀림없다. 또한 로마 역사를 곰곰이 짚어 보면, 군대를 지휘하거나 민중을 북돋우거나 선인을 지지하거나 악인으로 하여금 부끄러워하게 만드는 데에 종교의 힘이 얼마나 도움이 되었던가를 알게 될 것이다. 로물루스냐 누마냐, 로마가 그 어느 군주에게 더 많이 힘입었는지를 논한다면 나는 누마를 우선적으로 밀어야 한다고 믿는다. 왜냐하면 종교가 골고루 퍼져 있는 국가에서는 민중에게 무기를 잡게 하는 일이 쉬운 데 비해, 군사적 무용에는 뛰어나나 종교가 없는 국가에서는 민중을 종교에 의해 교화해 나가는 것이 지극히 어려운 일이기 때문이다.

원로원을 조직하거나 그 밖에 문무의 여러 조직을 정비하는 일에 로물루스는 신의 힘을 빌리지 않았으나 누마는 신의 인도를 크게 받았다. 말하자면 누마는 님프와 직접 말을 주고 받으며, 민중을 어떻게 선도하면 좋으냐는 것에 대한 의논을 했다고 말했다. 누마가 이런 말을 한 것은, 그가 로마에서 새로운 법률 제도를 실시하려 해도 자기의 위엄만으로는 실현되기 어렵다고 생각했기 때문이다.

사실 어떤 입법자도 신의 힘을 빌리지 않고서 비상시 법을 제정한 사람은 없었다. 그렇게 하지 않고서는 새 입법이 도저히 받아들여지지 않았기 때문이리라. 실상 한 사람의 똑똑한 인물에게는 대단히 유익한 것이라는 사실이 명백하다 하더라도, 이렇다 할 뚜렷한 증거가 없기 때문에 다른 사람들에게 설득하기에는 힘이 부족하다는 일도 있을 수 있다. 따라서 현명한 사람은 이 같은 장벽을 제거하기 위해서 신의 힘에 의지하게 된다. 리쿠르구스나 솔론, 그리고 같은 목적을 가지고 있던 다른 많은 사람들이 이 수법을 쓴 것은 지금 말한 사정 때문이다. 로마의 민중은 누마의 성실성과 심성에 대단히 고마워하고 있었기 때문에, 그가 생각하는 일이라면 어떤 일이든지 따랐다. 이 시대는 종교적 분위기로 충만해 있었고 누마가 민중들을 잘 다룰 수 있었다. 누마는 자기 생각대로 일을 진행시켜서 그 사람들을 어떠한 새 양식으로도 쉽게 순응시킬 수 있었다.

오늘날 한 나라를 이룩하고자 하는 사람들에 있어서 문화가 발달된 도시에서 살던 사람들보다는, 문화의 빛이 미치지 않은 먼 산간 벽지의 주민들을 대상으로 하는 편이 훨씬 일이 쉽다는 것은 의심할 여지가 없다. 조각가가 서툰 솜씨로 밑 새김을 해놓은 대리석을 사용하는 것보다 대리석 원석을 쓰는 편이 훨씬 더 훌륭한 작품을 만들기 쉽다는 것과 같은 이치다.

지금까지 말해 온 것을 종합하면, 누마가 초래한 종교야말로 로마에 가져온 행복의 첫 원인이라고 결론지을 수 있다. 왜냐하면 종교가 우수한 법률 제도를 로마에 가져온 것이 밑바탕이 되어, 법률 제도가 국운의 발전을 초래하고 그러한 국운의 융성에 따라 어떤 사업을 행해도 잘 맞아들어갔기 때문이다. 종교를 소중히 한다는 것이 국가를 크게 만드는 원인인 것처럼 종교를 무시하는 일이 국가 멸망의 근원이 된다.

신에 대한 두려움이 없는 곳에서는 국가가 파멸할 수밖에 없다. 그렇지 않으면, 종교가 없는 것을 일시적이나마 보충할 수 있는 뛰어난 군주의 높은 덕에 의해서 통치되는 수밖에 없다. 그런 군주들의 생명은 한계가 있어서 그들의 능력에 쇠퇴가 보이기 시작하면 국가의 기세도 곧 땅에 떨어지게 된다. 그래서 다음과 같은 생각이 나온다. 즉 단 한 사람의 능력에 운명을 걸고 있는 왕족은 단명의 덧없음을 한탄해야 한다. 그것은 그 지배자의 생명과 함께 그 통치의 능력도 사라지기 때문이다. 더욱이 앞선 황제의 덕이 다음 황제 속에 다시 꽃핀다는 일은 거의 없다. 따라서 단테는 적절하게도 다음과 같이 말했다^(〈신곡〉 연옥
편 제7곡).

> 사람의 미덕이 그 후예에게 계승되어
> 거기서 꽃피는 일은 좀처럼 없도다.
> 사람의 미덕을 나누어 주심은 신의 뜻이니
> 신의 손에 의해서만이
> 저마다 자율이 그 미덕을 손에 넣을 수 있느니라.

따라서 공화국이나 왕국의 안녕 질서는, 그 생명이 지속되는 한 신중하기 그지없이 통치를 해 나가는 지배자가 있느냐 없느냐에 달린 것이 아니다. 오히려 자기가 죽고 나서도 국가가 잘 유지되게끔 법률을 미리 부여해 주는 인물이 있느냐 없느냐에 달려 있다.

조야하고 단순한 사람들에게 새로운 법률 제도나 새로운 생각을 불어넣어서 납득시키기는 쉬운 일이다. 문화가 발달되어 스스로 선진적이라고 자부하고 있는 사람들을 같은 방법으로 끌고 간다는 것도 그다지 불가능한 일은 아니다. 확실히 피렌체 사람들은 무지하지도 않고 조야하지도 않은 것 같은데, 수도사 지롤라모 사보나롤라의 신과 이야기를 나누었다는 설교에 넘어가고 말았다.

나는 사보나롤라가 옳으냐 그르냐 하는 것을 여기서 말하려는 것이 아니다. 이 정도의 거물쯤 되면 존경하지 않고서는 말할 수 없기 때문이다.

그러나 나는 다음과 같은 말만은 할 수 있다고 생각한다. 즉 숱한 사람들이 사보나롤라가 한 말을 믿었는데, 그렇게 된 것이 기적을 자기 스스로 체험해서가 아니었다는 점이다. 사람들은 그의 생애의 순수함, 그의 가르침, 그가 설교에 채택한 성서의 내용*이 사보나롤라의 설교를 사람들로 하여금 믿게 만드는 데 충분한 수단이 되었다.

그러나 전에 누군가 해낸 일이 오늘날에 와서는 이미 통용되지 않는다고 생각해서는 결코 안 된다. 왜냐하면 이 책의 머리말에서 말해 둔 것처럼, 사람이란 어느 세상에서나 같은 법칙에 따라 태어나고, 생활하고, 또 죽어 가는 것이기 때문이다.

제12장 국가에 있어서 종교에 대한 배려의 중요성,
그리고 이탈리아가 로마 교회에 대한 고려를 하지 않았기 때문에
어떻게 파멸되었는지에 대하여

쇠퇴하지 않도록 주의를 게을리하지 않는 군주들이든, 또는 공화국이든 저마다의 종교 의식을 꼬박꼬박 지키고 경건하게 숭앙해 나간다는 것은 중요한 일이다. 왜냐하면 국가에 있어서 신을 섬기는 마음이 소홀하게 되는 것 이상의 파멸의 징조는 없기 때문이다.

이 점은 한 나라의 종교가 무엇에 기초를 두고 있는가를 알고 있다면 쉽게 이해되는 일이다. 무슨 종교이든 그 본질은 어느 한 가지 원리로 지배되고 있다. 이교도의 신앙 생활은 신의 계시라든가 점쟁이나 주술사의 예언 등에 의거했다. 모든 의식이나 희생, 그리고 제사가 이런 것에만 의거해 있었던 것이다. 자기들의 미래의 길흉을 예언할 수 있는 신이라면 당연히 좋은 방향으로 인도해 주리라고 믿고 있었다.

이런 사정에서부터 신전, 희생, 기도, 그 밖의 모든 종교 의식이 생겨났다. 즉 델로스의 신탁, 주피터 아몬(리비아의 신. 뒷날 주피터와 동일시되었다)의 신전, 나아가서는 다른

---

* 사보나롤라는 성서로써 설교하면서 정치와 외교 문제를 비판했다. 특히 노아의 방주에 대한 설교에서는 홍수와 프랑스 왕 샤를 8세의 남하를 결부시켜서, 그 예언의 정확성을 모든 사람들에게 심어 주었다.

유명한 신탁이 존숭을 모으게 되었다.

그런데 이 신전들이 권력자에게만 영합하는 신탁을 말하기 시작하는 바람에 그것이 거짓임을 민중들이 간파하게 되었다. 그때부터 사람들은 아무것도 믿지 않게 되었고, 모처럼의 신성한 습관을 깨뜨리게 되었다. 그러므로 공화국이나 왕국의 주권자는 자기들의 나라가 가지고 있는 종교의 토대를 굳혀 두어야 한다. 이렇게 해두면 저마다의 국가를 종교적 분위기 속에 문제없이 적셔둘 수 있고, 그 결과 국내 질서는 바로 잡히며 통일도 한층 더 강고해지는 법이다. 비록 의심스럽게 여겨지는 것이라 하더라도 종교적 분위기를 북돋우어 갈 만한 것이라면 무엇이든지 받아들여서 강화해 나가도록 해야 한다. 이처럼 지배자가 종교에 대한 것을 신중히 취급하면, 그만큼 그들은 세상사에 대하여 더 적확하게 파악할 수 있게 될 것이다.

세상에 현인이라 일컬어지는 사람이 이런 점을 잘 지킨다면 속임수라 할지라도 종교에 의하여 기적이 행해진 게 틀림없다고 생각하게 되는 법이다. 즉 현인들이 종교를 과장되게 칭찬하면, 그 종교가 처음 어떤 생겨난 것이든 현인들을 따라서 일반 사람들도 종교에 믿음을 두게 된다.

로마에서 이 같은 기적의 예는 헤아릴 수가 없다. 그 가운데서 다음과 같은 이야기가 있다. 로마군이 에트루스키인의 도읍인 베이이를 약탈했을 때의 일이다. 그 중 몇 명의 병사가 주노의 신전에 들어가 주노 신상 앞에 다가가서 '로마로 가시겠나이까' 하고 물었다. 그때 어떤 병사에게는 주노 신상이 고개를 끄덕인 것같이 보였고, 다른 병사는 좋다고 대답한 것처럼 들렸다. 이 병사들은 신앙심이 돈독한 사람들이었다. 티투스 리비우스에 의하면 ^(티투스 리비우스)(로마사) V, 22), 병사들은 신전에 들어가는 데도 조용하고 예절바르게, 될 수 있는 한 경건한 마음을 바쳤다고 한다. 그래서 자기들의 질문에 대해 신이 대답했다는 생각이 들었던 모양이다.

그러나 아마 이것은 자기들 마음속으로 제멋대로 추측한 것이었으리라. 이와 같이 병사들의 머릿속에 만들어진 생각이나 신심이 카밀루스(마르쿠스 푸리우스 카밀루스)나 그 밖의 로마 유력자들의 지지를 받게 되어 더욱 퍼져 나갔다.

만약 기독교가 기독교 국가 안에서 성립 당시와 같은 모습을 유지하고 있었다면, 오늘날의 여러 기독교 국가는 지금보다도 더 통합되고 행복한 것으로 되어 있었을 것이다. 기독교 교황의 자리인 로마 교회의 바로 곁에서 살고 있는 사람들이 이렇다 할 종교심을 갖고 있지 않다는 현실보다 더한 기독교 타락의 증거는 없을 것이다. 원시 기독교 시대로 생각을 돌렸다가 눈을 지금의 습속으로 옮겼을 때, 말할 수 없는 거리가 둘 사이에 생겼다는 것을 알 만한 사람이라면, 파멸과 천벌이 임박해 있음을 주저 없이 판단할 것이 틀림없다.

이탈리아의 안녕 질서는 첫째로 로마 교회 덕분이라는 생각이 널리 받아들여지고 있다. 그래서 나는 그 의견에 반대하기 위해서 머리에 떠오르는 몇 가지 이유를 말하고자 한다. 이 이유 중에서도 제일 근거 있는 두 가지 이유를 들까 하는데, 내가 생각할 때 이 이유에 대해서 아무도 반박하지 못할 것이다. 그 첫째의 것은, 로마 교황청이 나쁜 데 물이 들어 이탈리아가 완전히 신앙심을 잃어버려서 무한한 재해와 끝없는 대혼란 속으로 끌려들어가고 말았다는 사실이다. 즉 종교가 있는 곳이면 어디서나 반드시 선행이 행해지고 있는 것과 마찬가지로, 종교가 없는 곳에서는 악이 지배한다고 생각해야 한다. 교회나 성직자들 덕분에 우리 이탈리아인은 종교도 제대로 갖지 않고 비뚤어진 생활에 빠져 있다는 것이다. 그뿐만 아니라 훨씬 더 큰 불행을 교회나 성직자들 때문에 겪고 있다. 그것은 이탈리아가 붕괴하는 원인이 되는 것이다. 즉 교회는 예부터 지금까지 일관되게 이탈리아를 분열시켜 온 것이다.

확실히 공화국의 경우든 군주국의 경우든 프랑스나 에스파냐의 예에서 볼 수 있는 것처럼, 한 정부의 것으로 통일되지 않는 한 어떤 나라든 통합이라든가 행복 같은 것은 있을 리가 없다. 이탈리아가 프랑스나 에스파냐같이 되지 않고, 이탈리아 전체를 통합해서 통치하는 단일 공화국이나 군주국을 출현시킬 수 없는 이유는 첫째로 교회에 달려 있다. 즉 교회가 세속 권력에 안주해서 이를 행사하는 일에 노력하고 있었지만, 국력과 의욕이 충분하지 않았으므로 전 이탈리아를 제압해서 그것을 지배하기까지에는 이르지 않았다. 그렇다고 해서 교회가 그다지 약체도 아니었으므로 다른 나라들이 이탈리아에서 세력을 신장하는 것을 막기 위해 교회가 외국 세력을 끌어들이더라도 자기의 세속 권력이 상실될 염려는 없었다.

과거에는 수많은 선례가 있다. 예를 들면, 샤를르마뉴[*1]의 손을 빌린 교회는, 전 이탈리아를 거의 정복하고 있던 롬바르디아족[*2]을 몰아냈고, 그 당시 이야기로는 프랑스의 원조 밑에 교회는 베네치아의 국력을 약화시키고 있었다. *3 그리고 그 뒤는 스위스인의 도움으로 프랑스인을 몰아낸 것이다. *4 이와 같이 교회는 이탈리아 전국토를 정복할 힘은 없으나 다른 나라가 통일을 이루는 것을 방해할 정도의 힘은 갖추고 있었다. 그 때문에 이탈리아는 한 사람의 지배자 밑에서 통일되지 못하고 결국 여러 군후의 지배를 받는 결과가 되고 말았다. 이런 상황은 이탈리아에 내분을 일으키고 힘을 잃게 해, 강력한 외적이 아니더라도 쳐들어오기만 하면 아무 손에나 쉽게 떨어지게 되고 말았다. 이렇게 되어 버린 것도 이탈리아인에 있어서는 교회 때문이지 다른 누구의 탓도 아니다.

오늘날 이탈리아 전쟁에 제멋대로 위력을 떨치고 있는 교황청을 스위스 영내로 가져가 버릴 정도의 역량을 갖춘 사람이라면, 내가 주장하고 있는 정당성을 틀림없이 실증할 수 있을 것이다.

스위스 사람들은 지금도 고대와 같은 종교성과 군사력을 겸비하고 있는 유일하고 강건한 국가이다. 그러나 교황청이 들어가게 되는 날에는 틀림없이 얼마 안 가서 스위스 전체가 교회의 타락한 악습이 초래하는 재액 때문에 큰 혼란에 빠지게 될 것이다. 교회의 나쁜 영향이란, 다른 어떤 예측할 수 없는 사회라 할지라도 그 발 밑에도 못 미칠 만큼 맹렬한 것이기 때문이다.

제13장 도시의 여러 제도를 수립하고 각종 사업을 수행하면서 그 내분을 가라앉히기 위해 로마인은 종교를 어떻게 이용했나

여기서 로마인이 도시를 건설하고 그 사업을 수행해 나가는 데 종교를 어떻게 이용했는지 약간의 실례를 인용해 보는 것도 주제에서 그다지 벗어나지는 않으리라 믿는다. 티투스 리비우스는 많은 실례를 들고 있으나 나는 다

---

*1 1세. 독일명 카알, 영국명 차알즈(742~814). 프랑크왕(재위 768~814). 800년에 교황에 의하여 서로마 제국 황제의 제관을 받고 기독교 문화를 장려했다.
*2 568~572년 사이에 이탈리아에 침입, 북이탈리아 및 베네벤트와 스폴레토에 거처를 정하고 있었다.
*3 교황 율리우스 3세는 캄브라이 동맹을 맺고, 독일·프랑스·영국·사보이·스위스 등과 더불어 베네치아에 부딪쳤다.
*4 교황 율리우스 2세는 베네치아를 무찌르자 이번에는 프랑스에 창끝을 돌리고 1511년에 영국·에스파냐를 첨가하여 신성 동맹을 결성하고 다음해에 프랑스를 무찔렀다.

음과 같은 예로만 그치고자 한다.

로마인은 집정관의 권한을 가진 호민관을 선출한 적 ^(기원전 400년, 티투스 리비우스)^{(로마사) Ⅴ, 13~14}이 있었는데, 이때 한 사람만 제외하고 모두 민중 출신이었다. 그런데 그 해는 우연히 악성 전염병과 기근이 와서 이러지도 저러지도 못하는 사태가 되었다. 귀족들은 이 같은 상황을 새 호민관 선출에 이용했다. 그래서 로마가 주권의 존엄을 무시했기 때문에 신의 노여움을 산 것이며, 이 노여움을 풀기 위해서는 차기 호민관 선출을 본래의 방법으로 하는 수밖에 없다고 주장한 것이다. 그 결과 종교적 공포에 사로잡힌 민중들은 호민관 전원을 귀족 출신자로 하고 말았다.

또 하나의 예는 베이이 시의 공략에 임한 로마 군대의 지휘관들이, 작전 수행을 쉽게 하기 위해 종교의 힘을 이용했다는 사실이다. 마침 그 해에는 알바 호가 전대미문의 범람을 일으킨 때였다. 로마의 병사들도 점차 다년간의 포위전에 지칠 대로 지쳐서 로마로 돌아가고 싶은 마음이 간절했다. 그런데 아폴로나 그 밖의 신의 계시로서 알바 호의 물이 불어나는 해에 한해서 베이이 시가 함락된다고 하는 말이 로마 병사들의 귀에 들어갔다. 이것을 알게 된 병사들은 베이이 시 함락이 머지않다는 희망에 용기를 얻어 포위전의 피로를 날려 버리고 자진해서 작전에 종사했다. 그래서 카밀루스가 집정관에 임명되어 그의 밑에서 포위가 계속되었는데, 10년간의 신고 끝에 베이이 시는 함락되었다.

이상의 예로도 알 수 있듯이 종교를 이용함으로써 베이이 시의 공략과 호민관을 귀족의 손에 되돌리는 일이 성공했다. 여기서 말한 방법을 사용하지 않았던들, 양쪽 경우 모두 그보다 더 좋지 못한 사태에 직면했을 것이다.

방증을 굳혀 두어야 할 수고를 꺼리지 않고, 또 한 가지 다른 예를 인용하기로 한다. 호민관 테렌티루스가 로마에서 큰 소동을 일으킨 적이 있었는데, 그것은 뒤^(제1권 39장 참조)에서 설명하는 것 같은 이유로 그가 어떤 법률을 제정하려 했기 때문이다. 이 소동을 진압시키기 위해 귀족들이 사용한 수습책의 하나가 종교였다. 이는 두 가지 방법에 의해 행해졌다. 그 첫째는 운명의 서적인 《시비르》에 의한 예언을 사용했다. 그 신탁에 의하면, 로마가 내란을 일으키면 그 해에 자유를 잃을 정도의 위기를 당하리라는 것이었다.

호민관들은 곧 그 속임수를 간파했지만, 민중들은 마음속에 공포가 스며

들어 도저히 호민관을 지지할 수 없게 되었다. 그리고 귀족이 쓴 두 번째 수단은 다음과 같은 것이었다. 즉 아피우스 엘드니우스라는 자가 집없이 떠도는 4천 명이 넘는 사람들과 노예 집단을 이끌고 한밤을 틈타 카피톨을 점령했다. 그리하여 이 북새통을 이용해서 로마와는 불구대천의 원수인 아에키족이나 보르스키족이 로마를 공격해 올지도 모른다는 공포를 민중들에게 심어 주자는 것이 귀족들이 노리는 바였다.

그러나 이런 사태가 되어도 호민관은 테렌티투스 법*¹의 성립을 강력히 밀고 나가 한 발도 양보하지 않고, 외적이 쳐들어올지도 모른다는 것은 낭설이라고 호통을 쳤다. 그래서 시민 가운데 무게 있고 신망도 있는 푸블리우스 루베티우스 $\binom{\text{테렌티투스 법에}}{\text{반대한 원로원 의원}}$가 원로원 밖으로 나가 민중들을 달랬다 위협했다 하면서 로마의 긴급한 상황을 설득하고, 그들의 요구가 당치 않은 것임을 납득시켰다. 그래서 억지로 민중들에게, 집정관의 뜻에 거역해서 행동하는 일은 없도록 하겠다고 맹세시켰다. 이렇게 해서 복종을 강요당한 민중들은 실력으로 카피톨을 탈환했다.

그러자 이 공격전 도중에 집정관 푸블리우스 발레리우스*²가 전사했으므로 곧 후계 집정관으로서 티투스 퀸티우스 $\binom{\text{로마의 집정관, 기원전}}{\text{431년에 취임했다}}$가 선정되었다. 이 새 집정관은 민중들에게 테렌티루스 법에 대한 것을 생각해 낼 여유를 주지 않게 하기 위해 숨 돌릴 사이도 없이 그들에게 로마를 떠나 보르스키를 향해 진격할 것을 명령했다. 그때 이미 민중들은 집정관에게 거역하지 않겠다는 맹세를 한 뒤였기 때문에 이번에도 명령에 복종해야 한다고 새 집정관은 주장했다.

한편 호민관 측은, 민중이 맹세한 것은 죽은 선임 집정관에게 한 것이지 퀸티우스에게 맹세한 것은 아니라고 반대했다. 그러나 티투스 리비우스에 의하면, 민중들은 종교의 공포에 사로잡혀 호민관보다도 집정관에게 복종했던 것이다.

티투스 리비우스는 이 점과 관련하여 고대 종교의 상태를 찬양하여 다음

---

*1 평민 출신 호민관 테렌티루스가 기원전 62년에 성립시킨, 민중에게 농지의 공평한 분배를 시키기 위한 법.
*2 푸블리콜라 푸블리우스 발레리우스, 로마의 집정관 엘드니우스에 의해 점령되었던 카피톨을 탈환하기 위해 싸우다가 전사했다.

과 같이 설명하고 있다(^{티투스 리비우스} _{로마사)} Ⅲ, 20, 5

"오늘날 일반적인 것으로 되어 있는, 신을 무시하는 풍조가 그 무렵에는 그다지 일어나지 않았다. 따라서 사람들이 제멋대로 맹세를 어기거나 법을 어기는 일은 없었다."

사태가 이쯤 되자 호민관은 자기들의 권위가 아주 없어져 버리지나 않을까 걱정이 되어, 집정관과 화해하고 그의 명령에 따르기로 했다. 즉 앞으로 1년 동안 호민관은 테렌티우스 법에 대한 것을 꺼내지 않을 것, 또 집정관은 민중을 전쟁에 동원시키지 않겠다는 것에 의견이 일치되었다.

이리하여 종교의 도움을 받은 원로원은, 그것이 없었던들 도저히 성공할 수 없었을 난국을 훌륭히 타개하는 데 성공했다.

제14장 로마인은 상황에 맞추어서 새점〔鳥占〕을 해석했다.
점을 무시해야 될 경우라도 형식적으로 종교의 방침을 지켰다.
또한 종교를 유린하는 자가 있으면 처벌되었다

이미 논한 바와 같이 새점〔鳥占〕은 기독교 이전의 고대 종교의 근간이었을 뿐만 아니라 로마 공화국 번영의 근원을 이루는 것이기도 했다. 따라서 로마인은 새점을 다른 무엇보다도 소중히 여기고, 민회를 열거나 새로운 국가 사업을 일으키거나 군대를 파병하거나 일대 결전에 도전하거나 평상시, 전시를 막론하고 중대 사건을 처리할 때에는 모두 이 점에 의지하고 있었다. 그러므로 출정에 임해서는, 신의 가호로 승리가 약속되어 있다는 뜻을 병사들에게 납득시키지 않는 한, 절대로 군대가 전진을 시작하지 않았다.

여러 점쟁이들 중에서도 플루랄리라 불리는 한 점쟁이가 항상 종군했다. 그 군대가 적군에게 도전하려 할 때는 언제든지 플루랄리가 새점을 치도록 명령을 받았다.

점치는 방법은, 닭이 모이를 충분히 쪼아 먹을 때는 길조라 여겨 회전을 계속할 수 있으나 닭이 모이를 전혀 쪼아 먹지 않을 때는 결전을 삼간다는 것이다. 점의 결과가 신통치 않더라도 기어코 예정된 행동을 취해야 할 때는 실행으로 옮겼다. 그러나 그런 경우라도 자기 신앙에 대하여 조금의 의심도 불러일으키지 않도록 아주 빈틈없는 방법으로 점 자체를 제멋대로 바꾸어서 해석했다.

이런 방법을 집정관 파필리우스 ^{(루키아누스 파필리우스 크루소르, 삼니움}_{전쟁 때의 집정관, 파필리우스의 아들})는 삼니움군(軍)과의 결정적인 싸움에 이용하여, 삼니움인으로 하여금 영구히 약화시켜서 일어나지 못하게 만들었다. 파필리우스는 삼니움군과 대치하여 진을 치고 있었는데, 아무리 보아도 부딪치기만 하면 틀림없이 승리가 굴러들어올 것같이 여겨졌다. 그래서 승부를 보자는 생각에서 플루랄리에게 명령하여 새점을 치게 했다.

그러나 닭은 모이를 쪼아 먹으려고 하지 않았다. 하지만 플루랄리 우두머리는 전 군대에 싸우려는 기력이 충만했고 장병이 다같이 승리를 확신하고 있음을 눈치챘기 때문에 천재일우의 이 기회를 이 군대로부터 차마 뺏을 수가 없어서 점의 결과가 썩 좋았다고 집정관에게 보고했다.

그런데 파필리우스가 진형을 다 갖추었을 때, 플루랄리 중의 한 사람이 몇 명의 병사에게 닭이 모이를 쪼아 먹지 않았다는 사실을 알리고 말았다. 이 말이 집정관의 조카인 스푸리우스 파필리우스의 귀에 들어가게 되었고, 그를 통해 다시 집정관에게 보고되었다. 집정관은 곧 대답했다.

"나는 직책을 완수할 작정이다. 나나 군대에 있어서 새점은 공식적인 의식이다. 그런데 만약 점쟁이 우두머리가 거짓 점을 쳤다고 하면 벌은 점쟁이 자신이 받아야 한다."

그리고 집정관은, 전쟁의 결과는 예언대로 되는 것이니까 점쟁이들을 격전의 최전방으로 데려가도록 하라고 지휘관에게 명령했다.

드디어 기회가 무르익어 적과 정면으로 부딪치게 되었을 때 아군인 로마 병사 한 사람이 던진 창이 우연히 플루랄리 우두머리를 죽이고 말았다. 이 소식을 들은 집정관은 다음과 같이 말했다.

"모든 일이 신의 가호 아래 순조롭게 진행되고 있다. 그 허풍쟁이가 죽었으니 그자가 우리 진영에 들어온 죄업과 신의 노여움은 이제 깨끗이 씻겨진 셈이다."

이와 같이 집정관은 자기 계획을 점에다 희한하게 적용시킬 수 있었으므로, 아군 군대에 자기가 신앙이 명령하는 대로 행동하지 않았다는 사실이 눈치 채이는 일 없이 결전으로 임할 수 있었다.

그런데 제1차 포에니 전쟁 때 시칠리아에서 아피우스 푸르켈이 취한 조치는 이와 정반대의 것이었다. 카르타고군과 결전을 하기 위해 플루랄리에게 새점을 치게 할 단계가 되었는데, 닭이 도무지 모이를 쪼아 먹으려 하지 않았다. 그러자 그는, 그렇다면 닭이 물을 먹나 안 먹나 보기로 하자 하면서 닭을 바다에 던져 버렸다. 그러다가 마침내 결전을 할 단계가 되었는데 패하고 말았다.

그의 행동에 대해서는 로마에서 악평이 자자했고, 반대로 파필리우스의 처사는 칭찬을 받았다. 이처럼 두 사람에 대한 평가에 큰 차이가 생긴 것은, 한쪽이 이기고 다른 한쪽이 패배했다는 결과에서 온 것은 아니다. 그보다는 오히려 파필리우스가 새점을 신중히 다루었다는 데 비해 푸르켈은 경솔하게 새점을 희롱했기 때문이다.

이처럼 새점을 행한다는 것은 결전장에 병사들로 하여금 확신을 가지고 임하게 한다는 목적 외에는 아무것도 없다. 확신을 가짐으로 해서 연전연승의 전과를 초래할 수 있다. 이 방법은 로마인들만이 사용한 것이 아니라 외국인들도 같은 행동을 하고 있었다. 이 점에 대해서는 다음 장에서 한 예를 들고자 한다.

제15장 삼니움인은 밑바닥 상태에서 기어오르기 위한 마지막 수단으로서 종교에 의지했다

삼니움인은 수차에 걸쳐서 로마인에게 격파되어 오던 중 마침내 에트루리아 지방*에서 결정적으로 크게 패하여 그 군대는 괴멸되고 장군은 죽고 말았다. 그리고 에트루스키인, 갈리아인, 움브리아인들의 동행국도 마찬가지로 파멸했다.

티투스 리비우스의 말($\binom{\text{티투스 리비우스}}{\text{(로마사)} \text{X, 31, 14~15}}$)에 따르면 그들은 이미 자기 힘을 짜내서건 외국의 조력에 의해서건 더이상 항전할 수 없게 되었다. 하지만 전의를 상실한 것은 아니었다. 그들은 자유를 포기한 것이 아니었기 때문에 비록 방어하다가 패하는 한이 있더라도 팔짱을 끼고 적에게 굴복하는 것보다는 낫다고 생각했다. 그래서 삼니움인들은 최후 수단을 써 보기로 작정했다. 그

＊지금의 토스카나를 중심으로 하는 지방에서 세력을 펴고 있던 에트루스키인이 거주하고 있던 곳. 에트루스키인은 기원전 7세기에 전성기를 자랑했으나 기원전 5세기부터 로마인과의 싸움 끝에 기원전 3세기에 멸망했다.

들 역시 싸움에 이기기 위해서는 병사들의 정신력이 필요하다는 것쯤은 알고 있었다. 그러기 위해서는 신앙의 힘을 빌리는 수밖에 없었다. 그래서 삼니움인의 제사를 맡아 보고 있는 오비우스 파키우스의 의견에 따라 제물을 써서 거행하는 옛 제사 형식을 다시 한 번 시행해 보자는 생각을 하게 되었다.

그 제사는 다음과 같은 순서로 거행되었다. 먼저 엄숙하게 번제 의식을 거행한 다음, 제물로 바친 짐승의 시체와 불이 타오르는 제단 사이에 군대의 주요 인사들을 모두 세워 놓고, 어떠한 일이 있더라도 한 발도 물러서지 않는다는 것을 서약하게 했다. 이런 다음 병사를 하나하나 호출하여, 칼을 뽑아든 백인대(百人隊)로 둘러싸인 제단 앞에 세워 놓고, 먼저 각자가 여기서 보고 들은 일을 아무에게도 누설하지 않겠다는 것을 서약시켰다. 그리고 소름이라도 끼칠 듯한 주문을 왼 뒤에 지휘관이 명령하는 일이라면 어디라도 자진해서 사지로 나갈 것이며 사투가 되더라도 한 발도 물러서지 않으며, 도망가다가 발각될 때는 누구를 막론하고 살해되어도 할 수 없다는 내용을 맹세하게 했다. 그리고 이 맹세를 어기는 자가 있을 때는 그 죄가, 그가 속하는 종교의 우두머리와 나아가서는 자자손손에까지 미친다는 것을 인정시켰다.

몇 명의 병사는 기겁을 하고 맹세를 하지 않았기 때문에 그 자리에서 백인대 병사에게 살해되었다. 그 자리에 호출된 그 밖의 사람들은 이 끔찍한 광경을 보고 겁이 나서 모조리 맹세를 했다. 4만을 헤아리는 이 군단을 더욱 당당하게 보이기 위해 반신을 흰 옷으로 감싸고 투구는 모자와 깃으로 꾸몄다. 이렇듯 태세를 갖추고 아퀴로니아 주변에 포진했다.

이 삼니움인의 진영에 대치한 로마군의 지휘관 파필리우스는 다음과 같이 목청을 돋우어 부하를 격려했다.

"투구의 장식으로는 다치지 않는다. 적군의 방패는 색칠을 해서 번쩍거리기는 하지만, 로마군의 투창을 막을 수는 없다."

그리고 삼니움군이 맹세한 강력한 군대라는 압박감을 조금이라도 숨기기 위해, 삼니움인의 맹세 같은 것이 그들에게 용기를 주기는커녕 반대로 겁을 준다고 서슴없이 말했다. 왜냐하면 삼니움인이 자기 나라 동포나 신을 두려워하는 것은 좋으나, 그와 동시에 적까지 두려워하게 되어 버리기 때문이라고 설명했다. 실상 싸움을 하고 보니 삼니움인은 지고 말았다. 그리고 그 원인은 로마군이 기력에서 뛰어나 있었다는 것, 나아가 삼니움인에게는 몇 번을 싸워도 졌다는 쓰디쓴 체험 때문에 이번에도 지지 않을까 하는 불안감이 있었고, 그 불안감이 삼니움인의 신앙심이나 맹세의 정도보다 더 컸기 때문이다. 그렇기는 하나 삼니움인은 종족의 장래에 희망을 북돋우고, 조상이 지녔던 용맹심을 불러일으키는 데 그들이 취한 수단말고는 이렇다 할 좋은 방법이 없었다는 것을 충분히 알고 있었던 모양이다.

이 삼니움인의 실례는, 잘만 이끌어 가면 어떤 신앙이라도 뜻대로 만들어낼 수 있다는 사실을 뚜렷하게 증명해 준다. 내가 지금 든 실례는 로마의 정치에 관계 없는 일일지 모르나, 로마 공화국의 제일 중요한 과제에 관련되는 것이다. 그러므로 논점이 흐려지거나 이 뒤에 또 한 번 취급할 필요가 생기지 않도록 이 대목에서 말해 두는 편이 좋다고 생각한 것이다.

제16장 군주정치의 지배를 감수하는 민중은 해방된다 하더라도 자유를 유지하기 곤란하다

오랫동안 한 군주 밑에서만 통치되어 온 민중이, 타르키니우스 추방 뒤의 로마처럼 우연한 계기로 자유로운 몸이 된다 하더라도 그 자유를 유지해 나가기가 얼마나 어려운 일인지는 역사 속의 숱한 실례만 보더라도 명백한 일이다. 그것은 지극히 당연한 이유 때문이다. 즉 이런 국민은 본래 거친 야생 맹수가 우리에 갇혀 사육되어 온 것과 비슷하다. 이런 짐승은 어쩌다가 들판에 놓여지더라도 어떻게 먹이를 찾아야 할지 어디에 숨어야 할지 도무지 모르기 때문에, 잡으려고 마음만 먹으면 누구든지 문제없이 잡을 수 있다.

이런 원리가 민중에게도 적용된다. 즉 타인에게만 지배되어 온 사람들은, 자기들만의 힘으로는 어떻게 공격하거나 방어할지를 모를뿐더러, 원래 그 방법을 잘 알고 있던 군주는 이미 추방되고 없어서 당장 예속 상태에 빠지고, 얼마 전에 짊어지고 있던 무거운 짐보다 훨씬 더 가혹하고 맹렬한 압제 정치에 놓이기 쉬운 법이다.

그런데 이런 예가 적용되는 것도 끝까지 타락해 버리지 않은 민중에게만 한정되어 있다. 즉 완전히 타락의 구렁에 빠져 버린 민중들 사이에는, 잠시라도 자유를 손에 넣는다는 것은 생각도 못할 일이기 때문이다. 그 이유는 나중에 말하기로 하자. 그러니까 여기서 내가 논하고자 하는 것은 완전히 부패하거나 타락하지 않아서 아직도 선이 악을 이기고 있는 국가에 한해서의 이야기이다.

지금 말한 자유를 지키는 어려움에는 또 한 가지 다른 이유를 더할 수 있다. 자유를 손에 넣은 국가에서는 적대자(敵對者)를 결속시킬 뿐 자국 측에는 단결이 생기지 않는 경향이 있다. 전에 전제적 참주 국가 밑에서 참주의 재산과 부로부터 양분을 빨아먹던 자들은 모두 적측으로 돌아간다. 이런 무리들로서는 자기들을 지탱해 주던 양분이 제거되는 날에는 도저히 만족하게 살 수 없게 되므로, 다시 한 번 단물을 빨아먹으며 권세를 펴보자는 생각으로 단결해서 참주정의 부활을 위해 몰래 활동하게 된다.

한데 이미 말한 것과 같이 자유를 획득한 쪽에는 강력한 편이 생기지 않는다. 자유를 골자로 하는 정치에서는 영예나 특권이 뚜렷하게 정해진 한 규칙에 의거해서 주어지므로, 그 이외의 사람은 대상이 되지 않는다. 설사 공적 있는 한 인물이 있어서 영예나 특권을 받았다 하더라도, 그것을 부여해 준 권위의 덕분이라고 생각해야 할 이유란 없다.

이상에서 말한 것은 그만두더라도, 자유로운 국가에서 국민의 누구누구에게 주어지는 영예나 특권은, 자격이 있는 자라면 똑같이 누릴 수 있는 성격의 것이므로 특별히 취급할 것이 못 된다. 또한 국가로부터 얻은 특권은 아무 스스럼없이 자유로이 누릴 수 있는 것이다. 그리고 이 같은 국가가 보장해 주는 일은 처자(妻子)의 명예에 대해서나, 또 자기 자신의 명예에 대해서나 위협되는 일이 없게끔 배려해 준다는 점이다. 따라서 위협되는 일이 없는 상태라서 각별히 의지를 느낄 일은 없게 된다. 이런 까닭에 이미 지적한 것과 같이 최근에 자유를 획득한 국가는 강적을 상대하게 되었을 때 믿을 만한 편이 생기지 않는다. 이와 같이 형편이 좋지 못한 상태나 거기에 따라서 일어나는 국내의 무질서를 해소하기 위해서는, 말하자면 '브루투스의 아들들'*을 죽이는 수밖에 달리 확실한 대책은 없을 것이다.

---

*루키우스 유니우스의 두 아들을 가리킨다. 그들은 타르키니우스 일가가 멸망하자 지난날의 꿈을 쫓아 공화국에 대한 음모를 꾸미다가 살해되었다. 루키우스는 타르키니우스 수페르부스의 조카인데, 타르키니우스의 멸망으로 초대 집정관이 되었다.

이 '브루투스의 아들들'은 역사에서 주지하는 것과 같이 다른 로마의 청년들을 부추겨서 조국에 거역하는 음모에 가담시킨 인물이다. 브루투스의 아들들이 어째서 이런 거사를 하게 되었나 하면, 국왕이 군림하던 시대에 그들이 제 마음대로 빨아먹던 권력의 단물을 집정관 밑에서는 맛볼 수 없게 되었기 때문이다. 즉 그들은, 민중에게 자유가 주어진다는 사실이 곧 자기들에게는 패배가 된다고 생각했다.

무릇 공화국이든 군주국이든 좌우간 민중을 통치하려 하는 자에게 있어 그 체제에 적대하는 자는 누구를 막론하고 꼼짝 못하게 해 두어야 한다. 그렇지 않으면 모처럼 수립한 지배 체제도 헛된 것이 되어 버릴 게 틀림없기 때문이다. 국가를 유지해 나가는 마당에서, 민중들에게 무시당하는 서투른 정책을 펴나가는 군주를, 나는 진정 불행한 사람이라고 생각한다. 적이 많지 않은 군주는 별 파탄 없이 평온하게 지낼 수 있으나, 어디를 보나 민중이라는 적으로 둘러싸인 군주는 몸의 안위를 절대로 도모할 수 없다. 따라서 부득이하게 가혹한 수단을 써서 탄압하면 할수록 점점 더 그 군주국은 약해지는 것이다. 이렇게 생각할 때 최상의 방책이란 민중의 신뢰를 얻도록 노력하는 길밖에 없다.

군주국과 공화국을 동시에 논해 온 지금까지의 논지에 대해 지금 말한 군주국과 민중의 관계만으로 한정된 결론은 다소 빗나간 경향이 없지 않지만, 뒤에 다시 이 문제로 되돌아가지 않아도 되게끔 여기서 약간 설명을 더하고자 한다.

군주가 자기를 좋지 않게 생각하는 민중의 감정을 호전시키고자 원한다면 무엇보다도 제일 먼저 민중이 대체 무엇을 원하고 있는지를 살펴야 한다. 그러면 그 군주는 틀림없이 민중이 두 가지를 희망하고 있음을 알게 될 것이다. 그 하나는, 민중이란 자기들을 구속하는 장본인에게 보복하려 한다는 것, 또 한 가지는 민중이 다시 한 번 자유를 되찾고자 하는 희망을 가지고 있다는 사실이다. 첫 번째 민중의 소망에 대해서라면 군주는 완전히 그 소망을 이루어 줄 수 있고, 두 번째 것도 어느 정도는 만족시켜 줄 수 있다.

첫 번째 경우로 한정한다면 다음과 같은 실례를 보여 줄 수 있다. 헤라클레아의 참주 클레아르코스가 추방당했을 때의 일이다. 때마침 헤라클레아의 민중과 귀족 사이에 알력이 생겼다. 그래서 열세를 깨달은 귀족 측은 지난날의 참주 클레아르코스를 자기 편으로 삼았다. 그리하여 공모의 결과 클레아르코스를 헤라클레아의 민중과 대립시켜서 민중의 자유를 빼앗았다. 클레아르코스는, 어떤 방법을 가지고도 만족도 없거니와 지배도 할 수 없을 만큼 교만한 귀족들과, 한편 자유를 빼앗긴 분격 때문에 길길이 뛰는 민중과의 사이에서 곤란한 입장이 되어 버렸다는 것을 알았다. 클레아르코스는 귀족 측의 태도에 싫증이 나서 민중들을 자기편으로 삼기로 결심했다. 그래서 좋은 기회를 잡은 그는 귀족들을 남김 없이 처참하게 죽였다. 이 사실은 민중들 측에 무엇보다도 큰 만족을 주는 결과가 되었다.

이상 말한 것 같은 수단으로 그는 민중이 가지고 있던 소망의 한 가지, 즉 복수라는 것에 배출구를 부여해 주었다. 그렇지만 또 한 가지 민중의 희망인 자유의 회복이라는 점에 대해서는 군주로서 도저히 이루어 줄 수 없는 일이므로, 어쨌든 어떤 이유로 민중이 해방되고자 하는지를 잘 살펴야 한다.

그러면 다음의 사실이 밝혀질 것이다. 즉 민중들 중 극히 소수의 사람들은 실상 자기가 명령하는 입장이 되고 싶기 때문에 자유를 구하는 것이며, 그 밖의 무수한 민중 전체가 자유를 구해 마지않는 것은 자기네 생활의 안정을 원하기 때문일 따름이라는 사실이다. 어떤 형식으로 통치되고 있건, 어떤 공화국이라도 명령할 수 있는 입장에 있는 시민의 수는 기껏해야 40명에서 50명 정도이다. 즉 그 수효는 매우 적으므로 그자들을 없애든가, 혹은 반대로 저마다의 조건에 맞게끔 공을 가려 상을 주어 그들을 거의 만족시켜 주든가 해서 자기 몸의 안위를 도모하기란 아주 쉽다.

한편 오로지 생활의 안정만을 원하는 민중을 만족시키기란 그리 어려운 일이 아니므로 지배자의 권력이 민생 안정과 훌륭한 조화를 이루도록 법률 제도를 정비해 두면 된다. 군주가 이 점을 실행하고, 민중들도 어떤 일이 있더라도 법을 어기는 일이 없게끔 자제하면 머지않아 그들에게는 안정되고 충족된 생활이 찾아오게 될 것이다.

프랑스 왕국이 그 가장 좋은 예다. 이 나라가 평화로운 걸음을 지속하고 있는 것은 다름 아니라 프랑스 국왕 루이 12세가 전 국민의 민생 안정을 약속하고 있는 숱한 법률을 엄수하고 있기 때문이다. 프랑스에 이 체제를 부여한 그는 다음과 같이 생각하고 있었던 듯하다. 즉 국왕이란 군대나 돈은 뜻대로 움직일 수 있다 하더라도 그 밖의 것은 어떤 일이든 법률이 명시하는 대로가 아니고는 할 수 없다고 생각했던 것 같다.

군주국의 경우든, 공화국의 경우든 건국에 즈음하여 충분히 기초를 굳히지 못했을 때는 로마인이 한 것같이 최초의 기회를 잡아 국가를 강화해야 한다. 이 기회를 놓친 자는 할 일을 게을리했다는 데 대해 아무리 후회해도 이미 때는 늦어 버린 것이다. 그런데 자유를 다시금 손에 넣었을 때 로마인들은 아직 그다지 부패하고 타락하지는 않았기 때문에, 브루투스의 아들들을 죽이고 타르키니우스 일가를 멸망시킨 뒤 내가 이미 논해 온 온갖 수단과 제도를 사용하여 그럭저럭 자유를 유지해 나갈 수 있었다. 하지만 국민이 타락해 있는 경우에는 로마건 그 밖의 나라건 자유를 지켜 나갈 수 있는 적절한 수단을 찾아 내지 못한다. 이 점은 다음 장에서 언급하기로 하겠다.

제17장 퇴폐한 민중은 해방된다 하더라도
자유를 유지해 나가기가 매우 어렵다

로마에서 왕 제도가 폐지되거나, 순식간에 국세가 쇠퇴되어 무력해진 사실은 당연한 추세였다고 생각한다. 당시의 왕들이 얼마나 타락해 있었는지를 생각할 때, 2, 3대만 왕 제도가 더 계속되었다면 왕의 부패는 국민 전체에 만연되어 국가 전체가 돌이킬 수 없을 정도로 썩어 버렸을 게 틀림없기 때문이다. 그러나 썩어빠진 머리 부분을 잘라 버리고 몸통 부분이 무사히 남았기 때문에 로마는 별 곤란 없이 자유와 질서를 회복할 수 있었다.

군주 밑에서 지배되는 도시가 본래부터 타락해 있을 경우, 만약 군주와 그 혈통 모두를 근절시킨다 해도 도시에 자유가 도입된다는 것은 생각도 할 수 없다. 그것은 새로운 군주가 잇달아 일어나서 찬탈을 되풀이해 나가기 때문이다. 그런 도시에서는 인덕과 역량을 겸비한 현군이 나서서 도시에 자유를 획득해 주지 않는 한, 군주가 아무리 바뀌어 봤자 사태는 영영 개선되지 않을 것이다.

하지만 현군 밑에서 보장되던 자유도 그 군주가 죽고 나면 그것으로 끝나고 만다. 예를 들면, 시라쿠사의 디온이나 티몰레온의 예가 그렇다. 이 두 사람이 살아 있는 동안은 그들의 역량에 의해 상당한 시기에 걸쳐서 시라쿠사는 자유를 누릴 수 있었다. 그러나 그들이 죽자 시라쿠사는 곧 이전의 참주정치로 되돌아가고 말았다.

그러나 로마의 실례만큼 이 점에 꼭 맞는 것은 달리 없을 것이다. 타르키니우스 가를 멸망시킨 뒤 로마는 곧바로 자유를 획득하여 이를 유지해 나갈 수 있었다. 그러나 카이사르나 가이우스 칼리굴라, 그리고 네로가 죽고 카이사르의 혈통이 완전히 절멸한 뒤에 로마는 자유를 유지하기는커녕 그에 한 발도 접근할 수 없었다. 같은 도시를 무대로 해서 같은 조건 아래 생긴 일인데도 결과가 아주 정반대로 되어 버린 이유는 다음과 같이 설명할 수 있다. 즉 타르키니우스 시대에는 로마인이 아직 그다지 타락해 있지 않았던 데 비해, 카이사르 시대에는 속속들이 썩어 있었다는 차이가 있기 때문이다. 타르키니우스 시대에는 로마의 민중으로 하여금 국왕의 압제 정치를 물리치고자 굳게 결의시키는 데 비해, '로마에서는 앞으로 어떤 왕도 통치할 것을 용납하지 않는다'는 것을 민중에게 맹세시키는 일만으로 충분했던 것이다.

　그러나 그 다음 시대가 되자 전 오리엔트의 지지를 배경으로 가진 브루투스*¹의 권력이나 가혹함을 가지고도 로마 민중을 분기시켜서 자유를 지키게 할 수는 없었다. 이 브루투스는 초대 브루투스를 본받아서 로마 민중에게 자유를 되돌려주려고 노력한 인물이다. 이처럼 자유를 회복하는 일에 성공하지 못한 것은 그때까지 가이우스 마리우스 일파가 민중에게 심어 놓은 타락한 풍조 때문이다. 그리고 마리우스의 평민당 수령이 된 카이사르는 교묘하게 민중의 눈을 가려 버렸기 때문에, 그들은 목에 칼을 쓰고서도 그것을 깨닫지 못했다.

　이상과 같은 로마의 실례에 대해서는 다른 어떤 예를 꺼낸다 해도 맞설 수 없는 것이지만 나는 이 점을 둘러싸고 현대의 누구나 다 알고 있는 생생한 실례를 열거해 보고자 한다. 즉 천지가 뒤집힐 대소동이 일어난다 하더라도, 밀라노나 나폴리가 두 번 다시 자유를 손아귀에 넣는 일은 있을 수 없다는 것이다. 왜냐하면 두 국민은 속속들이 썩어 버렸기 때문이다.

　밀라노의 참주였던 필립포 비스콘티*²가 죽자 밀라노는 자유를 회복하고자

---

*1 마리우스 유니우스 브루투스(기원전 82~42). 카이사르가 왕이 되고자 하는 야심을 품었음을 의심하여 롱기누스 카시우스 등의 동지들과 더불어 암살했으나 로마에 머물지 못하고 동방으로 떠나가 카시우스와 함께 병사를 모아 옥타비아누스 안토니우스와 싸우다가 패하여 자살했다.
*2 필립포 마리아 비스콘티(1392~1447. 재위 1412~1447). 페라라 공국을 재건, 이어서 제노바를 정복하고(1421) 영토를 확대시켰다. 그리고 나폴리의 왕위 계승에 대해 간섭했다.

했다. 그러나 자유를 유지해 나갈 역량도 없거니와 방법도 알지 못했다. 이 사실만 보더라도 그간의 사정에 대해 수긍이 갈 것이다. 그러므로 로마에서는 왕 제도가 금방 타락해서 추방되는 바람에 국왕의 부패한 양상이 로마의 골수에까지 밸 여유가 없었다는 것은 무엇보다도 다행한 일이었다. 이런 부패와 타락은 로마에 대해 혼란을 초래했으나, 그래도 사람들의 마음가짐이 단단했기 때문에 공화국은 전화위복이 될 수 있었다.

이제 결론을 내릴 단계가 되었다. 민중들만 건전하면 어떤 소동이나 내분이 일어난다 해도 국가 자체가 손상되는 일은 없다. 하지만 민중이 부패했을 경우에는 아무리 법률이 잘 정비되어 있다 해도 아무 소용이 없다. 최고 권력을 가진 한 인물이 나서서 민중이 건전한 사회의 부활을 위해 법률을 성실하게 지키게끔 만들지 않는 한 전혀 가망이 없다.

그렇지만 이런 파국을 구할 수 있는 예가 지금까지 있었는지 없었는지, 또한 내가 말한 것처럼 그런 일을 할 수 있느냐의 여부에 대해서는 나 자신도 잘 모른다. 인류는, 조금 전의 대목에서 언급해 둔 것처럼, 민중의 부패로 인해 붕괴 직전에 놓인 도시가 만일 다시 한 번 재건될 수 있다고 하면, 그것은 훌륭한 법률을 지키고자 하는 민중 전체의 힘에 의한 것이 아니라, 민중을 지도하는 한 유력자의 힘에 의한 것임이 틀림없기 때문이다. 그러니까 그 인물이 죽고 나면 당장 아무 소용이 없어져 버린다. 이를테면 테베에서는 에파미논다스*가 살아 있는 동안에는 그의 역량에 의해 공화 정치를 견지하고 그리스에서 패권을 주장할 수 있었으나, 그가 죽고 나자 본래의 무질서 상태로 되돌아가게 되었다.

왜냐하면 그다지 길지 않은 인간의 생명을 가지고서는 장기간을 통해 심어져 온 도시의 부패한 풍조를 올바른 길로 되돌리기에는 도저히 시간이 모자라기 때문이다. 즉 장수하여 오랜 세월에 걸쳐서 정무를 보살필 수 있는가, 아니면 우연히 2대를 계속해서 명군이 나타나 뛰어난 통치를 하게 되지 않는 한, 지금 말한 것처럼 지배자가 죽으면 곧바로 파멸로 되돌아가게 마련이다. 비록 말할 수 없는 위험을 무릅쓰고, 또한 숱한 유혈의 희생을 치러서

---

* 기원전 420~362. 테베의 정치가·장군. 기원전 371년, 스파르타를 무찔러 테베를 전 그리스의 패자로 만들었다. 기원전 362년, 스파르타와 아테네군을 무찌르다가 전사했다.

성립된 국가라 할지라도 재기하지 못할 것이다. 즉 부패라든가 자유로운 정치 형태를 유지해 나가지 못한다는 것은, 원인을 밝히면 그 국가 속에 배어 있는 불평등에 기인한 것이기 때문이다. 평등을 되찾게 하기 위해서는 아무래도 비상 수단을 취할 수밖에 없다. 이 같은 과감한 개조법을 몇몇 사람이 알고 사용하면 된다. 이 점에 대해서는 뒤에 상세히 말하기로 하겠다.

제18장 부패한 국가에 존재하는 자유로운 정치 체제는 어떻게 하면 유지해 나갈 수 있는가, 자유로운 정치 체제가 없을 경우 어떻게 하면 그것을 만들 수 있는가

여기서, 부패한 국가가 이미 획득하고 있는 자유로운 정치 체제를 유지해 나갈 수 있는가. 반대로 자유로운 정치 체제가 존재한 적이 없는 국가에서 새로이 자유로운 정치 체제를 수립할 수 있는가를 생각해 보는 것도 엉뚱한 일은 아닐 듯싶다. 그리고 지금까지 말해 온 논의와 엇갈리는 것도 아닐 것 같다. 이 문제에 대해서는 어느 쪽을 취급한다 해도 대답하기 곤란한 문제임에 틀림없다고 생각한다.

부패 정도에 따라서 그 조치도 달라지는 것이므로 한 가지 규정에 적용시키는 것은 도저히 안 될 이야기이다. 그러나 어떤 문제든 결말을 지어 둔다는 것은 나쁜 일이 아니므로 이 문제를 모호한 형태로 내버려두고 싶지는 않다. 그런데 마지막까지 썩어 버린 국가를 예로 들어 볼 때 이것은 어떻게 손도 댈 수 없는 난제이다. 왜냐하면 모든 곳이 다 썩어빠진 국가에는 특효약이 될 만한 법률도 제도도 없기 때문이다. 사회적인 좋은 풍속을 유지해 나가기 위해서는 법률의 뒷받침을 필요로 하는 것과 마찬가지로, 법률이 존중되기 위해서는 민중의 풍속에 기대해야 하기 때문이다.

그리고 이 밖에 다음과 같은 불리한 조건이 덧붙여진다. 즉 사람들의 정신이 건전한 국가의 창설기에 설정된 법률이나 제도는, 타락이 진전된 시대에는 이미 적당치 않은 것이 된다. 그리고 법률은 국가가 체험하는 여러 사건에 따라서 바꾸어 나갈 수 있다 하더라도 국가의 구조 자체는 좀처럼 바뀌지 않는다. 이런 형편이므로 아무리 새 법률을 만든다 해도 아무 소용이 없다. 그 이유는 국가의 구조 자체가 본래 그대로이므로 새로 만들어진 법률과 조화되지 않기 때문이다.

이 점을 더 알기 쉽게 하기 위해서 설명을 더하기로 한다. 로마에서는 통치 양식이라기보다는, 오히려 국가 자체의 구조가 일관되게 존재해서 이를 배경으로 하여 행정관들이 그때 그때의 법률에 따라 시민을 통치하고 있었다. 국가의 구조라 불리는 것 중에는 민회·원로원·호민관·집정관 등의 권한이 포함되어 있었다. 또한 행정관을 선거하거나 임명하는 방법과 법률을 제정하는 절차도 그 가운데 포함되어 있었다. 이러한 국가의 근본이 되는 제도는 어떤 일이 있더라도 거의 변하지 않았고, 변했다 하더라도 작은 부분에 불과했다. 그런데 시민을 통치하기 위한 모든 법률은 자꾸만 변해 갔다. 이를테면 간통죄, 사치 금지령, 선거 위반이나 그 밖의 많은 죄에 대한 법률은 시민이 점차 타락해 갈수록 차례차례 변해 갔던 것이다. 그러나 국가 본래의 여러 제도는 원래대로여서 타락해 버린 실정에 맞지 않게 되었다. 그래서 아무리 표면상의 법률만 바꾸어 봤자 사람들이 선도될 리 없었다. 법률만 주무르지 말고 예로부터의 국가 제도를 과감하게 바꾸어야 법률이 실제 성과를 올린다.

그런데 본래의 제도가, 타락한 나라의 현상에 맞지 않게 되었다는 사실은 두 가지 주요한 현상, 즉 행정관을 임명하는 일과 법률을 만들어 내는 일에서 뚜렷이 찾아볼 수 있다. 이 중 전자에 대해 논하기로 한다. 로마인은 본래 자기 쪽에서 자진하여 신청함으로써 집정관이나 그 밖의 고관에 취임했다. 이 방법도 처음 한동안은 잘 되어 나갔다. 그 까닭은, 자기가 그 직위에서 충분히 감당해 낼 자신이 있는 인물에 한해서 취임을 요구했고, 또 취임을 거부당한다는 것은 불명예스러운 일로 삼고 있었기 때문이다. 이런 형편이어서 그들은 자기가 지망하는 관직의 적임자라는 판정을, 사람들로 하여금 내리게 하기 위해 평소의 행위에서 최선을 다했다.

그러나 이런 방법도 국가가 부패되어 가면서 위험하기 짝이 없는 것으로 되어 갔다. 그 이유는, 행정관의 지위를 지망하는 것이 고매하고 유능한 인사가 아니라 권력을 장악하고 있는 인물로 한정되어 갔기 때문이다. 따라서 아무리 유능하고 고결해도 권력을 갖지 않은 인물은 취임을 지망했다가 거부당할 것을 두려워하여 그 지망을 삼가게 된다. 이와 같은 바람직하지 못한 상태는 다른 모든 악풍의 형성 과정과 마찬가지로 한꺼번에 나타난 것이 아니라 서서히 나타난다.

로마인은 아시아와 아프리카를 통치했고 그리스 전 국토를 거의 정복했으므로 로마의 자유는 확고부동한 것이 되어서 로마에 위협을 줄 만한 적은 모습을 감추어 버린 것 같았다. 이런 천하 태평의 상태와 로마의 적의 무력화는, 사람들이 집정관을 선정하는 데 있어서 인물 본위가 아니라 감정적인 기분에 따라 정하게 만들었다. 그래서 적을 격파하는 데 있어서 그것에 뛰어난 인물을 제쳐놓고, 사람들을 교묘하게 다룰 줄 아는 인간을 집정관으로 등용하게 되었다. 더 세월이 흐르자 인기로 결정되던 일로부터 더욱 타락해서 부와 권세를 자랑하는 인물이 선정되게 되었다. 따라서 뛰어난 인물이 집정관이 되는 일은 완전히 사라지고 만 것이다.

행정관의 임명을 둘러싼 문제는 이쯤 해 두고 다음으로 법률을 만드는 점에 대해 언급하기로 한다. 호민관이나 그 밖의 어떤 시민이라도 민회에 법률을 제안할 수가 있고, 또 어떤 시민이라도 제안이 민회에서 체결되기 전에 그 법안에 대해 찬성과 반대를 표명할 수 있었다. 이런 제도는 일반적으로 시민의 양식이 풍부한 한은 대단히 좋은 것이다. 누구든지 사회에 도움이 되리라고 생각한 것을 제안할 수 있다는 것은 매우 좋은 일이 아닐 수 없다. 또한 그 제안에 대해서 모두가 의견을 말할 수 있고, 나아가 각각의 의견에 대해서 일반 민중들이 충분히 이해를 한 뒤에 그 가운데서 제일 좋다고 생각하는 것을 선정할 수 있었다는 것도 좋은 일이었다. 하지만 시민이 타락을 거듭해 나감에 따라 모처럼의 제도도 나쁜 것으로 되어 버렸다. 나중에는 권력자만이 법을 제안하게 되었다. 그것도 공공을 위해서가 아니라 자기 권세를 펴고 싶은 일념으로 하는 것이다. 더욱이 민중들은 그들의 위세를 두려워하여 그 제안에 정면으로 반대할 수 없었다. 이런 형편이어서 민중은 힘으로, 또는 속임수에 넘어가 타인을 향한 길을 걸어가게 되었다.

로마는 타락의 구렁에서 있으면서도 자유 수호를 염원하여 역사의 걸음에 따라 새 법률을 만들고 새 제도를 수립했다. 왜냐하면 타락한 국가에는 건전한 국가에서 사용되는 제도나 방법과는 전혀 다른 것이 필요하게 되기 때문이다. 즉 건전함과 타락이라는 정반대의 대상에 똑같은 양식이 적용된다는 일은 있을 수 없기 때문이다.

국가의 옛 제도가 이제 아무 기능도 할 수 없게 되었다는 것을 눈치채게 되면 당장에라도 전면적으로 고치든가, 아니면 저마다의 결함이 드러나기 전에 손을 써서 조금씩 고쳐 나가야 한다.

하지만 실상은 이 두 가지 방법이 모두 거의 실행하기 어려울 것 같은 생각이 든다. 즉 조금씩 개혁을 해 나가려는 입장을 취한다면, 갓 생겨서 아직 그 형태가 나타나기 전부터 미리 결점을 간파할 수 있을 날카로운 관찰력을 가진 인물이 필요하다. 하지만 어떤 국가에서도 이런 이상적인 인물이 쉽사리 발견될 리가 없다. 설사 발견되었다 하더라도 그 의도를 범속한 사람들에게 납득시킨다는 것은 거의 힘들다. 왜냐하면 사람이라는 것은 자기가 익혀온 생활 방식을 어지간해서는 바꾸려 하지 않기 때문이다. 더구나 폐해가 실제로 눈앞에 보이는 것이 아니므로 경고를 받아도 단순한 억측으로밖에 받아들여지지 않기 때문에 특히 더하다.

한편 누가 보더라도 국가의 제도가 별로 좋지 않다고 생각될 때는 단번에 고쳐야 한다. 그러나 그 결함이 아무리 명백한 것같이 보이더라도 이를 교정한다는 것은 지극히 어려운 일이라고 생각한다. 왜냐하면 이런 개혁을 해내는 데는 보통 수단을 가지고는 잘 되지 않기 때문이다. 이런 상황에서는 보통의 수단을 써 봤자 결과는 도리어 마이너스가 된다. 그보다는 완력을 쓰든 무력을 쓰든 비상 수단에 의해야 한다. 따라서 무엇이든지 자기 뜻대로 할 수 있게끔 무엇보다도 먼저 국가의 지배자가 되어 있어야 한다.

그런데 한 나라의 정치 체제를 재편성하는 데는 아무래도 고결한 인물이 필요하다. 한편 힘으로 국가의 지배권을 장악하기 위해서는 지혜로운 자여야 한다. 그러나 고결한 인물이 군주가 되기 위해서, 비록 목적은 훌륭하다 하더라도 생각할 수 없는 수단을 쓴다는 일은 지극히 드물게 볼 수밖에 없다. 이와 반대로, 군주가 된 사악한 인물이 갑자기 선행을 베풀게끔 마음이 변하거나, 자기가 부정한 수단으로 손에 넣은 권력을 이제부터는 옳게 사용하고자 마음먹는 예도 지극히 드문 법이다.

이상 말해 온 것을 종합하면 다음과 같은 결론이 나온다. 즉 부패한 국가에서는 자유로운 공화 정치 체제를 유지하거나 새로 낳는다는 일은 대단히 어렵든가 아니면 불가능하다는 것이다.

한 정치 체제를 수립했을 때 이를 유지해 나갈 수 없다면 공화국을 만들기보다는 군주 정치를 도입하는 편이 차라리 편리할 것이다. 왜냐하면 법률의 권위에 따르지 않을 정도로 방자해진 민중이라도, 국왕의 권위를 가지고서는 어떻게 해서든지 누를 수 있기 때문이다. 그 밖의 수단을 써 가지고는 아무리 민중을 바람직한 방향으로 돌리려 해 봤자 이미 클레오메네스에 대해 말한 것과 같이, 결국에는 잔학한 수단을 택해야 하든가, 아니면 무슨 짓을 해도 실패로 끝날 것이다.

클레오메네스는 권력을 독점하고자 감독관을 죽였다. 로물루스도 같은 이유로 자기 동생과 티투스 타티우스 사비누스를 살해했다. 하지만 그런 다음에 두 사람은 손에 넣은 권력을 올바르게 사용했다. 비록 그런 사실은 있었으나 두 사람 다 이 장에서 생각하는 부패하고 타락한 민중을 상대하지 않았다는 점에 주목할 필요가 있다. 그렇기 때문에 그들은 이상을 구할 수 있었고 자기 행동에 뚜렷한 목적을 부여할 수 있었다.

제19장 나약한 군주라도 강력한 군주의 뒤를 이은 경우
얼마 동안 국가를 유지할 수 있다.
무력한 군주가 2대째 계속 되었을 때는 국가를 유지할 수 없다

로마 건국 초기의 3대 국왕인 로물루스, 누마, 툴루스의 빼어난 자질과 뛰어난 업적에 대해 생각해 볼 때, 당시의 로마는 절정기였다는 생각이 든다. 로물루스는 용맹스러운 무력을 바탕으로 한 국왕이었고, 그 다음의 누마는 냉정하고 신앙심이 돈독한 인물이었으며, 3대째의 툴루스는 로물루스를 닮아 무용에 뛰어나고 나라를 다스리는 일보다 외국과의 전쟁에 온 정신을 기울였다.

걸음을 내딛기 시작했을 무렵의 로마에서는 국내의 생활에 기초를 부여할 입법자의 출현이 아무래도 필요했었다. 그러나 그 뒤를 이어받는 여러 왕들은, 전에 로물루스가 보여 준 대외적인 무용을 사용하는 방법으로 되돌아가야 했다. 그렇지 않으면 로마는 당장에 약해져서 이웃 나라의 좋은 미끼가 되어 버릴 것이 틀림없었다.

이런 경우, 선왕만큼의 재간이 없는 후계자라도 선왕의 덕에 힘입어 그럭저럭 유지해 나갈 수 있는 것이고, 또 선왕이 고심한 덕분에 생긴 치적의 성과를 누릴 수 있다. 그러나 그 뒤의 후계자인 국왕이 장수하거나, 또는 그 왕의 후계자로 나설 왕이 초대 왕에 필적할 만한 능력과 용기를 지니고 있지 않을 경우, 이 나라의 붕괴는 불을 보듯 뻔한 사실이다. 이와 반대로 뛰어난 수완과 높은 덕을 겸비한 국왕이 2대째 계속해서 나타나면 큰 위업이 달성되고, 그 명성이 하늘에 이를 만큼 높아지는 것을 볼 수 있다.

다윗은 말할 나위도 없이 군인으로서 또한 학자로서, 나아가 재판관으로서 매우 뛰어난 재간을 갖춘 인물이었다. 그는 군사적 능력에 뛰어나서 이웃 여러 나라를 무찔러 이를 복종시킨 다음 아들 솔로몬에게 평화로운 왕국을 남겼다. 뒤를 이은 솔로몬은 전쟁에 의하지 않고 온전히 평화적인 수단으로 국가를 유지해 나가며 부왕의 유적과 유업을 손쉽게 누릴 수 있었다. 그러나 솔로몬은 그의 아들 르호보암에게 똑같은 유산을 남겨줄 수는 없었다. 또한 르호보암도 조부가 지녔던 수완도 없거니와 아버지가 얻은 행운도 만나지 못했기 때문에 불과 왕국의 6분의 1을 유산으로 남겼을 따름이다.

한편 터키의 황제 바야지트 2세는 전쟁보다 평화를 더 애호한 인물이었으나 그도 아버지 모하메드 2세의 유업을 누릴 수 있었다. 모하메드 2세라는 인물은, 다윗처럼 이웃 나라를 정복해서 아들에게 강고한 왕국을 남겨주었다. 그러므로 아들 바야지트는 평화적인 수단으로도 쉽사리 왕국을 유지해 나갈 수 있었다. 그러나 바야지트의 아들 셀림 1세가 문약한 아버지를 닮고 무예를 숭상하는 조부의 피를 이어받지 않았던들, 터키는 멸망하고 말았을 것이다. 사실 그는 조부의 명성을 능가할 만한 인물인 것 같다.

이상과 같은 실례에 비추어 나는 다음과 같이 말하겠다. 탁월한 군주를 뒤이어 박력이 모자라는 군주가 나타났다 하더라도 국가는 유지되어 나갈 수 있다. 그러나 이와 같은 나약한 국왕이 2대나 거듭해서 보위에 오른다면 프랑스 왕국의 예에서 볼 수 있는 것처럼 예로부터의 제도로 지탱되고 있지 않는 한, 그 나라는 도저히 유지될 수 없다. 말이 난 김에 덧붙이는데, 이상에서 사용한 '나약한 국왕'이라는 뜻은 전쟁의 계략이 능란하지 못한 국왕을 말하는 것이다.

이제 결론을 내겠다. 그것은, 로물루스의 위대한 역량이 바로 누마 폼필리우스에 의한 오랜 세월의 로마 지배를 평화적일 수 있게 했다는 사실이다. 누마의 뒤를 이은 것은 툴루스였는데, 그의 무용은 로물루스를 연상케 하는 데가 있었다.

툴루스의 후계자 안쿠스(마르키우스 안쿠스
로마의 제4대 왕)는 재능이 있어서 평화적 수단과 전쟁을 아울러 구사할 수 있었다. 처음에 그는 평화적 수단을 써 나가려는 방침을 세웠는데 차차 이곳 여러 나라가 로마를 약한 줄 알고 이를 경시하는 것 같은 낌새를 알아차리게 되었다. 그래서 안쿠스는 로마를 유지해 나가려면 누마의 방식이 아니라 로물루스의 방식을 본받아서 전쟁을 해야 한다고 생각했다.

국가를 통치해 나가고자 하는 모든 군주는 이상 말해 온 것 중에서 선례를 포착해야 한다. 누마의 방법을 답습하고자 하는 군주는, 그를 둘러싸는 운이나 정세에 따라 왕위를 보존할 수 있을 수도 있고, 때에 따라서는 잃는 사태에 빠질지도 모른다. 그러나 로물루스를 본받아서 그와 같이 세심한 배려와 무력으로 몸을 굳힌다면 그 어떤 완강하고 저항하지 못할 힘에 짓눌리지 않는 한 틀림없이 나라를 이끌어갈 수 있을 것이다. 만약 로마가 무용으로 이름을 떨친 툴루스 같은 인물을 3대째 왕으로 얻지 못했다면 그 자신의 지위를 획득하지 못했을 것이다. 또한 로마가 수립한 위업도 실현되지 않았을 것이다. 설사 그렇게까지는 되지 않았을지라도 말할 수 없는 어려움에 봉착했을 것이다.

이와 같이 국왕이 통치하고 있는 한, 로마는 나약하거나 비뚤어진 국왕에 의해 파멸될 위험 앞에 항상 놓여져 있었다.

제20장 유능하고도 고결한 군주가 2대째 계속될 경우 그 성과는 측정할 수 없다. 또 체제가 완비된 공화국에서는 당연히 수단 있는 통치자가 잇따라 나오므로 국토 및 국력은 대단히 크게 발전한다

로마는 왕을 추방하고 나서부터, 이미 지금까지 말해 온 것과 같은 위험 앞에는 놓이지 않았다. 왜냐하면 그 이전에 왕위에 올랐던 왕들은 하나같이 소심한 데다 사악하기까지 해서 소동이 끊일 새가 없었다. 그러다가 최고 권력의 소재가 집정관의 수중으로 옮겨지게 되었다. 더욱이 그들은 세습이나 기만이나 야심 등에 의하지 않고 자유로운 투표에 맡겨서 집정관의 권력을 얻고 있었기 때문에 모두가 하나같이 청렴결백한 인물들이었다. 이런 인물들의 수단과 명성의 은혜를 줄곧 입고 있던 로마는 이윽고 그 전성기에 도달할 수 있었다.

이 전성기는 로마가 왕의 지배하에 있던 기간과 거의 같을 정도의 기간 동안 계속되었다(티투스 리비우스 《로마사》에 의하면 로마는 244년간에 걸쳐서 왕에게 지배되었다). 유능하고 고결한 지배자가 2대나 계속해서 나서게 되면 전세계를 정복할 수 있다고 생각한다. 이 사실은 마케도니아의 필립포스와 알렉산드로스 대왕의 예를 보더라도 이해할 수 있다.

이 점에 대한 이점은 공화국의 경우 더욱 클 것이 틀림없다. 왜냐하면 공화국에서의 선거라는 방법은, 왕국처럼 단지 2대까지만 유능한 군주를 낳는 것이 아니라 끝없이 계속해서 지극히 능력이 높은 위정자를 선택해 나가기 때문이다. 그래서 체제가 확립, 정비되어 있는 공화국이라면 어디서나 위와 같은 훌륭한 계승이 이루어지게 된다.

제21장 자국민으로 편성된 군대를 갖지 않는
군주나 공화국은 크게 비난받아야 한다

오늘날의 군주국이나 공화국 가운데 자국민으로 이루어진 군대로 공격과 방어를 하지 않는다는 것은 그 사실만으로도 스스로 깊이 부끄러워해야 한다. 툴루스가 보여 준 모범에서 다음과 같은 점을 확실히 알 수 있다. 즉 자국민으로 된 군대를 가질 수 없다는 것은 전쟁에 나아갈 사람이 없어서가 아니라 자국민으로 하여금 군역에 봉사하도록 만들지 못하는 위정자 자신의 잘못에 원인이 있다.

툴루스의 선례란 다음과 같다. 툴루스가 왕위에 올랐을 때는 40년간 로마에 평화가 계속되었기 때문에 로마에서는 전쟁의 경험이 있는 사람을 하나도 찾아 볼 수 없었다. 그런데 전쟁을 피하고 있던 그는 아무리 전쟁에 익숙하다 하더라도 삼니움인이나 에트루스키인, 또는 그 밖의 부족 사람들을 군역에 쓸 마음은 나지 않았다. 그래서 그는 사려 깊은 현군답게 자국의 민중을 군역에 쓰려고 결심했다. 그의 수완은 실로 뛰어나 순식간에 국내에서 최강의 군대를 만들었다. 사람은 흔한데 군인이 될 사람이 없다는 것은 군주 자신의 책임이므로 지리적인 혹은 자연적인 결함에 의한 것이 아니라는 사실은 당연한 이치다.

이 점에 대해서 기억에 생생한 최근의 실례를 들기로 한다. 주지하는 것과 같이 최근에 영국 왕 헨리 3세가 프랑스 왕국으로 쳐들어갔을 때의 일이다. 그때 그는 자국민 이외의 군대는 사용하지 않았다. 그런데 영국은 30년 동안 전쟁을 한 적이 없어서 병사나 장교가 모두 군사 경험이 풍부하지 못했다. 그럼에도 불구하고 영국 왕은 주저 없이 그들을 이끌고 무용에 대한 명성이 자자한 프랑스로 쳐들어간다. 프랑스라고 하면, 지휘관이나 철저히 훈련된 병사를 무수히 갖추고 있을 뿐 아니라 이탈리아에서 행해지고 있는 전쟁에 쉴새 없이 참가하여 단련될 대로 단련되어 있는 나라였다. 영국의 프랑스 진격은, 이 영국 왕 같은 용의주도한 현군이 나타나고, 또 그 왕국이 정비되어 있을 때 한해서 비로소 가능해지는 법이다.

테베 사람 에파미논다스와 펠로피다스는 조국을 해방하고 스파르타 지배에 의한 속박을 제거했다. 그러나 그 뒤에 그들은 테베의 도시가 완전히 노예 근성에 물들어서 나약한 사람으로 충만해 있음을 알았다. 대담한 두 사람은 주저 없이 그들에게 무기를 주고 함께 전장으로 나가 스파르타군과 싸워서 이를 타파했다.

이 점에 대해서 어떤 역사가*는 다음과 같이 쓰고 있다.

"전사가 키워지는 것은 반드시 라케다이몬에서만이라고는 할 수 없다. 만약 누군가 사람들에게 무기를 잡게끔 지도만 한다면, 사람이 살고 있는 곳이라면 어떤 나라든 군대는 자란다는 사실을 이 두 인물은 단시간 동안에 실증한 것이다."

이 실례로서 툴루스가 로마인을 어떻게 군사적으로 지도했는지를 알 수 있다. 베르길리우스는 이런 생각에 적절하기 이를 데 없는 표현을 했다. 다른 어떤 말도 그것에 필적할 만한 것은 없으리라. 그는 이렇게 말했다.

> 이리하여 툴루스는 그 겁이 많고 나약한 사람의 손에
> 무기를 잡게 하여 분기시켰다 ^(아에네이스)_{Ⅷ, 813~814}.

제22장 로마 호라티우스 가의 세 전사와 알바 쿠리아티우스 가의 세 전사 사이의 결투에 대해 무엇을 기억해야 하는가

로마 왕 툴루스와 알바 왕 메티우스는 각각의 나라에서 세 명의 챔피언을 출전시켜서 이긴 쪽 민중이 패한 쪽 민중을 지배하자는 데 의견이 일치되었다. 이 결과 알바 측의 쿠리아티우스 가의 세 명은 모두 살해되고 로마의 호라티우스 가의 한 사람만 살아 남았다. 그래서 알바 왕 메티우스는 자기 나

---

* 플루타르코스, 《펠로피다스전(Vita Pelopidae)》 17이 출전이라고 생각된다.

라의 민중과 더불어 로마의 지배를 감수하게 되었다. 그런데 승리한 호라티우스 가의 한 사람은 로마로 돌아가 그의 누이동생을 만났다. 그 누이동생은 살해된 쿠리아티우스 가의 전사 한 사람과 결혼한 처지여서 남편의 죽음을 서러워하며 울자, 오라비는 그녀를 죽여 버렸다. 이 죄를 견책받게 된 그는 재판을 받게 되었는데 숱한 논의 끝에 석방하기로 결정되었다. 석방의 이유는 그의 공훈 때문이라기보다도 오히려 그의 아버지의 탄원 때문이었다.

여기서 다음의 세 가지 점에 주의해야 한다. 첫째는 자국의 군대 일부만으로 전쟁을 해서 국가의 전 운명을 거는 일은 절대로 해서는 안 된다는 것이다. 둘째는 적어도 법률 제도가 완비된 국가에서는 죄를 범한 자는 제아무리 공적이 있다 해도 그 죄를 면해주어서는 안 된다는 것이다. 셋째는 서로간에 결정된 약속을 상대방이 지킬 것인지 어떤지 의심스러울 때, 또는 확실하게 의심될 때는 결정하지 않는 것이 현명한 방법이라는 것이다. 왜냐하면 한 나라가 타국에 노예화된다는 것은 중대사이기 때문이다. 그러므로 양국의 왕도, 또는 민중도 다같이 서로가 세 명씩의 승부 결과를 가지고 자기들 전체의 운명을 결정해 버렸다는 사실에 대해 언제까지나 만족하고 있다고는 도저히 믿을 수 없다.

메티우스가 그 뒤에 하려고 했던 것을 보면 잘 알 수 있다. 하긴 그는 로마의 대표 전사가 이긴 직후에는 패배를 인정하고 툴루스에게 복종할 것을 약속했다. 그러나 메티우스는 어쩔 수 없이 참가하게 되었던 베이이 인에 대한 첫 번째 원정에서 로마 왕을 배반하려 했던 것 같다. 메티우스는 자기가 조심성 없이 맺은 약속의 어리석음을 뒤늦게 깨달았지만 이미 때는 늦었다.

셋째 항목에 대해서는 위에서 말한 것으로 충분하므로 계속되는 두 장에서 첫째와 둘째 항목에 대해 설명하기로 한다.

제23장 전력을 다하지 않고 전 운명을 거는 일이 있어서는 안 된다. 그러므로 군사적 요충지만을 방위하는 것은 대단히 위험하다

온 힘을 다하지 않고 자기 모든 운명을 위험 앞에 내세운다는 것은 결코 현명한 술책이라고 생각하지 않는다. 여러 가지 다른 형식으로 이런 일은 되풀이되어 왔다. 그 하나는 툴루스와 메티우스가 행한 사건이다. 이 두 왕은 조국의 모든 운명과 자국의 군대를 구성하고 있는 많은 사람들의 명예를, 민중들 중에서 단지 세 사람의 무용과 행운에 맡겼다. 이 세 명이라는 수는, 두 왕이 각각 거느리고 있는 군대의 수에 비하면 없는 거나 마찬가지라고 할 수 있을 것이다. 두 국왕이 이런 난폭한 행동을 감히 했을 때 다음과 같은 중요한 사실을 거의 모르고 있었을 것이다. 즉 그들의 선조들이 국가를 건설해 나가는 마당에서 영구히 자유를 확보하고, 또 그 시민들을 자유의 수호자로 만들기 위해서 얼마만한 고생을 했던가 하는 점, 그리고 그 노력의 성과도 소수자의 손에 맡겨 버리면 수포로 돌아가 버릴지도 모른다는 점에는 생각이 미치지 못했다. 두 왕의 수단만큼 서투른 방법은 생각조차 해 볼 수 없다.

그리고 두 왕이 저지른 위험은 적군이 진격해 왔을 경우 그 전진을 막기 위해 요충지에 의해서 수비를 굳히거나, 적군이 진격해 오는 통로를 경계하고자 할 경우에도 대개 적용된다. 이런 방법은 반드시 위험을 내포한다. 왜냐하면 이와 같이 아군에게는 꼭 필요하지만 적군에게는 해로운 견고한 장소에서는 모든 병력을 마음대로 배치할 수 없기 때문이다. 만약 모든 병력을 마음대로 배치할 수 있는 지형이라면 요충지를 이용해서 수비를 굳히는 것도 좋지만, 그 지점의 지형이 들쭉날쭉해서 도저히 전군을 배치할 수 없을 경우 이 방법은 백해무익한 것이 된다.

내가 이런 생각을 하게 된 것은 다음과 같은 실례에서 영향을 받았기 때문이다. 산지나 절벽으로 둘러싸인 나라가 강력한 적국으로부터 공격을 당했을 때는 중요 도로나 산에서 교전하려 하지 않고, 그곳에서 전진해서 적을 찾아 싸우는 것이 보통이다. 또 만약 그러고 싶지 않을 때는 산을 내려와서 싸우기 쉬운 널찍한 장소에서 적군의 진격을 기다리는 법이다.

이런 작전을 세우는 이유는 이미 말해 두었다. 사실 험준한 지형에서 수비할 때는 많은 병사를 배치해 둘 수 없기 때문이다. 즉 그런 곳에서는 대군이 장기간 진을 칠 수 없을 뿐 아니라 그런 비좁은 지점에서는 소수의 병력밖에 배치하지 못하므로, 적이 대군을 이끌고 쳐들어오는 날에는 도저히 지탱해 내지 못하기 때문이다.

한편 적 측으로서는 그 장소에 대군을 보내기가 대단히 쉽다. 왜냐하면 적의 목적은 그 장소에 주둔하는 것이 아니라 그곳을 돌파하는 일이기 때문이다. 그런데 수비하는 측에서는 대군을 가지고 방비를 굳힐 수가 없다. 왜냐하면 적이 언제 그 비좁은 황무지를 돌파하려 할 것인지 모르므로 항상 그 곳에서 야영을 해야 하기 때문이다.

그런데 국가 당국자도 이 지점의 확보에 대해서는 염려가 없는 것으로 알려져 있고, 나아가 국민도 군대도 아주 안심하고 있을 때 이 요충지가 점령되어 버리는 일이 생기면, 국민과 나머지 군대는 반드시 공황 상태에 빠지게 될 것이므로 있는 기력을 다 발휘하기도 전에 패하고 만다. 이렇게 해서 그 나라는 군대의 일부밖에 사용하지 못한 채 전 국가를 잃어버리게 된다.

한니발이 프랑스와 롬바르디아를 사이에 둔 험한 알프스를 어떤 고난을 헤치며 통과했는가. 롬바르디아와 토스카나를 가르는 아펜니노 봉우리를 어떤 고생 끝에 돌파했느냐는 것은 주지의 사실이다. 한편 로마인은 처음에 티키누스의 강변과 이어서 알레초의 평원, 그리고 트라시메누스의 호수에서 한니발군을 요격하려고 했다. 로마군은 한니발군을 산지로 유인했다가 그 어려운 지형을 이용당하여, 격파되기보다는 오히려 이길 기회가 있는 곳에서 싸우다가 지는 쪽을 좋아했던 것이다.

여러 사서를 주의해서 읽어 보면, 유능한 지휘관 같으면 이런 요지를 확보하는 일로만 그치는 것은 거의 하지 않았다는 것을 알 수 있다. 그 이유는 이미 말한 대로이다. 그 밖에 그 길을 확보한다 해도 완전하게는 전체의 교통을 차단하지 못했기 때문임이 틀림없다. 그 까닭은, 산지라고는 하지만 평야와 마찬가지로 사람의 왕래가 많은 잘 다져진 통로뿐만 아니라 다른 지방 사람은 몰라도 그 고장 사람은 잘 알고 있는 샛길도 많아, 그것을 이용한다면 아무리 막는다 해도 적은 그 의표를 찌르고 바라는 지점에 나타날 수 있기 때문이다.

이 점에 대해서 1515년이라는 새 시대의 실례를 보여 줄 수 있다.

프랑스 왕 프랑스와 1세가 롬바르디아 지방을 재점령^(1513년, 노바라의 패전으로 프랑스는 일단 롬바르디아를 잃었다)하기 위해 이탈리아에 침입하려고 기도했을 때, 프랑스와의 침입을 저지해야 할 이탈리아인들의 첫째가는 의지는 스위스인이 틀림없이 알프스의 요지를 이용해서 프랑스군의 진격을 저지해 주리라는 것이었다. 그런데 실상 그들의 기대는 완전히 물거품이 되고 말았다. 왜냐하면 프랑스 왕은 스위스인이 굳히고 있는 두세 군데의 요지를 제쳐놓고 별로 알려지지 않은 딴 통로인 마다레나 재를 넘어서, 이탈리아인이 아직 모르고 있는 동안 감쪽같이 이탈리아에 침범했기 때문이었다. 그래서 기겁을 한 이탈리아군은 밀라노로 퇴각했다. 한편 프랑스군은 틀림없이 알프스에서 전진이 막힐 것이라는 기대가 어긋나 버린 롬바르디아의 주민들은, 이제 모두가 프랑스인들 측에 복종하게 되었다.

제24장 통치가 철저한 국가에서는 시민에 대한 상벌 제도가 정해져 있다. 따라서 공적에 의하여 그 죄를 면해 주는 일은 있을 수 없다

용감하게 쿠리아티우스 가의 세 명을 무찌른 호라티우스의 무훈은 실로 측량할 수 없는 것이었다. 그러나 누이동생을 죽였다는 사실은 끔찍한 큰 죄임에 틀림없었다. 로마인들로서는 이 죄를 용납할 수 없었으므로, 그가 세운 공훈이야 그 이상 없는 것이었지만 사형에 처하느냐 마느냐 하는 문제를 논의하게 되었다.

이런 상황이, 겉으로밖에 사물을 생각할 줄 모르는 사람들은 국민이 은혜를 모르는 처사라고 할지도 모른다. 하지만 좀더 깊이 검토하고자 하는 사람, 또는 국가의 구조가 어떻게 되어야 하는가를 다시 생각하는 사람이라면, 국민이 그를 처벌하려고 하지 않고 석방했다는 사실을 책망해야 마땅하다. 그 이유는, 법률 제도가 정비된 나라라면 어떤 국가든 그 시민이 공적이 있었다 해서 그가 잘못을 저지른 사실을 너그럽게 봐주는 일은 절대로 있을 수 없기 때문이다. 훌륭한 일을 해낸 사람에게는 포상을 주고 나쁜 일을 저지른 자에게는 벌을 내리는 것은 정해진 사실이다. 따라서 선행으로 인해 표창받은 당사자가 뒤에 죄를 범했을 때는 이전의 선행은 전혀 고려에 넣지 않고 처벌받게 된다. 이 제도가 명확하게 지켜져 나가면 국가는 언제까지나 자유를 구가할 수 있을 것이다. 그 반대라면 국가는 곧 망해 버릴 것이다.

가령 조국을 위해서 굉장한 일을 수행한 인물이 그로 말미암아 얻은 명성에 도취되어 앞뒤 분별을 못하고, 좋지 않은 행위를 하더라도 처벌될 염려가 없다고 자만심을 가지게 되는 날에는 순식간에 사회를 움직이고 있는 모든 고삐가 풀어져 버리고 말 것이다. 나쁜 일을 저지르면 반드시 처벌된다는 의식을 국민에게 심어 주고자 한다면, 로마가 시행했던 것처럼 선행에는 포상하는 것이 기본이다. 국가가 가난해서 빈약한 상밖에 주지 못한다 하더라도 그래도 그 상을 주기 싫어해서는 안 된다. 아무리 사소한 상이라도 선행에 대한 표창으로서 주어진다면, 그것을 받는 측에서는 최대의 영예로운 선물로서 존중하게 될 것이다.

호라티우스 코크레스와 무티우스 스카에볼라의 이야기는 특히 유명하다. 전자는 다리 위에서 다리가 떨어질 때까지 혼자서 적군을 지탱하고 있었고, 또 한 사람은 에트루스키 왕 포르세나를 살해하지 못한 자기 팔에 벌을 주기 위해 팔을 지져 버렸다는 인물이다. 이런 장한 행동을 한 두 사람에게 각각 불과 2스타이아의 땅이 정부로부터 하사되었을 따름이다.

또한 만리우스 카피톨리누스의 이야기도 유명하다. 그는 갈리아인의 포위로부터 카피톨을 구했다. 그때 그와 함께 포위되어 싸우던 사람들로부터 작은 밀가루가 증여되었다. 그런데 비록 작은 양이기는 하나, 그 상은 당시 갈리아인의 포위로 야기된 로마의 빈곤한 식량 사정으로 볼 때 굉장한 것이었다. 하지만 그 뒤 만리우스는 영달을 장악하고자 안달했는지, 혹은 타고난 나쁜 성격이 화근이 되어 그랬는지 로마에 반란을 일으키기 위해 인민의 지지를 얻으려 했다. 그러다가 지난날의 공적에는 아무런 배려도 가해지지 않은 채, 이전에 탈환에 성공하여 그에게 영광을 갖다 준 그 카피톨 언덕에서 거꾸로 내던져지고 말았다. 이것은 모반인을 사형에 처할 때 사용되던 방법이다.

제25장 자유로운 국가에서 현재 제도를 개혁하고자 하는 자는 적어도 구제도의 겉모습만은 남겨 두어야 한다

한 나라의 정치 형태를 개혁하고자 이를 모든 사람에게 납득시켜서 그 수행에 동의시키려 한다면, 적어도 이때까지의 제도의 겉모습만이라도 남겨둘 필요가 있다. 즉 새로운 제도의 실체가 이때까지의 것과 전혀 관계 없는 것이 되었다 하더라도 국민들에게는 아무 변경도 없었던 것처럼 알게 해 두어야 한다. 그 까닭은 대다수의 사람들이 겉모습에도 마음을 빼앗기는 법이기 때문이다. 아니 그보다도 오히려 실체는 제쳐놓고 겉모습만으로 사물을 판단하는 일이 많기 때문이다.

이런 사정이 있으므로 로마인은 왕정에서 공화정으로 탈피했을 무렵, 이점을 잘 생각해서 한 사람의 국왕 대신 두 사람의 집정관을 두기로 한 것이다. 그리고 왕에게 수행하던 부하의 수를 넘지 않도록 배려해서 집정관의 경호를 맡을 인원도 12명 이하로 제한했다. 그리고 로마에서 해마다 시행되던 희생의 예제는 국왕이 직접 의식을 거행하는 관습이었는데, 국왕이 없어진 마당에서 국민이 옛 관례를 그리워하는 일이 없도록 그 의식의 주최자를 만들었다. 그리하여 이를 '희생제의 왕'이라 부르고 아울러 그 직책을 최고 성직자에게 맡기기로 했다.

국민은 희생의 제사가 그런 방법으로 집행되는 데 대해 만족했다. 이리하여 제사 때 왕이 없음을 보고 왕정을 부활시켰으면 좋겠다고 국민이 생각하지 않도록 미리 막을 수 있었다.

이상의 사항은, 국가의 옛 관습을 불식하고 새로 자유로운 방식을 도입하고자 하는 사람이면 누구나 지켜야 할 일이다. 즉 새로운 방식으로 사람들의 머리를 새롭게 전환시킬 때라도, 그 변화를 두드러지지 않도록 하기 위해 될 수 있는 대로 옛 방식의 옷을 입혀 두도록 연구해야 한다. 또한 행정관의 인원이나 권한이나 그 임기를 완전히 바꾸는 일이 있더라도 적어도 옛날 식의 명칭만은 그대로 놓아 두어야 한다.

내가 이미 말한 것과 같이 공화 정치든 군주 정치든 정권을 확립하고자 하는 사람은 반드시 위와 같은 사항을 지켜야 한다. 그러나 이와 반대로, 많은 사람들이 참주 정치라 부르는, 절대적 권력을 획득하고자 뜻하는 인물은 다음 장에서 내가 말하는 것처럼 무슨 일이든 모두 고쳐야 한다.

제26장 한 도시 또는 한 나라를 정복한 새 군주는 모든 것을 새로 편성해야 한다

어떤 도시 또는 어떤 국가의 군주가 된 자는 누구든지 다음의 사항을 배려해야 한다. 특히 자기 권력의 기초가 약하고, 또 그때까지의 군주 정치나 공화 정치의 원칙을 쓰고 싶지 않을 경우에 자기의 지배권을 확보할 수 있는 최상의 수단은, 군주가 된 처음부터 국가 전체를 근본적으로 개혁하는 일이다. 즉 새 군주는 새로운 직위, 새로운 권한, 새로운 진용에 의해 행정관을 임명하고 국가의 통일을 새로 시작해야 한다. 그리고 다윗이 왕이 되었을 때 한 것처럼 부자를 가난하게 하고 가난한 자를 부자로 만들어야 한다. 정말로 "굶주린 자를 좋은 것으로 싫증나게 하고 부자를 허기지게 하여 돌아가게 ^(누가복음)_(1장 53절)" 해야 한다. 또한 새 도시를 건설하고 낡은 것을 헐어야 하며, 주민을 한 자리에서 다른 곳으로 옮겨야 한다. 그 나라에 예부터 있던 것이라면 뭐든지 그대로 두어서는 안 된다. 따라서 새 군주가 용인하지 않는 위계, 계급, 신분, 부는 하나도 남겨 두어서는 안 된다. 그리고 새 군주는 항상 그 규범을 마케도니아 왕 필립포스에게서 본보기로 삼아야 한다. 필립포스는 알렉산드로스의 아버지로, 여기서 말한 정책을 취하여 작은 나라의 왕으로부터 그리스 전체를 지배하게 된 인물이다. 다른 역사 기술에 의하면, 필립포스는 마치 목자가 양떼를 한 곳에서 다른 곳으로 몰고 가듯이 사람들을 한 지방에서 다른 지방으로 이동시켰다. 이런 방법은 기독교 입장으로서만이 아니라, 인간적인 면에서 말하더라도 정말 잔혹하기 짝이 없는 방법이다. 그리고 모든 문명적 생활을 파괴하는 것이다. 어떤 사람이라도 인류의 파괴를 가져오는 왕에게 지배당할 바에야 차라리 도망쳐서 혼자 조용히 살고 싶을 것이다. 하지만 이 장 첫머리에서 말한 것처럼 군주 정치나 공화 정치에 의하지 않고 참주 정치로 밀고 나가고자 하는 사람이라면, 아무래도 이 바람직하지 못한 방법을 채용할 수밖에 없다. 그러나 인간은 중도를 취한답시고 이것도 저것도 아니게 되면 굉장한 위험한 상황으로 끌려 들어가게 되는 법이다. 그 이유는, 사람이란 철저하게 완전한 선이나 완전한 악이 될 수 없기 때문이다. 이에 대해서는 다음 장에서 실례를 들며 설명하기로 한다.

제27장 사람은 아주 악당이 될 수도 없고 아주 선량하게 될 수도 없는 법이다

1505년, 교황 율리우스 2세는 볼로냐로 가서 100년 동안 그곳에 군림하던 벤티볼리오 가를 추방했다. 다시 그는 페루지아의 참주, 조반파골로 바리오니*도 추방하려고 기도하고 있었다. 이것은 율리우스가 교회령을 범하고 있던 모든 참주에 대해 꾸민 음모의 일부였다.

그가 페루지아에 도착했을 때는 율리우스의 생각이 모두 알려져 있었다. 그런데 그는 충분한 호위 병력을 갖추기까지 페루지아의 입성을 기다릴 수 없어서, 군대를 동반하지 않고 입성하고 말았다. 성내에서는 물론 조반파골

---

* 잔파골로 바리오니를 가리킴. 1488년에서 1500년까지 페루지아의 용병 대장이자 지배자였다. 레오 10세에게 참형되었다.

로가 방위를 위해 대군을 집결하고 있었다. 율리우스는 그의 모든 행동을 일관하고 있는 언제나의 열광적인 경향에 이끌려 약간의 호위병만 데리고 적속에 몸을 던진 것이었다. 그래서 당장 조반파골로를 그곳에서 끌어내고 그후임으로 총독을 두고, 페루지아를 교회령의 일부로서 통치하기로 했다.

그때 교황과 행동을 같이 하던 알고 있는 인사(교황과 함께 있다가 이 사건을 목격한 마키아벨리 자신을 가리킴)는 교황의 평소와 다름없는 대담무쌍한 행동에 혀를 내두름과 동시에 조반파골로의 소심한 태도에는 기가 막혔다. 또한 그 동행자들에게는, 조반파골로가 어떻게 그 좋은 기회를 잡고 적인 교황에게 일격을 가하지 않았는지 아무래도 납득이 가지 않았다. 왜냐하면 그가 과감하게 행동했던들 후세에까지 이름을 떨칠 수도 있었을 것이고, 동시에 약탈로 대단한 부를 손에 넣을 수도 있었기 때문이다. 그 이유는, 이 교황에게는 모든 추기경이 사치스럽게 단장하고 따르고 있었기 때문이다.

조반파골로로 하여금 그 과감한 거동을 못하게 만든 것은, 그의 마음속의 선의라든가 양심이 있기 때문이었다고 생각할 수밖에 없다. 즉 친누이동생과 근친상간을 한 사실이 있는 데다 왕위를 빼앗기 위해서 사촌형도 조카도 죽여 버린 이 파렴치한의 마음 한구석에도 아직은 뭔가 자비심 같은 것이 남아 있음이 틀림없었다.

그의 이 행동에서, 사람이란 어떤 악이든지 예사로 범할 수 있는 것이 아닐 뿐만 아니라 또 그렇다고 하여 완전무결한 성인일 수도 없다는 사실을 이끌어낼 수 있다. 그리고 나쁜 일이, 그 자체에 훌륭함과 약간의 관대함을 지니고 있을 경우에는 사람들은 나쁜 일에 손을 댈 수 없다고 말할 수 있다.

이리하여 근친상간의 죄와 친족 살해의 오명을 뒤집어쓰는 것쯤이야 문제삼지 않았던 조반파골로마저, 사람들로부터 그 용기를 마땅히 찬양받을 행위를 공공연히 할 수 있는 좋은 기회가 왔는데도 그 방법을 알지 못했다. 아니, 그보다 더 정확하게 표현한다면 그런 행동을 하려고도 하지 않았다. 만약 그가 좋은 기회가 왔을 때 찬양받을 행동을 했다면 오래 기억에 남을 인물이 되었을 것이다. 즉 율리우스 일당들 같이 제멋대로 날뛰며 정치에 참견하는 무리들은 얼마만큼 경시되어 마땅한지를 역사상 처음으로 교회에 가르쳐 준 인물로서의 영예도 빛났을 것이다. 그뿐 아니라 어떤 파렴치한 것이라도, 또 거기에 따라서 일어나는 위험이라도, 큰 일만 해내면 단번에 날아가 버린다는 사실을 처음으로 보여 준 사람이라는 점에서도 불후의 이름을 남겼을 것이다.

제28장 로마인이 아테네인보다 자국민에 대해
배신하지 않은 것은 무엇 때문인가

여러 공화국의 역사를 읽어 보면, 그 역사가 자국민에 대해 여러 가지 은혜를 모르는 소행으로 아로새겨져 있음을 볼 수 있다. 그런데 로마에서는 아테네만큼의 예는 볼 수 없다. 그 밖의 어떤 공화국의 예와 비교해 본다 해도 로마에 있어서의 은혜를 모르는 소행은 적은 것 같다. 로마와 아테네에 대해서 이 이유를 살펴볼 때, 그것은 다음과 같은 것이 아닌가 싶다. 즉 로마인은 아테네인만큼 자기 나라 시민을 의심할 이유가 없었기 때문이리라. 로마에서는 왕 제도가 폐지된 뒤 술라나 마리우스의 시대에 이르기까지 한 사람도 로마로부터 자유를 빼앗고자 한 자는 없었던 것이다. 따라서 로마에서는 시민을 의심할 이렇다 할 이유란 없었다. 그래서 시민을 경솔하게 손상시키는 일도 일어날 수 없었다.

그런데 아테네에서는 이와 정반대였다. 아테네가 번영의 절정에 있던 그때에 레이시스트라토스[*1]는 표면만 선의를 가장하고 아테네로부터 자유를 속여서 빼앗았다. 이윽고 아테네가 자유를 되찾았을 때 시민들은 자기들에게 가해졌던 모욕과 아울러 지난날의 굴욕의 나날을 상기하고 미친 듯이 복수를 했다. 그리고 그 시민 중에서 잘못을 저지른 자는 말할 것도 없고 거기에 대한 의심이 있다는 사실만으로도 가차없이 처벌했다. 그래서 많은 우수한 인재가 추방당하거나 사형에 처해지게 되었다. 오스트라시즘[*2]의 제도가 성립된 것도 이런 정세 가운데에서였다. 그 밖에 온갖 폭력이 수단과 방법을

[*1] 기원전 600~527. 아테네 참주. 메가라인과의 싸움에서 공을 세우고, 급진적인 산지당(山地黨)의 우두머리로 민주주의를 제창하여 아테네의 주권을 장악했다. 반대파 때문에 두 번 망명했으나 두 번 다 복귀했다.

[*2] Ostrakismos. 위정자 추방 제도. 기원전 510년 클레이스테네스가 창설했다고 하며, 기원전 487년에 처음으로 사용되었다. 시민이 추방하고자 하는 인물의 이름을 도자기 조각에다 써서 투표하는데, 그것이 일정한 수에 이르면 추방이 성립되었다. 하지만 남용되었기 때문에 417년 이후는 적용되지 않았다.

바꾸어 가면서 그 뒤의 아테네 역사의 각 시대에 걸쳐서 고결한 시민들 위에 던져졌던 것이다.

공화 정치에 대해 논한 정치학자들의 다음의 말은 실로 진리라고 해야 하겠다. 즉 인민이란 자유를 지속할 때보다도 오히려 일단 잃었던 자유를 되찾았을 때 더 격한 행동을 보이는 법이라는 것이다. 이 말을 잘 음미해 보면, 아테네를 비방하는 것도 로마를 찬양하는 것도 다 잘못이라는 것을 알게 될 것이다. 이 두 나라가 각각 경험한 것이 전혀 다르기 때문에, 거기에 따라서 두 나라의 차이가 생겼을 따름이라는 말을 할 수 있을 뿐이다.

이 사실을 좀더 깊이 연구해서 생각하는 사람이라면 아마 다음과 같은 생각이 미치게 될 것이다. 다시 말해서 가령 로마에서도 아테네와 마찬가지로 일단 자유를 잃었다고 하면, 로마도 아테네 이상으로 자기 나라 시민에 대해 너그럽지는 못했을 것이다. 로마가 왕을 추방한 뒤에 코라티누스와 푸블리우스 발레리우스가 어떻게 취급되었는지를 보면 이상에서 말한 가정이 정확하다는 것을 알 수 있을 것이다. 코라티누스라는 인물은 로마의 해방에 크게 힘이 되었음에도 불구하고 타르키니우스 가의 명칭을 그대로 불렀다는 이유로 추방당했다. 그리고 발레리우스는 카에리우스 언덕에 자기 집을 짓는 바람에 사람들의 의혹을 초래하여 하마터면 그도 추방당할 뻔했다.

로마가 이 두 인물에 대해 얼마만큼의 의혹을 품고 가혹하게 대했는지를 보면, 만약 융성을 이루기 전의 초창기에 로마가 자유로운 시민에 의해 지독한 변을 당한 사실이 있다고 하면, 로마도 아테네와 마찬가지로 틀림없이 은혜를 모른다는 비방을 면치 못했으리라는 것을 추측할 수 있다. 은혜를 모른다는 문제를 뒤에 다시 되풀이하지 않아도 이에 마련된 설명을 다음 장에서 계속하기로 한다.

제29장 인민과 군주 어느 쪽이 은혜를 모르는가

앞장에서 말한 것에 관련해서 은혜를 모른다는 비난이 적용되는 것은 인민 쪽인가 군주 쪽인가에 대해서 말하고자 한다.

이 문제를 더욱 깊이 파고 들어가서 말하기 위해서라도 나는 우선 은혜를 모른다는 악덕의 근본은 탐욕이나 불신감에 있다고 말하고 싶다. 공화국이나 군주국이 중요한 원정을 위해 한 장군을 파견한 경우, 그 장군이 대승을 거두어 굉장한 영예에 빛나는 일이 있다면, 군주건 인민이건 그 장군에 대해 상을 주는 것은 당연한 일이다. 그런데 인색한 나머지 그 장군에게 상은커녕 모욕이나 억울하게 중상을 하게 되면 그 잘못은 변명할 여지도 없을뿐더러 그 오명은 후대에까지 울려 퍼지게 될 것이다.

사실 이런 잘못을 저지른 군주의 실례는 헤아릴 수 없을 만큼 많다. 그 이유를 코르넬리우스 타키투스는 다음과 같이 설명하고 있다(타키투스의 《역사》 Ⅱ, 3).

"은혜를 은혜로 갚기보다는 받은 선의를 배반하는 쪽이 쉽다는 것은 뻔한 일이다. 왜냐하면 은혜를 갚는다는 건 굉장한 부담이 되지만 은혜를 원수로 갚는 소행은 편하기도 하거니와 덕도 되기 때문이다."

인색해서가 아니라 시기와 의심 때문에 공훈이 있었던 장군에게 주어야 할 상을 주지 않을 경우, 좀더 분명하게 말하자면 그 인물에게 죄를 뒤집어 씌울 경우에는, 당사자인 인민 전체건 혹은 군주건 은혜를 모르는 소행에 대해 아직 조금은 변명할 수 있을지도 모른다. 이 같은 선례는 책을 읽어 보면 도처에서 볼 수 있다. 그것에 의하면 은혜를 원수로 갚는 소행은 대개 다음과 같이 해서 일어난다.

즉 파견된 장군이 용맹심을 발휘하여 적을 이기고, 점령한 땅을 자기 군주에게 바쳐서 자기 자신은 무훈을 떨치고 부하들에게는 많은 부를 누리게 했다고 치자. 그러면 자연적으로 그의 부하는 물론 적군의 장병들도, 그를 파견한 군주에게 딸린 일반 민중들도 그의 승리를 떠들썩하게 칭찬하게 된다. 그 때문에 모처럼의 승리도 장군을 파견한 군주에게는 꺼림칙한 것으로 느껴지게 된다.

인간은 본래 허영심이 많아서 타인의 성공을 질투하기 쉬우며, 자기의 이익 추구에 대해서는 끝이 없을 정도로 탐욕스러운 법이다. 그래서 부하 장군이 대승리를 거두게 될 때 군주의 마음속에 시기와 의심이 싹트는 것은 당연하다. 게다가 일단 싹튼 군주의 불신감은 장군의 교만하고 방자한 언동에 자극되어 높아져 갈 따름이다.

그런데 군주란, 자기 일신의 안위를 바라는 것 외에는 아무것도 염두에 없다. 그 목적을 관철하기 위해 착안하는 일이란, 장군을 죽이든가 혹은 장군이 군주의 군대나 인민을 써서 차지한 명성을 아무 짝에도 쓸모 없는 것으로 만들어 버리든가 둘 중 하나이다. 장군의 명성에 훼방을 놓기 위해서는 속임수를 써서 다음과 같이 증명하는 것이다. 즉 그가 승리를 거둘 수 있었던 것은 본인의 수완이 뛰어나서가 아니라 운이 좋았기 때문이거나, 적이 너무 약했든가, 아니면 그 장군과 함께 작전에 참가한 다른 장군들이 만사에 빈틈이 없었기 때문이라고 말이다.

베스파시아누스*¹가 군대에 의해 황제로 추대되자, 다른 군대를 이끌고 이탈리아에 주둔해 있던 안토니우스 플리무스는 베스파시아누스에 가세하여 이탈리아에 침입, 로마에서 권세를 펴고 있던 비텔리우스*²와 싸우게 되었다. 그래서 비텔리우스 휘하의 두 군단에 커다란 손해를 입혀 로마를 점령했다.

그런데 베스파시아누스의 사자 무치아누스가 로마에 왔을 때 맨 먼저 눈에 띈 것은 온갖 곤란을 이겨 기세등등한 안토니우스의 모습이었다. 그런데 안토니우스의 공적에 대해 주어진 보수라고는 무치아누스가 즉시 그의 손에서 군대 지휘권을 박탈해 버린 사실이었다. 그뿐만 아니라 안토니우스의 손으로부터 로마에서의 권력을 차례차례 빼앗아 나가더니 마침내 이를 남김없이 빼앗고 말았다. 그래서 분노한 안토니우스는 당시 아시아에 있던 베스파시아누스를 찾아갔다. 그런데 베스파시아누스는 그를 냉혹하게 대했고, 당장 모든 지위를 몰수당하는 바람에 안토니우스는 실의 속에 고민하다 죽고 말았다.

이런 실례는 역사의 어느 대목을 펼쳐도 여러 곳에서 볼 수 있는 법이다. 현대에 살고 있는 사람이면 누구를 막론하고 콘잘로 에르난데스 데 코르도바*³가 얼마만한 고생을 거듭하면서 용맹심을 분발시켜 프랑스군과 싸웠는지를 알고 있을 것이다. 그는 아라곤 왕 페르난도를 위하여 나폴리에 군대를 출동시켜 프랑스군과 싸워 이를 무찔러 그 왕국을 확보했다. 그런데 그의 승

＊1 로마 황제(9~79) 재위 69~79. 갈리아, 브리타니아, 아프리카에서의 전공에 의해 네로의 사후 추대되어 황제가 되었다. 유대인의 반란을 진압시키고 국내 치안을 회복시켜 로마의 황금 시대를 이룩했다.
＊2 로마 황제(15~69) 칼리굴라, 네로 등과 함께 악제로 꼽힌다.
＊3 1443~1515. 에스파냐의 용장. 프랑스군 공격을 위해 1503년에서 다음 해에 걸쳐 이탈리아에 출정, 프랑스군을 구축하고 나폴리 왕국을 정복했다.

리에 대한 대가는 다음과 같은 것에 불과했다. 즉 아라곤을 떠난 페르난도 왕은 나폴리에 도착하자마자 먼저 콘잘로 에르난데스의 군대 지휘권을 몰수하고, 이어서 그 요새도 포기하게 만든 다음 에스파냐로 데리고 돌아간 것이다. 그는 얼마 안 가 아무도 모르는 가운데 죽어 갔다.

이상 말한 것 같은 강한 시기와 의심이란, 본래 군주의 본성이라고 할 만한 것이기에 군주가 아무리 스스로 경계한다 하더라도 이 악덕으로부터 벗어나지는 못한다. 또한 이런 군주들의 깃발 아래에서 싸워 승리를 거두어 주군에게 커다란 영지를 가져오게 한 사람들의 공훈에 대해서도 군주들은 그에 어울리게 보답해 주지를 못하는 법이다.

위의 예에서 볼 수 있는 것처럼 군주가 시의심을 누르지 못한다면 공화국의 인민들이 그들의 마음속에 도사린 시기와 의심을 어떻게 지울 수 있겠는가.

일반적으로 공화국에서는 늘 두 가지 목적에 영향을 받고 있다. 즉 자국을 강대하게 만드는 것과 자유를 유지해 나가는 것 두 가지이다. 그러나 때때로 그 중 한쪽의 욕망이 너무 강해지는 바람에 실패로 끝나게 되는 것은 당연한 일이다. 영토 확대에 마음이 쏠려 실패하는 예는 뒤로 미루기로 하고, 자유를 유지해 나가는 데만 급급한 나머지 저지르는 실수에 대해 말하기로 한다.

그것은 다음과 같다.

즉 공적으로 볼 때 상을 주어 마땅한 인물에게 반대로 지독한 봉변을 주거나, 신용할 만한 인물을 의혹의 눈초리로 보게 된다는 점이다. 이미 부패한 공화국에 위에서 말한 것 같은 풍조가 도입되면 굉장한 재액을 일으키기 쉽다. 즉 로마에서 카이사르가 행동했던 것처럼 참주 정치가 되어 버릴 우려가 매우 높다. 카이사르의 행동이란, 본래 같으면 인민들의, 배신적 경향 때문에 공적이 있는 카이사르에게 주어질 까닭이 없었던 특권을, 그는 힘으로 빼앗은 것이다.

그런데 한편으로는 아주 완전히 부패하지 않은 국가에 자유 옹호의 정신이 도입되면, 공화국에 다시 없는 행복을 초래하게 되어 그 나라의 자유를 장기간에 걸쳐 계속시킬 원동력이 될 수도 있다. 즉 처벌될 것을 두려워하여 사람들은 더욱 선행을 하게 되고 서투른 공명심을 억제하려 하기 때문이다.

일찍이 넓은 지역을 점령한 여러 국민들 중에서 특히 로마인이 은혜를 모르는 경향이 적다는 것은 사실이다. 사실 이 같은 그들의 실례는 겨우 스키피오에 대한 선례를 남기고 있을 따름이다.

코리올라누스와 카밀루스는 두 사람 다 평민에게 당치않은 짓을 했기 때문에 추방당하게 되었다. 그 중에서도 코리올라누스는 진심으로 인민을 미워했기 때문에 평생토록 그 죄를 용서받지 못했다. 그런데 카밀루스는 로마에의 귀환을 용서받았을 뿐만 아니라, 그가 죽을 때까지 여느 때와 다름없이 가장 중요한 인물로서 존경을 한 몸에 받을 수 있었다.

스키피오에 대한 인민의 배신적 행위는, 그들이 다른 인물에게는 한번도 품어 본 적이 없는 시기와 의심을 스키피오에게서 느꼈기 때문일 것이다. 스키피오가 격파한 적이 너무나 만만치 않은 강적이었다는 점, 또 그토록 장기간에 걸친 위태로운 전쟁에서 능란하게 승리를 차지했다는 점, 그리고 그 사실로 인해 차지한 명성, 승리의 기회를 포착하는 재빠른 동작, 나아가 그의 젊음, 신중한 배려, 그 밖에 훌륭한 능력에 집중되는 인기 등 이런 모든 사항이 인민의 마음속에 스키피오에 대한 시기와 의심을 싹트게 했다.

스키피오가 겸비하고 있던 이 역량은 전혀 비할 데가 없을 만큼 강력한 것이어서, 다른 사람들은 말할 것도 없고 로마의 행정관들조차도 그의 위세에 겁을 먹었다. 이런 현상이 로마에서는 일찍이 없었던 일이었으므로 뜻 있는 사람들의 빈축을 사게 되었다.

그리하여 스키피오의 존재가 아무리 봐도 이상한 것으로 느껴지게 되었으므로 고결한 인격으로 찬양받던 대(大) 카토*마저, 행정관이 쩔쩔 매는 시민이 한 사람이라도 있는 도시라면 자유로운 도시라고 불릴 가치가 없다고 하며 스키피오를 탄핵하기 시작했다.

만약 이런 경우, 로마의 인민이 카토의 의견에 따랐다 해도 그들의 행위는 용서될 만한 점이 있다. 왜냐하면 이미 말한 것과 같이, 인민이건 군주건 시의심에 사로잡혀 배신하게 되었을 때는 어느 정도 부득이한 일이라고 생각하기 때문이다.

이 장에서는 다음과 같이 결론을 내릴 수 있다. 즉 배신적 행위가 생기는

---

*마르쿠스 포르키우스 카토(기원전 234~149). 포에니 전쟁에서 공을 세웠다. 재무관, 통령, 감찰관을 역임했다.

것은 탐욕이나 시기와 의심 때문인데, 인민의 경우는 탐욕에 움직여 배신적인 행위를 한다는 일은 있을 수 없다. 또 인민의 시기와 의심 때문에 통하는 경우도 군주의 경우에 비교하면 대단히 적은 것 같다. 그것은 인민의 시기와 의심에 사로잡힐 만한 이유가 군주의 경우에 비교해서 훨씬 적기 때문이다. 이 점에 대해서는 뒤에 말하기로 하겠다.

제30장 군주나 공화국이 은혜를 모르는 악덕을 범하지 않기 위해서는 어떻게 하면 좋은가. 시민이나 장군이 이런 피해를 입지 않도록 하기 위해서는 어떻게 하면 좋은가

항상 타인에 대한 시기와 의심 때문에 고민하거나, 또는 받은 은혜를 원수로 갚아야만 하는 처지에 놓여 있는 군주가 그런 고약한 짓을 하지 않게 하려면 군주 스스로 자진해서 원정을 나가는 수밖에 없을 것이다. 스스로 원정을 한다는 것은 초기의 로마 황제가 행했고 지금은 터키가 즐겨 사용하고 있는데, 예나 지금이나 무용의 명성이 자자한 황제에게 따르기 마련인 사업이라 할 수 있으리라.

만약 직접 앞장서서 원정에 성공하게 되면, 군주는 영예와 광대한 영토와 전리품에 묻히게 된다. 그런데 모처럼의 원정에 군주가 참가하지 않았을 때는, 그 영예는 군주의 것이 되지 않고 실전에 참가한 다른 사람의 것이 된다. 그러면 군주는 자기가 장악하지 못한 영예를 남에게서 빼앗지 않고서는 싸움에 이겨도 조금도 이익이 되지 않는 것 같은 생각이 들게 된다. 그 바람에 자연히 배신적인 짓을 하거나 사람의 도리에 벗어난 짓을 하게 된다. 이렇게 되면 어차피 얻는 것보다 잃는 쪽이 많아진다는 것은 당연한 사실이다. 그러니까 귀찮아하거나 또는 선견지명이 없어서 직접 원정을 나가지 않고, 자기 대신 부하 장군을 파견해 놓고 자기는 궁정에서 무위의 나날을 보내고 있는 그런 군주에게 나는 '아무쪼록 좋은 대로 하십시오'라고 말해 주는 수밖에 없다.

한편 이런 군주의 부하인 장군에 대해서 말하자면, 그들은 모처럼 공훈을 세워 봤자 은혜를 원수로 갚는 소행 때문에 울게 될 것은 틀림없는 일이라고 생각하므로, 다음에 말하는 두 가지 중 한 가지 행동을 취해야 한다는 것을 지적해 주고 싶다. 그 하나는, 승리를 거두면 장군은 곧바로 전열에서 떠나 자기 주군 가까이에 몸을 두고, 주군이 자기에게서 의혹을 전혀 품지 않도록 만든다. 그래서 포상은 할지언정 위해를 가할 마음이 생기지 않도록 교만한 태도도, 또 공명심에 사로잡힌 언동도 나타내지 않게끔 엄격히 몸을 삼가야 한다.

그런데 장군이 지금 말한 방법을 훌륭한 계책이 아니라고 생각했을 때는 과감하게 반대의 행동을 택해야 한다. 즉 전쟁에 의해 획득한 것 모두를 주군에게 주지 않고 자기 자신의 손에 확보해 둘 작정으로 모든 일을 추진해 나가야 한다. 그러기 위해서는 본인은 군대나 주민을 회유한 다음 이웃나라 군주들과 새로이 우호 관계를 수립해 놓고, 심복자에게 국내의 요충지를 점령시켜서 주군 측 군대의 핵심을 매수케 하는 한편 매수에 응하지 않는 자를 확인해서 주군이 머지않아 자기에게 씌울 배신적 소행을 여러 가지 방법에 의해서 봉쇄해 두어야 한다. 그러는 데는 지금 말한 두 가지 길밖에 방법이 없다.

그런데 이미 말한 것과 같이, 사람이란 끝까지 악해질 수도 없거니와 또 한량없이 선량해질 수도 없는 법이다. 따라서 대승리를 거둔 뒤의 장군은 대개 아무래도 군대와 손을 딱 끊거나, 실수 없이 수수하게 처신해 나가게 되지 않는다. 그렇다고 해서 깜짝 놀랄 만한 과감한 수단을 쓸 용기도 없다. 따라서 이것도 저것도 아니게 우물쭈물하는 동안 숨통이 끊기고 마는 결과가 된다.

만약 공화국이 배신적 거동으로 나가는 것을 피하려 한다면, 내가 이미 군주의 경우에 대해서 논했던 것과 같은 수단을 쓸 수는 없다. 즉 군주는 남에게 맡기지 않고 직접 원정을 이끌고 가면 되지만, 공화국의 경우는 아무래도 원정군을 자국의 한 시민에게 맡겨야 하기 때문이다.

내가 추천하고 싶은 수단이란, 실은 로마 공화국이 채택했던 것과 같은 것을 해보라는 것이다. 원정군을 남에게 맡기지 않고 공화국이 직접 장악했던 덕분에 로마는 다른 나라에 비해서 그다지 배신적인 방법을 범하지 않아도 되었다.

그런 방법을 볼 수 있었던 것은 로마의 통치 형태가 그렇게 만들었다고 할 수도 있다. 로마에서는 전시가 되면 귀족이든 평민이든 전 시민이 다같이 종군하는 규칙이 있었다. 그래서 로마에서는 어느 시대를 막론하고 숱한 전승의 영예에 빛나는 용맹스러운 사람들이 속출했다. 그리고 이런 유력한 인물의 수가 많아 서로가 견제하는 바람에 그 중 특정된 한 사람만을 대상으로 하여 시기와 의심을 불태울 이유가 없어졌다.

한편 이런 유력자들도 몸가짐을 엄정하게 해서, 적어도 한·조각이라도 야심을 품고 있지 않나 하고 인민들에게 의심받을 근거를 주지 않도록 주의했다. 그리고 임시 독재 집정관이 되었을 때는, 책임을 수행하는 대로 곧 직책으로부터 떠나는 데서 최고의 영예를 찾아 내고 있었다.

이상과 같은 로마에서 사용된 방법을 본보기로 삼는다면 특정 인물에 대해 시기와 의심이 솟아나지도 않는다. 따라서 공적 있는 인물에게 배신적인 행동도 하지 않기 마련이다. 그러므로 배신적 행위를 하지 말기를 바라는 공화국이 있다면 로마의 선례에 따라 통치하도록 해야 할 것이다. 그리고 한 사람 한 사람의 시민을 공적 있는 사람에게 은혜를 원수로 갚는 한심한 소행을 하지 않게끔 만들려면, 반드시 로마 시민이 지키던 방식에 따라야 할 것이다.

제31장 로마 장군들은 과실을 범한 죄로 벌받은 적은 없었다.
비록 로마에 손해를 끼쳤다 하더라도
무지라든가 운이 나빠서 그랬을 때는 처벌되지 않았다

이미 살펴본 것과 같이 로마인은 다른 공화국에 비해서 자국의 공로자에 대하여 그다지 배신적 행동을 하지 않았으며, 그 군대의 장군을 처벌하는 데 있어서도 다른 나라에서는 볼 수 없는 온정과 깊은 동정을 나타냈다. 장군이 저지른 죄가 고의였다 하더라도 그들은 인간적인 방법으로 처벌되었다. 또한 고의가 아닐 때는 전혀 처벌받지 않았을 뿐 아니라 상을 받거나 명예가 주어졌을 정도였다.

이런 방법이 로마인들 간에서는 보통 일로 생각되었다. 왜냐하면 군대를 통솔하는 장군이 임무를 수행하는 마당에 있어서는 마음을 자유롭고 편안한 상태에 두어서 여러 가지 파생적인 번거로움 같은 것이 생기지 않도록 해주는 것이 매우 중요한 일이라고 생각했기 때문이다. 그렇지 않아도 어렵고 위태로운 일이 군대 통솔인데, 거기다가 귀찮고 번거로운 새로운 용건을 들고 들어간다는 것은 바람직하지 못한 걸로 간주되었다. 즉 그런 귀찮은 일까지 떠맡게 되면 어떤 장군이라도 용감하게 작전에 종사하지 못할 것이라고 생각했다. 예를 들면, 로마는 마케도니아의 필립포스와 싸우기 위해 그리스로 군대를 파견해야 했다. 또는 한니발을 요격하기 위해 또는 로마가 전에 제압했던 이방인 부족의 반항을 진압하기 위해서 이탈리아 각지에 군대를 동원해야 했다. 이런 경우를 상상해 보라. 이런 경우 원정군의 지휘를 맡은 장군들은 원정이라는 대사업이 당연히 가져오는 모든 무거운 짐을 짊어지게 될 것이다.

그런데 이 같은 마음 고생이 있는 데다가 전투에 졌다는 이유로 책형을 당하거나 그 밖의 방법으로 사형을 당한 로마의 다른 장군 이야기가 귀에 들어가기라도 하는 날에는 완전히 마음이 어지러워지고 만다. 그래서 과감한 행동으로 나간다는 일은 생각도 못할 일로 되어 버린다. 패전의 오명이, 당사자인 장군들에게는 그것만으로도 더없는 벌이라고 생각되는데, 게다가 다른 중벌까지 부과해서 장군들을 놀라게 만들 것까지는 없다고 당시 사람들은 생각했다.

다음에 드는 실례는 고의로 범한 죄에 대해서는 어떤 처치가 취해졌는지를 보여 준다. 세르기우스[*1]와 비르기니우스[*2]는 베이이인과의 싸움에 참가했는데, 각각 다른 방면을 맡고 배치되었다. 세르기우스는 에트루스키인이 진격해 오는 전면의 수비를 굳히고, 비르기니우스는 다른 곳에서 진을 치고 있었다.

세르기우스는 파레리인(에트루스키인의 한 부족)과 그 밖의 종족들에게 공격을 당했으나, 그는 비르기니우스에게 원군을 청할 바에는 차라리 져서 달아나는 편이 낫겠다고 생각했다. 한편 비르기니우스는, 자기의 경쟁 상대가 처참하게 졌으면 재미있겠다고 생각해 세르기우스의 군대를 도우러 가지 않고 조국이 패전을 당하건 세르기우스군이 괴멸당하건 알게 뭐냐는 식으로 도사리고 있었다. 이는 분명히 임무를 저버린 행위이므로 기억되어 마땅한 악질적인 것이다.

만일 두 장군 중 어느 하나라도 벌을 면하는 일이 있었다면 이는 로마 공

---

*1 세르기우스 피데나. 기원전 402년 베이이 전역 때의 집정관.
*2 비르기니우스 트리스코스 토스 에퀴리누스, 베이이 전역에 참가한 동료 집정관.

화국의 이름을 욕되게 하는 것이다. 그런데 다른 공화국이었다면 반드시 사형에 처해졌을 것인데도 로마는 두 사람에게 벌금형을 언도했을 따름이었다. 이런 결과가 된 것은 그들이 저지른 죄가 중벌에 해당되지 않아서가 아니라, 로마인은 내가 이미 설명한 것 같은 이유로 이 경우도 예부터의 전통적인 관습을 지키고자 했기 때문이다.

모르고 저지른 잘못을 어떻게 처리했는가 하는 점에 대해서는 바로*¹의 실례를 보는 것이 제일 좋겠다. 이 인물의 경솔한 행동 때문에 로마인은 칸네에서 한니발에게 대패했으며 공화국은 하마터면 자유를 잃을 뻔했다. 그러나 바로의 행동은 악의에서 한 것이 아니고 모르고 한 일이었으므로 로마인은 그를 처벌하지 않았을 뿐만 아니라 칭찬했다. 그래서 원로원 의원 전원이다같이 바로의 로마 귀환을 맞았다. 그렇기는 하나 바로가 초래한 패전에 감사의 뜻을 표할 수는 없었으므로 그가 무사히 로마에 귀환했다는 것, 아울러 그가 조국의 불행한 운명에도 굽히지 않았다는 점에 감사의 뜻을 바쳤다.

또한 파필리우스 쿠르소르가, 파비우스*²가 명령을 거역하고 삼니움인과 싸운 것을 견책하여 사형에 처하려 했을 때의 일이다. 그때 파비우스의 아버지가 임시 독재 집정관인 파필리우스의 완고한 생각에 반대하여 여러 가지 이유를 들었는데, 그 중에서도 특히 다음과 같은 주장을 했다. 즉 파필리우스가 지금 승리를 가져온 파비우스에게 내리려 하고 있는 극형을, 로마 시민은 지금까지 단 한번도 패전의 책임이 있는 장군에게조차 과한 적이 없지 않느냐는 것이었다.

제32장 공화국 및 군주는 위기에 몰릴 때까지
자국민에게 은혜를 베풀어 민심을 얻는 일을 미루어서는 안 된다

로마인은 예부터 국가가 위급 존망에 임했을 때는 인민을 우대했고, 그로 인해 다행히도 난국을 헤쳐 나갔다.

예를 들면 포르센나*³가 타르키니우스 가를 다시 왕좌에 복귀시키려고 로

---

*1 가이우스 테렌티우스 바로. 칸네 전투 때(기원전 216년)의 로마 집정관.

*2 퀸투스 파비우스 막시무스 루리아누스. 삼니움 전역 시대의 장군.

*3 키우지에 있었던 에트루스키인의 전설의 왕. 타르키니우스 수페르부스에게 호의를 가지고, 로마 왕국을 재건하고자 했다.

마를 공격해 왔을 때도 그랬다. 이때 원로원은, 평민들이 전쟁에 협력하기보다는 차라리 타르키니우스를 왕으로 맞아들이는 일을 택할지도 모른다고 생각했다. 그래서 그들의 지지를 얻기 위해 '가난한 백성은 그 자체를 양육하고 있다는 사실만으로도 사회에 충분히 봉사하고 있는 것이다'라고 하며 소금세를 비롯한 그 밖의 부담을 덜어 주었다. 평민은 감사한 마음에 포위와 굶주림과 싸움에 몸을 바쳐 잘 견뎌 나갔다.

그런데 이런 선례가 있어서 잘 되어 나가고 있으니 어떠냐 하고 우쭐해서 평민의 마음을 잡아 두지 않고, 위급한 상태가 될 때까지 아무런 수도 쓰지 않는 것은 누구든 용납될 수 없다. 로마인의 경우에 우연히 미리 손을 쓰지 않고도 잘 되어 나갔다 해서 그런 일이 아무 때고 성공한다고는 할 수 없기 때문이다. 그 이유는, 일반 민중이란 자기들이 이렇듯 은혜를 입는다는 것은 위정자의 자발적인 의지에 의한 것이 아니라, 위정자가 적의 위협을 느끼고 있어서라고 생각하기 때문이다. 그러므로 그들은, 위기가 지나가면 위정자는 일단 민중에게 주었던 것을 도로 빼앗지나 않을까 하는 추측을 하고, 위정자에게는 한 조각 은혜의 마음도 느끼지 않게 된다.

그러면 로마인이 한 행위가 왜 좋은 결과를 낳았던 것일까? 그 이유는 국가가 젊고 아직 정형화되지 않아 유연하며 로마 인민은 그때까지의 경험으로 해서 법률이란 자기네 평민들의 이익을 생각해서 만들어 나가는 것이라고 믿고 있었기 때문이다.

이를테면 재판의 판결에 불복하면 민회에 소송을 제기할 수 있다는 법률 등이 그 한 예였다. 이런 연유로 그들에게 주어진 은혜란, 적이 쳐들어왔기 때문에 평민의 환심을 사기 위해 허겁지겁 주어진 미끼가 아니라, 원로원이 진심으로 평민을 위한 성의의 소산이라고 사람들은 믿을 수 있게 된 것이다. 또한 그때까지의 여러 왕에 의해 온갖 형식으로 사람들에게 가해져 온 모욕과 학대가 아직도 기억에 생생하기 때문이기도 하다.

하지만 이미 말한 것 같은 로마의 조건과 똑같은 조건이 갖추어진 사례란 좀처럼 없는 일이므로 로마와 같은 수단을 쓴다 하더라도 성공률은 매우 낮다. 그래서 군주국이든 공화국이든 국가의 통치를 맡고 있는 사람은, 국가가 역경에 처하게 되는 것은 어떤 때인가, 그리고 그런 비상시에는 어떤 인물이 요청되는가를 미리 생각해 두어야 한다. 아울러 어떤 고생을 당하더라도 그

걸 이겨 나가는 것이 우리 책임이라는 마음을 사람들이 갖게끔 평상시부터 그들과 괴로움과 즐거움을 함께 해 나가야 한다.

그런데 군주나 공화국이나 그렇지 않은 경우가 많다. 특히 군주들에게 그런 예가 많은데, 위에서 말해 온 것을 지키지 않고 정치를 해 나갈 뿐 아니라, 국가가 어려울 때에는 보상을 해 사람들을 낚으면 된다고 믿는 자들이 있는 것 같다. 이것은 여간 잘못된 생각이 아니다. 이런 짓을 하다가는 자기의 지위조차 보존하기 어려울 뿐 아니라 일신의 파멸을 재촉하는 일이 될 것이다.

제33장 국가의 내부 또는 외부에서 어려운 일이 생겼을 경우, 정면으로 부딪치기보다도 시간을 버는 편이 훨씬 안전하다

로마 공화국이 그 명성과 실력을 더해 나감에 따라 처음에는 이 새 국가가 자기네에게 재액을 초래하리라고는 꿈에도 생각하지 않았던 이웃 여러 국가들도, 그것이 자기네 착각이었음을 알게 되었지만 이미 때는 늦었다. 그래서 처음의 실책을 만회하기 위해 수를 쓰려고 40개가 넘는 부족 국가가 맹약을 맺고 로마를 상대하게 되었다.

로마인의 국가 존망의 위기에 흔히 사용한 여러 타개책 가운데서 특히 임시 독재 집정관의 제도를 창설한 것은 이때였다. 이 제도는 한 시민에게 최고 권력을 부여하는 것이다. 그 시민은 어떤 문제에 대해서도, 어떤 심의회의 권한에도 구속되는 일 없이 결정을 내릴 수 있고, 또 이 결정을 실시하는 데 있어서도 아무도 이의를 제기할 수 없었다. 이 시책에 의해 로마는 당시의 위기를 수습할 수 있었다. 그리고 이로 말미암아 로마는 그 세력을 확대함에 있어서, 공화국을 위협한 예측할 수 없는 사태에 대해 항상 유효 적절하게 대처할 수 있었다.

이 문제에 대해서 나는 무엇보다도 먼저 다음과 같이 말할 수 있다고 생각한다. 국가 안에서, 또는 외부로부터, 즉 그 원인이 내부에 있건 또는 외부에 있건 비상 사태가 대두되어 그것이 누구의 눈에도 뚜렷하게 위협으로 비칠 경우, 그것을 지워 버리려고 애쓰기보다는 적당히 다루어 나가며 시간을 버는 편이 훨씬 확실한 방법이라고 생각한다. 그것은 재난을 없애려고 하면 대개의 경우 도리어 그 기세를 타오르게 만들어 위기를 촉진시키는 일이 되기 때문이다.

이런 종류의 사건은 외부적인 이유보다도 오히려 내부적 이유에 의해 야기되는 수가 많다. 더구나 그것은, 한 시민이 필요 이상으로 권력을 제멋대로 휘두르거나, 자유로운 사회의 주축이기도 하고 생명이기도 한 법률이 마비상태에 빠지기 시작하면 반드시 일어나는 것이다. 게다가 이 같은 정세는 자꾸 나쁜 쪽으로만 진전되어 가게 되므로 섣불리 손을 대기보다는 당분간 그대로 두고 상태를 관찰하는 편이 아무래도 해가 없을 듯싶다. 또한 이 같은 위기가 갓 생겼을 때 분간한다는 것은 아주 어려운 일이다. 그 이유는 사람이란 새로운 것에 달려들기 좋아하는 성질을 갖고 있기 때문이다. 이런 성질은 다른 어떤 경우보다도 그 사업 자체가 왠지 모르게 아주 의미 있는 것으로 생각될 경우, 또는 청년의 손으로 그것이 단행될 경우에 뚜렷이 나타나는 법이다. 즉 만약 공화국 안에서 뛰어난 역량을 갖춘 고결한 청년이 두각을 나타내면, 모든 시민의 눈이 그에게로 쏠리게 되어 그들은 결과에 대해서 생각할 여지도 없이 그 청년을 다투어 치켜올리게 된다. 때문에 만약 이 청년이 야심을 품고 있다면, 이 청년의 타고난 재능과 주위 시민들의 새로운 것을 좋아하는 성질이 겹쳐져서 당장에 그를 높은 권력으로 밀어 올리게 된다. 시민들이 자기네 잘못을 깨달았을 때는 이미 그 청년을 누르려 해도 손을 쓸 길이 없어져 버린다. 그리고 구태여 그것을 실행으로 옮긴다 해도 그 청년을 점점 더 권력으로 접근시키는 결과로 끝나는 데 지나지 않는다.

이런 실례는 얼마든지 들 수 있으나, 나는 우리 피렌체에서 일어난 한 가지 예로만 그치기로 하겠다. 피렌체에서 권력을 휘두른 메디치 가의 기초를 쌓은 코시모 데 메디치*1는 타고난 슬기와, 시민들이 그를 치켜올린 덕분에 대단한 명성과 권력을 획득했다. 그 때문에 정부로서는 그가 위협의 씨가 되었다. 그 결과 시민들은 섣불리 그를 공격하다가는 위험하겠고, 그렇다고 그냥 내버려두면 점점 더 위험해지겠다고 판단을 내렸다. 그런데 그 무렵 피렌체에 니콜로 다 우차노*2라는 인물이 있었다. 그는 국가 전반의 사정에 통달

---

* 1 1389~1464. 메디치 가는 피렌체의 북쪽인 무겔로에서 일어나 상업과 금융업으로 재부를 축적했으며, 13세기 말에는 피렌체로 나가서 더욱 번영했다. 코시모는 시의 장관이 된 조만니 디 비치의 장남이다. 한때 파도바로 추방되었으나 곧 피렌체로 돌아와 정권을 잡고, 정치적으로도 경제적으로도 피렌체를 지배했다. 피렌체 시민으로부터 국부(國父)라 불렸다.

해 있다고 평판이 자자한 사람이었다. 그런 그도 코시모의 명성으로부터 생길 것이 틀림없는 위험성을 예측하지 못했다는 잘못을 저지르고 말았다.

하지만 그가 살아 있는 동안은 제2의 잘못이 사람들의 손으로 저질러지는 일을 절대로 용서하려 하지 않았다. 제2의 잘못이란 코시모를 추방하고자 시도하는 일이다. 이런 계획은 국가 자체를 완전한 파멸로 이끄는 일이라고 우차노는 판단했다. 사실 그가 세상을 떠난 뒤의 사건이 이 사실을 증명했다. 즉 피렌체 시민은 우차노의 충고에도 불구하고 코시모에 대항하여 단결하고, 그를 피렌체에서 추방하고 말았다. 그리고 이 소행에 분격한 메디치 파는 얼마 가지 않아서 코시모를 도로 불러들여 그를 공화국의 원수로 앉혔다(1434). 시민들이 펼친 공공연한 코시모 배척 운동이 없었더라면 그가 공화국의 원수 자리에까지 오를 리는 만무했을 것이다.

로마에서는 이와 똑같은 일이 카이사르의 경우에 일어났다. 폼페이우스*3도 그 밖의 시민들도 처음에는 카이사르의 수완과 기질을 찬양했지만 그 호의는 곧 두려움으로 바뀌었다. 이에 대해 '폼페이우스가 이제 와서 카이사르에게 두려움을 느껴 봤자 이미 때는 늦었다'고 말한 키케로의 말이 그 사정을 증명한다. 이런 공포에 사로잡혀서 사람들은 타개책을 짜게 되었다. 그러나 그들이 어떤 수단을 쓰더라도 공화국의 파멸을 촉진하게 된 데 지나지 않았다.

여기서 나는, 위험이 싹트기 전에 그것을 미리 발견해서 없앤다는 것은 지극히 어려운 일이라고 말해 두고 싶다. 그 이유는 이런 재액에 대해 처음에는 착각을 일으키기 쉽기 때문이다. 따라서 재액을 발견하더라도 그것을 덮어놓고 없애려 하지 말고, 적당히 다루며 시간을 버는 편이 현명한 방법이라고 생각한다. 왜냐하면 이렇게 적당히 다루며 시간을 끄는 동안 그 징조가 절로 소멸될 수도 있고, 아니면 적어도 그 위험성이 닥치는 것을 훨씬 뒤로 연장할 수 있을 것이기 때문이다. 따라서 군주되는 자는 재난을 불식하고자

---

*2 코시모가 군림하기 전의 피렌체에서 과두 정체의 유력자였다.

*3 폼페이우스 마그누스 그나에우스(기원전 106년~기원전 48년). 술라의 지지자. 기원전 60년에 카이사르, 크라수스와 짜고 제1차 삼두 정치를 실시했다. 뒤에 카이사르와 대립, 원로원과 결탁하고 카이사르와 싸우다가 테살리아의 파르살루스에서 패하여 이집트로 피신했으나 마케도니아 왕 프톨레마이오스의 부하에게 암살되었다.

몸을 바쳐 그와 대결하려 한다면 눈을 똑똑히 떠야 한다. 그리고 이런 경우 도리어 재난을 크게 만들어서는 안 된다.

정세를 역전시키려다가 거꾸로 악화시키거나 또는 식물에 물을 너무 많이 주어서 도로 그것을 시들게 만드는 일이 없도록 주의를 기울일 필요가 있다. 그리고 그 재난의 큰 힘을 충분히 고려하는 것이 중요하다. 그런 뒤에 싸우는 데 충분히 강하다고 판단되면 주저하지 말고 단호히 공격해야 한다. 그러다가 사태가 간단하지 않다는 것을 알게 되면 당분간 형세대로 맡겨 두고, 어떤 방법이든 섣불리 손을 써서는 안 된다. 그 이유는 이미 살펴본 것처럼 이런 방법을 지키지 않다가는 로마의 이웃 부족들이 맛보아야 했던 고배를 체험해야 하기 때문이다.

로마 주위의 여러 부족들은 로마가 점차 세력을 키워 침범할 수 없게 되어 갈 때, 차라리 평화적인 풍조를 북돋우어 로마를 좋게 대하고 자극하지 않도록 해 두는 편이 훨씬 이로웠을 것이다. 그렇지만 그들은 전쟁이라는 수단을 써서 로마에 공격과 방어에 대한 새로운 제도를 짜내게 만드는 실수를 하고 말았다. 즉 로마 인근의 여러 부족들끼리의 동맹은 도리어 로마 시민들 사이에 지금까지보다 더욱 단결심과 공격 정신을 심게 되었다. 그리고 매우 짧은 기간에, 로마에 국력을 증대시키게 된 새 제도를 채용케 하고 말았다. 이렇듯 이웃 여러 부족의 단결에 의해서 초래되게 된 로마 내부의 개혁의 하나가 바로 임시 독재 집정관의 창설이었다. 이 제도가 없었다면 로마는 파멸되었을 것이 틀림없다. 이 새 제도 덕분에 로마는 닥쳐오는 온갖 위기를 넘어설 수 있었고 한없는 곤란도 극복할 수 있었다.

제34장 임시 독재 집정관의 권력은 로마 공화국에 은혜를 베풀지언정 폐해를 수반하지는 않았다. 국가에 있어 유해한 것은 일부 시민에게 강탈된 권력이지 자유로운 투표에 의해 주어진 권력은 아니다

지식인들 가운데서 자칫하면 로마인이 그 나라에 임시 독재 집정관 제도를 도입한 것을 보고, 그 때문에 로마가 참주 정치의 해를 입게 되었다고 비난하려는 자가 있는 것 같다. 그리고 그들은 로마에 나타난 최초의 참주가 임시 독재 집정관이라는 칭호를 가지고 도시에 호령을 내렸다고 주장한다. 그리고 이 제도만 만들어지지 않았다면 카이사르도 다른 어떤 칭호를 가졌다 해도 도저히 전제적인 권력을 손에 넣지는 못했을 것이라고 역설하고 있다. 이런 생각을 가지고 있는 사람들은 사실을 충분히 검토하지도 않았을뿐더러, 까닭 없는 근거를 전제로 하여 논의를 하고 있는 것이 틀림없다.

로마를 노예화한 것은 임시 독재 집정관의 칭호도 관직도 아니었다. 어떤 특정한 시민이 평생토록 정권을 놓지 않으려고 그 권력을 행사한 데에 의한 것이다. 만약 로마에 임시 독재 집정관이라는 관직명이 없었다 해도, 야망을 품는 사람들은 다른 호칭을 썼을 것이다. 왜냐하면 권력만 가지고 있으면 어떤 명칭이 붙은 관직이라도 간단하게 손에 넣을 수 있지만, 관직의 직함을 가지고 있다 해서 꼭 권력을 잡을 수는 없기 때문이다.

임시 독재 집정관의 권력이 법률상의 절차를 밟아 수여되고, 개인의 자의에 의거해서 만들어지는 것이 아닌 한, 임시 독재 집정관이라는 제도는 항상 국가에 유익한 것이 된다. 사실 국가를 해치는 것은 제멋대로 만들어진 행정관의 직책이고, 비상 수단을 써서 만들어진 권력임에 틀림없는 것이므로 합법적 절차를 밟아 만들어진 것이라면 아무 염려도 없는 것이다.

로마의 긴 역사의 흐름을 훑어보면, 어떤 임시 독재 집정관도 국가에 공헌하지 않은 사람은 하나도 보이지 않는다. 이에 대해서는 뚜렷한 이유가 있다. 첫째로, 한 시민이 법률을 침범하고 비상 수단을 써서 권력을 잡을 수 있게 되려면, 부패하지 않은 국가에서는 결코 볼 수 없는 여러 가지 조건이 동시에 갖추어져야 한다. 예를 들어, 특정한 한 시민이 뛰어난 재력을 가지고, 수많은 지지자나 여당을 포섭하고 있다는 조건이 아무래도 필요하다. 그런데 이런 조건은 법률이 지켜지고 있는 국가라면 도저히 충족될 리가 없다. 한데 한 걸음 양보해서 그런 일이 있었다 하더라도, 그런 인물은 무서운 존재로서 위험시되기 때문에 자유로운 선거에서 일반의 지지를 모을 수 없다. 게다가 임시 독재 집정관은 임기가 한정되어 있으므로 평생 할 수 있는 것이 아니다(약 6개월). 바로 그가 그 때문에 임명된 비상 사태에 관련되는 안건에 한해서 권한이 주어진 데 지나지 않는다. 그 권한을 휘두를 수 있는 것은 긴급한 비상사태 타개책을 자기 판단으로 결정한다는 것뿐이다. 그리고 이 경우, 아무 의논도 하지 않고 어떤 일이든 해도 좋고 항소의 수속을 인정하지 않고 누구든 유죄로 만들 수 있었다. 하지만 원로원이나 민회의 권한을 삭감하거나, 예부터 내려온 제도를 폐지하고 새 제도를 수립하는 것 같은 현행의 통치 형태 자체에 영향을 주는 일은 절대 용납되지 않았다.

이처럼 임시 독재 집정관의 임기는 매우 짧고, 그 유지하는 권력도 제한부인 데다가 로마 민중도 아직 타락해 있지 않았다는 조건이 겸해져 있었으므로, 임시 독재 집정관이라 해도 주어진 권한 밖으로 이탈해서 국가에 해독을 끼치는 일은 하려 해도 할 수 없었다. 따라서 임시 독재 집정관의 제도가 어느 시대이든 사회에 공헌해 왔다는 사실이 이해될 것이다.

사실 그 밖의 로마의 여러 제도 가운데 임시 독재 집정관의 제도는 로마가 광대한 판도를 영유하게 된 최대의 요인으로 꼽히기에 알맞은 것이다. 왜냐하면 이런 제도가 없었던들 로마는 그 커다란 위기를 도저히 넘어설 수 없었을 것이기 때문이다. 공화국에서 보통 행해지는 정치상 절차는 그 진행이 하도 느려서, 심의회고 행정관이고 무슨 일이든지 자기들만으로는 일을 진행할 수가 없어서, 대개의 일은 다른 사람들과 공동으로 행동하는 구조로 되어 있다. 그래서 이 사람들의 의사를 통일하기 위해 상당한 시간이 필요하다. 이런 느린 방법은 한시도 지체가 용납되지 않을 경우에는 위험하기 짝이 없다. 따라서 공화국은 그 제도 가운데 임시 독재 집정관 같은 관직을 반드시 만들어 두어야 한다.

베네치아 공화국은 근대의 공화국 중에서 두각을 나타내는 국가이다. 그곳에서는 비상시에는 대의회의 일반 토의에 회부하지 않고, 권한을 위탁받은 소수의 시민이 합의*1한 뒤에 정책을 결정하는 방법을 취해 왔다. 이런 시스템을 취하지 않는 공화국의 경우 옛 제도를 지키려다가는 국가가 망해 버릴 것이고, 그렇다고 국가의 멸망을 피하려는 날에는 법률을 파괴해야 한다는 장벽에 반드시 부딪치게 될 것이다.

공화국에서 가장 바람직한 일은, 비상 수단을 써서 시국을 수습하는 것을 반드시 피해야 한다는 점이다. 그 까닭은, 이 방법으로 당시는 잘해 나갈지 모르나 그런 선례를 만든다는 것이 바람직하지 않기 때문이다. 즉 옳은 목적을 위해서라고 해서 옛 법률을 무시하고 관례가 일단 생기고 나면, 결국 나쁜 목적을 위해서도 같은 일이 되풀이되기 때문이다. 따라서 여러 가지 예측

＊ 십인회를 가리킨다. 베네치아의 십인회 제도는 10명의 위원이 정치를 하는 제도로 1310년에 창설되었다.

할 수 없는 사태에 대처할 수 있는 타개책을 미리 준비하고, 또 그것을 운용해 나갈 방식을 제공하는 법률을 갖추고 있지 않은 국가는 결코 완전한 공화국이 될 수 없다. 그러므로 위급할 때 임시 독재 집정관이나 이와 비슷한 권위에 의지할 수 없는 국가는, 유사시에는 멸망할 수밖에 없다는 것을 결론으로 삼아야 한다.

임시 독재 집정관이라는 제도에 대해 주목해야 할 점은, 로마인이 얼마나 교묘하게 그 선출 방법을 짜냈는가 하는 것이다. 왜냐하면 임시 독재 집정관을 설치했다는 사실은 공화국의 원수인 집정관의 명예를 손상시키고 집정관의 권위를 다른 시민과 똑같은 것으로 끌어내리는 것이 되기 때문이다. 이러다가는 시민들 간에 반드시 불만이 터져 나올 것이 예측되므로 임시 집정관의 임명권을 집정관이 보유하기로 정했다. 이리하여 로마에 일시적인 독재자를 필요로 하는 비상 사태가 발발한다 하더라도 이를 임명하는 권리를 자기들이 장악하고 있다는 이유로, 다른 사람이 임명하는 경우와 비교해서 집정관은 굴욕을 덜 느꼈다. 그 까닭은, 사람이란 스스로 택해서 자기 몸에 초래한 상처나 그 밖의 병은, 남의 손으로 가해진 것만큼은 고통을 느끼지 않는 법이기 때문이다. 그러나 로마도 그 뒤에는 '국가에 어떤 해도 초래되는 일이 없도록 집정관에게 배려를 시키자'는 뜻으로 임시 독재 집정관을 임명하는 대신, 집정관에게 독자적인 권위를 주게 되었다.

여기서 주제로 되돌아가 다음과 같이 마무리할까 한다. 로마의 이웃 나라들은 로마를 제압하려다가 도리어 새로운 제도를 낳게 하고 재빨리 방비 체제를 취할 수 있도록 했을 뿐 아니라, 더 강대한 군사력을 가지고 더욱 통일된 지휘하에 자기들을 공격해 온다는 결말을 초래하게 된 것이다.

제35장 로마의 10인회는 인민의 자유로운 선거로 선출되었음에도 불구하고 공화국의 자유에 해가 된 이유는 무엇인가

로마 인민은 열 사람의 시민을 뽑아서 입법의 소임을 맡겼는데, 이 십인회는 세월이 가면서 참주화하여 로마의 자유를 거리낌없이 파괴하고 말았다. 이 사실은 내가 앞에서 말한 내용, 즉 폭력으로 빼앗긴 권력이 공화국에 유해한 것이며, 인민의 자유로운 투표로 주어진 권력은 그렇지 않다는 말과 모순된다고 여겨질지도 모른다. 그러나 이 점에 대해서는 권위가 주어지는 절차와, 관직에 머물러 있는 임기라는 점을 고려에 넣어야 한다. 누구에게도 제약을 받지 않고 1년이나 그 이상의 장기간에 걸쳐서 권력이 주어질 경우, 반드시 위험을 수반하는 법이다. 그리고 그 결과가 유익하냐 유해하냐는 문제는 그 권위를 부여받은 본인이 악인이냐 고결한 사람이냐에 달려 있다.

여기서 십인회가 가졌던 권력과 임시 독재 집정관이 행사할 수 있었던 권력을 비교해서 생각해 보기로 하자. 그러면 십인회 쪽이 비교도 안 될 정도로 큰 권력을 멋대로 행사하고 있었음을 알 수 있다. 결국 임시 독재 집정관이 창설되었을 때는 각각의 권한을 가진 호민관이나 집정관이나 원로원 등이 그대로 남아 있어서, 임시 독재 집정관이라 할지라도 그들로부터 권력을 빼앗을 수는 없는 구조로 되어 있었다. 하기야 임시 독재 집정관이 집정관이나 원로원 멤버 중의 한 사람을 파면시킬 권한은 가지고 있었으나, 원로원이라는 제도 자체를 말살하고 새 법률을 반포한다는 것은 허용되어 있지 않았다. 그래서 원로원·집정관·호민관은 각각의 권한을 지속하고 있었다. 그리고 임시 독재 집정관이 본래의 궤도로부터 일탈하지 않도록 감시하는 역할을 수행하고 있었다.

그런데 십인회가 창설되었을 때는, 이와는 정반대의 일이 일어나고 말았다. 이유는, 그들이 등장하자 집정관과 호민관을 폐지하고 입법권을 손에 넣고는, 로마인의 모든 권리를 자기네들만으로 멋대로 좌우하기로 했던 것이다. 그리하여 집정관이나 호민관이나 나아가서는 인민의 공소권에도 구속되지 않게 되어서 아무도 그들을 감시하지 않게 되자, 다음해에는 벌써 아피우스(아피우스 클라우디우스 기원전 471년 및 451년에 집정관을 맡았다)의 야심에 부채질당하여 온갖 횡포를 다하게 되었다.

그런 까닭에 여기서 아래와 같은 점에 주목해야 한다. 즉 자유로운 투표라는 절차를 밟아서 주어진 권력은 결코 공화국에 해를 끼치지 않는다고 하는 말은, 반드시 아래의 조건이 지켜질 것을 전제로 해서 하는 말이다. 다시 말해 인민이 그 권력을 위탁함에 있어서는 적응 범위를 제한하고 또 일정한 기간에 한해서 주어야 한다는 점이다. 그러나 인민이 속고 있거나 또는 다른 이유로 냉정한 판단력을 잃어버려서, 부주의하게도 꼭 로마 인민이 십인회에 권력을 맡겼을 때와 같은 전철을 밟게 되면, 로마인이 당했던 것과 똑같은 재난 때문에 고통받게 될 것이다.

이 점은, 임시 독재 집정관의 제도가 유익하게 운용되었는데 왜 십인회는 해를 끼쳤는가를 검토하면 쉽게 증명될 수 있는 문제이다. 그리고 훌륭히 통치되어 온 공화국이 그 권력을 장기간에 걸쳐서 위탁할 경우, 예를 들면 스파르타 시민이 그 왕*에 대해 한 것처럼, 또는 베네치아인이 원수에게 권력을 위탁한 경우를 검토해보면 된다.

스파르타와 베네치아에는 지배자들이 권력을 남용하지 못하도록 감시하는 감독관이 있었다. 그러나 아무 제약도 받지 않는 권력이 실제로 존재한다면 민중 전체가 조금도 부패되어 있지 않더라도 국가의 안태는 보장할 수 없다. 왜냐하면 절대적인 권력이라면 당장에 민중을 타락시키고, 자기가 하라는 대로 하는 여당을 만들어 버리기 때문이다. 또한 권력을 휘두르는 인물이 가령 돈이 없거나, 친족 관계에 의거하는 배경이 없다고 해서 안심할 것은 조금도 없다. 왜냐하면 재부도 그 밖의 이권이 있으면 그것에 따라 굴러들어오는 것이기 때문이다. 이 점에 대해서는 뒤에서 십인회의 창설을 둘러싸고 특별히 논하기로 하겠다.

제36장 국가에서 가장 높은 영예로 빛나는 시민은 보다 하급 시민을 얕보아서는 안 된다

로마인은 마르쿠스 파비우스와 그나에우스 만리우스를 집정관으로 임명하고 그 밑에서 베이이인 및 에트루스키인과 교전하여 가장 빛나는 승리를 얻었다. 하지만 그 싸움에서 집정관 파비우스의 형인 퀸티우스 파비우스를 전사시키고 말았다. 이 인물은 몇 년 전에 이미 집정관을 지낸 적이 있는 인물이었다.

이 일을 통해서, 로마식 방법이 그 나라를 위대한 것으로 만드는 데 얼마만큼 도움이 되었는가, 또 이런 제도를 사용하려고 하지 않았던 다른 국가들은 그 때문에 얼마만큼 손해를 보았는가를 생각해 보아야 한다. 결국 로마인들은 명예 추구에 열중했다고는 하지만, 전에 자기 부하였던 인물에게 지금은 명령을 받는 입장에 놓이게 되거나, 나아가서는 전에 자기가 지휘관이었던 군대에 그 일원으로서 참가하여 싸우게 되더라도 이를 불명예스러운 일

---

* 당시 스파르타는 세습에 의한 양두 정치였다. 두 왕의 권력은 항상 제한되었으며 전적으로 군사를 맡아 볼 따름이었다.

이라고는 생각하지 않았다.

로마인의 이 같은 습관은, 현대 사람들의 사고 방식이나 제도나 습관으로 볼 때 도저히 생각도 할 수 없는 일이다. 베네치아에서도 로마식의 이런 좋은 습관은 이해가 되지 않았다. 요직에 취임했던 시민은 하급 직책에 취임하는 것을 굴욕으로 알아야 하는 것으로 되어 있다. 그와 같이 정부 당국도 그 취임 거부를 인정하고 있다. 이러면 개인의 체면은 설지도 모른다. 그러나 사회를 위해서는 엄청난 마이너스이다. 말하자면 공화국이 기대를 걸고 충분히 의뢰할 만한 시민이란, 하급 직책에서 발탁되어 요직에 승진하는 시민보다도 오히려 상급 직책에서 그보다 낮은 관직으로 불평 없이 전출하는 시민이어야 한다.

왜냐하면 발탁되어서 승진한 사람은 그 경험이 얕기 때문에 사람들의 충고나 감화에 의해서 그것이 다소 보충되어 주위 사람들의 존경이나 평가를 얻을 수 있게 되기 전에는 당연히 신뢰가 가지 않기 때문이다. 만일 옛날의 로마에서 오늘날의 베네치아나 그 밖에 지금의 공화국이나 왕국에서 습관으로 되어 있는 것처럼, 일단 집정관을 지낸 적 있는 인물이 집정관 자격이 아니고는 군대에 참가하지 않겠노라고 했더라면 공화국에 해를 끼치는 사건이 끝없이 일어났을 것이다. 실패를 하지 않게 도와주는 사람이 주위에 아무도 없으면, 일에 대한 경험이 없는 승진자는 실책을 저지르기 쉬운 법이고 동시에 제멋대로 해 나가고자 하는 야심을 품게 되는 법이기 때문이다. 그리고 승진자들이 이처럼 제멋대로 행동하고자 하면 사회의 손실을 가져오는 결과를 초래하기 때문이다.

제37장 농지법이 로마에서 어떤 문제를 야기했는가. 또 옛 관습에 얽매이거나 거스르는 법률 제정이 얼마나 나쁜 일인가

옛날 사람들이 쓴 글을 읽어 보면 다음과 같은 말이 눈에 띈다.

즉 사람은 역경에 빠지면 고민하지만, 만사가 순조롭게 진행되어도 무료해진다. 이 두 가지 심리 상태는 결국 둘 다 같은 결과를 초래한다는 것이다. 결국 싸워야 할 부득이한 상태에 놓이지 않더라도 사람이란 야심에 사로잡혀 싸움을 걸게 된다. 야심이란 사람의 마음속을 크게 지배하고 있기 때문에 사람이 아무리 높은 지위에 오른다 해도 그것을 버릴 수가 없다. 이렇게 된 것도 자연이 사람을 창조했을 때 사람이 무슨 일이든 바랄 수 있도록 해놓고는 아무것도 소망대로 이루어지지 않게 만들어 놓았기 때문이다. 이와 같이 욕망이 현실의 실현 능력보다 항상 너무 크기 때문에 사람은 자기가 소유한 것에 대해 불만을 가지게 되어 무슨 일에나 만족을 느끼지 않는 결과를 초래하게 된다.

이 점에서 사람들의 운명의 변화가 야기된다. 결국 어떤 사람들은 지금 가지고 있는 것을 더욱 펼치려고 하고, 또 어떤 사람들은 이미 획득한 것을 놓치지 않으려고 한다. 이 때문에 적대 관계나 전쟁이 벌어진다. 나아가 나라를 멸망시키거나 국운을 크게 고양시키는 일이 된다.

이상과 같은 점을 내가 논해 온 것은, 로마의 평민들은 호민관이 창설되어 귀족들로부터 자기들이 지켜지게 된 다음에도 만족하지 않았다는 사실 때문이다. 그때 평민들은 필요에 의해서 호민관을 설립했다. 그런데 그들은 호민관 제도를 손에 넣고 나자 또 야심에 사로잡혀 투쟁을 벌이고는 동경의 대상이었던 귀족 소유의 영예와 제도를 나누어 줄 것을 요구했다. 그래서 이 소동이 이윽고는 농지법을 둘러싸는 논쟁을 낳고, 결국은 공화국의 파멸을 야기하게 되었다.

그런데 훌륭하게 통치되는 공화국에서는, 국고는 풍부하고 시민은 가난해야 한다. 그런 점에서 볼 때 로마에서 성립된 농지법은 미비한 것임에 틀림없다. 결국 농지법이 악법으로 된 것은 다음과 같은 이유 때문이다. 그 법률이 애초에 적절하게 만들어지지 않았으므로 유사시마다 어쩔 수 없이 수정을 하게 되었든가, 또는 실시한 시기가 너무 늦었기 때문에 그 적용을 과거로 소급시키는 바람에 혼란을 빚었든가——또는 아마도 이것이 옳은 이유라고 생각되는데——당초에는 훌륭하게 입법되었는데 뒤에 가서 잘못 적용되었든가, 이런 것들 중에 그 이유가 있다. 그러나 어느 경우였든 간에 로마에서 이 법률이 토의될 때는 그 도시에 맹렬한 흥분 상태를 야기하는 것을 피할 수 없었다.

이 법률에는 두 가지 주요한 안목이 있었다. 그 하나는, 어떤 시민이든 규정된 토지 이상의 것을 소유해서는 안 된다는 것이 정해져 있었다는 점이다. 또 한 가지는, 전쟁에서 적으로부터 빼앗은 토지는 로마 인민들 간에 분별되어야 한다고 표시되어 있었던 점이다. 여기서 귀족들에게는 이중의 불리한 점이 생긴다. 왜냐하면 법률이 허락하는 이상의 토지를 소유하고 있는 것은 대개 귀족들이었으므로 그들은 당연히 그 나머지 토지를 몰수당할 수밖에 없었기 때문이다.

평민들 간에서 분배한다는 점은, 이전에 그 분배로 하여 재부를 쌓았던 귀족들로부터 부를 쌓을 기회를 빼앗는 일이 되기 때문이다. 그런데 이런 영향을 받은 것이 유력자였기 때문에 그들은 이 농지법에 반대하는 것이 바로 사회 전반의 이익을 지키는 일에 관련된다고 생각했다. 그래서 이미 말한 바와 같이 이 법안이 제출될 때마다 로마는 수습할 수 없는 대혼란에 빠졌던 것이다.

귀족 측은 인내에 인내를 거듭하여 모든 노력을 아끼지 않고 시간을 끌어서 그 발효를 늦추려고 했다. 때로는 군대를 소집하거나, 또 어떤 때는 법률 제정을 제출한 호민관에 반대하기 위해 다른 호민관을 업고 나서기도 했다. 나아가서는 일부를 양보한 적도 있고, 식민지에 보내어 토지를 할당한 적도 있었다. 안티움 (로마의 남쪽 50km 지점, 지금의 포르트 단치오에 해당하는 땅) 땅에 이 농지법을 둘러싼 논쟁이 벌어졌다. 그 결과 로마에서 모은 사람들이 그곳으로 보내져서 그들에게 그 땅이 배당되게 했던 것이다.

이 점에 대해 티투스 리비우스는 주목할 만한 발언 (티투스 리비우스, 《로마사》 Ⅲ, 1, 7.) 을 했다.

"로마에서는 그 땅에 입식하는데 기꺼이 등록하는 사람을 찾아보기가 어려웠다. 사람들은 안티움에 가서 땅을 얻기보다 로마에서 땅을 얻기를 훨씬 더 열망했다."

농지법을 둘러싼 이 같은 분쟁은, 로마인이 이탈리아의 구석구석까지, 나아가서는 이탈리아 밖까지 군대를 보내게 되는 시대에 이르기까지 계속 로마를 괴롭혔다. 그리고 그로부터 뒤의 시대에는 얼마 동안 그 분쟁도 가라앉은 것같이 생각되었다. 왜냐하면 적으로부터 빼앗은 땅이 로마에서 너무 떨어져 있어서 사람들이 볼 때도 너무 멀었고, 또 그곳은 경작하기에 적합하지 않은 곳에 있어서 평민들이 그 땅을 별로 탐내지 않았기 때문이다. 게다가 당시의 로마인은 적의 영토였던 땅을 몰수할 경우에도 그곳에 본국 사람들을 보내는 방침을 취하고 있었기 때문이다.

이상 말해 온 여러 가지 원인 때문에 농지법은 그라쿠스 시대에 이르기까지 소강 상태를 지속했다. 그런데 이 그라쿠스에 의해 다시 농지법 문제가 되살아나는 바람에 로마의 자유도 끝장나게 되었다. 이 법률에 반대하는 세력이 배로 늘어났기 때문이다. 그 때문에 평민과 원로원 간의 대립이 불처럼 타오르게 되어, 그때까지의 사회적 제약이나 관습 같은 것을 제쳐놓고 끝내는 무기를 들고 피를 흘리게 되고 말았다. 이렇게 되면 당국도 손을 쓸 수 없게 된다. 그래서 두 당파는 어느 쪽을 막론하고 이제 당국의 힘을 기대할 수 없게 되었으므로 자기들 힘으로 몸을 지켜야겠다는 생각에서 각각 자기네를 지켜 줄 힘있는 인물을 우두머리로 삼아야겠다고 결심했다.

이런 혼란과 무질서 속에서 평민들은 마리우스의 평판에 주목하고, 그를 지지하여 네 번에 걸쳐 집정관으로 앉혔다. 이와 같이 마리우스는 아주 짧은 기간을 두고 집정관의 직책을 거듭하여 권력을 계속 유지했다. 나아가서 그 뒤 세 번이나 자기 마음대로 집정관에 취임했을 정도다. 이런 고약한 형세에 대하여 귀족들은 어쩔 도리가 없었으므로 술라*의 편이 되어서 그를 귀족파의 수령으로 추대했다. 그래서 내란이 벌어져 많은 피를 흘리고 온갖 과정을 거친 끝에 마침내 귀족파가 우위에 서게 되었다.

이런 경향은 뒤에 카이사르와 폼페이우스 시대에 또다시 재발했다. 이때 마리우스파의 수령은 카이사르가 되고, 술라파의 두목은 폼페이우스가 되었다. 그렇게 무기를 든 싸움이 계속되다가 카이사르의 승리로 끝나게 되었다. 카이사르가 로마에서 처음으로 참주가 되자, 로마의 자유는 두 번 다시 되살아나지 않게 되었다.

지금까지 말한 것이 농지법의 처음부터 끝까지의 경위이다. 나는 일찍이 원로원과 평민과의 반목이, 자유를 지키며 이를 촉진시키기 위한 법률을 만듦으로써 로마의 자유를 유지해 나가는 데 얼마나 좋은 자극이 되었나에 대해서 말했다. 그러나 이 사실은, 지금 내가 농지법의 결말에 대해 매듭지은 결론과는 모순되지 않느냐고 지적받을지도 모른다. 하지만 이 점에 대해서 나는 내 생각을 바꿀 마음은 없다. 여전히 나는 다음과 같은 의견을 가지고 있기 때문이다. 즉 귀족의 야심은 지극히 크다. 그리고 모든 수단과 방법을 강구해서 그 도시에서의 귀족들 세력에 제약을 가하지 않고는 그 도시 자체

---

*기원전 138년~78년. 마리우스의 부하로서 유구르타 전쟁 등에서 전공을 세웠다. 뒤에 마리우스와 싸웠는데 원로원을 배경으로 하여 그에게 이기자 동방을 정복했다. 귀국 뒤에는 자기가 없는 동안에 활동하던 마리우스파를 무찌르고 임시 독재 집정관이 되었다.

가 당장 파멸의 길을 걷게 되고 만다. 하기야 농지법을 둘러싼 분쟁이 300년간에 걸쳐 로마를 휘둘렀던 것은 사실이다. 그러나 만약 평민 측이 농지법과 그 밖의 요구에 의하여 한결같이 귀족의 야망을 억제하지 않았던들 로마는 더 힘든 처지로 빠졌을 것이다.

이상의 사실로부터 우리는, 사람은 명예보다도 물욕을 존중한다는 것을 배울 수 있다. 로마의 귀족은 평민에게 별로 심한 저항도 하지 않고 그 명예를 나누어 주었다. 그런데 일단 재산 문제가 되자 매우 완강하게 이를 지켜 나갔다. 그 바람에 평민 측도 그 요구를 관철시키기 위해 이미 말한 것 같은 비상 수단을 쓰지 않을 수 없었다. 이런 비상 수단을 쓴 가장 좋은 예가 그라쿠스 형제이다. 그들의 분별은 어쨌든 그 의도만은 높이 평가되어 마땅할 것이다. 이렇게 말하는 것은, 공화국 안에 증대되어 온 부가 한 곳에만 치우쳐 있는 나쁜 경향을 일소하고자 한 것은 좋지만, 그 때문에 과거로 소급하여 기득권에까지 미치는 법률을 만들었다는 것은 아주 생각이 얕은 방책이라고 말할 수밖에 없기 때문이다.

이미 이에 대해 상세히 살펴본 것과 같이, 그들이 한 일은 혼란을 빚는 폐해를 촉진했다는 결과로 끝나 버렸다. 이런 문제는 시간을 끌면 악습의 출현을 지연시킬 수도 있을 것이고, 또는 시간이 흐름에 따라 실질적인 손해가 나타나기 전에 저절로 소멸되어 버릴 수도 있을 것이기 때문이다.

제38장　약한 공화국은 결단력이 없어서 무슨 일이든 결단을 내리지 못한다. 설사 어떤 방침을 세웠다 하더라도 이는 스스로 정했다기보다 필요에 의해 강제로 한 일에 지나지 않는다

무서운 페스트가 로마에서 한창 창궐했을 때, 볼스키인이나 아에키인들에게 로마를 제압하는 데 아주 좋은 기회가 닥쳐온 것처럼 여겨졌다. 그래서 이 두 종족은 수많은 대군을 가지고 라티움인과 에르니키인에게 마구 공격을 해댔다(기원전 463년). 그러자 라티움인과 에르니키인은 로마인에게 실상을 호소하고 자기네를 지켜 줄 것을 간청하지 않을 수 없었다.

그러나 유행병으로 시달리고 있던 로마인들은, 그들이 스스로의 힘으로 무기를 잡고 방어하라고 회답했을 따름이다. 로마인들 역시 그들을 지켜 줄 수 있는 형편이 못 되었기 때문이다. 이런 처지에서도 로마 원로원의 현명함과 신중성이 나타나는 것 같다. 원로원은 어떤 정세하에 있더라도 항상 국가가 당면하는 문제에 대해 진로를 결정하는 최고 권위여야 한다는 것이 그 방침이었다. 그렇기는 하지만, 일상의 습관이나 자기들이 전에 내렸던 결정과는 전혀 다른 방침이라도 필요하다면 주저 없이 단행했다.

내가 이렇게 말하는 것은 다음과 같은 이유에서이다. 즉 전에는 같은 원로원이, 그 지배하에 있는 부족이 무기를 들고 스스로 방어하는 태세를 갖추는 것을 엄금하고 있었다. 따라서 원로원이 신중성을 잃었다면 지배하에 있는 부족에게 무기를 들고 스스로 방어할 권리를 새삼스레 인정했다가는 자기네의 권위가 손상된다고 생각했을 것이다.

그런데 원로원은 한결같이 사물에 대한 적확한 판단을 내렸다. 게다가 여느 때와 변함 없이 가장 실질적 손해가 적은 방법을 제일 좋은 것으로서 택했다. 로마인 역시 지금 말한 것 같은 이유로, 부족의 위급을 구해 주지 못하는 데 대한 위험성은 충분히 알고 있었다. 또한 로마인의 도움 없이 그들이 무기를 들고 싸우는 것을 인정한다는 것이, 그 밖에 쉽사리 짐작할 수 있는 이유로 미루어 봐서 해가 된다는 것까지도 충분히 알고 있었다.

그럼에도 불구하고 이런 경우 라티움인과 에르니키인이 무기를 지니는 것은, 적이 그곳까지 육박해 있는 이상 부득이한 일이라는 것을 알고 있었으므로 이런 방법을 당당하게 택한 것이다. 이 방법에 의하면, 지배하에 있는 부족이 어떤 일을 하건 로마의 허가가 필요하다는 원칙이 그대로 관철되고 있었다. 즉 이 점이 이번만은 필요에 따라 규칙을 도외시하기는 했지만 이후 함부로 규칙을 어기는 일이 없도록 배려된 것이다.

이와 같은 수단은 어떤 공화국이건 사용되어야 할 것이다. 그러나 약하고 지도 방침이 잘되어 있지 않은 국가는 이를 단행할 줄도 모를뿐더러 더구나 비상시에 이것을 적용해서 국가의 위신을 높이리라고는 생각도 못할 일이다.

발렌티노 공은 파엔차를 공략(1501년)한 뒤 다음 번에는 볼로냐를 굴복시켰다. 그 뒤 토스카나를 통과해서 급히 로마로 돌아가고자 부하 한 사람을 피렌체에 파견하여, 발렌티노 공작과 그 군대가 피렌체 영내를 통과할 것을 요구했다. 피렌체에서는 이 요구를 어떻게 할지 토의했으나 아무도 그 요구를 승낙하려는 자가 없었다. 여기서는 로마인식 방법은 전혀 답습되고 있지 않았다.

발렌티노 공작은 가장 강력한 군대를 인솔하고 있는데, 피렌체 측은 거의 군대라는 것을 갖고 있지 않았으므로 발렌티노군이 피렌체 영내를 통과하는 날에는 도저히 그것을 막을 수 없는 노릇이었다. 그러므로 그들이 강제로 침입해 들어오기 전에 동의하여 통과시켰더라면 피렌체의 체면도 손상되지 않고 끝났을 것이다. 왜냐하면 강제로 통과하게 되는 날에는 피렌체가 치욕을 당하는 꼴이 되므로 허가한다는 것으로써 문제를 처리하면 그런 염려는 훨씬 덜어지기 때문이다.

그런데 약한 국가가 가지고 있는 제일 나쁜 경향은 결단력이 부족하다는 점이다. 그런 국가가 세우는 정책은 모두가 궁지에 몰려서 어쩔 수 없이 채용한 것이다. 따라서 설사 어떤 훌륭한 정책이 수립되었다 하더라도 그것은 그들의 현명함의 소산이 아니라 외부로부터 강요되었던 것에 지나지 않는다.

나는 이에 대해 두 가지 예를 들어 두고자 한다. 이것은 모두 오늘날의 피렌체에서 있었던 일이다. 프랑스 왕 루이 12세가 밀라노를 공략했을 때, 그는 미리부터 약속하고 있었던 것과 같이 피렌체를 위해 피사를 탈환하고 그 보수로서 5만 두카토를 손에 넣고자 생각했다. 그리하여 프랑스인이기는 하나 피렌체인들 사이에 신뢰를 얻고 있는 보몽 각하(프랑스군의 지휘관. 피사. 전쟁 때 피렌체를 도왔다)를 그 장수로 삼아 군을 피사로 파견했다. 그래서 보몽 각하는 카시나와 피사의 중간 지점에 진을 치고 피사의 성벽을 돌파하려고 했다. 이때 피사인의 사절이 보몽 각하를 찾아와서, 넉 달 이내에는 피사를 피렌체인에게 넘겨주지 않는다는 조건을 왕의 이름 아래 보장해 주기만 하면 피사는 프랑스에 항복해도 좋다고 제안해 왔다. 그런데 이 조건을 피렌체인들은 그 자리에서 거절했다. 그리하여 피렌체인의 공격은 계속되었으나 불명예스럽게도 어쩔 수 없이 퇴각하고 말았다. 피사인의 제안을 피렌체인이 거부한 것은, 그들이 프랑스 왕을 믿고 있지 않았다는 이유밖에 없다. 그러나 피렌체인 스스로의 우유부단 때문에 결국 프랑스 왕의 손에 맡겨야 했다.

그뿐만 아니라 왕을 믿지 않았기 때문에 피렌체인은 다음과 같은 점도 간과하고 말았다. 결국 왕의 군대를 피사로 입성하지 못하게 하여 그 약속을 이루지 못하게 해놓고 약속을 수행하라고 재촉하기보다는, 오히려 일단 피사를 점령시켜 놓고 왕에게 그 약속을 어기지 않도록 하는 편이 좋다는 것을 몰랐다. 따라서 보몽이 어떤 조건을 들고 나오건 피렌체인으로서는 그에 동의해 두는 편이 훨씬 유리했을 것이다.

여기에 이어지는 1502년의, 아레초가 피렌체에 반란을 일으켰을 때의 경험에서도 같은 말을 할 수 있다. 이때 프랑스 왕은 피렌체를 돕기 위해 프랑스군을 인솔한 암볼을 파견했다. 그는 아레초 근교로 접근하여 곧 아레초인과 절충하기 시작했다. 이때도 전에 피사인이 제안했던 것과 비슷한 조건부로 항복에 응할 것을 아레초인은 밝혔다. 그런데 이 신청을 피렌체 측은 거부했다. 이것을 알게 된 암볼은 피렌체인이 자기의 이해에 대해서도 거의 아무것도 모르고 있다는 것을 알아차렸다. 그래서 피렌체의 위원을 참가시키지 않고 혼자서 아레초와의 교섭을 시작했다. 결국 그의 뜻대로 교섭이 타결되어 부하를 거느리고 아레초에 입성했다. 그리고 아렌초인으로 하여금 그들이 얼마나 어리석고 바보였던가를 뼈저리게 느끼게 해주었다. 그리하여 피렌체인은, 만약 자기네가 아레초를 손에 넣고 싶었다면 프랑스 왕에게 그 뜻을 알리기만 하면 되었다는 것을 새삼스럽게 알게 되었다. 왜냐하면 프랑스 왕은 그 부하가 아레초 성 밖에 있을 때보다 이미 점령을 해버린 뒤니까 아레초를 피렌체인에게 훨씬 더 쉽사리 줄 수 있을 것이기 때문이다. 피렌체에서는, 보몽이 암볼처럼 해주었던들 아레초와 마찬가지로 피사도 수중에 넣을 수 있었으리라는 것이 납득될 때까지 여전히 암볼을 힐뜯고 중상하기를 그치려 하지 않았다.

이야기를 처음으로 되돌리기로 한다. 우유부단한 공화국은 밖으로부터 강요당하지 않고서는 과감한 시책을 세울 수 없다. 국가가 약할 때는 조금이라도 미심쩍은 점이 있으면 그것을 단행할 기력을 잃어버리기 때문이다. 그리고 이런 우유부단한 태도가 어떤 강력한 압력으로 짓눌리지 않는 한, 그 국가는 언제까지나 어중간하게 우왕좌왕하고 있을 것이다.

39장 같은 일이 때때로 다른 인민들 사이에 일어난다

과거의 일이나 현재의 일들을 생각해 보면, 비록 도시나 국가는 다르다 할지라도 사람들의 욕망이나 성질은 어느 시대이고 같은 것임을 쉽게 이해할 수 있다. 따라서 과거의 사정을 찬찬히 검토하는 사람들에게는 어떤 국가든 그 장래에 일어날 듯싶은 것을 예견하여 고대인이 사용한 타개책을 적용한다는 것은 쉬운 일이다. 또한 적합한 선례가 없더라도 그 사건과 비슷한 선례로부터 새로운 방책을 수립할 수 있다.

그런데 이런 교훈은 일반 독자들에게는 무시되든가 이해되지 않는 법이다. 비록 이해된다 하더라도 정치를 담당한 사람에게 알려지지 않는다는 식이어서 어느 시대고 같은 소동을 되풀이하기 마련이다.

1494년의 일이다. 피사와 그 밖의 지방을 포함한 영토의 일부분을 잃은 피렌체는, 그것을 손에 넣은 피사 시민을 상대로 싸움을 하게 되었다. 그런데 적이 강력해서, 피렌체가 굉장한 전쟁비용을 썼는데도 얻는 게 전혀 없다는 것이 뚜렷해졌다. 군사 지출의 팽창은 당연히 세의 부담을 과중하게 만들었다. 그래서 이 무리한 과세는 인민 측에 강한 불만을 심지 않을 수 없었다.

이 전쟁 지도에 임한 것이 바로 전쟁 십인 위원회라 불린 열 명의 시민으로 조직된 평의회였다. 그래서 일반 민중들은 이 십인 위원회가 전쟁을 야기한 장본인으로서, 그들 때문에 전쟁비용을 마구 쓰는 바람에 인민에게 무거운 짐을 주고 있다는 생각에서 이 위원회를 못마땅하게 생각하기 시작했다. 그래서 위원회의 위원을 다시 선출할 시기가 되어도 그들의 선출을 거부하여 그것을 소멸시켜 버리고, 그 직권을 최고 시정 위원에게 넘겨주고 말았다. 그런데 이 결정이 난처한 일을 빚게 되었다. 그것은 일반 민중이 생각하던 것처럼 전쟁을 종결시키는 것이 아니라, 신중한 배려를 가지고 작전 지도에 임할 유능한 인재를 제거하는 결과가 되고 만 것이다. 당연히 이 사실은 혼란을 초래하게 되어서 피사만이 아니라 아레초나 그 밖의 많은 땅을 잃게 되었다. 그제야 사람들은 자기들이 범한 잘못을 깨달았다. 그리고 그런 비참한 결과가 된 것도 그것을 다룬 의사보다 병 자체였다고 생각하고, 또 거기에 전쟁 십인 위원회를 설치했다.

이와 같은 경향의 일들이 집정관 제도에 대한 반대를 둘러싸고 로마에서도 일어나고 있었다. 그 이유는 로마 인민들은 전쟁이 숨 돌릴 사이도 없이 연달아 일어나는 바람에 넌더리가 나서, 그 전쟁의 근원이 로마의 파멸을 바라는 이웃 나라들의 야심에 있다고 생각해야 할 것을, 귀족의 야심에 의해서 생긴 것이라고 생각한 것이다. 결국 로마 시내에서는 평민이 호민관이라는 권위에 의해 지켜지고 있기 때문에 귀족이 평민을 학대하려 해도 할 수가 없어서, 집정관 관할하에 있는 로마 밖으로 평민을 끌어내어 고립무원으로 만들어 놓고 봉변을 주자는 것이 틀림없다는 단정을 내리게 되었다. 따라서 평민들은 집정관직을 폐지해 버리든가, 아니면 로마의 안팎을 막론하고 평민들에게 아무 권한도 행사하지 못하도록 집정관의 힘에 제한을 가하려 했다.

이런 법률, 즉 테렌티루스 법률(462년에 성립)을 맨먼저 성립시키려 한 사람이 호민관인 테렌티루스였다. 이 인물이 제안한 것은 5명의 시민을 뽑아서 위원회를 만들고, 그 위원회에다 집정관의 권한을 검토시켜서 거기에 제한을 가하자는 것이었다. 이 제안은 귀족을 크게 격앙시켰다. 그들은 다음과 같이 생각했다. 즉 이런 제안은 아무리 봐도 귀족의 존엄이 완전히 유린된 게 틀림없고, 뿐만 아니라 공화국 안에서 귀족이 차지할 지위를 잃게 되는 것이 된다고. 그럼에도 불구하고 호민관 측이 그 주장을 강력히 밀고 나갔기 때문에 집정관 제도는 말살되고 말았다. 그 뒤 여러 가지로 제도를 바꾸어 본 결과, 집정관 제도를 다시 일으키기보다는 집정관의 권한을 가진 호민관을 창설하는 편이 낫다고 결론지었다. 이것은 사람들이 집정관의 권력 자체보다도 그 관직명을 좋지 않게 생각하고 있었기 때문이다. 그리고 이 제도는, 마치 피렌체인이 십인회를 부활시켰던 것처럼 로마인이 스스로의 잘못을 인정하고 결국 집정관 제도를 다시 수립하게 되기까지 장기간에 걸쳐 존속한 것이었다.

제40장 로마에서의 10인회의 창설과 그 주목해야 할 점에 대하여, 같은 일이 때로는 공화국을 구하고 때로는 망치는 점에 대하여

십인회를 창설함에 있어서, 로마에서 어떤 사건이 대두되었는가를 여기서 특별히 다루고자 한다. 처음에 이 제도의 창설에 의해 어떤 일이 일어났는가를 모두 말해 두기로 한다. 그리고 그 중에서 특별히 주목할 만한 것을 논해 보는 것도 헛일은 아닐 것이다.

이상의 사항은 많은 내용을 포함하는 것이므로 공화국에 자유의 불을 계속 붙이려고 노력하는 사람들에게나, 또는 반대로 거기서 자유를 빼앗아 마음대로 해보려고 음모하는 야심가에게나 깊이 생각하게 만드는 것을 간직하고 있다. 그 이유는, 이 점을 말해 나감에 따라 국가의 자유를 침해하게 된 원로원이나 인민이 저지른 잘못이 드러날 것이기 때문이다. 뿐만 아니라 십인회의 우두머리인 아피우스가 저지른 많은 실패도 분명히 밝혀지게 될 것이다. 아피우스는 로마에 참주 정치를 심으려다가 도리어 실패하고 만 인물이다.

그런데 로마에 새로운 법률을 제정하여 자유를 반석같이 튼튼히 해두고자 인민과 귀족 사이에서 논의에 논의를 거듭한 끝에 겨우 합의가 성립되었다. 그래서 그들은 스푸리우스 포스트미우스(십인회 위원 중의 한 사람)를 다른 두 사람의 시민과 아테네로 파견하여 솔론이 아테네에서 펴고 있던 법률을 연구시켜, 그것을 기초로 하여 로마의 법률을 구성하려 했다. 조사를 하러 왔던 일행이 귀국해 새로운 법률 검토와 결정 임무를 띠는 위원을 임명할 단계가 되었다. 그래서 임기 1년인 10명의 시민이 위원으로 뽑히게 되었는데, 그 중에 아피우스 클라우디우스가 포함되어 있었다. 그는 머리는 좋으나 어딘지 마음을 놓을 수 없는 구석이 있었다.

십인회는 법률을 작성함에 있어서 다른 어떤 권위도 번거롭게 굴지 못하도록 로마의 모든 행정직, 특히 집행관과 호민관을 폐지했을 뿐 아니라, 자기네 위원들이 로마에서 절대적인 권력을 휘두를 수 있게끔 인민을 소집하여 그 동의를 구한다는 습관도 없애버렸다. 이렇게 하는 동안 평민의 지지를 받고 있던 아피우스는 다른 위원의 몫까지 권위를 한 몸에 모으게 되었다. 그때까지는 그가 민주적인 태도를 취해 왔기 때문에, 그가 권력을 쥐자 손바닥을 뒤집듯이 인민에게 거친 학대를 가하기 시작하자, 사람들은 그의 성격도 사고방식도 모두 변해 버리지 않았나 하고 눈이 휘둥그레졌다.

이 십인회는 본래 시민적인 태도를 견지하고, 처음부터 끝까지 분별 있는 행동을 하고 있었으므로 그 위원들 사이에서 우두머리로 추대된 인물의 리크톨이라는 경호원도 12명을 넘는 일은 없었다. 또한 그들은 절대 권력을 행사할 수 있었음에도 불구하고, 살인죄로 어느 로마 시민이 처벌받게 되었을 때라도 그 죄인을 인민들 앞에 소환만 하고 재판은 인민들 손에 맡겼을 정도였다.

십인회는 열 장의 동판에 법률을 써서, 최종적으로 결정하여 공포하기 전에 사람들에게 보여서 누구든지 이를 읽고 그것에 대한 시비를 논할 수 있는 기회를 주었다. 그 결과 어떤 결함이 있다는 것이 판명되면 그것을 공포하기 전에 수정을 가했다. 그런데 아피우스는 십이동판법에 대한 소문을 로마에 퍼뜨리게 하여, 만약 이 법률에다 두 가지 법률만 더 추가한다면 아주 완전한 것이 될 것이라고 사람들에게 인식시켰다. 그래서 그의 생각이 인민에게 받아들여지는 바람에 십인회의 임기가 1년 더 연장되었다.

인민이 이에 자진해서 찬성의 뜻을 표하게 된 것도 첫째는 집정관이 부활하는 것을 막기 위해서였으며, 또 다른 면으로 말한다면 이미 살펴본 것과 같이 형사 사건 때 재판관을 맡아 볼 호민관을 두지 않고 인민들 자신에게 권력을 보류해 두자고 생각했기 때문이다. 십인회의 임기 연장이 결정되자, 모든 귀족들은 앞을 다투어 이 관직을 손에 넣고자 떼지어 나섰다. 그 중에서도 가장 대표적인 인물이 아피우스다. 많은 표를 얻으려는 아피우스가 인기를 얻기 위해 인민들 앞에서 연출한 태도가 못마땅해, 그의 동료들도 의혹의 눈으로 그를 보게 되었다.

결국 본래 거만한 사람이 아무 이유도 없이 갑자기 손바닥을 뒤집듯이 상냥해지는 것은 도저히 믿을 수 없는 노릇^{(티투스 리비우스,
로마사) Ⅲ, 35, 6.}이었기 때문이다. 하지만 아피우스를 공공연히 공격한다는 것도 두려운 일이었으므로 술책을 써서 이를 타도하기도 했다. 그래서 아피우스가 십인회 중에서는 최연소자였지만, 그런 그에게 다음 시기에 십인회의 멤버를 지명할 권한을 주었다. 이런 수를 쓴 것은, 스스로 추천하는 것은 아무리 배짱 좋은 아피우스라도 로마에서는 선례도 없거니와 파렴치하기 짝이 없는 일로 되어 있었기에 정상적인 절차를 지킬 게 틀림없다고 내다보았기 때문이다.

그런데 '그는 전화위복으로'^{(티투스 리비우스,
로마사) Ⅲ, 35, 9.} 만들었다. 그는 맨 먼저 자기를 임명했고, 이에 모든 귀족들은 넋을 잃고 실망하고 말았다. 이어서 나머지 9명도 자기 생각대로 정원을 채웠다. 이렇게 십인회의 새 멤버가 결정되어 앞으로 1년의 임기의 첫걸음을 내딛게 되어서야 비로소 인민들과 귀족들은 자기네가 저지른 실수를 깨달았다. 왜냐하면, 갑자기 '아피우스가 가면을 벗어버렸기'^{(티투스 리비우스,
로마사) Ⅲ, 36, 1.} 때문이다. 결국 그는 본래의 교만함을 나타냈을 뿐만 아니라 순식간에 그 동료들에게도 똑같은 기질을 전염시켜 버렸다. 더욱이 인민과 원로원을 놀라게 한 것은 12명의 리크톨을 일약 120명으로 증원시킨 사실이었다.

며칠을 지나기도 전에 도시는 온통 공포의 도가니가 되고 말았다. 그리고 십인회는 원로원과 통하여 인민을 탄압하기 시작했다. 십인회의 일원으로부터 가혹한 취급을 당한 어느 시민이 다른 십인회 멤버에게 항소라도 하는 날에는 최초의 판결보다 더 심한 것을 언도받았다.

자기들의 실패를 깨닫게 된 인민은 너무 억울한 나머지 귀족에게 원조를 구하기 시작했다. 그리고 그들은 자유를 갈망하는 한편 노예 상태로 빠지기를 두려워한 나머지 공화국을 오늘날과 같은 상황으로 이끌고 말았다(티투스 리비우스, 《로마사》 II, 37, 1). 한편 귀족들로서는 이 같은 인민의 고통이 오히려 통쾌한 것이었다. 왜냐하면 '현재 상태에서 고통을 당한 인민은 결국 집정관의 출현을 갈망하게 될 것이 틀림없다'(티투스 리비우스 《로마사》 II, 37)고 쾌재를 불렀기 때문이다.

십인회의 임기가 끝나는 날이 찾아왔다. 그러나 새로 첨가된 두 가지 법은 아직 공포되어 있지 않은 형편이었다. 여기에 눈독을 들인 십인회 위원들은 임기가 와도 여전히 그 자리에 눌러 앉을 구실을 잡으려 했다. 그래서 무력을 써서라도 강제로 정권을 확보해 두자는 음모에서 몇 명의 젊은 귀족을 만일에 대비하여 고용하고, 십인회가 처벌한 사람이 소유하던 재산을 그 불한당들에게 주었다. 그들은 '생각지도 않은 재산이 굴러들어오는 바람에 완전히 타락해서, 국가의 자유 같은 것은 이제 아무래도 좋고 오직 자기네가 방종한 생활만 할 수 있으면 그것으로 족하다고 생각하게 되었다'(티투스 리비우스, 《로마사》 II, 37, 8).

공교롭게도 바로 이런 때에 사비니인과 볼스키인이 로마에 싸움을 걸어오는 사태가 발생했다. 이 전쟁의 공포로 인하여 십인회는 자기네의 입장이 약화된 사실을 깨닫기 시작했다. 왜냐하면 원로원을 무시하고서는 전쟁을 지도해 나갈 수 없고, 그렇다고 원로원을 소집하면 뻔히 눈을 뜨고 자기네 십인회의 지위를 끌어내리고 마는 결과가 되기 때문이다.

그렇지만 정세가 절박했기 때문에 부득이 원로원을 소집하기로 했다. 이렇게 소집되어 모인 원로원 의원들은, 그 중에서도 발레리우스와 호라티우스를 선두로 내세워 십인회의 난폭한 행동을 이구동성으로 공격했다. 그런데 원로원이 인민들에 대해 나쁘게 억측하지 않고 원로원의 권위만 충분히 행사했다면 그들은 십인회의 권위를 완전히 꺾어 버릴 수 있었을 것이다. 그렇지만 원로원은, 만약 십인회가 자발적으로 그 관직을 포기해 준다면 이제 호민관은 설치하지 않아도 된다고 생각했다.

좌우간 전쟁으로 들어갈 것이 결정되었으므로 두 개의 군단이 전선에 투입되었다. 그리고 그 군단의 일부는 십인회의 일부 멤버가 직접 지휘를 맡았다. 아피우스는 로마에 남아서 정무를 담당하고 있었다. 그런데 그가 비르기니아라는 여자에게 반해서 완력으로라도 그녀를 제것으로 만들려는 바람에 비르기니아의 아버지가 딸을 아피우스의 마수로부터 구하기 위해 그녀를 죽인 사건이 벌어졌다. 그 때문에 로마에서도 군대 안에서도 폭동이 일어났다. 이 사람들에게 다른 로마의 평민들까지 합세해서 성산(聖山)으로 올라가, 십인회가 사임하지 않는 한 산을 내려오지 않겠다고 기세를 올렸다. 그래서 호민관과 집정관이 설치되고 로마에는 지난날의 자유의 모습이 되살아났다.

위의 일들로 미루어, 로마에서 십인회 같은 참주 정치가 생긴 첫째 이유는, 어떤 도시든 일반적으로 참주 정치가 발생할 때의 공통된 원인과 똑같다는 것을 알 수 있다. 결국 그 원인이란, 인민 측이 해방되려고 너무 지나친 소망을 갖는 데 대해 귀족은 귀족대로 한결같이 지배욕에 사로잡힌다는 사실에 의거하는 것이다. 왜냐하면 이 두 그룹이 자유에 공헌할 만한 법률을 통과시키려 해도 도저히 일치점을 찾아볼 수 없을 경우, 두 당파는 서로가 각각 특정 인물을 앞혀서 자기네 주장을 관철시키려고 하게 된다. 이 사실은 당연한 귀결로서 참주의 탄생과 관련되는 것이다.

로마에서는 인민과 귀족의 동의 아래 십인회라는 제도를 만들고 그것에다 무제한의 권력을 부여했던 것인데, 그것도 양쪽 그룹이 제각각 꿍꿍이속이 있어서 한 일이었다. 인민 측은 집정관이라는 제도를 폐지하자고 피하고 있었고, 귀족 측은 호민관 제도를 폐지하자고 노리고 있었다. 인민 측은 십인회를 설립하는 마당에서 아피우스야말로 자기들 편을 들어서 귀족을 눌러주리라 판단하고 그를 지지하는 쪽으로 돌아갔다. 그런데 인민이 자기네가 미워하는 자를 타도하고 싶은 나머지 그 힘을 빌릴 양으로 특정한 인물을 추대한다는 실수를 저지르고 말 경우, 아울러 그 추대된 자가 교활하다는 조건이 감추어져 있으면 더욱 그는 그 도시의 참주가 되고 말 것이다. 이런 인물은 처음에는 인민의 편을 들어 귀족 타도에 전력을 기울이지만, 귀족을 제압하기 무섭게 그 길로 인민의 탄압에 나서기 마련이기 때문이다. 이렇게 된 뒤에 인민이 불쌍한 처지에 내몰렸다는 것을 깨달아 봤자 그때는 이미 아무도 구해 줄 사람이 없게 된다.

이런 방법은 대체로 공화국에서 참주 정치를 수립한 사람들의 상투적 수

법이었다. 아피우스도 이 방법을 잘만 지켰더라면 그의 참주 정치는 더 영속적인 것이 되었을 것이고, 그토록 허무하게 정복되지는 않았을 것이다. 그런데 실상 그는 정반대의 짓을 하고 말았다. 그것은 누가 아피우스만큼 실패를 하려 해도 도저히 할 수 없을 정도의 소행이었다. 왜냐하면 그는 참주의 권력을 장악하고 싶은 나머지, 자기를 권력의 자리에 앉혀 주었을 뿐만 아니라 나아가 그 권력을 유지해 나가는 강력한 지주가 되어 준 인민을 적으로 돌리는 한편, 권력도 주지 않았거니와 지지해줄 낌새도 없는 귀족을 믿었기 때문이다. 이렇게 해서 아피우스는 그 지지자를 잃고, 호의를 가져 줄 리가 없는 자들을 한편으로 끌어들이려고 발버둥쳤다.

귀족은 일반적으로 국가가 전제화되는 것을 좋아하지만, 그 귀족들 중에서도 체제 밖으로 내몰린 사람들은 천하를 장악한 그 참주에게 반발하는 것이 보통이다. 참주라 하더라도 모든 귀족의 마음을 붙잡을 수는 없다. 또한 귀족의 야망이나 그 욕심은 끝이 없는 것이어서, 아무리 참주가 재부와 영예를 그들 눈앞에 쌓아 놓는다 하더라도 절대로 그들 모두를 만족시킬 수는 없는 일이다.

이렇듯 인민을 버리고 귀족 측으로 접근해 간 아피우스의 잘못은 누가 보아도 의심할 여지가 없이 분명했다. 이는 이미 살펴본 것으로도 설명할 수 있고, 아래와 같은 점에서도 이해할 수 있는 일이다. 즉 힘으로 국가를 지배하고자 할 경우에 당연히 통치자는 피지배자보다 강력해야 한다. 따라서 인민의 힘을 배후에 가지고 귀족과 대결하는 참주 쪽이, 인민을 적으로 삼고 귀족과 통하는 참주에 비해 훨씬 안정적이다. 왜냐하면 인민의 지지만 있으면 당사자인 지배자는 국내에서 솟아나는 힘으로 그 지위를 보존해 나갈 수 있기 때문이다.

마침 스파르타의 참주 나비스가 전 그리스 및 로마로부터 공격을 받았을 때가 바로 그랬다. 그는 인민의 지지를 받고 있었기 때문에 약간의 귀족을 부하로 삼았을 뿐이라도 스파르타를 지켜 나갈 수 있었다. 그러나 인민의 지지를 상실했더라면 나비스도 그렇게는 되지 않았을 것이다. 그런데 이상과 같은 예와는 달리 참주를 지지하는 세력이 약하면 참주는 국내의 힘을 믿을 수가 없으므로 자연히 국외로 지원을 구하게 된다.

이런 경우는, 다음과 같은 세 가지 양식 중 어느 하나를 쓰게 된다. 즉 자기 신변을 호위하기 위해 외국인을 고용하는 경우, 그리고 농민을 무장시켜서 본래 평민이 수행하던 역할을 대행시키는 경우, 그리고 나머지는 이웃의 강국과 결탁해서 자국의 안전을 확보하려는 방법이다. 그리고 이상과 같은 수단을 써서 이것을 능숙하게 운영해 나갈 수 있는 참주라면, 비록 그 인민이 반항한다 하더라도 어떻게 해서든지 그 지위를 보전해 나갈 수 있을 것이다. 그러나 아피우스는 지방의 농민을 장악하지 못했다. 당시의 로마에서는 도시와 농촌은 한 몸이어서, 도시를 다스리기 위해서는 아무래도 농민의 지지가 있어야 했다. 이러한 당연히 써야 할 수단에 대해 아피우스는 전혀 이해하는 바가 없었다. 따라서 그는 그 출발부터 실패를 향해 크게 헛디뎠다고 할 수 있겠다.

십인회의 창설에 있어서, 원로원도 인민도 다같이 중대한 실수를 저지르고 말았다. 나는 앞에서 임시 독재 집정관에 대해 논한 대목에서, 자유에 대하여 유해한 것은 인민이 특정 인물에게 권력을 위탁하는 경우가 아니라, 오히려 한 정치가가 자기를 위해 권력을 한 몸에 모을 때에 일어난다는 것을 지적했다. 그러나 인민이 한 인물에게 권력을 위탁하기 위해 새로운 행정직을 신설하는 경우라도, 본인이 권력을 독점하지 못하도록 미리 수를 써 두어야 한다. 그런데 당시의 로마 인민은 자기들의 이익을 지키기 위해서라도 쉴 새없이 감시의 눈을 번뜩였어야 했는데 그것을 게을리했기 때문에 십인회가 로마의 운명을 좌우하는 유일한 관직이 되고 말았다. 그리고 다른 관직은 있으나마나한 존재가 되었다. 이런 결과가 된 것도 이미 설명한 것처럼 원로원이 어떻게 해서든지 호민관의 권력을 꺾으려고 하는 한편, 인민은 집정관을 무력하게 만들고자 서로가 너무 지나치게 집념을 불태웠기 때문이다. 이 일로 완전히 이성을 잃어버린 그들은 장님처럼 되어 버려서 십인회로부터 어떤 대혼란이 야기될 것인가에 대해서는 생각도 미치지 않는 형편이 되었다. 참으로 아라곤의 페르난도의 말과 같이 인간이란 작은 짐승이나 다름없는 짓을 하는 법이다. 왜냐하면 새가 본능에 사로잡혀서 먹이를 잡으려고 열중한 나머지, 다른 더 큰 새가 꼭대기에서 저를 잡아먹으려고 노리는 줄을 모르고 있다는 점이 닮았기 때문이다.

이제 이 장의 첫부분에서 내가 제시했던 것처럼 지금까지 살펴본 것을 통해서, 자유를 지키려는 나머지, 로마 인민이 저지른 잘못과 참주의 전제권을 독점하려다가 실패한 아피우스의 잘못을 이해할 수 있을 것이다.

제41장 겸양에서 오만으로, 동정에서 잔혹으로 갑자기 변하는 것은 생각이 얕고 무익한 짓이다

아피우스가 전제 권력을 유지하려고 사용한 여러 가지 좋지 못한 수단 가운데서도 그 자신의 인품이 손바닥을 뒤집듯 갑자기 변해 버린 점은 도저히 간과할 수 없는 사실이다. 아피우스는 교활하게도 자기가 인민 측을 편들고 있는 사람처럼 꾸미고 있었다. 그가 이런 짓을 한 것은 십인회에 재선을 노렸기 때문임이 틀림없다. 그뿐만 아니라 자기를 귀족을 반대하는 측의 우두머리로 추대시키기 위해서도, 또 자기를 뜻대로 지지하는 여당을 만들기 위해서도 그 특유한 수법이 빈틈없이 사용되었다.

여기까지는 아피우스도 잘해 냈으나, 내가 이미 말해 둔 경위로 갑자기 성격을 확 바꾸고, 평민의 벗에서 평민의 적으로, 인간미 넘치는 사람에서 오만한 인물로, 그리고 친밀감 있는 인물에서 손도 댈 수 없는 간사한 인물로 돌변하자, 그 순간에 거짓으로 굳혀진 그의 마음속은 그만 누가 보아도 훤히 내다볼 수 있게 되고 말았다. 잠시 동안이라도 선인으로 통하던 사람이, 자기의 목적을 이루기 위해 악의 길로 접어들려고 할 경우에는 조금씩 그 태도를 바꾸어 나가야 한다. 그러다가 정세가 유리하다고 짐작이 갈 때는 재빨리 변신해야만 한다. 그러면 본성이 드러나 그 때까지의 인망이 없어져 버리기 전에 새로운 지지자를 얻을 수 있으므로, 본래의 권위를 조금이라도 덜 손상시킨다. 그렇지 않으면 가면이 벗겨지는 바람에 지지자도 없어지고 파멸의 길을 걷게 되리라.

42장 인간이란 얼마나 타락하기 쉬운 것인가

십인회를 둘러싼 이상과 같은 문제를 검토해 보면, 사람이란 제아무리 선량하게 태어나고 제아무리 훌륭한 교육을 받았다 해도, 아주 쉽게 타락해 버리고 또 손바닥을 뒤집듯 그 성격이 바뀌어 버리는 존재라는 것을 알 수 있다. 이 점은 아피우스가 자신의 신변 호위를 위해 그의 주위에 모은 청년들을 예로 들어 보더라도 알 수 있다. 그들이 약간의 단물을 빨아먹을 수 있다는 조건만으로 참주 정치를 지지하게 되었다는 사실만 보더라도 판단이 될 것이다.

그리고 두 번째 십인회의 멤버였던 퀸투스 파비우스도 그 좋은 예일 것이다. 그도 본래는 아주 뛰어난 인물이었는데, 사소한 야심 때문에 분별을 잃은 데다가 아피우스의 악덕까지 물들어서 타고난 미덕도 내동댕이치고 극악무도한 행동을 하게 되어 아피우스와 똑같이 되고 말았다.

공화국이건 왕국이건, 입법자들이 신중하게 이 점을 검토한다면 다음과 같은 점을 지켜야 한다는 것을 알게 될 것이다. 즉 인민들에게 제멋대로의 행동을 취하지 못하도록 미리 브레이크를 걸어 두어야 할 것과, 또 무슨 짓을 하든 처벌받지 않고 끝날지도 모른다는 희망을 절대로 갖지 못하도록 해야 한다는 것이다.

43장 명예를 걸고 싸우는 자야말로 충량(忠良)한 군인이다

이미 위에서 다룬 주제로부터 또 다음과 같은 점을 깨닫지 않을 수 없다. 즉 군대 내에 사기가 왕성하고 대원 각자가 명예를 걸고 싸움에 임하는 군대와, 한편에서는 불평이 많고 남의 야심에 이용되어서 어쩔 수 없이 싸우는 군대와의 사이에는 커다란 차이가 있다는 점이다. 예를 들면, 로마군이 집정관에게 통솔되던 시대에는 천하무적의 상태였는데, 십인회에 통솔되자 항상 패전만 당했다는 사실로도 알 수 있을 것이다. 이런 실례를 보더라도, 왜 용병군이 쓸모 없는지를 어느 정도 이해할 수 있을 것이다. 결국 그들 용병을 여러분이 장악할 수 있는 것은, 그들에게 치르고 있는 약간의 급료의 힘밖에는 없다. 그 정도의 돈으로는 용병에게 충성을 기대할 수 없다. 말하자면 그들에게 목숨을 바쳐서 고용주에게 종사해 달라고 하기에는 그 급료가 너무 적다는 것이다.

용병군이 고용주의 목적을 달성하기 위해 동원되어서 전쟁을 할 경우, 그런 군대가 주인에게 각별한 애착을 가지고 있을 리 없으므로 기력 같은 것도 가지고 있지 않은 것이 당연하다. 조금이라도 용감한 적군이 나타나기만 하면 도저히 그것을 감당해 내지 못한다. 그런 지도자에 대한 애착이라든가 왕성한 전투 정신은, 지배자가 직접 보살피고 있는 주민이 아니고는 도저히 바랄 수 없는 것이다. 그러므로 공화국이나 왕국을 막론하고 국가를 유지해 나가고자 하는 사람들에게 필요한 것은 자국민을 무장시켜서 군대를 조직해야 한다는 것이다. 이런 방법은 지금까지의 역사를 통해, 군대를 써서 다대한 전과를 올린 모든 인물에게 공통된 점이기도 하다.

로마의 군대는 십인회의 통솔하에 있었을 때라도 용감성에 있어서는 옛날에 조금도 뒤지는 것이 없었다. 그런데 마음가짐에 있어서는 옛날의 흔적이 조금도 없었기 때문에 전과가 옛날처럼 오르지 않았다. 그런데 십인회의 제도가 없어지자마자 병사들은 다시 자유인으로서 싸우게 되었으므로 옛날의 정신이 새로이 되살아났다. 따라서 전쟁을 하게 되더라도 옛날 같은 좋은 전과를 올릴 수 있었던 것이다.

제44장 지도자가 없는 대중은 아무 소용 없다.
이런 오합지졸은 갑자기 위협한다고 해서 되는 게 아니다.
차라리 서서히 이쪽 주장을 관철하도록 해야 한다

비르기니아의 사건(제1권 제35장 및 제40장 참조)을 계기로 하여 로마의 평민들은 무기를 잡고 '성산(聖山)'을 차지하고 굳게 막아 지켰다. 그래서 원로원은 사자를 보내어, 어떤 조건이면 농성하는 사람들이 그 지도자를 떠나 산을 내려올 작정이냐고 물었다. 원로원의 권위에는 경의를 표시하던 시대이기도 했고, 게다가 그들 사이에 지도자가 없었다는 사실도 있고 해서 그들 중 아무도 대답하려는 자가 없었다. 이 점에 대해 티투스 리비우스가 지적한 것처럼, 평민들 측에 대답할 단서가 될 만한 것이 없어서가 아니라 그들 사이에 자진해서 대답해 나설 인물이 없었던 것이다.

이상의 점으로 미루어 보더라도 지도자가 없는 군중이란 한푼의 가치도 없다는 것을 알 수 있다. 이런 결함을 비르기니우스가 깨닫게 되어, 그의 명령에 따라 즉각 20명으로 이루어진 군사 위원이 평민에 의해 선출되어 평민 측 대표가 되고, 원로원 측에 대한 회답과 절충의 임무를 띠게 되었다.

한편 원로원인 발레리우스와 호라티우스에 대해서도, 평민이 뜻하는 바를 헤아려 오라는 요구가 제출되었다. 그러나 두 사람은 그곳에 가려 들지를 않아, 십인회가 그들의 관직을 박탈하겠다고 위협하는 바람에 겨우 떠나게 된 형편이었다. 이렇게 해서 평민 측이 웅거하고 있는 산에 두 사람이 도착하자 평민은 이 두 원로원을 향해 호민관 제도를 창설해야 한다는 요구를 끄집어 냈다. 그뿐 아니라 어떤 관직이든, 그 임용에 있어서는 인민의 동의를 거쳐야만 한다는 것, 그리고 십인회 멤버 전원을 화형에 처할 테니 평민 측에 넘기라는 요구를 들이댔다.

발레티우스와 호라티우스는 처음의 두 가지 요구에는 찬성했으나, 맨 마지막의 요구는 너무 심하다는 생각에서 거부했다. 그리고 그들에게 '남의 행위에 대해 그 잔혹성을 운운하는 당신들도 똑같은 잔혹 행위를 따르려 하고 있소' 하고 힐난했다. 그러면서 십인회에 대해서만 이러쿵저러쿵 잔소리를 하려 들지 말고, 자기네의 힘과 권위를 되찾도록 주의를 집중하는 게 더 나으며, 그것만 찾게 되면 다른 불만은 하나씩 하나씩 절로 해소될 것이라는 충고를 덧붙였다.

앞에서 살펴본 점으로 미루어 보더라도, 어떤 사람이 뭔가 한 가지 일을 하려 할 때, 미리부터 '나는 이러이러한 음모를 실행할 작정이다' 공언하는 것이 아주 어리석고 부주의하기 짝이 없는 언동이라는 것은 누가 보더라도 뻔한 사실이다. 왜냐하면 사람이란 결코 제 마음을 드러내서는 안 되며, 어떤 수단을 써서라도 자기 목적을 이루도록 노력해야 하기 때문이다. 따라서 한 사람으로부터 무기를 압수하려 할 때라도 그 사람에게 미리 '압수한 그 무기로 당신을 죽이겠다'고 말해서는 안 된다는 것은 물론이다. 하지만 여러분이 일단 자기 손에 무기를 압수하고 나면 그 뒤에는 뜻대로 해치우면 될 것이다.

제45장 법률을 만드는 입장에 있는 자가 스스로 법률을 준수하지 않는 일이 있으면 나쁜 전례가 된다. 그리고 자기 주장만 내세워 인민을 괴롭히는 일만큼 통치자에 있어서 위험한 일은 없다

앞장에서 말한 경위 끝에 원로원과 인민들 간에 타협이 성립되고 로마에는 예전과 같은 질서가 회복되었다. 그래서 비르기니우스는 아피우스를 인민들 앞에 소환하여 신문하고 그의 입장을 변명시키기로 했다. 아피우스가 많은 귀족을 데리고 나타나자, 비르기니우스는 아피우스를 감옥에 가두도록 명령했다.

한편 아피우스는 목청을 높여 인민에게 호소하기 시작했다. 그러자 비르기니우스가 말했다.

"아피우스 따위는 본인 자신이 없앤 공소권에 새삼스레 매달릴 자격도 없고, 자기가 마냥 학대한 바로 그 인민들에게 수호를 청하다니 뻔뻔스럽기 짝이 없는 노릇이다."

여기에 아피우스가 '그토록 사람들이 바라던 공소권을 또다시 백지화시킬 권리가 인민에게 있을 리 없다'고 반론했다.

결국 아피우스는 투옥되었는데, 내일이면 판결이 내린다는 날을 앞두고 스스로 목숨을 끊었다. 정말이지 아피우스의 극악 무도한 생애는 죽음으로 갚아 마땅한 것이었다. 법률을 어긴 죄, 특히 갓 통과시킨 새 법률을 없애버린 죄에 비하면 그 벌도 가벼운 것이라 할 수 있다. 왜냐하면 한 국가에 있어서 법률을 만들어 놓고 그것을 지키지 않는 것만큼 나쁜 것은 없기 때문이다. 또한 법률을 만든 당사자가 그 법률을 지키려 하지 않는 것은 가장 저열하다고 생각하기 때문이다.

1494년, 피렌체는 수도사 지롤라모 사보나롤라의 조언을 근거로 하여 그 국가의 체제를 재편성했다. 이 수도사는 그의 저작을 통해서 보더라도 깊은 학식과, 치밀하고 강인한 정신을 겸비한 인물이었다. 사보나롤라는 시민의 입장을 강화하기 위해 설치된 여러 가지 제도* 가운데서 하나의 법률을 성립시키는 데 힘이 되었다. 그 법률의 내용이란, 팔인회나 최고 시정 위원에 의해 나라에 죄를 지었다고 유죄 선고를 받았을 경우라도, 피고는 인민에게 제소할 수 있다는 것이었다. 그런데 이 법률이 발효된 직후에 5명의 시민이 이 죄로 최고 시정 위원에 의해 사형을 선고받았다.

당사자인 잔노초 푸치, 조반니 캄비, 베르나르도 델 네로, 로렌초 토르나보니, 니콜로 루돌피의 5명의 시민은 당연히 제소할 것을 청원했으나 그것은 기각되고 말았다. 이리하여 모처럼의 법률도 무시되었다. 이 사실은, 다른 어떤 원인보다도 더 이 수도사의 신용을 떨어뜨리게 만들었다. 이 공소권을 인정한 법률이 유익한 역할을 수행하고 있는 한, 어떻게 해서라도 그것을 지켜 나갔어야만 했다. 이 법률이 무용지물이라면 사보나롤라가 그토록 애를 썼다는 것이 우습지 않은가?

이와 같이 사보나롤라의 언동이 처음부터 끝까지 일관되지 않았음은 누가

---

* 1495년에 사보나롤라가 추진한 이 제도는 대의회에서 선출된 팔십인회(또는 백인회)가 시정 위원회로부터 유죄 판결을 받은 자의 제소를 수리하기로 되어 있었다.

보아도 뻔한 사실이었다. 그러나 실상, 법률이 파기된 뒤 어느 설교를 들어보아도 그는 법률을 파기한 장본인에 대해서는 비난도 하지 않고 인정도 하지 않고 모르는 척 밀고 나가고 있다. 왜 사보나롤라가 이런 태도를 취했는가 하면, 자기의 뜻에 맞지 않는 일을 했다 해서 비난할 수도 없고, 그렇다고 자기가 은근히 기대하던 일을 실행해 주었다 해서 이를 칭찬할 수도 없었기 때문이리라. 이렇게 되자 사보나롤라의 야심과 당파 조성이 드러나는 바람에 그의 평판은 떨어졌고, 숱한 비난이 한 몸에 집중되었다.

국가에 있어서 또 한 가지 아주 유해한 것은, 여러 인물을 차례차례 대상에 올려 공격하고, 전체 시민의 마음에 새로 냉정한 분위기를 조성하는 일이다. 십인회가 폐지된 뒤 로마의 정세가 바로 이러했다. 십인회 회원은 말할 것도 없고 다른 시민들도 때와 장소만 달랐지, 모두 고발당하여 유죄를 선고받았다. 이렇게 되자 모든 귀족들 사이에 끝없는 공포가 퍼져서, 이런 더러운 고발을 서로가 계속하는 한 머지않아 귀족 전체가 남김없이 멸망당할 게 틀림없다고 믿게 되었을 정도였다.

호민관 마르쿠스 두엘리우스 (기원전 305년에 호민관으로 취임한 인물) 가 그처럼 어떤 수단을 강구하지 않았던들, 로마는 파국의 수렁에 빠졌을지도 모른다. 두엘리우스가 취한 조치란 하나의 법령을 발포하는 일이었다. 그 법령은 앞으로 1년간은 어떤 로마 시민이건 소환하여 신문을 받거나 고발되는 일이 없도록 정한 것이었다. 따라서 모든 귀족들은 안도의 숨을 내쉬었다.

이런 입장에서 볼 때, 공화국이건 군주국이건 그 주민의 마음을 한치의 틈도 없는 형벌과 탄압에 의해 의혹과 공포의 도가니 속에 몰아넣는다는 것이 얼마나 위험한 일인가를 알 수 있을 것이다. 실로 이처럼 위험한 방법은 달리 없을 것이다. 왜냐하면 사람이란 몸에 위험을 느끼기 시작하기가 무섭게 어떤 수단을 써서라도 몸의 안전을 도모하기 위해 온 힘을 기울이다가, 결국 그 상태에서 빠져 나가려고 앞뒤 분별도 없이 광포한 행동으로 나가게 마련이기 때문이다. 그러므로 누구에 대해서도 형벌로 위협하는 일이 있어서는 안 된다. 또한 함부로 탄압을 가하는 일도 엄격히 삼가야 한다. 사람들이 편히 살 수 있도록 해주어서, 인심이 안정되어 저마다 분수대로 만족할 수 있는 환경을 만들어 주어야 한다.

제46장 인간은 연달아 야망을 추구한다. 처음에는 자기 몸을 지키기에
급급하던 자가 곧 남에게 공격을 가하게 된다

로마 인민은 다시금 자유를 손에 넣고 인민 본래의 지위를 회복했는데, 그
보다 더 중요한 것은 당초에 차례차례 통과한 새 법인 십이동판법에 의해 인
민의 권위가 한층 더 향상된 점이었다. 그래서 상당한 시기에 걸쳐서 로마에
평화가 지속될 것이라고 기대한 것도 결코 무리는 아니었다. 그런데 실제 역
사의 전개는 정반대의 모습이었다. 결국 새로운 분쟁과 끝없는 혼란이 끊임
없이 로마에 엄습해 왔다.

왜 이런 사태가 생겼나 하는 이유에 대해서 티투스 리비우스가 매우 적절
한 해명을 주고 있으므로(^{티투스 리비우스,}
(로마사) Ⅲ, 65, 7~11), 나는 여기서 티투스 리비우스의 말
을 그대로 인용하고자 한다. 그는 다음과 같이 말했다.

"인민 측이든 귀족 측이든 어느 한쪽이 겸손하게 나가면 다른 한쪽은 우
쭐해서 교만해지는 법이다. 이 경우는 인민 측이 분에 넘치지 않도록 조심했
는데, 젊은 귀족들이 인민을 학대하는 바람에 호민관도 거기에 대해서는 손
을 쓸 수 없었다. 손을 쓰기는커녕 호민관 자체가 위협을 당하는 형편이었
다. 한편 귀족 측도 그들의 젊은이 가운데 상식을 벗어난 자가 있다는 것은
잘 알고 있었다. 그러나 상식을 벗어난 행위를 했다 하더라도 그것이 귀족
측이 인민 측을 압도하기 위한 것이라면 부득이한 일이고, 그 반대라면 절대
로 용납될 수 없다는 입장이었다. 이와 같이 귀족이건 인민이건 지키려고 열
중하면 어느 쪽이든 힘을 갖추기 마련이다. 이 당연한 형세로서, 공포로부터
벗어나고자 열심히 노력하는 당사자인 인물이 이번에는 반대로 타인에게 위
협의 대상이 되는 법이다. 그래서 자기가 거기로부터 벗어나고자 버둥거리
던 위압감을 이번에는 남의 머리 위에 뒤집어씌우게 된다. 이리하여 마치 세
상에는 지배하는 자와 정복되는 자가 처음부터 정해져 있었던 거나 다름없
는 결과가 되어 버린다."

위의 인용한 말만 보더라도 국가가 어떻게 해서 붕괴되는 것인지, 또 사람
이란 어떻게 해서 계속 야심에 사로잡혀 나가는 것인지를 잘 알게 된다. 그
리고 살루스티우스가 그의 저서 《카틸리나 전쟁기》에서 카이사르를 통해서
한 아래의 말이 정곡을 찌르고 있다는 것도 동시에 알 수 있게 된다.

"아무리 나쁜 실례가 되는 것도 그것이 시작되던 처음의 동기는 훌륭한

것이었다."

이미 말해 둔 것처럼 공화국 안에서 야심에 사로잡혀 세력을 떨치고 있는 자들도 처음 시대에서는 공사를 막론하고 그 몸에 가해지는 공격을 피하기에 열심이었다. 그러기 위해 그들은 자기 무리를 얻는 일에 부심했다. 그들은 자기 무리에 참가시키고자 하는 자들에 대해 돈을 제공하거나 권력자로부터 비호해 주어서, 표면상으로는 그럴듯하게 성실히 보이는 방법을 취한다. 이런 방법은 한 점도 나무랄 데 없는 것으로 보이기 때문에 누구나 여기에는 감쪽같이 속아넘어가게 마련이다. 그래서 정면으로 반대하거나 예방 조치를 강구해 둘 수가 없다. 이런 결과를 거쳐서 그 인물은 아무 장애에도 부딪치지 않고 권력을 장악한다. 그래서 일반 시민은 그를 두려워하게 되고 공직에 있는 자도 그 사람에게는 한 수 접어 두게 된다. 그래서 아무런 저항도 만나지 않고 권력의 자리에 앉아 버리면 결국 그자를 권력으로부터 끌어내리기란 위험하기 짝이 없는 일이 된다.

그 이유는 내가 이미 지적한 것과 같이, 한 나라 안에서 보통 때보다 악습이 팽창하면 이에 대항한다는 것은 위험하기 짝이 없는 일이 되기 때문이다. 이렇게 되면 다음 두 가지 중 한 가지를 택해야 할 궁지에 몰리게 된다. 즉 무서운 출혈을 각오하고 악의 장본인을 죽이든가, 아니면 그자가 죽든가, 어떤 돌발 사건 덕분에 그자의 지배로부터 벗어나게 되든가, 또는 그것을 정해진 운명으로 알고 노예의 처지를 감수하든가이다. 그 까닭은 이미 말한 것처럼, 일반 시민이나 공직에 있는 자 모두가 독재자와 그 일파를 두려워하여 공격을 안 하면, 독재자 일파들로서는 자기들이 점찍은 인물을 마음대로 재판에 걸거나 탄압을 가하는 일이 쉬운 일이 되기 때문이다. 따라서 적어도 공화국은, 선의의 허울을 쓰고 그 밑에서 권력을 쥔 채 나쁜 일을 음모하려는 인물이 하나라도 나타나지 않게끔 충분히 법률을 정비해 두어야 한다. 그와 동시에 자유를 지키는 자에게는 명성을 주고, 이를 해치는 자에게는 단연코 명성 따위는 주지 않는 바탕을 만들어 두어야 한다. 실제로 어떻게 이것을 실행에 옮기는가에 대해서는 다른 데서 논하기로 한다.

제47장 인간은 큰일을 판단할 때는 잘못을 저지르기 쉬우나, 개개의 문제에서는 틀리지 않는다

다른 대목에서 이미 언급해 둔 것처럼 로마 인민은 집정관이라는 명칭 자체를 싫어해서 평민 계급으로부터 집정관을 선출하든가, 그것이 받아들여지지 않는다면 집정관의 권한에 제한을 가하려 했으므로, 귀족 측은 그 어느 쪽 요구를 들어 준다 해도 집정관의 권위에 상처가 간다고 판단하여 그 중간 길을 택했다. 결국 집정관의 권한에 상당하는 4명의 호민관을 설치하고 그 관직에는 평민도 귀족도 다같이 임용될 수 있다는 것을 인정했다. 한편 평민 측은 이로써 집정관의 제도가 괴멸되고 평민 측에 국정의 최고권이 확보된 것으로 판단하고 귀족 측의 제안에 찬성의 뜻을 나타냈다. 그런데 여기서부터 정세는 크게 변화하고 만다. 그 이유는 4명의 호민관 선출에 있어서 로마 인민은 전원을 평민 출신자로 뽑을 수도 있었는데, 그러지 않고 4명 모두 귀족을 뽑고 말았기 때문이다.

티투스 리비우스는 이 점을 다음과 같이 말하고 있다^(티투스 리비우스, 《로마사》 Ⅳ, 6, 17).

"이 호민관 선거가 초래한 결과를 보면 일찍이 자유와 명예를 위해 싸우던 때에 인민에 의해 표시되었던 정신이, 그 투쟁이 끝난 이 마당에서는 공정한 판단으로부터 거의 먼 것으로 완전히 타락해 버렸음을 알 수 있다."

이런 변화가 어떻게 해서 일어났는지를 더욱 깊이 검토한 결과, 사람이란 대국적으로 판단해야 할 큰 문제에 대해서는 잘못을 저지르기 쉽고, 거꾸로 개인의 문제로 옮겨서 판단할 경우에는 그 위험이 대단하지 않다고 나는 믿고 싶다.

로마 인민들로서는 인민들이 그 수로 보더라도 로마 주민의 대다수를 차지하고 있었고, 또 전쟁이라도 나게 되면 누구보다도 더 위험에 처해야 했다. 아울러 로마에 자유를 초래하고 그것을 강력하게 만드는 일은 인민의 두 어깨에 걸려 있는 것이니 자기들이야말로 집정관이 될 가치가 있다고 한결같이 생각하고 있었다. 이런 소망이야말로 진정 도리에 합당한 일이라고 생각하던 인민은, 모든 수단을 써서라도 집정관의 권위를 손에 넣으려 했다. 그러나 이상과 같은 인민 일반이 대국적으로 판단한 소망에 대해 그들 각 개인이 자기 판단에 의해 실제 후보자를 뽑아야 할 경우가 되자, 자기들의 역부족을 너무나 잘 알고 있으므로 전에 집정관 전원을 인민이 차지해야 한다는 기준에 대해, 자기들 가운데서는 아무도 적임자가 없다고 판단했다.

이와 같이 인민 측 후보자의 부적격함을 인정한 그들은 그 관직의 적임자인 귀족에 의지할 수밖에 없었다. 인민이 취한 이 같은 태도에 대해 티투스 리비우스는 이를 찬탄하면서 다음과 같은 말을 남겼다.

"일찍이 인민 전체가 자기 편이 많다는 것을 믿고 무리한 난제를 끄집어 냈던 일에 비해서, 오늘날 그들 개개인이 취한 태도는 그 얼마나 절도와 공정함과 고매한 정신으로 충만해 있단 말인가."

지금까지 말해 온 것을 더 뚜렷하게 나타내는 것으로서, 로마인이 칸네에서 한니발에게 패한 뒤 카푸아에서 일어난 유명한 사건을 인용해야 할 것 같다. 이 패전으로 이탈리아가 온통 소동을 벌이는 바람에 카푸아도 내란 상태에 빠졌는데, 인민과 원로원의 반목은 수습할 수 없는 상태가 되고 말았다. 당시 카푸아의 최고직에 있던 파코비우스 카라누스(카푸아의 귀족, 기원전 218년 무렵 카푸아를 지배하고 있었다)는 도성을 엄습하고 있는 위기의 성격을 판단한 다음, 자기 직권으로 인민과 귀족을 화해시키려고 작정했다. 그래서 그는 원로원을 소집시켜 그들에게 인민이 증오심을 가지고 있다는 것, 또 그들이 인민에게 몰살당할 위험성도 있다는 것을 말하고, 아울러 카푸아라는 도시도 로마인이 한니발에게 격파당한 이상 그들 손에 정복되어 버릴지도 모른다고 설득했다. 그리고 이렇게 말을 이었다.

"만약 여러분이 나에게 사태의 수습을 맡겨만 준다면 어떻게 해서든지 화해의 길을 찾아 보겠소. 하지만 나는 귀공들을 집안에 가두어 두지 않으면 안 되오."

이렇게 해서 인민들에게 언제든지 원로원을 처벌할 수 있다는 것을 인정시킨 다음, 그것으로 원로원을 구해내겠다고 설명했다. 파코비우스의 계략을 원로원이 승낙했으므로, 그는 원로원 의원들을 집 안에 가두고 인민을 소집했다. 그리고 인민을 향해 말했다.

"드디어 여러분이 원로원의 횡포를 교정하여 그들로부터 받은 당치않은 행동에 대해 보복할 때가 왔소. 그래서 나는 원로원 전원을 꼼짝 못하도록 감시하고 있소. 그렇다고 해서 여러분이 자기들의 도시를 무정부 상태로 내버려두고자 바라는 것은 아니라고 믿소. 만약 여러분이 지금의 원로원 의원을 죽이고 싶다면 죽여도 좋소. 하지만 그러면 그런 대로 새 의원을 뽑아 둘 필요가 있지 않겠소?"

그래서 파코비우스는, 현재의 원로원 의원 전원의 이름을 쓴 이름표를 자루 속에 넣어 두고 인민들 입회하에 한 장씩 꺼내 나가다가, 그 중에서 후임자를 결정하면 나머지는 이름이 나오는 대로 그들을 차례차례 죽이면 되지 않겠느냐고 설명했다. 맨 처음 한 장을 꺼내 그 이름을 부르자, 이놈은 오만하고 잔인하고 방자하다고 이구동성으로 욕설을 퍼붓고 야단법석이 일어났다. 그러자 파코비우스는 딴 방법을 취하여 인민의 이름표를 뽑도록 하자고 요구하자 모두 조용해졌다. 잠시 침묵이 흐른 뒤 평민 한 사람이 임명되었다. 이 이름을 듣는 순간 사람들은 휘파람을 불고 웃어대며 저마다 놀려댔다. 이렇게 차례차례 이름이 불리어 임명되어 나갔으나 그 중 누구를 택해보아도 원로원 의원의 권위에 적격자라고 여겨질 만한 자가 나타나지 않았다. 그래서 재빨리 이 좋은 기회를 잡은 파코비우스는 다음과 같이 말했다.

"여러분은 이 시가 원로원 없이는 운영될 수 없다고 생각하는 것 같소. 그렇다고 지금의 의원을 대신해서 새로운 사람들을 임명하는 일에도 찬동을 얻을 수 없을 것 같으니, 차라리 나는 여러분이 지금의 원로원과 화해하는 게 어떨까 생각하오. 이유는 원로원 의원 모두는 공포감으로 기가 꺾여 버렸을 것이오. 그러므로 인민 여러분이 지금까지 그들에게서 도저히 기대도 할 수 없었던 인간다운 따뜻함을 그 속에서 느끼게 되지 않을까 생각하기 때문이오."

인민 측이 이 제안을 받아들여 두 그룹 사이의 타협이 성립되었다. 이 경우에 인민은, 각각 자기 자신에게로 생각을 돌려 여러 가지 경우를 두고 생각해 본 결과 그 잘못을 즉시 깨닫게 되었다. 말을 바꾸어 하자면, 인민이란 자기에게 관련되는 사물을 개괄적으로 파악하려 할 때 잘못을 저지르기 쉬우며, 반대로 각각 구체적인 예를 따라 생각을 추진시켜 나가면 그런 잘못은 저지르지 않는 법이다.

피렌체로부터 그 지배자들인 메디치 가가 추방된 1494년 이후부터 질서 있는 정부는 없어지고, 야망을 제멋대로 휘두르고자 하는 방자한 풍조가 지배하게 되었다. 그래서 사회는 날로 악화 일로를 더듬게 되어, 숱한 피렌체인은 붕괴되어 가는 조국의 모습을 눈앞에 보면서도 도무지 그 붕괴의 원인을 모르는 채 몇 명의 실력자의 야심적 행동만 힐난하고, 그들이 자기 뜻대로 국가를 개조해서 인민들로부터 그 자유를 빼앗으려 하기 때문에 이런 혼란이 생긴 것이라고 생각했다.

이런 생각을 가진 사람들은 광장이나 집회소에 나타나 많은 이름을 대면서 그의 악행에 대해 소문을 퍼뜨렸다. 그리고 자기들을 최고 시정 위원으로 임명해 주기만 하면 시에 해를 끼치는 유력 시민의 가면을 벗겨 이에 처벌을 가해 보이겠다고 위협했다. 그래서 한 인물이 시의 최고직에 거듭 뽑히는 사태가 여러 번 일어나게 되었다.

이런 사람들이 그 직책에 취임하면 사태의 진상을 직접 보고 이해할 수 있는 입장에 놓이게 된다. 그래서 혼란이 벌어지는 위험의 성격이나 그것을 수습하는 일이 얼마나 어려운지를 뼈저리게 느끼게 되었다. 그리고 사태가 이렇게까지 악화되어 버린 것이 특정 인물의 행동에 의한 것이 아니라 시대가 만드는 일임을 이해하게 되어 그들의 사고방식도, 그 일하는 방법도 지금까지와는 전혀 달라지게 되었다.

이렇게 변하게 된 것은, 개개의 사물을 실체에 따라서 이해하게 되었기 때문이며, 그들이 전에 사태를 남의 일처럼 개괄적으로 파악하던 때에 빠졌던 잘못으로부터 벗어날 수 있게 되었기 때문이다. 그러나 그 인물이 한 개인의 입장에서 지껄이는 것을 들은 사람들은 지금 그가 최고 관직에 올라 아주 점잖아진 것을 보고, 그렇게 변하게 된 까닭, 사태를 옳게 인식할 수 있게 되었기 때문이라고는 생각하지 않았다. 그 반대로 권력의 자리에 오른 그들이 유력한 귀족들의 말주변에 넘어가 타락해 버렸기 때문이라고만 생각했다. 그리고 이와 똑같은 현상이 숱한 사람들 사이에서 여러 차례 되풀이되었기 때문에 당시 사람들은 다음과 같은 말을 입버릇처럼 하게 되었다.

"정계에만 들어가면 재야 때의 뜻은 어디로 가 버리는지."

지금까지 논해 온 것을 종합적으로 생각하면, 사람을 망상에서 깨어나게 만들기란 아주 쉽다는 것을 알게 된다. 즉 본인에게 사물을 개괄적으로 포착하면 실수를 저지르기 쉽다는 것을 납득시켜서 개개의 사물에 따라 파악하도록 만들면 된다는 것이다. 결국 카푸아에서 파코비우스가, 또 로마에서 원로원이 했던 것처럼 인민을 지도해 나가면 되는 것이다.

신중한 정치가라면 모두, 이를테면 누구누구에게 어떤 영예를 주느냐 하는 자질구레한 개개의 안건에 대해서 절대로 인민의 의향을 무시해서는 안 된다고 나는 확신한다. 왜냐하면 이런 경우에 인민들은 결코 그릇된 판단을 내리지 않기 때문이다. 또한 설사 이따금 실패하는 때가 있다고 하더라도, 특정한 소수자가 영예로운 작위의 수여라는 권한을 장악하던 때에 비하면 그 실패율이 매우 적은 것이기 때문이다. 이제 다음 장에서 원로원이 영예로운 작위의 수여를 둘러싸고 인민을 속이던 경위를 들어 볼까 한다. 이것은 반드시 사족이라고만은 할 수 없을 것이다.

제48장 용렬한 자나 부정한 자를 관직에 두고 싶지 않으면, 더욱 저속하고 악한 자나 아니면 뛰어나게 고결하고 유덕한 인사를 출마시키는 것이 좋다

집정관 권한을 수반하는 호민관의 선출에 있어서 원로원은, 평민 출신자를 배제하고자 다음의 두 가지 방법 중 하나를 택했다. 즉 로마에서도 한층 높은 명망을 얻고 있는 인물에게 출마를 하게 만들든가, 아니면 아무 짝에도 쓸모 없는 저속하고 용렬한 자를 평민 가운데서 매수하여, 평소에 그 지위를 요구하고 있는 비교적 훌륭한 다른 평민 출신의 입후보자와 함께 나서게 했다.

후자의 경우가 채택되면, 평민 계급은 자기네 가운데서 입후보한 자에게 투표하기가 싫어지게 된다. 한편 전자의 방법이 채택되면, 시민으로서의 대의명분으로 보더라도 유덕한 인사에게 투표하게 된다.

이런 현상은 앞장에서 내가 지적한 경향과 일치한다. 결국 인민이란 대국적 판단을 필요로 하는 문제에 대해서는 앞을 내다볼 수 없지만, 개개의 현상을 자기 입장에 옮겨서 생각할 때는 건전한 판단력을 나타낸다고 할 수 있다.

제49장 로마처럼 초창기부터 자유를 지키던 도시라도 자유를 성문화하는 법률을 제정하기 어렵다. 더욱이 건국 초부터 예속을 일삼아 온 국가에서는 자유를 수호하는 법률을 제정하기는 불가능하다

한 공화국이 자유를 유지해 나가는 데 있어서 필요한 법률을 모두 갖추고자 해도 그 실현이 얼마나 어려운 일인가 하는 것은, 로마 공화국에서의 경위가 무엇보다도 웅변적으로 말해 주고 있다. 로마에서는 처음에 로물루스,

이어서 누마, 툴루스 호스틸리우스, 세르비우스에 의해, 끝으로는 십인회에 의해 숱한 법률이 만들어져서 비슷비슷한 효과를 기대했는데, 막상 그 법률을 적용해 보니 여러 가지로 새로 손을 가할 필요성을 통감하여 그에 따라 새로운 법률이 만들어지게 되었다.

처음으로 만들어진 것은 감찰관 제도였다. 이 제도는 로마의 자유가 존속되던 시기에 그 자유를 확보하고자 설치한 여러 가지 법령 가운데 한 가지다. 이 제도는 로마의 풍속을 단속하는 역할을 수행했으므로 로마인이 타락하지 않고 오랫동안 그 힘을 떨칠 수 있었던 최대 원인이 되었다. 그러나 감찰관 제도를 창설하면서 그 임기를 5년으로 한 것은 큰 잘못이었다.

하지만 그 뒤 얼마 안 되어 임시 독재 집정관 마메르쿠스*의 신중한 배려에 의해 수정이 가해져서, 새 법령의 발포에 따라 감찰관 임기는 18개월로 단축되었다. 그런데 감찰관들은 임기를 단축한 데 대해 크게 적의를 품었기 때문에 마메르쿠스의 원로원 자격을 박탈해 버렸다. 그들이 취한 이 처치는 평민과 귀족 양쪽으로부터 심한 비난을 받았다. 당시의 상황에서 마메르쿠스가 이런 소행으로부터 보호되었는지 어떤지는 알 길이 없다. 그러나 이는 그 부분의 문서가 소멸되어 버렸든지 또는 이런 케이스에 대해서는 로마의 법률이 아직 정비되지 않았든지 그 둘 중 하나로 상정하는 수밖에 없다. 왜냐하면 법률이 충분히 정비된 공화국에서는 한 시민이 공공의 이익에 맞는 법률을 공포했다고 해서 아무런 보호도 받지 못하고 공격당하는 일이 있을 리가 없기 때문이다.

그러면 이 장의 출발점으로 되돌아가 다음과 같이 말해 두기로 한다. 이런 새로운 제도를 창설하는 데는 로마같이 국가의 초창기 시대부터 자유를 확보하고, 나아가 그 이래로 자유를 지속하는 경우라도 그 자유를 유지해 나가기에 적합한 법률을 낳기란 여간 곤란한 일이 아니라는 점이다. 이 점을 생각하면 처음부터 예속 상태에 놓인 국가에서 문화적이고 평화로운 생활을 보장할 수 있는 법률을 제정한다는 것은 불가능한 일일 것이다. 주지하는 바와 같이 피렌체의 경우에 그 기원을 더듬어 보면, 로마 제국에 예속되어 있

---

* 기원전 433년에 임시 독재 집정관이 되어 감찰관의 임기에 제한을 가했다. 투티스리비우스, 《로마사》 IV, 23~24.

었을 뿐만 아니라 그 뒤 줄곧 외국의 지배를 감수해야 했다. 그로 인해 오랜 동안 굴욕에 익숙해져서, 자신의 힘으로 자유를 획득할 생각은 조금도 하지 못했다. 그러다가 이윽고 소생할 좋은 기회가 찾아와 자기네의 법률을 제정할 단계가 되었다. 그런데 모처럼의 법률도 옛 악법과 뒤섞여 있었기 때문에 그 효력을 충분히 발휘하지 못했다. 이렇듯 200년 동안 그럭저럭 노력을 거듭하는 가운데, 참으로 공화국이라 불릴 만한 어떤 국가에서도 갖추어 본 적이 없는 당당한 성문법을 갖추게 되었다.

피렌체가 봉착한 여러 가지 곤란은 피렌체와 비슷한 기원을 가진 국가라면 어느 국가에서나 볼 수 있는 것이었다. 피렌체가 공정하고 자유로운 투표에 의해 소수의 시민에게 법률을 개정할 수 있는 충분한 권한을 준 일은 여러 차례 있었다. 그러나 그것도 공공의 이익을 위해서 법률이 만들어지는 게 아니라, 사리사욕을 채우기 위해서 법률을 만드는 결과를 낳게 되었다. 따라서 국가에 질서를 가져오는 게 아니라 큰 혼란을 심게 되고 말았다.

이것을 분명히 해두기 위해 하나의 예를 들기로 한다. 내가 여기서 말하고 싶은 이야기는 다음과 같다. 결국 공화국을 이룩하고자 하는 사람이 명심해 두어야 할 여러 가지 문제 중에서도 특히 중대한 것은, 그 시민에 대해 사형 판결을 언도할 권한을 장악할 사람이 누구인지를 잘 검토해 두어야 한다는 점이라는 것이다. 이 점에 대해서 로마에서는 참으로 훌륭하게 정비되어 있었다. 왜냐하면 로마에서도 통칙으로서 인민에 대해 공소할 수 있는 권리를 인정하고 있었기 때문이다. 그러나 중대 사건이 발생하여 공소에 시간이 걸려서 형의 집행이 늦어져 돌이킬 수 없는 일이 생길지도 모를 경우를 고려해서, 임시 독재 집정관 스스로가 즉결한다는 응급책을 사용하게 되었다. 그러나 이 응급책도 긴급 사태에 대처하는 것 외에는 결코 남용되지 않았다.

그런데 피렌체나 그와 비슷한 예속 상태라는 발생 조건을 갖추고 있는 그 밖의 도시의 경우를 보면, 이런 도시들은 사형 판결의 권한을 그 국가 지배자가 임명한 외국인에게 위탁했다. 세월이 흘러서 이런 여러 국가가 자유 독립을 자랑할 수 있게 되고 나서도 그 권한은 여전히 카피타노*라 불리는 외

---

*이 제도는 본래 도시 안의 파벌 항쟁에 사로잡히지 않는 외국인의 중립성과 객관성을 높이 평가하여 설치된 것이다.

국인의 수중에 장악되고 있었다. 그런데 그 카피타노를 시의 유력자가 손쉽게 매수할 수 있었기 때문에 이 제도는 말할 수 없이 위험한 것이 되었다.

그러나 세월이 흘러 정치 형태에 변화가 초래되는 바람에 위에서 말한 카피타노의 제도도 어쩔 수 없이 변경되고, 전에 카피타노가 소유하던 권능을 맡아 보는 팔인회라는 것이 조직되었다. 팔인회라는 제도도 다른 대목에서 이미 설명해 둔 것처럼 소수의 위원이 몇 안 되는 유력자들의 앞잡이가 될 뿐이었으므로 가뜩이나 좋지 않은 제도가 최악의 것이 되고 말았다.

그런데 베네치아의 경우는 위에서 말한 것 같은 결함을 잘 막아 낼 수 있었다. 즉 10명의 시민이 임명되어, 어떤 시민도 공소 없이 처벌할 수 있도록 되었다. 이 십인회가 본래는 귀족도 처벌할 수 있는 권한을 가지고 있지만, 충분한 것이 못 되어서 따로 사십인회*¹가 창설되었다. 그리고 프레가이*²라 불리는 위원회도 설치되었는데, 이는 최고 위원회로서 귀족을 처벌하는 권한을 갖고 있었다. 이상과 같이 고발하는 측의 체제가 갖추어짐과 동시에, 재판관이 귀족들을 견제하는 일도 게을리하지 않았다.

제 힘으로 법률을 갖추고 많은 유능한 인재까지 거느리고 있던 로마긴 했으나, 그래도 날로 새로운 조건에 봉착했으므로 사회의 자유를 확보하기 위한 새로운 법률을 모색해야 했다. 따라서 건국의 사정이 더 어렵던 다른 국가의 경우에는 연달아 곤란한 사태에 부딪쳤기 때문에, 법률을 제정하여 국가 체제를 확립한다는 일은 생각도 못할 일이었다.

제50장 어떤 위원회나 행정직이라도 국가의 통치력을 정지시킬 수 없다

기원전 431년 티투스 퀸티우스 킨키나투스와 그나에우스 율리우스 멘투스가 로마의 집정관이었을 때 두 사람의 사이가 나빠졌기 때문에 공화국의 정무는 모조리 정체되었다. 그래서 원로원은 두 사람에게 요청하기를, 임시 독재 집정관을 설치하여 불화 때문에 지체된 국무만이라도 처리시키는 게 어

---

*1 형사와 민사의 최고 기관. 1179년에 설치되었다. 대의회에서 선출되었으며 정치와 행정에도 발언을 했다.

*2 1297년 이후에 법령에 의해 창설되었다. 특히 대외 정책, 통상, 경제 정책, 군사 문제에 대해 대의회를 보좌하는 임무를 가지고 있었다. 보통 70명으로 구성되며 해마다 선거가 행해졌다. 뒤에 정원 300명이 되었다. 14세기 말에는 원로원이라고 불렸다.

떻겠느냐고 상의했다. 그랬더니 다른 일로는 의견이 일치한 적이 없던 그들이 웬일인지 이 경우만은 이에 반대한다는 점에서 보조를 맞추었다. 그래서 원로원은 손을 쓸 길이 없어져서 호민관의 도움을 요청했다. 호민관은 원로원의 권위를 방패삼아 두 집정관을 억지로 복종시키게 만들었다.

여기서 우리는 우선 첫째로 호민관이 얼마나 도움이 되는지를 알게 된다. 결국 호민관이란 귀족의 인민에 대한 야망을 누르는 데 도움이 될 뿐만 아니라, 귀족 내부의 횡포한 자를 견제하는 데도 힘이 된다. 다음에 주목할 점은, 국가를 운영해 나가는 데 필요한 어떤 결정도 소수의 손에 맡겨서는 안 된다는 것이다. 예를 들면, 만약 여러분이 어떤 특정한 위원회에 대해 영예로운 작위나 관직을 수여하는 권한을 주거나 또는 일종의 행정직에 대해서 공무의 한 부분의 처리를 위탁하고자 한다면, 어떤 조건하에서도 그것을 수행해야 한다는 의무를 그들에게 부여해야 한다. 만일 본인이 이를 수행하기 싫어하는 경우에는 다른 사람에 의한 대행을 인정하는 규정을 만들어야 한다. 그렇게라도 하지 않으면 이 제도는 결함투성이라 살얼음을 딛는 꼴이 된다. 마치 로마에서 볼 수 있었던 실례와 같이, 옹고집인 두 집정관에 대해 만일 호민관이 소심하게 대했던들 그 결과는 어떻게 되었을지 모를 노릇이다.

베네치아 공화국의 경우, 대의회가 영예로운 작위나 관직을 수여하는 업무를 맡아 보고 있었다. 그런데 그 대의회가 불만을 느끼고 있었기 때문인지, 혹은 헐뜯는 말에 현혹되어서였는지 나라 안팎에서의 통치를 담당할 행정관의 후임자를 임명하지 않고 내버려 두는 사태가 여러 차례 일어났다. 그리고 이것이 원인이 되어 큰 소동에까지 이르게 되었다. 그래서 베네치아 본토도, 그 지배하에 있던 내륙 지방도 순식간에 지도자를 잃고 말았다. 그래서 대의회의 모두가 마음을 돌리든가, 그 착각을 인정하지 않는 한은 아무 일도 손에 잡히지 않는 형편이 되었다. 이와 같은 미비한 제도가 있는 이상 어떤 유능한 시민이 나서서 그 예방책을 강구하지 않으면 그 국가는 파국으로 끌려들 확률이 매우 클 것이다. 결국 그 예방책으로서 채택해야 할 점이란, 법률을 공포하고 국내외에 있는 전임, 또는 현직 행정관에 대해, 그 대행자나 후임자가 임명되지 않는 한 결코 자리를 이탈해서는 안 된다고 규정해 두는 일이다. 이상과 같은 수를 쓰면, 의회가 공화국을 위험으로 몰아 넣지는 못하게 되므로 국가 활동은 확고해지기 마련이다.

제51장 공화국이나 군주국을 막론하고 필요에 따라 부득이 취하는 행동이라도 자기 의지로 행하는 척해야 한다

어떤 일을 할 때건 간에, 특히 필요에 따라 부득이 그렇게 해야 할 때라도 모든 일에 빈틈없는 인물이라면, 제 쪽에서 자진하여 그것을 하고 있는 것 같은 인상을 항상 사람들에게 심는 법이다.

옛날의 로마에서는 자기 비용을 들여서 군무에 복역하는 관습이 있었던 것을, 앞으로 군무에 봉사하는 사람들에 대해서는 국고에서 급료를 지불해야 한다는 결정(이 결정은 기원전 405년, 베이이와의 전쟁 때에 내려졌다)을 원로원이 내렸을 때도 이런 깊은 배려가 작용되었다.

그때까지의 관습을 그대로 사용하다가는 장기전에 견뎌낼 리도 없고 포위전에 종군하거나 본국을 멀리 떠날 곳으로 출병한다는 것은 불가능하다는 사실을 원로원은 내다보았다. 그래서 양쪽의 작전을 수행하기 위해서는 여기서 말한 것처럼, 국고에서 병사에게 급료를 지불한다는 것을 결정할 수밖에 없었다. 그런데 원로원은 이 방법이 필요에 따라 취해야만 할 처지였다는 것을 손톱만큼도 내비치지 않고, 스스로 기꺼이 이 정책을 수립했다는 태도를 취했다.

이 법안이 제시되자 평민들이 이를 크게 환영하는 바람에 로마는 온통 환성의 도가니 속에 파묻힐 정도였다. 이 결정이 그들에게는 큰 특전으로 받아들여졌다. 평민들은 이를 바랐던 적도 없었고, 스스로 손에 넣고자 노력해 본 적도 없을 정도였다. 그런데 호민관은, 급료를 치르기 위해서는 당연히 세금이 무거워질 것이므로, 평민의 부담은 무거워질 뿐이니까 편해진다는 것은 당치않은 소리라고 설득하기 시작했다. 그래서 이 제안을 백지화하도록 계몽했다. 그럼에도 불구하고 평민들은 그 제안을 받아들였다. 그런데 걱정되던 이 새로운 법은 원로원에 제시한 세 부담이 바뀜에 따라 더욱 평민측이 유리하게 되었다. 왜냐하면 과세에서 제일 무겁고 큰 대상이 된 것은 귀족이고, 평민에게는 우선적으로 급료를 지급할 것을 명령하고 있었기 때문이다.

제52장　공화국에서 권력의 자리에 오르려는 자의 횡포를 누르는 데는, 그가 권력을 잡는 길을 미리 끊어 놓는 것보다 확실하고 저항이 적은 방법은 없다

앞장에서 살펴본 것으로도 알 수 있듯이, 군무 봉사에 급료를 치르게끔 정하거나, 세율의 부담을 개정해서 귀족이 평민에게 많은 은혜를 베푸는 것처럼 보이고는 얼마나 그 신뢰를 얻는 일에 성공했던가. 만약 귀족이 이런 태도를 계속 유지했던들 로마에는 어떤 분쟁도 다시는 없었을 것이다. 또한 귀족은 호민관이 로마 인민에게 심었던 신뢰를 빼앗고 호민관의 권위를 얼마나 떨어뜨렸던 것인가.

사실 공화국, 그것도 부패한 국가일 경우에, 특히 야망을 품은 시민을 누르는 데는 그가 손에 넣고자 하는 권력의 자리로 이어질 것 같은 길을 미리 끊어 놓는 일이 제일 적절하고 실패도 적으며 쉬운 방법이다.

이런 방법이 코시모 데 메디치에게 사용된 적이 있었다. 가정해 보면, 그의 적 측이 취해야 했던 최상의 방책은 코시모를 피렌체로부터 추방하는 수밖에는 없었을 것이다. 그리고 코시모와 대결하고 있던 시민이, 코시모의 장기였던 인민의 인기를 모으는 방법을 미리 가로챘더라면 그들은 실력을 쓸 것까지도 없이 코시모가 가장 소중히 여기던 인민이라는 무기를 빼앗았을 것이다.

피에로 소데리니가 피렌체에서 얻고 있던 명성은 대중의 지지라는 이 한 가지 점에서 생겼던 것이다. 그는 공화국의 자유를 열애하는 인물이라는 평판을 대중들 속에 심어 놓았다. 소데리니가 권세를 더해 가는 것을 좋지 않게 여기던 시민들로서는, 자기뿐만 아니라 공화국의 파멸이 될지도 모르는 수단을 써서 그와 정면으로 대결하려 하기보다는, 소데리니가 권세를 늘려 온 길을 미리 차단해 두는 편이 훨씬 깨끗한 방법이었고, 위험성도 적었으며, 국가에 해를 끼치는 일도 적었다. 왜냐하면 만약 이 사람들이 소데리니의 수중에서 그의 위력의 지주가 되고 있던 무기를 빼앗아 버렸다면——그것도 그럴 마음만 있으면 아마도 간단하게 해냈을 게 틀림없다——의회나 위원회 모두 아무 두려움 없이 뜻대로 소데리니에게 반대 의견을 말할 수 있었을 것이다. 그런데 실상 소데리니를 미워하던 시민이, 소데리니가 인기를 획득해 나가는 길목을 미리 막아 두었어야 할 것을, 그 수를 쓰지 않았다는 실수를 저지르고 만 사실은 누가 보아도 명백하다.

한편 소데리니 역시 잘못을 저지르지 않은 것은 아니었다. 그로 인해 소데리니의 적이 그를 위협하기 위해 쓸 수단을 미리 가로채지 않고 그대로 내버려두는 실수를 저지르고 말았다. 하지만 소데리니의 경우는 적의 선수를 쓴다는 것이 어려웠고, 또 선수를 쓴다 해도 그의 관록으로 보아 그것은 매우 꼴불견이기도 했다. 그러므로 그것은 용납될 만한 일이었다. 왜냐하면 소데리니에게 건 공격 방법이란 메디치를 자기 편으로 끌어들이는 일이었던 것이기 때문이다. 그들은 결국 이 힘을 빌려 소데리니와 싸워서 마침내 그를 타도했다.*1

그런데 적 측이 사용한 방책의 선수를 취하여 소데리니가 메디치와 결합한다는 것은 불명예스러운 일이었다. 왜냐하면 소데리니가 본래의 명성을 계속 유지하려면, 그가 자유의 수호역으로서 임해야 함에도 불구하고 제 손으로 파괴한다는 것은 있을 수 없는 일이었기 때문이다. 뿐만 아니라 소데리니가 메디치 쪽으로 전향한다 하더라도, 그것을 비밀리에 전격적으로 해낸다는 것은 도저히 안 될 노릇이기도 했다. 또 그것을 굳이 한다 하더라도 위험하기 이를 데 없는 일이었다. 그 이유는 만약 메디치와 통했다는 사실이 탄로나는 날에는 반드시 인민이 그를 의심하고 증오할 것이 틀림없기 때문이다. 그렇게 되면 소데리니와 적대 입장에서는 그를 공격하는 데 더할 나위 없는 좋은 기회를 손에 넣게 된다.

사람이란 어떤 진로를 택해서 나가든지 간에, 각각의 진로가 내포한 결함이나 위험을 잘 검토해 두어야 한다. 그리고 장점보다 단점이 많을 것 같으면 이를 피해야 한다. 비록 의회나 위원회의 의견이 그 결정을 강요하는 한이 있더라도 결점이나 위험도가 높은 것은 사용해서는 안 된다.

이를 지키지 않았다가 실패한 예는 마르쿠스 툴리우스 키케로*2의 경우다. 그것은 그가 마르쿠스 안토니우스*3의 인망을 끌어내리려다가 거꾸로 그의

＊1 소데리니는 1512년 9월 1일, 메디치 여당의 압력에 굴하여 피렌체를 떠났다. 이후 레오 10세의 비호를 받고 죽을 때까지 로마에서 지냈다.

＊2 마르쿠스 툴리우스 키케로(기원전 106년~43년) 처음에 변론가로서 출세하여 기원전 63년 통령이 되었다. 카이사르가 암살된 뒤 안토니우스와 대립, 안토니우스 공격의 연설을 했다. 뒷날 안토니우스의 부하에 의해 살해되었다.

인기를 상승시키고 말았던 때의 일이다.

당시 마르쿠스 안토니우스는 원로원의 적이라고 선고되는 바람에 대군을 집결한 적이 있었다. 그 대부분의 병사는 전에 카이사르의 부하로서 일해 온 옛 용사들이었다. 툴리우스 키케로는 이 군대를 안토니우스로부터 떼어 놓고자 모든 권력을 옥타비아누스에게 주게끔 원로원에 손을 썼다. 그래서 그에게 집정관인 히르티우스와 판사*4를 동반시켜 안토니우스를 향해 출진하게 했다. 그리고 전에 카이사르의 부하였던 병사들이 옛 주인 카이사르의 조카이자 같은 성을 호칭하고 있는 옥타비아누스의 이름을 듣게 되면, 아마 당장에 안토니우스를 버리고 옥타피아누스 군에 합류할 것이 틀림없다. 그렇게 되면 마르쿠스 안토니우스에게는 아무도 지지해 줄 사람이 없어져 버릴 테니 그를 처치하기란 어린아이 팔 비틀기와 다를 바 없다고 주장했다.

그런데 결과는 정반대가 되고 말았다. 마르쿠스 안토니우스는 옥타비아누스를 자기 편으로 만들어서, 키케로와 원로원을 배반하게 하고 자기와 맹약을 맺게 했다. 이런 정세의 변화에 의해 원로원 측은 완전한 패배를 당하고 말았다. 이렇게 된다는 것은 쉽사리 예측할 수 없었던 일이다. 실로 원로원은 키케로의 의견 따위에는 귀를 기울이지 말았어야 했다. 그보다도 적을 격파하고 혁혁한 명성에 빛나고, 로마에 있어서의 지배권을 제 것으로 만든 그 카이사르의 이름이야말로 가슴속에 깊이 새겨 두었어야 했다. 그랬더라면 원로원은 카이사르의 후계자인 옥타비아누스와 그 일당들한테는 공화국의 자유의 명칭에 합당한 어떤 것도 결코 기대해서는 안 된다는 것쯤은 알았을 것이다.

제53장 인민은 표면상 훌륭함에 현혹되어서 자기 파멸을 초래하기 쉽다. 따라서 그들에게 큰 희망과 결단성 있는 약속만 해 주면 조종은 간단하다

기원전 395년에 베이이의 도성이 공략되자 로마 인민들 사이에 한 가지

---

*3 기원전 82년~30년. 웅변가로서 유명하다. 카이사르의 부하 장수로서 활약했다. 카이사르의 사후 카이사르의 양자 옥타비아누스, 레피두스와 두 번째 삼두 정치를 조직했다. 클레오파트라의 미색에 반하여 처남인 옥타비아누스와 대립했으며, 악티움 앞바다의 해전에 패해 자살했다.

*4 히르티우스와 판사는 기원전 43년 모테나 근교에서 안토니우스와 싸워 이를 격파했으나 두 사람 다 전사했다.

소문이 퍼졌다. 그 소문에 따르면, 로마인의 반수가 베이이로 이주하면 로마의 도시로서는 그 이상 편리할 데가 없다는 것이었다. 즉 베이이가 풍요한 농촌으로 둘러싸인 데다 집들도 많고 로마와도 가깝기 때문에 로마 시민의 반수가 그리로 가면 잘살게 되는 것은 틀림없으며, 또 지리적으로 로마에 가까워서 로마 시민으로서의 정치적 활동도 방해될 것이 없다고들 했다. 이런 말들이 로마 원로원이나 지식인들이 볼 때는 참으로 하찮고 사회를 해치는 것으로 여겨졌다. 그런 일에 동의할 바에야 차라리 죽음을 택하는 편이 낫겠다고 노골적으로 말했을 정도였다. 그래서 이 문제를 둘러싸고 논의가 벌어졌는데, 원로원의 태도에 격분한 평민은 하마터면 무기를 들고 유혈극을 벌일 뻔했을 정도였다. 사태가 그 정도에서 그쳤던 것은 원로원을 후원하는 사람이 노련한 인사였으므로, 이런 인물에 대한 평민의 존경이 그들의 들끓는 마음을 가라앉히고 난폭한 행동으로 나갈 것을 달랬기 때문이다.

이상에서 말한 것으로부터 두 가지 주목할 만한 점을 도출할 수 있다. 첫째는, 인민은 대부분의 경우, 표면상의 훌륭함에 현혹된 나머지 결국은 자기의 파멸에도 관련되는 일을 진심으로 바라게 된다는 것이다. 또 한 가지는, 인민의 신뢰를 얻고 있는 인물이 일의 좋고 나쁨을 인민에게 밝혀 주지 않는 한, 국가가 어떤 재난이나 위기를 만날지 알 수 없다는 것이다. 그런데 흔히 있는 일이지만, 전에 어떤 사건이라든가 사람에게 속았기 때문에 인민이 이제 아무것도 믿지 않는 경향을 갖게 되면 그 국가의 파멸은 피할 수 없게 된다.

따라서 단테는 그의 《향연》에서, 인민은 곧잘 다음과 같은 말을 입에 담는다고 서술하고 있다.

죽음이여, 선심을 써서 나의 목숨을 빼앗아 다오.

이와 같은 인민이 갖는 불신감에 의해 공화국이 적절한 방책을 취할 수 없게 되는 사태가 종종 일어나는 법이다. 앞에서 베네치아인에 대해 언급한 것처럼, 그들이 많은 적국으로부터 공격을 받았을 때, 파멸의 막다른 길에 몰릴 때까지 그들은 그 빼앗아 가졌던 영토를 본래의 소유주에게 반환해 주고 그 나라를 자기 편으로 만든다는 결단을 아무래도 내릴 수가 없었다. [*1]

인민을 납득시키는 데는 어떤 점이 손쉬운가, 또한 설득하기 힘든 것은 어떤 점인가 하는 것을 생각해 볼 때, 아무래도 아래와 같은 구별을 한 뒤에 이해를 해야 한다고 생각한다. 인민을 납득시키려면 우선 그들의 눈앞에 손해냐 이득이냐, 용감하게 보이느냐 또는 용렬하게 보이느냐 하는 것을 보여주어야 한다. 인민의 눈앞에 제시된 사항이 비록 그 배후에 손실이 기다리고 있는 일이 있다 할지라도, 표면상 누구의 눈에나 이익을 약속해 줄 것 같은 이야기라면 대중을 수긍케 만드는 일쯤 지극히 간단한 일이다. 또한 비록 공화국을 망쳐 버릴지도 모를 위험을 내포하고 있더라도, 그 행위가 마음을 뛰게 만드는 용감성을 의미할 경우에도 같은 말을 할 수 있을 것이다. 이런 까닭에 그 행위의 배후에 높은 안전성이라든가 이익으로 이어지는 길이 실상은 숨겨져 있더라도, 겉으로 시원치 않거나 손해가 될 것 같아 보이는 경우에는 아무리 버티어 봐도 민중을 설득하기란 지극히 어려운 노릇이다.

이상에서 내가 말해 온 이론은, 로마나 외국에서 볼 수 있는 많은 고금의 실례에 의해 확증할 수 있다.

로마에서 파비우스 막시무스*2에 대한 나쁜 평판이 생긴 것도, 앞에서 말한 사항과 반대다.

파비우스는, 한니발과의 싸움에서는 시간을 끌어서 그 심한 공격에 정면으로 부딪치지 않도록 하는 게 좋다는 작전을 로마 인민에게 설득했으나 아무래도 이를 납득시킬 수가 없었다. 그 이유는, 로마 인민은 파비우스의 이 작전이 비겁할 뿐만 아니라 그것으로 인해 아무 이익도 초래될 것 같지 않다고 판단했기 때문이다. 또한 파비우스 쪽 역시 자기 방책이 우수하다는 것을 증명할 만한 충분한 논거를 갖지 못했다는 점 때문이기도 하다. 로마 인민이란 용감한 의견 앞에서는 사려 분별을 못하고 흥분해 버리기 일쑤여서 파비우스의 의견에 반대하고, 한니발과 싸우게 하기 위해 파비우스의 부하인 미누키우스*3에게 지휘권을 주는 실수를 저지르고 말았다. 그런데 이 사람의 지

---

*1 이런 나라들이 베네치아에 싸움을 걸거나 군주 간의 동맹(캄브라이 동맹)을 맺은 것도, 베네치아가 그때까지 그들로부터 많은 것을 빼앗고 있었기 때문이다.
*2 퀸투스 파비우스 막시무스 벨코수스(기원전 275년~203년경) 로마 군이 한니발에게 패한 해에 집정관으로 뽑혔다. 전략(戰略)이 오해되어 겁쟁이라고 일컬어졌으나, 칸네에서 로마 군이 대패하고 나서부터 그 전술의 의의를 인정받았다. '시간 끌기'의 명수라 불렸다.
*3 비우스의 기사장. 임시 독재 집정관과 같은 지휘권을 받고 한니발 군과 싸웠으나 패하고 말았다.

휘에 대해 만약 파비우스가 그 세심한 행동으로 구원의 손길을 뻗치지 않았다면 로마는 하마터면 괴멸당할 뻔했다. 이 쓰디쓴 경험에 넌더리도 나지 않았던지 로마 인민은 바로를 집정관으로 추대했다. 그런데 바로는 이렇다 할 재능도 없으면서 로마의 광장이나 공공장소를 돌아다니며, 자기에게 모든 권력이 주어진다면 언제든지 한니발을 격파해 보이겠다고 떠들고 돌아다닌 인물에 지나지 않았다. 이 때문에 격전이 전개되어 로마 군은 칸네에서 대패하고 로마의 거리도 하마터면 폐허가 될 뻔했다.

이 점에 대해서 나는 또 한 가지 로마의 실례를 덧붙일까 한다. 한니발이 이탈리아에 오고 나서 8년 내지 10년의 세월이 흘렀다. 그 동안 이탈리아는 온 국토가 로마인의 피로 적셔졌다. 바로 이때 마르쿠스 켄티니우스 파누라라는 인물이 원로원에 출두했다. 그는 천민 출신이기는 하지만 시민군 중에서는 상당한 지위에까지 오른 인물이었다. 그런 그가 나가서 말하기를, 만약 자기에게 자기가 바라는 전 이탈리아의 장소에서 의용군을 모집할 권한을 준다면 눈 깜짝할 사이에 한니발을 사로잡거나 죽여서 원로원에 바치겠다고 큰소리쳤다.

원로원에게는 이자의 요구가 아주 무분별한 것으로 여겨졌다. 그러나 만일 그 제안을 물리쳤다가는 나중에 인민이 파누라가 제안한 것을 듣게 되는 날에는 반드시 원로원의 소행에 대해 소동과 질투와 악감정을 야기하게 될 것이 틀림없다고 생각하고, 파누라의 제안에 허가를 내렸다.

결국 원로원으로서는, 인민들에게 새로이 불만의 씨를 심는 위험을 저지르기보다는 파누라의 의견에 따르는 사람 모두를 위험한 지역으로 투입하는 쪽을 택했다. 원로원으로서는, 바로 이런 종류의 제안에는 인민이 기꺼이 달려들기 마련이므로 이를 만류한다는 것이 얼마나 어려운 일인지를 잘 알고 있었던 것이다. 이런 경과를 거친 끝에 훈련도 없고 통솔도 되어 있지 않은 오합지졸을 이끈 파누라가 한니발 군과 맞서게 되었다. 그런데 바로 그 첫 번째 싸움에서 파누라와 그 부하는 잠시도 버티지 못하고 몰살당했다.

그리스에서는 아테네 도성에서 앞일까지 헤아려 계략에 능한 니키아스*

---

* 기원전 470년경~413년. 펠로폰네소스 전쟁 당시의 아테네의 정치가자 장군. 시칠리아 원정의 사령관이 되었으나 패하자 처형되었다.

가 시칠리아 원정이 반드시 이롭지는 않다는 것을 아테네 시민에게 애써 설득했지만 결국 양해를 얻지 못했다. 그래도 그 도시의 최고 지식인의 의견에 거역하여 원정이 결행되었다. 이 사실은 바로 아테네에 멸망을 초래하게 되었다.

한편 스키피오가 집정관이 되었을 때, 아프리카를 속주로 만들기 위해 카르타고를 완전히 폐허로 만들어 버릴 것을 장담한 적이 있었다. 그러나 원로원은 파비우스 막시무스의 의견을 받아들이고 스키피오의 의견에는 동의하지 않았다. 이에 대해 스키피오는, 인민은 자기가 제안한 의견에 기꺼이 찬성하리라는 것을 잘 알고 있었으므로, 그렇다면 자기 생각을 인민들에게 제안해 보이겠다고 협박했다.

이런 문제를 둘러싸고 나는 다시 우리 피렌체에서 있었던 실례를 보여 주고자 한다. 에르콜레 벤티볼리오*¹가 일찍이 피렌체 군의 사령관을 지내던 때의 일이다. 그는 안토니오 자코미니*²와 더불어 산 빈첸티*³에서 바르톨로메오 달비아노*⁴를 격파한 여세를 몰아 피사를 포위하러 나섰다.

애당초 이 작전에 대해서는 숱한 지식인들이 비난했는데도 불구하고, 에르콜레의 그럴싸한 약속에 넘어간 인민이 그 실시를 단행한 것이다. 지식인들이 아무리 사태를 개선하자고 노력해도, 현장 사령관의 그럴듯한 약속에 속아넘어간 인민의 열광 앞에서는 어쩔 도리가 없었다. 따라서 인민이 권력을 가지고 있는 공화국을 파멸로 몰아 넣으려면 거기서 위세 좋은 일을 하게 만드는 것이 제일 빠른 지름길이다. 왜냐하면 인민이 상당한 발언력을 가지고 있는 곳에서는 이 같은 계획에 항상 찬성이 몰리기 때문이다. 결국 반대 의견이 있다 해도 그들을 단념시키지는 못하는 법이다.

그러나 이런 일로 국가가 망한다면 그 근원이 된 엉터리 일을 제안한 개개의 시민 위에도 당장 파멸이 온다는 것은 당연한 사실이다. 그 이유는 인민

---

*1 피렌체의 용병 대장. 《군주론》 제19장의 대장장이 아들로 여겨지고 있던 산티 벤티보리오의 아버지다.

*2 피렌체의 용병 대장. 마키아벨리와 친교가 있었다.

*3 캄브리아 근교의 산 빈첸티 탑을 가리킨다. 이 전쟁은 1505년 8월 17일에 있었다.

*4 1455년~1515년. 베네치아에 종사한 용병 대장 아니아델로의 싸움에서 포로가 되었다. 마리니아노의 싸움에서는 프랑스와 1세의 승리에 공헌했다.

이 승리를 예측하고 있던 참에 갑자기 패배를 당한 판국이므로 그들은 운이 없었다든가, 또는 그 전쟁을 지휘한 인물이 무능력했다든가 하는 일에 대해서는 전혀 생각도 해보지 않는 것이다. 그리고 그 일을 제안한 자의 소심함이나 선견지명이 없다는 것을 공격하게 되기 때문이다. 또한 이 제안자들은 대부분의 경우 카르타고의 숱한 지휘관이나 많은 아테네인들처럼 사형과 투옥과 추방이라는 변을 당하게 되어 있다.

한편 그때까지 그 사람이 아무리 승리를 가져왔다 하더라도, 그 사실은 그의 비참한 운명을 구하는 데는 아무런 도움도 되지 않는다. 그 이유는 제 아무리 승리의 경험이 있다 해도 한번 패배하고 나면 그것이 모두 소멸되게 마련이기 때문이다. 나의 친구 안토니오 자코미니의 경우도 이 예에서 벗어나지 않는다. 인민도 기대하고 그 자신도 장담했던 것과는 달리 그의 피사 공략은 성공하지 못했다. 그로 인해 인민의 노여움을 크게 사고 말았다. 그래서 과거의 헤아릴 수 없는 혁혁한 무훈에도 불구하고, 당국의 온정으로 겨우 인민의 노여움으로부터 보호되어 연명하고 있을 따름이다.

제54장 사려 깊은 인물은 흥분한 군중을 누르기 위해 어떤 권위를 사용하는가

앞장에서 다룬 기술에서의 두 번째 주제는 다음과 같다. 즉 흥분해 있는 군중을 가라앉히려면 사려 깊고 권위도 높고, 또 존경받는 인물이 군중을 향해 일어서야 한다는 것이다. 그러니까 베르길리우스가 다음과 같이 읊은 것도 이유가 있다.

마음이 경건하고 공적이 높은 이가
거기에 나서게 되면
사람들은 귀기울여
조용히 그의 말을 듣는도다.

그런 까닭에 소동이 있었던 도시에서 군대를 지휘하거나 혹은 그 통치의 임무를 띤 자라면 가급적 상냥하게, 그리고 될 수 있는 한 위엄을 갖추고 이 소동에 대처해야 한다. 또한 그의 몸에는 존경심을 갖도록 높은 지위를 과시하는 문장을 달아 두어야 한다. 벌써 여러 해 전의 일이지만 피렌체는 프라테스키라 불리는 사보나롤라파와 아라비아타라 불리는 귀족파의 두 당파로 갈라진 적이 있었다. 이 두 파가 무력을 썼을 때 프라테스키가 패배하고 말았다.

당시 이 프라레스키 안에는 명성과 인망이 높았던 시민 파골란토니오 소데리니가 있었다. 이 소데리니의 집으로 인민들 한 무리가 난장판의 틈바구니를 이용해서 손에 손에 무기를 들고 약탈하러 쳐들어갔다.

당시 보르텔라 사제이며, 요즘 같으면 추기경의 지위에 있는 파골란토니오의 아우 프란체스코가 마침 그 형의 집에 있었다. 그는 폭도들을 보자마자 곧 몸에 최상의 예장을 갖추고 그 위에 다시 사제용 복장을 하고 폭도들 앞에 나섰다. 폭도들은 그의 당당한 풍채와 변설에 겁을 먹고 약탈을 중단했다.

프란체스코의 이 행동은 피렌체의 온 도성에서 오랫동안 화제가 되었고 칭찬을 받았다. 따라서 격앙하는 군중을 진압시키는 데 제일 확실하고 적절한 방법은, 풍채가 좋고 존경도 받는 한 인물이 그 앞에 나타나는 수밖에 달리 도리가 없다고 결론짓고자 한다.

이제 여기서 이미 앞에서 서술한 이야기로 되돌아가기로 한다. 대체 로마의 평민들은 왜 그토록 열심히 베이이로의 이주를 고집했던 것일까? 그것은 그렇게 하면 뭔가 이익이 있으리라 판단했기 때문이고, 어떤 손실이 생길 것인가에 대해서는 조금도 생각하지 못했기 때문이라는 것을 알 수 있다. 한편 사려 깊고 존경받는 인물의 힘을 빌린 원로원이 평민의 격앙을 제어하지 않았던들 소동은 얼마나 더 험악해졌을지, 또 국내의 불화가 어떻게 전개됐을지 모른다는 것을 납득하게 되리라.

제55장 민중이 타락하지 않은 국가에서는 일이 쉽게 처리된다. 평등한 곳에서는 군주국이 수립될 수 없고, 평등하지 않은 곳에서는 공화국이 성립될 수 없다

타락한 국가에 대해서는 어떤 점을 경계해야 하는가. 또한 무엇에 희망을 가져야 하는가에 대해서는 지금까지 여러 차례 살펴보아왔다. 그렇지만 카밀루스가 베이이로부터 획득한 전리품 10분의 1을 아폴로 신전에 바쳐졌노라고 미리 기원했던 점에 대해 원로원이 어떤 결정을 내렸는가 하는 문제는 여기서 생략할 수 없을 것 같다.

그런데 그 전리품이라는 것이 이미 로마 평민들의 소지품이 된 뒤여서 어떤 방법으로도 그 수량을 다시 헤아릴 수 없게 되었다. 그래서 원로원은 새로 법령을 발포하고, 각자 자기들이 가지고 있는 전리품의 10분의 1을 각각 국고에 납부하라고 명령했다. 그런데 그 뒤 바로 원로원은 다른 방책을 세워 평민들을 만족시킴과 동시에 아폴로의 요구도 충족시킬 수 있었기 때문에 결국 그 법령은 실행으로 옮겨지지 않았다.

그렇지만 원로원이 그런 법령을 결정한 사실을 검토해 보면, 원로원이 얼마나 평민의 선의에 신뢰를 두었는지를 알 수 있다. 그리고 평민 중 한 사람도 그 법령이 규정하는 양을 그대로 납부하지 않는 자가 있으리라고는 전혀 의심하지 않았다는 사실을 알 수 있다. 한편 평민 쪽도 규정 이하를 납부해서 어떻게 해서든지 법률을 속이자는 생각도 해보지 않았다. 오히려 불만이 있을 때는 그것을 분명히 표시하고, 그 법률로부터 해방되고자 했음을 알 수 있다.

이상의 예는 지금까지 들어온 다른 많은 예와 더불어 로마 인민이 얼마나 선의와 종교심으로 충만해 있었는가, 또 얼마나 많은 선행이 그들로부터 기대되었던가를 나타내는 것이다. 따라서 이런 선의가 없는 곳에서는 고귀한 행위 따위를 결코 기대할 수 없다.

사실 오늘날 유독 타락해 있는 이탈리아 같은 땅에서는 무엇을 바란다 해도 헛일이다. 또한 프랑스나 에스파냐 역시 이런 경향이 없다고는 할 수 없다. 이 두 나라에서, 또 이탈리아에서 날로 되풀이되어 일어나는 그런 소동을 볼 수 없다는 것은 그들의 국민성이 선량하다는 데에 유래되는 것이 아니라——사실은 그들도 크게 타락해 있다——각각 국왕이 하나씩 있어서 정신적인 연결을 짓고 있을 뿐만 아니라, 오늘날까지 아직 그 신선함을 잃지 않고 왕국 본래의 법률과 제도에 의해 국가에 통일을 주고 있기 때문이다.

그런데 독일로 눈을 돌리면 그 국민 속에는 지극히 높은 선의와 종교심이 유지되고 있다는 것을 알 수 있다. 이 지방에서는 많은 공화국이 저마다의 자유를 누리면서 공존하고 있다. 그들은 그 나라의 안팎을 막론하고 공화국을 지배하려 하는 어떤 음모도 접근하지 못하도록 법률을 지키고 있다. 독일에서 옛날 그대로의 미풍양속이 여전히 잘 지켜지고 있다는 사실을 뒷받침하기 위해, 이미 원로원과 평민에 대해 들어 둔 실례와 비슷한 예를 들기로 한다.

독일의 공화국에서는 약간의 돈을 지출할 필요가 있을 때 시정의 책임을 갖는 행정관이나 의회가 나라의 모든 주민으로부터 각자 수입의 1내지 2퍼센트의 세금을 징수한다. 그 나라의 습관에 따라 이상과 같은 결정이 통과되면 각 납세자는 수세관 앞에 출두하여 우선 정해진 세액을 납부하겠다고 맹세했다. 그런 뒤에 각자의 양심에 따라 자기가 치러야 한다고 생각하는 금액을 갹출하여 상자 속에 던져 넣기로 되어 있다. 돈이 얼마 들어갔는지는 본인 말고는 아무도 모른다. 이런 점으로 미루어 보더라도 이 국민들 속에는 아직도 선의와 종교심이 뿌리 깊게 존재하고 있다는 것을 추측할 수 있다. 아울러 그들 모두가 배당된 금액을 꼬박꼬박 치르고 있다는 사실도 인정해야 한다. 만일 누군가 속이고 돈을 넣지 않는 날에는 그때까지의 과세에 의거해서 계산된 금액에 이르지 않게 되기 때문이다. 그래서 속임수가 당장에 탄로나기 때문에 만약 그런 짓을 했다면 오늘날 반드시 다른 방법을 사용하게 되었을 것이다. 이런 정직한 태도는 그 당시에는 아주 칭찬받을 만한 일이었다. 왜냐하면 이 미덕은 매우 드문 사례여서 이 독일 지방에만 겨우 그 형태를 유지하고 있기 때문이다.

이런 미덕이 이 지방에만 남아 있는 것은 두 가지 원인에서 설명할 수 있다. 첫째 원인은, 이 지방이 이웃 나라와 별로 교섭을 갖지 않았다는 것이다. 사실 외국인은 이 나라에 들어가지 않았고, 이 나라 사람들도 외국으로 나가려고 하지 않았다. 그것은, 이 나라 사람들은 자기 나라에 있는 물자만으로 만족하여 자국산의 식료만으로 생활하고, 의류도 자기 나라에서 나는 양모에 의지하고 있기 때문이다. 따라서 그들은 외국과 거래할 이유가 없으므로 외국과의 접촉으로 타락할 기회 따위는 더더욱 없었다. 그 이유는 독일인은 프랑스인, 에스파냐인, 이탈리아인의 습관을 받아들이지 않아도 되기 때문이다. 이런 나라들의 국민 습관이야말로 하나같이 세계를 타락시키고야 말 것이 틀림없는 것이다.

독일의 공화국이 정치적으로 늘 독립을 자랑하며 타락하는 일도 없이 통치되는 두 번째 이유는, 시민들 중 한 사람도 특권 계급으로서 취급되거나 혹은 귀족의 예절에 따라 생활하는 것이 허락되어 있지 않다는 점에 있다. 그보다도 오히려 그들 시민 사이에는 평등의 원칙이 확립되어 있다. 그리고 이웃 여러 나라에 있는 영주나 귀족의 특권 계급에 대해서는 매우 심한 적의를 불태우고 있다. 따라서 어쩌다가 영주나 특권 계급의 인물이 시민의 손에 잡히는 날에는 사회의 부패와 불화를 초래하는 자로서 살해되고 만다.

여기서 특권 계급이라는 명칭이 어떤 자를 향해 사용되는지를 분명히 해두기 위해, 나는 다음과 같은 사람들을 가리켜 사용되고 있다는 것을 말해둔다. 즉 그런 계급이란, 많은 재산으로부터 들어오는 수입으로 하는 일 없이 그날 그날을 보내며, 생활비를 벌기 위해 농사를 짓거나 또는 그 밖의 일에 부지런히 종사해야 할 걱정거리가 없는 자들을 가리킨다. 이 계급은 어느 공화국이든 어느 지방이든 심한 해독만 끼치게 마련이다. 그런데 이보다 더 악질적인 것은, 지금 말한 것 같은 재산을 가지고 있을 뿐만 아니라 성곽을 지배하며 자기에게 예속하는 주민을 거느리고 있는 자들이다.

앞에서 든 두 종류의 무리들은 나폴리 왕국, 로마 지방, 로마냐 및 롬바르디아에 충만해 있다. 따라서 이런 지방에는 단 한번도 공화국이 성립되지 않았고, 또 정치적 독립을 맛본 적도 없었다. 왜냐하면 이 계급은 자유로운 시민의 정치에는 정면으로 반대하기 때문이다. 이런 식으로 굳어 버린 지방에 공화 정치를 도입하려 해도 그것은 도저히 불가능한 일일 것이다. 하지만 질서를 도입하려는 이상, 거기서 왕국을 성립시킬 수 있는 사람의 힘을 빌리는 수밖에 달리 방법은 없다. 그 이유는 대중이 부패해서 법률로도 그들을 충분히 다스릴 수 없게 된 나라에서는, 법률 외에 그보다 더 강력한 권력을 만들어 내야 하기 때문이다. 이 절대권이야말로 왕권임이 틀림없다. 그는 그 절대적이고도 무제한한 권력을 행사해서 귀족의 방자한 야망이나 부패와 타락을 막아야 한다.

이런 사고방식은 토스카나의 예를 들면 더 뚜렷해진다. 그 지방에서는 비교적 비좁은 지역 안에 피렌체·시에나·루카라는 세 공화국이 예로부터 존재해 왔다. 나아가 토스카나의 그 밖의 도시도 지금은 예속의 형태를 취하고 있지만, 그 정신 상태나 사회 제도를 검토하면 그것들 역시 자국의 자유를 유지해 왔으므로 적어도 그것을 지키려고 애쓰고 있다는 점이 이해될 것이다.

이런 현상은 이 지방에는 성을 가진 영주가 없다는 점, 또한 귀족들의 수도 매우 적다는 데서 유래된 것이다. 게다가 이 지방은 평등 정신이 널리 퍼져 있어서, 고대 문화에 대해 지식을 가지고 있는 총명한 인물이 나타나면 토스카나에서는 쉽사리 공화국의 제도가 도입되게끔 되어 있었다. 그런데 이 지방이 타고난 운이 하도 나빠서 오늘에 이르기까지 이 지방 전체에 공화 정체를 펼 만한 인물은 한 사람도 태어나지 않았다.

이제까지 말해 온 것으로부터 다음과 같은 결론을 도출할 수 있다. 특권 계급이 우글거리는 곳에서 공화국의 수립을 계획한다면, 우선 그 귀족들을 타도하지 않고서는 실현 불가능하다. 한편 평등 정신이 널리 퍼져 있는 지방에서 왕국이나 군주국을 만들고자 하면, 평등한 사회 속에서 야망을 품고 사건을 좋아하는 자들을 많이 발탁해서 명목만이 아닌, 실제로 귀족들 서열에 올려서 성이나 영지, 나아가서는 재물이나 시종들까지 붙여주지 않는 한, 역시 그 실현은 불가능하다. 이런 수를 써 놓고 그자들 속에 둘러싸여 있으면서 그 힘을 이용하면 자기 권력을 유지해 나갈 수 있을 것이다.

한편 귀족들은 이 지배자의 힘을 빌려서 자기네의 야심을 만족시킬 수 있다. 그 밖의 사람들은 어쩔 수 없이 예속 상태에 묶여 있으므로 부득이 지배자 층을 지지할 수밖에 없다. 이렇게 해서 지배하는 자와 지배당하는 자 사이에 균형이 유지되면, 사람들은 저마다 각자가 놓인 지위에 만족하게 되는 법이다.

왕국에 알맞은 지방에 공화국을 수립하거나, 반대로 공화국에 더 적합한 곳에서 왕국을 만든다는 것은, 두뇌와 권력을 겸비한 보기 드문 인물이어야만 비로소 가능해진다. 그러므로 이때까지 많은 사람이 그것을 시도했는데도 불구하고 그 목적을 이룬 사람은 적었다. 그 이유는 그 일의 스케일이 너무 크기 때문에 착수한 사람이 위축되어 버리는 경우도 있고, 또 그 앞길에 수많은 장애가 있기 때문에 사람에 따라서는 그 첫걸음부터 엉뚱한 쪽으로 빠져 버리기 때문이다.

특권 계급이 있는 사회에서는 공화국이 성립될 수 없다는, 지금까지 나의 지론과 베네치아 공화국이 걸어 온 길은 모순된다고 생각할지도 모른다. 사실 베네치아 공화국에서는 귀족 이외의 사람은 어떤 지위에도 오를 수 없었다. 이런 의문에 대해 나는 다음과 같이 대답하려 한다.

결국 베네치아의 경우로 나의 견해를 논박할 수는 없다. 왜냐하면, 베네치아 공화국에서의 귀족이라 불리는 특권 계급은 이름뿐인 것이고, 실제로는 다른 기능을 가지고 있기 때문이다. 그들은 부동산으로부터의 수입에 의존하는 것이 아니라, 그들의 막대한 재산은 한결같이 통상이나 동산에 기초를 두고 있다. 그리고 베네치아 귀족 중 어떤 사람이라 할지라도 성을 가진 자도 없고 남에게 재판권을 쓸 수 있는 사람도 없다. 베네치아에서의 특권 계급이라는 명칭은 그 위엄과 명성을 과시하기 위해서이다. 그 밖의 나라에서 귀족이라 불리는 사람들이 누리고 있는 것 같은 것을 조금도 근거로 하고 있지 않다. 그 밖의 공화국에서도 그 국민이 여러 가지 호칭에 의해 계층으로 나뉘어져 있는 것처럼, 베네치아에서도 귀족과 일반 민중으로 나뉘어져 있다. 그리고 귀족은 모든 영예를 겸비한 데다 또 그만한 역량도 갖추고 있는 데 비해, 일반 민중은 그와는 아주 거리가 멀다. 이런 베네치아에서 혼란이 일어난 적이 없었다는 것은 이미 설명했다.

그러니까 평등이 뚜렷하게 확립되어 있든가, 아니면 지금까지 있었던 적이 있는 장소를 택해서 공화국을 건설해야 한다. 한편 이와는 반대로 군주국을 수립하는 데는 불평등이 분명하게 원칙으로 되어 있는 사회를 택해야 한다. 이를 지키지 않으면 그 정부는 부조리한 것이 되어서 도저히 오래 지속되지 못할 것이다.

제56장 한 도시, 한 지방에서 큰 사건이 일어날 때는 그것을 알리는 전조나 예언자가 나타난다

지금부터 말하는 것이 대체 어디서 유래되었는지는 나도 모른다. 그러나 고금의 예에 비추어 보면, 어느 큰 사건이 한 도시나 한 지방에 대두될 때는 반드시 점, 계시, 기적, 또는 그 밖의 하늘의 계시에 의해 예언되고 있다.

이를 증명하고자 하면 일부러 멀리 피렌체의 밖을 살펴볼 필요도 없다. 가까이 있는 피렌체의 수도사 지롤라모 사보나롤라가, 프랑스 왕 샤를르 8세가 이탈리아로 남하하기 전에 그것을 예언했던 일은 널리 알려진 사실이다. 또한 아레초의 상공에서 교전하는 군대의 모습이 보였고, 그 떠들썩한 소리도 들렸다는 사실은 온 토스카나에서 소문이 자자했다.

이 밖의 예로서는 로렌초 데 메디치가 죽기 바로 전에 교회의 둥근 지붕

꼭대기에 벼락이 떨어져서 그 건물에 큰 피해를 입혔다는 사실도 모르는 이가 없다. 뿐만 아니라 피렌체의 인민에 의해 종신 원수의 지위에 추대되었던 피에로 소데리니가 그 자리를 쫓겨나기 직전에 마찬가지로 정무청 꼭대기에 벼락이 떨어졌던 일도 다 알고 있는 사실이다. 이 밖에도 얼마든지 실례를 들 수 있지만 싫증이 나면 안 되니까 생략하기로 한다. 다만 갈리아인이 로마에 침입^(기원전 390년)하기 전에 일어났던 사건에 대해 티투스 리비우스가 서술한 ^(티투스 리비우스 《로마사》 V, 32) 대로 설명하는 것으로 그치도록 하겠다. 그것에 의하면 마르쿠스 케디티우스라는 시민이 한밤중에 비아누오바라는 거리를 걸어가다가, 사람 소리로 여겨지지 않을 만큼 큰 목청으로 갈리아인이 로마를 향해 쳐들어오고 있다는 사실을 당국에 전하도록 하라는 소리를 들었다고 원로원에 신고했다는 것이다.

내 생각으로는 이런 일의 원인은 우리가 모르는 자연이나 초자연에 대한 지식을 갖춘 누군가 설명하거나 해석해 주지 않고서는 이해할 수 없는 것이다. 어떤 철학자는, 이 대기에는 지혜가 충만해 있으므로 거기에 갖추어진 힘이 미래의 일을 예견하고, 사람을 동정하여 닥쳐 올 불행에 대한 준비를 해두도록 어떤 징조로 경고하는 것이 틀림없다고 말하고 있다. 이런 일도 있을 수 있을 것이다. 그러나 그건 그렇다 치고, 이런 징조가 일어난 뒤에는 반드시 그 지방에 새롭고 괴상한 재액이 생긴다는 것은 분명한 사실이다.

제57장 평민은 무리를 이루면 대담하게 행동하나 개인으로서는 소심하다

갈리아인의 침입으로 땅이 황폐해지자, 많은 로마인들은 법령이나 원로원의 금령을 어기고 베이오로 이주했다. 원로원은 이 무질서를 바로잡으려고 법령을 내려, 정해진 날짜까지 로마로 돌아와 살 것을 지키지 않으면 형벌을 가하겠다는 취지를 포고했다. 이 법령의 대상이 되는 자들은 처음에는 그 법령을 비웃었지만, 이윽고 날짜가 닥쳐오자 누구 할 것 없이 모두가 법령에 따랐다.

이 점에 대해 티투스 리비우스는 다음과 같이 말하고 있다^(티투스 리비우스 《로마사》 VI, 20, 50).

"여럿이 단결해 있을 때는 대담하던 그들도, 산산이 흩어져 버리자 처벌되는 것이 무서워서 굴복하고 말았다."

정녕 이런 입장에 놓인 군중의 성격을 이처럼 잘 표현한 것은 리비우스의 이 문장 이외에는 없을 것이다. 왜냐하면 대중이란 그 군주의 처사에 대해 이따금 대담하게 이의를 제창하기도 하지만, 그들의 눈앞에 형벌을 들이대면 서로의 속셈을 살피다가 눈 깜짝할 사이에 굴복해 버리게 마련이기 때문이다.

인민이 본래 가지고 있는 경향이 좋은 것인가 또는 나쁜 것인가, 그걸 정한다 해서 별 뜻이 있는 것 같지는 않다. 차라리 민중의 성격이 본래 좋은 것이라면 그 나름대로 그들을 받아들이는 체제를 갖추면 된다. 또 가령 그들이 나빠서 처치 곤란한 존재라면, 그들로부터 봉변을 당하지 않도록 미리 준비해 두면 된다.

인민이 처리하기 곤란할 만큼 흉악한 경향을 띠게 되는 데는 그 나름의 이유가 있다. 예를 들면 자유를 빼앗겨 버렸다든가, 그들이 경애하던 군주가 폐위되었는데, 그 폐위된 인물이 아직도 살아 있을 경우에 그런 경향이 나온다고 생각한다.

이상에서 말한 것 같은 이유로 인해 생긴 인민의 거친 경향은 더 없이 무서운 것이다. 그래서 이를 막기 위해서는 더 엄격한 수단을 강구해야 한다. 하지만 인민의 불온한 경향이 다른 동기에서 유래되었고, 또 그들을 통솔해 나갈 지도자가 없을 경우에는 이를 누르기란 쉬운 일이다. 지도자도 없고 통제도 이루어지지 않은 군중만큼 무슨 짓을 할지 모르는 무서운 존재는 없지만, 한편 이처럼 약한 것도 없다. 만약 군중이 무기를 잡고 폭동을 일으킨다 해도, 만약 그 최초의 폭발적 순간을 피할 수 있는 강고한 피난 장소만 있으면 그들을 진압하기란 아주 간단하다. 왜냐하면 소동을 일으킨 사람들이 진정해, 각자 제 집으로 돌아가야 한다는 것을 알게 되면 자기가 한 일에 자신이 없어지기 시작한다. 그리고 자기가 안전하기 위해서는 도망치는 게 좋을까, 항복하는 게 좋을까 하고 생각하게 된다. 그러므로 격앙해 있는 폭도는 지금 말한 것 같은 결말에 빠지는 일을 피하기 위해, 자기네 동료 중에서 두목을 뽑아 그자에게 지휘를 맡겨서 통일성을 도모하고 아울러 방어책을 꾸미게 된다.

바로 비르기니아가 살해된 뒤에 로마 인민이 취한 행동이 지금 말한 경우와 일치한다. 즉 그 사건의 난장판 속에서 민중은 사태 수습을 위해 20명의 군사 위원을 자기들 가운데서 뽑았다. 이런 수를 쓰지 않았던들 앞에서 인용해 둔 티투스 리비우스 말대로의 결말로 끝나고 말았을 것이다.

결국 여럿이서 단결하고 있는 한은 대담하나, 각자가 자기 몸의 위험을 돌아보기 시작하면 겁이 나서 비겁해져 버렸을 게 틀림없다.

제58장 인민은 군주보다 현명하고 또 안정되어 있다

인민만큼 경박하고 흔들리기 쉬운 것은 없다고 티투스 리비우스가 말했다. 이와 같은 것을 다른 모든 역사가도 인정하고 있다. 그 이유는 역사에서 인간이 행한 행위를 기술해 놓은 것을 읽어 보면, 인민이 어떤 인물을 사형시키고는 얼마 안 있어 이번에는 그것을 후회하고 슬퍼하며 그 사람이 되살아났으면 하고 부질없는 생각을 한다는 식이기 때문이다.

로마 인민이 만리우스 카피톨리누스에게 취한 태도도 이와 똑같다. 그를 사형시키고는 얼마 안 가 그를 잃은 것을 진심으로 뉘우치고 애석해했다.

이 점에 대해 리비우스는 다음과 같이 말하고 있다 (^{티투스 리비우스,}_{《로마사》 Ⅵ, 20, 15}).

"그가 죽고 위협이 없어지게 되자, 갑자기 인민은 후회감에 사로잡혀 죽은 그를 추모하게 되었다."

또 다른 대목에서는 히에론의 조카 히에로니무스의 사후 시칠리아에서 일어난 일에 대해 다음과 같이 말하고 있다 (^{티투스 리비우스,}_{《로마사》 XXⅣ 25, 8}).

"비굴한 노예든가 아니면 오만한 주인이든가, 이것이 민중의 본질이다."

이상에서 내가 말한 것 같은, 또 모든 필자가 한결같이 비난하고 있는 민중의 이런 결점을 변호해 주어야 할 것인지 어떤지 나는 잘 모르겠다. 다만 변호한다 해도 기껏해야 엉뚱한 어려움에 빠져들 것이 뻔하고, 아니면 창피를 당하고 그 짓을 포기하든가, 또는 변호의 무거운 짐 때문에 고통만 당할 처지에 놓이는 것이 고작일 것이다.

그러나 이유는 어떻든 간에, 완력을 쓰거나 권위의 힘을 빌리지 않고 하나의 기존 사고방식에 대해 조리 있는 이론으로 이에 대결한다는 것은 결코 잘못이 아니라고 나는 믿어 왔고, 앞으로도 그 생각을 바꾸지 않을 것이다. 그러므로 이런 입장에 서게 되면 저작가가 민중에게 가해 온 그 비난을 실은 특정 인물, 특히 군주를 향해 던져야 하는 거라고 나는 말하고 싶다. 그 이유는 법률에 따르지 않는 사람은 누구건 무질서한 민중과 같은 실수를 저지를 것이 틀림없기 때문이다. 왜냐하면 현존하는 군주, 또는 지금까지 있었던 군주를 헤아릴 때 그 수효는 굉장히 많은데 정말로 성실하고 현명했던 군주란 극소수에 지나지 않기 때문이다.

내가 여기서 군주라는 이름으로 부르는 것은, 어떤 제약에도 복종하지 않고 있을 수 있는 자들을 가리킨다. 옛날 옛적, 그 지방이 법률하에 통치되던 이집트의 국왕은 그 안에 포함되지 않으며, 또 스파르타 왕도, 현재의 프랑스 왕도 제외되어야 한다. 특히 프랑스 왕국의 경우는 법률에 의해서 통치되고 있었으며, 오늘날 어느 나라를 보더라도 이에 따르는 나라는 없다.

이상의 국왕들은 저마다의 법률 밑에서 법적인 제약을 받는 사람들이므로 제멋대로 행동할 수 있는 군주와 같이 논할 수는 없다. 후자에 속한 군주는 법을 무시하는 점에서 통제받지 않는 민중이나 다름없다. 차라리 전자의 부류에 들어가는 국왕에 대비하려면, 이런 국왕과 마찬가지로 법률에 의해 통제받고 있는 민중으로서 견주어야 할 것이다. 이런 민중은 그들의 국왕에 대해 내가 가리킨 것과 같은 준법 정신을 가지고 있으므로, 티투스 리비우스가 말하는 '오만한 주인'도 아니거니와 비굴한 노예일 수도 없다. 그들은, 로마 공화국이 아직 타락하지 않았던 시대의 로마 인민과 같이 '비굴한 노예'도 아니고 제멋대로 폭거를 일삼는 '오만한 주인'도 아니다. 오히려 법률이나 행정관에 따라 공정하게 처신한 사람들이었다. 그러나 권력에 대해 단결해야 할 때에는 만리우스 카피톨리누스에 대해서도, 민중을 탄압하려던 십인회나 그 밖의 사람들에 대해서도 궐기했다.

한편 사회의 복지를 위해 임시 독재 집정관이나 집정관에게 복종해야 할 때는 두말 없이 이에 따랐다. 그리고 로마 인민이 만리우스의 사형에 대해, 돌이킬 수 없는 짓을 했다고 후회했다 해도 놀랄 것은 못 된다. 왜냐하면 인민은 만리우스의 역량을 애석해했기 때문에 그를 동정하게 되었을 뿐이기 때문이다. 이런 역량의 매력은 인민뿐만 아니라 군주에 대해서도 같은 작용을 초래했다. 왜냐하면 역량은 적으로부터도 칭찬받는 것이라고 모든 저작자가 한결같이 쓰고 있을 정도이기 때문이다. 가령 만리우스가, 그의 죽음이 깊이 애도된 나머지 이 세상에 되살아났다 하더라도 로마 인민은 전에 했던 것과 똑같은 판결을 내려서 그를 감옥에서 끌어내어 당장 사형에 처했을 것이다. 그러나 현명하다고 일컬어지는 군주라도, 어떤 인물을 죽여 놓고 바로 그 뒤에 아주 후회한다는 전철을 밟고 있다. 예를 들면, 알렉산드로스가 크리투스*1와 그 밖의 친구를 죽인 뒤가 그랬고, 헤로데스*2가 마리암네의 처형을 후회한 것도 그 예에서 빠질 수 없다.

그러나 우리에게 친숙한 역사가가 민중의 성격을 운운할 경우의 대상이 되는 민중이란, 로마 인민같이 법률로 움직여지고 있는 경우를 두고 하는 말이 아니다. 시라쿠사의 주민들같이 통제도 아무것도 없는 무질서한 군중을 가리킨다. 이런 무리들은 이성을 잃고 무슨 짓을 하는지조차도 전혀 모르는 채 난맥 상태를 저지르고 말 무리들이다. 이런 점에서는 아까 말한 것 같은 알렉산드로스 대왕이나 헤로데스가 저지른 잘못과 똑같은 짓을 해내는 것이다.

그러나 민중이 갖는 성격이 군주의 그것에 비해서 죄가 더 무겁다고 할 것도 없다. 왜냐하면 앞뒤로 생각하지 않고 실수를 저질러 버린다는 점에서는 군주나 민중이나 똑같기 때문이다. 지금 든 예 말고도 이와 비슷한 예는 로마 황제나 그 밖의 참주 및 군주 등이 범한 실례를 비롯해서 헤아릴 수 없이 많다. 그들이 하는 것은 일정한 견해를 갖지 못해서 동요하기 쉬우므로 무슨 짓을 저지를지 알 수 없다. 그러나 이쯤 되면 어떤 무질서한 군중으로도 흉내조차 못 낼 정도이다.

나는 이제 여기서, 인민은 권력을 쥐고 나면 보조가 맞지 않게 되어 아무렇게나 처리해 나가다가 은혜를 원수로 갚게 되는 법이라는 통설에 대해 감히 이의를 제기할까 한다. 그 이유는 인민의 이런 경향도 개개의 군주가 저지르기 쉬운 실수와 전혀 다를 것이 없다고 확신했기 때문이다. 사실 인민이라든가 군주라든가 하는 차별을 짓지 말고 둘 다 공통된 결함을 논평하는 것

---

*1 알렉산드로스의 심복 부하. 알렉산드로스에게 간하다가 살해되었다.
*2 기원전 73년~기원전 4년. 유대 왕. 질투로 인해 아내 마리암네를 죽였다.

이 도리어 맞는 방법이라 하겠다.

하지만 거기서 군주만을 제거한다면 그 잘못에 대한 비방은 면치 못한다. 왜냐하면 법의 지배하에 질서 바르게 통치되는 인민이라면, 비록 현군으로 평판이 자자한 군주에 대해서라도 조금도 뒤지지 않는다. 그뿐인가? 오히려 이를 능가할 만한 침착성, 신중함, 거기다가 따뜻한 감사의 마음까지 겸비하고 있기 때문이다. 그런데 군주 측으로 눈을 돌리면 그들은 법률을 무시하고 제멋대로 행동할 수 있는 입장에 있다. 그래서 인민에게 비교하면 훨씬 더 은혜를 배반하기 쉽고 방자해서 신중한 배려심도 부족하다. 이렇듯 군주와 인민의 행동에 차이가 생기는 것은 그들이 지니고 있는 저마다의 성격에서 유래되는 것은 아니다. 그것은 어쨌든 매한가지이다. 굳이 말한다면 좋은 행위에 이르는 경우는 인민들 쪽이 좀더 많다고 할 수 있을 정도다. 차라리 각자가 그 밑에서 복종하며, 법률을 존중하려는 정도에 따라서 달라지는 법이다.

로마의 역사를 검토하는 사람이면 누구나 그들 로마 인민이 400년이라는 긴 세월에 걸쳐서 왕에 대한 적의를 결코 늦춘 적이 없었고, 또 일관되게 조국의 영광과 번영을 진심으로 빌었다는 사실에 감동할 수밖에 없을 것이다. 그리고 그 실현을 지향하여 인민이 심혈을 기울인 숱한 증거를 거기서 인정할 수 있을 것이다. 가령 누군가 스키피오에 대한 로마 인민의 배신적인 처사를 예로 들어 나의 견해에 반론을 가해왔다고 치자. 나로서는 이제까지 말해 온 것처럼, 인민은 군주에 비해 그다지 신의가 없지 않다는 것을 여기서 다시 되풀이하여 대답할 수밖에 없다. 또한 신중성이나 침착성에 있어서도 인민은 군주에 비해 더 나을 뿐만 아니라 판단력에서도 더 우수하다는 것을 지적해 두고 싶다.

따라서 백성의 소리가 곧 하늘의 소리라고 일컬어지는 것도 공연한 말이 아니다. 왜냐하면 여론이란 불가사의한 힘을 발휘하여 앞날을 내다보는 작용을 하기 때문이다. 마치 뭔가 숨겨진 신통력 같은 것이어서 미래의 길흉을 알아맞히는 것이다. 또한 인민이 사물을 판단하는 능력에 대해 말하더라도, 그들 인민은 역량이 비슷비슷하면서도 의견이 완전히 대립되는 두 논객의 주장을 들을 경우, 여론은 그 중 우수한 의견 쪽을 따르는 법이다. 이 사실은 바로 그들 인민이 진리를 분별하는 능력을 갖추고 있음을 나타내는 것이다.

하긴 그들은 이미 말한 것처럼 용감한 일이나 얼핏 보기에 이익이 많아 보이는 일에 빠져들기 쉽다. 그러나 군주 역시 자기 욕망에 사로잡혀 똑같은 오류에 빠지는 수가 많다. 그것도 인민에 비교하면 군주 쪽이 훨씬 더 실패를 저지르기 쉽다. 또한 통치에 임할 자를 뽑을 경우에도 인민은 군주에 비해 훨씬 더 적정한 선거를 실시한다고 여겨진다. 왜냐하면 품성이 썩어 빠진 파렴치한 인물이 공직에 오르려 해도 인민은 결코 이를 간과하지 않기 때문이다.

그런데 이들 부정한 무리가 군주를 대할 경우에는, 온갖 수단을 써서 문제없이 목적을 달성할 수 있다. 그리고 인민이란 한 번 어떤 일에 혐오감을 갖기 시작하면 몇 세기가 지나도 그 생각을 버리지 않는다. 그런데 군주에게는 이런 경향이 보이지 않는다.

이상에서 언급한 인민의 두 가지 특질을 증명하기 위해서는, 나는 로마 인민의 실례만으로 충분하리라 믿는다. 그 한 가지 예는 다음과 같다. 로마에서는 수백 년이라는 긴 세월에 걸쳐서 헤아릴 수 없을 정도의 집정관과 호민관의 선거가 되풀이되었지만, 그 중 후세에 후회를 남긴 것은 단지 네 번의 선거뿐이다. 게다가 내가 이미 지적한 것처럼, 인민은 왕이라는 명칭을 몹시 증오하고 있었다. 그래서 어떤 시민이 세운 공적에 대해 그들이 아무리 감사함을 느끼고 있어도, 그 시민이 왕의 칭호에 대해 호감이라도 가지는 날에는 그 순간에 그에게 벌을 가했다. 이 밖에 인민이 주권을 잡고 있는 도시는 군주의 지배하에 있는 도시에 비해 매우 짧은 기간 동안에 놀랄 만한 진보와 영토 확장을 이룩하는 법이다. 예를 들면, 왕을 추방한 뒤의 로마나, 페이시스트라토스로부터 해방된 뒤의 아테네가 무엇보다도 좋은 예라 할 수 있겠다. 이런 좋은 결과가 오게 된 것도 바로 군주가 지배하는 것보다는 인민이 통치권을 쥐고 있는 쪽이 더 낫기 때문이다.

이상 말해 온 나의 의견은, 지금까지 여러 곳에서 인용한 역사가 티투스 리비우스의 모든 견해와 일치되지 않는 것이라고는 생각하지 않는다. 왜냐하면 인민이 빠지기 쉬운 난맥 상태와 군주에 의해 초래되는 국내의 무질서 상태를 비교해 보거나, 혹은 반대로 인민이 획득하는 모든 번영을 군주에 의해 표시된 성공과 견주어 보면, 인민이 가지고 있는 선의나 명예를 존중하는 정신은 군주의 그것에 비해 훨씬 더 낮다는 것을 알게 되기 때문이다. 설사 군주가 법률을 제정하거나, 사회 질서를 확립하거나, 새 제도나 규칙을 만드는 데는 인민보다 수완이 더 낫다 할지라도, 인민은 인민대로 그 만들어진 제도나 규칙을 준수해 나가는 일에서 군주보다 우수한 능력을 가지므로, 당연히 그것을 처음으로 제정한 군주와 동등한 칭찬이 가해져 마땅하다.

결국 이 주제의 결론으로서 다음과 같이 말할 수 있다. 즉 군주 정치건 공화 정치건 그것이 장기간 존속하기 위해서는 법률에 의해 질서가 잡혀 있어야 한다는 것이다. 왜냐하면 자기 마음내키는 대로 해치우는 군주는 우둔한 군주라 할 수 있고, 한편 자기들의 행동에 사로잡혀서 일을 일으키는 인민은 아무리 봐도 바보들의 집단이라고밖에 말할 수 없기 때문이다.

가령 법률에 의해 그 행동에 규제가 가해지는 군주와 법률에 의해 구속된 인민을 비교해 본다면, 군주보다 오히려 인민 속에 위대한 힘을 발휘할 수 있는 능력이 갖추어져 있지 않나 하는 생각이 든다. 또한 양쪽 모두 마음대로 자유로운 행동을 할 수 있는 군주와 인민의 경우를 상정해 보면, 아무래도 군주보다 인민 측이 실패를 범할 위험성이 적을 것 같다. 게다가 인민이 저지르는 잘못 따위는 사소한 것이므로 그 상처를 치유하기도 쉬운 일이라고 생각된다.

즉 방자한 기분의 충동에 사로잡혀 난을 일으킨 인민에 대해서는, 양식을 갖춘 인물이 이에 충분한 설득만 하면 본래대로의 바른 궤도 위에 쉽게 되돌릴 수 있다. 그러나 엉터리 군주에 대해서는 타일러 줄 사람조차 없다. 그래서 어떻게 해서라도 사태를 수습해야만 한다면 그 폭군을 살해하는 수밖에 다른 방법은 없다.

이상의 점에서, 군주와 인민이 병에 걸렸을 때 각각의 병상의 깊이를 짐작할 수 있다. 즉 인민의 병상을 회복시키는 데는 설득이라는 것만으로 충분하다. 한편 군주의 경우는 실력을 가지고 이를 저지해야 하는 것이라면, 그가 빠져 있는 오류가 깊으면 깊을수록 그만큼 심각한 구제책이 필요해진다는 것은 누가 봐도 명백하다.

인민이 방자한 행동으로 나올 때 그들을 지배하고 있는 미친 듯한 언동은 크게 겁날 것이 없다. 실상 인민이 빚어 낸 표면에 나타난 소동에 대해서는 별로 신경쓸 것이 없다. 오히려 경계해야 할 점은 그 혼란으로부터 어떤 무서운 사태가 생기느냐 하는 것이다. 그러나 한 참주가 나타날 가능성을 내포하고 있는 혼란 상태야말로 가장 경계되어야 한다.

그런데 폭군의 경우가 되고 보면 이야기는 정반대가 된다. 결국 사람들은 현재 전개되고 있는 군주의 포학한 상태야말로 무서운 것이므로, 더 나빠질 게 없다고 생각한다. 즉 사람들은 이 포학한 군주의 생명만 끝나면 그렇게도 기다리던 자유가 손에 들어오게 된다고 스스로를 타이르며, 참기 어려운 노릇을 참고 견디며 때가 오기를 기다린다.

따라서 이 둘의 차이는 한쪽은 현재의 상황을 겁내는 데 비해, 다른 한쪽은 장차 일어날 일을 향해 공포를 느낀다는 것이다. 또 다음과 같은 차이도 인정할 수 있을 것이다. 결국 군중이 과격한 수단을 쓰는 것은 공공의 복지를 침해할 우려가 있는 인물에 대해서다. 한편 군주가 같은 짓을 하는 것은, 군주 스스로의 이익을 침해할 것 같은 상대를 향해 던져지는 경우다. 그리고 인민에 대해 이러쿵저러쿵 비판이 생기는 것은, 인민이 천하를 잡고 있을 때라 할지라도 누구든지 마음내키는 대로 비판할 수 있다는 자유로운 분위기에서 유래된다. 그러나 군주를 비판하려고 들면 아무리 조심하고 신경을 써도 모자랄 지경이다.

지금까지 말해 온 것 같은 문제를 취급해 온 나로서, 다음 장에서 타국과 동맹을 맺을 때 공화국과 군주 중 어느 쪽이 신뢰할 만한가 하는 문제에 대해 살펴보는 것도 그릇된 일은 아닐 것이다.

제59장 동맹을 맺는 데는 공화국과 군주 어느 쪽이 신뢰할 수 있는가

군주가 다른 군주와, 또 공화국이 다른 공화국과 동맹이나 우호 관계를 맺는 것과 마찬가지로 공화국과 군주 사이에도 동맹이 성립된다는 일은 예사로운 일이므로 그 자체를 특별히 말할 것은 없다. 그러나 내가 여기서 검토해 보고자 하는 것은, 동맹을 할 상대로서 좀더 신뢰할 수 있고 착실한 것이 공화국인가, 군주국인가, 어느 쪽이냐 하는 문제이다.

이런 점을 깊이 검토한 결과, 나는 대개는 비슷비슷하지만 때로는 다소 서로 어긋나는 경우도 있다고 생각하게 되었다. 그러나 내가 믿고 있는 것은, 억지로 강요되어 부득이하게 맺은 동맹 같으면 군주에 의해서건 공화국에 의해서건 결코 지켜질 수 없다는 것이다. 또한 그 국가가 위급한 처지에 놓여 있을 경우라면, 어느 쪽 국가 형태건 간에 모처럼 약속한 신의를 깨뜨리고 상대방을 배반하게 될지도 모른다고 생각한다.

'공성(攻城)의 명수'라는 별명을 가진 마케도니아 왕 데메트리우스 1세*는 그때까지 숱한 은혜를 아테네인들에게 베풀어 왔다. 그래서 그 자신이 적으로 인해 다시는 일어날 수 없게 대패하게 되자, 전부터 우호국이요, 그에게는 은혜를 느끼고 있을 아테네로 피신했다. 그런데 아테네는 그를 거부했다. 이 배신적 처사는 자기 부하나 군대를 잃은 것 이상으로 심한 충격을 데메트리우스에게 안겨 주었다.

이와 마찬가지로, 카이사르와 싸우다가 테살리아에서 패한 폼페이우스는 이집트의 프톨레마이오스에게로 갔다. 프톨레마이오스 가는 그때까지 폼페이우스의 힘을 빌려 이집트의 왕위에 복귀했음에도 불구하고 도리어 폼페이우스를 살해하고 말았다.

어느 쪽 실례의 경우도 근본을 따지면 같은 원인이 작용하고 있다. 그렇기는 하나 이 경우에서도 공화국 쪽이 군주에 비해 인간답게 행동할 뿐만 아니라, 그 지독한 정도로 말하더라도 멀리 미치지 못한다고 할 수 있다.

어쨌든 무엇인가에 위협되고 있는 상태가 계속되는 한, 그때까지 맺어 온 약속을 지켜 나가려는 것만은 확실하다. 그러므로 공화국이나 군주가 자기 몸을 파멸에 몰아넣을 것을 각오하고 그때까지 맺어 온 신뢰 관계를 지키려 하는 것은, 지금 말한 것과 같은 이유, 즉 당사자가 지금도 무엇인가의 위협 앞에 놓여 있다는 이유 때문이다.

예를 들어 보자. 쇠퇴되는 한 군주가 있는데, 그가 현재는 아무런 기대도 할 수 없는 다른 유력한 군주와 우호를 맺는 것은 다음의 이유에서다. 즉 그 유력한 군주가 지금 당장에는 그 군주에게 아무런 원조를 해줄 수 없는 사정에 있다 하더라도 장차 반드시 그 나라를 회복시켜 줄 것 같기 때문에 그와 동맹을 맺는 것이다. 또는 그는 이미 그 유력한 군주 측에 붙었기 때문에 새삼스레 유력한 군주의 적으로부터 우호 관계를 청해 온다는 것은 생각도 못할 일이라고 믿고 있기 때문이다.

이와 같은 사실은 프랑스 왕 측에 가담한 나폴리 왕국 내의 군후들의 움직

---

* 기원전 336년~283년. 재위 기원전 294년~283년. 아테네를 카산드로스로부터 해방시켰다.

임에서 볼 수 있다. *¹ 한편 공화국을 무대로 하여 일어난 예는 에스파냐의 사군툼에서 일어난 사건인데, 인민은 로마에 맹세한 충성을 지키기 위해서는 차라리 나라의 멸망을 앉아서 당하는 한이 있더라도 그것을 사양하지 않았다. *² 피렌체에서도 같은 예가 있다. 그것은 1512년, 프랑스 측에서 의리를 지키려던 나머지 스스로의 파탄을 초래한 사건이다. *³

이상 말해 온 것을 비교해 볼 때, 위급한 처지에 빠진 국가는 군주보다도 공화국 쪽에 약간의 안전성이 있다고 생각한다. 왜냐하면 공화국이건 군주국이건 그 사고방식이나 의도하는 바에 큰 차이는 없으나, 공화국의 경우는 중론을 거쳐야 한다는 점에서 정치상의 결정이 지체를 수반하기 때문에 군주에 비해 항상 스스로의 뜻대로 행동하기 어려운 상황에 있다. 일단 맺은 우호 관계를 깨뜨리고자 해도 군주의 경우처럼 쉽지 않다. 대체로 동맹이 파기되는 원인은 그때 그때의 타산에 좌우되기 때문이다. 그러나 이런 경우라도 공화국은 군주에 비교하면 훨씬 더 오랫동안 그 동맹을 충실하게 이행해 나간다. 군주는 사소한 이익에라도 넘어가 동맹을 파기해 버리는 데 비해 공화국의 경우는, 설사 아무리 얻는 바가 많더라도 어지간해서는 협약을 깨뜨리지 않는다는 실례가 얼마든지 있다.

예를 들면, 아테네인에 대해 테미스토클레스*⁴가 내린 방책이 그랬다. 회의석상에서 테미스토클레스는 아테네인들을 향해, '나는 아테네에 매우 큰 이익을 초래할 만한 의견을 가지고 있소. 그러나 이는 비밀스럽게 해 두어야 하므로 여기서 공표할 수 없소. 왜냐하면 이것이 알려지게 되면, 효력을 잃어버려 실행에 옮길 수가 없게 되기 때문이오'라고 말했다. 그래서 아테네인들은 아리스티데스를 기용하여 그에게 테미스토클레스의 의견을 듣게 만든 다음, 아리스티데스의 판단에 따라 아테네인은 태도를 결정하려고 했다.

아리스티데스에 대해 테미스토클레스가 말한 의견이란 다음과 같은 것이

---

*1 프랑스 왕 샤를르 8세의 남하를 계기로 하여 나폴리 왕국의 귀족은 아라곤 파와 프랑스 파로 분열되었다.

*2 로마인에 대한 충성을 지키다가 기원전 218년, 한니발에 의해 사군툼은 파괴되었다.

*3 라벤나에서 프랑스가 패한 뒤에도 피렌체는 계속 프랑스에 가담했다. 그 바람에 소데리니의 지배가 무너지고 메디치의 복귀를 초래했다.

*4 기원전 528년경~464년경. 아테네의 정치가. 페르시아에 대해 아테네의 자유를 지켰다. 기원전 471년에 추방되어 페르시아 왕 밑에서 죽었다. 플루타르코스, 《테미스토클레스전》 20.

었다. 즉 동맹에 의해 아테네의 지휘하에 위탁되어 있는 그리스의 연합 함대는, 그것을 내 것으로서 독점하건 혹은 파멸로 이끌어 가건 아테네 뜻대로 할 수 있는 상태에 놓여 있으므로, 그 어느 쪽 방법을 쓰든 간에 전 그리스를 아테네의 발 밑에 둘 수 있음은 틀림없는 사실이라는 것이었다. 그래서 아리스티데스는, 테미스토클레스의 방책이란 실로 유용하긴 하나 다시 없는 파렴치한 방법이라는 취지를 인민들에게 보고했다. 이로 인해 인민들은 테미스토클레스의 제안을 완전히 매장해 버렸다. 그러나 마케도니아의 필립포스도 그랬고 다른 군주도 그랬듯이, 그들은 다른 수단을 쓰기보다는 조금이라도 이익만 있다면 쉽사리 신의를 파기해 버렸던 것이다.

상대방이 조건을 지키지 않기 때문에 협정을 파기해 버리는 경우는 흔히 있는 사례인데, 나는 여기서는 언급하지 않겠다. 다만 내가 말하고 싶은 것은, 좀더 복잡한 원인으로서 동맹을 파기하려는 예에 대해서다. 바로 그와 같은 상황이 전개될 때는 인민들 쪽이 군주보다 훨씬 오류를 범하는 일이 적으므로, 군주보다도 인민을 훨씬 더 신뢰할 만하다고 나는 믿고 있다.

제60장 로마에서는 집정관을 비롯해
그 밖의 관직을 연령에 상관 없이 수여했다

로마 공화국의 역사를 연대순으로 훑어보면, 평민에 대해서도 집정관의 관직이 개방된 뒤부터 공화국은 그 시민에 대해 나이나 가문에 상관 없이 임명했음을 알 수 있다. 로마에서는 공직의 자격에 나이가 문제된 적은 단 한 번도 없었다. 오히려 항상 요구된 것은, 나이를 불문하고 갖추어야 할 역량이었다.

이 점에 대해서는 23세의 젊은 나이로 집정관에 취임한 발레리우스 코르비누스(집정관, 기원전 349년에 취임했다)의 실례를 들면 뚜렷해진다. 발레리우스는 병사들 앞에서 다음과 같이 말했다.

"집정관에 취임하는 자격은 역량 여하에 달려 있지 문벌에 좌우되는 것은 아니다."

이상과 같은 로마인의 방법에 대해서 찬반은 구구하겠으나, 충분히 논의를 거듭할 만한 가치는 있을 것이다. 발레리우스가 말하는, 문벌에 좌우되어서는 안 된다는 의식이 생겨난 것도 당연한 형세였다. 즉 로마에서 생겼던 것 같은 혈통을 경시하려는 필연성은 다른 대목에서도 언급했듯이, 로마와 어깨를 나란히 하여 커 나가려는 다른 어떤 국가에서도 생겼을 것이 틀림없다. 그 이유는 포상도 내리지 않고 사람을 위험한 지역으로 보낼 수는 없기 때문이다. 또한 본인이 기대하고 있는 보수를 몰수해 버리면, 반드시라고 해도 좋을 만큼 위험한 상태를 초래하게 마련이기 때문이다. 따라서 평민들에게 가급적이면 빨리 집정관으로 취임할 수 있다는 희망을 갖게 해 주는 일이 당연히 필요했다. 또한 그런 희망이 비록 실현되지 않더라도 당분간이라도 그 희망을 갖게 만드는 일이 중요했다. 아니, 희망을 갖게 만드는 일만으로는 부족해서 아무래도 희망을 실현시켜 주어야 할 상황이 되었다.

그런데 내가 이미 말한 것같이, 평민 출신자는 보람 있는 일에는 손도 못 대는 국가^(베네치아를 가리킴)에서는, 결국 평민은 국가의 뜻대로 취급되는 데 지나지 않는 것이다. 그러나 로마가 성취한 일을 해내려는 각오를 가질 정도의 국가라면 평민을 차별하는 일은 그만두어야 한다.

이상과 같이 그 출생에 의해 차별을 하지 말아야 한다면 나이라는 문제에 대해서도 같은 말을 할 수 있을 것이다. 오히려 나이에 제한을 두지 말아야 한다는 점은 꼭 필요해진다. 그 이유는, 나이 지긋한 사람에게 갖추어진 세심한 배려가 요구되는 직무에 청년이 기용되는 경우, 이를 결정하는 것은 민중의 힘이므로 그 청년은 더구나 눈부신 행동을 통해 두각을 나타내지 않으면 안 된다. 그런데 한 청년이 고도의 역량을 갖추고 있어서 어떤 훌륭한 일을 수행하여 뭇사람의 인정을 받게 될 경우, 당장에 그 청년의 재능을 사용하지 않으면 그 국가로서는 이보다 더한 손실은 없을 것이다. 그리고 그 청년이 나이가 들 때까지 기다려야 한다면, 젊었을 때 국가의 도움이 될 수 있었던 이 청년의 과단성이나 민첩한 행동을 쓸모 없는 것으로 만들어 버릴지도 모른다. 그렇게 되는 날에는 발레리우스 코르비누스나 스키피오나 폼페이우스, 그리고 그 밖에 많은 사람들이 그 청년 시대에 찬란한 승리를 얻어 로마에 공헌했던 것과는 크게 다르게 되어 버릴 것이다.

제2권

머리말

 사람은 때때로 이유도 없이 옛날을 찬양하고 현재를 좋지 않게 말한다. 이처럼 옛 시대에 애착을 갖기 쉬운 사람들은, 역사가가 써서 남긴 기록으로 알 수 있는 옛 시대뿐만 아니라, 나이가 든 사람들이 흔히 그러듯이 자기들이 젊었을 때 듣고 본 것까지도 칭찬하는 법이다. 사람들의 이런 견해는 대개의 경우 잘못인 경우가 많다.

 그러나 이와 같은 오류를 범하는 데는 그 나름대로 여러 가지 이유가 있어서라고 생각한다. 그런 오류의 첫째 원인은, 옛 시대의 일에 대해 완전하게 이해하지 못하고 있기 때문이다. 또한 옛날 사람들은 자기네 시대의 수치가 될 만한 일은 은폐하고, 반대로 자기네에게 명예가 될 만한 일은 잔뜩 부풀려서 표현하는 법이다. 말하자면 역사를 써서 남긴 대부분의 사람은 정복자의 사적을 기술할 경우, 그 승리를 더욱 빛나게 드러내려는 나머지 이긴 측의 활동을 극단적으로 치켜올릴 뿐만 아니라, 적 측의 행동까지 언급하며 온갖 수식을 덧붙이고 있다. 따라서 전승국이든 패전국이든, 후세 사람들은 그 시대, 거기에 나타난 인물에 경탄의 눈으로 그들을 찬양하고 경애의 뜻을 바치게 된다.

 과거에 필요 이상으로 끌리게 되는 또 한 가지 이유는, 사람의 혐오감이 공포심과 질투심에서 야기되기 때문이다. 혐오감의 이 두 가지 강한 원인은, 과거를 대상으로 할 경우에는 작용하지 않는다. 지나간 사건은 새삼스레 사람들에게 작용해서 해를 끼칠 리도 없고 질투심을 자극할 리도 없다.

 그런데 우리가 목격하고, 또 그것이 현재 진행중인 사건이 되고 보면 조건은 정반대가 된다. 현재의 문제에 대해서는 우리는 참가자 또는 관찰자이므로 세부에 이르기까지 훤히 다 알고 있다. 그리고 비록 거기에 장점이 있다는 걸 안다 해도 그 밖의 숱한 단점도 같이 알게 된다. 그 때문에 사실은 현재가 과거에 비교해서 월등히 칭찬할 만한 것이 많음에도 불구하고, 일반 사람들은 현재가 옛날에 못 따라간다고 단정해 버리게 되는 것이다.

그러나 예술에 대해서는 그 자체가 불후의 성격을 지니고 있으므로 시간의 요소가 들어간다 해도 본래의 진가를 낮추거나 높일 수 없기에 여기서 나의 논의의 대상은 되지 않는다. 그러므로 내가 취급하고자 하는 것은 판단의 기준이 별로 뚜렷하지 않은 과거 사람들의 생활 방법이라든가 습관이다.

이미 말했듯이 과거에 대해서는 찬양하고, 현재에 대해서는 나쁘게 말하려 드는 경향이 확실히 있다는 것을 나는 여기서 되풀이 해두고자 한다. 하지만 그렇다고 해서 이런 판단이 언제나 잘못된 것은 아니다. 그 이유는 이런 경향이 실제로 진리와 일치하는 경우도 자주 일어날 수 있는 일이기 때문이다. 그리고 인간 세상의 일이란 돌고 돌므로 처음에는 상승의 길을 가지만, 세월이 흐르면 점차 쇠퇴되어 가는 경향이 있다는 것도 인정해야 하기 때문이다. 어떤 걸출한 인물이 나타나 훌륭한 정치가 이루어져서, 그 인물의 뛰어난 역량 덕분에 잠시 동안 진보와 번영의 길을 걷고 있는 어느 도시라든가 국가의 경우를 상정해 보기로 하자.

그런데 이런 상태에서 태어난 인물이 현재 자기가 살고 있는 시대보다도 옛날이 더 좋다고 생각하여 이를 찬양한다면 그는 잘못을 저지르는 셈이 된다. 그가 이런 오류에 빠지는 것은 이미 설명한 이유 때문이다. 그러나 이 인물이 세월이 꽤 흐른 후세에 이 도시나 국가에 태어나서 몰락기에 이른 시기를 만났을 경우에는, 그의 주장을 잘못되었다고 말할 수 없게 된다.

지금 말한 것 같은 상대되는 두 입장이 어떻게 해서 생겨났는가를 생각해 보면, 나는 다음과 같은 설명이 옳다고 생각한다. 즉 세상이란 대체로 어느 시대고 그리 변하는 것이 아니므로 장점이건 단점이건 큰 변동은 있을 수 없다고 해도 무방하다.

그러나 이 장점과 단점은 한 나라에서 다른 나라로 옮아가는 법이다. 말하자면 각 나라마다 풍속, 습관을 차례차례 바꾸어 나간다. 그런데 세계 전체로 보면 본래대로고 변함이 없다.

다만 한 가지 변화된 것이 있다면 다음과 같은 점이다. 말하자면 맨 먼저 아시리아에 융성이 왔다가 그것이 메디아로 옮겨가고, 다시 페르시아에 이르러서 마침내는 그리스·로마가 번영의 중심이 된다는 것이다.

그런데 로마 제국이 무너진 뒤로는 조금이라도 오래 계속될 것 같은 국가는 이제 생겨나지 않았고, 온 세계가 하나의 힘 아래 통일되는 일은 두 번 다시 돌아오지 않았다. 하지만 지난날의 로마 제국의 정신은 힘차게 살아가고자 한 중세의 숱한 국가 속에 확산되어 갔다. 그런 나라들 중에는 프랑크 왕국, 터키 왕국, 이집트의 이슬람교 국가가 있다. 그리고 오늘날에 와서는 독일 인민이 만든 국가를 꼽을 수 있다. 특히 동로마 제국을 괴멸시킨 기세를 몰아 내정을 개혁하고 그 판도를 확대해 나간 오늘날의 터키 왕국을 대표적으로 들어야 할 것이다.

로마 제국 붕괴 뒤 각 지역에 발흥한 국가들 가운데는, 지난날의 로마인이 지녔던 활력이 남아 있고, 그 중 상당한 지역에 걸쳐서는 오늘날까지도 그 모습을 인정할 수가 있다. 이것이야말로 실로 바람직한 일일 뿐만 아니라 찬양할 가치가 있는 일이라 할 수 있을 것이다. 이런 나라의 어딘가에서 살고 있으면서, 현재보다도 과거에 마음이 끌리는 사람이 있다면 이는 큰 잘못을 저지르고 있는 셈이다.

그런데 이와는 반대로 현재 이탈리아나 그리스에 태어나서, 이탈리아에서는 알프스 이북에서 온 정복자에게 넘어가지 않은 사람, 또 그리스에서는 터키인에게 동화되지 않은 사람이 아무리 과거의 영광을 찬양하고 자기가 사는 현대를 말세라고 한탄한다 해도 그것은 그 나름대로의 이유가 있다. 왜냐하면 그들에게 있어서 과거는 모든 일이 전부 놀랄 만큼 훌륭했는데, 현재의 처지란 밑바닥의 불행과 굴욕과 더할 나위 없는 모멸을 달랠 길이 아무것도 없기 때문이다. 게다가 거기에서는 종교건 법률이건 또는 군사 훈련이건 전혀 존중되어 있지 않은 데다 온갖 파렴치가 진행되고 있다. 더구나 이런 엉터리에 한술 더 떠서 부당하게도 스스로 통치자라 일컬으며 만인에게 호령하고 세상의 존엄과 숭배를 한 몸에 모으고자 하는 자들은 숱한 나쁜 일을 꾸미고 있다.

이제 이야기를 본 줄거리로 돌리기로 한다. 대체로 과거와 현재를 비교하여 어느 쪽이 나은가를 논할 경우, 옛날 일은 현재처럼 구석구석까지 알 수 없으므로 판단을 잘못하는 수가 있을 수 있다. 하지만 그렇더라도 한 노인이 과거를 회상하여 청년 시대와 나이를 먹은 뒤의 시대를 비교해서 그 우열을 정해야 할 경우에는 결코 오류가 없을 것이다. 왜냐하면 이 경우에 노인은 옛날 일도 현재 일도 평등하게 보고 듣기 때문이다.

그러나 노인의 판단에 오류가 없다는 것도, 가령 인간은 그 생애의 어느 시기에 있어서도 동일한 판단력과 똑같은 욕망을 지니고 있는 것이라고 가정한 뒤의 일이다. 그런데 사실 시대는 변하지 않더라도 이런 것은 나이와 더불어 변하므로 같은 인물의 경우에도 젊었을 때와 늙었을 때와는 다른 욕망, 다른 기쁨, 다른 생각을 갖게 되는 것이다. 즉 사람은 나이를 먹어 갈수록 육체적 힘은 쇠퇴하나 판단력은 늘어나므로 조심성이 많아져서, 젊었을 때는 찬성도 했고 좋은 일이라고 생각했던 일도 나이를 먹고 보면 도저히 참을 수 없고 당치 않은 일로 여겨지게 되는 법이다. 이런 경우에 그 사람의 판단력의 기준이 바뀐 데에 책임을 지워야 할 텐데도 그것을 시대의 탓으로 돌리게 된다.

또 이렇게도 생각할 수 있다. 대체로 인지상정으로서 그 욕망에는 끝이 없다. 그리고 하고자 하면 어떤 일을 해본다 해도 상관없는 일이고, 또 소망을 어디까지 펼친다 해도 이는 본인의 마음대로다. 그러나 막상 실행으로 옮기면 뜻대로는 실현되지 않는 게 보통이다. 그래서 인간의 욕망이란 한이 없다는 숙명을 짊어지게 되어 있다. 이 결과 인간은 마음에 불만이 끊이지 않아 현재의 상태에 넌더리를 내는 것이다. 그래서 사람들은 현실을 나쁘게 말하며, 이렇다 할 조리 있는 이유도 없이 과거를 찬양하고 미래를 동경하게 된다.

이상에서 말해 온 것으로 보더라도 내가 고대 로마를 너무 추켜세웠기 때문에, 오늘날의 세계를 비난하는 말을 앞으로의 논의에서 펴기라도 하다가는 나 자신 역시 고대병 환자 축에 들어가 버리게 될지도 모르겠다. 분명히 고대는 역량이 지배하고 있었는데 현대는 악덕이 횡행하고 있다는 것이 태양을 보기보다 명백한 사실이 아니라면, 내가 비난한 그 사람들과 같은 실패를 나 자신이 거듭하지 않도록 더 자제해서 이야기를 진행시켜야 할 것이다. 그러나 이 점은 명백한 사실이므로 이 두 시대에 대해 내가 생각하고 있는 것을 솔직히 말해 두기로 한다. 그렇게 하면 나의 이 저작을 읽는 청년이 요행히 좋은 기회를 잡고 세상을 지도하게 될 때, 현대의 악풍에 물들지 않게끔 이를 피해 지나갈 수 있을 것이고, 또 고대의 우수한 점은 이를 거울삼아 채택할 수도 있을 것이기 때문이다.

이렇게 말하는 것은, 시간과 운명을 맡아 보는 신의 악의가 어떤 점에서 인간의 행동을 방해하는가 하는 교훈을 타인에게 가르쳐 주는 일은 성실한 사람이 수행해야 할 임무기도 하기 때문이다. 그래서 그 지식을 받아들인 많은 사람들 중 특히 신의 은총을 받은 자가 그 교훈을 실제로 살려 나갈 수 있게 된다. 제1권에서는 국내 문제에 대해 로마인이 취해 온 정책에 대해 논했으니, 제2권에서는 로마 인민이 그 판도를 확대함에 있어서 어떤 정책을 채택했는지를 논하기로 한다.

제1장 로마인이 광대한 영역을 확보한 것은 실력에 의해서인가, 아니면 운이 좋았기 때문인가

로마 인민이 그 광대한 영역을 손에 넣을 수 있었던 것도, 그들의 실력이라기보다는 운이 좋았기 때문이라는 견해는, 최대의 역사가 플루타르코스를 비롯하여 많은 학자가 가지고 있던 것이다. 그 이유의 하나로서 플루타르코스는 다음의 내용을 들고 있다. 즉 '로마가 차지한 어느 승리를 보더라도 모두 행운에 의해 초래된 것이다'라고 로마 인민 스스로가 말하고 있는 점에서도 알 수 있다는 것이다. 게다가 그와 같은 행운이 초래된 것도, 인민이 다른 신은 다 두고라도 첫째로 '운명의 여신'의 신전 건립에 열중했기 때문이라는 것이다.

티투스 리비우스도 플루타르코스의 이런 생각에 가까운 것 같다. 왜냐하면 그가 사서에서 로마인 등장 인물들의 입을 빌려 말했던 것을 검토해 볼 때, 로마가 가지고 있던 실력을 운이 좋다는 것과 결부시키지 않고 실력만을 운운하는 예는 없다고 해도 과언이 아니기 때문이다.

그런데 나는 아무래도 이런 의견에 찬성할 마음이 나지 않는다. 또한 이런 의견에 가담할 사람도 있을 리 없다고 생각한다. 그 까닭은, 로마 정도의 발전을 이룬 공화국이 두 번 다시 나타나지 않았다는 것은, 따지고 보면 어떤 공화국이라도 로마와 같은 큰 목적을 향해 국가 체제를 정비한 자가 없었다는 것이 되기 때문이다. 또한 그들이 대제국을 지배하여 다스렸던 것도 그 군사력 때문이고, 또 일단 성립한 대제국을 오랜 기간에 걸쳐서 유지해 나갈 수 있었던 것도 대국가를 운영해 나간 그 솜씨와 로마의 기초를 쌓은 사람이 궁리해 낸 독특한 방법 때문이다. 이 점에 대해서는 앞으로 충분히 지면을 할애할 작정이다.

그런데 로마가 일시에 두 강적을 상대로 하여 전쟁한 적이 없었던 것은, 아무래도 로마의 운이 좋았기 때문이지 로마 인민의 실력 여부와는 아무런 상관도 없다는 의견을 토로하는 사람들이 있다. 그들의 주장에 따르면, 로마 인민이 라티움인과 싸움을 벌이기 전에 이미 삼니움인은 로마인에게 격파되고 있었다는 것이다. 오히려 로마인이 삼니움인을 지켜 주기 위해서 라티움인과의 싸움을 벌였을 정도였다.

그뿐만 아니라, 로마인이 에트루스키인과 싸운 것도 실은 처음에 라티움인을 굴복시켜 놓고, 다시 여러 차례 교전을 한 결과 전 삼니움인을 거의 괴멸상태로 몰아 넣고 난 뒤의 일이었다. 그리고 만약 앞에서 말해 온 로마의 적국 중 두 나라가 아직도 건재해서 국력을 소모하지 않았던 시대에 서로가 힘을 합쳐서 로마에 대항해 왔던들, 로마 공화국이 괴멸되었으리라는 것은 추측하기 어렵지 않다.

그런데 이유는 어찌 되었든 간에 실상 로마는 만만치 않은 두 적을 상대로 하여 동시에 싸운 적은 없었다. 오히려 한 전쟁의 발발이 그때까지 계속해 온 전쟁의 종결의 원인이 되고, 또는 한 전쟁의 종결이 다른 전쟁의 발발을 초래한다는 식이었다.

이 점은 로마가 차례차례 행한 전쟁의 순번을 더듬어 보면 쉽게 이해된다. 예를 들어, 로마가 갈리아인에게 점령되기(기원전 390년) 전의 일은 고사하고, 로마가 아에키인이나 볼스키인을 상대로 싸우던 때에는 이 부족들의 세력이 강했기 때문에 이에 대항할 만한 제3의 부족이 일어나는 일이 없었다. 이 두 부족이 진압되고 나면(아에키인은 기원전 304년, 볼스키인은 기원전 313년~303년에 각각 평정되었다) 이번에는 삼니움인과의 싸움이 벌어졌다. 그런데 이 전쟁이 채 끝나기도 전에 라티움인이 로마인에게 항거했다. 이 반란의 난장판 속에서 당시 로마와 동맹을 맺게 된 삼니움인의 도움을 얻어 사나운 위세를 떨친 라티움인을 항복시킬 수 있었다. 라티움인의 패퇴에 이어 또다시 삼니움인과의 전쟁(기원전 326년~304년)이 재발했다. 여러 차례에 이르는 전쟁에서 삼니움인의 세력이 꺾이자 이번에는 에트루스키인과의 싸움(기원전 312년~311년)이 벌어졌다. 그것도 곧 끝나긴 했으나 때마침 에피루스 왕 피루스에 의한 이탈리아 침입(기원전 281년~275년)을 계기로 하여 또다시 삼니움인이 난을 일으켰다. 이 피루스도 격파되어 그리스로 송환(기원전 274년)되는 데, 숨돌릴 겨를도 없이 제1차 포에니 전쟁($^{기원전\ 264}_{년\sim241년}$)이 카르타고와의 사이에 발발했다. 그리고 이 전쟁의 결말이 채 나기도 전에 이번에는 전 갈리아인이 알프스의 북쪽과 남쪽에서 호응하여 로마에 대해 군사를 일으켰다. 그런데 그들은 오늘날 산 빈첸티 탑이 서 있는 포폴로니아와 피사의 중간에서 잡혀 대학살을 당하는 바람에 진압되고 말았다($^{기원전\ 225년,\ 포폴로니아}_{근교\ 탈라모네의\ 싸움}$). 이 전쟁이 끝난 뒤 20년 동안은 이렇다 할 전쟁은 없었다. 다만 리구리아인과의 싸움($^{기원전\ 224}_{년\sim222년}$)이라든가 롬바르디아에 체류했던 갈리아인과의 전쟁을 들 수 있을 따름이다. 이런 상태가 제2차 포에니 전쟁($^{기원전\ 218}_{년\sim201년}$)의 발발까지 계속되었다. 그런데 그로부터 16년 동안이나 제2차 포에니 전쟁이 계속 이탈리아를 위협했다. 이 전쟁의 빛나는 대승리에 뒤이어 마케도니아 전쟁($^{기원전\ 200}_{년\sim197년}$)이 벌어지고, 또 이 전쟁에 연달아서 안티오코스($^{시리아\ 왕\ 안티오코스\ 3세,\ 테르모}_{필레에서\ 기원전\ 191년에\ 패했다}$) 및 아시아와의 전쟁이 일어났다. 그리고 이 전쟁에서의 승리를 경계로 하여 혼자의 힘이든 또는 단결을 해서든 로마의 힘에 대항할 만한 군주도 공화국도 전 세계에서 찾아볼 수 없게 되었다.

로마인에 의한 이 궁극적인 승리를 들어서 그 전투 경력이라든가 그들의 전쟁의 진행 방법을 검토한다면, 이 승리를 가져오게 된 이유가 로마인의 뛰어난 실력과 신중한 배려가 우연히 행운과 결합되어 초래된 것이었음을 알게 될 것이다. 그러면 아울러 이런 행운이 초래된 원인은 무엇인가 하는 것을 알아 내기는 아주 쉬운 일이다. 즉 한 군주나 공화국이 크게 명성을 떨치면, 이곳의 어떤 군주나 공화국도 이에 단독으로 공격하기가 무서워서 두려움을 갖게 되므로, 이 나라에 공격을 하는 자가 나타난다는 것은 절대로 생각도 할 수 없는 일이 된다. 그러니까 이런 강국으로서는 이웃나라 중 어느 하나를 대상으로 전쟁을 걸어놓고, 그 밖의 이웃나라와는 교묘하게 평화를 조종해 나간다는 것쯤은 거의 마음대로 할 수 있게 된다. 이웃나라는 이 강국에 겁을 먹고 있을 뿐만 아니라 한편으로는 경계심을 유화시키려는 책략에 넘어가 버리기 때문에 쉽사리 그 강국의 손아귀에 들어가 버리고 만다.

한편 이 강국과 거리적으로도 동떨어져 있어서 별로 접촉도 없는 나라들에 있어서는 어떤 소동이 대두되건 그것은 강 건너 불 구경에 지나지 않는다. 따라서 설마 자기네에게 불똥이 튈 일은 없을 것이라고 태평스럽게 지내게 된다. 그런데 바로 이 점이 잘못이다. 그 불길이 자기 몸에 옮겨 붙고서야 비로소 그 실수를 깨닫는다. 그러나 그때는 이미 늦어서 불을 끄는 데도 자기 힘밖에 믿을 데라고는 없다. 말하자면 그때는 이미 불길이 너무 거세서 도저히 자기 힘으로는 끌 수 없게 된다.

로마 인민이 볼스키인이나 아에키인을 응징하는 것을 삼니움인이 앉아서 보기만 하고 구하려 하지 않았던 점에 대해서는 여기서는 언급하지 않기로 한다. 이야기가 길어지지 않도록 나는 다만 카르타고인의 경우만을 들기로 하겠다. 로마인이 삼니움인이나 에트루스키인과 교전하고 있을 무렵에 카르타고는 이미 국세가 강대해져서 그 명성도 주위에 널리 알려지게 되었다. 즉 이 나라는 이미 아프리카를 지배하에 두고 나아가서는 사르디니아와 시칠리아를 수중에 넣고, 또 에스파냐의 일부에까지 힘을 뻗치고 있었다.

자기네의 국력이 강대한 데다가 로마 국경으로부터도 멀리 떨어져 있다는 사실에 안심하고 있었으므로 로마인을 치려고는 생각조차 해본 적도 없었다. 또 삼니움인이나 에트루스키인을 원조해줄 생각도 없었다. 상황이 유리한 쪽에 편들고 싶어지는 것이 인지상정인지, 카르타고인은 오히려 로마인과 우호 관계(기원전 348년, 로마와 카르타고 간에 조약이 체결되어 약 1세기 동안 지켜졌다)를 맺으려 하고 있었다. 이렇듯 카르타고인은 자기네와 로마 사이에 낀 여러 국가가 로마인의 손으로 완전히 정복되고, 시칠리아나 에스파냐에서의 카르타고의 영역에 공격이 가해지게 될 때까지도, 자기네가 저지른 실수에 대해서는 전혀 깨닫지 못하고 있는 형편이었다.

이와 같은 카르타고인이 저지른 실패와 똑같은 짓을 한 사람 중에 갈리아인이나 마케도니아 왕 필립포스 및 안티오코스 왕을 꼽을 수 있다. 그들은 모두 카르타고인의 예와 같이, 로마 인민이 다른 나라와의 전쟁으로 눈코 뜰 새 없는 동안은 자기네 제3자에게 창끝이 돌려질 염려는 없다고 생각했다. 또 평화에 의지하건 전쟁을 일으키건 틀림없이 자기네의 안전을 확보할 시간은 충분히 끌 수 있으리라고 믿었다.

이상에서 말해 온 점으로 보더라도 나는 다음과 같이 확신할 수 있다. 즉 로마인과 똑같이 행동하고, 또 로마가 지녔던 실력과 똑같은 역량을 갖춘 군주라면 누구든지 로마가 잡았던 것 같은 행운을 손아귀에 넣을 수 있을 것이다.

이제 여기서 로마 인민이 적의 영토에 쳐들어가는 데는 어떤 방법을 썼느냐는 것을 말해 두는 것도 필요하리라 생각한다. 그러나 실은 나의 《군주론》

에서 상세히 논한 적($^{(군주론)}_{제3장 참조}$)이 있으므로 가볍게 언급하기로 한다. 다만 로마인이 새로운 영토에 침입할 때는 성벽을 타고 넘어갈 수 있게끔 안에서 사다리를 걸쳐 놓거나, 성 안에서 문을 열어 놓거나, 또는 로마가 그 도시를 확보해 나가기 쉽도록 공작해 줄 만한 내통자를 손에 넣고자 애썼다는 것만 말해 두겠다. 예를 들어, 삼니움에 입성하기 위해서는 카푸아인, 에트루리아를 손에 넣기 위해서는 카메르티움인의 힘을 빌렸다. 또 시칠리아의 경우는 마메르티움인, 에스파냐에서는 사군툼인, 아프리카에서는 마시니사인, 그리스에서는 아이톨리아인, 아시아에 대해서는 에우메네스나 그 밖의 군주들, 갈리아에서는 마실리아인이나 에두이인의 힘을 이용해서 여러 지방을 손에 넣었다. 이와 같이 로마인은 새 영토를 획득하는 경우나 이를 유지해 나가는 경우나 그 일을 수월히 해 나가기 위해서 늘 앞에서 말한 것 같은 원조를 이용했다.

여기서 말한 로마인의 방법에 따라 일을 진행하는 인민 같으면, 이를 지키려 하지 않는 인민들같이 무슨 일이든지 운에 맡긴다는 일은 없을 것이다.

다음 장에서는 로마인과 대결해야 했던 여러 부족의 성격과, 이 여러 부족들이 자기네의 자유를 지키기 위해 얼마나 흔들리지 않는 용맹심을 일으켜서 싸웠느냐 하는 것을 둘러싸고 이야기를 진전시켜 나가기로 하겠다. 이는 로마가 광대한 영역을 획득할 수 있었던 것은 운이 좋았다기보다도 그 실력으로 효과를 거두었다는 사실을 누구에게나 분명하게 알 수 있도록 하기 위해서이다.

제2장 로마인은 어느 부족을 상대로 싸웠는가,
또 상대 나라는 자기네 자유를 걸고 어떻게 끈기 있게 싸웠는가

로마인이 주위의 부족을 정복하고, 또 멀리 떨어진 나라들까지 정복하면서 그들이 무엇보다도 제일 애먹었던 것은 당시의 어느 부족의 경우에서나 대개가 자유에 대해 심한 애착을 느끼고 있었다는 점이었다. 이 여러 부족들은 집요하게 저항을 계속했기 때문에 로마인의 웬만한 노력 가지고는 도저히 이를 굴복시킬 수가 없었다. 사실 수없이 많은 역사적 사실을 보더라도 이들 부족이 자기네의 자유를 유지해 가기 위해, 또는 그 자유를 되찾기 위해서는 얼마만큼 위태로운 다리를 건너야만 했던가, 한편 자기네로부터 자유를 빼앗아간 적에 대해서는 어떤 복수를 했는가를 알 수 있다. 또한 같은 역사가를 통해서 우리는 외국의 지배하에 빠져 들어간 인민 및 국가가 어떤 지독한 고통을 당해야 했던가도 배우게 된다.

현대에서는, 자유를 유지한다고 할 수 있는 곳이라고는 불과 한 지방(독일을 가리킨다)을 들 수 있을 따름이다. 그러나 고대에서는 도처에 온통 자유로운 사람들로 가득 차 있었다. 우리가 여기서 대상으로 하고 있는 고대의 이탈리아에서는, 요즘 말하는 토스카나와 롬바르디아를 가르는 아펜니노 산맥에서 이탈리아 반도의 끄트머리에 이르기까지 그곳에 사는 주민들은 에트루스키인, 로마인, 삼니움인, 그리고 이탈리아 각지의 여러 부족들을 포함해서 한결같이 자유의 은총을 누리고 있는 사람들이었다. 그런데도 로마 왕과 에트루스키 왕 포르센나 이외에는 아무도 통치하는 왕이라고는 없었다고 생각한다. 그렇건만 로마 왕도 에트루스키 왕도 다같이 그 가계가 어떻게 해서 소멸되어 버렸는가에 대해 역사는 입을 다물고 있다.

로마인이 베이이를 포위하려 나섰을 때의 일이다. 그때 에트루리아 일대는 자유의 기풍이 충만해서 각자가 저마다의 자유를 누리고 있었으므로 군주라는 명칭조차 혐오했을 정도였다. 따라서 로마인의 공격에 대해 조국을 방어하기 위하여 새로이 국왕을 추대하게 되었던 베이이인이 에트루스키인에게 구원을 청했을 때도, 에트루스키인들은 토론을 거듭한 끝에 베이이인이 한 국왕의 통치를 감수하고 있는 이상 원군 따위는 그만두겠다는 선에서 결말이 났다. 이렇게 된 이유도 한 사람의 지배하에 있는 것을 감수하고 있는 그런 사람들의 조국 같은 것은 지켜 줄 가치도 없다고 에트루스키인이 판단했기 때문이었다.

앞에서 말한 점으로 생각해 보더라도, 왜 인민의 마음속에 자유로운 생활을 수호하고자 하는 열의가 생기는가를 알아내기란 아주 쉬운 일이다. 이렇게 말하는 것도 국가가 영토에서나 경제력에서나 커나가는 것은, 꼭 그 국가가 자유로운 정치 형태 아래 운영되고 있을 경우에 한정되고 있다는 사실을 우리는 경험으로 알고 있기 때문이다.

사실 피시스트라토스의 참주 정치의 속박을 타파한 아테네가, 그 뒤 불과 100년 동안에 전성기를 맞았다는 것도 참으로 놀랄 만한 일이지만, 그 국왕의 굴레로부터 벗어난 로마가 대제국으로 성장을 이룩해 나간 사실에 대해서는 찬탄한 나머지 입을 열 수 없을 정도다.

그 이유는 아주 간단하다. 결국 개인의 이익을 추구하는 것이 아니라 공공의 복지에 공헌하는 일이야말로 국가에 발전을 초래하는 것이기 때문이다. 게다가 이와 같은 공공의 복지가 지켜지는 것은 공화국 이외에는 아무데도 있을 수 없다는 건 분명하다. 즉 공화국에 있어서 이익이 되는 일이라면 무엇이든지 실행되기 때문이다. 따라서 소수의 개인이 그 정책 수행으로 폐를 입는 일이 있더라도 그로 인해 이익이 되는 사람들이 많다면 손해를 입는 소수 사람들의 반대를 무릅쓰고라도 이를 실행으로 옮길 수 있는 것이다.

그런데 군주 지배하에 있는 국가에서는 앞에서 말한 공화국의 경우와 정반대의 일이 일어난다. 그 이유는 대개의 경우 군주에게 편리한 점은 국가에 해를 가져오고, 국가에 도움이 되는 일은 군주에게 좋지 않은 것이 일반적이기 때문이다. 따라서 자유로운 생활을 누리고 있는 사회에 갑자기 참주 정치의 그림자가 비칠 때, 그 국가에 그다지 손해가 미치지 않는 경우라 하더라도 그 사회는 발전을 중단하고 국력에도 경제력에도 장래성은 없어지고 만다. 뿐만 아니라 대개의 경우에는 퇴보가 초래된다. 또는 실력을 갖춘 참주가 나타나서 충실한 기력과 군사력에 의하여 영토 확장을 이룩하는 일이 있다 할지라도 국가에 이익을 초래하는 일은 조금도 없다. 그저 참주의 주머니 속이 불러질 따름이다.

왜냐하면 이런 참주는 자기가 항상 억압하고 있는, 공적이 있고 인격도 고결한 시민들에 대하여 시기와 의심의 눈길을 돌리는 나머지 아무에게도 영예를 베풀어 주려 하지 않기 때문이다. 그뿐만 아니라 이 참주는 그가 새로 정복한 국가를 지금까지 통치하고 있는 국가에 복종시키거나 속국으로 만들지도 못한다. 왜냐하면 국가 그 자체를 강화시키는 일이 이 참주의 이익과 일치하는 일이 되지 않기 때문이다. 즉 그로서는 국내를 산산이 떼어 놓고 각 지방이 저마다 이 참주를 지배자로 우러르게 만드는 편이 득이 되는 방법이기 때문이다.

이와 같이 참주가 새로운 영토를 정복해 봤자 그것은 참주 자신의 이익이 될 뿐이고 국가에는 아무런 이익이 되지 않는 것은 이 때문이다. 앞에서 말해 온 것 같은 의견을 좀더 다른 면에서도 확증을 얻고자 하는 사람은 크세노폰의 《참주론》을 읽으면 된다.

옛날 인민은 끝없는 증오심을 품고 참주를 탄핵하는 한편 자유로운 사회를 열애했다. 또한 자유라는 명칭만으로도 얼마나 그들에게 동경의 대상이 되어 있었던가! 이를테면 시라쿠사의 히에론의 조카인 히에로니무스가 살해되었을 때도 그 예에서 벗어나지 않았다. 그가 살해되었다는 소식이 시라쿠사에서 크게 멀지 않은 곳에 진을 치고 있던 군대에 알려지자, 그 군대는 당장에라도 무기를 잡고 히에로니무스를 죽인 장본인을 타도할 기세를 보였다. 그런데 시라쿠사 시내에서 자유의 부르짖음이 들려오자 그 소리를 들은 이 군대는 자유라는 명칭에 현혹되어 그만 잠잠해지고 말았다. 그리고 참주를 살해한 자에 대해 불타던 노여움도 사그라지고, 시라쿠사 같은 곳에서는 어떻게 하면 자유로운 정치 형태를 취할 수 있을까 하는 것을 생각하게 되었다.

한편 인민이 그들로부터 자유로운 삶을 박탈한 사람들에 대해 미친 듯이 복수 행위를 하게 된 것도 별로 이상할 것은 없다. 이 점에 대해서는 수없이 많은 실례를 들 수 있으나 여기서는 아래의 한 예만으로 그치기로 하겠다. 그것은 펠로포네소스 전쟁*1 당시, 그리스의 도시인 코르키라(코르푸)에서 일어난 일이었다. *2 그 무렵의 그리스 전 국토는 두 진영으로 분열되어 있었는데, 그중 한쪽은 스파르타와 연합하고 다른 한쪽은 아테네와 친분을 쌓고 있었다. 그 결과 대부분의 도시 내부에서도 분열이 생겼다. 그래서 일부분의 사람들은 스파르타를 지지하고 다른 자들은 아테네와 손을 잡는 형편이 되었다. 그리하여 코르키라에서는 귀족이 우위에 서서 인민으로부터 자유를 빼앗는다는 사태가 벌어졌다. 그런데 인민 측은 아테네의 후원을 얻어 세력을 회복하고, 모든 귀족을 붙잡아 넓은 감옥에다 가두고 말았다. 그리고 각각 다른 지방으로 추방을 한다더니 감옥에서 8명이나 10명씩 한꺼번에 끌어내어 더없이 잔학한 방법으로 그들을 죽였다.

감옥에 남아 있던 자들은 이를 알아차리고, 이런 불명예스러운 죽음에서 어떻게 하면 벗어날 수 있는가를 협의했다. 그들은 눈에 띄는 것을 모두 무기로 삼고, 자기들을 끌어내기 위해 감옥으로 들어오는 사람을 때려 눕혀 아무도

---

*1 기원전 431년~404년, 아테네 해상 제국과 펠로포네소스 동맹을 이끈 스파르타와의 전쟁. 민주 국가 대 귀족 국가의 싸움이었는데 스파르타의 승리로 돌아갔다.
*2 이 에피소드는 투키디데스 《역사》 IV, 46~48에 서술되었다.

들어오지 못하게 했다. 한편 감옥 안의 이 폭동을 알게 된 인민 측은 감옥 지붕을 무너뜨려서 그 속의 귀족 전부를 압사시켰다.

그리스에서는 이 밖에도 이런 잔학하고 악명 높은 예가 많다. 이런 예로 비추어 보면, 인민은 단순히 그 자유를 위협당하고 있을 때보다도 자유를 박탈당한 데 대해 얼마나 맹렬한 복수심을 불태우는가를 알 수 있다.

이제 여기서 고대 사람들이 요즘 사람에 비해 자유에 대해 심한 애착을 불태웠던 것은 무엇 때문인가 하고 자문해 보면, 다음과 같은 점 때문이 아닌가 생각된다. 말하자면 요즘 사람은 옛날 사람에 비해 무기력하다*는 점 때문이다. 그것은 옛날과 지금의 단련 방법의 차이 때문이며 나아가서는 옛날의 종교 본연의 자세와 요즘 종교와의 차이에서 유래된다고 생각한다.

사실 요즘 종교는 우리에게 진리와 옳은 삶의 방법을 제시해 주기는 하나, 현세적인 명예와는 거리가 멀다. 그런데 고대의 이교도는 현세의 명예라는 점에 중점을 두고, 이를 최고의 선으로 알고 있었기 때문에 고대인의 행동에는 한층 더 힘이 들어 있었던 것이다.

이 점은 고대인이 지녔던 다양한 습관에서도 뚜렷하게 엿볼 수 있다. 첫째, 현대 종교의 간소한 점에 비해서 더없이 화려한 희생 의식이 눈에 띈다. 그런데 요즘 종교는 아무래도 장대하고 화려하다기보다는 오히려 섬세하고 우아한 형식미에 치중해 엄숙함이라든가 정력적인 모습을 볼 수가 없다. 이에 대해 고대인의 종교 의식에도, 내용은 시원찮으나 외관만은 훌륭하다든가, 별나게 눈에 띄는 점도 없지는 않았지만, 이에 덧붙여서 희생 제의가 거행되었던 것이 특징이다. 이 광경은 말할 수 없이 끔찍한 것이었지만, 이는 그것을 바라본 당시 사람들에게 똑같은 엄숙함을 주었다.

고대 종교의 또 한 가지 특징은 장군이라든가, 국가의 지배자라든가, 현세적인 명예로 빛나는 인물이 아니면 축복을 주려하지 않았다는 점에 있다. 그런데 오늘날 우리가 신봉하는 종교는 행동적인 인물보다는 눈에 띄지 않는 명상적인 인품을 존경하는 경향이 있다. 게다가 요즘 종교는 복종과 겸손을 가장 귀중한 것으로 알고, 인간이 대처해야 할 일상의 일을 경멸한다. 이에 대해 고대의 종교는 강인한 정신과 강건한 육체, 그리고 그 밖에 인간을 더

---

*인간에 대한 이 견해는 마키아벨리의 사상의 한 기둥이 되고 있다.

없이 강력한 존재로 단련할 수 있는 모든 사항을 최고의 선으로 간주했다. 그런데 요즘 종교가 우리에게 늠름하라고 요구할 경우, 어떤 큰 사업을 하라고 하는 것이 아니라 참고 따를 수 있는 사람이 되라고 한다. 이런 생활 방식이 퍼져 나감에 따라 세상은 더욱 나약해져서 극악 무도한 자들의 미끼가 될 수밖에 없다. 이런 자들이 바로 세상을 자기 좋을 대로 지배해 버리게 된다. 왜냐하면 모든 사람이 천국으로 갈 것을 원하는 나머지 자기들을 괴롭히는 극악인에게 보복을 해주자는 생각은 꿈에도 하지 못하고 아무리 시달려도 꾹 참으려고만 생각하게 되기 때문이다.

세상에 나약한 풍조가 충만하고, 신의 뜻마저 위엄을 잃게 되는 일이 있다면, 그것은 분명 기개보다도 안일을 찾아서 자기네의 종교를 해석하려 해 온 요즘 사람들의 무기력함에 의하는 것이라 할 수 있으리라. 왜냐하면 만약에 종교가 조국의 사기를 고양하고 방위에 이바지하는 역할을 생각한다면 우리는 마땅히 자기 조국을 열애하고 이를 찬양하는 것이 의무라는 것을 명시하게 되기 때문이다. 나아가서 조국 방위에 몸을 바치도록 노력할 것이 틀림없기 때문이다.

이처럼 요즘 사람들의 몸가짐이 엉터리기 때문에 사고방식도 나쁘고, 따라서 지금의 공화국 수가 고대에 있었던 것과 비하면 매우 적다. 그 결과 당연히 요즘 사람은 고대인 같은 자유에의 애착을 잃어버리고 말았다.

이제 여기서 사태가 오늘날같이 되어 버리고 만 이유를 생각해 보건대, 그것은 로마 제국이 군사력과 권력을 내세워 모든 공화국과 민주적인 제도를 파괴해 버렸기 때문이라고 생각한다. 더욱이 그 뒤 로마 제국은 붕괴해 버렸음에도 불구하고 그 뒤에 생긴 여러 도시는 극히 일부분을 제외하고는, 서로가 협력해서 통일을 달성할 수도 없고 옛날 같은 민주적인 사회를 구축할 수도 없었기 때문이다. 그런데 실상 로마인은 세계 여러 곳에서 지극히 강력한 군사력에 의해 완강하게 저항하는 공화국의 동맹에 부딪쳐야만 했다. 그들 공화국으로서도 위기에 놓인 자기의 자유를 지키기 위해 궐기하지 않을 수 없었다. 따라서 로마인이 이런 공화국들을 굴복시키기 위해서는 탁월한 무력으로 사태에 임해야 했던 것이 당연했다는 사실을 이해할 수 있을 것이다.

이상의 점에 대해 구체적인 실례를 들고자 한다면, 삼니움인의 예로도 충분하리라 믿는다. 삼니움인은 놀랄 만한 힘을 발휘했던 모양이다. 티투스 리비우스도 이 점에 대해 다음과 같이 말하고 있다(티투스 리비우스 / (로마사) X, 31). 즉 삼니움인의 국력은 융성해, 그 군사력도 무서운 것이어서 초대 파필리우스의 아들인 집정관 파필리우스 쿠르소르의 시대에 이르기까지 46년이라는 긴 세월에 걸쳐서 로마인에 저항을 계속했다(기원전 290년까지). 그래서 거듭되는 패전으로 국토는 황폐해지고 온 나라 안에서 대학살이 계속되었다. 그뿐만 아니라 지난날에는 많은 도시와 많은 인구를 자랑하던 삼니움의 국토도 거의 텅 비고 말았다. 본래 삼니움에서는 정치 체제가 정비되고 국력도 크게 충실되어 있었으므로, 로마인이 그만큼 기백을 담고 공격을 가하지 않았다면 도저히 이를 정복하지 못했을 것이다.

그런데 예전에 정비되어 있던 체제가 왜 오늘날처럼 흔적도 없이 사라져 버렸는가? 그 이유는, 예전에는 모든 사람이 자유를 근거로 삼고 있었던 데 비해 요즘은 사람들이 노예 생활을 감수하고 있기 때문이다. 즉 이미 설명해 둔 것처럼, 모든 면에서 자유를 누리던 모든 나라나 지방에서는 지극히 눈부신 진보와 발전이 초래되고 있었기 때문이다. 그리고 요즘처럼 결혼이 제약을 받는 일이 적었고, 또 요즘처럼 사람들이 결혼을 피하려는 경향*도 없었기 때문에 예전에는 인구가 훨씬 더 많기도 했다. 결국 누구라 할 것 없이 자기네가 부양할 수 있는 한, 또는 조상으로부터 물려받은 재산을 탕진해 버릴 염려가 없는 한, 아이가 태어나는 것을 기뻐했기 때문이기도 하다. 또, 태어나는 아이들은 노예의 처지가 아닌 자유인으로서 이 세상에서 삶을 누릴 뿐만 아니라, 본인이 실력만 갖추고 있으면 국가의 통치자로 뽑힐 수 있다는 것을 어버이들은 알고 있었기 때문에 태어나는 아이를 축복했던 것이다. 따라서 이와 같은 국가에서는 농업이나 수공업에 의해 초래되는 재부가 자꾸자꾸 늘어났다. 그 이유는 자기네가 쌓은 재산이 아무런 위협도 받지 않고 이를 즐길 수 있는 세상에서는 누구든지 열심히 돈을 모아 재산을 늘려가고자 힘을 쓰기 마련이기 때문이다. 따라서 당시 사람들은 앞으로 달려가고자 노력했다. 그래서 이 두 종류의 재산은 모두 놀랄 정도의 액수에 이르게 되었다.

---

* 르네상스 말기 이후, 이탈리아에서는 경제적으로 생활이 어려워져서 많은 남녀들이 결혼을 피하고 수도원으로 들어갔다.

그런데 노예 상태에 빠져 있는 국가에서는 지금 말한 것과 정반대의 현상이 엿보인다. 그 국가에서 인민에 대한 억압이 심하면 심할수록 그들 고유의 미풍양속은 점점 더 땅에 떨어진다. 여러 가지 억압된 상태 중에서도 어느 것이 특히 가혹한가 하면, 한 나라가 다른 나라의 지배하에 놓인 경우일 것이다. 첫째로, 나라와 나라의 지배 관계는 영속적인 것이므로 그 지배로부터 벗어날 가망은 거의 없기 때문이다. 둘째로 생각할 수 있는 것은, 자기 나라의 힘을 강화하고자 하면 필연적으로 주위의 나라 전부의 힘을 꺾도록 만들어야 하기 때문이기도 하다.

오리엔트의 전제 군주와 같이 국토를 황폐하게 만들고 모든 인류의 문화를 무산시켜 버리는 야만적인 군주라면 몰라도, 다른 나라를 지배할 만한 군주쯤 되면 덮어놓고 종속된 나라를 탄압만 하지는 않는다. 그 군주에게 인간다운 피가 흐르고 있다면 대개의 경우 그는 자기 지배하에 들어온 모든 도시에 예로부터의 본거지와 차별 없이 대우해주고, 그 주민에게는 지금까지 해오던 일을 계속하게 해서 여태까지의 법률을 고스란히 남겨 주려 할 것이다. 그렇게 되면 그 나라는 자유 독립의 경우만큼의 발전은 보여 주지 않을 망정 노예 상태에 빠진 국가만큼 영락되지는 않을 것이다. 여기서 내가 '노예 상태에 빠진 국가'라는 말을 쓴 것은, 그 국가가 한 외국인의 지배하에 놓였을 경우를 가리킨다. 한편 그 국가가 국내의 한 시민의 지배하에 놓였을 경우에 대해서는 이미 설명해 두었다.

내가 이제까지 말해 온 것을 잘 생각한 사람이라면, 독립 시대에는 그토록 세력이 강했던 삼니움인도 일단 로마에 독립을 빼앗기고 나서는 대번에 쇠약해지고 말았다는 사실에 대해 그리 놀라지는 않을 것이다. 삼니움인의 이런 여러 모습에 대해서는 티투스 리비우스도 상당한 지면을 소비하고 있다. 특히 한니발 전쟁에 대해서는 삼니움인을 들어 다음과 같이 말하고 있다. 즉 삼니움인은 노라에 주둔해 있던 로마 군단 사람들에게 압도되어 있었으므로, 한니발에게 웅변가를 보내어 자기네를 지원해 줄 것을 요청했다. 이 웅변가들이 역설한 점은 리비우스에 의하면_(티투스 리비우스, 《로마사》 XXIII 41~42. 원문을 바꾸어 인용해 놓았다), '우리 삼니움인은 자국 출신의 병사와 지휘관만으로 100년간에 걸쳐서 로마와 싸워 왔다. 게다가 두 집정관의 직속군이나 두 집정관이 직접 공격해온 것도 여러 차례에 걸쳐서 막아왔는데, 이제는 아주 무력해져서 노라에 진을 친 로마의 한 작은 군단조차도 감당하지 못할 형편이다' 하고 호소할 정도가 되었다.

제3장 로마가 강국으로 성장한 것은 주위의 국가를 파괴함과 동시에 외국인에게도 시민권을 주었기 때문이다

"이윽고 알바의 폐허 위에서 로마는 성장한다." (티투스 리비우스, 로마사 I, 30)

한 도시에서 출발하여 대제국으로 발전을 이루고자 하는 소망을 품는 자는 자국의 영내에 많은 주민들이 살게끔 모든 수단을 강구해서 노력에 노력을 거듭해야 한다. 왜냐하면 국내에 사람의 머리 수가 충분히 갖추어지지 않는 국가는 절대로 대국으로 성장할 수 없기 때문이다.

인구를 확보하는 방법은 두 가지가 있다. 즉 동정심을 보이는 방법과, 반대로 완력을 쓰는 방법이 있다. 그 나라에 이주해 오려는 외국인에게 따뜻한 마음으로 문호를 개방하고 그 안전을 보장해 주어야 한다. 그렇게 하면 누구나 기꺼이 그 나라에 이주해 올 것이다. 그런데 완력으로 일을 진행해야 할 경우란, 이웃 여러 국가를 파괴해 버리고 그 지방의 주민들을 새로이 자국으로 강제 이주시키는 것을 가리키는 것이다. 로마는 이상의 방법을 완전하게 실시해 왔기 때문에 6대째 왕 세르비우스 툴리우스의 시대가 되자 무기를 잡을 수 있는 사람이 8만 명이나 살게 되었다. 이런 성공을 거둘 수 있었던 것도 로마인이 농사에 익숙한 농부와 같은 방법을 택했기 때문이다. 즉 로마인은 노련한 농부가 하듯이 한 그루의 식물을 재배하는데, 많은 열매를 맺게 하려고 순을 잘라서 그 기운을 뿌리에 비축해 두었다. 그래서 시기가 오면 푸르게 무성해져 열매가 주렁주렁 열리게끔 가꾸어 갔다.

국토를 확립하고 확대시키기 위해서는 이상과 같은 방법이 가장 필요하고도 좋은 것이다. 이 점은 스파르타나 아테네의 실례에서 보더라도 뚜렷해진다. 이 두 국가는 다같이 군비는 최강을 자랑하고 법률도 훌륭히 정비되어 있었지만, 국내에 내분이 끊일 날이 없어서, 스파르타나 아테네만큼도 법률이 정비되어 있지 않았던 로마 제국의 발전에는 도저히 따라갈 수가 없었다. 그 이유에 대해서는 앞에서 살펴본 것에 더 이상 덧붙일 것도 없을 것 같다. 왜냐하면 로마는 앞에서 말한 방법을 둘 다 사용해서 자국의 인구를 증대시켰으므로 얼마 가지 않아서 28만 명의 병사들을 확보할 수 있었는데, 스파르타나 아테네는 각각 2만 명 이상의 군대를 거느려 본 적이 없었기 때문이다.

그리고 로마가 크게 발전한 원인은 스파르타나 아테네에 비교해서 각별히 지리적 혜택을 얻고 있었기 때문이라는 설명도 맞지 않다. 오히려 로마가 채용한 방법이 다른 두 나라의 방법과 전혀 달랐기 때문이라고 할 수 있다. 이를테면 스파르타의 건설자인 리쿠르구스는, 새로운 이주자가 스파르타에 흘러들어와서 섞이는 만큼 자기가 만든 법률을 엉망으로 만드는 일은 없을 것이라고 생각했다. 그래서 외국인과는 절대 교섭을 하지 못하도록 모든 수단을 강구해 두었다. 즉 다른 도시 사람과의 결혼은 인정하지 않을뿐더러 외국인에게는 시민권도 주지 않았고, 그 밖에 서로가 친밀해지는 교류도 엄격히 금지했다. 그뿐 아니라 스파르타에서 가죽으로 된 유일한 통용화폐를 지정하고, 누구든 스파르타에 상품을 가져오거나 어떤 기술을 도입하고자 하는 기분을 일으키지 않도록 했다. 이런 상태의 국가에서는 인구의 증대 따위는 있을 수 없었다.

우리 인간의 영위가 자연계의 움직임과 지극히 닮았다는 점을 생각하더라도, 연약한 나무줄기로 굵은 가지를 떠받친다는 건 자연의 이치에 맞지 않는 일일뿐더러 가능한 일도 아니다. 이와 마찬가지로 규모가 작은 국가가 자국보다 세력이 왕성하고 규모도 큰 국가를——군이건 시건 왕국의 경우건——지배해 나갈 수는 없다. 설사 교묘하게 점령했다 하더라도 줄기보다 가지가 굵어진 나무가 그 무게를 이기지 못해 약한 산들바람에도 쓰러져 버리는 것과 같은 운명을 더듬게 될 것이다. 이 현상이 바로 스파르타에 일어났다. 스파르타는 그리스의 모든 도시를 수중에 넣었는데, 얼마 가지 않아서 ^(기원전
379년) 테베가 반란을 일으키자 다른 도시도 이에 따라 반기를 들었다. 말하자면 줄기만 남겨 놓고 가지가 죄다 잘린 거나 마찬가지였다. 이런 현상은 로마에서는 단 한 번도 일어난 적이 없었다. 이 줄기는 매우 튼튼해서 아무리 억센 가지라도 쉽사리 이를 지탱해낼 수가 있었던 것이다. 그래서 로마는 인구 증가 정책과, 다음 장에서 말하는 것 같은 여러 방책을 병용함으로써 공전의 전성기를 맞았다. 이 점에 대해서는 티투스 리비우스가 다음에 인용하는 말 속에 간결하게 표현되어 있다.

"이윽고 알바의 폐허 위에서 로마는 성장한다."

제4장   고대 공화국이 국력을 증대하기 위해 사용한 세 가지 방법

고대사를 읽는 이는 당시의 공화국이 강국이 되기 위해 세 가지 방법을 쓰고 있었다는 것을 배우게 될 것이다. 그 중 하나는, 고대의 에트루리아에서 행해졌던 것처럼 몇몇 공화국이 모여서 동맹*을 맺는 방법이다. 이런 경우 특정한 나라가 다른 동맹국 위에 지배나 권위를 휘두른다는 것이 아니라, 그 중 한 나라가 어딘가를 정복하려 할 때에 다른 나라들이 모여서 이 전쟁을 돕는다는 구조였다. 이 같은 동맹 방법을 요즘에는 스위스가 사용하고 있다. 또 고대에는 아카이아인과 아이톨리아인을 상대로 그리스 여러 나라가 행했다.

그런데 로마인은 에트루스키인과 숱한 교전을 했으니까, 앞에서 든 첫째 방법의 성격을 깊이 연구하기 위해서는 시야를 넓혀서 이 에트루스키인에게 각별한 주의를 기울여야 한다고 생각한다. 로마의 판도가 온 이탈리아에 퍼지기 전에는 에트루스키인의 세력이 바다에서 산에서 지극히 왕성했다. 에트루스키인의 활약에 대해서는 특별히 역사에 기술되어 있지는 않지만, 전성기였던 옛 시절을 연상하게 할 만한 약간의 단서나 증거 정도는 있다. 이를테면 그들은 북부의 해안에 아드리아라는 이름의 식민지를 건설했다는 사실이 알려져 있다. 그런데 이 도시는 침범할 수 없는 기품을 갖추고 있었으므로 곧 이 해역 전체를 같은 이름으로 부르게 되었는데, 오늘날 아직도 라틴어식으로 아드리아 해라 부르고 있다.

또한 에트루스키인의 군사력은, 티베르 강에서 알프스 기슭으로 펼쳐지는 이탈리아 반도의 대부분을 정복했던 것도 유명했다. 그럼에도 불구하고 로마가 대발전을 이루기 200년 전에 에트루스키인은 이미 오늘날 롬바르디아라고 불리는 지역의 주도권을 잃고 있었다. 실은 그들은 이 지방을 갈리아인에게 점령당했다. 갈리아인은 필요에 강요당했든지, 또는 이 지방의 과일의 단맛과 맛좋은 술에 유혹되었든지 절대 권력을 가진 벨로베수스에게 이끌려서 이탈리아로 남하했다. 그리고 이 지방의 주민을 격파하여 추방한 뒤 그곳에 많은 도시를 건설했고, 자기네 이름을 따서 그 지방을 갈리아라 불렀다. 그래서 로마인의 손에 넘어가기까지 그곳을 확보하고 있었다.

---

*당시 이탈리아에서는 이런 종류의 동맹이 셋 있었다. 즉 포 강 유역 여러 나라의 동맹, 중부 이탈리아 여러 나라의 동맹, 그리고 캄파니아 여러 나라의 동맹이다.

그런데 에트루스키인은 서로가 평등한 입장에 서서 생계를 영위하고 앞에서 말한 첫째 방법을 채용하여 국력 증강에 매진했다. 동맹을 맺은 도시는 열둘이나 되었다. 그 중에는 키우지·베이·아레초·피에솔레·보르텔라 등의 도시를 들 수 있다. 이 도시들은 동맹을 맺고 그들의 세력 범위를 통치하고 있었다. 그러나 이탈리아의 밖을 향하여 정복 영역을 넓힐 수는 없었다. 뿐만 아니라 이탈리아 안에서조차도 앞으로 설명할 이유로 그 태반은 손도 대지 못한 체 남겨져 있었다. 그리고 둘째 방법이란 다른 나라를 동맹국으로 만드는 방법인데, 이 경우에는 여러 동맹국에 대한 명령권을 확보하고, 또 여러 연합국 가운데서의 우월한 지위와 행동을 일으킬 때도 지휘권을 수중에 넣도록 해 두어야 한다. 이 방법은 로마인이 사용한 것이었다. 셋째 방법이란 스파르타나 아테네의 예에서 볼 수 있는 것처럼, 상대국을 동맹 관계로 두는 것이 아니라 직접 종속시키는 방법이다.

위에서 말한 세 가지 방법 중에서도 특히 세 번째 수단은 백해무익한 방법이다. 그것은 위에서 든 스파르타와 아테네의 경우에서 볼 수 있는 것처럼, 도리어 국가의 생명을 빼앗는 결과가 되고 만다. 이런 방법을 취하면 결국자기 실력 이상으로 종속국을 늘려 가게 되기 때문에 거기에는 아무래도 파탄이 일어날 수밖에 없다. 그 이유는 정복한 도시를 무력을 써서 통치해 나간다는 것, 특히 지금까지 자유로운 생활에 젖어 있던 도시를 완력으로 제압해 나가려는 것은 번거롭고 힘이 드는 일이기 때문이다. 사실 군대를 쓰지 않고서는, 그것도 대군을 파견하지 않고서는 그 도시에 명령을 내리거나 통치를 한다는 것은 어려운 노릇이다.

그런데 기어이 뜻대로 지배하고 싶은 경우에는, 여러분의 나라에 협력해 줄 동맹국을 만들어 둘 필요가 있다. 그 도움에 의해 여러분의 나라의 인구를 늘릴 수 있을 것이다. 스파르타도 아테네도 이런 방법은 전혀 거들떠보지 않았기 때문에 그들은 무엇을 해도 모두 헛일이 되고 말았다. 그런데 둘째 방법의 실례를 제공한 로마의 경우, 그들은 이 방법에 포함되는 모든 면에 주의를 기울여 운용했기 때문에 한없이 국력을 높여 나갈 수 있었다.

로마만이 이런 방법을 답습했으므로, 대강국으로 발전할 수 있었던 나라가 로마로 한정된 것은 당연한 일이다. 정말이지 로마는 이탈리아 전역에 걸쳐서 수많은 동맹국을 만들고, 대부분의 점에서 평등한 법률 아래 이 동맹국들을 처우했다.

한편 이미 지적한 것처럼 로마는 일관되게 동맹 도시들을 통합하는 수도에서 그 도시들에 대한 명령권을 확보하고 있었으므로, 그 동맹하에 있던 여러 도시로서는 자기들이 실컷 고생해서 피를 흘려 가며 획득한 결과가 알지 못하는 사이 로마에 복종되었다는 것을 깨닫게 되었다.

그것은 다음과 같은 경위에 따른다. 즉 로마인이 이탈리아의 국외로 원정군을 파견하게 되자, 곧 해외의 여러 왕국을 속주로 편입했다. 그리고 지금까지 국왕에게 통치되고 있었기 때문에 로마의 지배하에 놓인다 해도 별로 신경쓸 것이 없는 자들이 그 지배하에 놓이게 되었다. 그래서 로마인 총독에 의해 통치되고, 로마 군에 의해 제압되자 그들 피정복민들은 로마만큼 좋은 국가는 달리 없다고 믿게 되었다. 이와 같은 해외의 상황을 보게 되자 이탈리아 내부에서 로마와 이미 동맹을 맺고 있던 나라들은, 자기네가 어느새 로마에 충성을 맹세하는 앞잡이들에게 둘러싸여 로마 같은 대강국에 꼼짝도 못하도록 압박되고 있다는 사실을 새삼스레 깨달았다. 이렇듯 자기네가 태평스럽게 지내다가 저지른 실수를 깨달았을 때는 이미 시기가 늦어 돌이킬수 없는 상태가 되어 있었다. 실상 로마가 그때까지 해외 속주에 떨쳤던 권력은 절대적이었으며, 도시는 방대한 인구를 가졌고, 군대는 잘 정비되어 있어서 국력은 내부에서부터 충실한 상태였다.

이와 같은 정세하에서 지금까지 로마의 동맹국은 로마의 처사에 대항하고자 단결하여 이에 도전했다. 그러나 다시는 일어날 수 없게 대패하여 그들의입장은 최악이 되고 말았다. 왜냐하면 동맹국이라는 입장에서 단번에 종속국으로 떨어져 버렸기 때문이다.

이상의 설명으로도 알 수 있는 것처럼 이런 수단을 실행에 옮긴 것은 로마말고는 없었다. 국력을 발전시키고자 하는 국가는, 로마가 사용한 방법 이외에는 결코 사용해서는 안 된다. 그 이유는, 역사를 통해 그 경험으로 비추어보더라도 이 방법만큼 안전하고도 확실한 것은 달리 있을 수 없기 때문이다.

에트루스키인·아카이아인·아이톨리아인이 사용했고, 오늘날에 와서는 스위스인이 택하고 있는 것 같은 동맹 방법, 즉 앞의 분류에 의하면 첫째 방법이란 로마가 사용한 둘째 방법에 비하면 차선책이라 할 수 있을 것이다. 왜냐하면 이 방법을 쓰면 국가의 비약적인 팽창은 기대할 수 없기 때문이다.

그러나 그 반면에 다음과 같은 두 가지 이점도 있다. 그 하나는, 전쟁에 휘말려 들지 않는다는 것, 둘째는, 자국이 획득한 것은 이를 쉽게 확보해 나갈 수 있다는 것이다. 대국이 될 수 없는 이유는 국가가 지방 정권으로 흩어져 있어서, 모여서 회의를 열고 정책을 결정하기가 어렵기 때문이다. 또한 국가가 분열되어 있기 때문에 정복지를 넓혀 가고자 하는 마음은 좀처럼 들지 않는다. 말하자면 모처럼 정복지를 획득한다 해도 몫을 나누어 가질 동맹국이 많기 때문에, 단지 한 나라가 얻은 것 전부를 독점하려는 경우에 비해서 영토를 획득하려는 열의가 많이 떨어지기 때문이다.

이 밖에 연방 의회라는 형식으로 모두 다스려지고 있어서 한 나라 안에서 살고 있는 사람들에 비해서 어떤 일을 결정하는 데도 훨씬 시간이 걸린다. 이런 방법을 취하다가는 결국 평범한 테두리에 틀어박힌 것이 되고 말 것은 뻔하다.

이 같은 한계를 깨뜨린 실례를 본 적은 없다. 내 생각으로는 열둘이나 열네 나라가 모여서 동맹을 맺는 것이 한도인 것 같다. 그 이상 수를 늘리려 해서는 안 된다. 자기네들만으로 단결해서 지킬 수 있는 한도를 넘어 버리면, 그들은 이제 자기네의 국토를 넓히려고 생각하지 않게 되기 때문이다. 그 이유는 한편에서는 기어이 국가를 강대하게 만들어야 한다는 다급한 필요성이 없어서 영토 확장에 대한 열성이 없어지기 때문이다. 또 다른 한편에서는 모처럼 고생해서 새 영토를 손에 넣어 봤자 아무 소용 없다는 것을 알고 있기 때문이다.

아무튼 국가가 영토 확장을 요구할 경우에는 다음의 두 가지 중 하나를 택해야 한다. 즉 끊임없이 동맹에 새로운 멤버를 가입시키든가, 아니면 다짜고짜 정복한 인민을 신하로 만들어 버리든가 둘 중 하나이다. 그렇지만 전자의 경우는 동맹국이 늘어나면 아무래도 혼란이 일어나기 쉽고, 후자의 경우는 완력으로 복종시키기란 어려운 일이며, 비록 복종시켰다 하더라도 별로 이익이 되지 않으므로 열성껏 하지 않게 된다.

그러니까 자기네의 안전이 보장될 정도로 동맹국의 수효가 갖추어져 있을 경우에는 다음의 두 가지 방법을 생각하게 된다. 그 하나는, 다른 국가를 자기네의 보호국으로 편입시켜 그 방위의 임무를 맡고 나서서 그 대가로 받은 돈을 자기네끼리 지체 없이 나누어 갖게 하는 일이다. 또 한 가지 방법은,

다른 나라에 군사력을 제공하고 고용해 준 여러 군후들로부터 급료를 받는 방식이다. 이는 오늘날 스위스가 실시하고 있으며, 고대에서는 내가 이미 열거해 둔 나라들도 행한 적 있다.

이 점에 대해 티투스 리비우스는 다음과 같은 예를 들고 있다.[1] 마케도니아 왕 필립포스가 티투스 퀸티우스 플라미니누스[2]와 교섭하게 되었을 때, 그 자리에 한 아이톨리아인 장군이 참가하고 있었다. 이자와 필립포스와의 사이에 말이 오가기 시작하자 필립포스는, 아이톨리아인은 탐욕스러워서 신의 같은 것은 찾아볼 수 없다고 비난했다. 그리고 그들은 한 나라의 군역 봉사에 고용되어 있으면서, 동시에 적 편에서 일할 병사를 동료들 가운데서 파견하고도 조금도 부끄러워하는 기색조차 없다. 이런 형편이므로 서로 대치하는 적과 아군 양 진영 속에서 아이톨리아인의 군기가 동시에 휘날리는 광경을 흔히 볼 수 있다고 말했다.

그러므로 동맹에 의해 일을 진행시키려고 하면 아무래도 이와 같은 경향이 수반되기 때문에 항상 똑같은 결과에 빠지게 된다는 것을 알 수 있다. 한편 속국으로 만들어 버리는 방법은 국가가 약해지는 근본이므로 별 이익이 되지 않는다는 것은 뻔한 사실이다. 그런데도 이 방법을 지나치게 고집하면 눈앞에는 파멸이 기다리게 된다. 억지로 복종시키려는 이 방법은 군비가 갖추어진 나라 하더라도 무익한 행동이다. 하물며 오늘날의 이탈리아 여러 국가들처럼 군사력도 제대로 갖추어져 있지 않은 국가에서는 해가 될지언정 아무런 이익도 없다.

이상 말해 온 점에서도 로마인이 사용한 방법이 옳았음을 알 수 있다. 이 방법이야말로 놀랄 만큼 훌륭한 것으로서 로마인 이전에는 아무도 깨달은 자도 없었고, 그들 이후에도 전혀 이를 따르려는 자가 없었다. 겨우 동맹 방법에 대해 로마를 본받은 것은 스위스인과 슈바벤 동맹[3]을 꼽을 수 있을 따름이다.

---

*1 티투스 리비우스, 《로마사》 XXXIII, 32~34.
*2 마케도니아 왕 필립포스 5세를 무찌른 로마의 집정관. 《군주론》 제24장 참조.
*3 신성 로마 황제 막시밀리안 1세의 요청으로 쉬바벤 22도시가 보병 1만 2천 명과 기사 1천 2백 명을 제공하고 맺은 동맹이다. 이 동맹은 1488년에 성립하여 1533년까지 지속되었다. 여기서는 이 동맹이 스위스와 싸운 1499년의 쉬바벤 전쟁을 가리키고 있다고 생각된다.

이제 이 뒷장에서 언급하겠지만 국내 정책에 대해서나, 대외 정책에 대해서나, 로마인이 궁리해 낸 많은 제도를 요즘 사람들은 전혀 모범으로 삼으려 들지 않을 뿐 아니라 잘못되었다는 둥 실시 불가능하다는 둥, 또는 자기에게는 관계가 없으니까 아무런 덕도 되지 않는다는 둥 하며 전혀 돌아보려고도 하지 않는다. 이런 소극적인 태도를 취하고 있어서 이탈리아에 침입하려는 모든 외적의 좋은 미끼가 된다.

로마인의 방식을 답습하기가 아무래도 어렵다면 고대의 토스카나 사람, 즉 에트루스키인이 했던 것을 배우는 게 현대의 토스카나인인 우리로서는 좀더 쉬울 것 같다. 그 이유는, 이미 말한 이유로 보더라도 로마와 똑같은 대제국을 구축한다는 것은 지금의 토스카나로서는 불가능한 일일지라도 고대의 에트루스키인이 취한 방법을 계승하여 이탈리아 내에서 그런 세력을 편다는 것은 가능하지 않을까? 정말이지 고대의 에트루스키인은 그 국력과 군사력으로 말미암아 그 영광은 눈부실 정도로 빛났고, 그 좋은 풍속과 습관과 종교는 더욱더 찬양되어 오랜 시기에 걸쳐서 국가는 평화로웠던 것이다. 그런데 그 국위도 영광도 먼저 갈리아인의 침입으로 지워지고, 다시 로마인에 의해 종말이 지어졌다. 그래서 그 영광은 완전히 소멸되어 버렸기 때문에 2천 년 전의 에트루리아의 국위가 얼마나 훌륭한 것이었던가는 이제는 단지 전설로 남아 있을 따름이다. 왜 고대 에트루리아의 영광이 망각의 수렁에 빠져 버렸는가를 생각하는 것은 다음 장으로 미루기로 한다.

제5장 종교나 언어의 변화와, 홍수나 흑사병 같은 재해 발생으로 옛 시대의 기억은 희미해졌다

이 세계가 영원한 과거로부터 존재해 내려오는 것임을 설명하는 철학자들에 대해, 만약 그렇게 오래되었다는 것이 사실이라면 5천 년보다 더 이전의 일에 대해서도 어떤 기록이 있어야 하지 않겠느냐는 반문이 나오는 것도 당연하다. 만약에 그것이 남아 있지 않다면 여러 가지 이유가 있기 때문이라고 생각한다. 그 이유로서 생각할 수 있는 것은, 첫째, 인간의 영위로 돌릴 수 있을 것이고, 또 어떤 것은 신의 손이 작용했기 때문일 것이다. 사람의 힘이 작용해서 옛 시대의 기억이 희미해져 버렸다는 점에서 생각될 수 있는 것은 종교와 언어가 바뀌어 버렸다는 사실을 들 수 있다. 즉 새로운 종교가 신장해 나갈 경우 맨 먼저 그 새 종파가 착수해야 할 일은, 자기네 명성을 확립하기 위해 기존 종교를 타파하는 일이다. 이런 경우 새 종교의 교주가 이제까지와는 다른 언어로 말을 하면 낡은 종교를 파괴하기란 쉬운 일이다.

이 점에 대해서는 고대의 여러 종교에 대해 기독교가 채택한 방법을 생각하면 알 수 있다. 기독교는 그때까지 있던 종교의 모든 제도와 의식을 없애고, 고대 신학에 얽힌 모든 기억을 일소해 버렸다. 이와 같이 고대 종교의 걸출한 사람들의 사적에 대한 지식을 송두리째 소멸시킬 수 있었던 것도 라틴어를 사용하여 그것으로 새 율법을 쓰도록 만들었기 때문이다. 이처럼 다른 종교의 박해를 목적으로 하여 새로운 말을 할 수 있다면 그 이전의 일에 대해서는 아무런 기록도 남지 않게 될 것이 틀림없다.

성 그레고리우스*1나 그 밖의 기독교계 거물들이 채택한 방법을 읽어 보면 그들이 얼마만큼 집요하게 과거에 관련되는 기억을 없애려 했는가를 알게 될 것이다. 즉 시인이나 역사가의 작품을 불 속에 던져 넣고, 초상화를 부수고, 과거의 꿈을 쫓게 하는 것이라면 무엇이건 거리낌없이 모두 파괴했다. 이 같이 옛 것을 파기하고 새로운 말이 사용되기 시작한다면 눈 깜짝할 사이에 모든 것이 망각의 저편으로 날아가 버릴 것이 틀림없다.

하지만 기독교가 고대의 다른 종교에 대해 행하려 했던 박해란, 그 다른 종교 자신이 그 이전에 있었던 다른 다른 종교에 대해 행했던 박해와 같은 것이었다고 생각한다. 게다가 5만 년 내지 6만 년 동안에 이런 종교는 두 번 또는 세 번 바뀌어져 왔으므로 그 이전의 일에 대한 기억은 상실되고 없다. 혹시 약간의 흔적이 남아 있다 할지라도 턱없는 것이어서 들을 가치도 없다. 디오도루스 시쿨루스의 손으로 이루어진 역사*2가 바로 그런 예이다. 이것은 4천 년 내지 5천 년에 걸친 시대의 일을 서술한 것인데, 과장된 허위 기술이라는 평가가 정설로 되어 있으며, 나 자신도 그렇게 생각하고 있다.

이 장의 머리말에서 '신의 손이 작용했다'고 말한 것은 인류에 파멸을 주

---

*1 교황 그레고리우스 1세(540년~604년, 재위 590년~604년). 키케로나 티투스 리비우스의 작품을 불태웠다고 비난받고 있다.
*2 시칠리아 태생의 역사가 디오도루스(기원전 80년경~20년경)가 남긴 《도서관》이라 불리는 역사서를 말함. 편년체로 유사 이전부터 기원전 54년의 카이사르의 갈리아 정복까지 취급하고 있는 여러 나라의 역사서다. 전 40권 중 제1~5권, 제11~20권 및 그 밖에 몇권의 단편이 현존하고 있다.

거나 어떤 특정한 지방의 주민을 조금밖에 살아 남지 못하게 만드는 천재를 가리킨다. 이를테면 흑사병이라든가 기근이라든가 홍수 같은 형식으로 나타난다. 이 세 가지 중에서 가장 큰 타격을 주는 것이 홍수다. 그 이유는 홍수가 미치는 범위는 넓은 데다가 겨우 해를 모면하여 살아남을 수 있는 사람들 이래야 모두가 산간 벽지의 무식한 사람들뿐이기 때문이다. 그들은 옛날 일에 대해서는 아무런 지식도 갖지 못했기 때문에 후세에 아무것도 전할 수가 없다. 또 가령 그들 가운데 학식을 가진 인물이 살아남았다 하더라도, 그들은 자신의 이익이나 신용을 얻기 위해 오히려 그 지식을 일반 사람들에게는 발표하지 않고 자기 목적에 맞게끔 왜곡시킨다. 이렇게 되면 후세에 남겨지는 것이라고는 그들이 제멋대로 휘갈겨 쓴 사항뿐이지 그 밖의 사실은 전해지지 않게 된다.

이 같은 홍수, 흑사병, 기근이 앞으로는 일어나지 않으리라고는 생각하지 않는다. 왜냐하면 이런 현상은 이제까지의 역사 속에 충만해 있는 일일뿐더러, 또 이런 천재가 원인이 되어 과거의 기억이 모호해진다는 사실도 알고 있기 때문이다. 게다가 천재가 일어나는 것도 그럴 만한 이유가 있어서기 때문이다. 왜냐하면 마치 하나의 육체가, 체내에 과잉된 물체가 축적되면 자꾸만 몸을 흔들어서 정화 작용을 되풀이하여 육체의 건강을 유지해 나가는 것 같이, 자연도 역시 이렇게 해서 계속 영위하기 때문이다. 이와 같은 인간의 육체가 여럿 섞여서 만들어져 있는 인류 전체의 경우에도 똑같은 일이 일어난다. 예를 들면, 어느 나라에 가도 주민이 너무 늘어나서 인구 과잉이 되어 모든 사람이 살아나갈 여지가 없으며, 그렇다고 딴 곳으로 가려 해도 가는 곳마다 꽉 차 있어서 그럴 수도 없는 상태가 되었다고 하자. 게다가 한 술 더 떠서 사람이 교활하여 음험하기 짝이 없는 상태가 되면, 위대한 자연은 흑사병, 기근, 홍수라는 세 가지 천재의 힘을 발동해서 스스로 이 세계를 정화시키려는 작용을 하는 법이다. 이렇게 해서 인류는 그 인구가 줄면 마음을 고쳐먹고 이제까지보다도 훨씬 더 평화롭고 정직하게 살아가게 된다.

이미 말한 것처럼, 에트루스키인은 국력이 번성했고 종교심이 두터우며 용맹스러웠다. 그리고 그들 특유의 풍습이나 언어를 가지고 있었지만 모두가 로마인의 힘 앞에 사라지고 말았다. 따라서 내가 지금까지 살펴보았던 것처럼 그들의 여운을 남기는 것은 겨우 그 이름뿐이다.

제6장 로마인이 전쟁에 사용한 방법

로마인이 국토를 넓히는 데 있어서 어떤 방법을 썼던가는 이미 살펴보았다. 그래서 여기서는 그들이 실전에 임하여 어떤 방법을 취했는지를 살펴볼까 한다. 로마인이 취한 행동의 어느 것을 들어 보더라도, 그들이 번영의 절정에 이르는 험난한 길을 평탄한 것으로 만들기 위해 대개의 다른 나라들이 사용했던 흔한 방법은 거들떠보지 않고 얼마나 조심스러운 배려 아래 일을 진행시켰던가를 잘 알 수 있다.

정책상의 배려에 의한 경우든, 야심에 부채질되었을 경우든 전쟁을 하려는 목적은 정복하는 일이다. 그리고 정복한 땅을 확보하고 번영으로 이끌어서 정복지도 본국도 다함께 가난해지지 않도록 손을 쓰는 일이다. 따라서 정복을 하든 지배를 하든, 낭비를 삼가고 만사에 공공의 복지를 첫째로 하도록 해야 한다. 이런 모든 점을 실현하고자 하는 사람이라면 로마인이 취한 방법과 수단에서 모범을 찾아야 한다. 이에 의하면 전쟁을 함에 있어서 우선 명심해야 할 것은, 프랑스인이 말했듯이 '전쟁은 단기간에 밀집해서 자웅을 겨루어라'는 것이다. 이처럼 일을 진행시키기 위해서 로마인은 라티움인, 삼니움인, 에트루스키인을 상대로 했던 어느 전쟁에서나 대군을 전선에 투입하고 지극히 단기간에 처리를 해나갔다.

로마가 건국 초부터 베이이의 포위 공격에 이르기까지 그들이 치른 모든 전쟁을 검토하면 모두가 6일, 10일, 길어야 20일 내에 종결시키고 있다는 것을 알 수 있다. 그것은 로마인이 사용한 수단이 다음과 같은 것이었기 때문이다. 즉 전쟁이 발발하기가 무섭게 로마인은 군대를 파병하고 적군과 격돌시켜서 즉각 결전을 벌였다. 격파된 적은 자기 나라가 형편 없이 황폐될까 두려운 나머지 항복해왔다.

그래서 로마인은 벌로써 그 나라의 일부를 몰수하고 그것을 로마인의 사유지로 삼든가 그곳을 둔전병의 손에 맡기기로 했다. 게다가 이 땅은 피정복국과 국경을 사이에 두고 대치하고 있기 때문에 로마의 변경을 지키는 데도 도움이 되었다. 즉 이 땅을 얻고 있던 둔전병에게도 큰 이익이 되었을 뿐 아니라 로마의 국가 측에서도 비용을 들이지 않고 국경을 경비할 수 있어서 얻는 바가 컸다.

이처럼 확실하고도 강력하고, 또 경제적인 방법이 어디에 또 있었겠는가?

그 이유는 적 측이 싸움을 걸어 오지 않기 때문에 둔전병만으로도 국경의 수비는 완전 무결했기 때문이다. 그런데 적이 대군을 파병하여 이 식민지를 압도하는 일이 있더라도 그때는 로마 또는 본국에서 대군을 파견하여 이와 결전을 벌이면 된다. 이 전쟁을 승리로 이끌면 보다 가혹한 조건을 적에게 제시해 놓고 본국으로 철수하면 된다. 이렇게 하여 로마인은 그 명성을 국외에서 높여감과 동시에 국내에서는 국력을 충실히 키워 나갔다.

이상에서 말해 온 것 같은 방법은, 로마인이 베이이 포위전 뒤에 전쟁 방법을 바꾸게 될 때까지 답습되었다. 이 베이이 공략전에서는, 그 장기화에 대처할 수 있게끔 로마인은 병사들에게 봉급을 지불한다는 제도를 설치했다. 그때까지는 전쟁이 단기간에 끝나서 급료가 지불된 예가 없었다. 로마인이 군대에 급료를 지급하는 일에 동의하자 그 덕분에 이제까지보다 더 장기화되는 전쟁에 대처할 수 있게 되었다. 그리고 먼 곳에서 싸워야 할 때는 장기간에 걸쳐 그 전선에 군대를 주둔시켜 둘 수도 있었다. 그렇지만 로마인은 전쟁을 때와 장소에 따라 될 수 있는 대로 단기간에 끝낸다는 본래의 방침을 바꾸려 하지 않았다. 그리고 정복지에 둔전병을 보낸다는 방법도 역시 그대로 유지해 나갔다.

로마에 전쟁을 단기간에 처리하려는 경향이 처음부터 있었던 것은 그들의 본래의 방침이기도 했지만, 집정관의 야심이라는 이유도 곁들여 있었다. 집정관의 임기는 1년인데, 그 중 6개월은 전선의 군영에 있어야 했다. 그래서 빨리 전쟁을 끝내고 로마에 떳떳이 개선하기를 애타게 바라고 있었기 때문이다.

한편 정복지에 둔전병을 보내는 방법은, 그것이 가져오는 큰 효과와 이익 덕분에 여전히 존속하고 있었다. 그러나 전리품의 분배 방법에 대해서는 약간의 변화를 볼 수 있었다. 왜냐하면 초기 무렵처럼 약탈하는 대로 갖는 일이 없어졌기 때문이다. 말하자면 병사들에게 급료가 지불되는 바람에 약탈할 필요가 없어지게 되었다. 그리고 전리품이 막대한 양에 이르게 되었으므로 이를 국고에 납부하도록 해서 그때까지 로마의 세금으로 처리해 오던 전쟁 비용에 충당하기로 했다. 이 방법을 취하게 되자 로마의 국고 수입은 순식간에 늘어났다.

지금 말한 것처럼, 전리품의 처리와 식민지 건설이라는, 로마인이 채용한 두 가지 방법은 전쟁으로 로마를 부자로 만드는 결과가 되었다. 그런데 똑같은 일이라도 생각이 얕은 다른 군주나 공화국의 손에 걸리게 되면 반대로 빈궁화의 원인이 된다.

이와 같이 전쟁에 의해 이익을 올리는 방식은 점점 극단적으로 되어갔다. 어떤 집정관의 경우에는 많은 금은이나 그 밖에 모든 종류의 물품을 전리품으로서 국고에 납입하지 않고서는 개선의 영예를 받을 자격이 없다고까지 생각했을 정도였다.

지금까지 설명한 것처럼 로마인은 전쟁을 단기간에 종결시키는 한편, 한쪽에서는 자꾸만 전쟁을 걸어서 적을 약화시켜 놓고 이를 격파하여 그 영토에 침입했다. 그리고 자국이 유리하게끔 휴전의 조건을 들고 나가서는 로마를 부자로 만들고 국력을 증강시켜 나갔다.

제7장 로마인이 둔전병에게 준 땅의 넓이

로마인이 둔전병에게 어느 정도의 땅을 분배했는가에 대한 문제는 정확하게 알기 어렵지 않나 생각한다. 그 이유는 둔전병이 파견된 장소에 따라서 넓이가 큰 데도 있고 작은 데도 있었을 것이 틀림없기 때문이다. 하지만 땅의 조건이나 지역의 차는 있었다 할지라도 일반적으로 분배액은 하찮은 것이 아니었나 하는 생각이 든다. 그 첫째 이유는, 그 지방의 방위를 맡기기 위해서 정해진 장소에 될 수 있는 대로 많은 사람을 거주시킬 필요가 있었기 때문이다.

그 밖의 이유로서는, 본국의 로마인은 가난하게 살고 있는데, 이민 나간 사람들만 넉넉한 생활을 하려 한다는 것은 도리에 맞지 않다고 생각하기 때문이다. 티투스 리비우스에 의하면, 베이이 점령에 즈음하여 로마인은 그곳에 인민을 보냈는데, 한 사람 앞에 분배된 땅의 양은 3유게라 7운키아에 ^(대략 2에이커 이하다)였다. 이처럼 땅이 넓지 않았던 이유는 앞에서 말한 것 외에, 그들은 땅이 넓은 것보다는 경작하기 좋은 양질의 땅을 바랐기 때문이다.

그런데 어떤 땅이건 간에, 누구나 가축을 방목할 수 있는 공동 사용의 목초지나 땔감을 벌채할 공유림이 있어야 한다. 이런 배려가 결여되면 식민지는 존속될 수 없을 것이다.

제8장 사람들이 태어난 땅을 버리고
다른 지방으로 밀어닥치는 이유는 무엇인가

로마인이 전쟁을 할 때 어떤 방법을 사용했는가. 그리고 에트루스키인은 갈리아인으로부터 어떤 공격을 받았는가에 대해서는 지금까지 설명했다. 그러므로 여기서 전쟁이 두 종류로 분류된다는 것을 살펴보는 것도 본론에서 벗어나는 일은 아닐 것이다.

우선, 영토 확장을 노린 군주나 공화국의 야심에 이끌려 발발하는 전쟁을 들 수 있다. 이 종류에 속하는 것으로는 알렉산드로스 대왕이나 로마인이 일으킨 전쟁이 있다. 그리고 요즘 와서는 각 나라끼리 서로 되풀이하는 전쟁을 들 수 있을 것이다. 이런 종류의 전쟁은 위험하기는 하지만, 한 나라의 주민을 완전히 근절시킨다는 일은 있을 수 없다. 왜냐하면 정복하는 측으로서는 지배하의 인민이 순순히 복종하기만 하면 되기 때문에, 대개의 경우 그들의 고유의 법률을 그대로 존속시켜 줄뿐더러 그들의 주택이나 재산을 침범하는 일이 없기 때문이다.

또 한 가지 전쟁이란, 한 나라의 인민 전체가 전란이라든가 기근 때문에 부득이 그 가족 모두를 데리고 고향을 떠나 새로운 주거지나 국토를 찾아 나설 때 일어나는 전쟁이다. 이런 경우에 그들은 첫 번째 경우와는 달라서, 그곳을 지배하기 위해 전쟁을 일으키는 것이 아니다. 그 땅을 모두 제것으로 만들기 위해 그때까지 그곳에 살고 있던 주민들을 추방하거나 죽인다. 이런 종류의 전쟁이야말로 참혹한 참상을 드러낸다.

이런 전쟁에 대해서는 살루스티우스(기원전 86년~34년경. 로마의 역사가며 정치가)가 그의 저서 《유구르타 전쟁》의 끝 대목에서 언급하고 있다.

"유구르타가 패한 뒤 갈리아인(갈리아인이 아니라 킴브리인과 튜톤인이다)이 이탈리아를 향해 침입해 온다는 소문을 사람들은 들었다."

다시 살루스티우스는 말을 이었다.

"로마 인민이 다른 부족과 싸우는 것은 반드시 상대를 복종시켜서 제국의 일부에 더하는 것이 목적이었다. 그런데 갈리아인과 싸웠을 때만은 양쪽 다 자기네의 존망을 걸고 싸웠다."

그 이유는, 한 국가를 공격하려는 군주나 공화국으로서는, 그 땅을 지금까지 지배해 온 인물만 죽이면 되었다. 그런데 이렇게 대거 이동해 오는 집단일 경우에는 모든 것을 깡그리 살육해야 했다. 그들은 반드시 다른 인민이 살고 있던 땅에 와서 정주하려 했기 때문이다.

로마인은 이런 위험하기 짝이 없는 전쟁을 세 번이나 체험했다. 첫 번째는 로마가 갈리아인에게 점령되었을 때의 일이다. 이때의 갈리아인은 이미 말한 것처럼, 에트루스키인으로부터 롬바르디아를 빼앗고 그곳을 자기네들이 안주할 곳으로 삼았던 그 갈리아인이다. 티투스 리비우스에 의하면(티투스 리비우스/로마사 Ⅰ, 4) 그 전쟁에는 두 가지 원인이 있었다. 그 하나는 이미 말했듯이, 갈리아에서는 먹어 볼 수도 없는 이탈리아의 과일과 좋은 술맛에 유혹된 것이라고 한다. 둘째로 지적되는 원인은, 갈리아인의 왕국에 인구가 너무 많이 늘어나서 모든 주민을 먹여살릴 수 없게 되었다는 점이다. 그래서 이 지방의 지도자는 갈리아인의 일부를 데리고 새로운 국토를 찾아 나서야겠다고 판단했다. 이렇듯 협의를 거듭한 후에, 출발하는 자들의 지도자로서 갈리아인의 두 왕 벨로베수스와 시코베수스를 선택했다. 이리하여 벨로베수스는 이탈리아로 남하하고, 시코베수스는 에스파냐로 향했다. 롬바르디아가 점령되고 아울러 처음으로 갈리아인이 로마와 싸우게 된 것도 이처럼 벨로베수스가 초래했던 것임이 틀림없었다.

그런데 로마가 당한 두 번째의 무서운 싸움이란 제1차 포에니 전쟁 뒤에 일어난 것이다. 로마인이 2만 명 이상의 갈리아인을 피옴비노와 피사 간의 전선에서 죽인 것은 바로 이때의 일이었다. 세 번째로 찾아든 위기는 튜톤인과 킴브리인이 이탈리아를 습격했을 때였다. 그들은 여러 차례 로마 군을 무찔렀지만 마리우스에게 격파되고 말았다(기원전 102년~101년).

그래서 로마는 세 번에 걸친 위험하기 이를 데 없는 싸움에서 승리를 거두었다. 이 승리의 배후에는 로마인의 빼어난 실력이 뒷받침 되었다. 그런데 시대가 흘러서 로마인의 정신력이 느슨해지고 그 무력도 지난날의 용맹성을 잃게 되자, 로마인이 일찍이 격파했던 바로 그 외적에 의해 대제국은 파괴되었다. 이 외적이야말로 갈리아·반달 및 그 밖의 종족으로서 그들이 제국의 서쪽 영역 전체를 점령하게 되었다.

이런 여러 부족이 그 고향을 떠나게 된 것은 앞에서 내가 지적해 둔 것처럼 그 지방을 엄습한 기근이라든가 전쟁과 그에 따르는 타격으로 말미암아 부득이 추방되었기 때문이다. 그리하여 그들은 새로운 곳을 찾아 유랑의 길을 나서야 했다. 가령 이런 부족원의 수효가 많을 경우, 그들은 힘으로 타국에 밀고 들어가 그 나라의 주민들을 죽이고 그들의 재산을 빼앗아서 새로운 왕국을 세우고 그곳의 국명까지도 바꾸어 버린다. 모세가 행한 일도, 로마 제국을 점령한 여러 부족들이 한 행위도 모두 이에 해당된다.

실로 이탈리아나 그 밖의 국가에서 새로운 지명이 생긴 것도, 근본을 따지면 새로운 침입자에 의해 이름지어진 것임이 틀림없다. 예를 들면, 그때까지는 갈리아 키사르피나라고 불리던 것이 롬바르디아라 불리게 되었으며, 이전에는 갈리아 트란사르피나라고 불리던 것이 그곳을 점령하게 된 부족 프랑크의 이름을 따서 프랑스라 불리게 되었다. 이와 같이 해서 스코라보니아는 일리리아, 판노니아는 헝가리, 브리타니아는 잉길리즈(영국)라 불리게 되고 그 밖에 많은 지역이 명칭을 바꾸었다($\binom{\text{이 국명 변경에 대해서는 마키아벨리의}}{\text{《피렌체사》 I, 5에 자세히 나와 있다}}$). 모세도 그가 점령한 시리아의 일부에 유대라는 이름을 붙였다.

전쟁으로 말미암아 고향에서 쫓겨나는 인민이 많다는 것은 내가 이미 지적해 둔 대로다. 그들은 새로운 거주지를 찾아야 했다. 이전에 시리아에 살고 있던 마우루시아인*의 예를 들기로 하겠다. 헤브루인이 내습한다는 소리를 들은 마우루시아인은, 도저히 맞설 수 없다는 것을 알았기 때문에 체념하고, 나라를 구하고자 버티다가 멸망당하기보다는 조국을 버리고 몸을 피하는 것이 상책이라고 생각했다. 그래서 가족들을 데리고 고향을 떠나 아프리카로 갔다. 그리고 그때까지 그곳에서 살던 주민들을 내쫓고 정주했다. 이렇듯 제 고향 땅을 지키지 못했던 사람들도 다른 지방을 점령할 수는 있었다.

아프리카를 점령한 반달족에 대하여 벨리사리우스$\binom{\text{505년경~565년. 게르만 민족}}{\text{이동기의 동로마 제국의 장군}}$가 행한 전쟁을 기술한 프로코피우스$\binom{\text{프로코피우스 《De}}{\text{bello vandalico》 II》 10}}$는, 일찍이 마우루시아인이 살던 땅에 원기둥이 있었는데 다음과 같은 글이 새겨져 있는 것을 읽었다고 서술했다.

우리들 마우루시아인은 호족의 자손으로 도적 요슈아의 손에서 벗어난 자니라.

＊그리스인과 로마인이 모리타니아의 주민을 부르던 명칭. 세월이 흘러 북아프리카 서부 지대의 주민 모두에게 적용되었다. 즉 무어인을 말한다.

이 문장은 그들이 시리아를 탈출한 이유를 명시하고 있다. 부득이한 필요성에 쫓겨서 고향 땅을 떠나야 했던 민족은 실로 광포하기 이를 데 없는 성격을 지니고 있다. 따라서 여간 튼튼한 군사력을 갖추지 않고서는 이를 방어해 낼 수 없을 것이다.

그러나 그 고향을 버리고 떠돌이 신세가 되어야 하는 사람들의 수효가 그다지 많지 않을 경우에는 이미 설명해 둔 사람들만큼 위험한 존재는 아니다. 그 이유는 그들은 그다지 맹위를 떨칠 수가 없으므로 어딘가에 정주지를 획득한다 하더라도 술책을 꾸며야 한다. 게다가 그 땅을 유지해 나갈 경우라도 우호 관계라든가 동맹을 맺어야 한다. 그 예로는 아에네이스(로마의 전설상의 시조, 제1권 제1장 참조), 디도(카르타고의 전설상의 개국 여왕. 《군주론》 제17장 참조), 마실리아인(지금의 마르세이유를 열었다고 일컬어지는 부족) 등을 들 수 있다. 이들은 주위 여러 나라의 동의하에 땅을 얻고 영토를 확보해 나갈 수 있었다.

대개 대규모적인 민족 이동의 원류가 된 곳은 한랭하고 불모한 스키티아 지방*¹이었다. 그래서 이 지방은 인구가 많아 생활해 나가기가 어려워서 아무래도 다른 곳으로 이동해야 했다. 즉 떠나가야 할 이유는 태산 같아도 머물러 있을 조건은 하나도 갖추어져 있지 않았다.

그런데 과거 500년간에 걸쳐서 스키티아 지방 출신의 어떤 민족도 다른 지방으로 홍수처럼 이동하는 현상이 없어졌다는 사실에 대해서는 여러 가지 이유로 설명할 수 있을 것이다. 첫째로 생각할 수 있는 것은, 로마 제국의 붕괴기에 있어서 서른이 넘는 부족이 이 지방에서 대이동을 일으켜 나갔기 때문이다. 둘째로 들 수 있는 것은, 이 부족들이 이동해 갔던 독일이나 헝가리가 오늘날 안락하게 살아갈 수 있는 좋은 땅으로 개선되었다는 점 때문이다. 따라서 이 부족이 이 땅을 다시 떠날 필요가 없어지게 된 것이다. 다른 면에서 생각해 본다면 독일이나 헝가리 지방에는 지극히 호전적인 종족이 살고 있어서, 그들은 경계를 접하고 있는 스키티아인에 대한 방파제 구실을 하고 있었으므로 스키티아인은 구태여 이 견고한 보루를 뚫고 나가서까지 유럽으로 쳐들어가려고는 하지 않았기 때문이다. 그럼에도 불구하고 여러 차례에 걸쳐서 타타르인은 대규모 침입*²을 시도했다. 그러나 그때마다 헝가

---

*1 남러시아의 도나우 강과 돈 강 사이의 지방. 이 지방에 스키티아인(스키타이인)이 살고 있었다.
*2 예를 하나 들면, 칭기즈 칸의 손자인 바투(1209년~1256년)는 러시아에 침입하고, 다시 폴란드·슐레지엔·헝가리에 침입했다. 특히 리그니츠 싸움에서 독일군을 격파했던 사실은 유명하다.

리인이나 폴란드인의 손으로 격퇴되었다. 그들의 군사력이 없었던들 이탈리아도, 교회도 타타르인 군대의 중압 때문에 허덕여야 했을 것이 틀림없다. 지금까지 취급해 온 여러 민족의 이동에 대해서는 이제 이것으로 충분하리라 믿는다.

제9장 열국 간의 전쟁의 공통된 원인

오랫동안 동맹을 맺고 있던 로마인과 삼니움인과의 사이에 전쟁이 발발하게 된 경위는, 모든 강국 간에서 전쟁을 유발하는 원인과 똑같다. 즉 그 원인이란 우연한 계기에서 발발하든가, 아니면 어떤 나라가 전쟁을 일으키려고 기도하는 데서 일어난다.

로마인과 삼니움인 사이에 전쟁이 일어난 것은 우연한 일이었다. 왜냐하면, 시디키니인, 또는 캄파니아인을 상대로 하여 싸운 삼니움인들은 이 전쟁이 로마인과의 전쟁으로 발전하리라고는 꿈에도 생각지 않았다. 그런데 전쟁의 상황이 나빠진 캄파니아인이 로마인이나 삼니움인의 예상을 뒤엎고 로마에 원조를 청했던 것이다. 그래서 캄파니아인이 로마인의 산하에 들어가 버렸으므로 로마인으로서는 캄파니아인을 지켜주어야 할 상황이 되었다. 그리고 로마인으로서는 그 명예를 위해서라도 이 전쟁을 꼭 시작해야만 할 것으로 여겼던 것이다. 그 이유는 로마의 우호국인 삼니움인의 손으로부터 역시 우호 관계에 있는 캄파니아인을 지켜 준다는 것이 로마인으로서는 도리에 합당하지 않은 일로 여겨졌지만, 캄파니아인을 속국 내지 보호국으로서 그 방어를 맡아 준다는 것은 전혀 부끄러운 일이 아니라고 판단했기 때문이다.

그리고 캄파니아인의 방어에 힘이 되어 주지 않았다가는 그 뒤 계속해서 로마에 보호를 요청해 올 다른 모든 나라들을 실망에 빠뜨리게 될지도 모른다고 생각했기 때문이다. 왜냐하면 로마가 바란 것은 영토 확장과 국위의 고양이지 결코 무위도식을 원하는 것이 아니었다. 그래서 이와 같은 캄파니아인의 의뢰를 거부할 수가 없었다.

똑같은 상황은 제1차 포에니 전쟁 때에도 일어났다. 이때는 로마인이 시칠리아의 메시니아인을 위해 그 방어의 임무를 맡고 나서야 했다. 이 경우는 우연한 계기로 전쟁이 일어났다. 그러나 제2차 포에니 전쟁이 발발한 것은 결코 우연이 아니었다. 왜냐하면 카르타고의 장군 한니발은 에스파냐에서 로마의 동맹국 사군툼을 치는 것이 목적이 아니라, 로마의 군대를 그곳에 못 박아 두고 이를 격파해서 이탈리아로 침입할 계기를 잡으려 했던 것이 틀림 없었기 때문이다.

새로 전쟁을 시작하려 할 경우, 열강 사이에서는 언제나 지금 말한 것 같은 방법이 취해졌다. 이 방법만 사용하면 신의나 그 밖의 점에서 면목을 잃지 않아도 되기 때문이다. 가령 내가 지금 어떤 군주와 전쟁을 했으면 좋겠는데 그 상대국이 오래전부터 내 나라와 우호조건을 맺고 있을 경우, 어떤 다른 구실을 만들어서 그 상대국 말고 그 우호국에 공격을 가하면 된다. 그 상대국 군주는 자기 우호국에 건 전쟁임을 잘 알면서도 이에 노하는 일이 있으면, 전쟁을 했으면 싶었던 이쪽의 예상대로 되는 것이다. 그리고 별로 노하는 기색도 없이 예사롭게 있다면, 그 보호국을 모르는 척 내버려두었다는 이유로 바로 그 군주의 무성의와 불성실이 폭로되는 것이다. 상대방 군주가 이 두 가지 중 어느 쪽에 반응을 보이든 간에 결국은 그의 평판이 떨어지게 되므로 감쪽같이 이쪽 계획대로 일이 진행되어 버린다.

따라서 지금 말한 것처럼 캄파니아인이 로마인에게 그 보호를 맡겨 놓고서 로마인을 삼니움인과 싸우게 만든 데에 각별히 주목해야 한다. 그와 동시에 자력만으로는 방어할 수 없는 국가에 있어서 겨우 남은 수단이라고는, 공격을 가해 오는 적에 대해 모든 술책을 다 써서 이를 방어하는 수밖에 없다. 결국 자기 나라의 방어를 위탁한 그 나라에 모든 것을 맡기는 것이다. 이 실례가 바로 캄파니아인이 로마인에 대해 행한 처사이다. 그리고 나폴리 왕 로베르토에 대해 피렌체인이 사용한 것이기도 했다. *1 로베르토는 피렌체를 동맹으로서가 아니라 속국으로 보고 이를 방어하려고, 바야흐로 피렌체를 수중에 넣고자 하던 카스트루치오 루카의 군대와 싸우게 되었다. *2

---

*1 1311년, 하인리히 7세 및 기벨린파와 대결하기 위해 피렌체인은 나폴리 왕 로베르토 당주(재위 1309~1343)에게 조력을 청했다. 로베르토는 그 뒤 1316년부터 1322년 사이에 피렌체의 지배권을 쥐었다.

*2 피렌체는 카스트루치오 카스트라카니 루카에게 알트파시오 전쟁에서 격파되어 또다시 나폴리 왕 로베르토에게 원조를 구했다. 그러자 왕은 아들 칼라브리아 공작을 파견했다. 피렌체는 그를 지배자로서 맞아들이고, 1325년에서 1328년에 걸쳐서 그 지배를 감수했다.

제10장 속설과는 반대로, 전쟁의 해결책이 되는 것은 돈의 힘이 아니다

누구든지 전쟁을 시작하려고 마음먹으면 언제든지 시작할 수는 있지만, 그만둘 때는 마음대로 되지 않는다. 그러므로 군주는 전쟁을 시작함에 있어서 제 힘을 너무 과신하지 않도록 신경써야 한다. 제 실력을 짐작할 때 금력이나 지리만으로 계산하든가, 또는 신하들의 선의에만 기대를 걸어서는 안 된다. 동시에 자국의 군대가 어느 정도 강한가를 계산에 넣지 않으면 대개 계획은 어긋나 버리고 말 것이다.

그 이유는, 지금 열거한 여러 가지 사항은 여러분의 힘을 늘리기는 할지라도 힘 자체를 부여해 주지는 않기 때문이다. 만약 충실하고 뛰어난 군대가 없다면 보통 군대의 힘으로는 아무런 이익도 가져오지 않는다. 결국 충실하고 뛰어난 군대가 없고서는 매우 많은 재산이 있다 해도 충분하다 할 수 없을뿐더러 나라를 지킬 요지가 있어도 쓸모가 없다. 또한 부하의 충성이나 선의에 아무리 기대를 걸어도, 요긴한 군대 자체가 국왕에 대해 충성심을 갖고 있지 않다면 국가를 지켜낼 수는 없다.

산도 호수도, 그리고 아무리 견고한 장소라 할지라도 용감한 수비대가 그곳에 주둔해 있지 않으면 평지와 조금도 다를 바 없다. 그리고 금력만으로는 국가를 지킬 수 없을 뿐 아니라 도리어 적에게 미끼로서 노림을 받게 된다. 따라서 '돈이 곧 전쟁의 해결책'이라는 속설만큼 엉터리는 없다. [1]

이와 같은 금전 본위의 사고방식은 이미 마케도니아의 안티파트로스[2]와 스파르타 왕(아기스 3세)과의 사이의 전쟁을 기술한 퀸투스크 루티우스의 글[3] 속에서 볼 수 있다. 그는 아래와 같이 서술하고 있다.

> 스파르타 왕은 돈이 떨어지는 바람에 전쟁을 했다가 패하고 말았다. 만

---

[1] 15세기의 이탈리아 전쟁은 주로 용병을 사용하고 있었다. 그래서 우수한 용병군을 고용하는 데 많은 비용이 필요했기 때문에 전쟁을 결정짓는 건 경제력이라는 사상이 일반적으로 지배되고 있었다. 르네상스인의 타산적인 면과 결부된 이 사상에 대해 마키아벨리는 완강하게 도전하고 있었다. 이 사상이야말로 그의 사상의 중심을 이루고 있다.

[2] 기원전 397년~319년. 필립포스 2세 및 알렉산드로스 대왕에게 종사한 마케도니아의 장군. 스파르타 왕 아기스 3세를 무찔렀다.

[3] 퀸투스 크루티우스 루푸스, 《De rebus gestis Alexandri Magni》 Ⅳ, 6.

일 스파르타 왕이 불과 며칠만 더 전투를 연장했더라면 알렉산드로스 대왕의 사망 뉴스가 그리스에 도착했을 것이다. 그랬더라면 싸우지 않고서도 승리는 스파르타 왕의 머리 위에서 빛났을 게 틀림없다. 하지만 스파르타 왕의 입장으로서는 돈이 없으므로 급료를 받지 못하는 군대가 왕을 버리지나 않을까 하는 염려도 있었기 때문에 부득이 전쟁에 운명을 걸어야 했다.

크루티우스는, 위와 같은 이유로 보더라도 금전이야말로 바로 전쟁의 핵심을 장악한다는 것을 입증했다. 이 크루티우스의 견해는 오늘날도 줄곧 인용되고 있으며, 과히 어리석은 군주들이 실행에 옮기고 있다. 그들은 이 의견에 의거해서 돈만 충분히 있으면 나라는 지켜낼 수 있으리라 믿고, 다음과 같은 예는 생각도 해보려 하지 않았다. 즉 돈만 있으면 싸움에 이길 수 있다면 다리우스는 알렉산드로스를 격파했을 것이 아닌가. 그리고 그리스인은 로마인을, 또 최근에 와서는 부르고뉴 공작 샤를르는 스위스인을, 특히 최근에 일어난 일로서 교황과 피렌체와의 연합군은 우르비노 전투에서 율리우스 2세의 조카인 프란체스코 마리아[1]를 격파할 수 있었을 게 아닌가 하는 반문을 깊이 생각하려 하지 않는 것이다. 여기에 열거된 인물은 모두 전국을 결정하는 열쇠는 정예한 병사이지 돈이 아니라고 생각하는 사람들에 의해 격파되고 있다.

리디아 왕 크로이소스(재위 기원전 560년~546년)는 아테네인 솔론에게 여러 가지 물건을 보였는데, 그 중에는 수많은 재보도 포함되어 있었다. 그리고 솔론에게 자기 힘에 대한 감상을 말해 달라고 요구했다. 솔론이 대답하기를, '재보가 많다고 해서 당신이 힘을 갖추고 있다고 생각하지 않소. 왜냐하면 전쟁이란 쇠를 가지고 하는 것이지 금을 가지고 하는 게 아니기 때문이오. 그러니까 당신보다 더 많은 쇠를 갖고 있는 자라면 누구든지 당신이 갖고 있는 금을 제것으로 만들 수 있을 것이오'라고 했다.

또 한 가지 다음과 같은 예가 있다. 알렉산드로스 대왕이 죽은 뒤 갈리아

＊우르비노 공 프란체스코 마리아 델라 로베레를 말함. 그는 레오 10세에게 빼앗겼던 공국을 1517년 2월에 탈환하여 그 해 9월 17일까지 지켰다.

인이 그리스를 지나서 아시아로 대거 이동한 적이 있었다. 그때 갈리아인 논객 한 사람이 마케도니아 왕에게 파견되어 일종의 동맹을 맺자는 요청을 했다. 이때 왕은 자기의 위력을 알려서 넋을 빼 주자는 생각으로 수많은 금은을 늘어놓았다. 그런데 그 갈리아인은, 이미 평화의 조약을 맺었음에도 불구하고 그것을 파기하고 말았다. 그 이유는 이 막대한 금을 빼앗자는 생각이 불현듯 솟구쳤기 때문이다. 그래서 마케도니아 왕은 제 몸을 지키기 위해 비축해 온 그 재보 때문에 도리어 약탈의 봉변을 당하게 되었다.

바로 최근의 일(1509년의 아냐델로 회전(會戰)을 가리킨다)이지만, 베네치아인은 국고가 금은 재보로 가득 차 있을 정도였는데도 그 돈으로 나라를 지켜내지 못하고 국토 모두를 잃고 말았다.

이런 까닭에 나는 통설에 거역해서라도 전쟁의 해결책이 되는 건 황금의 힘이 아니라 정예 병력이라고 주장하고 싶다. 왜 이런 말을 할 수 있는가 하면 황금만으로는 정예 병력을 찾아내지 못하지만, 정예 병력만 있으면 황금을 손에 넣는 것은 지극히 간단한 일이기 때문이다. 만일 로마인이 쇠를 사용하기보다도 금전의 힘을 빌려서 전쟁하는 방법을 택했더라면, 전 세계의 재보를 다 끌어 모아 사용한다 해도 그들이 성취한 대사업 달성에는 역부족을 한탄했을 것이고, 또 로마에 엄습해 온 곤란을 타개해 나가는 데도 불충분했을 것이다.

그런데 실상 로마인은 쇠로 싸움을 계속해 나갔기 때문에 단 한 번도 황금이 모자라서 고생한 적은 없었다. 왜냐하면, 로마인의 쇠의 힘 앞에 겁을 먹은 사람들이 로마 군의 진영까지 황금을 갖다 바치러 왔기 때문이다. 그리고 스파르타 왕이 돈이 떨어졌기 때문에 전투에 모두를 걸었다는 것이 정말이라 하더라도, 전투를 단행하는 것은 금전 문제뿐만 아니라 때때로 다른 이유에서도 이끌리는 법이다. 그 이유는 군대에 양곡이 부족해서 이제는 앉아서 죽음을 기다리느냐, 출진해서 싸워야 하느냐의 둘 중 한 가지를 택해야만 할 처지에 몰렸을 경우, 반드시 적극적으로 싸워 보겠다는 방법을 택해야 하기 때문이다. 즉 싸운다는 것은 명예로운 방법이기도 하거니와 어쩌다 운이 좋으면 국면이 호전될 가능성도 없지 않기 때문이다. 그리고 증강된 적군을 눈앞에 둔 한 장군이 순간적으로 적과 맞부딪쳐서 자웅을 결정해야만 하는 일이 흔히 있다. 그렇게 하지 않고 우물쭈물 시간을 보내다가 적이 증강된 후에 싸우려는 흉내를 내다가는, 그야말로 아무리 뒹굴어 봐도 천 배나 불리하게 된다는 건 각오해야 한다.

또 다음과 같은 예도 들 수 있다. 그것은 하스드루발이 안코나의 매타우루스 강변에서 클라우디오 네로와 또 한 사람의 집정관의 군대에 공격받았을 때(기원전 207년)의 일이었다. 이때 퇴각이냐 교전이냐 둘 중 하나를 택해야만 했던 장군은 싸우는 쪽을 택했다. 그 까닭은 싸우는 쪽을 택하는 것이, 아주 승산이 적은 술책같이 여겨질 경우라도 이길 가능성이 남겨져 있었기 때문이다. 그런데 퇴각 쪽을 택하게 되면 어떤 경우라도 그 싸움은 패배로 정해져 있기 때문이다. 그러므로 장군의 입장으로서는 자기 의사를 거슬러서라도 싸우는 쪽을 택해야 할 상태에 빠지는 수가 흔히 있는 법이다. 이런 상태에 빠질 경우를 생각해 보면 때로는 돈이 없다는 데에 원인이 있을 경우도 생길지 모른다. 그러나 이렇게 말했다고 해서 전쟁의 해결책이 되는 게 돈이라는 말은 아니다. 사람들을 전쟁으로 동원해 내는 것은 그 밖에도 얼마든지 많은 사정이 있기 때문이다. 그러므로 나는 전쟁의 해결책이 되는 건 돈이 아니고 정예 병력이라는 것을 다시 한 번 되풀이하고 싶다. 돈이 필요한 건 물론이나 그것은 이의적인 것이다. 정말 필요한 것은 정병 자체가 스스로 승리를 잡는다는 점이다. 금력만으로는 정예 병력을 만들 수 없지만 정예 병력으로써는 돈을 손에 넣을 수 있다.

나의 주장이 옳은 것은 역사 속의 수 많은 실례가 이를 증명한다. 페리클레스는 아테네인에게, 아테네는 산업이 번성하고 재력이 풍부하니까 틀림없이 승리할 것이라면서 모든 펠로포네소스를 상대로 전쟁을 하라고 권장했다. 그러나 전쟁은 얼마 동안은 유리하게 전개되었지만 결국 패하고 말았다. 그것은 스파르타의 두뇌와 정예 병력이 아테네의 산업과 재력을 능가했기 때문이다.

나의 이 생각의 정확성을 입증하는 것으로서는 티투스 리비우스의 말보다 더 나은 것은 없다. 그는 다음과 같이 말하고 있다(티투스 리비우스, 《로마사》 Ⅸ, 17~19).

"가령 알렉산드로스 대왕이 이탈리아에 침입하여 로마인을 격파했다고 한다면, 전쟁에 있어서 필요한 것은 세 가지이다. 즉 많은 정예 병력과 명장과 행운이다."

그리고 그는 이상의 세 가지 점을 들어 로마인과 알렉산드로스 중에서 어느 쪽이 우수한가를 검토하고 있는데, 돈의 역할에 대해서는 전혀 언급하지 않고 결론으로 이끌었다.

캄파니아인이 시디키니인으로부터 무기를 잡고 삼니움인을 치도록 하라는 요청을 받았을 때, 그들은 삼니움인의 국력을 그 재력으로 추측했지 그 군대의 강함을 가지고 생각하려고는 하지 않았을 게 틀림없다. 그 이유는 캄파니아인은 시디키니인을 원조하겠다는 길을 택해 놓고서도 두 번이나 싸우다가 패하여, 결국에는 자기 자신을 구하기 위해 로마의 조공국으로 떨어져야 했기 때문이다.

제11장 실력 이상의 명성에 빛나는 군주와
동맹을 맺는 것은 현명하지 못하다

티투스 리비우스는 캄파니아인에게 원조를 요청한 시디키니인의 실책과, 또 그 요청을 받고 방어할 수 있다고 판단했던 캄파니아인의 실수를 지적하려고 다음과 같이 말하고 있다(티투스 리비우스,《로마사》Ⅰ, 29, 5).

"캄파니아인은 시디키니인의 원조를 위해서 그 이름을 제공했지 방어를 위한 군사력을 준 것은 아니다."

여기서 우리는 다음과 같은 사실에 주목해야 한다. 지리적으로 멀리 떨어진 곳에 있기 때문에 실제로 원조하러 올 수 없다든가 또는 국내가 혼란스럽거나 그 밖의 이유로 타국에 대한 원조 같은 것은 생각도 할 수 없는 군주와 동맹을 맺는다는 것은, 원조를 기대하고 있는 사람에게는 실제의 원조라기보다도 헛된 이름만 가지고 들어오는 결과로 끝날 따름이다.

이런 실례는 현대의 피렌체에도 많다. 1479년, 교황과 나폴리 왕이 피렌체를 공격*¹했을 때의 일이었다. 당시 프랑스 왕은 피렌체와 우호 관계에 있었는데, 피렌체인이 거기서 얻을 수 있었던 것은 '실제상의 원조가 아니라 명목'뿐이었다. 그리고 황제 막시밀리안*²과의 우호 관계에 기대하여 무엇인

＊1 피렌체에서 파치의 난이 실패로 돌아가자 교황 식스투스 4세와 나폴리 왕 페르난도 다라곤이 피렌체를 공격했다.

＊2 1459년~1519년. 재위 1493년~1519년. 함스부르크가 출신의 신성 로마 황제 막시밀리안 1세. 밀라노 공녀와 결혼하고 이탈리아 경영에 착수, 베네치아와 싸웠다.

가를 꾀한 군주들도 똑같은 체험을 겪어야 했을 것이다. 왜냐하면 황제와의 우호 관계라는 것도 실상은 '실제상의 원조라기보다도 이름'만 가져왔을 따름이기 때문이다. 정말이지 이미 이 장의 앞부분에서 말한 것처럼 시디키니인에 대해 캄파니아인이 초래한 것과 똑같은 이야기이다.

한편 캄파니아인 측 역시 자기네 실력 이상으로 자기를 과신하는 실수를 저질렀다. 이 같은 실수를 저질렀다는 것은, 생각이 얕은 사람이 흔히 그렇듯이 제 자신을 지킬 힘도 없는 주제에 남을 지켜 주기 위해 힘을 빌려주려 한 결과이다.

이와 똑같은 짓을 타렌툼인도 하고 있다. 로마 군이 군사를 보내어 삼니움인과 싸우고 있을 때의 일이었다. 타렌툼인은 로마 집정관에게 사절을 파견하고, '우리는 양국 간의 평화를 간절히 바라고 있는데 양국 중에서 그 평화를 희망하지 않는 나라가 있다면 우리는 출병하여 그 나라와 싸우리라'는 의사를 표명한 것이다. 이 말을 들은 집정관은 그 청을 웃어넘기고는 그 사절 앞에서 전투 준비의 나팔을 불게 하여 군대에 '적을 향해 진격하라'고 명령했다. 그래 로마인은 타렌툼인의 요청에 적합하다고 여겨지는 대답을 말로써가 아니라 행동으로써 나타냈다.

이 장에서는 군주가 다른 나라의 방어를 맡고 나서려 할 때 일어나는 잘못된 인식에 대해 논했다. 다음 장에서는 자국을 자력으로 방어할 때의 방법에 대해 논하기로 하겠다.

제12장 공격될 우려가 있을 때 적이 자국에 침입해 들어올 때 싸우는 것과 진격하여 적의 영토에서 싸우는 것과 어느 쪽이 득책인가

나는 지금까지 군사 전문가들이 다음과 같은 문제로 자주 논쟁하는 것을 들어 왔다. 즉 실력이 비슷한 두 군주가 있는데, 그 중 담력이 조금이라도 더 나은 쪽이 다른 한 사람에게 전쟁을 걸 경우, 도전을 받은 쪽 인물로서는 적이 자기 나라 안으로 침입해 들어올 때까지 기다려야 하는가, 또는 적의 영토에 진격해서 자웅을 결정해야 하는가, 어느 쪽이 득책일까 하는 문제다. 두 계책 모두 나름대로의 논거가 있는 것으로 듣고 있다.

적지로 진격해서 자기 나라를 지켜야 한다는 입장에 선 사람들은 크로이소스가 키루스에게 준 충고를 인용하고 있다. 키루스가 마사게테인*의 국경

을 침범하고 싸움을 걸었을 때의 일이다(기원전). 마사게테의 여왕 타미리스는
키루스에게 사자를 보내어 다음의 두 가지 방법 중 마음에 드는 방법을 택하
도록 하라고 제안했다. 즉 키루스 왕이 마사게테 영내로 침입해 와서 싸울
작정이라면 이쪽은 자국 내에서 기다리리라, 또는 마사게테 측에서 공격해
나오기를 바란다면 귀국 영내의 전장에서 싸우리라고 제안했다. 이 일이 키
루스의 진영에서 논의되자 크로이소스는 다른 사람들의 의견에 반대하고,
이쪽에서 마사게테 영내로 돌입해서 싸우라고 주장했다. 그는 설사 여왕을
격파한다 하더라도 국외에서 하게 되면 여왕으로부터 왕국을 빼앗지는 못할
것이며, 그것은 여왕에게 태세를 재건할 여유를 주게 되기 때문이라고 했다.
그런데 그 국내에서 여왕을 격파하게 되면 거기에 추격을 가해서 태세를 재
건할 틈을 주지 않고 그 영토를 빼앗을 수 있을 것이라고 했다.

이 주장에 찬성하는 사람들은 또 안티오코스가 로마인에게 도전하려 했을
때 한니발이 그 왕에게 진술한 의견을 들고 있다. 한니발의 의견은 다음과
같은 것이었다. 즉 로마인을 격파하기 위해서는 이탈리아 내에서 이를 포착
하는 수밖에 없다. 그것은 이탈리아 국내에서 싸워야만 로마인의 군사력과
자원과 로마인의 동맹국의 힘을 반대로 이용할 수가 있다. 그런데 로마인을
이탈리아 국외에서 아무리 격파해 봤자 이탈리아를 그대로 두게 되면, 필요
한 것을 뭐든지 퍼낼 수 있는 원천을 로마에게 남겨주는 격이 된다.

이와 같이 주장한 한니발은 결론으로서, 로마인에 대해서는 그 대제국을
탈취하려 하기보다도 먼저 도시인 로마를 빼앗아야만 한다. 그리고 여러 속
주를 손에 넣으려 하기보다도 우선 이탈리아를 손에 넣으라고 주장했다.

또한 아가토클레스의 실례(군주론)가 뒷받침으로 인용되고 있다. 그것에
따르면, 그는 카르타고 군이 국내에 쳐들어올 때 싸울 태세가 못 되었으므로
카르타고에 진격하여 마침내 화평을 신청하도록 만들었다고 한다.

이탈리아를 구하기 위해 아프리카에 출병하여 싸웠던 스키피오도 이 예에
서 빠지지 않는다.

이와 반대 입장에 있는 자는, 적을 불리한 상태에 두게 만들고자 하면 그
들을 본국으로부터 끌어내어 싸우게 만드는 것 이상 더 좋은 방법은 없다고

---

* 이란계 주민. 카스피 해와 아랄 해 주변에 살고 있었다.

주장한다. 그리고 다음과 같은 아테네인의 예를 든다. 그들은 지리를 잘 알고 있는 자국 내에서 싸울 때는 우위에 섰는데, 본국을 떠나 시리아에 군대를 보내게 되자 그 자유를 잃고 말았다*는 것이다.

그리고 리비아 왕 안타이오스의 사적을 전하는 전설시도 이 입장이 뒷받침이 되리라. 이에 따르면, 이집트의 헤라클레스로부터 공격을 받던 그가 자국 내에서 적에 맞서 싸우는 동안은 패한 적이 없었다. 그러나 헤라클레스의 책략에 넘어가 적지로 나가 싸우게 되자 국가와 그 생명을 잃고 말았다. 여기에서 헤라클레스와 싸운 거인 안타이오스의 전설이 생겼다. 즉 안타이오스는 어머니인 대지에 닿으면 언제든지 새로운 힘이 되살아났다. 그것을 눈치챈 헤라클레스가 그를 공중으로 높이 쳐들어서 땅에 닿지 못하도록 했던 것이다.

이 입장에 선 사람들은 최근의 실례에 대해서도 이를 인용하고 자기 의견을 정당화하려 하고 있다. 나폴리 왕 페르난도가 당대 제일가는 현군이라고 일컬어졌다는 것은 주지의 사실이다. 그가 죽기 2년 전, 프랑스 왕 샤를르 8세가 나폴리에 쳐들어오려 하고 있다는 풍문이 돌았다. 그는 이를 치기 위해 군사적 채비를 갖추다가 도중에 사망했다. 그가 아들 알퐁소에게 남긴 충고 가운데, '어떤 일이 있더라도 군대를 국외로 내보내서는 안 된다. 나폴리 국내에 전군을 집결하고 적을 기다려라' 하는 말이 있었다. 그런데 모처럼의 이 유훈을 알퐁소는 지키지 않았다. 그는 로마냐로 군대를 파견했다가 한 번도 싸워 보지 못한 채 군대와 국가를 다 잃고 말았다.

양쪽 입장의 사람들은 이제까지의 실례에 덧붙여서 각각 다음과 같은 이론을 전개하고 있다. 진격하는 쪽은 수세에 서는 측에 비해서 긴장하게 된다. 이것이 그 군대 속에 자신감을 불러일으킨다. 그 기세로 적지까지 쳐들어간다면 적이 그 자원을 이용할 기회를 잃어버린다. 그리고 이미 약탈을 당하고 있는 국민들로부터 도저히 협력을 기대할 수 없는 상태로 상대국을 몰아넣는다. 그리고 그 국내에 적군이 침입하면 그 군주는 자국민으로부터 세금을 받거나 일을 시키는 데 신중해진다. 한니발이 말했듯이, 제 마음대로

---

* 기원전 415년, 아테네인은 시칠리아 원정을 했는데, 이를 계기로 그리스의 패권이 붕괴되기 시작했다.

국민을 착취하면, 군주가 전쟁을 계속할 수 있게 만들어 주는 국민이라는 원천 자체를 마르게 만들어 버리는 결과가 되기 때문이다.

한편, 적지에서 싸워야 하는 병사들은 아무래도 적개심을 일으키게 된다. 이 기분이 바로 내가 지금까지 자주 말해 온 비르투라 불리는 정신력이다.

그런데 이와 반대 입장에 있는 사람들은 다음과 같이 말한다. 적을 기다리는 것은 곧 많은 이익이 굴러들어오기를 기다리고 있는 것과 다름없는 것이다. 왜냐하면 기다리는 쪽은 그다지 힘도 들이지 않고 적군이 필요로 하는 식량과 군마에게 먹이는 풀과 그 밖의 물자의 보급에 대해 중요한 장애를 줄 수 있기 때문이다. 적들에 비해 지리를 환히 알고 있기 때문에 적의 의도를 좌절시키기란 간단하다. 전군을 쉽사리 장악할 수 있는 데다가 자기 나라에서 한 발도 나가지 않아도 되기 때문에 월등히 우세한 적군과 걸맞게 맞설 수 있다. 싸움 끝에 패배한다 하더라도 진용을 재건하기 쉽다. 왜냐하면, 가까운 곳에 피난할 장소가 많을 테니까 패잔병도 거의 모두 구원될 것이고, 구원군이 오는 데도 거리가 가깝다. 또 자국 내에서 싸울 때는 전력을 다하여 싸울 수 있는 데다 모든 운명을 이 일전에 걸지 않아도 된다. 이와 반대로 이국 땅에서 싸워야 할 때는 모든 운명을 싸울 때마다 걸어야 하는 데다가 전력을 다해 싸울 수가 없다.

또한 다음과 같은 사고방식도 성립된다. 즉 적의 힘을 될 수 있는 대로 약화시키기 위해, 적이 국내에 침입하여 여러 날 동안 여기저기를 점령하도록 내버려둔다. 그래서 모든 지역에 수비대를 분산해서 주둔하도록 하여 그 군사력을 약화시켜 놓으면, 그 뒤에 쉽사리 적을 격파할 수 있다.

이제 여기서 내 의견을 말해야 할 차례가 되었다. 나는 이 문제에 대해서 두 가지로 구별해서 살펴봐야 한다고 생각한다. 한 가지는 지난날의 로마인이나 지금까지의 스위스인같이 국민 모두가 병역의 의무를 가진 체제에 있는 경우, 또 한 가지는 카르타츠인이나 지금의 프랑스 왕국이나 이탈리아인들에게서 볼 수 있는, 무기를 지니지 않은 상태로 나누어서 생각해야 한다는 것이다. 후자인 경우, 적이 이쪽 국내에 들어오지 않도록 해서 싸워야 한다. 왜냐하면 이런 나라들은 그 활동 원동력이 인간에게 있는 것이 아니라 경제력에 있으므로 경제 활동의 길이 끊기면 금방 파괴되기 때문이다. 게다가 국내에서 전투가 벌어질수록 경제 활동에는 더할 나위 없는 타격이 된다. 카르타고의 경우가 바로 그랬다. 카르타고는 그 본국이 전화를 입지 않는 한, 국고 수입이 뒷받침되어 로마와 싸울 수 있었다. 그런데 본국이 침공당하자 아가토클레스에게조차도 맞설 수 없는 형편이 되고 말았다.

마찬가지로 피렌체도 루카의 지배자 카스트루치오 앞에서는 어떻게 할 도리가 없었다. 그 이유도 카스트루치오가 피렌체 영내로 쳐들어가서 싸움을 걸었기 때문이다. 그래서 피렌체는 부득이 나폴리 왕 로베르토에게 원조를 구해야 했다. 그런데 카스트루치오가 죽자 피렌체인들은 용감하게도 밀라노 공국 깊숙이 들어가 공격을 감행하여 밀라노 공작으로부터 그 국토를 빼앗을 듯한 기백을 보였다. 피렌체는 먼 곳에서 싸우면 훌륭한 기력을 보이는데, 가까운 곳의 전쟁에서는 말할 수 없이 무력했다.

이와 반대로 고대 로마인이나 지금의 스위스인같이 국민 전체가 무기를 지니고 있는 나라에 대해서는 적이 그 속으로 들어가면 들어갈수록 이기기 어려워지게 되는 법이다. 그 이유는, 이런 국가는 타국에 공격을 가할 때보다도 침략에 저항할 때 더 무서운 힘을 발휘하기 때문이다.

비록 한니발의 권위를 가지고 온다 해도 나는 이 점에 대한 주장을 굽힐 생각이 없다. 한니발이 그와 같은 진언을 안티오코스에게 한 것도 실상은 그의 일시적인 감정과 그의 타산에서 나온 것이었기 때문이다. 왜냐하면, 로마인이 이탈리아에서 한니발에게 당한 그 세 번*에 걸친 패배를, 가령 긴 시기에 걸쳐서 갈리아 땅에서 당했다고 한다면 틀림없이 로마는 괴멸되고 말았을 것이다. 로마는 이탈리아에서 한 것처럼 갈리아에서 패잔 병력을 온존하지 못했을 뿐 아니라 그것을 편리하게 재편성할 수도 없었을 것이 틀림없다. 그리고 그 재편군으로 적에게 저항한다는 것은 생각도 못할 일이었을 게 틀림없기 때문이다.

로마는 지금까지 한 나라를 침략할 때 5만 명 이상의 병력을 동원한 적이 없었는데, 제1차 포에니 전쟁 뒤 갈리아인의 공격으로부터 본국을 방어하기 위해 180만 명에 이르는 대군을 준비했다. 그런데도 로마인은 토스카나에서 갈리아인을 격파했던 것처럼 롬바르디아에서 그들을 격파할 수 없었다. 그

---

* 실제는 세 번이 아니라 네 번이다. 로마인은 한니발에게 티키누스·트레비아·트라시메누스·칸네에서 패했다.

까닭은 구름 떼 같은 적의 대군에 대해 이렇게 많은 대군을, 더욱이 멀리 파견한다는 것은 불가능했기 때문이다. 그리고 이 대군을 마음대로 움직여서 싸우게 할 수도 없었기 때문이다.

독일에서는 킴브리인이 로마 군을 격파(기원전 105년 10월 6일, 아라우시오의 싸움 ˮ)했으나 로마는 원군을 보내지 못했다. 그런데 갈리아인이 이탈리아로 침입해 들어오자 전군을 모아 이를 격멸할 수 있었다.

국외로 출격하고 있는 스위스 군을 무찌르기란 문제없는 일이다. 스위스는 국외에 3만 명 내지 4만 명 이상의 군대를 파견할 능력이 없기 때문이다. 하지만 스위스 영내에서 그들을 격파하게 되면 10만 명의 대군을 집결할 수 있으므로 이것은 쉬운 일이 아니다.

이제 여기서 다시 다음과 같이 결론짓기로 하겠다. 무기를 잡고 훈련을 받은 인민을 거느리고 있는 군주라면, 강력해서 위험하기 이를 데 없는 적군은 자국 안으로 끌어들여 싸워야 한다. 결코 적을 찾아 나가 출격해서는 안 된다. 하지만 신하들이 무기도 지니지 않았을 뿐 아니라 나라 전체가 싸움이 서투를 경우에, 그 군주는 싸움을 하려면 반드시 전장을 본국에서 되도록 떨어진 곳에 두어야 한다. 어느 쪽의 경우든 간에 각각 자기에게 합당한 방법으로 방어하는 것이 가장 현명한 방법이다.

제13장 실력에 의하지 않고 기만책으로 큰 행운을 잡고, 천한 신분에서 최고의 지위에 오른 자도 있다

지위라는 것은 세습에 의해 계승되고 있다. 따라서 본래 그런 혜택 없이 이 세상에 태어난 자는 그 실력이 어지간하지 않고서는, 또는 기발한 술책이라도 쓰지 않고서는, 비천한 출신인 자가 입신 출세하여 천하를 잡는다는 일은 드물 뿐 아니라 나아가서 절대로 있을 수 없다는 견해에 대해 나는 진심으로 찬성한다. 이런 경우에 실력만 갖추고 있어서는 불충분하나 책략만으로 그 목적을 달성하는 수가 많다. 마케도니아의 필립포스라든가 시칠리아의 아가토클레스라든가, 그 밖에 이와 비슷한 여러 사람들처럼 최하층의 벌레나 다름없는 처지에 있던 사람이라든가, 그렇게까지 심하지는 않더라도 좌우간 비천한 처지에서 입신하여 왕국 또는 대제국의 지배자로 출세한 인물들의 전기를 읽어 보면 지금 말한 내용은 저절로 밝혀질 것이다.

크세노폰은 키루스의 전기에서, 술책을 사용할 필요성에 대해 설명했다(크세노폰, 《Ciro-pedia Ⅱ》, 4, 32). 키루스가 아르메니아 왕에 대해 시도했던 최초의 원정은 술책으로 가득 찬 것이었다. 군대의 힘을 빌리지 않고 상대를 속여서 그 왕국을 손에 넣어 버렸던 것이다. 크세노폰이 이 사실에서 이끌어낸 결론은, 큰 사업을 지망할 정도의 군주라면 상대를 속이는 술책도 체득해야 한다는 것이다. 이 밖에도 키루스는 외삼촌인 메디아 왕 키아크사레스(재위 기원전 625년~585년, 메디아 최성기의 왕)에게 여러 가지 술책을 부려서 속였다. 따라서 키루스가 그런 책략을 쓰지 않았더라면, 그가 차지했던 그런 위대한 지위는 도저히 손에 넣지 못했을 것이다.

비천하게 태어나서, 정정당당하게 실력만 가지고 위대한 지위를 구축해 나갔다는 실례는 어느 경우에든지 찾아볼 수 없는 일이라고 나는 믿는다. 오히려 잔 갈레아초(밀라노 공작 잔 갈레아초, 재위 1395년~1402년)가 숙부 베르나보로부터 밀라노와 롬바르디아 일대를 빼앗았을 때처럼(1385년) 책략만이 그 성공의 열쇠가 된다.

군주가 입신할 때에 아무래도 써야만 하는 방법은, 공화국에서도 써야만 한다. 즉 그 나라가 강대해져서 독립적으로 자립할 수 있게 될 때까지는 술책을 쓰는 것도 부득이한 일이다. 로마도 크기 위해서, 정세가 되어 가는 대로 또는 스스로 자진해서 모든 유효한 수단을 썼다. 더구나 이런 경우, 술책을 씀에 있어서 주저하는 일은 결코 없었다. 로마는 건국 무렵, 이미 설명해 두었듯이 동맹을 맺는다는 방법 이상으로 악랄한 술책은 쓰지 않았다. 결국 로마는 동맹이라는 이름을 빌려서 가맹국을 자기 나라에 예속시켰다. 예를 들면 라티움인을 비롯하여 그 밖의 이웃 부족들이 이 책략을 사용한 로마에 굴복했다. 말하자면 로마는 처음에 이들 동맹국의 힘을 이용하여 이웃 여러 부족을 거느리고 그 위신을 높였다. 이들의 정복이 끝나자 로마는 강대해져서 천하무적의 존재가 되었다.

라티움인이 자기네가 어느 사이엔지 모르게 노예 상태에 빠져 있다는 것을 깨닫게 된 것은 삼니움인이 두 번에 걸친 패배*로 화의를 맺고 로마인에게 굴복하게 된 것을 보고 난 뒤였다. 이런 로마의 승리는, 그때까지 로마의 평판을 인정은 하고 있었지만 그 군사적 실력에 대해서는 의문을 가지고 있던 먼 지방의 여러 군주에 대해서도 로마인의 진가를 깨닫게 만들었다.

＊ 제1차 삼니움 전쟁에서의 기원전 343년의 몬테그라우로스 및 수에사라의 패배를 가리킨다.

그리하여 로마의 군사력을 보고들은 나라들 사이에 질투와 의혹이 싹트게 되었다. 이런 나라 중의 하나가 라티움인이었다. 이 같은 질투와 공포는 불같이 타올랐으므로 라티움인뿐만 아니라 라티움에 와 있던 로마의 식민들까지, 얼마 전에 로마인에게 패한 캄파니아인에게 가담하여 로마에 반항하게 되었다. 라티움인은 이 전쟁을 개시함에 있어서 당시에 흔히 있던 개전방법을 사용했다. 즉 그들은, 로마인의 양해를 얻은 삼니움인이 시디키니인을 공격했을 때 그 시디키니인을 돕는다는 명목으로 삼니움인과 싸웠으므로 직접 로마를 공격하지는 않았다. 이와 같이 라티움인이 로마인과의 전쟁을 단행하게 된 것은 로마인의 악랄한 음모를 깨닫게 되었기 때문이다. 그동안의 사정은 티투스 리비우스가 라티움 집정관인 안니우스 세티누스의 입을 빌려 회의석상에서 말하게 한 다음과 같은 구절에서도 엿볼 수 있다.

"참으로 겉으로만 대등한 동맹 아래서, 실상은 노예의 입장에 빠져 버리고 만 것을 참는다 하더라도……."

따라서 그 건국 초기에 있어서도 로마는 책략 쓰기를 잊지 않았다는 것을 알 수 있다. 그러므로 이런 책략이야말로 낮은 데서 입신하며 가장 높은 지위로 출세하려는 자에 있어서는 꼭 필요한 것이라 할 수 있겠다. 게다가 이런 경우 로마인의 실례가 보여 주는 것처럼 그 방법은 눈치채지 않으면 그만큼 나쁜 소리도 덜 듣게 될 것이다.

제14장 겸양의 미덕에 의해 거만함을 타파할 수 있다고 생각하다가 실패하는 수가 많다

조심성 있는 태도가 아무런 이익도 되지 않을 뿐 아니라 도리어 나쁜 결과를 가져온다는 사실은 흔히 체험하는 일이다. 특히 질투나 그 밖의 이유로 이쪽에 증오감을 가지고 있는 오만한 인물에 대해 이쪽이 겸손하게 나갈 경우는 더욱 그렇다. 로마인과 라티움인의 전쟁의 원인을 논한 역사가 티투스 리비우스는 이 점을 분명하게 뒷받침해 준다. 삼니움인이 자기네가 라티움인에게 공격당하고 있다는 것을 로마인에게 호소했으나, 로마인은 라티움인을 자극하지 않으려고 그 싸움을 라티움인이 계속해 나가려는 것을 방해하려고 하지 않았다. 그런데 이 처사는 도리어 라티움인을 초조하게 만들었을 뿐만 아니라 로마인에 대해 적개심을 불타게 하는 결과가 되어서 로마인의 적으로서 그들의 입장이 분명해지도록 촉진시키는 결과가 되고 말았다.

이 점에 대해서는 라티움의 집정관인 안니우스가 같은 회의석상에서 다음과 같은 발언을 한 데서도 짐작할 수 있을 것이다. 그는 다음과 같이 말했다.

"여러분은 로마인이 군대를 보내지 않고 견뎌내겠다는 뚜렷한 증거를 파악했을 것이오. 로마인의 마음이 분격으로 들끓고 있다는 것은 뻔한 일이오. 그래도 그들은 모욕을 참고 있소. 또 그들은 로마의 동맹국 삼니움에 대해 우리 라티움이 싸움을 건다는 것도 알고 있었을 것이오. 그럼에도 불구하고 그들은 로마로부터 진군하려 하지 않고 있소. 로마인의 이 우유부단함은 언제 시작된 것일까요? 생각건대 우리 국력이 로마의 국력을 훨씬 능가하고 있다는 사실을 깨닫게 된 뒤의 일일 것이 틀림없소."

이상의 문장에서 보더라도 로마인의 조심성 있는 태도가 거꾸로 라티움인의 오만함을 얼마나 부채질하게 되었는가가 매우 뚜렷해질 것이다. 그러므로 군주는 자기의 위엄을 손상하는 것은 절대로 해서는 안 된다. 그리고 그 군주가 어떤 일을 유지해 나갈 능력도 갖추었고, 또 자신도 있을 경우에는 그 일에 대해 상대에게 타협하거나 상대가 하는 대로 내버려두는 일은 절대 해서는 안 된다. 이렇게 말하는 것은 군주가 자신을 가지고 처리해 나갈 수 없는 사태에서는, 상대의 무력에 겁을 먹고 양보하기보다는 힘으로 부딪친 결과 부득이 포기하는 쪽이 대개 훨씬 더 낫기 때문이다. 그리고 공포에 사로잡혀 그것을 양보하는 전쟁을 회피하려 해도 결국은 전쟁을 해야 하기 때문이다. 그 이유는, 만일 겁을 먹고 양보했다는 것을 상대가 눈치채게 되면 상대는 그것만으로 만족하기는커녕 점점 더 뻔뻔스러워져서 지금보다 더욱 빼앗으려 할뿐더러, 무력하다는 것을 눈치채면 그만큼 더 우쭐해져서 강한 요구를 끄집어내게 마련이기 때문이다.

그렇지만 당신이 적의 음모를 간파한다면, 군사력이 적의 군사력에 미치지 못할 경우라도 당장 이와 싸울 준비를 해야 한다. 그렇게 하면 적도 당신을 다시 보게 될 것이고, 주위의 군주들도 당신을 존경하게 될 것이다. 당신이 무기를 던져 버리면 도저히 도울 마음이 나지 않던 사람이라도, 당신이 무기를 잡고 용감하게 일어서면 달려와서 원조를 하게 될지도 모른다.

지금까지 살펴본 것은 당신이 단 하나의 적만을 상대로 할 경우를 대상으로 하고 있다는 것을 명심해 두기 바란다. 당신이 많은 적에게 둘러싸여 있을 경우에는, 비록 싸움이 시작된 뒤라 할지라도 적 가운데 누군가에게 당신이 가지고 있는 것을 일부 주어서 그 인물의 관심을 끌어 놓고, 적의 동맹으로부터 이탈하게끔 유도해 나가는 것이 현명한 방책이다.

제15장 약한 국가는 항상 우유부단하다. 결단을 내리는 데 시간을 끄는 것은 항상 나쁜 결과를 초래한다

이 장의 주제에 관해 언급하면서, 특히 라티움인과 로마인과의 사이에 있었던 전쟁의 발단을 바라보면, 어떤 회의 때라도 결의해야 할 자질구레한 점까지 잘 양해되도록 하고, 애매한 채로나 미결 상태로 놓아 두지 않도록 신경 써야 한다는 것을 알 수 있다.

이 점은 라티움인이 로마인과 결별하려고 마음먹고 열었던 회의 때에 명확하게 나타났다. 로마인은 라티움인들 안에 싹튼 기분을 알아차리고 사태를 알아내기 위해서, 그리고 전쟁을 하지 않고 라티움인과 손잡을 수 있는 가능성이 있는지 없는지를 타진하기 위해서, 라티움인에게 8명의 시민을 파견해 주기 바란다는 뜻을 통지했다. 로마인은 이들 8명을 상대로 간담회를 열려 했다. 이 신청을 승낙한 라티움인은 자기네가 평소에 로마인의 의도에 거스르는 일을 많이 해 왔다는 것을 짐작한 바 있어서 회의를 열고 로마에 파견할 사람들을 뽑고는 로마에서 발언할 내용을 이 사절단에게 일러 두기로 했다. 그 내용에 대한 토론이 시작되자 집정관 안니우스는 위원회를 향해 다음과 같이 말했다.

"우리가 당면하고 있는 사태에서 가장 중요한 점은 우리가 무슨 말을 해야 하는가보다도 오히려 무엇을 해야 하나를 생각하는 것이오. 무엇을 실행해야 하느냐는 배짱만 정하면 거기에 나가서 말을 맞춰 나가기란 지극히 간단한 일일 것이오."(라투스 리비우스, 《로마사》 Ⅷ. 4. 7~10)

안니우스의 말은 참으로 적절한 조언이어서 모든 군주나 공화국은 이를 명심해야 한다. 왜냐하면 앞으로 실행하려 하는 일의 내용이 애매하고 불명확한 경우에는 그것을 말로 표현하려고 해도 되지 않기 때문이다. 이와는 반대로 일단 결심해야 할 일을 결정해 버리면 거기에 적용되는 말을 찾기란 쉬운 일이다.

나는 지금까지 이 점에 대해 즐겨 언급해 왔다. 즉 일을 애매하게 한다는 것은 국가 활동에 있어서 해독을 끼치는 일이어서 우리 피렌체 공화국에 재앙과 굴욕을 주어 왔다는 것을 여러 차례 뼈저리게 느껴왔다. 이것은 지극히 어려운 문제여서, 과감하게 결단을 내려야 할 때에 우유부단한 사람이 이를 평의회에서 결정을 내리면 쓸모 없는 결론밖에 나오지 않는 법이다. 마찬가지로 시간을 질질 끄는 회의 또한 우유부단한 결의와 똑같이 유해하다. 특히 우호국의 원조를 위해 결정을 내려야 할 때는 더욱 그렇다. 왜냐하면, 이 결정이 연장되면 상대를 구하지 못할 뿐 아니라 이쪽도 파멸하게 되기 때문이다.

이런 서투른 결정 방법은 다음과 같은 이유 중 어느 것인가에 근거가 있다. 즉 용기나 힘이 부족하다고 생각할 수 있다. 또는 그 결정에 참여하고 기획한 인물의 음모 때문일 수도 있다. 이런 악질적인 인간은 사리사욕에 사로잡혀서 국가의 멸망을 꾀하든가, 다른 욕망을 충족시키려고 하는 무리들인데, 그들은 심의가 계속되지 않게끔 방해하여 그 결정을 연장한다. 왜냐하면 신뢰할 만한 선량한 시민이라면, 설사 격앙해서 궤도를 벗어난 민중이 사태를 우려할 만한 방향으로 끌고 나가려는 것을 눈앞에서 본다 하더라도 결코 그 때문에 심의를 늦추는 짓은 하지 않기 때문이다. 한시도 지체할 수 없는 경우에는 더더욱 그렇다.

시라쿠사의 참주 히에로니무스가 죽은 뒤에 카르타고인과 로마인 사이에 큰 전쟁이 발발했을 때, 시라쿠사인은 로마인과 카르타고인 중 어느 쪽에 가담해야 할 것인지를 논의하게 되었다. 그런데 친로마파, 친카르타고파가 똑같이 열렬하게 자기 주장을 양보하지 않는 바람에 사태는 암초에 걸린 채 해결이 나지 않았다. 마침내 시라쿠사의 최고 지도자의 한 사람인 아폴로니데스가 아주 지혜에 넘치는 명연설을 했다. 이 연설에서 그는 로마인과 행동을 같이 하겠다는 사람이나 또 카르타고에 편들겠다는 사람이나 모두 비난받을 것은 없고, 오히려 그 어느 쪽을 택해야 하는지를 결정하지 못해 우물쭈물하는 일이야말로 파멸의 구렁과 연결되는 일이라고 설득했다. 즉 이처럼 애매한 상태로 있으면 공화국의 붕괴는 뻔한 일이다. 오히려 어느 쪽에 붙든 간에 그 선택을 분명하게 결정하면 거기서 어떤 밝은 전망도 보일 것이라고 주장했다.

티투스 리비우스가 이 기술만큼, 우물쭈물 망설이는 것이 주는 해독을 훌륭하게 포착해 낸 것은 그의 저작 어느 곳에서도 찾아볼 수 없다. 그는 또 라티움인의 경우도 인용하고 있다. 그것은 라티움인이 로마인과 싸웠을 때, 그 원조를 라비니움인에게 의뢰했을 때의 일이다. 이에 대한 라비니움인의 결정이 좀처럼 이루어지지 않았기 때문에, 그들의 라티움 구원군이 성문을 나서서 전선으로 향하려 했을 때, 라티움인이 이미 패퇴했다는 정보가 들어왔다. 이 점에 대해 라비니움인의 집정관 미리오니움은 다음과 같이 말했다.

"이와 같이 로마 인민을 향해 조금 진격했을 뿐인데도 그 죗값은 터무니없이 비싸게 치르게 될 것이다." (티투스 리비우스, 《로마사》 VIII, 11, 4)

라티움에 대한 원조 여부를 빨리 결정했더라면 괜찮았을 것이다. 가령 원조하지 않기로 했더라면 로마인을 노하게 만들지는 않았을 것이다. 또 때맞추어서 원조했더라면 라비니움군이 참가함으로써 로마인은 패했을 것이 틀림없다. 그런데 그 결정을 두고 시간을 끌었기 때문에 라비니움인들은 양쪽의 기회를 모두 놓치고 만 것이다.

이 점을 피렌체인이 잘 알고 있었더라면, 밀라노 공작 루드비코를 치기 위해 이탈리아에 남하한 프랑스 왕 루이 12세의 통과로 말미암아 그토록 많은 손해와 지독한 고생을 당하지 않아도 되었을 것이다. 왕이 토스카나 지역을 통과함에 있어서 피렌체에 대헤 협정을 맺을 것을 요구했다. 그래서 왕의 진영에 참가하고 있던 피렌체의 사절은, 왕이 이탈리아에 도착했을 때 피렌체의 체제에는 손대지 않고 거기다 보호를 가한다는 조건부라면 프랑스에 대해 중립을 지키겠다고 약속했다. 그리고 이 사절은 왕에게 피렌체가 이를 비준하게끔 한 달의 여유를 달라고 신청했다.

그런데 어리석게도 밀라노 공작 루드비코에 편들고 있던 자들은 왕이 확실하게 루드비코를 격파하는 것을 확인한 후에 비준하려고 심의를 연기하고 있었다. 이러다가 그 뒤에 피렌체인이 허겁지겁 비준했을 때는 이미 피렌체인의 방법이 진심이 아니라 마지못해 하는 것이라고 판단하고 왕 쪽에서 이를 차 버린 것이다. 이 때문에 피렌체는 막대한 금액을 왕에게 치러야 했다. 그래서 그 국가를 붕괴시키게 되었다.

이런 일에 혼이 나고서도 뒤에 가서 이와 똑같은 원인으로 국가를 멸망시키고 말았다(1512년). 피렌체인이 사용한 방법만큼 위험하기 짝이 없는 것은 없었다. 그것은 루드비코 공작에 대해서는 아무런 염려도 하고 있지 않았다는 사실이다. 즉 루드비코가 만일 이겼다면, 그는 프랑스 왕 정도가 아니라 피렌체인에 대해 훨씬 더 심한 증오를 품었을 것이 틀림없다.

이미 다른 장에서 우유부단함이 국가에 얼마나 재난을 갖다 주는 것인가에 대해서는 살펴보았다. 그런데 여기서 한 번 더 새로운 데이터를 사용하여 이를 되풀이했다. 그것은 이 문제가 피렌체와 비슷한 국가에 있어서는 각별히 주목해야 할 일이기 때문이다.

제16장 현대와 고대의 군대제도의 차이

다음은 티투스 리비우스의 의견이다. (티투스 리비우스, 《로마사》 Ⅷ, 3~5, 7~11)

"로마 인민이 타국민과 행한 가장 중요한 전투는 집정관 토르쿠아투스와 데키우스가 라티움인과 싸운 것이다. 이 싸움에서 패배했기 때문에 라티움인이 노예의 처지로 떨어졌던 것과 마찬가지로, 만약 로마인이 이에 패배했다고 한다면 로마인 쪽이 노예의 처지로 떨어졌을 것이 틀림없기 때문이다."

즉 어떤 점을 비교해 본다 하더라도 로마인과 라티움인은 군대제도, 기력, 끈질기게 참고 견디는 자세, 그리고 병력의 숫자에서도 비슷비슷했다. 다만 한 가지 달랐던 점은 로마 군을 지휘하는 장군이 라티움 군의 지도자에 비해 더 용감했다는 점이다.

그리고 이 전쟁을 검토해 보면 전무후무한 두 가지 사건이 일어나고 있다는 것을 알게 된다. 그 사건이란 두 집정관이 그 군대의 인심을 꽉 잡고 그 명령에 복종시켜서 전쟁에서 승리를 차지하기 위해 집정관 중 한 사람은 자살을 택하고, 또 다른 집정관은 자기 아들의 목숨을 끊었다는 사실이다.

티투스 리비우스가 말한 것처럼 양군의 실력이 비슷비슷했다는 것은 매우 장기간에 걸쳐서 전투를 되풀이하고 있었기 때문에 사용하는 언어도 같거니와 군대 조직이나 무기도 다르지 않았다는 사실에서 유래하고 있다. 따라서 전투 방법도 같거니와 군대 내부의 여러 가지 구분 방법이나 지휘관에 붙여지는 호칭도 같았다. 따라서 이처럼 군사력에서나 기력에서나 서로가 비슷할 경우에는 아무래도 뜻밖의 방법을 써서 전보다 더 불타는 전의를 아군에게 북돋을 필요가 있었다. 이미 말한 것처럼 이런 투혼 속에 바로 승리가 걸려 있었다. 그 이유는, 전투에 임하는 정신 속에 끈질기게 참고 견디는 자세가 갖추어져 있으면, 그 군대가 괴멸되어서 적에게 등을 돌리는 짓은 결코 하지 않기 때문이다. 그래서 라티움인에 비해 로마인의 마음을 전쟁에 더 잘 견디게 만든 것은 운 때문이기도 하겠지만 자기 아들을 희생으로 바친 토르쿠아투스나 자살을 한 데키우스의 영웅적인 정신력 때문이라고 할 수 있겠다.

양군의 힘이 비슷하다는 것을 설명함에 있어서 티투스 리비우스는, 로마의 군대 조직이나 전투 방법을 세밀하게 서술하고 있다. 그는 그 점에 대해 많은 지면을 할애하고 있는데 나는 새삼스레 이것을 되풀이할 생각은 없다. 다만 특히 주의해야 한다고 생각되는 것을 살펴보기로 한다. 그것은 요즘의 장군들이 모두 생각 없이 군대나 전쟁에서 많은 혼란을 일으키고 있는 그런 문제이다.

티투스 리비우스의 말에 따르면, 로마의 군대는 주요한 세 부대로 나누어져 있었다. 이것을 요즘의 토스카나식 호칭으로 하자면 세 스티예레라는 것에 해당될 것이다. 즉 선봉, 중견, 후진으로 나누어졌고 각각 기병이 배속되어 있었다. 전투 개시의 명령이 내려지면 선진은 선봉이 담당한다. 이에 이어지는 제2진으로서 중견이 나간다. 그 후군으로서는 세 번째의 후진이 배치된다. 이들 각 부대에 배속되어 있는 기병은 저마다 부대의 좌우를 굳힌다. 이 기병대는 그 진형과 그들이 놓인 위치로 해서 '날개'라 불렸다. 그것은 몸통에 해당되는 본체에서 좌우로 뻗은 날개 같은 대형을 하고 있었기 때문이다. 선진을 담당하는 선봉은 밀집 진형을 취하여 돌진하고 적을 막는다. 제3진인 중견은 처음에는 전투에 참가하지 않고, 선봉이 격파되어서 무너지면 구원을 하러 가게끔 되어 있으므로 진형도 밀집하지 않고 드문드문 놓여 있다. 이렇게 해둔 것은 선봉이 적에게 봉쇄되어 부득이 퇴각하게 되었을 때, 그들을 교묘하게 중견진 속으로 수용할 수 있게끔 고안되어 있기 때문이다. 제3진, 즉 후진은 중견보다도 더 드문드문 산개해 있어서 선봉이나 중견이 둘을, 필요할 때는 그 속으로 흡수할 수 있게끔 되어 있다.

세 진은 이상과 같은 태세로 전투에 임하며, 선봉이 분쇄되거나 격파되면 중견진의 대열 속으로 들어가 두 부대가 합동하여 한 부대가 되어서 전투에 임한다. 그래도 역시 마구 밀려서 후진의 드문드문한 진형 속으로 깡그리 퇴각해야 할 정세가 되더라도 세 개의 부대가 모여서 한 부대를 형성하고 전투를 다시 시작한다. 그래도 진다면 이제 더 이상 쓸 수단은 없으므로 이 싸움에는 패하는 것이 된다. 후군을 담당하는 후진이 나가야 할 사태가 되면 이 군대는 위험한 상태에 놓여 있는 셈이 된다. 여기에서 '일은 드디어 후진에 이르렀다(티투스 리비우스,)'라는 속담이 생겼다. 이것을 요즘의 토스카나식으로 고쳐 말하면 '궁지에 몰렸다'는 것이 된다.

당시의 장군들은 고대의 다른 방법을 모두 버리고, 고대의 규율을 조금도 계승하려 하지 않기 때문에 누가 보더라도 중요하다 할 수 있는 전투 형태도 지키려 하지 않는다. 즉 삼단 태세로 전투를 고쳐 하게끔 태세를 갖추고 있는 지휘관은 세 번에 걸쳐서 기울어져 가는 형세를 만회할 운이 부여되는 것이며, 또한 세 번이나 적과 충돌해서 그를 타파할 힘이 부여되는 셈이다.

그런데 당시의 기독교 여러 국가의 군대에서 공통되게 볼 수 있는 것처럼 기껏해야 첫 번째 싸움의 공격을 간신히 막을 수 있는 형편이라면, 패배는 불을 보기보다 더 명확한 일이다. 왜냐하면, 조금만 고생해서 보통의 용기만 낸다면 이따위 군대로부터 승리를 가져오기란 너무나 쉬운 일이기 때문이다.

요즘의 군대가 세 번에 걸쳐서 전선을 재건할 수 없게 된 것도 패한 한 부대를 새로운 대 속에 편입시켜서 재건을 도모할 진형을 채택할 줄 모르고 있기 때문이다. 따라서 당시에는 다음과 같은 두 가지의 불완전한 방법 중 어느 하나에 따라 전쟁에 임해야 하는 상황이었다. 그 중 한 가지 방식은, 두 부대가 나란히 좌우로 진을 펴는 방법인데, 부대의 가로폭은 넓게 퍼지나 세로폭이 좁아지게 된다. 따라서 정면에서 배후까지의 두께가 거의 없기 때문에 전투 능력은 약해질 수밖에 없다. 그리고 또 한 가지 방식은 지금 말한 세로폭의 약함을 강화하기 위해 고대 로마 군식의 진형을 채택한 것이다. 이 방법은 맨 앞줄이 무너지면 이를 흡수할 수 있는 제2진이 없기 때문에 전군이 무너지게 되므로 이 군대는 패배하고 만다. 다음과 같은 이유 때문이다. 맨 앞줄이 격파되어서 퇴각해 오면 바로 뒤에 대기하고 있는 아군과 부딪치게 된다. 둘째 줄에 있는 자가 대신해서 앞으로 진격하려 해도 퇴각해 오는 앞줄의 사람들이 방해가 되어서 나갈 수가 없다. 그래서 맨 앞줄은 둘째 줄과 부딪치고 둘째 줄은 셋째 줄과 부딪친다. 이런 혼란이 일어나면 그것이 아무리 작은 것이라 하더라도 전군이 무너지는 원인이 될 수도 있다.

프랑스 군의 대장 가스통 드 프와*¹가 전사한 라벤나의 전투*²에서 프랑스 군과 에스파냐 군은 지금 말한 전법 중 하나를 사용하여 싸웠다. 즉 양군이 모두 전군을 총동원하여 좌우로 전개하는 진형을 깔았다. 그래서 양군이 다 같이 정면밖에 없는 형태가 되어서 세로의 길이보다 가로의 폭이 훨씬 더 넓게 퍼지게 되었다. 이 진형은 라벤나같이 큰 평야에서 싸우는 자가 늘 채용하는 방법이다. 그 까닭은, 그들이 퇴각할 때 일어나는 대혼란을 잘 알고 있었기 때문에 전군을 가로 한 줄로 나란히 하여, 내가 말한 것처럼 정면을 넓게 잡아서 혼란을 방지하려고 한 것이었다.

그런데 지형이 좁을 경우 이에 대한 대책을 강구해 두지 않으면 지금 말한 것 같은 혼란에 빠지게 된다. 기마로 적의 영내를 횡행하는 군대는 약탈할 때건 또는 여기저기서 전쟁을 하고 돌아다닐 때건 혼란에 빠지게 된다. 프랑스 왕 샤를 8세의 남하를 계기로 하여 피사는 피렌체의 지배에 항거했는데, 이때 일어난 피렌체와 피사 사이의 전쟁에서, 피렌체인이 피사 군에게 패한 피사 영내의 상 트레고로나 그 밖의 장소에서의 패전*³은 오히려 아군 기병대 때문에 초래된 것이 틀림없었다. 즉 이 기병대는 선두를 맡고 진격했는데, 적에게 분쇄되어 피렌체 보병 속으로 패주하는 바람에 이를 짓밟게 되어 다른 아군 모두를 패주하게 했던 것이다. 그리고 피렌체 보병대의 노련한 대장 치리아코 달 보르고 각하(_{피사 포위}
군의 사령관)가 여러 차례에 걸쳐서 나에게 '우군인 기병대에게 봉변을 당하지 않았던들 나는 결코 지지 않았을 것이다'라고 말했다. 근대 전술에서 가장 숙련된 스위스인이 프랑스 군과 싸울 때 무엇보다도 유의하고 있는 점은, 우군의 기병대 바로 옆에 나란히 진을 펴는 일이었다. 왜냐하면 기병대가 패주할 경우 자기들까지 말려들어서는 견딜 수 없는 노릇이기 때문이다.

이런 사항은 간단하게 이해할 수 있는 일일뿐더러 실행하기 매우 쉬운데

---

*1 이탈리아에서의 프랑스 군 사령관. 루이 12세의 조카뻘이다.

*2 교황군, 에스파냐, 스위스, 베네치아의 4만의 대군과 드 프와가 지휘하는 프랑스 군과의 싸움을 말한다. 프랑스 군의 승리로 끝났다. 요즘 있는 전쟁 중에서는 가장 치열한 전투였다.

*3 1498년 5월 21일, 피렌체 군은 피사 군에게 졌다. 바다에 면해 있지 않은 피렌체로서는 그 통상(通商)을 지탱해 나가기 위해서는 피사를 지배해 둘 필요가 있었다. 따라서 피사의 반란은 생명선을 위협하는 큰 문제였다.

도 불구하고, 당시의 장군들 중에는 아무도 고대의 전투 양식을 흉내내거나 그것을 현대식으로 수정하려는 사람이 없었다. 설사 로마식으로 군대를 셋으로 분할하여 전위, 본대, 후위라는 이름으로 부르는 이가 있다 하더라도 병영 밖에서 머물 때 편의상 이 호칭을 사용하고 있는 데 지나지 않았다.

그러나 이 군대의 배치나 설비방법을 지금 말한 것 같은 본래의 목적에 적용하면, 적어도 전군이 똑같이 패배하는 운명을 걷게 되지는 않을 것이다. 그런데 대부분의 사람들은 자기네의 무지에 대한 변명을 하기 위해, 요즘은 대포라는 위력 있는 무기가 있기 때문에 옛날 같은 전쟁 양식은 쓸모가 없다고 우기는 것 같다. 나는 다음 장에서 이 문제를 채택하여, 대체 대포라는 것이 고대의 훌륭한 전쟁 양식의 이용을 방해할 수 있는 것인가 아닌가를 검토해 볼까 한다.

제17장 요즘 군대에서의 대포의 가치에 대하여,
이 점에 대한 통설은 정당한가

앞장에 취급한 문제 외에 나는 로마인이 여러 시대를 통해서 행한 전쟁이 어떤 것인가를 곰곰이 생각해 본 결과, 오늘날 일반적으로 행해지는 통설을 고쳐 생각해야 하겠다고 반성하게 되었다. 이 통설이란, 로마 시대에 만일 대포라는 것이 있었다면, 로마인이 했던 것처럼 그렇게 쉽게 속주를 점령할 수 없었을 것이고, 여러 국민을 종속시키지도 못했을 게 틀림없다. 그리고 그토록 놀랄 만한 판도도 손에 넣을 수 없었을 게 틀림없다. 또한 화기를 사용하게 된 오늘날, 사람은 옛날 같은 기력을 이미 쓸 수도 없을뿐더러 그것을 보여 줄 여지조차 없어져 버렸다는 사람들도 있다.

여기에 다음의 세 가지 점까지 덧붙여서 주장되고 있다. 즉 오늘날의 전쟁은 옛날의 전쟁에 비해 훨씬 복잡해서 하기 어려워졌다는 것, 그리고 전쟁을 하더라도 옛날 그대로의 방식으로는 쓸모가 없다는 것, 또한 요즘 와서는 모든 전쟁이 대포 문제를 빼고서는 생각할 수 없게 되었다는 점을 들고 있다.

그러니까 이상과 같은 의견이 정당한가. 그리고 대포는 군대의 위력을 증강했는가, 아니면 감쇄했는가. 또 우수한 장군이 눈부시게 활약할 기회를 빼앗아 버렸는가, 아니면 도리어 그 기회를 늘려 주었는가 하는 것을 논하는 것도 본래의 논지에서 벗어나는 일은 아닌 것 같다. 그래서 위에 든 것 중 첫 번째 의견, 즉 만약에 대포가 없었던들 고대 로마 군이라 하더라도 그토록 쉽게 전쟁을 수행하지는 못했을 게 틀림없다는 의견부터 검토해 나가기로 하겠다.

이 점에 대해서 나는 전쟁이라는 것은 방어와 공격이라는 두 가지가 있다고 대답하고 싶다. 그러려면 무엇보다도 먼저 대포의 출현이 이 두 가지 전쟁 중 어느 쪽에 플러스를 주고 어느 쪽에 마이너스를 주었나를 검토해야 한다. 이 문제에 대해서는 양쪽에서 다 논해야 하지만 여기서는 비교하는 일은 그만두기로 한다. 대포는 공격하는 쪽보다 방어하는 쪽에 더욱 타격을 주는 것이라고 나는 믿는다.

내가 이런 말을 하는 것은 수세에 있는 쪽은 도시 안에서 농성을 하든가 울타리를 친 진지 안에서 농성을 하기 때문이다. 한 장소에서 농성할 경우, 그 대부분이 요새화된 좁은 장소도 있고, 반대로 넓은 장소를 지킬 경우도 있다. 위의 두 가지 중 처음의 경우는 그 수비대가 완전히 패배할 게 뻔하다. 대포의 파괴력은 워낙 강대해서 아무리 완강한 성벽이라도 불과 며칠 내에 파괴해 버리기 때문이다. 그리고 성 안에 있으면 퇴각할 장소도 없거니와 연못을 만들거나 방벽을 쌓을 충분한 여지도 없으므로 패배하고 만다. 또한 파괴된 성벽의 돌파구로부터 성내로 쳐들어오려는 적병의 공격에 대해서는 이를 방어할 도리가 없다. 그리고 자기 군대에 대포가 비치되어 있다 하더라도 이 적병의 돌입에 대해서는 아무 도움도 되지 않는다. 왜냐하면 군대가 밀집하여 성난 파도처럼 들이닥치면 대포라 할지라도 아무 쓸모 없다는 게 자명한 이치이기 때문이다. 바로 이 때문에 이탈리아 여러 도시는 북방 여러 나라의 심한 공격 앞에 항거할 수 없었다.

이와 반대로 밀집된 대형을 짜지 않고 산개해서 전선으로 돌입해 오는 이탈리아인의 공격에 대해서는 충분히 맞설 수 있었다. 이 이탈리아식 공격법에 대해서 '작은 싸움'이라는 희한한 이름이 붙여져 있다. 이 이탈리아식 공격법같이 통제도 이루어져 있지 않고 별로 내키는 마음도 없이, 대포가 기다리고 있는 갈라진 성벽의 등에 달라붙으려 해봤자 전사할 것은 뻔한 사실이다. 이런 상대에 대해서야말로 대포의 위력은 발휘되기 때문이다. 하지만 밀집된 대형을 짜고 마구 밀어대며 갈라진 성벽으로 쇄도해 들어오는 적군은, 연못이나 방벽 같은 여간 튼튼한 장해물이 아니고는 아무데나 마구 침입해 들어오므로 대포를 가지고서도 그들을 격퇴할 수 없다. 물론 공격군 중 약간은 전사자를 내겠지만, 그 때문에 승리를 놓칠 정도의 손해는 입지 않는다.

이상에서 말한 것의 정당성은 북방 여러 나라의 군대가 이탈리아 각지에서 행한 여러 공격, 특히 브레시아 공략 때 발휘되었다. 브레시아는 당시 프랑스인에게 반란을 일으켰는데, 그 요새가 여전히 프랑스 왕의 수중에 있었으므로 베네치아인은 요새로부터 도시로 가해지는 공격을 막기 위해 요새로부터 도시로 향한 모든 통로에 대포를 비치했다. 그래서 앞과 옆을 불문하고 그 밖에 이용될 만한 곳에는 모두 대포가 비치되었다.

이에 대해 드 프와 장군은 별로 문제로 삼는 기색도 없었다. 다만 기병대에게, 말에서 내려 걸으라고 명령했다. 그래서 포병 진지에서 화포를 사격 대형으로 이루어진 정렬 한복판을 뚫고 나가게 해서 도시를 공략했다. 이 수단을 쓴 드 프와 장군이 손해를 입었다는 말은 한번도 들어 본 적이 없다. 이처럼 좁은 장소에서 수비해야 하는 데다가 그 성벽조차 파괴되어서 후퇴하여 연못이나 방벽을 만들 여지도 없을 경우, 대포의 위력에 기대해서 방어한다 하더라도 대번에 지고 말 것은 뻔한 노릇이다.

그런데 넓은 장소를 방어할 경우에는 퇴각하는 데 편리할지도 모른다. 하지만 이런 경우라도 성 밖에서 쳐들어오는 쪽이 안에서 수비하는 쪽보다 대포를 유리하게 이용할 수 있다는 것은 비교할 여지도 없다. 그 첫째 이유는 대포로 공격군에게 충분한 타격을 주려고 하면, 주위보다 높은 땅에다 대포를 끌어올려서 비치해야 한다. 본래대로 평평한 곳에 대포를 놓아 두면 적이 구축한 약간의 방벽이나 성채의 벽 때문에 적에게 아무런 손해도 입히지 못하기 때문이다. 그런데 대포를 높은 곳에 비치하기 위해 성벽 위의 통로에다 끌어올리거나 또는 땅보다 높은 곳에 끌어올린다 하더라도 결국은 다음 두 가지의 폐해에 부딪히게 된다.

그 첫째의 난제는 공격군이 쓰는 것 같은 크고 위력 있는 대포를 여기서는 쓸 수 없다는 것이다. 좁은 곳에서는 큰 대포를 취급할 수 없기 때문이다. 또 한 가지 약점이란, 설사 그곳에 대포를 끌어올려서 무난히 비치할 수 있었다 하더라도 성 밖의 평지에 있는 공격군이 쓰고 있는 것 같은 강력하고 안전한 대포 방어용 방벽을 구축할 수는 없다. 그런데 평지 위에 진을 친 공격군은 바라는 대로 자유로이 대포를 비치할 수 있을 뿐 아니라 그 넓이 또한 충분하다. 그러므로 수비군 쪽은 높은 곳에 대포를 비치하지도 못하고 있는데, 공격군은 수많은 강력한 대포를 비치하게 된다. 그리고 수비군이 가령 낮은 곳을 택하여 그곳에 대포를 비치해도 이미 말한 것처럼 위력은 거의 발휘하지 못하게 된다.

그러므로 도시를 방위하기 위해서는 옛날처럼 자기 손에 무기를 잡고 방어전을 해야 하므로 설사 화기를 사용하게 된다 하더라도 소형 무기로 한정된다. 그리고 이와 같은 작은 대포를 사용해서 사소한 이점이 있다 하더라도 그 사용에 따르는 불편 때문에 상쇄되어 버리는 것이다. 즉 대포를 사용하기 위해서는 성벽을 낮게 하거나, 성벽을 연못 속에 묻어 버릴 정도로 해야 하기 때문이다.

이로 말미암아 성벽이 파괴되어 버렸거나 연못이 메워져 버렸기 때문에 적과 아군이 맞부딪치는 백병전이 되면 수비군 쪽은 그때까지보다 더욱 불리한 입장에 서게 된다. 따라서 지금까지 지적해 온 것처럼 대포는 성 안에서 농성하며 수비하는 쪽보다 이를 공격하는 쪽에 더 유리한 무기가 되는 것이다.

셋째 점에 있어서 연못으로 둘러싼 진지 안에 농성하면서 자기 군에게 편리할 때만 나가 싸우는 전법에 대해서는, 이 방법을 쓰던 고대인만큼은 싸우지 않고 끝내려는 이점을 누릴 수 없게 되었다고 생각한다. 대포를 이용하게 된 뒤부터 농성이 매우 불리한 것이 되었기 때문이다. 즉 적군이 배후에서 처들어오거나 또는 조금이라도 적이 지리적 이점이 더 큰 경우, 말하자면 적이 이쪽을 내려다볼 수 있는 고지를 점령하고 있을 경우나 또는 적이 습격해 왔을 때 축성 작업이 끝나지 않아 그것을 이용해서 방어하지 못하게 될 때는 적을 격퇴할 도리가 없기 때문에 부득이 이 거점을 버리고 당장 밖으로 나가 싸워야 하기 때문이다.

이 사태는 바로 라벤나의 회전 때 에스파냐인 위에 내리덮쳤다. 그들은 론코 강과 방벽 사이에 참호를 팠다. 그런데 그 참호의 깊이가 채 깊어지기도 전에 프랑스 군이 전략상의 요지를 점령하고 대포로 포격해 왔기 때문에 에스파냐 군은 성채를 나와서 전투를 해야 했다. 그러나 가령 여러분이 그 진지로서 선택하는 지형이, 주위의 땅에 비해 높은 곳에 있는 데다가 견고하고 확실한 방벽을 둘러치고 있어서, 지리적 이점으로 보나 방비 태세로 보나 적이 공격해 올 것 같지 않다고 가정한다면, 그때 적이 여러분에게 쳐들어오는 수법은 다음과 같은 것일 게 틀림없다. 말하자면 고대에 흔히 사용하던 작전인데, 아무래도 공격을 할 수 없는 적과 대치했을 때 사용하던 방법을 여러분에게 쓰게 될 것이다. 즉 적은 여러분의 영내를 소란하게 하거나 여러분의 동맹국을 공격하거나 또는 여러분의 보급선을 절단하는 수단을 쓰게 된다. 이렇게 되면 여러분도 부득이 그 진지를 떠나서 적과 싸워야 할 것이다. 그렇게 되면 나중에 대포는 별로 작용을 하지 못하게 된다.

이제 여기서 로마가 전쟁을 수행함에 있어서 어떤 방침을 가지고 있었던가를 생각해 볼 때, 그들의 어느 전쟁을 들어 본다 하더라도 그것이 공격전이었지 방어전이 아니었다는 것을 인정할 수 있다. 내가 지금 한 말이 옳다면, 로마인이 대포를 사용했더라면 그들이 실제로 행했던 것보다 더 유리하게 공격할 수 있었을 것이고, 또 보다 신속하게 정복을 완수했을 것이다.

이 장의 서두에서 말한 두 번째 문제, 즉 대포 때문에 옛날 같은 기백이 깃든 전쟁은 못하게 되었다는 점에 대해 생각해 보기로 하자. 소수의 사람이 산산이 흩어져서 대포 세례를 받아야 했던 현대가, 성벽에 사닥다리를 걸치고 침입하거나 이와 비슷한 공격법을 쓰던 옛날에 비해서 훨씬 더 위험률이 높아진 것은 확실하다. 예전에는 사람들이 단체로서가 아니라 한 사람 한 사람이 행동해야 했기 때문이다. 그리고 장군이나 대장도 예전에 비해 훨씬 더 전사의 위험률이 높아졌다. 그 이유는 대포알은 어디든지 날아가기 때문이다. 그러므로 대장들을 맨 후군 부대에다 넣고 제일 강한 부하들로 수비한다 하더라도 아무 소용이 없다. 그럼에도 불구하고 위에서 말한 위험이 두 가지다 엄습해 와서 글로 표현할 수 없을 정도의 큰 손해를 초래하는 일은 아마전혀 없으리라고 생각한다. 엄중하게 방비되어 있는 도시의 성벽은 사닥다리를 타고 넘어갈 수도 없을뿐더러 어중간한 공격으로는 이를 함락시킬 수 없기 때문이다. 하지만 어떻게 해서든지 이를 탈취하려고 하면 고대인이 선례를 보여준 것 같은 포위 작전을 사용해야 한다.

이렇게 해서 이를 공격하여 탈취할 경우라도, 이것이 옛날에 비해 월등히 위험률이 높을 것도 없다. 옛날에도 도시를 방어할 때는 활이나 창 같은 무장 도구를 갖추고 있었기 때문이다. 이런 무장 도구들이 그다지 무서운 것은 아니었다 할지라도 그래도 사람을 죽이는 데는 그 나름대로의 힘을 가지고 있었다.

장군이나 용병 대장들의 전사와 실태에 대해 말하면, 최근 이탈리아에서 계속되는 전쟁에서 24년 동안*에 목숨을 잃은 자의 수가 고대의 전쟁에서 전사한 지휘관들의 수보다 적었다. 즉 몇 년 전(1509년 12월) 베네치아가 페라라를 공격했을 때 그곳에서 전사한 로도비코 델라 미란돌라 백작, 그리고 티리뇰라에서(1503년 4월 28일) 전사한 느무르 공작을 예외로 하면 대포 때문에 목숨을 잃은 자는 아무도 없었다. 라벤나에서 죽은 드 프와 각하는 상처가 도져서 목숨을 잃은 것이지 대포 때문은 아니었다. 따라서 요즘 사람들이 옛날만큼 개인적인 무용을 나타내지 않게 된 것은 대포를 사용하기 때문이 아니라 군대 제도가 엉터리라는 것과 군대 자체가 약체라는 점에 원인이 있는 것이다. 말하자면 군대 전체에 패기가 부족하기 때문에 그 안에 있는 개개인에게 무용을 기대한다는 것은 말이 안 되는 것이다.

그러면 여기서 통설로 되어 있는 세 번째 문제, 즉 요즘은 육탄으로 서로 부딪치는 백병전은 없어지고 전쟁은 모두 대포가 주도권을 쥐게 될 것이라는 사고방식을 검토해 보기로 하자. 나는 이 견해를 완전히 엉터리라고 단언할 수 있다. 그리고 나의 이 의견은 자기네 군대에 고대 군대의 정신력을 불어넣고자 하는 장군들 모두의 찬성을 얻을 수 있다고 믿고 있다. 훌륭한 군대를 육성하려는 사람은 실전에서나 모의전에서 그 군대를 적군에게 돌진시켜서 칼을 휘두르며 적과 맞부딪치게끔 훈련해 두어야 하기 때문이다. 그리고 기병보다도 보병에게 중점을 두도록 해야 한다. 그 이유는 뒤에서 설명하게 될 것이다.

이렇듯 보병에게 중점을 두고 지금 말한 방법에 따라서 훈련하면 대포는 완전히 무용지물이 되고 만다. 보병대는 적의 곁으로 바싹 붙어 갈 수 있어서 도리어 포격에 의한 피해를 쉽사리 피할 수 있기 때문이다. 이 보병대가 갖는 이점은 고대 로마의 보병이 당해야 했던 코끼리 부대나 낫으로 무장한 전차나 그밖에 특수한 기계를 상대로 했을 때 그들이 항상 어떻게 해서든지

---

*이탈리아의 전란은 1494년부터 시작된다. 따라서 마키아벨리가 이 대목을 쓴 것은 1517년이라고 추정된다.

연구해서 그 위협에서 벗어나던 선례보다는 나은 것이라 할 수 있다.

대포가 실제로 피해를 입히는 시간은 코끼리 부대나 전차가 위해를 가하는 시간보다 훨씬 짧은 것이기 때문에, 사람들은 대포가 초래하는 피해로부터 벗어나는 수단을 간단하게 짜낼 수 있다. 그 이유는, 코끼리 대나 전차는 전투를 하는 동안 내내 적을 괴롭히지만 대포가 상대에게 피해를 주는 것은 개전 직후뿐이기 때문이다. 그러므로 보병으로서는 대포에 의한 피해는 간단하게 피할 수 있다. 즉 포격이 시작되면 자연의 지형을 이용해서 몸을 숨기거나 땅바닥에 엎드리기만 하면 되는 것이다.

그리고 경험에 비추어 볼 때, 특히 큰 대포를 대할 때는 그처럼 조심할 필요조차 없다는 것을 알게 되었다. 큰 대포는 간단하게 조준을 정할 수 없어서 포신을 너무 위로 향하면 적의 머리 위를 넘어가 버리고, 또 낮게 발사하면 상대에게 닿지 않기 때문이다. 막상 육박전이 벌어지면 대포는 그 크기가 크든 작든 여러분에게 타격을 줄 염려가 없어지게 되는 것만은 분명한 사실이다. 적군이 그 전면에 대포를 비치하고 있다면 여러분은 그것을 빼앗을 수 있지만, 반대로 적군이 대포를 후미에 둔다면 여러분에게는 닿지 않고 자기 부대를 포격하게 되기 때문이다. 그렇다고 측면에 대포가 비치되어 있더라도 적이 육박해 오는 것을 막을 수 있을 정도로 심한 타격은 줄 수 없으므로 결국은 앞에서 말한 경우와 같은 결과가 된다.

앞에서 말한 것에 대해서는 별로 반론의 여지도 없는 것이다. 그것은 1513년, 노바라의 전투에서의 스위스인의 예가 무엇보다도 좋은 증거가 되기 때문이다. 이때 스위스 군은, 포병도 기병도 없이 성채에 농성한, 대포가 장비된 프랑스 군에게 공격을 가하여 이를 격파했다. 더욱이 이때 스위스 군은 적의 대포로 진격을 저지당한 적이 한 번도 없었다. 그 이유는 이미 위에서 말한 것과 같다. 그리고 여기에 덧붙여야 할 이유로는 다음과 같이 말할 수 있다. 즉 대포의 활약을 기대하기 위해서는 그 대포를 성벽이나 연못이나 방벽으로 보호해야 한다. 위의 세 가지 방어책 가운데 어느 것 하나라도 빠지게 되면 그 대포는 적에게 탈취되든가 그렇게는 안 되더라도 무용지물이 되고 말 것이다. 대포가 이와 같은 무력한 상태에 빠지게 되는 것은, 마치 대규모의 병력이 벌이는 전투나 평탄한 장소에서 행해지는 전투에서 대포 주위를 사람의 힘만으로 지키고 있을 때 일어나는 상황과 같은 것이라 할 수 있으리라. 그리고 군의 측면에 대포를 배치할 경우에도 결국은 고대 로마인이 활이나 창 같은 것을 이용할 적에 채용했던 다음과 같은 방법을 답습하는 수밖에 없다. 즉 고대인의 투척병은 아군의 진형 밖에서 무장 도구를 사용하게끔 대열에서 떨어져 위치를 잡고 있었다. 그러므로 그들은 적의 기병이나 그 밖의 것에 습격을 받을 때마다 난을 피하여 본대 속으로 도피해 왔다. 대포를 쓸모 있는 것이라고 단정하는 사람들은 대포가 지니고 있는 성격을 잘 몰라 겉보기에만 현혹되어서 잔뜩 신용하고 있는 사람들이다. 터키가 페르시아의 왕이나 이집트의 황제에 대해 대포를 써서 이를 격파했다 하더라도 이는 대포의 위력 때문이 아니라 대포의 어마어마한 소리 때문에 기병대가 기겁을 해 버렸기 때문이다.

이제 여기서 다음과 같이 결론지을까 한다. 즉 고대의 군대가 지녔던 것 같은 정신력을 갖춘 군대가 대포를 사용하는 것은 유효하지만, 이런 정신력을 깃추지 못한 오합지졸이 용감한 직을 상내로 싸울 때는 대포 같은 것은 아무런 도움도 되지 않는다.

제18장 로마인의 권위와 고대군 선례에 따라서
기병대보다는 보병대를 평가해야 한다

대부분의 논의나 선례에서 비추어 보건대 로마인은 어떤 군사 행동을 일으킬 때라도 기병보다는 보병에 중점을 두고, 보병을 주력으로 하여 전군을 구축하려 했던 것이 분명하다. 이 점은 실로 숱한 예로부터도 짐작되지만, 그 중에서도 현저한 예는 로마 군이 레길루스 호반에서 라티움인과 교전했을 때(기원전 496년)의 일이다 (티투스 리비우스 《로마사》 II, 20). 이미 쇠퇴해져 있던 로마 군은 그 퇴세를 만회하기 위해, 병사들에게 말에서 내려 도보로 싸우게 하여 결국은 승리했다. 여기서 로마인이 기병을 사용하기보다도 도보로 싸우는 편이 효과적이라고 믿었던 사실을 뚜렷하게 읽을 수가 있다. 이와 같은 보병 존중은 다른 많은 전투에서도 사용되어서 항상 어려운 전투에서 최선의 방법이 되었다.

그러나 나는 이 점에 대한 한니발의 아래의 의견에 반대할 생각은 없다. 한니발은 칸네 싸움에서 로마 집정관*이 기병을 말에서 내려 도보로 싸우게 하는 것을 보고 그 처사를 비웃으며 다음과 같이 말했다 (티투스 리비우스 《로마사》 XII, 49, 3).

"놈들은 제 몸을 사슬에 묶어서 내 앞에 나올 작정인가?"

이 의견이 고금에 드물게 보는 명장의 입에서 나온 말인 이상, 나 역시 그 권위를 인정하는 데 인색하지는 않다. 그러나 그래도 한니발 단 한 사람의 권위보다는 로마 공화국 전체의 권위, 그리고 나라를 위해 이바지한 수많은 뛰어난 장군들의 권위에 따르고자 하는 것이다.

하지만 아무개의 권위에 따른다는 것은 고사하고 어째서 그렇게 되는가 하는 분명한 이유가 몇 가지 있다. 즉 도보의 병사 같으면 말을 타고서는 도저히 지나갈 수 없는 곳이라도 얼마든지 진군할 수 있다. 또 사람에게는 전투 태세를 갖추게끔 교육을 시킬 수가 있다. 만일 적에게 교란되는 일이 있더라도 본래대로 태세를 갖추도록 말로 일러둘 수 있다. 그런데 말에게 명령을 제대로 내린다는 것은 어려울 뿐만 아니라 일단 대열이 어지러워졌을 때 이것을 다시 정돈하게 만든다는 것은 불가능하다.

또는 다음의 점도 들 수 있다. 그것은 사람과 마찬가지로 말에도 용기 없는 말이 있는가 하면 기운이 지나친 말도 있다. 그리고 기운찬 말을 타는 자가 소심한 사람이거나, 소심한 말에 대담한 사람이 타는 수도 있다. 이 같이 조화가 잘 되지 않은 짝은, 양쪽 다 전쟁에는 도움이 되지 않을 뿐 아니라 도리어 혼란을 일으키는 원인이 된다. 그리고 통제가 잘 잡혀 있는 보병대라면 기병대를 격퇴하는 것쯤 문제없는 일이지만, 기병대가 보병대를 무찌르기란 지극히 어려운 노릇이다. 이상의 의견은 고금에 걸친 수많은 실례에 의해 뒷받침되고 있을 뿐만 아니라, 세상의 움직임 속에서 법칙을 구하려고 한 학자들에 의해서도 지지를 받고 있다. 그들의 말에 따르면, 보병 제도가 아직 성립되지 않았던 예전에는 전쟁이 기병으로 행해졌던 것은 사실이다. 그런데 보병 제도가 확립되자, 보병이 기병에 비해 얼마나 유효한가 하는 것이 곧 알려지게 되었다고 설명했다.

그러나 말은 이렇게 해도 기병이 군대에 있어서 매우 필요한 것이라는 사실에는 변함이 없다. 그 이유는 적의 땅을 정찰하거나, 약탈을 꾀하고 도망치는 적을 추적하거나, 적의 기병과 싸울 때는 기병이 없어서는 안 되기 때

＊마르쿠스 레굴루스 아티리우스, 기원전 367년과 기원전 356년에 집정관이 되었다. 기원전 255년, 카르타고와 아프리카에서 싸우다가 포로가 되었다. 평화 교섭을 위해 로마에 돌아왔으나 죽음을 각오하고 원로원에게 카르타고의 제안을 받아들이지 못하게 하고 다시 포로의 신세로 돌아갔다.

문이다. 하지만 결국 군대의 기본이고 핵심이어서 좀더 중요시해야 할 것은 바로 보병이어야 한다.

이탈리아를 외국 세력의 유린에 맡긴 이탈리아 군주들의 숱한 실수 중에서 제일 큰 것은 그들이 이 보병 제도를 중시하지 않고 기병의 운용에만 몰두해 있었다는 점이다. 이 같은 큰 실수를 저지른 것도 근본을 따지면 한편에서는 장군들의 음모가 있었기 때문이고, 다른 한편에서는 나라를 다스리는 입장에 있는 자가 무지했기 때문이다. 왜냐하면, 25년 전부터 이탈리아에서 행해지는 전쟁이 한 조각의 영토도 갖지 않은 모험단 대장이라는 자들의 수중에 맡겨져 왔기 때문이다. 이자들은 어떻게 하면 자기네 군대가 강하고 군후들의 군대는 약체라는 평판을 얻을 수 있을까 하는 데만 부심하고 있었다.

그들 입장으로서는 보병의 대부대를 늘 갖추어 둔다는 것은 비용 때문에 어렵고, 또 가신이 없는 마당에서 그들에게 무기를 줄 수도 없으며, 게다가 소수의 부대만 가지고서는 강하다는 평판이 나지 않았다. 그래서 그들은 기병대를 갖는 것에 착안했다. 2, 3백 기의 기병 같으면 한 사람의 용병 대장이라도 고용할 수 있는 수효이고, 그 수효쯤 되면 그 평판을 떨어뜨리지 않아도 되기 때문이다. 한편 이 용병대를 송두리째 포섭하는 군주 쪽에서도 이 정도의 수효라면 그 급료를 지불할 수 있었다. 그리고 용병 대장은 자기들의 계획을 더 쉽사리 실현하고 자기들의 신용을 더 높이기 위해 모든 수단을 강구하여 보병으로부터 좋은 평가나 평판을 빼앗아 그것을 자기네 기병대의 평가로 바꾸려고 꾀했다. 이 같은 용병 대장의 턱없는 짓 때문에 보병 경시라는 악폐는 점점 더 퍼져서, 어떤 대부대에서는 아주 약간의 보병밖에 볼 수 없는 현상이 되었다. 이상과 같은 관습은 다른 많은 악폐와 뒤섞여서 이탈리아의 군사력을 약화시켜 북방 어느 나라에고 간단하게 제압되고 말았다.

그런데 보병보다도 기병을 중시하는 것이 잘못이라는 것은 로마사 가운데의 또 한 가지 선례에 비추어 보면 훨씬 분명해질 것이다. 그것은 로마인이 솔라(정확하게는 솔라가 아니라 사티콜라다. 《티투스 리비우스, 《로마사》 IX, 22) 의 전장에 임했을 때의 일이다. 적의 기병 한 부대가 로마 군의 진영을 습격하려고 성 밖으로 진격했으므로, 로마 군의 기병 대장 아우렐리우스 케레타리우스는 이를 치기 위해 기병을 이끌고 적 앞으로 나섰다. 그런데 서로 싸울 사이도 없이 양쪽 지휘관은 전사하고 말았다.

지휘관을 잃은 부하들은 그래도 전투를 계속했다. 로마 군은 적을 쉽게 무찌르기 위해 말에서 내려 걸었다. 그래서 적의 기병들도 방어의 필요상 부득이 말에서 내려 싸웠다. 이런 경과를 거쳐서 마침내 로마인은 승리를 거둘 수 있었다. 보병의 힘이 기병의 전력을 압도한다는 것을 이 실례만큼 훌륭히 나타내는 것은 없을 것이다. 집정관이 로마의 기병에게 말에서 내리라고 명령했다는 다른 실례는, 어려운 상황에 빠져 원군을 청하는 보병대를 구원하러 가기 위해 취해진 조치였다. 그런데 여기서 든 실례란 보병을 구원하러 가기 위해서도 아니거니와 적의 보병과 싸우기 위해서도 아니었다. 오히려 말을 탄 채 상대방 기병과 싸우면 그를 때려눕히기가 쉽지 않지만, 말에서 내리면 적을 쉽게 타도할 수 있다고 판단했기 때문이다.

지금 말한 점에서, 충분히 훈련된 보병 부대라면 다른 보병 부대에 공격되지 않는 한은 그리 쉽사리 격파되지 않는다고 결론을 지어 두기로 한다.

소수의 기병과 다수의 보병을 인솔한 로마인 크라수스와 마르쿠스 안토니우스는 여러 날 걸려서 파르티아 지역 안으로 진격해 나갔다. 그들은 숱한 파르티아 기병의 대군과 부딪쳤다. 크라수스는 부하들 일부와 함께 전사했지만, 마르쿠스 안토니우스는 분투해서 사지를 탈출했다. 그런데 로마 군의 이 같은 패배는 보병이 기병보다 얼마나 더 나은가를 보여 주는 결과를 가져왔다. 그 이유는, 파르티아 지방은 국토는 넓지만 산이 적고 강도 적으며, 바다에서 멀리 떨어져 있기 때문에 무엇을 이용하려 해도 할 것이 없었기 때문이다. 하지만 마르쿠스 안토니우스는 적인 파르티아인조차도 인정할 만큼 열심히 분투하여 위기를 벗어났다. 그런데 파르티아의 모든 기병대도 감히 안토니우스의 보병대에는 공격을 가하려 하지 않았다. 하긴 크라수스가 전사한 것은 틀림없으나, 그의 행동을 유심히 검토해 보면 그가 속임수에 넘어가 당했다는 사실을 알게 될 것이다. 사실 크라수스 군 모두가 괴멸 상태에 빠져 버렸을 때도 파르티아 군은 이에 부딪쳐 오려고 하지 않았다. 파르티아 군은 그 측면에 바짝 달라붙어서 보급선을 끊고, 양식을 준다고 약속해 놓고서 약속을 이행하지 않아 마침내 크라수스에게 비명의 죽음을 당하게 만들었던 것이다.

보병의 전력이 기병보다 월등히 강력하다는 것을 설득하려 할 경우, 만약 요즘의 실례가 이처럼 충분하게 유력한 증거를 제공해 주지 않았던들 훨씬 더 시간이 걸리게 되었을 것이다. 앞에서도 말한 것처럼 노바라 전쟁 때는 9천 명의 스위스 병이 참가하여 1만 명의 기병뿐 아니라 많은 보병들과 대전하여 이를 격파했다. 기병은 스위스 군을 공격하지 못했고 보병은 그 대부분이 가스코뉴 병이어서 제대로 훈련이 되어 있지 않았기 때문에 이 또한 스위스 병 앞에서는 아무짝에도 소용이 없었던 것이다.

그리고 2만 6천 명의 스위스 병이 밀라노에서 프랑스 왕 프랑수아 1세와 싸웠는데(^{1515년의 마리}_{냐노의 전쟁}), 이때 프랑스 왕은 기병 2만 명, 보병 4만 명, 대포 1백 문을 거느리고 있었다. 이때의 스위스 보병은 노바라 전투 때처럼 승리는 거두지 못했지만 이틀간에 걸친 분전 끝에 패배하고도 그 반수가 전선에서 벗어날 수 있었다.

마르쿠스 레굴루스 아티리우스는 그 보병 부대만을 가지면 기병대는 말할 것도 없고 코끼리 부대까지도 방어할 수 있다고 생각했다. 그의 이 계획은 성공하지 못했지만, 실패의 원인이 그가 위기를 극복할 수 있다고 신뢰했던 보병 자체의 역량에 있었던 것은 아니었다. 따라서 충분히 훈련을 쌓은 보병 부대에게 이기자면 그들보다 더 철저히 훈련된 보병 부대여야 한다. 그렇지 않고서는 실패한다는 건 뻔한 일이라 할 수 있으리라.

밀라노 공과 필립포 비스콘티의 시대에 약 1만 6천 명의 스위스 병이 롬바르디아를 향해 남하해 온 적이 있었다. 그래서 밀라노 공작은 당시 용병 대장으로서 고용하고 있던 카르마놀라에게 약 1천 명의 기병과 약간의 보병을 딸려서 적이 쳐들어올 때를 기다려 싸우라고 명령했다(^{1422년 7월 5일의}_{알베도의 전쟁}). 이 용병 대장은 스위스인의 전법에 대해서는 아무런 예비 지식도 없었기 때문에 당장에라도 무찌를 수 있을 줄 알고 기병을 이끌고 스위스 군 속으로 돌진했다. 그런데 스위스 군은 도무지 움직이는 기척조차 없고 그의 부하에게서만 자꾸 전사자가 나오는 바람에 퇴각하지 않을 수 없었다. 하지만 이 사람은 워낙 유능했기 때문에 시시각각으로 변하는 정세에는 그것에 맞는 수를 써야 한다는 것을 알고 있었다. 그는 군대를 재편성하고 다시 적에게 돌입시켰다. 적이 가까워지자 모든 중무장병에게 말에서 내려 도보로 싸우도록 명하고, 자기 보병 부대의 선두에 서게 하여 스위스 군에게 공격을 시작했다.

이 전법에 대해서는 스위스 군도 도무지 손을 쓸 도리가 없었다. 왜냐하면, 카르마뇰라의 중무장병은 도보로 돌아다닐 수 있는 데다가 장비도 우수해서 아무런 손해도 입지 않고 마음대로 스위스 진 속으로 돌입할 수 있었기 때문이다. 그리고 일단 적 속으로 들어가면 적을 마구 쓰러뜨릴 수가 있었다. 그 결과 스위스 군 중에서 약간 명이 살아남을 수 있었던 것도 카르마뇰라가 동정해서 봐준 덕분이었다.

기병과 보병 사이에서 볼 수 있는 전력의 차이에 대해서는 대부분의 사람들이 잘 알 것이다. 하지만 요즘의 재해는 매우 뿌리가 깊은 것이어서 고대의 선례나 당대의 실례, 또는 실패의 체험담 같은 것을 아무리 끌어낸다 하더라도 요즘 군주들의 어리석음을 깨우지는 못한다. 그리고 한 지방 또는 한 국가의 군사력의 신용을 회복하고자 하면, 고대 보병 제도를 다시 부활시키고 이를 계속 운용해서 성공을 거둔 뒤에 그 평판을 높여서 그것에다 생명을 불어넣도록 하면 된다는 것을 군주들에게 믿도록 만들어야 한다. 그런데 이것은 상당히 어려운 상황에 놓여 있다. 사실 이런 방법을 취한다는 것은 곧 국가 자체에 생명과 명성을 초래한다는 것을 의미하는 것이기도 하다.

그런데 요즘 군주들은, 지금까지 제시한 여러 방법에서 아주 벗어난 짓을 하고 있는 것과 마찬가지로 이 고대 보병 제도의 부활에도 관심이 없다. 여기에서 생기는 당연한 결과로서, 설사 새로 영토를 획득한다 하더라도 이로 말미암아 국가가 강대해지기는커녕 거꾸로 재난을 초래하게 된다. 이에 대해서는 다음 장으로 미루기로 한다.

제19장 좋은 법률제도가 없고 로마인의 선례를 따르지 않는 공화국이 정복하면, 국가는 발전은커녕 파멸로 향한다

썩어빠진 이 시대에 여러 가지 야기되는 한심스러운 사건에 의거하여 구성된 편견은, 사람들을 요지부동으로 만들어 버려서 구습을 타파하려는 기력을 모두 빼앗아 가고 말았다. 예를 들면, 30년 전에는 1만 명의 보병대만 가지면 평지에 진을 펴고 있는 1만 명의 기병대와 그와 같은 수의 보병대에 공격할 수 있다는 사실을 아무리 설명해 봤자 신용하는 사람은 없었을 것이다. 그런데 실상은 공격뿐만 아니라 이를 격파할 수도 있다. 이는 내가 여러 차례 인용한 노바라의 전쟁에서 스위스인이 나타낸 실례를 보면 알 수 있다.

이와 비슷한 실례는 역사 속에 수없이 있는데도 아무도 이것을 믿으려고 하지 않는다. 설사 믿는다 하더라도 그 사람들은, 요즘은 장비가 개량되어서 중장 기병대는 바위와 부딪쳐도 바위를 넘어뜨릴 수 있는 정도이므로 보병 부대 정도 가지고는 도저히 못 당하지 않겠느냐고 반문할 것이 틀림없다. 이 같은 잘못된 구실을 채택하기 때문에 사람들의 판단은 모두 그릇된 것으로 되고 만다.

그들은 일찍이 루쿨루스*가 근소한 보병 부대를 이끌고 티그라네스 왕의 15만의 기병을 격멸했던 사실을 생각도 해보려 하지 않았다. 더욱이 이때의 티그라네스 군의 기병이란 오늘날의 중장 기병과 똑같은 것이었다는 사실에 대해 눈감고 있었다. 따라서 그들의 그릇된 생각은, 북방 여러 나라의 보병 부대가 발휘한 실례에 의해 비로소 폭로되었다.

그런데 역사 속에서 이야기되고 있는 고대의 보병들이 수행한 역할에 대해 이것이 바르게 이해된다면 당연히 보병 제도 이외의 여러 가지 고대 제도도 역시 정당하고 이용도가 높은 것임을 믿을 수 있게 될 것이다. 지금 말한 것이 일반적으로 믿어지게 되면 공화국이나 군주국이 잘못을 저지르는 일은 훨씬 적어지게 될 것이다. 그리고 갑자기 불의의 습격을 당하더라도 좀더 완강하게 저항할 수 있게 될 것이므로 도망치는 일에만 희망을 거는 일도 없어지게 될 것이 틀림없다.

한편 국정을 맡고 있는 사람들은 국가를 확장해 나가든 또는 획득한 것을 유지해 나가든, 어느 쪽 방법을 택하든지 간에 위험하지 않은 길을 걸어가게 될 것이다. 그래서 위정자는 어떻게 하면 시민의 인구를 늘릴 수 있을까, 종속국보다 동맹국을 만들려면 어떻게 하면 좋은가 하는 점에 신경을 쓰게 된다. 그리고 정복한 지방으로, 방어하기 위해서 둔전병을 정주시키거나, 적으로부터 약탈한 것을 국고에 다 넣는다. 적을 정복하기 위해서는 포위전을 피하고 급습이라든가 전쟁을 행한다. 그리고 국고를 부유하게 만들고 개인은 검소해지도록 지도하거나 또는 군사 훈련을 가장 중시하는 식의 일련의 정책을 취하게 될 것이다. 이야말로 공화국을 강대하게 하고 또한 대제국을 구축하는 방법임이 틀림없다.

---

* 루키우스 루쿨루스(기원전 117년~56년). 술라에 동조한 집정관. 기원전 72년에 티그라네스를 격파하고 기원전 66년에 미트리다테스를 격파했다.

그런데 이상 말한 것 같은 국가의 강화책이 마음에 안 든다고 해서 어떤 다른 수단을 써서 목적을 이루려고 해봤자 그것은 국가의 멸망을 초래하는 일에 지나지 않는다. 따라서 모든 야심을 억누르고 법률이나 습관의 힘을 빌려서 국내 체제에 질서를 잡아야 하며, 외부로 확장해 나가지 말고 국토 방위에만 전념하며 국내 치안의 유지에 신경을 써야 한다. 이 같은 실례는 바로 독일 공화국에서 볼 수 있다. 위와 같은 방침 아래 그 나라는 다년간에 걸쳐서 자유 독립의 생활을 즐겨 왔다.

그렇지만 정복지를 확대해 나가는 체제를 취하는 국가와, 기존의 것을 유지해 나가려는 국가 간의 차이에 대해 설명한 대목(제1권 제6장 참조)에서 내가 말한 것처럼, 좁은 영토를 가진 공화국은 긴 기간에 걸쳐서 평화를 즐기고 자유를 누린다는 것은 불가능하다. 왜냐하면 그 나라가 다른 나라를 공격하지 않을 때는 그 나라가 다른 나라의 공격으로 시달리게 되기 때문이다. 그래서 다른 나라로부터 시달림을 받게 되면 다른 나라를 정복하자는 심정이 우러나는 법이고, 절박한 상태가 되면 아무래도 정복해야 할 처지가 되는 법이다. 그리고 나라 바깥에 적이 없을 때는 적은 오히려 그 나라 안에서 나오게 된다. 이런 현상은 큰 도시라면 어디서나 일어나는 것 같다.

그런데 독일 공화국이 그런 방침을 취하고도 여전히 장기간에 걸쳐서 존속할 수 있었던 것은, 독일에 있는 특유한 조건에 의거한다고 할 수 있다. 그 조건이란, 독일 이외의 나라에서는 볼 수 없는 것으로서, 독일 공화국에 이 조건이 충족되지 않는다면 도저히 그 나라는 살아갈 수 없을 정도가 될 것이다.

내가 든 독일 지방의 태반은 프랑스나 에스파냐와 마찬가지로 로마 제국에 복종하여 따르고 있었다. 그런데 로마 제국이 몰락하자 로마 제국의 칭호는 이런 나라들로 옮겨졌다. 그런 지방에서도 보다 실력을 갖추고 있던 도시는 황제들의 무력함과 궁핍함을 이용해서 자유 독립을 손에 넣기 시작하고 있었다. 이런 도시들은 제국으로부터 자유를 손에 넣는 대가로서 해마다 약간의 세를 황제에게 바쳤다. 그래서 황제 직할지에서, 그 밖의 어떤 군주의 지배도 미치지 못했던 모든 도시들이 똑같은 길을 걸으면서 차례차례 자유를 획득해 나갔다. 이와 때를 같이 하여 그때까지 오스트리아 공작의 지배에 굴하고 있던 여러 도시들도 그 지배로부터 벗어났다. 예를 들면 프라이부르크 (^{1277년에서 1452년 사이의 합스}
부르크가에 지배되고 있었다) ·스위스 등이 그렇다. 이 나라들은 처음부터 번영하고 있었지만 차츰차츰 그 세력을 더하여 오스트리아의 지배를 벗어나자, 이윽고는 주위 모든 나라들이 두려워하는 존재가 되었다. 특히 스위스 지방의 경우가 그랬다.

이 결과 독일 지방은, 스위스와, 자유로운 땅이라 불리는 공화국과 군주국과 황제 직할지 등이 병존하게 되었다. 이와 같이 독일 국내에는 여러 국가가 즐비하게 들어서 있는데도 싸움이 일어나지 않고, 일어난다 하더라도 그다지 오래 걸리지 않았다. 그 이유는 황제라는 상징이 있기 때문임이 틀림없다. 황제에게 실력이 없다고는 하나 국민들 사이의 인기란 대단한 것이어서 그들의 조정자로 자처하고 있을 정도다. 이렇듯 권위를 배경으로 하여 분쟁 속에 서서도 당장에 문제를 해결하는 것이다.

이 지방에서 일어난 싸움 중에 제일 크고 가장 시간이 많이 걸린 것은 스위스인과 오스트리아 공작과의 사이에 벌어신 싸움이었다. 독일에서는 예로부터 황제는 오스트리아 공작을 동시에 겸하고 있었는데, 그 힘을 가지고서도 물불을 가리지 않는 스위스인의 행동을 억제할 수는 없었다. 스위스인에 대해서는 타일러서 부하로 삼을 수도 없었고, 그렇다고 완력으로도 이를 정복할 수도 없는 형편이었다.

그런데 독일의 다른 지방은 황제에게 원조의 손길을 뻗지 않았다. 왜냐하면 자치도시는 자기네와 마찬가지로 공격할 마음이 나지 않았기 때문이다. 그리고 독일의 제후들 역시 재정이 곤란하여 출병하고 싶어도 할 수 없는 형편인 데다, 황제의 권력에 대해 품고 있던 질투 때문에도 도저히 원조해 줄 마음이 나지 않았던 것이다.

한편 독일의 자치 도시군이 좁은 영토를 보유하는 것에 만족하고 있었던 것은, 그들이 제국의 직할지라는 은전을 누리고 있는 바람에 자기네의 국토를 확장해야 할 필연성이 없었기 때문이다. 그들은 좁은 성곽 내에서 일치 단결하여 생활을 영위하고 있었다. 왜냐하면 한 발만 성 밖으로 나가면 주위는 온통 적으로 둘러싸여 있고, 그 적들은 성 안에서 내분이 일어나기만 하면 언제든지 이를 점령하려고 기다리고 있었기 때문이다.

독일 각지의 정세가 지금까지 말해 온 것과는 다른 방향으로 향하고 있었다고 하면, 그들 자치 도시군은 영토의 확대를 꾀했을 것이 틀림없을뿐더러,

그 결과 오늘날 그들이 즐기고 있는 평화로운 생활은 부득이 내버려 둘 수밖에 없었을 것이다.

그런데 독일 이외의 나라에서는 이와 동일한 조건이 갖추어질 수 없으므로 당연히 독일과 같은 방법을 채택할 수가 없었다. 그래서 동맹이라는 수법으로 영토 확장에 노력하든가, 아니면 로마인을 본받아서 영토 확대를 도모하든가 둘 중 하나의 방법밖에 없었다. 이 방법을 충실하게 지키며 통치에 열중하지 않는다면 도저히 그 생명을 유지할 수 없게 되고 죽음과 파멸이 기다리게 될 것이다. 그 이유는 어떤 방법을 강구한다 하더라도, 온갖 원인이 겹쳐져서 방해하기 때문에 영토 확장은 위험하기 이를 데 없는 정책이 된다. 즉 이런 일은 새로운 영토를 얻었다는 사실만으로는 국가의 힘 자체에 아무런 도움도 되지 않기 때문이다. 영토를 늘리는 데만 정신이 팔려서 국력을 충실하게 하는 데 소홀히 하는 자에게는 파멸이 기다리고 있을 뿐이다. 전쟁을 한 덕분에 재정의 위기를 야기하는 자는 설사 승리를 거두었다 하더라도 국력 충실 따위는 바라려고 해야 바랄 수조차 없다. 얻는 것보다 잃는 것이 더 크기 때문이다.

이 사실은 베네치아인이나 피렌체인의 실례에 비추어 보더라도 명백하다. 베네치아인이 롬바르디아를, 피렌체인이 토스카나를 영유하게 된 오늘날, 도리어 그 국력이 전보다 훨씬 더 약해졌다는 사실로 보더라도 알 수 있을 것이다. 일찍이 베네치아가 해상의 패권만으로 만족하고, 또 피렌체가 10킬로미터 사방의 국경에 감독하고 지키던 시대에는 두 나라 다 지금처럼 무기력하지는 않았다. 왜 이렇게 되었는가 하면, 두 나라 다 덮어놓고 영토만 늘렸을 뿐이지 어떤 방법을 취해야 할 것인지는 도무지 생각도 해보려고 하지 않았기 때문이다. 더욱이 그들은 이 점에서 로마인이 어떤 방법을 취하고 있었던가를 알고 있어서 그 실례를 답습하려고 마음만 먹으면 할 수 있는 입장에 있으면서도 전혀 참고로 삼으려고도 하지 않았다. 이런 점을 생각할 때 아무리 비난받아도 조금도 변명할 여지가 없을 것이다. 그리고 로마인들은 안내자도 없이 자기네 두뇌만을 의지하여 훌륭한 방책을 짜냈다는 것을 생각할 때 더더욱 그렇다.

이 밖에 통치가 잘되고 있는 국가에서도 함부로 영토 확장을 했다가 상당한 해를 입었다는 일은 흔히 볼 수 있다. 이를테면 이 나라가 한 도시나 국가를 지배했을 때, 피지배민과의 접촉을 통해서 그들의 안 좋은 풍에 물드는 경우가 나오게 된다. 이것은 로마인이 카푸아를 점령했을 때 일어난 일이고, 그 뒤 한니발에게도 일어났던 일이다. 만약 카푸아가 로마에서 아주 멀리 떨어진 곳에 있어서 병사들의 타락에 대해 즉각 방지책을 실행할 수 없었더라면, 또는 적어도 로마 자체가 타락해 있었더라면 카푸아 점령이 로마 공화국 전체를 파멸로 이끌어갔으리라는 것은 불을 보기보다도 더 명확한 일일 것이다.

티투스 리비우스도 이 점을 인정하고 다음과 같이 말하고 있다 (티투스 리비우스, 《로마사》 Ⅶ, 38, 5).

"로마 군의 군율의 이완에 적지 않은 영향을 끼치고 있던 카푸아가, 온갖 환락의 수단을 다 써서 로마병의 마음을 녹이고 그들의 조국을 잊게 만들었다."

사실 카푸아같이 외국 세력에 굴복한 도시나 국가가 정복자에게 보복하고자 할 경우에는 진투라든가 유혈이라는 수단을 쓰지 않는다. 즉 자기네의 좋지 못한 풍속을 정복자들에게 주입해 버리면 그것으로 충분한 것이다. 그렇게 되면 그 정복자는 어떤 적의 공격에도 속절없이 무너져 버릴 만큼 무기력해져 버리고 말기 때문이다. 유베날리스 (유니우스 유베날리스(50년~130년경). 로마의 풍자시인. 18개의 작품이 남아 있다)는 그의 풍자시 (《풍자시》 Ⅵ, 291~292)에서 이 점을 희한하게 포착하고 다음과 같이 말하고 있다. 다른 나라를 정복한 로마인의 마음은 다른 나라의 풍습에 흠뻑 젖어서, 검소함이라든가 그 밖의 고귀한 자질은 땅에 떨어지고 말았다고.

탐욕과 음탕함이 퍼져
속국은 이로써 복수했도다.

로마가 아직 풍부한 판단력을 갖추고 있고, 그 정신력도 충실했던 시대에도 영토를 정복하는 것이 지금 말한 것처럼 지극히 위험이 따르는 것이었다면, 로마의 방침을 따르는 일은 생각조차 하지 않는 그런 자들이었을 경우에는 대체 어떻게 되어 있었을까? 지금까지 상세히 말해 온 온갖 결함에다 한 술 더 떠서 용병군이나 외국 원군을 사용했다면 어떻게 될 것인가? 그러면 이를 사용하면 어떤 지독한 변을 당하게 되는지를 다음 장에서 생각해 보기로 하자.

제20장 외국 원군이나 용병군을 쓰면 군주나 공화국에 어떤 위기가 오는 가

나의 다른 저서(^{《군주론》 제12장,}_{제13장 참조})에서는 용병군이나 외국 원군이 얼마나 쓸모 없는가. 자국군이 얼마나 효력 있는 것인가를 상세히 서술하지 않았더라면 나는 이 장에서 자세히 살펴보아야 할 것이다. 그러나 나는 이미 상세히 살펴보았기 때문에 그럴 수도 없다. 그렇지만 이 점에 대해 티투스 리비우스가 대단히 현저한 실패를 들고 있으므로, 나로서도 아무것도 언급하지 않고 그냥 지날 수는 없다고 생각한다. 그래서 여기서는 아주 간단하게 언급하기로 한다. 이 경우 내가 외국 원군이라 하는 것은, 외국의 군주나 공화국이 여러분의 나라를 원조하기 위해 군대를 파견하는 것을 가리킨다. 더욱이 그 급료도 그들이 치르고, 그 지휘관의 임면권도 그들의 수중에 있을 경우를 말한다.

리비우스가 말하는 것은 다음과 같다. 로마인은 카푸아인을 구원하기 위해 파견했던 로마 군을 사용하여 삼니움인의 두 군대를 두 전장에서 격파했다. 그리하여 그들은 이 전승으로 삼니움인의 위협으로부터 카푸아인의 독립을 지켜 주었다. 이렇듯 목적을 달성한 로마 군은 본국으로 돌아가려고 했으나, 로마 군의 수비군이 없어짐으로 해서 카푸아가 또 삼니움인의 밥이 되어서는 안 된다고 생각했다. 그래서 두 군대를 이 땅에 잔류시켜서 지키게 했다. 그런데 로마 군의 주둔병들은 하는 일 없이 나날을 보내는 가운데 카푸아에서의 삶이 마음에 들기 시작했다. 그래서 조국을 잊고 원로원에 대한 존경도 없어지기 시작했다. 자기들의 힘으로 방어하고 있는 이 카푸아의 땅을 무력으로 제 것으로 만들고자 음모를 꾸미게 되었던 것이다. 왜냐하면 주둔군의 눈으로 볼 때, 제 나라를 제 힘으로 지켜낼 수 없는 이런 카푸아인에게는 도저히 이 지방을 자기 것으로 할 자격이 없다고 생각했기 때문이다. 이 음모가 폭로되자 로마인은 그 파견군을 탄압하고 처벌했다. 이 점에 대해서는 음모라는 문제를 다루는 장(^{제3권 제6장}_{참조})에서 상세히 서술하기로 한다.

여기서 나는 한 번 더 되풀이해 두고 싶은데, 군대의 여러 형태 가운데서도 특히 해를 끼치는 것이 외국 원군이라고 생각한다. 그 이유는, 이런 군대의 위험한 점은, 그 원조를 얻으려고 이를 고용하고 있는 군주나 공화국이 그 군대에 대해 아무런 권위도 지니고 있지 않기 때문이다. 오히려 이 군대가 권위로서 우러르는 유일한 것은 자기들을 파견한 주인뿐이다. 그 까닭은 이미 설명해 둔 것처럼, 외국 원군이란 한 군주의 지시로 여러분의 나라에 파견되어 온 군대이기 때문이다. 이런 경우에 그 군주 직속의 대장에게 지휘를 받고, 그의 깃발 아래서 행동하며, 급료도 그 군주로부터 받고 있다. 로마인이 카푸아에 파견한 군대가 이에 해당한다. 이런 군대가 승리를 차지하게 되면, 대개의 경우 그들이 적으로서 싸우기 위해 고용된 그 상대에 대해서는 물론이고 자기 고용주에 대해서까지도 약탈을 일삼는 법이다. 이런 짓을 하는 것은 그들을 파견한 군주의 음모에 의한 경우와 이 군대가 제멋대로 난폭한 행동을 하는 경우의 두 가지 형태를 생각할 수 있다. 로마인은 카푸아인과 맺은 동맹이나 약속을 어길 생각은 없었다. 그러나 현지에 나간 로마군에게는 카푸아인을 탄압한다는 것이 아주 간단한 일로 여겨졌으므로 카푸아인으로부터 땅과 국가를 빼앗는 음모를 세우고 이를 실행해야겠다는 생각을 하게 된 것이다.

이런 문제에 대해서는 이 밖에도 더 많은 실례를 들 수가 있다. 그러나 이상과 같은 카푸아의 예 외에 한 가지 더 레기움인들에 대한 사건*만 말해도 충분하리라 믿는다. 레기움 사람들은 그곳을 수비하던 로마 군에게 생명과 함께 국토까지 빼앗기고 말았다.

앞에서 말한 것으로도 알 수 있는 것처럼 군주든 공화국이든 자기 나라를 지키기 위해 외국 원군을 국내로 도입하려고 서두르기 전에 다른 모든 방법을 강구하도록 노력해야 한다. 특히 모든 것을 내던지고 이에 의존한다는 것은 당치도 않은 일이다. 그 까닭은, 어떤 조약이든 협정이든 간에 적으로부터 강요된 조건이 아무리 가혹하고 맹렬한 것이라 할지라도 외국 원군을 도입하는 방책에 비하면 훨씬 수월한 것이기 때문이다. 과거의 사건에 대해 독서를 하고 현재의 여러 사건에 대해 주목하면, 외국 원군을 써서 성공을 거둔 예외가 하나쯤은 있다 할지라도 그 밖의 대부분이 배반당하여 비참한 결과로 끝났음을 알게 될 것이다.

야심에 불타는 군주나 공화국으로서는 자기네 군대가 외국의 청구에 따라 그곳에 구원군을 파견할 때만큼 그 도시나 지방을 점령하기 좋은 기회란 있

---

*여기서 말한 사건은 제3차 포에니 전쟁 직후의 일이다. 폴리비우스 《역사》 I, 7에 상세히 나와 있다.

을 수 없다. 따라서 야심에 사로잡힌 자들이 자기 나라를 방어하기 위해서만이 아니라 외국을 공략하기 위해 외국 원군의 원조를 청하여 자기들의 힘에 겨운 영토를 획득하려 하다가는, 그 공략에 힘을 빌려준 바로 그 외국 원군에 의해 모처럼 손에 넣은 것을 빼앗겨 버리기 일쑤다.

사람의 야심이란 한이 없어서 눈앞의 욕망을 채우려는 나머지 곧 닥쳐올 게 틀림없는 재액에 대해서는 생각조차 하려고 않는다. 내가 이제까지 살펴본 다른 주제에 대해서도 그렇지만, 이 장의 논제의 뒷받침이 될 만한 고대의 실례에 대하여 요즘 사람들은 도무지 마음을 움직일 기척조차도 없다. 만약 내가 말하는 것을 채용하여 이웃 나라에 대해 관대한 태도로 나가려고 마음먹으면, 그만큼 이웃 나라 쪽에서도 여러분의 영토를 빼앗으려는 마음을 먹지 않게 될 것이며, 또 그 이웃 나라는 좀더 솔직하게 여러분에게 몸을 맡기는 태도로 나올 것이다. 이 점에 대해서는 카푸아인의 예를 들어서 다음 장에서 논하기로 한다.

제21장 로마가 최초로 국외에 집정관을 파견한 나라는 카푸아였다. 카푸아와의 개전 뒤 400년 만의 일이었다

로마인이 그 영토를 확장하려 했을 때 사용한 방법이, 오늘날 그와 같은 일을 하기 위해 채택하고 있는 방법과 어떻게 다른 것이었는가에 대해서는 이미 많은 지면을 소비해 왔다. 그리고 로마인이 파괴해서는 안 된다고 생각한 나라의 인민에 대해서는 그 인민들이 고유한 법률로 그때까지의 생활을 지속해 나갈 수 있도록 배려해 주었고, 또 동맹국이 아니라 종속의 입장에서 로마에 복속하고 있던 인민에 대해서도 이와 같은 것을 보장해 주었다는 것도 이미 말한 대로이다. 뿐만 아니라 로마 인민은 피정복인에 대해, 로마로부터 지배되고 있다는 인상을 제거해 주려고 어느 정도 사소한 조건을 이행시켰을 따름이다. 게다가 피정복인이 이 조건을 지키고 있는 한, 그들에게는 예전의 국가와 권위가 보장되었다는 것도 설명해 두었다.

이런 방침은 로마가 이탈리아 밖으로 그 영토를 확장할 때까지 계승되었다. 그 뒤의 시대가 되자 로마는 각지의 왕국이나 국가를 로마의 속주로 편입하게 되었지만…….

제일 뚜렷한 예는, 로마가 맨 처음 집정관을 파견한 나라가 바로 카푸아였다는 사실이다. 카푸아에 집정관을 파견한 것은 로마인의 야심에서 우러난 것이 아니라 카푸아인의 요청을 받았기 때문이다 (티투스 리비우스, 《로마사》 IX, 20이 출전). 카푸아인은 내분이 끊이지 않았기 때문에, 한 로마 시민이 부임해 와서 카푸아를 재건하고 시민들 사이에 화해를 회복시켜 주는 것밖에는 다른 도리가 없겠다고 생각했다.

안티움 인민들은, 자기들도 똑같은 필요를 통감하고 있었기 때문에 이 카푸아의 선례를 보고 안티움에도 총독을 파견해 달라고 로마에 의뢰했다. 이 새로운 사건과, 그것이 뜻하는 로마의 새로운 지배의 형태에 대해 티투스 리비우스는 다음과 같이 말하고 있다 (티투스 리비우스, 《로마사》 IX, 20.).

"군사력뿐만 아니라 로마의 법률까지 넓은 범위에 걸쳐서 그 지배력을 가졌다."

따라서 이런 방법을 취했던 것이 로마의 확대를 얼마나 쉽게 만들었는가에 대해서는 측정도 못할 정도다. 왜냐하면 이때까지 자유로운 생활에 젖어 왔든가, 또는 자기 나라 사람의 손에만 쭉 통치되어 왔던 도시로서는, 특히 자나깨나 지배 권력이 눈앞에 우뚝 솟아 날이면 날마다 그 권력에 노예의 굴욕을 당하기보다는 차라리 참기 어려운 일이 있다 하더라도 멀리 떨어진 정부의 지배를 감수하는 편이 그나마 마음도 편하고 납득도 되기 때문이다.

이상과 같은 지배의 형태를 사용하는 군주에게 있어 또 한 가지 유리한 점을 들 수 있다. 즉 이 도시의 민사나 형사를 맡아보는 사법관이나 행정관은, 나라 밖에 있는 군주의 직접 지배하에 있는 것이 아니므로 그들이 내리는 판결이나 정책의 결정은 본국 군주의 책임이나 불신으로 연결되는 일이 없다. 따라서 군주는 수많은 중상이나 원망의 대상이 되지 않는다.

지금 말한 것이 거짓 없는 사실임은 고대의 실례로도 뒷받침할 수 있으나, 지금 이탈리아에서 그 기억도 새로운 사건을 통해서도 읽을 수 있다. 주지하는 바와 같이 제노바는 지금까지 여러 차례 프랑스인의 손에 점령되어 왔다. 그리고 지금의 루이 12세에 의한 지배의 경우를 예외로 하고, 그 이전의 프랑스 왕들은 프랑스인 총독을 그곳에 파견하고 국왕의 이름으로 제노바를 직할 통치하고 있었다. 단지 현재의 루이 12세의 경우에만 제노바인 총독 옥타비아노 프레고소의 지배하에서 이 도시에 자치를 맡기고 있다. 하긴 이 경우 역시 프랑스 왕이 자발적으로 이런 호의를 보인 것이 아니라 주위의 정세 때문에 부득이 취한 수단에 불과한 것이긴 하지만.

지금 말한 두 가지 방법 중 어느 쪽이 국왕의 존엄에 안위를 가져오고 민중에게 한층 만족을 주는가에 대해 검토하려는 사람이면 후자의 방법을 택할 것이 틀림없다. 이 점은 고사하고라도 인민이란 지배자인 여러분이 자기네로부터 아무것도 빼앗을 생각이 없다는 것을 알아차리면 도리어 여러분을 의지하게 되는 법이다. 더욱이 인민을 보다 인간적으로 친절하게 대해 주면 대해 줄수록 그들은 자기네의 자유가 위협된다는 두려움을 당신들에 대해 품지 않게 된다. 이와 같은 친절한 온정과 관대한 대우에 감동하여 카푸아인은 집정관을 파견해 달라고 로마에 의뢰했다. 그런데 이때 만약 로마인이 집정관의 카푸아 파견에 대해 별로 열의를 보이지 않았다면, 당장에 카푸아인들의 마음속에는 불신의 불길이 타올라서 로마인과는 결별하고 말았을 것이다.

하지만 오늘날의 피렌체나 토스카나에서 그 실례를 많이 보고 있으면서 굳이 카푸아나 로마의 이야기를 끌어낼 필요는 없을 것이다. 주지하는 바와 같이 피스토이아의 도시가 자진해서 피렌체의 지배하에 투신한 이래 상당한 나날이 흐르고 있다. 그런데 한편 피사인, 루카인, 시에나인은 피렌체인에 대해 상당한 적의를 품고 있다는 것도 누구나 다 아는 현실이다.

이와 같이 피렌체에 대해 나쁜 감정이 생기는 것은, 피스토이아인이 다른 토스카나 여러 도시에 비해 각별히 자유를 경시하는 풍조가 있었던 때문도 아니고, 다른 도시에 비해 자기네 실력이 뒤떨어진다고 생각했기 때문도 아니다. 오히려 피렌체인이 피스토이아인을 대할 때는 항상 형제를 대하듯 친밀감이 깃들어 있었는 데 대해 세 도시에 대해서는 늘 적의 입장에 서 있었기 때문이다. 이 사실이 바로 피스토이아인으로 하여금 자진해서 피렌체의 지배하에 들어가게끔 만들었다. 그러나 이것은 동시에 세 도시로 하여금 피렌체 지배로부터의 탈출에 전력을 다하게 만들었으며, 오늘날도 온갖 반항을 불러일으키는 원동력이 되었다. 만약 피렌체인이 이웃 여러 나라에 대해 반목한 수단을 쓰지 않고 동맹이나 원조 같은 것으로 친교를 맺고 있었던들 피렌체는 지금쯤 틀림없이 토스카나를 지배할 수 있었을 것이다.

이런 의견을 말했다고 해서 내가 군사력을 사용할 필요가 없다고 생각하는 것은 아니다. 오히려 끝까지 하나의 비책으로서 온존해 두어야 한다고 말하겠다. 그래서 마지막에 이르러 쓸 수단이 아무것도 없어졌을 때 비로소 무력을 쓰라고 주장하겠다.

제22장 중요한 문제에 직면하면 사람들은 때때로 그릇된 판단을 한다

회의에 출석한 적이 있는 사람이라면, 사람이란 그릇된 판단을 잘한다는 것을 많이 보았을 것이다. 어지간히 걸출한 인물이 회의에 참가하지 않는 한 그 의결은 거의 진리에서 동떨어진 방향으로 달아나 버리기 일쑤이다. 평화스러운 시대에는 더구나 그렇지만 타락한 국가 안에 뛰어나게 걸출한 인물이 있을 경우, 그 인물의 의견은 질투나 그 밖의 속셈 때문에 다른 사람들로부터 적시되므로 아래와 같은 의견이 통과하게 된다. 즉 진정하게 사회를 위해서 생각하기보다도 대중에게 영합해서 그 인기를 얻고자 노리는 자들이 즐겨 채택하는 의견이 이기게 된다. 그런데 세상이 뒤집혀서 그 잘못을 통감하게 되면, 과거의 평화스럽던 시대에는 세상에서 잊혀지고 있던 그런 인물의 힘을 아무래도 빌리게 된다. 이 점에 대해서는 이 책의 적당한 대목(제3권 제16장 참조)에서 충분히 논하게 될 것이다. 게다가 한편에서는, 그다지 경험이 많지 않은 사람들의 눈을 쉽사리 속이는 사건도 많다. 왜냐하면, 이런 사건은 그 자체가 한 점도 나무랄 데 없는 것 같은 겉모습을 띠고 등장하기 때문이다. 그래서 이런 사건을 통해서 심어진 이상에 의해 사람들의 판단이 좌우되기 때문이다.

워글 이런 실수는 이미 라티움인이 저질렀다. 그들이 로마인에게 패배한 직후 집정관 누미키우스(티투스 리비우스 로마사 Ⅷ. 11)가 라티움 인민에게 설명한 말 속에도 그것이 나타나 있다. 그리고 아주 최근의 일이지만, 프랑스 왕 프랑수아 1세가 밀라노 정복을 위해 남하했을 때도 대부분의 사람들이 스위스 병이 프랑스 군을 격퇴해 주리라 믿고 있었다는 것도 그 한 예이다. 루이 12세의 사후 프랑스 왕위를 계승한 프랑수아 당굴렘*은 여러 해 동안 교황 율리우스 2세를 배경으로 하는 스위스인의 수중에 돌아갔던 밀라노 공국령을 다시 프랑스 왕국으로 탈환하고자 했다. 그리고 이 사업을 힘들이지 않고 촉진시키려고 했던

---

* 당굴렘의 프랑수아 1세(1494년~1547년, 재위 1515년~1547년). 사촌형인 루이 12세의 뒤를 이어 즉위하고 이탈리아 전쟁을 계속, 1515년 마리냐노에서 대승했다. 1525년, 파비아에서 패하여 포로가 되었다. 석방된 뒤 노년까지 이탈리아 경영에 열중했다. 인문주의의 소양이 있는 그의 밑에서 프랑스 르네상스가 시작되었다는 것은 주목된다.

그는 이탈리아 국내에서 프랑스에 협력할 국가를 구했다.

그래서 선왕 루이가 이미 고려하고 있던 베네치아와의 동맹 외에 프랑스와는 피렌체인과 교황 레오 10세의 원조를 얻고자 기도했다. 그 이유는, 에스파냐 왕의 군대가 루마니아 일대에 진을 치고 있고, 한편 황제의 군대는 베로나를 점령한다는 정세 아래서는 피렌체와 레오의 지지만 얻을 수 있으면 자기가 원하는 사업이 훨씬 쉽게 성공하리라 믿었기 때문일 것이다.

그런데 교황 레오는 프랑스 왕의 뜻을 받아들이지 않고 도리어 주위의 아첨꾼들로부터 중립으로 있는 것이 상책이라는 설득을 받아들였다. 그들은 중립이야말로 승리의 열쇠라고 주장했다. 말하자면 프랑스 왕이건 스위스인이건 그들이 이탈리아 안에서 세력을 펴게 되면, 그건 교회의 이익과는 상반되게 된다. 게다가 교회가 옛날 같은 자유를 되찾고자 한다면 프랑스와 스위스 그 어느 쪽의 세력으로부터도 해방되어야 한다는 것을 교황에게 열심히 설득한 것이다. 그런데 교황에게 있어서는, 양 세력을 제각기 격파할 수도 없으면서 양 세력을 함께 굴복시킨다는 것은 어림없는 일이었으므로 그들끼리 싸우게 해서 이기고 남는 한쪽 세력을 제압하는 것이 상책이라고 생각하게 되었다. 게다가 그 상태를 확인한 뒤에 교회는 동맹국의 원조를 기다렸다가 양 세력 중 이기고 남은 세력 쪽에 덤벼들기만 하면 되었던 것이다.

이 계획을 실행으로 옮기는 데는 현재의 상황 말고는 달리 있을 수가 없다. 왜냐하면 프랑스와 스위스 양군은 바야흐로 진을 치고 서로 대치하고 있었기 때문이다. 게다가 교황은 롬바르디아 국경으로 언제든지 그 군대를 보낼 수 있는 태세가 되어 있었다. 그리고 그 지방 교회의 권익을 지킨다는 명목 아래 양국 군 곁에 바싹 달라붙어 군대를 배치해 놓고, 프랑스·스위스 양군이 전투를 벌일 때까지 대기시켜 둘 수 있었다. 양군은 똑같이 투혼이 억센 군대라서 격전 결과 당연히 쌍방이 다같이 심한 출혈을 입을 것은 틀림없었다. 그러니까 승리한 쪽도 아주 허약해져 있을 것이 틀림없어 이에 공격을 가해서 괴멸시킨다는 것은 교황으로서는 간단한 일이었다. 이 빛나는 승리의 결과 교황은 롬바르디아의 군주, 나아가 전 이탈리아의 절대 지배자가 될 수 있다고 생각한 것이다.

이 예상이 얼마나 제멋대로의 것이었는지는 사태의 추이와 함께 뚜렷이 드러났다. 그것은 스위스 군이 장시간의 격전(마리냐노의 전쟁(1515)년)으로 유명하다) 끝에 격파되긴

했지만, 교황 군도 에스파냐 군도 승자인 프랑스 군에게 덤벼들기는커녕 퇴각 준비에 여념이 없는 형편이었던 것이다. 만일 프랑스 왕이 그만한 아량도 없고 또 더 이상 승리를 추구하지 않고 교회와 협정을 맺는 것만으로 만족한다는 그런 깨끗한 태도로 나가지 않았던들 아무리 교황 군이 도망친다 해도 아무 소용이 없었을 것이다.

위와 같은 교황 측의 예상은 거리를 두고 바라보면 그럴듯하게 보이겠지만, 실제와는 서로가 완전히 일치되지 않는다. 그 이유는, 이긴 측이 많은 병력을 소모시키는 경우는 좀처럼 일어나지 않기 때문이다. 즉 승자가 그 병력에 손해를 입는 것은 전투가 한창 벌어지고 있을 때지 도망치는 적을 쫓을 때가 아니라는 것이다. 전투가 최고조에 이르러서 적과 아군이 얼굴을 맞대고 백병전을 벌일 때 전사자는 적은 법이다. 그 첫째 이유는, 뭐니뭐니해도 백병전이라는 것은 눈 깜짝할 사이에 끝나 버리는 것이기 때문이다. 그리고 이 백병전이 상당히 시간이 걸려서 이긴 측에서도 많은 전사자를 냈다 하더라도, 승리를 장악했다는 것에 의한 명성과 적에게 주는 위압감은 실로 큰 것이어서 병사의 전사가 초래한 손해를 보상하고도 남음이 있을 정도다. 따라서 격전 끝에 이제 상대가 완전히 쇠퇴했으리라 믿고 그 군대에 공격을 가했다가는 당치도 않은 착각을 했다는 것을 절감하게 될 것이다. 상대 부대가 피로하다는 것을 이용해서 이를 격파할 수 있는 것은 적이 승리를 기두기 전이건 뒤건, 언제든지 이와 싸울 수 있을 만큼 강력한 군대를 갖추고 있을 때에 한한다. 그리고 그 승패는 운과 기력에 달려 있다. 그렇기는 하나 이런 경우라도 이미 다른 전투를 해서 거기서 승리를 차지하고 있는 군대 쪽이, 새로이 적으로 등장한 다른 군대보다 유리한 입장에 서 있는 것이다.

지금 말한 것은 라티움인의 체험이나 집정관 누미키우스가 저지른 실책이나, 그의 의견을 믿은 나머지 라티움 인민에게 초래된 재해에 비추어 보면 일목요연한 것이다. 마침 로마인의 손에 의해 라티움은 패배를 당한 뒤였다. 누미키우스는 라티움 모든 지역에 호령하기를, 자기네 라티움인과의 사이에 있었던 전투에서 큰 타격을 입은 로마인을 지금이야말로 쳐야 할 때라고 말했다. 로마가 이겼다는 것은 오직 명목상의 것에 지나지 않는다. 오히려 로마야말로 패전을 당한 거나 다름없을 정도로 만신창이의 타격 때문에 괴로워했다. 그러니까 라티움인은 마음을 고쳐 먹고 새로운 힘을 조금이라도 더 짜내어 로마인에게 공격의 칼날을 돌리기만 하면 이를 분쇄하기는 쉬울 것이라고 그는 설득했던 것이다. 이 주장을 믿은 라티움인은 새로 군대를 편성했으나 순식간에 격파되고 말았다. 그래서 이와 같은 생각에 끌려서 일을 그르친 인민은, 당연히 느껴야 할 괴로움 때문에 애를 태워야 했던 것이다.

제23장 로마인은 지배하에 있는 지역민을 응징하려 할 때 어중간한 방법은 피했다

라티움에서의 여러 가지 정세는 바야흐로 전쟁에도 평화에도 견뎌낼 수 없을 정도의 것이 되고 말았다(티투스 리비우스, 《로마사》 Ⅷ, 13, 2).

군주 및 공화국에 닥쳐오는 여러 가지 불행 중, 평화도 받아들이지 못하고 전쟁 또한 계속할 수 없는 궁지에 몰렸을 때만큼 비참한 일은 없다. 즉 화평을 맺을 조건이 너무 가혹한 경우라든가 전쟁을 계속해 봤자 동맹국의 밥이 될 것이 뻔한 경우라든가, 또는 적의 약탈을 당할 것이 뻔한 경우 등이 이에 해당한다.

그런데 이 같은 궁지에 빠지는 것은 자기 실력을 정당하게 판단하지 않고 어떤 의견을 충분한 심의도 없이 되는 대로 승인하거나 그릇된 방법을 택하기 때문이다. 말하자면 자기의 실력을 나름대로 평가할 줄 아는 공화국이나 군주들은 라티움이 체험한 궁지에는 함부로 빠지지 않는 법이다. 그런데 이 라티움인의 경우는 로마인과 꼭 싸워야 할 때 화평을 맺거나 또는 반대로 전쟁을 해서는 안 될 때 선전포고를 해서, 로마를 적으로 삼든 한편으로 삼든 양단 간에 결국은 재해를 초래하는 수밖에 없는 방법을 취했다. 이런 이유로 라티움인은, 처음에는 만리우스 토르쿠아투스, 이어서 카밀루스에게 완전히 격파되는 바람에 로마의 뜻대로 항복할 수밖에 없었다. 그래서 라티움 각 도시에는 로마의 주둔군이 배치되고, 각지로부터 인질이 로마를 향해 끌려갔다. 그리고 로마로 개선한 카밀루스는 전 라티움이 로마 인민의 수중에 들어왔다고 원로원에 보고했다.

그런데 이때 원로원이 내린 결정이 실로 주목할 만한 가치가 있다. 그리고 같은 입장에 놓인 군주라면 누구나 이를 모범으로 적용할 수 있도록 지킬 만한 것이다. 그래서 나는 여기서, 카밀루스의 입을 빌려서 피력된 티투스 리비우스의 말을 인용하고자 한다. 이 결정이야말로 로마가 그 국력을 신장시켰을 때 사용한 방법을 뒷받침하는 것이다. 그리고 동시에 로마가 지배하에 들어온 지역민을 응징할 때는 어중간한 처분을 피하고 얼마만큼 과감한 방법을 취했는가에 대해서도 나타내고 있다. 왜냐하면 정부라는 것은, 따르고 있는 자들이 제멋대로 지배자에게 해를 가하지 못하도록 해두는 것이 원칙이기 때문이다. 이 원칙을 관철하기 위해서는 지배자에게 항거할 모든 방법을 빼앗든가, 또는 그들에게 세상을 뒤집을 생각 따위는 꿈에도 하지 않게끔 가급적이면 은전을 베풀어서 기분 좋게 해 주는 방법도 있다.

이런 모든 일들을 이해하려면, 처음에 카밀루스가 제안한 내용과 그것에 대해 원로원이 내린 결정에 주목하면 된다. 카밀루스가 한 말이란 다음과 같다(티투스 리비우스, 《로마사》 VIII, 13, 14~18).

"영원한 신들께서 우리 로마에 라티움에 대한 생살여탈의 권한을 부여해 주셨소. 즉 로마는 라티움에 대하여 가혹하게 다루건 관대하게 처우하건, 마음에 드는 방법을 택하여 영원한 평화를 유지해 나갈 수 있는 것이오. 여러분은 항복하고 격파되어 버린 라티움에 더 가혹하고 맹렬한 제재를 가하기를 원하시오? 그렇다면 온 라티움을 완전히 파괴해 버리는 것도 좋겠지요. 아니면 우리 선조의 선례를 본받아 항복한 사람에게도 시민권을 주어서 로마의 국력 자체를 증강시키는 쪽으로 하시겠소? 이 길을 택한다면 지금이야말로 그 영광을 손에 넣을 절호의 기회요. 라티움의 백성들이 즐겨 복종하게 되는 것은 틀림없이 한층 더 확고한 정부에 대해서일 것이오. 그러므로 아직도 공포에 안절부절못하는 라티움의 백성들에게 벌을 가하든가, 또는 은혜를 베풀어서 그들의 마음을 잡아야 하오."

위와 같은 카밀루스의 제안에 대해 원로원은 집정관의 의견에 따라서 다음과 같은 결정을 내렸다. 즉 로마인은 라티움의 각 도시를 하나하나 검토하여 중요한 도시에 대해 어떤 것에는 은혜를 베풀고 나머지 것은 파괴해 버린다는 것이었다. 말하자면 특정한 도시에 대해서는 세금을 면제하거나 특권을 인정하며 로마 시민권을 부여하고, 모든 방법을 강구해서 그들의 안전을 보장해 주려고 했다. 그런데 그 밖의 도시에 대해서는 이를 파괴하고 거기에다 둔전병을 보내는 한편 라티움 원주민을 로마로 옮기고, 그들이 무기를 잡고 궐기하려 해도 또한 공동 모의를 음모하려 해도 아무런 해도 끼칠 수 없게끔 따로따로 떨어져 살게 만들었다. 이와 같은 중대한 일에 대해서는 로마인은 결코 어중간한 방법은 쓰지 않았던 것이다.

이런 방법은 여러 군주들이 모범으로 삼아야 할 일이다. 1502년 아레초 및 발 디 키아나 일대에 반란이 일어났을 때, 피렌체인도 로마인의 예를 따랐어야 했다. 피렌체가 이를 실행했더라면 당연히 그 영역들을 확보했을 것이다. 또한 이로 말미암아 도시의 존립에 불가결한 주변의 농촌을 손에 넣을 수 있어서, 피렌체의 도시 자체도 전에 없이 더 강대한 것이 되었을 것이 틀림없다. 그런데 피렌체인이 실제로 쓴 방법은 어중간한 것이었다. 이런 방법은 사람들을 심판할 때 더없는 해를 초래한다. 즉 일부 아레초인은 추방되는가 하면 다른 아레초인은 사형에 처해진다는 식의 불공평이 생겼다. 또는 아레초인의 명예로운 작위나 지난날의 신분을 모두 박탈하고도 피렌체인은 아레초의 도시는 고스란히 남겨 두었다. 만약 그 당시에 의회석상에서 피렌체 시민 가운데 누군가가 아레초를 파괴해야 한다는 것을 제안했다고 치자. 그랬다 하더라도 동료 시민들보다 월등히 머리가 좋다고 스스로 인정하는 자들로부터, 그런 짓을 하면 공화국의 체면이 손상된다는 참견의 말이 나왔을 것이 틀림없었을 것이다. 그들이 그런 말을 하게 되는 까닭은 만약 아레초를 파괴하면, 피렌체가 그것을 유지해 나갈 힘이 없기 때문에 그런 짓을 했다는 인상을 줄 게 틀림없다고 생각하기 때문이다. 이 이치는 언뜻 보기에는 도리에 합당한 것 같지만 사실은 옳은 것이 아니다. 왜냐하면 이런 논법으로 나가다가는 부모 살해범이나 그 밖의 어떤 극악한 죄인도 사형에 처할 수 없는 이치가 되기 때문이다. 말하자면 군주는 단 한 사람도 누를 권력을 가질 수 없다는 이상한 결론이 생겨나기 때문이다.

지금 말한 것 같은 생각을 고집하는 것은 다음과 같은 생각을 이해하지 못하기 때문이다. 즉 사람들이 개인으로서, 또는 도시 전체가 하나가 되어서 국가에 대해 반역적인 행동으로 나올 경우, 군주는 다른 자에 대한 본보기를 위해서, 또는 자기 자신의 안전을 위해서 이 사람들을 말살해 버릴 수밖에 없다는 이치를 모르기 때문이다. 그리고 실제의 명예라는 것은 죄를 범한 자를 응징할 힘을 갖추고, 또 그것을 어떻게 실행하면 좋은지를 알고 있는 데 있으며, 산더미 같은 위험을 그대로 내버려 두는 데 있지 않다는 것을 명심해야 한다. 즉 군주가 죄를 범한 자에게 다시는 죄를 되풀이하지 못하게 하기 위해 그 사람을 처벌하지 못한다면 그 군주야말로 정말 저능한 얼간이라고 할 수밖에 없다.

로마인의 라티움에 대한 취급이 얼마나 유효 적절한 것이었는가는 그들이 다시 프리베르눔인에게 준 처사를 보면 더욱 명확해진다. 티투스 리비우스의 다음 문장은 두 가지 중요한 점에서 우리의 주목을 끈다. 첫째는, 새로 정복되어 지배하에 들어온 사람들에게 은혜를 베풀어 주든가 아니면 몰살시켜 버리든가 그 두 가지 중 하나밖에 방법이 없다고 말하고 있는 점이다. 두 번째는, 특히 뛰어난 인물이 듣는 입장에 있을 때, 대범한 마음으로 옳다고 믿는 바를 솔직하게 발언하면 얼마나 멋진 효과를 올리게 될지 모른다는 것을 티투스 리비우스는 설명하고 있다.

그런데 일단 로마에 대해 반란을 일으켰지만 ^(기원전 330년의 일이다. 티누스 리비우스, 《로마사》 VIII, 21) 곧 실력에 의해 신압되고 만 프리베르눔인에 대해, 원로원은 보여서 그 처리를 결정하려 했다. 한편 프리베르눔인들로부터는 자기들의 사면을 탄원하기 위해 숱한 시민이 파견되고 있었다. 그리하여 프리베르눔인이 원로원에 출두하자 의원 가운데 한 사람이 한 프리베르눔인을 보고 질문했다.

"프리베르눔인은 어떤 죄에 해당된다고 생각하오?"

이에 대해 그 프리베르눔인은 다음과 같이 대답했다.

"자기네가 당연히 자유로워야 한다고 믿는 자들에게 주어지는 죄에 해당한다고 생각합니다."

이 말을 들은 그 원로원 의원은 이렇게 반문했다.

"하지만 만일 여러분에게 처벌을 가하지 않고 용납하게 된다면 어떤 종류의 평화를 귀국과의 사이에 유지해 나갈 수 있다고 생각하면 되겠소?"

이에 대해 프리베르눔인은 다음과 같이 대답했다.

"만약 로마가 양보하는 조건으로 화평을 맺어 주신다면 그때는 평화가 확고하게 오래 계속될 것입니다. 그와 반대로 가혹한 조건이라면 평화는 오래 지속되지 않겠지요."

이 말을 들은 대부분의 의원들은 못마땅하게 생각했다. 그러나 의원 중에서도 분별이 있는 사람들은 다음과 같이 말했다.

"지금 한 말은 자유롭고 용기 있는 사람에게 어울리는 말 같소. 인민 전체이건 한 개인이건, 장기간에 걸쳐 불만스러운 조건 아래서 참기란 어려울 것이오. 진심으로 반갑게 받아들여진 평화라야만 할 것이오. 상대를 억지로 노예로 만들려고 하면, 거기서는 도저히 훌륭한 신뢰 관계를 기대하기 어려울 것이오."

이렇게 말한 그들은 프리베르눔인에게 로마 시민권을 부여하기로 결정했다. 그리고 시민이 갖는 여러 가지 특권까지 주고서 그들을 찬양하며 다음과 같이 말했다.

"결국 자유를 추구해 나가려는 사람들에게만 로마 시민이 될 자격이 있다."

사실 프리베르눔인의 이 같은 진실하고 솔직한 말은 로마인의 대범한 마음을 아주 기쁘게 했다. 그것은 다른 사람들의 대답이란 대개가 적당하고 교활한 구실뿐이었기 때문이다.

사람을 이와 같이 이해하지 않는 사람은 틀림없이 실패할 것이다. 특히 계속해서 자유에 젖어 왔기 때문에 자기네는 당연히 자유로워야 한다고 믿는 사람들에 대해서는 이 점에 유의하지 않다가는 좋지 못한 일이 생길 것이다. 자유인에 대한 그릇된 예상 아래 약간의 일을 실행해 봤자 이것이 좋은 술책이 될 까닭이 없으므로, 상대를 만족시킬 수 있다는 것은 도저히 바라려야 바랄 수도 없는 것이다. 따라서 반란이 잇따르고 결국 국가의 멸망으로 이어지는 것이다.

이제 본론으로 되돌아가기로 한다. 프리베르눔인의 실례와 라티움인에 대한 처우를 미루어 생각해서 다음과 같은 결론을 내렸으면 한다. 즉 지금까지 세력도 강한 데다 자주독립의 생활에 젖어 온 사람들을 처분해야 할 때는 그들을 몰살해 버리든가, 아니면 반대로 아주 신중을 기해서 은혜를 베풀어 주든가 둘 중에 하나밖에 방법이 없다. 그 이외의 방법은 어떤 것이든 아무 소용이 없다. 이럴 때 어떤 일이 있더라도 어중간한 방법만은 절대로 삼가야 한다. 이것이 끼치는 해는 상상조차 할 수 없다. 이를테면 삼니움인이 로마인을 카우디움 골짜기로 몰아넣었을 때가 바로 그랬다. 이때 노인 헬레니우스(헬레니우스 폰티우스의 아버지. 제3권 제40장, 제42장 참조. 리비우스, 《로마사》 IX, 3~4)는 로마인의 명예에 손상이 가지 않도록 퇴각하는 것을 눈감아 주든가, 아니면 하나도 남김 없이 죽이든가 하는 수밖에 방법이 없다는 의견을 말했다.

그러나 삼니움인은 그 의견을 받아들이지 않고 아주 어중간한 방법을 취했다. 말하자면 로마병을 무장해제하여 멍에를 씌운 채로 귀국시켜서 모욕과 분격을 심었던 것이다. 이런 것을 한 뒤에 그 노인이 한 충고가 얼마나 유익한 것이었던가, 그리고 자기네가 취한 방침이 얼마나 재난의 근본이 되었던가를 뼈저리게 느꼈다. 이 점에 대해서는 다른 대목에서 새로 논하기로 하겠다.

제24장 성채가 도움이 되기보다 오히려 해가 되는 수가 많다

요즘 유식한 사람들 가운데는, 로마인이 라티움의 인민이나 프리베르눔의 도시를 확보할 때 그 곁에다 성채 같은 것을 구축해 놓고 감시하면서 이를 유지해 나가는 방법을 왜 사용하지 않았느냐고 불만을 갖는 경향도 있으리라 믿는다. 특히 피사나 그 밖의 도시가 성채의 힘으로 유지되고 있다는 의견이 피렌체의 지식인들 사이에서 줄곧 채택되고 있는 현상이다. 고대 로마인이 요즘 지식인들과 같은 사고방식을 갖는 사람들이었다면 당연히 그들도 성채를 구축한다는 것쯤은 생각하고 있었을 것이다. 그런데 로마인들은 요즘 사람들과는 전혀 다른 역량과 판단력과 그 밖의 힘을 갖추고 있던 사람들이었다. 그런 까닭에 성채를 만든다는 것은 꿈에도 생각하지 않았다.

로마는 자유를 누리고, 옛날부터의 제도와 우수한 법률을 가지고 있었기 때문에 그들은 도시나 지방을 유지해 나가기 위한 성채를 구축하려고 하지 않았다. 하지만 로마인이라 하더라도 구축되어 있는 성채가 있었다면 그것을 이용은 했을 것이다.

성채를 구축한다는 문제에 대해 로마인이 취한 태도와, 현재의 군주들이 행하고 있는 방법을 검토해 보면 아무래도 다음과 같은 문제를 생각해야 한다. 즉 성채를 구축한다는 자체가 온당한 일인가 하는 것, 그리고 성채는 그것을 쌓은 당사자에게 해를 끼치는가 또는 이익을 갖다 주는가를 검토해야 한다.

성채의 목적은 외적에 대비하는 경우와 그 예속하에 있는 자들을 감시할 경우로 생각해야 한다. 그런데 전자의 경우의 성채는 도움이 되지 않으며, 후자인 경우에는 오히려 해를 끼칠 정도가 된다.

나는 후자의 경우, 즉 성채가 오히려 유해하다는 이유를 밝히는 일부터 시작하기로 하겠다. 대체로 군주나 공화국이 자기 지역민을 두려워하고 그들이 반란을 일으키지나 않을까 하고 걱정하는 것은, 도리어 지배자에 대한 증오를 지역민들 속에 심는 일이라고 말하고 싶다.

이와 같은 증오감은 지역민들이 자기네가 부당한 취급을 받았다고 느끼는 데서 생기는 것이다. 게다가 부당한 취급을 받았다는 기분이 지역민들에게 생기는 것도 지배자 측이 완력으로 지역민을 누를 수 있다고 생각하기 때문이며, 지배자가 그들을 다룰 때 약간 신중성을 잃는 데에서 일어나는 것이다. 그리고 지역민을 완력으로 지배할 수 있다고 지배자로 하여금 생각하게 만드는 원인의 한 가지는, 그들이 배후에 성채를 갖추고 있다는 사실이다. 즉 민중의 증오를 자극하는 지배자에 의한 부당한 취급도 근본을 따지면, 대개의 경우 군주나 공화국이 성채를 갖추고 있다는 사실에서 나오기 때문이다.

만일 이 사실에 그릇됨이 없다면 성채 같은 것은 도움이 되기는커녕 매우 유해한 것이라고 할 수 있다. 왜냐하면 성채를 가지면 첫째로, 지배자는 지역민에 대한 취급이 점점 더 둔해지는 한편 거기다가 난폭함도 날로 더해져 가기 때문이다. 다음에, 성채 속에 있다는 것이 지배자가 믿고 있는 것만큼 안전을 확보해 주는 것일 수가 없다. 왜냐하면, 모든 힘을 쓰고 또 억지로 강요한다 하더라도 다음의 두 가지 방법을 빼고서는 민중을 붙잡아 둘 수 없는 노릇이기 때문이다. 그 방법이란, 로마인의 예와 같이 언제든지 전장으로 내보낼 수 있게끔 정예한 군대를 준비해 두는 일이다. 또는 그 지배하에 편입되어 있는 지역민의 지배자를 향해 반항하지 못하게끔 그들을 분산시키거나 몰살해 버리거나 조직력을 빼앗는 방법이 있다. 왜냐하면, 만약 지배자가 그들의 재부를 깡그리 약탈해 버렸다 하더라도 '그들에게는 아직 무기가 남았기 (유베날리스, 《풍자시》 Ⅷ, 124)' 때문이다. 그리고 그들로부터 무기를 빼앗는다 하더라도 '그 격노가 그들에게 무기를 주는 (베르길리우스 《아에네이스》 Ⅰ, 150)' 격이 되기 때문이다. 즉 지도자를 죽이고 그 밖의 사람들을 혼내 준다 하더라도 히드라처럼 머리 부분이 자꾸자꾸 생겨나는 법이다. 한편, 만약 지배자가 성채를 구축한다 하더라도 그것이 소용되는 것은 평상시뿐이다. 말하자면 지역민을 잔혹하게 다루는 마음을 지배자에게 북돋워 주는 데 지나지 않기 때문이다. 그러다가 막상 전시가 되면 성채 같은 것은 완전히 무용지물이 된다. 그 이유는, 적들로부터나 또는 치하의 지역민들로부터나 공격의 대상이 되므로 그 양자에게는 도저히 저항하지 못하게 되어 버리기 때문이다.

성채가 아무 소용 없게 된 것은 특히 오늘날에 와서는 분명하다. 그것은 대포의 발명이라는 이유 때문이다. 대포의 위력에 대해 좁은 성채에서는 후퇴해서 새로이 진지를 구축할 여지가 없기 때문에 방어불능이 되고 만다. 이 점에 대해서는 이미 앞에서 살펴보았다(제2권 제17장 참조). 나는 이상의 문제를 둘러싸고 좀더 세밀히 살펴보고자 한다.

오! 군주 여러분이여, 당신들은 각기 도시의 인민을 성채의 힘을 빌려서 누르려 한다. 군주국, 공화국의 구별 없이 당신이 누르려 하는 것은 전쟁의 결과 손에 넣은 도시에 지나지 않는다. 이 경우에 나는 군주를 향해 다음과 같이 말하고자 한다. 이미 설명해 둔 이유로 해서, 성채의 힘을 빌려서 시민을 눌러 나가려 하더라도 그건 아무 도움이 되지 않는다는 것이다. 즉 성채를 가지고 있다는 사실이 당신을 무분별하게 만들고, 깊은 생각도 없이 시민에게 탄압을 가하는 방향으로 이끄는 것이다. 그리고 이런 탄압을 하게 되면 그들을 자극하며 반항시켜서 당신을 파멸로 몰아넣게 된다. 결국 모처럼의 성채도 군주의 몸의 안전을 지키는 데는 전혀 쓸모 없는 것이 되고 만다. 따라서 앞날을 내다볼 줄 아는 우수한 군주는 제 자신이 훌륭한 통치의 성과를 거두어 나가기 위해서라도, 또는 자기 자손의 앞날이 비참하게 되는 계기를 만들어 주지 않기 위해서라도 결코 성채를 구축하는 행동은 하지 않을 것이다. 이렇게 해두면 지배자는 인민의 선의만을 의지하게 된다. 그리고 성채를 믿는 일은 없어지게 된다.

밀라노 공작이 된 프란체스코 스포르차*1 백작이 현군으로서의 명성이 자자했다지만, 밀라노에다 성채*2를 구축한 사실을 보면 이 점에서는 그도 별로 현명하지 못했던 것 같은 생각이 든다. 게다가 그 결과 그의 후계자*3들

---

*1 용병 대장으로서 밀라노의 비스콘티에게 고용되었으나 나중에 밀라노의 정권을 빼앗았다. 용병 대장으로부터 국가의 원수로 올라간 좋은 예다. 《군주론》 제12장 참조.

*2 포르타 조비아. 통칭 스포르차의 성채를 말함. 1450년에 건설됨.

*3 프란체스코 스포르차의 아들 갈레아초 마리아(1444년~1476년)는 폭군의 전형으로 되어 있다. 그를 잇는 잔 갈레아초 마리아, 루도비코일 모로(1451년~1508년)도 함께 악명 높은 폭군으로 되어 있다.

에게 있어서 성채는 해가 되면 되었지 아무런 도움도 되지 않았다. 결국 그의 후계자들은, 그 성채만 있으면 자기들이 편안하게 살 수 있을 뿐만 아니라 그 시민이나 지역 내의 사람들을 제압해 나가는 것도 쉬우리라고 생각했기 때문이다. 그래서 온갖 악행에 몸을 내맡기게 되었다. 그런데 그 악행은 심한 증오의 대상이 되어서, 외국군이 공격을 시작하자 금방 그 국가는 와해되고 말았다. 즉 그 성채가 평시에는 그들에게 많은 재해를 주는 원인이 되었고, 막상 전쟁이 벌어졌을 때는 아무런 도움도 되지 않았던 것이다. 가령 그들이 성채를 갖추고 있지 않았다면, 또는 시민들을 그렇게까지 가혹하게 취급하지 않았다면, 그들은 더 일찍 자기들이 놓여 있는 위험한 입장을 알아차렸을 것이다. 그리고 프랑스 군의 공격에 대해 성채 같은 것을 의지하지 않고 그 지역민들과 힘을 합쳐서 더 과감하게 저항할 수 있었을 것이다. 이런 방법 쪽이, 그들이 실제로 체험했던 것처럼 성채를 갖추고 있으면서도 자국민의 적의를 받고 싸워야만 했던 경우에 비해 훨씬 저력이 있었을 것이 틀림없다.

좌우간 성채란 어느 쪽이든 간에 쓸모 있는 것은 못 된다. 결국 그 수비를 맡고 있는 사람들의 배신 행위로 인해 잃는 경우도 있고, 성채에 공격을 가해 오는 적의 힘 앞에 굴한다든가 보급로를 끊겨 부득이 함락되는 경우도 있다. 만약 성채를 이용해서 빼앗긴 국가를 회복하고자 한다면——성채만이 수중에 남아 있을 때에 한해서의 일이다——일단 아군의 국가를 빼앗은 적에게 공격을 가할 만한 병력을 준비할 필요가 있다. 그만한 병력이 있으면 그런 성채가 없더라도 어떻게 해서든지 본래의 영토를 회복할 수 있을 것이다. 아니, 성채가 없으면 더 간단하게 성공을 거둘 수가 있을 것이다. 그것은 민중이 지배자에 대해 한층 더 친밀감을 갖게 되기 때문이다. 결국 지배자가 성채를 의지하지 않으면 민중은 당연히 그 지배자의 가혹한 처사로 인해 우는 일이 없어지게 되기 때문이다.

역사적 사실에 비추어 보건대, 이 밀라노의 성채는 스포르차 가나 프랑스 군이나 다같이 양군이 결전 태세에 임했을 때는 아무 쓸모가 없었다는 것을 알 수 있다. 그뿐 아니라 양군에 파멸을 초래한 데에 지나지 않는 것이다. 그 이유는, 양군 모두 이 성채를 너무 의지한 나머지 국가를 유지해 나가는 데 어떤 적절한 방법이 있는가 하는 점을 진지하게 생각하지 않았기 때문이다.

당시 아무도 겨룰 자가 없었던 명장인 페델리코의 아들 우르비노 공 귀도 발도(귀도발도 다 몽테페르트로)는, 교황 알렉산데르 6세(군주론 제3장, 제7장 참조)의 아들 체자레 보르지아(군주론 제7장 참조)에 의해 나라 밖으로 추방되었다. 그 뒤 요행히 고국으로 귀향하게 되었는데, 그때 국내에 있는 모든 성채는 백해무익하다고 판단하여 하나도 남김없이 헐게 했다. 그 이유는 그가 자국민으로부터 사랑받고 있었으므로 민중을 다스리는 데 성채 따위는 필요하지 않았기 때문이다. 그리고 외적에 대해서는 야전에 군대를 동원하여 적을 막을 필요가 있다고 생각하고 있었기 때문이다. 그래서 그는 영내의 성채를 파괴할 결심을 한 것이다.

한편 교황 율리우스 2세는 벤티볼리오 가를 볼로냐로부터 추방하고 그곳에다 성채(포르타 갈리 에라 요새)를 구축했다. 그리하여 총독을 임명해 놓고 그자에게 숱한 인민을 죽이게 했다. 이로 말미암아 반란이 일어나 대번에 그 성채는 함락되어 버렸다. 이렇듯 성채가 율리우스에게 도움이 되기는커녕 재난을 초래하는 결과가 되고 말았다. 만약 인민에 대한 태도를 바꾸었더라면 성채도 다소는 도움이 되었을지도 모른다.

그리고 비텔리 가의 시조인 니콜로 다 카스텔로도 그때까지 추방되었다가 조국으로 귀환했을 때, 교황 식스투스 4세가 그 땅에 구축했던 두 개의 성채를 헐게 된 것도, 국가를 유지해 나가는 데 필요한 것은 성채가 아니라 인민의 협력이라고 믿었기 때문이다.

그런데 가장 새롭고도 주목할 가치가 있는 예로서, 게다가 성채를 구축한다는 것의 무의미함과 그 성채를 파괴하는 것이 유익하다는 것을 나타내는 가장 적절한 실례가 최근에 제노바에서 일어나고 있다. 주지하는 바와 같이 1507년, 제노바는 프랑스 왕 루이 12세에 대해 반기를 들었다. 그래서 프랑스 왕이 직접 모든 군을 이끌고 이를 다시 수중에 넣겠다고 쳐들어간 적이 있었다. 그래서 제노바의 재점령에 성공하자 루이는 이제까지 아무도 본 적이 없을 정도의 견고한 성채를 구축했다. 이 성채는 그 위치로 보나 주위의 지형으로 보나 난공불락을 자랑할 만한 것이었다. 말하자면 이 성채는 제노바인이 코데파라 부르는 바다 위에 삐죽이 내민 언덕 위에 구축되어 있었다. 따라서 이 장소를 누르기만 하면 제노바의 모든 항구와 제노바 시내의 대부분을 장악할 수 있었다.

1512년의 일이다. 프랑스 군이 이탈리아로부터 쫓기게 되자 제노바인은 성채의 위력 따위는 문제도 삼지 않고 반란을 일으켰다. 정권을 잡게 된 옥타비아노 프레고소*¹는 16개월 동안이나 성채의 보급로를 끊은 결과 이를 함락시킬 수 있었다. 당시에는 모두 만일의 경우에 도피할 수 있는 장소로서 이 성채를 놓아 두는 게 어떨까 하고 생각했다. 그뿐 아니라 많은 사람들이 그렇게 했으면 좋겠다는 의견을 제안하고 있었다. 그러나 프레고소는 선견지명이 있는 현명한 인물이었으므로, 국가의 주권을 지켜 나가는 데는 성채가 아니라 인민의 뜻을 의지해야 한다고 생각하고 이 성채를 헐어 버렸던 것이다.

이처럼 프레고소는 국가의 기초를 성채에 두지 않고 자기 역량과 세심한 배려로 국가를 유지하려 했으므로 오늘날까지 제노바는 아무 일 없이 지내오고 있다. 전 같으면 제노바의 정치 체제를 바꾸고자 할 때 1천 명의 보병만 있으면 충분했다. 그러나 이제는 1만 명의 군대를 동원해서 공격*²을 가한다 하더라도 이를 함락시킬 수는 없게 되었다.

지금까지의 실례로 보아도 명백하듯이, 그 성채를 헌다고 해서 프레고소에게는 아무런 불편한 결과로는 되지 않았다. 그리고 반대로 이를 구축했던 프랑스 왕이 이익을 본 것도 아니었다. 왜냐하면, 프랑스 왕은 몸소 군사를 이끌고 이탈리아로 남하했기 때문에 성채 같은 것이 없더라도 제노바를 손에 넣을 수 있었기 때문이다. 한편 프랑스 왕이 실제로 군대를 이끌고 이탈리아로 달려가지 못했다면, 성채를 갖추고 있었다 하더라도 제노바를 확보할 수는 없었을 것이기 때문이기도 하다. 프랑스 왕으로서는, 이 성채를 구축하느라 상당한 비용을 소비한 데다 창피까지 당하고 이를 잃게 되었다. 이에 대하여 프레고소는, 이를 탈취하여 명성은 명성대로 천하에 떨치고도 그 뒤에 이를 헐어 제노바로부터 화근을 끊을 수가 있었다.

이제까지는 본국 내에 성채를 갖추는 경우에 대해서 살펴보았으나 다음으로 정복한 땅에서 성채를 구축하는 국가의 경우를 생각하기로 하자. 이 경우

---

*1 1470년~1524년. 우르비노 공에게 종사한 용병 대장. 1506년, 볼로냐 공격에 참가했다. 제노바에서 망명하여 1513년에 귀환하자 원수로서 맞아졌다.

*2 1515년, 제노바에 대하여 밀라노 공, 스위스 병, 그리고 제노바인의 망명자(아도르노 가, 피에스코 가)에 의해 가해진 공격을 가리킨다.

도 지극히 오류에 빠지기 쉽다. 앞에서 말한 프랑스와 제노바의 실례만으로는 불충분할지 모르므로 피렌체와 피사의 예를 들까 한다. 피렌체는 피사를 손아귀에 넣기 위해 여러 개의 성채를 만들었다. 이 경우, 피렌체의 주권에 노골적으로 적의를 드러낸 공화국이, 그때까지 누려 온 자유가 위기에 처하게 되면 반란을 일으켜서 이를 지켜 낼 것이라는 사실을 피렌체인은 모르고 있었다. 게다가 피렌체인은, 이런 국가를 지배하에 넣기 위해서는 아무래도 로마인이 사용한 방법을 답습해야 한다는 점도 깨닫지 못하고 있었다. 즉 상대를 우호국으로 만들든가 아니면 파괴해 버리든가 둘 중 한 가지밖에 없다는 점을 이해하지 못했던 것이다.

피사 지역 내에 설치되었던 피렌체 성채의 위력은 샤를르 8세의 진공 때에 폭로되었다. 결국 이 수비를 맡아 보던 자들의 배반 때문인지, 또는 더 혹독한 면을 당할지도 모른다는 공포에 사로잡혔기 때문인지 성채는 샤를르의 손에 떨어지고 말았다. 만약 이 성채들이 없었던들 피렌체는 피사를 확보함에 있어서 성채의 힘을 믿고 모든 일을 진행시켜 나가지는 않았을 것이다. 또 샤를르로서도 성채의 힘을 빌려서 피렌체로부터 피사를 빼앗을 수는 없었을 것이다. 사실 그 이전까지 피렌체가 채용해 온 방법은 피사를 확보해 나가는 데 있어서 충분히 유효한 것이었다. 더구나 성채의 힘을 빌리는 것보다도 훨씬 뛰어난 위력을 발휘하고 있었던 것이 틀림없다.

여기서 결론으로서 말할 수 있는 것은, 본국을 지켜 나가는 데에는 성채가 유해하며, 한편 정복한 지방을 유지해 나가는 경우라도 성채는 무용지물에 지나지 않는다는 것이다. 그러므로 우리는 역시 로마인의 방법을 답습하는 것으로 충분하지 않나 하는 생각이 든다. 즉 로마인이 무력으로 제압해 나가려던 도시에 대해서는 기존의 성벽을 헐었으면 헐었지 새로 성벽을 구축하려고는 하지 않았다는 선례를 받아들여야 한다고 생각한다.

그런데 내 의견에 반대하는 사람은 고대에서는 타렌툼, 현대에서는 브레시아에서 일어난 실례*를 들어 반박하려 할지도 모른다. 즉 이 경우에는 양쪽 다 성채가 있었기 때문에 반란을 일으킨 무리들의 손으로부터 각각의 도

---

*기원전 209년, 제2차 포에니 전쟁이 한창일 때 타렌툼에서 있었던 사건과 1512년 4월, 브레시아가 프랑스에 항거하고 베네치아에 편승하던 때의 일을 가리킨다. 제2권 제17장 참조.

시를 탈환할 수 있었지 않느냐고 반론할 것이다.

타렌툼 탈환에 대해서는 다음과 같이 대답할까 한다. 이 경우, 1년도 채 못되어서 대군을 이끈 파비우스 막시무스가 파견되었다. 그가 성채를 이용한 것은 사실이다. 그러나 성채가 있건 없건 간에 아무튼 이 도시를 탈환하는 데 성공은 했을 것이다. 즉 성채가 없었다면 그때는 다른 방법으로 같은 성과를 올렸을 것이다. 로마가 타렌툼을 탈환하기 위해서는 집정관 휘하의 군대를 동원하고, 사령관으로는 파비우스 막시무스를 임명했다는 것을 생각하면, 어딘가의 땅을 탈환하려 할 때 과연 성채가 얼마만큼 도움이 되는지는 의문이다. 로마인이 타렌툼 회복에 있어서 여러 가지 수법을 썼다는 것은 카푸아에서 있었던 실례를 보더라도 명백하다. 결국 성채가 없었던 카푸아에서 로마인은 군대의 힘만으로 그곳을 탈환했다.

이제 브레시아에 대해 말할 차례가 되었다. 브레시아에서 일어난 것 같은 일, 즉 어떤 도시가 반란을 일으켰을 때 그 성채는 아직 그대로 확보된 채로 있는 동안에 프랑스 군 같은 강력한 군대가 바로 가까이에서 달려온다는 일은 좀처럼 일어나지 않는다. 즉 브레시아의 반란 때는 프랑스 군의 사령관 가스통 드 프와가 군을 인솔하고 볼로냐에 있었던 것이다. 그는 브레시아 이반의 소식을 듣자 곧 브레시아로 진군했고, 사흘 뒤에 도착하여 아직도 지탱되고 있던 성채를 이용하여 모든 도시를 반란자들의 손으로부터 탈환했다. 하지만 브레시아의 성채가 이처럼 도움이 되었던 것도, 가스통 드 프와에게 인솔된 프랑스 군이 사흘 안으로 구원하러 달려갔기 때문이다. 따라서 이 브레시아의 실례를 들고 나온다 하더라도 나의 성채 무용론을 논박할 수는 없다. 사실 현대의 전쟁에서는 야전에서의 승패의 귀추를 반영하며 대부분의 성채가 빼앗기거나 탈환되는 실상이기 때문이다. 이 점은 롬바르디아뿐만 아니라 로마냐·나폴리 왕국, 그 밖에 이탈리아 모든 지역에 걸쳐서 말할 수 있는 일이다.

여기서 외적의 침입에 대비해서 성채를 구축하는 경우에 대해 언급한다면 다음과 같이 말할 수 있다. 즉 정예 군대를 갖춘 공화국이나 왕국에서는 성채가 필요 없다. 그리고 훌륭한 군대를 갖고 있지 않은 국가가 성채를 가져봤자 그것은 무용지물에 지나지 않는다. 왜냐하면, 정예 군대는 성채 없이도 훌륭하게 방위의 임무를 수행하는 것이고, 반대로 정예 군대의 뒷받침이 없는 성채는 아무런 이용 가치도 없기 때문이다.

이런 경향은 로마인이나 스파르타인같이 정치에서나 그 밖의 분야에서나 눈부신 진출을 보여 준 여러 국민의 실적에서 엿볼 수 있다. 즉 로마인이 성채를 구축하지 않았던 것처럼, 스파르타인도 또한 성채에 의지하지 않았을 뿐만 아니라 자기 도시를 지킬 성벽조차 구축하려 하지 않았다. 그들은 각 개인의 역량만을 의지하여 조국의 수호에 임했으며, 그 이외의 방법에는 신뢰를 두지 않았기 때문이다.

그래서 어느 스파르타인은 어떤 아테네인으로부터, '아테네의 성벽이 멋있다고 생각하지 않소?'라는 질문을 받고 다음과 같이 대답했다.

"말씀과 같이 굉장하군요. 하긴 부인들만 살고 있는 도시라고 가정한다면 말입니다만."(플루타르코스, 《모랄리아》 212E)

그런데 정예 군대를 거느리고, 게다가 해안이나 국경 가까이에 성채를 가지고 있는 군주는 이 성채 덕분에 며칠간은 적의 침입을 막고 자기 군대를 집결할 시간을 낼 수 있다. 따라서 이런 경우 성채가 때로는 유효할지도 모르나, 그렇다고 해서 필요 조건이라고 단언할 수는 없다.

한편 정예 군대를 갖지 못한 군주의 경우, 성채를 그 지역 내나 국경에 구축한다는 것은 백해무익한 일이 된다. 왜냐하면, 이 성채가 아주 간단하게 적의 손에 넘어가 버리므로 적의 손에 들어간 성채는 본래 주인에게 보복하게 되기 때문이다.

그렇지 않고 가령 그 성채의 수비가 견고해서 아무리 강한 적군이라도 이를 함락시키지 못할 경우에는, 이 성채를 그냥 지나서 군을 전진시켜 나가기 때문에 모처럼의 견고한 성채도 아무 소용없게 된다. 즉 정예 군대란, 치열하기 짝이 없는 저항을 만나지 않을 때는 아직 함락되지 않은 도시나 성채가 있건 말건 아랑곳없이 이를 등 뒤에 남겨 둔 채로 적지 깊숙이 나아가 공격하는 법이다. 이런 실례는 고대의 역사에서 볼 수 있으며, 최근에는 프란체스코 마리아*가 그 좋은 예를 보여 주고 있다. 아주 최근의 일인데, 그는 우르비노를 공격하면서 열 개나 되는 적의 도시는 거들떠보지도 않고 진격을

---

* 우르비노 공(재위 1508년~1538년). 교황군의 사령관으로서 1509년에는 베네치아와, 1511년에는 페라라와 싸웠다.

계속했다.

따라서 정예 군대를 동원할 수 있는 군주라면, 구태여 성채를 구축할 것까지도 없이 일에 임할 수 있을 것이다. 한편 강력한 군대를 갖지 못한 군주는 절대로 성채를 구축해서는 안 된다. 이런 군주들이 해야 할 일은, 자기가 살고 있는 도시의 강화에 주력하고, 물자의 집적과 민생의 향상에 매진해야 한다. 이런 배려를 게을리하지 않는다면 적어도 화평을 맺을 때까지나, 또는 동맹국의 원군이 구원하러 와 줄 때까지 적군의 공격에 대해 이를 버티고 나갈 수 있을 것이다. 그 밖의 일은 어떤 계획을 세운다 하더라도 평시에는 공연히 돈만 들 뿐이며, 막상 전쟁을 하면 아무 짝에도 소용없는 것이 될 뿐이다.

지금까지 살펴본 것 모두를 잘 생각해 본다면 로마인은 다른 일을 처리했던 것과 마찬가지로 라티움인이나 프리베르눔인에 대해서도 아주 적절한 조치를 취하고 있었음을 알 수 있을 것이다. 즉 로마인이 취한 적절한 조치란, 라티움인이나 프리베르눔인에 대해서, 성채의 힘을 믿지 않고 보다 대담하고 현명한 방법을 써서 그들을 통치해 나갔다는 점이다.

제25장 내분을 거듭하는 도시를 공격할 경우,
내분을 이용해서 이 도시를 점령하는 것은 현명한 계책이 아니다

로마 공화국에서는 평민과 귀족 간의 내분이 끊이지 않았다. 그래서 에트루스키인을 포섭한 베이이인의 눈에는 지금이야말로 로마의 내분을 틈타서 그 존재를 말살할 수 있는 좋은 기회가 온 것으로 비쳤던 것이다. 그리고 결국 그들은 군대를 편성하고 로마 영내로 진군했다. 로마 원로원은 그나에우스 만리우스와 마르쿠스 파비우스를 파견하여 이를 처리하게 했다. 이 두 사람은 로마 군을 인솔하고 베이이 군의 눈 앞에 진을 폈다. 이것을 본 베이이인은 로마인에게 갖은 욕설과 험구를 퍼부어서 모욕을 가했다. 베이이인의 이 같은 무분별함과 오만함이 너무 심한 바람에, 그때까지 사이가 벌어졌던 로마인들을 도리어 일치단결하게 만드는 결과가 되었다. 그래서 베이이 군과 싸움을 한 로마 군은 이를 격파했다. *

---

* 티투스 리비우스, 《로마사》 Ⅱ, 45. 만리우스와 파비우스에 대해서는 제1권 제53장 참조.

이미 살펴본 것과 같이 이 실례는, 사람이 그 진로를 택할 때 얼마나 오류를 범하기 쉬운 것인가, 그리고 제 딴에는 잘 되었다고 생각하는 일이 실제로는 실패했다는 사실이 얼마나 많은가를 샅샅이 보여 주는 것이다.

　사실 베이이인은 내분 때문에 고민하는 로마인을 공격만 하면 성공은 틀림없다고 믿고 있었다. 그런데 막상 공격하고 보니 도리어 로마인을 결속시키는 결과가 되어서 자기들이 패하게 되었다. 왜냐하면, 공화국의 내분의 원인이라는 것은 대개의 경우, 시간이 남아 돌아가서 지루하거나, 평화에 싫증이 나는 데서 오는 것이기 때문이다. 한편 공화국의 일치단결은 공포나 전쟁으로 일깨워지는 것이기 때문이다. 그러므로 베이이인에게 좀더 사려가 갖추어져 있었더라면, 로마의 내분이 심각해지면 그만큼 그들과 싸우는 것을 더 삼가고 평화적인 계획을 짜서 상대를 타도할 수 있도록 노력했을 것이다.

　그러기 위해서 어떻게 해야 좋은가 하면, 우선 내분을 거듭하고 있는 상대방 국가의 신용을 얻도록 노력해야 한다. 이렇게 해놓고 내분이 무력 투쟁으로 발전하기 전에는 두 파의 조정을 맡고 나서면 된다. 그러나 일단 두 파의 관계가 무력 항쟁으로 진전되어 버렸으면 약한 쪽에 편들어서 전쟁을 계속하도록 해놓고 두 쪽 모두 힘을 소모시키면 된다. 단 힘을 너무 기울여서, 당신들이 압력을 가하여 머지않아 그 지배를 빼앗으려 하고 있는 상대방 모두에게 그 야심을 간파당하지 않도록 세심한 주의를 해야 한다. 이상의 계략이 만사 순조롭게 진행만 되면 여러분의 목적 달성은 틀림없는 것이 될 것이다.

　내가 이미 다른 저서(군주론/제25장 참조)나 이 책의 앞부분(제2권 제25장/참조)에서 논해둔 것처럼, 피스토이아가 바로, 이런 피렌체의 모략이 예상대로 맞아 들어가는 바람에 피렌체의 지배하에 들어가게 된 좋은 예이다. 즉 피스토이아는 내부 항쟁*을 일삼고 있었기 때문에, 피렌체는 두 파에게 야심을 눈치 채이지 않도록 때에 따라서 그 어느 한쪽에 힘을 빌려 주면서 내분으로 지칠 대로 지치게끔 끌고 나갔다. 그러다가 결국 피스토이아가 저절로 피렌체의 지배에 몸을 맡기도록 만들었다. 그런데 피렌체의 후원에 의해 시에나의 지배 형태에 변동이 생긴 것은 피렌체의 개입의 정도가 약하고 또 많지도 않았던 시대뿐이다. 그러나 피렌체의 간섭이 강화되어 그것이 표면에 나타나자, 당장에 시

＊피스토이아는 1306년 4월, 백파 흑파라 불리는 두 파 사이에서 항쟁이 벌어졌다.

에나인은 단결하고 기존 지배 형태를 유지하고 나서는 결과가 되었다.

나는 이때까지의 실례 외에 다음의 예를 덧붙여 둘까 한다. 밀라노 공작 필립포 비스콘티는 피렌체인의 내분을 믿고 이에 종종 싸움을 걸었다. 그러나 그 결과는 항상 실패로 끝났다.* 그렇기 때문에 필립포는 자기 계획의 실패를 한탄하며 '나는 피렌체 놈들 때문에 공연히 많은 황금을 탕진해 버렸다'고 말한 것이다.

지금까지 말한 것으로도 알 수 있듯이, 베이이인이나 에트루스키인은 그릇된 예상으로 진로를 잘못 잡는 바람에 결국은 단 한 번의 전투에서 로마인에게 타파되는 결과를 낳고 말았다. 따라서 베이이인이나 에트루스키인과 같은 수법을 쓰고 그와 비슷한 동기에 끌려서 일을 진행하는 한, 국민을 지배하에 넣을 수 있다고 생각하는 자는 누구나 그와 똑같은 비참한 말로를 걷게 될 것은 뻔한 노릇이다.

제26장 경멸, 험구를 일삼으면 미움을 산다

사람이 취할 현명한 태도의 하나는, 상대에 대해 위협하는 언사를 쓰거나 모욕하는 말은 절대로 삼가는 일이라고 생각한다. 왜냐하면 그런다고 해서 적의 힘이 약화되는 것은 아니기 때문이다. 위협하는 말은 도리어 상대를 더 조심하게 만드는 결과가 되고, 모욕을 하면 점점 더 분격을 돋구어서 어떻게 해서든지 여러분을 곯려 주려고 마음 먹게 하는 결과가 된다.

이에 대한 좋은 예는 앞장에서 이미 소개해 둔 베이이인의 예를 들 수 있다. 그들은 로마인에 대해 욕설을 실컷 퍼부은 끝에 싸움을 걸었다. 이런 방법은, 조금이라도 현명한 지휘관이라면 부하 병사들이 설령 그런 짓을 하려고 하더라도 절대 못하게 했을 것이다. 왜냐하면, 그런 짓을 하면 적의 노여움을 불타게 만들어서 복수를 하게끔 몰아넣으므로, 적에게 겁을 주기는커녕 도리어 공격의 태세로 나오게 만들어 버리기 때문이다. 그러므로 적은 전력을 다해 달려들게 된다.

이 점에 대해서 아시아에서의 유명한 예를 들기로 하겠다(프로코피우스 《페르시아 전쟁기》, Ⅰ, 7, 12~29).

---

* 1428년의 마크로디오의 패전, 1430년의 루카 전쟁에 개입했을 때의 실패, 1440년의 앙기아리의 패전 등. 그리고 그가 죽기 전해인 1446년에도 패배했다.

그것은 페르시아의 장군 코바데스가 장기간에 걸쳐서 아미다를 포위했을 때의 일이다. 포위도 뜻대로 되지 않고 공격에 지쳐서 마침내 포위를 풀고 철수하려고 결정을 내릴 참이었다. 그런데 이때 승리에 흥분되어 우쭐해진 성내 사람들이 모두 성벽 위에 올라가서 온갖 험구와 욕설을 퍼부어 대며, 적을 겁쟁이 얼간이라고 욕했다. 이 소리를 들은 코바데스는 불같이 노하여 철수하려던 결정을 번복하고 포위 태세로 되돌아갔다. 모욕당한 분노의 기세가 너무나 세차 불과 며칠 동안에 아미다를 점령하고 약탈했다.

이와 똑같은 일이 베이이인에게도 일어나고 있다. 앞에서 말한 것과 같이 베이이인은 로마인과 싸우는 것만으로는 직성이 풀리지 않아 다시 욕설을 퍼부었다. 결국 그들은 로마 군의 진영 울타리 가까이까지 접근해 가서 모욕적인 욕지거리를 했기 때문에 로마 군은 도전을 받았을 때 이상으로 이 욕지거리에 분노했다. 그래서 처음에는 마지못해 전쟁을 하고 있던 로마 병사들도 이번에는 그들이 집정관을 부추겨서 결전으로 나가게 만들었다. 이렇게 해서 베이이인도 아미다의 경우와 마찬가지로 그 오만한 태도에 알맞은 벌을 받게 되었다.

위의 사실로도 알 수 있는 것처럼 대개 군대의 명지휘관이라든가 뛰어난 정치가란, 자기네끼리나 적을 향하고 있을 때나, 시민이나 병사들이 이 같은 모욕이나 욕지거리를 내뱉는 일이 없도록 모든 수단을 강구해 두는 법이다. 그것은, 적을 향해 이런 언사를 사용하면 지금 말한 것처럼 터무니없는 변을 당하게 되기 때문이다. 그리고 동료끼리 이런 말을 주고받다가는 이 역시 그 결과가 더 엉뚱한 일이 되어 버리기 때문이다. 이런 경우에 누군가 뛰어난 인물이 나서서 어떤 수단을 강구해 두지 않는 한 어쩔 도리가 없어지게 된다.

뒷장^(제3권 제6장 참조)에서 설명하겠지만, 카푸아에 머물러 있던 로마 군단이 카푸아인에 대해 음모를 꾸민 적이 있었다. 이 음모의 결과 폭동이 일어나게 되었지만 그것도 발레리우스 코르비누스에 의해 진압되었다. 질서 회복을 위한 결정 중의 한 가지 조건에 다음과 같은 점이 적혀 있었다. 즉 '반란에 가담한 로마병의 누구에 대해서도 비난의 언사를 내뱉는 자는 처벌한다'라는 것이 명시되어 있었다.

티베리우스 그라쿠스는 한니발과의 전쟁에서, 노예로 편성된 군대의 지휘관으로 임명되었다. 노예군이란 로마인이 병사들의 부족으로 고민한 결과 노예에게 무기를 들려서 편성한 것이었다. 그가 취임해서 제일 먼저 한 일은, 누구를 막론하고 서로가 상대를 노예 출신이라고 헐뜯는 짓을 하면 사형에 처한다고 명령한 일이었다.

이미 살펴본 것처럼 로마인은 남을 헐뜯거나 남의 수치를 비웃는 것은 지극히 해로운 일이라고 생각하고 있었다. 왜냐하면 본심을 말할 때는 물론이고 농담할 때라도, 이처럼 사람의 마음을 손상시키고 화나게 만드는 일은 없기 때문이다. 그러므로 옛사람의 말(타키투스 〈연대기〉 XV, 68)에 있듯이 '야비한 농담이란 그것이 진실에서 완전히 동떨어져 있을 때는 더욱 가시 돋친 뒷맛을 남기는 법'이다.

제27장 사려 깊은 군주나 공화국은 이기는 것으로 만족해야 한다. 너무 과하게 바라다가는 본전도 못 찾게 된다

적을 향해 업신여기는 말을 자꾸 하다 보면 완전히 이긴 듯한 기분이 들거나 헛된 승리의 환상에 도취해 버린다. 그래서 우쭐한 태도를 취하게 되는 수가 흔히 있다. 이렇듯 헛된 승리의 환영에 도취하면 말뿐 아니라 행동에서도 실수를 저지르게 된다. 왜냐하면, 이런 환영이 사람의 마음속에 깃들면, 그 사람으로 하여금 분수를 벗어나게 만들어 버리므로 어쩐지 미지의 훨씬 더 좋은 것이 잡힐 듯한 생각이 들게 된다. 그래서 그것을 추구하다가 모처럼의 확실한 성과조차 놓치게 되어 결국은 이것도 저것도 다 놓치고 마는 결과가 흔히 있다. 이런 환영에 들뜬 사람들은 자기의 국가마저 해치는 일이 매우 많은 것을 보더라도 충분히 고려할 가치가 있는 일이다. 그래서 나는 고금의 실례에 비추어서 상세히 검토해야 한다고 생각한다. 이렇게 말하는 것은 이론만으로는 명확하게 이것을 입증할 수 없기 때문이다.

칸네에서 로마 군을 격파한 한니발은 카르타고로 사절을 파견해서 승리를 보고하고 지원을 구하게 했다. 이에 대한 방침이 카르타고 원로원에서 심의되었다. 개중에서도 나이 많고 현명한 시민인 한논은 다음과 같은 의견을 말했다.

"이번 승리를 잘 이용해서 로마와 화평을 맺도록 합시다. 싸움에 이겼다는 것을 뒷받침으로 한다면 조건이 좋으므로 화평을 말할 수 있기 때문입니다. 너무 깊이 쫓다가 지고 나서 화평을 맺으려 하면 그때는 이미 늦어 버리니까요. 왜냐하면 카르타고가 로마를 충분히 격파할 힘이 있다는 것을 로마에 깨닫게만 해주면 그것만으로도 카르타고인의 목적은 달성된 것이 되기 때문입니다. 더구나 승리를 장악한 이 마당에서는 너무 많이 바라다가 결국에 가서 아무것도 얻지 못하는 일이 없도록 해야 합니다."^{(티투스 리비우스,} ^{〈로마사〉 XXⅢ, 11~13)}

그런데 실제로는 이 제안이 채택되지 않았다. 이렇듯 화평을 맺을 좋은 기회를 놓치고 난 뒤에야 비로소 카르타고의 원로원은 한논의 제안이 얼마나 선견지명이 있었던가를 뼈저리게 깨닫게 되었다.

알렉산드로스 대왕이 전 오리엔트를 정복했을 때 티루스 공화국은 알렉산드로스의 늠름한 위세를 보고 그에게 사절을 보냈다. 그래서 자기네가 그 나라의 좋은 신하가 되고 싶다는 것, 그리고 기꺼이 그 명령에 따르리라는 것을 표명했다. 그러나 대왕이나 그 부하들이 영내로 접근하는 일만은 그만둬 달라고 신청했다. 한편 티루스 공화국은 당시 가장 유명한 상국으로 소문난 국가였고, 주위가 바다로 둘러싸여 있었다. 이 신청을 들은 대왕은 온 세계가 자기에게 문호를 열고 있는데 이 한 도시만 문을 닫으려 한다는 사실에 화를 내어 사절을 내쫓고 그 신청을 받아들이지 않았다. 그리고 이 도시의 공략에 나섰다.

이 도시는 바다로 둘러싸여 식량의 비축도 매우 풍부한 데다 방어에 필요한 물자도 모두 갖추어져 있었다. 4개월 동안의 포위 공격을 시도한 끝에 알렉산드로스는, 이 도시를 손에 넣는 데 이제까지 자기가 다른 모든 땅을 정복할 때에 들인 것보다 훨씬 많은 시간이 걸린다는 것을 깨달았다. 그래서 화친을 맺을 생각으로 전에 티루스인이 신청했던 조건을 받아들이기로 작정했다. 그런데 이때 이미 티루스인은 한껏 우쭐해서 화평을 받아들이려 하지 않았다. 뿐만 아니라 교섭을 하러 온 사절마저 죽여 버렸다. 이에 알렉산드로스도 화가 머리끝까지 치밀어서 온 힘을 다하여 공격을 하고는, 이 도시를 점령해서 파괴해 버리고 그 인민을 살해하거나 노예로 만들었다.

1512년의 일인데, 에스파냐 군은 피렌체에 메디치 가를 복귀시킨 다음 돈을 짜내려고 그 영내로 침입해 들어갔다. 에스파냐 군은, 피렌체 내부의 일부 시민의 음모로 들어갔다. 왜냐하면, 그들이 에스파냐 군에 대해 '당신 군대가 피렌체 영내로 들어오기만 하면 즉시 무기를 잡고 응원하러 나서겠다'

는 약속을 해서 기대를 갖게 했기 때문이다. 그런데 에스파냐 군이 막상 아르노의 평원에 들어와도 원군이라고는 눈에 띄지 않았다. 군사에게 먹이는 식량과 군마에게 먹이는 풀도 부족하고, 아무래도 불안한 생각이 들어서 부득이 화목을 맺는 수밖에 없다는 생각에서 그 방법을 강구하기 시작했다. 이것을 보고 우쭐해진 피렌체인은 그 신청을 거부하고 말았다. 그 결과 프라토(피렌체 북서쪽에서 약 16킬로미터 지점의 도시)는 빼앗기고 피렌체 공화국 자체도 멸망하게 되었다.

자기보다 월등하게 강력한 군대에 공격당하는 군주가 저지르는 실수 중 가장 큰 실패는 화목을 거부해 버린다는 것이다. 특히 상대방 쪽에서 신청이 있었을 경우는 더더욱 그렇다. 그 이유는, 제시된 내용이 아무리 마음에 차지 않는 것이라 하더라도 그 속에는 받아들이는 쪽이 유익한 조건도 반드시 포함되어 있는 법이기 때문이다. 따라서 승리자의 몫의 일부를 내 것으로 만들 수 있는 것이다.

결국 티루스인으로서는 알렉산드로스가 낸 조건을 덮어놓고 거부하지 말고 만족스럽게 받아들였어야 했다. 그리고 무기를 잡고 그 정도의 인물을 제 뜻대로 양보시킨 셈이 되니까, 그것만으로도 승리를 거둔 것으로 생각했어야 옳았다.

마찬가지로 피렌체 인민의 경우도 에스파냐 군이 자기네 의사에 약간의 접근을 보였고, 또 에스파냐 군 쪽은 목적을 이루지 못했으니까 당연히 이긴 것으로 생각해도 무방했다. 결국 에스파냐 군이 의도한 바는 피렌체의 지배 형태를 변경시켜서 프랑스를 따르지 못하게 하고 나아가서 피렌체로부터 돈을 뜯어내는 데 있었기 때문이다. 그런데 에스파냐인은 이 세 가지 목적 중 후자의 두 가지만을 달성한 데 지나지 않았다. 피렌체인 측의 입장으로 볼 때 지배 형태는 유지되었으므로 피렌체인이라면 누구나 그 성과에 대해 약간의 만족을 느껴야 했다. 그리고 자유로운 지배 형태가 유지되었으면 피렌체 인민은 그 이외의 두 가지 문제에 대해서는 신경 쓰지 말았어야 했다. 게다가 매우 높은, 거의 확실하다고 할 수 있는 성공률이 있을 것같이 여겨질 때라도 인민의 자유의 존망 자체를 걸어 가면서까지 운명의 흐름에 몸을 맡기는 행동을 택하는 일은 결코 취하지 말았어야 했다. 누구건 사려 깊은 사람이라면 어지간히 필요치 않는 한 이런 모험에 몸을 내맡기지 않는 법이다.

한니발은 영광과 함께 16년간을 지낸 이탈리아를 뒤로 하고, 카르타고인의 요구에 따라 조국 구제를 위해 귀국해 보니, 눈에 비친 것은 하스드루발과 시파쿠스의 패전(카르타고의 장군 하스드루발과 누미디아/파쿠스는 스키피오와 싸워 패했다)이고 누미디아 왕국의 상실이었다. 그리고 카르타고인은 그 성벽 속에 갇혀 꼼짝도 못하고, 겨우 구제의 길을 강구할 수 있는 것은 한니발 자신과 그 군대밖에 남겨져 있지 않다는 것을 알게 되었다.

자기의 조국이 최후의 막다른 곳에 몰려 있다는 것을 알게 된 그는, 덮어놓고 모든 것을 결전에 거는 것을 피하고 다른 수단을 써 보려고 노력했다. 그래서 조국을 구제할 길은 화평에 있지 전쟁에 있는 것이 아니라고 판단하자 순순히 평화를 구했다. 그런데 그의 화평 신청이 로마인에게 거부되자, 패전이 된다는 것을 뻔히 알면서도 굳이 전쟁을 피하려고는 하지 않았다. 왜냐하면 아직도 이길 가능성이 남아 있다고 판단했기 때문이며, 또 진다 하더라도 적어도 명예로운 패배가 되리라고 생각했기 때문이다. 한니발같이 기력이 충실하고, 또 무패의 군대를 이끈 명장이라도 패전을 낭하면 사기 조국이 노예의 처지로 떨어지고 만다고 판단했기 때문에 전쟁보다도 우선 화평공작을 구했던 것이다.

이것을 생각한다면, 한니발 정도의 기력도 없고 그의 경험의 발꿈치에도 못 따라가는 다른 사람은 대체 어떻게 하면 좋단 말인가. 그런데 사람이란 자기의 희망을 어느 선에다 멈추어야 하는 것인지도 모르는 채 실패해 버리는 법이다. 그리고 제 실력을 냉정하게 측량해 보려고도 하지 않고 한없는 희망에 기대를 걸다가 결국은 파멸하고 마는 것이다.

제28장 공화국이나 군주가 공사 어느 쪽이든 손해를 입고도 복수를 하지 않는다는 것은 얼마나 위험한 일인가

어떤 일이 사람을 분격시키는가에 대해서는 다음의 문제(티투스 리비우스,《로마사》, Ⅴ, 35~37)를 보면 금방 짐작이 갈 것이다. 그것은 에트루리아, 특히 키우지를 공격하려던 갈리아인에 대해 로마인이 세 사람의 파비우스 가의 사절을 파견했을 때의 일이다. 그것은 갈리아인의 공격을 받고 있던 키우지 인민이 로마인에게 원조를 의뢰했기 때문이다. 그래서 로마인은 갈리아인에게 사절을 보내게 되었다. 그래서 그 사절은 로마 인민의 이름으로, 갈리아인이 에트루리아에서 계속하고 있는 전쟁을 중단하도록 하라고 전했다. 그런데 그 사절단 사람들은 아마 말보다 손이 먼저 나가는 사람들이었던 모양이다. 갈리아인과 에트루스키인이 눈앞에서 싸우는 것을 보자, 그만 에트루스키인들 속에 끼어서 갈리아인과 싸우기 시작했다. 이 형세를 알게 된 갈리아인은 그때까지 에트루스키인에게 돌리고 있던 적의를 이번에는 모두 로마인 쪽으로 돌리게 되었다.

그러는 동안 갈리아인의 노여움은 점점 더 커졌다. 그 이유는 다음과 같다. 즉 갈리아인은 로마 원로원에 대해 사절을 보내어 항의하되, 그 피해 보상으로서 파비우스 가 사람들의 인도를 요구했다. 그런데 원로원은 인도에도 응하지 않고 그 밖의 징벌도 거부했을 뿐만 아니라 민회 석상에서 그들을 집정관의 권한을 띤 호민관직에 임명했던 것이다.

원칙적으로는 벌을 받아 마땅한 파티우스 가의 사절들에게 도리어 명예가 주어지는 것을 보고, 이 같은 조치는 모두 자기네를 얕보고 모욕을 가하기 위해 한 짓이라고 갈리아인은 판단했다. 이로 인해 불같이 분노한 갈리아인은, 로마에 공격을 가하고 카피톨 신전을 제외한 로마 모든 시를 점령하고 말았다. 로마에 가해진 이 같은 파괴 행위는 로마인이 정의를 지키려 하지 않았던 데에 연유하는 것이다. 말하자면 '만민법을 유린한 그 사절들을 마땅히 처벌해야 할 것을_(티투스 리비우스, 《로마사》 V, 36, 6)' 도리어 이를 찬양했기 때문이다.

이상과 같은 점에서 당연히 다음과 같은 것을 생각할 수 있다. 어떤 공화국이든 군주이든 간에, 이런 불법 행위가 사회 전체나 개인에게 가해지는 일이 없도록 충분히 신경을 써야 한다는 점이다. 왜냐하면, 만약 어떤 사람이 사회나 개인으로부터 중대한 피해를 입었는데도 가해자가 처벌되지 않을 경우, 피해자가 공화국의 주민이라면 제 힘으로 보복하려고 할 것이다. 이런 경우, 공화국이 망할 정도의 큰일로 확대되는 일이 있더라도 그는 개의치 않을 것이다.

한편 피해자가 군주국 내의 신민으로서 더욱이 용기 있는 인물일 경우, 제 자신이 망한다는 것을 알면서도 가해자에 대한 보복을 하지 않고는 견디지 못할 것이다. 이 점을 뚜렷이 나타내는 것으로서, 알렉산드로스 대왕의 아버지인 마케도니아 왕 필립포스 시대의 비슷한 실례보다 더 나은 것은 없을 것이다. 필립포스의 궁정에는 미남인 파우사니아스라는 사람이 있었다. 그런데 필립포스의 측근인 중신 아타루스가 이 사람에게 반했다. 그래서 여러 차례 자기 뜻에 따르게 하려고 설득해 보았으나 항상 냉대만 받았다. 이러다가는 안 되겠다는 생각에서 곰곰이 궁리한 끝에 완력으로 파우사니아스를 손아귀에 넣기로 결심했다. 그래서 성대한 잔치를 베풀고 파우사니아스를 비롯해 많은 주요 인사들을 초대했다. 그래서 사람들이 잔뜩 먹고 마신 틈을 타 파우사니아스를 별실로 유인하여 완력으로 음탕한 정욕을 채웠다. 뿐만 아니라 다른 많은 손님들과 한통속이 되어서 같은 능욕을 가했다.

이런 말도 안 되는 파렴치 행위를 당한 일에 대해 파우사니아스는 여러 차례에 걸쳐서 필립포스에게 고충을 호소했다. 필립포스는 복수해주겠다고 약속은 했으나 실제로는 아무런 처벌을 가하지 않았다. 뿐만 아니라 도리어 아타루스를 그리스의 한 지방 총독으로 임명했다. 원한에 사무친 자기 상대가 처벌받기는커녕 오히려 발탁되어 출세한 것을 본 파우사니아스는, 자기에게 무도한 짓을 한 그 가해자에 대한 원한을, 이번에는 원수를 갚아 주지 않는 필립포스에게로 돌렸다. 그래서 필립포스의 딸과 에페이로스의 알렉산드로스와의 결혼식이 거행되는 장중한 분위기에 감싸인 어느 날 아침, 필립포스가 아들인 알렉산드로스와 사위 알렉산드로스 두 사람을 데리고 의식에 참석하기 위해 사원으로 막 들어서려는 때에 필립포스를 암살했다.

이 예는 이미 이 장 앞부분에서 든 로마 사절 파비우스의 사건과도 매우 비슷한 것으로서, 통치를 맡아 보는 자로서는 옷깃을 여미고 생각해야 할 일이다. 즉 이미 지독한 변을 당했는데 거기다가 고배를 마셨다는 생각이 들지 않도록, 불행을 당한 사람을 가볍게 취급하지 않도록 하는 것이 중요하다. 심한 수치를 당한 사람은, 어떤 위험이나 위해가 있다 하더라도 그걸 각오하고 원수를 갚으려 하기 때문이다.

제29장 운명의 여신은 인민이 자기의 계획에 반하는 행동을 취하려 하면 그 마음을 맹목적으로 만든다

세상사의 움직임을 곰곰이 관찰하면, 사람이 그 일에 대해 준비 태세를 갖추기를 신이 원하지 않는다고 여겨질 만한 사건이 종종 일어나는 것을 알 수 있다. 로마같이 힘이 충만하고 종교와 사회 질서도 충분히 갖추어진 국가에서도 뜻하지 않은 사건이 발발했으니, 하물며 그런 장점을 아무것도 갖추지 못한 도시나 국가에서는 무슨 일이 일어나든 놀랄 것이 없다. 이는 곧 인간 세상의 사건에 신의 손이 작용하고 있음을 뚜렷하게 보여 주는 것이다. 그래서 티투스 리비우스는 많은 지면을 할애해서 매우 적절한 설명(티투스 리비우스, 《로마사》 V, 35~37, 48~55)을 하고 있다. 그의 말에 의하면, 신은 로마인에게 신의 위광을 느끼게 만들고자 바랐기 때문에, 먼저 갈리아인에게 사절로서 간 파비우스 가의 사람들로 하여금 실수하게 만들고, 또 그 어리석은 짓의 본보기로서 갈리아인으로 하여금 로마인에게 싸움을 안겨 주었다는 것이다.

그래서 로마인이 그 전쟁을 종결짓는 데 본래 로마인 같으면 도저히 할 성싶지 않은 서툰 수습책을 취하게끔 이끌었다. 즉 그 시초로서 신은 이런 난국 타개에는 꼭 한 사람밖에 없는 안성맞춤의 인물인 카밀루스를 아르데아로 추방하는 그런 실수를 로마인으로 하여금 범하게 했다. 그리고 갈리아인이 로마로 침입하도록 순서를 꾸몄다. 게다가 볼스키인이나 그 밖의 변경 민족이 공격을 가해 왔을 때, 이를 막기 위한 응급 조치로서 임시 독재 집정관직을 여러 차례 설치했던 로마인으로 하여금, 이 갈리아인 침입에는 아무런 수도 쓰지 않게끔 배려했다. 그리고 그 군대를 편성할 때도 약체의 군대를 만들어서 완전히 방임하는 태도를 취하게 만들었다. 이렇게 해서 만들어진 군대는 무기를 잡고 싸울 때도 매우 무기력하게 우물쭈물 시간을 낭비하다가, 로마에서 겨우 16킬로미터 떨어진 아리아 강가에서 갈리아 군이 쳐들어오는 것을 기다려 공격하게 되었다(기원전 390년).

게다가 이 때 호민관은 진을 펴는 데 있어서 지극히 당연한 배려까지도 소홀히 했다. 지형을 살피는 일도 게을리하고, 진지 주위에 연못이나 울타리를 치는 일도 잊어버렸으며, 사람의 힘이나 신의 힘에 원조를 바라는 일은 전혀 돌아보지도 않았다. 그뿐 아니라 전투 태세를 갖추는 것만 하더라도 온통 흠투성이의 진형이었으며, 그곳에 주둔하는 장병들은 아무리 보아도 로마 군의 규율에 어울리는 행동은 전혀 찾아볼 수 없는 형편이었다. 그리고 전투에 있어서는 피 한 방울도 흘리지 않았다. 그것은 공격당하기가 무섭게 정신 없이 도망쳤기 때문이다. 도망친 군대의 대부분은 베이로 달아나고, 나머지 사람들은 로마에 당도했다. 로마에 당도한 자들은 자기 집에는 가려고도 하지 않고 카피톨 언덕에서 농성하는 시민들에게 가담했다.

한편 원로원도 다른 사람들과 똑같이 로마를 방어하겠다는 생각은 하지도 않고, 성문마저 열어 놓은 채 어떤 자는 달아날 속셈을 갖고, 나머지 사람들은 카피톨의 농성 때 가담하고 말았다. 그래도 카피톨 방어에 있어서는 그들도 적절하고 조리 있는 수단을 강구하지 않았던 것은 아니다. 즉 그들은 거추장스러운 사람이 가담하는 것을 거부했고, 장기간의 농성이 지탱되게끔 있는 대로의 곡물을 그곳에 비축했다. 그리고 노인이나 아녀자처럼 전투에 쓸모 없는 사람들은 그 대부분을 주변 마을로 분산시켰다. 한편 로마에 머물렀던 자들은 갈리아인의 밥이 되고 말았다. 그래서 이보다 훨씬 이전의 옛날에 로마인이 수립했던 위대한 업적에 대한 것을 읽었던 사람이, 지금 이 사건에 대해 읽었다고 하면 누구든지, 이게 다 같은 로마 인민이 한 짓인가 하고 의심스러워질 것이 틀림없다.

위와 같은 로마의 모습을 상세히 서술해 온 티투스 리비우스는 다음과 같이 결론지었다(티투스 리비우스, 《로마사》 V, 37.1.).

"운명은 자기의 포석대로 인간이 움직이려 하지 않을 때는, 이렇게까지 사람의 마음을 맹목적으로 만들어 버리는 것이다."

이 결론만큼 정곡을 찌른 것은 달리 있을 수 없다. 따라서 한없는 역경에 있든, 일이 뜻대로 잘 되고 있든, 각각의 사람이란 칭찬할 만한 것도 없고 비난할 것도 못 된다. 왜냐하면 파멸에 처하거나 또는 영달을 누리고 있는 사람이란, 대개가 신에 의하여 그들에게 주어진 위대한 기회를 그대로 받아들이는 데 불과하다는 것을 인정할 수 있기 때문이다. 신은 이와 같이 사람들이 확신을 가지고 당당하게 제 길을 걸어갈 수 있게끔 기회를 주거나 또는 그것을 빼앗는 데에 지나지 않는다.

운명은 스스로 어떤 커다란 움직임을 만들어 나가고자 할 때, 자기가 내미는 좋은 기회를 인정하고 이를 채택할 수 있을 만한, 정신에 심지가 있고 재능도 풍부한 인물을 선택하는 법이다. 이와 마찬가지로 운명은, 세상에 커다란 파국을 주자고 생각할 때는 그 파국을 감당하기에 알맞은 사람을 선택해서 등장시킨다. 그리고 만일 운명이 장만한 절차에 훼방을 놓는 사람이 나타났을 때는 이를 죽이든가, 또는 그 사람으로부터 어떤 좋은 일을 할 수 있는 능력을 깡그리 빼앗아 버린다.

내가 인용해 온 실례로 보더라도 다음의 점이 잘 이해되리라 믿는다. 결국 운명은 로마를 강대하게 만들되 가장 번성하게 육성해 주려는 생각에서, 이 쯤에서 본보기로 교만한 콧대를 꺾어 둘 필요가 있다고 생각했다. 이 점에 대해서는 제3권의 앞부분에서 다루게 될 것이다.

그러나 로마를 완전히 멸망시키려고 생각하지는 않았다. 카밀루스를 추방하는 것으로 그치고 그 목숨을 빼앗지 않았던 것이 이 때문이라는 것을 알 수 있을 것이다. 또 한 가지, 로마는 함락시켰지만 카피톨은 그대로 내버려두었다. 결국 운명은 로마 방어에 있어서 로마인을 속수무책으로 만드는 한편, 카피톨 농성의 경우에는 그들에게 가장 좋은 술책을 갖추게 만드는 것을 잊지 않았다. 그리고 로마 함락이라는 사태를 초래하게끔 만들기 위해, 아리아에서 패전을 당한 군대 대부분을 베이이로 달아나도록 계획을 세워 두었다.

이와 같이 운명은 로마 시의 방어를 위한 수단에 대해서는 이를 모두 빼앗아 두었다.

그런데 운명은 이와 같은 계획을 미리 세워 놓고서도 한편에서는 로마의 부활을 위해 모든 수를 써 두었다. 즉 다치지 않은 로마 군을 베이이로 이끌어 놓고, 또 카밀루스를 아르데아(^{아리아}_{강가})로 피신시켰다. 그래서 아직껏 패전의 오명을 입은 적도 없고 또 더없는 명성으로 빛나는 장군 밑에 인솔된 대군에 의해서 처음으로 조국 탈환이 가능해졌다.

내가 이제까지 말해 온 견해를 뒷받침하기 위해서는 최근의 실례를 들어야 마땅하지만, 내가 말한 것으로도 충분하다고 판단하여 굳이 덧붙이지 않기로 한다. 역사 전체를 통해 보더라도 나는 다음의 점에 대한 정당성을 여기서 다시 거리낌없이 단언한다. 즉 사람은 운명이 이끌어 가는 대로 몸을 맡길 수는 있어도 이에 거스를 수는 없다. 그리고 사람은, 운명이라는 실을 짜 나갈 수는 있더라도 이를 찢을 수는 없는 것이다. 하지만 그렇다고 아주 체념해 버릴 수도 없다. 왜냐하면 운명은 무엇을 꾸미고 있는지도 모르며, 어디를 어떻게 지나 와서 어디로 얼굴을 내밀지 전혀 짐작도 못할 일이기 때문이다. 그러므로 언제 어떤 행운이 어디로 날아들지도 모른다는 희망을 가지고, 어떤 운명을 만나더라도, 또 어떤 괴로운 처지에 몰리게 되더라도 소극적인 태도가 되어서는 안된다.

제30장 실제로 실력이 있는 공화국이나 군주는
금전이 아니라 자기 역량과 군사력으로 우호 관계를 얻는다

로마인은 카피톨 언덕에서 포위되어 있을 때 베이이인과 카밀루스의 구원을 은근히 기대했으나, 식량의 부족 때문에 시달리던 나머지 결국 약간의 황금을 주기로 하고 갈리아인과의 사이에 화의를 성립시켰다. 그 결정된 조항에 따라 황금의 무게를 달고 있을 때 카밀루스가 군대를 이끌고 도착했다.

이것이야말로 티투스 리비우스의 말(티투스 리비우스,《로마사》 V, 49,1)에도 있듯이, 운명은 '로마인이 황금을 치러서까지 그 목숨을 보존할 것을 원치 않았던' 것이다. 이 사건이 우리의 주목을 집중시키는 것은, 사건 자체 때문이 아니라 오히려 이 사실이 로마 공화국이 일관되게 취해 온 방침 자체에 관련이 있기 때문이다. 즉 로마는 황금의 힘으로 영토를 배상한 일도 없었고, 금전으로 평화를 획득한 일도 없으며, 언제나 군대의 힘을 배경으로 일을 추진해 왔다. 이런 일은 다른 국가에는 없었던 점이다.

한 나라의 국력을 재는 데 여러 가지 방법이 있겠지만 그 중에서도 특히 적확한 것은, 그 나라가 이웃 여러 나라와 어떤 관계를 유지하고 있는지를 보면 된다. 즉 이웃 나라가 우호 관계나 보호를 그 나라로부터 얻고자 공납하게 되어 있을 경우는 이 나라가 강국이라는 좋은 증거이다. 반면 자기보다 약한 이웃 나라임에도 불구하고 금전을 공납하고 있을 경우는 이 나라가 약하다는 것을 말해 주는 가장 좋은 증거가 된다.

로마사 전체를 통독해 보면 마실리아인, 에두스인, 로도스인, 시라쿠사의 히에론, 그리고 에우메네스나 마시니사 같은 국왕들 등, 로마와 접하고 있던 모든 사람들은 로마와의 우호 관계를 맺기 위해 로마의 요구대로 앞을 다투어 금품을 공납하고 한결같이 로마의 보호를 바랐다는 것을 알 수 있다.

그런데 약한 나라의 경우는 정반대의 현상을 볼 수 있다. 먼저 피렌체의 경우를 들기로 한다. 피렌체는, 아주 먼 옛날 그 명성이 한층 높았을 때도 로마냐 같은 작은 군주조차도 피렌체에 공납을 해 본 예가 없었다. 그러기는 커녕 피렌체는 페루지아인, 카스텔로인(치타 디 카스텔로인)을 비롯한 주위의 모든 나라에 금품을 주고 있는 형편이다. 만약 피렌체가 군사력을 갖춘 튼튼한 국력을 가진 나라였다면 반대의 현상이 일어나서, 모든 나라가 피렌체의 보호를 받고 싶은 나머지 금전을 갖다 바치러 왔을 게 틀림없다. 즉 우호 관계를 파는 것이 아니라 피렌체로부터 이를 사려고 했을 것이다.

이런 무기력한 행동은 비단 피렌체에만 있는 현상은 아니다. 베네치아 역시 다르지 않다. 그뿐만 아니라 강대한 왕국인 프랑스 국왕도 스위스나 영국 국왕에게 공납하고 있다. * 그들이 이래야 했던 까닭은, 이런 나라들은 자기 나라 인민이 무기를 갖추게 하지 않았기 때문이다. 즉 프랑스를 비롯하여 내가 지적한 그 밖의 국가는 모두 자국의 안태를 확보하고 국가 100년의 번영을 가져오는 정공법을 취하려 하지 않고, 자국민의 주머니에서 돈을 우려내어 이를 눈앞의 이익에만 돌리고 실제 국가의 위기에는 외면하여 공상의 세계로 도피했기 때문이다. 이 같은 미봉책은 잠시 동안은 평화로울지 모르나 막상 막다른 길에 몰리게 되었을 때는 국가를 망치게 되므로 두 번 다시 일어설 수 없을 정도의 파멸을 당하는 원인이 되기도 한다.

피렌체인, 베네치아인, 그리고 프랑스 왕국이 전쟁을 금전의 힘으로 결정지으려 했던 일이 대체 몇 번 있었는지를 이야기한다면 지루한 이야기가 될 것이다. 그리고 로마인이 꼭 한 번 하마터면 몸을 망칠 뻔했던 그 파렴치에 대해 그들은 몇 번이나 손을 더럽혔던가 하는 것도 헤아릴 수 없을 정도다. 피렌체인이나 베네치아인이 얼마나 많은 영토를 돈으로 샀던가 하는 것도 일일이 헤아릴 수 없을 만큼 많다. 더군다나 나중에는 그 땅이 본국으로부터 이반해 버리는 감당 못할 존재가 되어서, 결국 황금의 힘으로 얻은 것은 무력으로는 막을 수 없는 것임을 뼈저리게 느꼈을 따름이다.

로마인의 역사를 보더라도 이와 같은 말을 할 수 있다. 즉 로마인은, 공화국의 자유로운 공기를 마시던 시대에는 그들도 고매하고 강력한 방책을 사용하고 있었다. 그런데 시대가 지나서 제정 시대로 접어들자 황제들은 부패하고 타락해져서 밝은 태양 아래의 전쟁터보다도 그늘진 궁정 생활에 애착을 나타내기 시작했다. 그래서 때로는 파르티아, 때로는 게르만, 또 어떤 때는 이웃의 인민들로부터 평화를 돈으로 사기 시작하게 되었다. 그야말로 그토록 위용을 자랑하던 대판도가 붕괴되는 것을 암시하는 것이 될 수밖에 없었다.

이와 같이 쇠퇴하게 되는 것도 근본을 따지면 전적으로 인민에게 무기를 잡게 하지 않았다는 것이 원인이다. 그러면 더 큰 폐해가 거기서 생긴다. 즉

---

* 역대의 프랑스 왕은 스위스 군 때문에 돈을 낭비했다. 루이 12세는 스위스 군을 적으로 했기 때문에 노바라 전투(1513년 6월 6일)에서 패전의 고배를 마셨다. 프랑스와 1세는 4천 명의 스위스병을 고용하기 위해 해마다 70만 스쿠디를 치렀고, 스위스 13주에 각기 공납했으며 또 2천 프랑을 지불했다.

적이 이쪽 영내 깊숙이 침입해 오면 올수록 적은 점점 더 이쪽의 약함을 눈치채게 된다. 왜냐하면 인민에게 무기를 잡게 하지 않는다는 위에서 말한 방법으로 통치를 행하고 있을 경우, 위정자는 외적의 침입을 저지하기에 편리한 인원 배치를 갖출 필요상, 나라의 중심부에 있는 영민에게는 무기를 갖게 하지 않고 적과 제일 먼저 접촉할 국경의 주민들에게만 겨우 무장을 시킨다. 말하자면 적의 침입을 막기 위해 국경 부근에 사는 군주나 주민을 무장시켜 두는 것이다. 그러므로 국경선 부근에서는 적의 침입에 즈음하여 다소는 저항이 이루어질 수도 있겠으나, 적이 고지대를 돌파해서 내부로 침입하고 나면 그만 손을 쓸 수단이 없어지고 만다. 이런 방법으로 국가를 방어하려 하는 사람에게는, 이것이 얼마나 상식을 벗어난 어리석은 책략인지를 모른다. 왜냐하면 심장을 비롯해 육체의 활동원이 되는 장소에다 무장해 두어야 하는 것이지, 그 주변 부분에 해당하는 손발은 그렇게까지 할 필요도 없기 때문이다. 말하자면 심장을 잃는다면 죽는 수밖에 도리가 없지만, 수족은 상처를 입는다 해도 살아갈 수 있기 때문이다. 그런데 이런 국가는 심장은 무방비 상태로 내버려두고 손발에만 방비를 굳히는 격이다.

이런 예상 착오로 인해 빚어진 상처는 피렌체에서는 지금까지 겪어 왔고 지금도 날마다 이를 보고 있다. 적군이 그 국경을 돌파하고 중심부로 쇄도해 들어오면 손을 쓸 길이 없어진다. 몇 년 전에 베네치아인도 똑같은 실패를 되풀이하고 있었다. 만약 그 나라가 바다로 둘러싸여 있지 않았던들 하마터면 최후의 날을 맞을 뻔했다.

그런데 프랑스에서는 이와 똑같은 체험을 늘 겪고 있지는 않다. 그것은 뭐니뭐니해도 프랑스는 대국인지라 프랑스보다 강한 나라란 흔치 않기 때문이다. 그렇지만 1513년에 영국이 이 나라를 공격했을 때만은 온 프랑스가 벌벌 떨었다. 국왕 자신을 비롯하여 프랑스인 모두가 단 한 번의 패전(기느가트의 전쟁을 가리킨다)으로 프랑스 전 지역이 점령되어 버릴지도 모른다고 각오하고 있었던 것이다.

로마인의 경우는 앞에서 말한 것과는 전혀 반대이다. 즉 적이 로마시로 접근하면 할수록 이 도시의 방어가 튼튼하다는 것을 더욱 통감하게 되었다. 한니발이 이탈리아에 진공해 왔을 때도 그랬다. 로마는 세 번의 패전을 거듭하여 숱한 장병을 잃은 뒤에도 여전히 한니발 군의 공격을 견뎌낼 수 있었을 뿐만 아니라 도리어 승리를 얻었다. 이것은 실로 로마가 심장부의 방비를 돈독히 하고 손발에 해당하는 부분에는 중점을 두지 않았기 때문이다. 결국 로마가 의지하여 일어서는 기초는 그 인민에 있었다. 즉 라틴 여러 도시의 연합과 이탈리아 여러 도시의 동맹, 그리고 그 식민지에 있었다. 이것을 기반으로 한 로마는 온 세계를 적으로 하여 싸움을 걸고, 또 이를 정복해 나가기에 충분한 병력을 이 활동원에서 이끌 수 있었다.

내 말이 옳다는 것은 다음의 실례를 보면 잘 알 수 있으리라고 믿는다. 칸네 전쟁에서 승리를 거둔 뒤, 카르타고인 한논이 한니발로부터 파견되어 온 사자에게 어떤 말을 물었던가. 사절들이 한니발의 전과를 발표하는 것을 들은 한논은 그들에게, '로마 인민이 화평을 구하러 왔던가? 그리고 라틴 도시 동맹과 그 밖의 식민지에서 로마인에 대한 반란이 일어났는가?' 물었다. 이에 대한 사절의 대답은 그 어느 쪽의 사실도 없었다고 대답했다. 그 말을 들은 한논은 '그렇다면 이 전쟁은 지금 갓 시작되어서 전혀 손을 대지 않은 거나 다름없다(^{티투스 리비우스, XXIII, 13, 2})'고 대답했다는 것이다.

이 장에서 논한 것과 앞에서 여러 번 내가 주장해 온 것으로도 알 수 있는 일이지만 지금의 공화국과 고대의 공화국 간의 방법의 차이는 아주 현저하다. 그리고 지금의 공화국은 어처구니없을 정도로 부진에 빠져 있는 데 비해, 고대 로마의 경이적인 발전의 비밀에 대해서도 짐작되는 점이 있으리라 믿는다. 왜냐하면, 인간의 능력이 부족할 때는 운명은 자기가 가진 힘을 마음대로 발휘하기 때문이다. 말하자면 운명은 변덕스러워서 변하기 쉬우므로, 공화국도 군주국도 고대의 실례에 깊은 애착을 지닌 인물이 나타나 로마인의 예에 의해서, 날마다 운명이 제멋대로 행동할 여지를 없애도록 그 힘을 규제하지 않는 한, 현재의 국가는 언제까지라도 운명의 장난에 휘둘려 나갈 것이다.

제31장 망명 중에 있는 사람의 말을 믿는다는 것이 얼마나 위험한가

조국에서 쫓겨난 망명자의 말을 믿으면 얼마나 위험한 변을 당해야 하는 가를 여기서 말해 두는 것도 매우 온당치 않은 일은 아닌 것 같다. 사실 이 점은 국가 통치를 맡아 보는 지배자가 매일같이 직면해야 할 과제이다. 직접 정면으로 맞부딪치지는 않았지만, 다행히 티투스 리비우스가 그 역사 속에서 적절한 실례(^{티투스 리비우스, VIII, 3, 17, 24})를 들고 있으므로 나로서도 이 문제를 취급하기가 쉬운 셈이다.

알렉산드로스 대왕이 군을 이끌고 아시아로 향했을 때 그의 매형이자 숙부뻘인 에페이로스 왕 알렉산드로스는 망명 중에 있는 루카니아인의 부름에 따라 군을 이탈리아로 진군시켰다. 루카니아 망명자들은 이 왕으로 하여금 그들의 도움으로 이탈리아 전 지역을 손에 넣을 수 있게 될 것으로 알게 만들었다. 이처럼 듣기 좋은 달콤한 말에 속아 넘어가 이탈리아로 간 에페이로스 왕은 도리어 그 망명자들의 손에 목숨을 잃게 되었다. 이렇게 된 것도, 루카니아인이 그 망명자들에게 '에페이로스 왕만 죽인다면 당신네 나라의 희망을 이루어 주겠다'고 약속했기 때문이다. 따라서 조국을 쫓겨난 망명자들이 내세우는 신의나 약속 같은 것은 쓸모 없는 것임을 새삼스레 느끼게 된다. 그들이 맺는 신의 같은 것은 여러분과 어떤 서약을 맺고 있든 간에 귀국할 수 있는 수단만 발견되면 언제든지 여러분을 제쳐놓고 다른 자와 손잡고 마는 정도의 것이기 때문이다. 그리고 그들이 여러분 앞에서 자랑하는 믿지 못할 약속이나 기대에 대한 것들은 대부분이, 그들의 궁극의 목적인 자기들 나라로 돌아가는 것과 관련되어 있기 때문에 당연히 그릇된 사항을 모두 믿고, 게다가 일부러 자기의 희망적 관측까지 짜 넣는 식이다. 그래서 그들이 본심으로 믿는 것과 그렇게 믿고 있다고 하는 것의 어긋남에 대한 조리를 맞추기 위해 당신들에 대해 믿지 못할 희망을 갖도록 만든다. 이런 엉터리를 토대로 해서 행동을 일으키면 결국은 헛일이 되든가 또는 파멸의 원인이 되는 데 지나지 않는다.

지금까지 말해 온 에페이로스 왕 알렉산드로스의 실례만으로도 충분히 설명이 된 것으로 생각하지만, 다시 아테네의 테미스토클레스^(제1권 제59장 참조)에 대한 것도 덧붙이려 한다. 그는 모반했다는 비난을 받았기 때문에 아시아로 망명하여 다리우스 밑에 몸을 의탁했다. 거기서 그는 다리우스에게 아무렇게나 마구 적당하게 약속해서 그리스를 공격하도록 만드는 바람에 그만 그도 그럴 생각이 되고 말았다. 그런데 테미스토클레스는 먼저 한 약속을 수행하지 못해서 이를 부끄러워해서였는지, 처벌될 것이 두려워서였는지 음독하여 스스로 목숨을 끊었다.

테미스토클레스 정도의 걸출한 사람도 이런 실수를 저지를 수 있는데, 역량에서 월등히 뒤떨어지는 사람들이 그 감정이나 욕망이 내키는 대로 몸을 맡긴다면 더 큰 실패에 빠지게 되는 것임은 쉽게 알 만한 일이다.

그래서 군주는 망명자의 말을 듣고 일을 진행할 때는 지극히 신중해야 한다. 왜냐하면 경솔하게 그런 짓을 한 군주는 대개의 경우 창피를 당하든가 아니면 중대한 손해를 입게 되기 때문이다. 사실 도시의 주민 이외의 사람과 은밀히 간계를 짜서 그 도시를 점령한 일은 거의 없었다 해도 과언이 아니기 때문이다. 이런 주제를 다음 장에서 취급한다는 것도 크게 논지에서 벗어나는 일이 아니므로, 나는 로마인이 다른 도시를 점령할 때는 어떤 수단을 썼던가 하는 것을 살펴보고자 한다.

제32장 로마인이 다른 도시 점령에 사용한 수법에 대하여

로마인은 모든 일을 전쟁에 집중하고 있었으므로 어떻게 하면 전쟁 비용이 덜 들까, 어떻게 하면 전쟁 수행에 편리할까 하는 일에 늘 신경을 쓰고 있었다. 그 결과 그들은 도시를 손에 넣으려 할 경우에 되도록 포위전을 피하게 되었다. 그 이유는, 이 방법은 엄청나게 비용이 많이 들고, 실행에 있어서도 여러 가지 불편이 따라 도시를 점령해서 얻어지는 이익보다 손해가 훨씬 많기 때문이다. 그래서 로마인은 도시를 정복하려면 이를 포위하기보다도 다른 여러 가지 방법을 쓰는 편이 훨씬 더 좋은 방법이라고 생각했다. 그러므로 로마인은 오랜 세월에 걸쳐서 그토록 자주 전쟁을 했으면서도 포위전을 한 실례는 매우 적다. 그들이 도시를 손에 넣을 때에 썼던 방법이란, 강제로 탈취하든가 또는 항복시킨다는 점이었다. 강제로 탈취한다는 것이란, 무턱대고 돌진해 들어가는 방법과 이에 계략을 가한 방법이다. 저돌적으로 돌진해 도시에 공격을 가할 때는 성벽을 파괴하지 않는다. 이 방법은 '왕관식 공격'이라 불리는데, 그 이유는 적군을 동원해서 관 둘레를 에워싸듯이 그 도시 사방팔방에서 일시에 고통을 주기 때문이다.

이렇게 해서 어떤 대도시건 그곳에 공격을 퍼부어서 탈취하는 방법으로 로마인은 종종 승리를 거두었다. 스키피오가 신 카르타고(카르타고 노바)를 탈취한 것도 이 방법을 써서 가능했다. 이 방법을 써도 되지 않을 때는 망치라든가 그 밖의 기구를 써서 성벽에 돌파구를 만든다. 그렇지 않으면 갱도를 타고 나가서 성내로 돌입한다. 또는 성벽을 수비하고 있는 적 측과 같은 높이의 재목으로 망대를 만들거나, 성벽을 내려다볼 수 있도록 그 바깥에 흙을 쌓아

올려서 둑을 만든다.

이런 공격 방법 중에서도 수비 측에 있어서 가장 질색인 것은 성 둘레에서 일시에 공격을 당할 때이다. 이렇게 되면 수비 측은 갑자기 위기에 몰려 손을 쓸 길이 없어진다. 즉 이런 식의 공격을 당하게 되면 어디라 할 것 없이 수비진을 강화하든가, 그렇지는 않더라도 일부의 교대 요원을 보급해야 하기 때문에 병사가 부족해서 도저히 이에 응수하지 못하게 된다. 그리고 병사가 확보된다 하더라도 모두 똑같이 용감하게 싸운다고는 할 수 없으므로 한 군대가 무너지면 모든 군이 한꺼번에 괴멸하는 결과가 되는 것이다.

이미 지적했듯이, 사면에서 일시에 맹공을 가하는 전법은 성공률이 매우 크다. 그런데 첫 번째 전쟁에서 이 전법이 효과를 올리지 못할 때는 이 전법을 거듭 시도해서는 안 된다. 이것은 군대로서는 위험한 방법이기 때문이다. 왜냐하면 이런 경우 공격군은 넓은 범위에 걸쳐서 흩어져 있으므로 성 안에서 출격해 나올 때는 사방이 모두 허술하게 되어 있어서 도저히 맞설 수가 없을뿐더러 공격군의 장병들은 혼란에 빠져서 지쳐 버리기 때문이다. 그러므로 이 전법은 꼭 한 번, 그것도 기습 전법으로 사용할 성격의 것이다.

한편 성벽을 파괴해서 돌파구를 만드는 전법에 대한 대항책으로는 요즘 흔히 행해지는 것처럼 즉각 이를 수복해서 적의 침입을 저지하는 방법이 취해지고 있다. 그리고 갱도를 파고 나가는 방식에 대해서는 이쪽에서도 구멍을 파 나가는 방법도 있다. 그래서 이 갱도를 이용하여 무기나 그 밖의 도구를 써서 적의 침입을 막는다. 포구를 이용해서 적을 막는 방법 중 제일 많이 사용되는 것은 다음과 같다. 즉 통 속에 깃털을 담아 거기다 불을 붙여 갱도 속에 던져 놓고 그 연기와 냄새로 적이 들어오는 것을 막는 것이다. 또는 적이 망대를 만들어서 공격을 가해 올 때는 어떻게 해서든지 그 망대에다 불을 질러 그것을 부수어 버린다. 흙으로 둑을 쌓고 성벽을 타넘어오려고 하는 적에 대해서는 이쪽 성벽의 낮은 곳에 구멍을 뚫어서, 밖에서 아무리 흙을 쌓아올린다 하더라도 안쪽에서 그 흙을 제거한다. 이렇게 해서 바깥쪽에서 쌓아올린 흙을 안쪽에서 치워 나가면 둑은 언제까지라도 높아지지 않는다.

적지를 공략하는 이런 여러 가지 방법은 장시간에 걸쳐서 이를 계속할 수는 없다. 따라서 진지를 철수하거나 그 밖의 방법을 사용해서 승리를 거두도록 이끌어 나가야 한다. 이 점은 스키피오가 아프리카에 침입했을 때의 예에서도 찾아 볼 수 있다. 말하자면 그가 우티카 공략에 성공하지 못했기 때문에 진지를 철수한 다음 카르타고 군을 야전으로 끌어내어 이를 격파하려고 했다. 그리고 때에 따라서는 보통의 포위전을 행해야 한다. 베이이·카푸아·카르타고·예루살렘과 그 밖의 지방을 포위전으로 점령한 예가 이것에 해당한다. 계략과 완력을 결부시켜서 도시를 결부하는 방법은 로마인이 나폴리 공격에서 사용한 것이다. 로마인은 이때 성 안의 주민과 은밀히 내통해서 점령에 성공했다.

로마인이나 그 밖의 사람들이 이런 종류의 공격법을 종종 사용하고는 있었지만 성공한 예는 적었다. 그 이유는 아무리 사소한 어려움이 생겨도 계획 전체가 완전히 어긋나 버리는 데다가 그런 어려움은 매우 일어나기 쉽기 때문이다.

대체로 음모란, 그것을 실행으로 옮기기 전에는 탄로가 나기 쉽다. 이렇게 일이 쉽게 탄로나는 것은 그 계획을 맡아 보는 사람의 배반 때문이거나 음모 자체를 실행하는 어려움 때문이다. 특히 이런 경우 어떻게 해서든지 그럴듯한 구실을 만들어서 적이나 이와 비슷한 입장의 사람들과 말을 붙여야 하기 때문에 더구나 곤란하다. 그런데 이 음모를 추진해 나가는 단계에서, 누설되지 않는다 하더라도 그것을 실행으로 옮길 때에 숱한 장애가 속출한다. 즉 미리 예정해 둔 실시 시기보다 이전에 거사를 하거나 또는 그 시간에 맞지 않는 경우에는 모든 일이 허사가 되는 것이다.

이를테면 카피톨의 거위가 울기 시작해서 뜻하지 않은 소음을 내거나 _(티투스 리비우스 《로마사》 V, 47), 평소의 관습과는 극히 사소하게나마 틀린 행동을 하거나, 아주 사소한 실수라든가 착각을 저질러 버리면 계획은 파탄을 초래한다. 게다가 어두운 밤에 거사해야 할 때는 이 위험한 일로 고생을 거듭하고 있는 사람들의 공포심을 더욱 배가하는 것이다. 이런 일에 종사하는 자들의 대부분은 따라간 장소의 지리에 익숙하지 않기 때문에 사소한 일에도 허둥대며 의기소침해져 정신을 잃어버리고 만다. 그래서 환상만 보아도 겁을 먹고 정말인 줄 알고 허둥지둥 달아나 버린다.

어둠을 틈타 거사하여 성공한 사람들 중에서도 특히 시키온의 아라토스*

---

* 기원전 271년~213년경. 아카이아 동맹의 전략가. 플루타르코스 《아라토스전》.

만큼 훌륭히 해낸 사람은 없었다. 그런데 그는 밤의 전쟁에서는 진가를 발휘했는데 대낮의 전쟁 때는 지극히 소심했다. 그가 성공을 거두었던 것은, 행운이 저절로 굴러들었다기보다도 그 속에 깃들어 있던 숨은 역량의 소산이다. 그래서 밤을 이용해서 하는 공격이 늘 계획되기는 하지만 실행으로 옮겨지는 일은 매우 드물며, 또 성공하는 일도 지극히 적다.

상대를 항복시켜서 그 땅을 손에 넣는 방법은 자진해서 투항시키는 것과 실력을 행사하는 두 가지가 있다. 자발적으로 투항해 오는 경우는 카푸아인이 로마인에게 항복했을 때처럼 제삼자로부터 위협을 받았기 때문에 보호를 구하여 투항해 오는 경우가 있다. 그리고 다른 예로서, 본래는 더 좋은 통치를 받았으면 하고 바라는 국민이, 한 군주에 대해 투항한 다른 국민이 선정의 혜택을 누리고 있는 것에 부러움을 느껴 그 뒤를 따르는 경우를 생각할 수 있다. 후자의 실례로는 로도스인·마실리아인과 그 밖의 사람들이 로마 인민에게 자진해서 투항한 경우가 이에 해당한다. 실력으로써 상대를 항복시킬 경우는 장기 포위전의 결과로 초래된다. 또 한 가지는 국내 각지를 침범하여 마구 난폭한 행동을 하면, 그 도시는 이를 피하기 위해 항복할 수밖에 없다.

이제까지 들어 온 여러 가지 전법 중에서도 로마인이 특히 채택한 것은 마지막의 방법이었다. 로마인은 100년 이상이나 걸쳐서 이웃 여러 나라를 격파하고 난동을 부려서 피폐하도록 만들고, 이를 이용하여 될 수 있는 대로 유리한 조건을 만들어 상대에게 강요하도록 노력했다. 이 점은 내가 다른 대목(^{제2권 제6장}_{참조})에서 이미 설명해 둔 대로이다. 물론 로마인 역시 온갖 방법을 다 시도했지만 다른 방법은 위험하기도 하고 효력도 적다는 것을 알았기 때문에 결국은 이 방법에 의존하게 되었던 것이다. 그것은, 포위전은 오래 끄는 데다가 비용이 많이 들고, 정면으로 하는 공격은 성공이 의심스럽기도 하고 위험하기도 하다. 그리고 음모에 의한 방법은 믿을 수 없다는 이유에서였다. 로마인은, 완강하게 저항하는 한 도시를 항복시키기 위해서는 많은 세월을 요하는데 비해, 적군을 야전으로 격파하면 단 하루 만에라도 왕국을 손에 넣을 수 있다는 것을 알고 있었다.

제33장 로마는 작전에 있어서
군대의 지휘관에게 충분한 권한을 주었다

티투스 리비우스의 역사를 읽고 거기서 어떤 배울 점을 도출하려고 한다면, 로마 인민과 원로원이 취한 모든 행동에 대한 태도를 완전히 검토해야 한다고 생각한다. 고찰할 만한 가치가 있는 사항은 여러 가지가 있으나 그 중에서도 다음의 점은 특히 알아 둘 필요가 있다. 즉 집정관, 임시 독재 집정관, 그리고 그 밖의 군사령관을 전쟁에 보낼 때 어떤 권한을 주었는가를 알아 두어야 한다. 이런 경우 그들은 절대적인 권한이 부여되었다. 따라서 원로원에는 새로 전쟁을 시작할 때와 화평을 강구할 때의 권한이 겨우 남겨져 있을 따름이었다. 이렇듯 그 밖의 모든 사항에 대해서는 집정관의 독단과 권한에 맡겨져 있었다.

인민과 원로원이 하나의 전쟁, 이를테면 라티움과의 전쟁을 시작할 것을 결정하면, 이것 이외의 사항은 모두 집정관의 판단에 맡겨진다. 즉 집정관은 자기 판단에 따라서 결전을 벌이든지 피하든지를 결정하거나, 자기 생각대로 어느 도시에 공격할지를 정하는 것이다.

이런 일은 숱한 실례에서도 확인할 수 있지만, 특히 로마인이 에트루스키인에 대해 행한 원정 때에 생겼던 일이 주목할 만하다. 집정관 파비우스*는 사트리움 부근에서 에트루스키인을 격파하고 다시 군을 이끌어 키미니아의 숲을 빠져나와 에트루리아에 쇄도하려고 했다. 이 작전은 지리를 잘 모르는 데다가 숱한 곤란과 위험을 수반하는 데도, 그는 이를 원로원에 의논하지 않았을 뿐만 아니라 아무런 보고조차 하지 않았다.

그의 행동에 대해 원로원이 행한 결의의 경위가 그간의 사정을 설명한다. 즉 파비우스가 승리를 거두었다는 정보를 들은 원로원은, 파비우스가 그 숲을 지나서 에트루리아로 빠지는 길을 택할 게 틀림없다고 걱정하면서, 이런 작전을 세워서 모험한다는 것은 좋은 방법이 아니라고 판단했다. 그래서 파비우스에게 두 사람의 사자를 파견하여, 에트루리아로 빠져나가서는 안 된다는 원로원의 의향을 전하게 했다. 그런데 두 사자가 그쪽에 도착해 보니 파비우스는 숲을 지나서 이미 승리를 획득하고 난 뒤였다. 이렇게 되고 보니

---

* 파피우스 막시무스 룰리아누스, 제1권 제31장 참조, 티투스 리비우스, 《로마사》 IX, 35~37.

두 사자가 싸움을 중단시키러 갔던 것이 로마로 돌아와 파비우스의 빛나는 승리와 성과를 보고하는 결과가 되었다.

원로원의 이 행동을 곰곰이 생각해 보면 지극히 깊은 배려 아래 행해지고 있다는 것을 알 수 있을 것이다. 왜냐하면 집정관은 일일이 원로원의 지령을 받아 가며 전쟁을 진행해 나가야 한다고 원로원이 생각하고 있을 것 같으면, 집정관으로서는 더 적당하게, 그리고 더 길고 오래 일을 진행해 나가려고 하게 되기 때문이다. 모처럼 승리를 얻어 봤자 그 영예가 고스란히 집정관에게 주어지지 않고, 집정관은 원로원의 지시에 따라 전쟁을 하고 있다는 이유로 원로원에도 승리의 영예를 나누어 주어야 하기 때문이다. 게다가 원로원은 도저히 이해가 될 까닭도 없는 일에 대해서도 참견할 수 있는 결과가 된다. 설사 원로원 의원들이 대체로 전쟁에는 실력 있는 용사들이라 할지라도, 현지에 직접 들어가는 것도 아닐뿐더러 적절한 지시를 주기 위해서는 아무래도 알아 두어야 할 여러 가지 자질구레한 지식을 다 가지고 있는 것도 아니므로, 집정관에게 의견을 말하려 하다가는 숱한 실수를 저지르게 되기 때문이다.

이와 같은 여러 이유에 의해, 집정관은 스스로 자기 생각대로 전쟁을 지도해서 그 영예를 독점해야 한다고 생각했다. 이런 승리의 영예를 손에 넣으려고 노력하는 바람에 도리어 전쟁을 좋은 결말로 이끌어 나가게끔 집정관이 더 신중하게 하는 결과가 되었다.

이런 방법에 대해 나는 찬성을 표하고자 한다. 사실 지금의 베네치아나 피렌체 같은 공화국에서는 로마 시대의 방침과는 정반대의 일을 하고 있는 것 같다. 말하자면 이런 공화국의 장군, 대장, 군사위원들은 대포 하나를 대치하는 장소에 대해서도 일일이 본국 당국에 보고해서 지시를 받아야 하는 형편이다. 이와 같이 일일이 당국의 허가를 받아야 하는 습관은 그 밖의 모든 일에 이르고 있다. 좌우간 이런 경향이 바로 현재 이탈리아가 빠져 있는 상황으로 이탈리아를 몰아세웠던 것이 틀림없다.

제3권

제1장 종파나 국가를 오래 유지해 나가기 위해서는 대개의 경우 본디의 모습을 회복시킬 필요가 있다

이 세상의 모든 것에 수명이 있다는 것은 의심할 나위 없는 진리이다. 그러나 모두 신에 의해 걸어가야 할 순환의 길이 완전히 정해져 있으므로 그 길을 헛디딘다는 것은 용납되지 않는다. 그리고 일정한 법칙 아래 그 존재에 변화가 없게끔 유지되고 있으며, 설사 변화가 있다 하더라도 해로운 방향으로가 아니라 건전한 방향으로 나아가는 법이다.

한데 여기서는 공화국이라든가 종파 같은 복합적인 존재에 대해 말하는 것이므로 이것을 본래의 모습으로 회복시키는 작용은 유익하다고 말하고 싶다.

제도의 힘으로 스스로 개혁하거나, 또는 제도의 힘을 빌리지 않고 어떤 계기로 개혁과 같은 성과를 얻게 되는 공화국이나 종파는 잘 정비되어 있어서 영속적인 생명을 지니는 법이다. 그리고 혁신 운동이 일어나지 않는 것은 절대로 오래 지속되지 않는다.

혁신의 방법은 본래의 모습으로 되돌리는 것 외에 다른 것은 없다. 종파, 공화국, 왕국 등의 창설기는 어느 것을 들더라도 각기 우수한 점이 인정되기 때문이다. 그런 장점이 있기 때문에 성대해질 실마리를 잡을 수 있었고 명성을 떨칠 동기를 잡을 수 있었다.

그런데 시간이 흐름에 따라 본래의 좋은 점도 차차 퇴색되어 간다. 그러므로 처음의 마음으로 되돌아갈 운동을 벌이지 않는 한 이런 단체의 붕괴는 반드시 온다고 할 수 있을 것이다. 의학자들이 인체에 대해 다음과 같은 말*을 하고 있는 것도 같은 뜻에서이다.

"날마다 무엇인가 새로운 것을 흡수하고 있기 때문에 가끔 본래의 몸처럼

---

* 아비켄나의 말을 중세풍의 서투른 라틴어로 번역한 것이라고 일컬어진다.

다듬어 둘 필요가 있다."

이처럼 공화국이 본래의 모습으로 되돌아가는 것은 외부로부터의 압력이나, 자발적인 판단의 결과에 의해 일어난다.

전자의 예로서는 다음과 같은 점을 들기로 한다. 로마는 갈리아인에게 점령되고 나서 비로소 그 혁신의 목적을 수행했다. 로마는 새로운 생명과 청신한 활력을 확보하고, 이미 부패를 나타내기 시작하던 종교와 정의를 다시금 성실한 태도로 취급하게 되었다. 이 점은 티투스 리비우스의 역사에서 잘 알 수 있다. 그는 다음과 같이 설명했다. 로마인은 갈리아인에게 군대를 파견하고, 집정관의 권한을 호민관 제도를 창설함에 있어서 아무런 종교 의식도 차리지 않았다. 앞에서 언급한 파비우스 가의 사절이 야기한 사건 때도 같은 말을 할 수 있다. 파비우스 가의 세 사람이 만민법을 어기고 갈리아인과 싸웠는데도 로마인은 도리어 그들을 호민관으로 임명해 버렸을 때_(제2권 제28장)의 일이다. 이런 난맥 상태를 보고 느낀 것은 로물루스나 그 밖의 철저한 지배자들이 만든 좋은 제도는 이제 존중되지 않게 되었고, 자유로운 사회를 유지해 나가는 데 없어서는 안 될 양식이 모두 무시당하게 되었다는 점이다.

이와 같이 외부적인 요인이 로마에 엄습하여 개혁을 촉진시켰기 때문에 로마 고유의 모든 제도가 회복되고 인민도 다음과 같은 점을 자각하게 되었다. 즉 본래의 종교나 정의를 꼭 지닐 필요가 있을 뿐만 아니라, 시민 중의 걸출한 인물을 존중하고 그 탁월한 재능을 활용해서 그들의 고매한 생활 태도를 쓸모 없이 만드는 안이한 방법을 배제하는 일이야말로 급선무임을 인식하게 되었다.

그 결과 다음과 같은 성과를 가져올 수 있었다. 즉 로마는 즉각 고유의 종교를 모두 부활시키고, 만민법을 침해한 파비우스 가의 사람들을 처벌했다. 뿐만 아니라 원로원이나 그 밖의 사람들은 질투심을 버리고 카밀루스의 재능과 인덕을 크게 존경하게 되어서, 그에게 공화국의 모든 권한을 위탁하게까지 되었다.

이 이야기로도 알 수 있는 것처럼 어떤 질서 밑에서 공동의 생활을 영위하고 있는 사람들은 외부 사건의 자극 때문이든 또는 자발적인 의사에 의하든가는 고사하고, 제 자신을 파고 들어가서 생각하게 된다. 결국 단체의 일원으로서 살아가는 인간으로서 법률의 의의를 재인식하는 움직임이 저절로 생겨난다. 또는 시민 가운데서 걸출한 인물이 나타나 스스로 모범을 보여 줄 뿐만 아니라 그 훌륭한 행동에 의해 일반 시민을 교화하고 법률 같은 효과를 주는 것이다. 따라서 공화국에 이 같은 바람직한 경향이 나타나는 것은 한 인물의 수완에 의할 경우와 법률의 작용에 의할 경우를 생각할 수 있다. 후자의 경우, 결국 로마 공화국을 그 창설기의 모습으로 되돌아가게 한 법률이란, 평민 출신의 호민관 및 감찰관 제도, 또한 인민의 야심이나 교만을 봉해 버리는 그 밖의 법률을 정한 것이었다. 이런 여러 제도를 살려서 실제로 효력을 발휘시키기 위해서는 아무래도 한 인물의 역량을 필요로 한다. 즉 법률을 침범하려는 유력자에 대해 용기를 가지고 대결하며 법률을 집행할 인물이 있어야만 한다.

갈리아인에 의한 로마 점령 이전에는, 엄정하게 법을 집행한 실례로서 브루투스의 아들들(제1권 제16장 참조), 십인회의 위원(십인회의 위원은 사형까지 당하지는 않고 추방되었다), 그리고 스푸리우스 마엘리우스에게 죽음을 주었던 일*1이 유명하다. 갈리아인의 로마 점령 이후에는, 만리우스 카피톨리누스의 죽음(제1권 제24장 참조), 만리우스 토르쿠아투스의 아들의 죽음(제2권 제16장 참조), 파필리우스 쿠르소르(제1권 제15장 참조)가 기사장인 파비우스를 처형했던 일(제1권 제31장, 제3권 제36장 참조), 그리고 스키피오 가의 고발*2을 들 수 있다. 이런 실례는 매우 특이한 것이어서 사람들의 이목을 끌 수밖에 없는 것이기 때문에 이런 사건이 일어날 때마다 인민은 로마 본래의 모습으로 되돌아가곤 했다.

그런데 이상과 같은 예가 실상은 좀처럼 일어나는 것이 아니었기 때문에 인민은 점점 더 방임되고 타락되어서 법을 일정하게 집행하기 위해서는 더욱더 위험과 혼란이 따르게 되었다. 어떤 형의 집행과 다음 형 집행과의 간격이 적어도 10년 이상은 떨어져 있었기 때문이다. 게다가 인민에게 있어서 그 충격은 일시적인 것이므로 세월이 흐름에 따라 습속을 바꾸고 법률을 어기게 된다. 그러므로 인민의 마음에 엄한 형벌을 연상케 해서 그 공포를 새롭게 만들지 않는 한 위법 행위는 끊임 없고, 이를 처벌하는 데도 위험이 따

---

*1 마엘리우스는 평민 출신이었는데, 참주가 되려는 야망을 품고 있었기 때문에 원로원의 명령으로 가이우스 세르비우스 아하라에게 살해되었다. 제3권 제28장 참조. 리비우스, 《로마사》 Ⅳ

*2 스키피오 아프리카누스는 안티오코스를 격파했을 때 노획물을 사취한 혐의로 감찰관 카토에게 고발되었다. 동생인 스키피오 아시아티쿠스도 이에 연좌되었다.

르게 된다.

이 문제에 관련되는 일로서 1434년부터 1494년까지 ^(메디치 가의
통치 기간) 피렌체의 국가를 통치하던 사람들은 가끔, 5년 만에 한 번씩 정부를 개편하지 않고서는 이대로 유지해 나가기란 어렵다는 말을 입에 담았다. 그것은 정부를 바꾸어야 한다고 부르짖음으로써, 메디치 가가 처음으로 천하를 잡았을 때와 같은 공포심을 인민들에게 일깨우기 위해서였다.

실로 메디치 가가 그 지배를 확립했을 때는 메디치 가 나름대로의 방법으로 반대 세력을 타도했는데, 그 엄격한 방법을 생생하게 상기시키려 했음이 틀림없다.

이런 엄격한 처벌에 대한 기억이 사람들의 마음속에서 희미해지면 새로 일을 꾸며 보려고 음모를 하거나, 지배자의 욕을 하게 되는 법이다. 이것을 막으려고 하면, 정부를 처음의 상태로 되돌려 버리는 수밖에 방법이 없다.

이처럼 국가를 창설기의 체제로 부활시키기 위해서는 대개 한 사람의 역량만으로 족하다. 엄벌로 위협해서 사람들을 강제하는 그런 법률에 의존할 필요는 없다. 그리고 그 인물이 명성도 높고 모범으로 삼기에 족할 경우에는, 선량한 사람들은 이를 본받으려 할 것이고 악당들은 부끄러워하여 참견하는 일이 없어지게 될 것이다.

로마에서 두드러지게 좋은 결과를 얻었던 실례를 든다면 호라티우스 코클레스, 스카에볼라, *¹ 파브리키우스, *² 양(兩) 데키우스, *³ 마르쿠스 레굴루스 아틸리우스 ^(제2권 제18장
참조)와 그 밖의 사람들이었다. 세상에서 보기 드문, 이 사람들의 용감한 행동은 법률이나 제도의 힘이 초래하는 것과 거의 같은 성과를 낳았다.

이미 예를 든 바와 같은 엄격한 형벌의 집행과, 지금 말한 개인의 두드러진 행동은 적어도 10년 간격으로 차례차례 로마에 찾아왔다. 그러니까 로마는 타락하려 해도 타락할 수가 없었다. 그런데 이 간격이 점차 벌어지게 되자 타락의 정도는 점점 심해졌다. 마르쿠스 레굴루스 아틸리우스 이후는 이

---

*1 호라티우스 코클레스와 스카에볼라는 다같이 에트루스키 왕 포르센나와 싸운 로마의 전설 속의 영웅이다. 제1권 제24장 참조.

*2 에페이로스 왕 피루스와 싸운 로마의 청렴한 장군. 제3권 제20장 참조.

*3 제2권 제16장, 제3권 제39장 참조. 같은 이름의 아들에 대해서는 제3권 제45장 참조.

런 일이 일어나지 않게 된다.

그러나 두 카토의 출현[*1]도 있지만 레굴루스의 시대와 이 두 사람의 시대는 매우 떨어진데다 대 카토와 소 카토와의 사이에도 매우 긴 공백이 있었기 때문에, 서로가 고립된 존재에서 훌륭한 모범을 보여 준다 해도 좋은 영향을 끼칠 수는 없었다. 특히 소 카토의 시대는 거의 타락의 구렁에 빠져 있었기 때문에 아무리 고매한 행동으로 세상의 사표가 되려 해도 인민을 선도하게까지는 이르지 못했다. 공화국에 대해서는 앞에서 말한 것으로 충분하리라. 그런데 종교 문제로 눈을 돌려보건대 역시 마찬가지로 혁신이 아무래도 필요하지 않나 하는 생각이 든다. 그것은 기독교의 문제를 보더라도 알 수 있는 일이다.

성 프란체스코[*2]와 성 도미니코[*3]의 힘으로 본래의 모습으로 되돌려지지 않았던들 지금쯤 기독교는 완전히 소멸하고 없었을 것이다. 이 두 성인은 청빈의 힘과 그리스도의 생애를 거울로 삼음으로써, 사람들의 마음속에서 꺼져 가고 있던 신앙의 불길을 다시금 타오르게 만든 것이었다. 거기다가 그들이 설립한 새로운 교단은 엄격하고 실행력을 갖추고 있었기 때문에 성직자나 수장들의 엉터리 생활로 인해 기독교가 파멸해 버릴 뻔한 것을 구할 수 있었다. 이 교단은 스스로 청빈한 생활을 감수하고 나아가서는 인민들에게 신앙 고백을 하고 설교를 계속해서 크게 신용을 떨쳤기 때문이다. 그래서 민중들도, 설사 사악한 사람이라 하더라도 이를 나쁘다고 비난하는 것은 죄악이므로, 한결같은 복종을 취지로 해서 살아가는 일이야말로 정당하며, 세상의 악에 대한 징벌은 신의 손에 맡겨야 하는 것임을 터득했다.

이렇게 되자 기독교계의 지도자들은 할 수 있는 한의 악행에까지 몸을 빠뜨리고 말았다. 그들은 눈에 보이지도 않고 믿을 수도 없는 벌에 대해서는 도무지 두려워하지 않았기 때문이다. 좌우간 이 쇄신 운동은 기독교를 유지해 왔고 오늘도 이를 지탱하고 있다.

[*1] 대 카토는 스키피오 가를 탄핵했으며(기원전 205년, 제1권 제29장 참조), 소 카토도 카테리나 사건 때 카이사르에게 반항하여 탄핵했다.
[*2] 1182년~1226년. 교회의 재산 소유를 부정하고 청빈을 원하여 프란체스코 교단을 설립했다.
[*3] 1170년경~1221년. 에스파냐의 성인. 도미니코 교단을 창설했다. 의지가 강하고 통솔력이 뛰어나서 중세 기독교에 하나의 전기를 초래했다.

왕국의 경우도 마찬가지로 혁신을 단행해서 그 왕국 창설 당시의 법률로 복귀하도록 해야 한다. 프랑스 왕국에서는 이것이 좋은 결과를 거두고 있음을 인정할 수 있다. 이 왕국은 다른 왕국보다 더 엄격하게 그 법률 제도를 준수하며 생활하고 있다.

그 법률 제도의 버팀목이 되는 것은 고등 법원으로, 특히 파리의 고등 법원이 그 주체이다. 프랑스의 법률 제도는 이 기관에 의해 줄곧 쇄신되었으며, 왕국 내의 영주에 대해서도 구속력을 가지고 때로는 왕에게도 유죄를 선고할 수 있다. 오늘날에 이르기까지 고등 법원이 권위를 계속 지켜 오고 있는 것도 귀족 계급의 야심을 집요하게 구속하고 있기 때문이다.

그러나 고등 법원이 귀족들의 횡포를 단 한번이라도 간과하는 일이 있다가는 대번에 질서를 깨뜨리는 자가 속출해서, 이를 바로 잡으려면 상당한 위험을 가져오거나 왕국 자체가 붕괴한다는 것은 불을 보는 것처럼 분명하다.

이제 결론을 말할 차례가 되었다. 종교 단체건 왕국이건 또는 공화국이건 하나의 공동체에 있어서 보다 필요한 사항이란, 각기 창설기에 가졌던 명성을 다시 찾도록 노력하는 일이다. 더욱이 우수한 법률과 걸출한 인재에 의해 본래의 모습을 되찾도록 노력해야 한다. 외부의 힘을 빌려서 실현하려는 생각을 해서는 안 된다.

로마가 갈리아인 침입을 계기로 혁신한 실례에서 볼 수 있는 것처럼 외부의 세력에 이끌려 혁신 운동을 한다는 것이 때로는 편법이 될 수도 있다. 이것은 지극히 위험이 따르는 과감한 개조므로 바람직한 일이라고는 말할 수 없다. 그러므로 특정한 개인의 행동이 로마를 크게 만드는 데 얼마나 힘이 되었던가, 그리고 얼마나 많은 훌륭한 성과를 주는 원인이 되었던가를 밝히기 위해 이 문제에 대하여 지금부터 기술과 논의를 진행시켜 나갈까 한다. 말하자면 이 주제를 중심으로 하는 이 책의 제3권은, 티투스 리비우스의 저서 처음 권의 끝 부분과 병행해서 완결된다.

로마 국왕의 업적은 위대해서 주목할 만한 것이기는 하지만, 역사가 말하는 것을 보면 매우 희미하므로 뒤로 미루기로 하고, 여기서는 다만 군주가 자기 개인의 이익을 위해서 행한 어떤 사항에 대해서만 언급하기로 하겠다. 그러면 로마의 자유의 아버지인 브루투스부터 시작하기로 한다.

제2장 백치를 가장하는 것이 때로는 가장 현명할지도 모른다

훌륭한 일을 수행했기 때문에 그 철저한 배려와 현명함을 높이 찬양받는 인물이라 하더라도, 유니우스 브루투스가 바보처럼 가장하고 수행한 그 행동에는 가까이 따라갈 수 없으리라 생각된다.

티투스 리비우스는 브루투스가 그런 짓을 한 것은 자기의 몸의 안전과 집안의 대를 지켜 나가기 위해서였다고 말하고 있다. 그러나 브루투스가 한 행동을 생각해 보면, 그가 바보를 가장하고 있었던 것은 자신의 속셈을 눈치채이지 않으려는 수단이었던 것이 틀림없다. 그는 왕을 타도하고 로마를 해방할 기회를 엿보고 있었다.

아폴로 신전의 신탁에 대한 해석 방법을 보면 그가 이런 생각을 갖고 있었음을 곧 알 수 있다. 신탁을 받을 때 그는 자기의 계획에 신의 가호를 얻을 수 있게 하기 위해 일부러 발부리를 차고 넘어져서 남몰래 어머니인 대지에 입을 맞추었다. 그리고 루크레티아의 죽음에 즈음해서는, 아버지와 그의 남편과 그 밖의 친척들이 모인 가운데서 맨 먼저 그 상처에서 단도를 뽑고는, 앞으로는 어떤 왕의 지배도 로마에서는 용납하지 않는다는 맹세를 그 자리에 있는 사람들에게 시켰다. *

이 브루투스의 고사는, 군주에 대해 불만을 품고 있는 모든 사람들이 배워야 할 일이다. 즉 우선 자기 자신의 실력을 측량해야 한다. 그리하여 상대를 적으로 맞아 당당하게 싸워 나갈 만한 확신이 설 만큼 자기의 실력이 갖추어져 있다면 당연히 싸움에 돌입해야 한다. 이것이야말로 위험이 적은 자랑스러운 행동이라 할 수 있겠다.

그런데 상대와 싸우기에는 아무래도 실력이 딸린다면 온갖 수단을 써서 상대와 우호 관계를 맺도록 노력해야 한다. 그러기 위해서는 필요하다고 생각하는 모든 수단을 다 써야 한다. 이를테면 상대의 취미에 보조를 맞추어서 상대가 좋아할 만한 일이라면 뭐든지 함께 즐기도록 해야 한다. 이처럼 친밀함을 꾸미고 있으면 우선 몸의 안전이 확보된다. 그뿐 아니라 위험한 변도 당하지 않고 상대방 군주의 행운을 함께 즐길 수도 있다. 게다가 이쪽의 계

---

*이 에피소드는 티투스 리비우스, 《로마사》 I. 50~56, II. 1~2에 의한 것인데, 사실은 아니다. 티투스 리비우스에 의하면 브루투스는 바보를 가장하여 국왕 타르키니우스 수페르부스를 속이고 로마를 해방했다고 한다.

획을 손쉽게 실행으로 옮길 수도 있게 된다. 군주 곁에 너무 접근하면 군주가 파멸했을 때 덩달아 위험을 당할 염려가 있으므로 조심해야 한다고 주의를 주는 사람이 있는데, 이 말은 옳다. 그렇다고 너무 떨어져 있으면, 만일 군주가 몰락하더라도 그 후임으로서 나서기에 때가 늦어 버리게 된다. 따라서 양쪽의 중간을 취하는 것이 상책이다.

하지만 이것은 실제 실행할 수 없을 것 같으므로 결국은 위에서 든 두 가지 방법, 말하자면 상대와의 거리를 아주 떼어 두든가 아니면 상대방 가슴팍에 바싹 달라붙어 있든가 둘 중 하나를 택해야 한다. 이런 수단을 취하지 않는다면 재간이 아무리 뛰어난 사람이라도 줄곧 위험 속에서 살아가야 할 것이다. 아무리 다음과 같은 말을 해봤자 이미 때는 늦다.

"나는 물질적인 야심은 조금도 없어. 명예도 돈도 필요치 않아. 내가 바라는 것은 오직 조용하고 번거롭지 않은 생활뿐이야."

이런 변명은 흘려들을 뿐이지 절대로 아무도 납득해 주지 않는다. 사회적으로 높은 지위를 차지하고 있는 사람이라면, 본심으로 한적한 생애를 좋아하고 아무 야심도 갖고 있지 않는 경우라도 결코 상사로부터 초연하게 살 수 없다. 사회가 그것을 믿지 않기 때문이다. 애써 조용한 생활을 지켜 나가려고 해도 다른 사람들이 와서 끌고 나가 버릴 것이다. 그렇기 때문에 브루투스처럼 바보짓을 해볼 필요도 있다. 그리고 군주의 환심을 사기 위해서는 자기 본심과는 반대로 스스로 바보가 되어서 웃고 지껄여대며 어릿광대 노릇을 해야 한다. 이 장에서는 브루투스가 로마에 자유를 회복하기 위해서 취한 현명한 태도에 대해 소개해 왔다. 다음 장에서는 그가 자유를 온전하게 간직하기 위해서 얼마나 엄격한 태도로 임했던가를 살펴보기로 하겠다.

제3장 새로 획득한 자유를 유지해 나가기 위해 브루투스가 자기의 아들들을 죽이지 않으면 안 되었던 사정에 대하여

로마를 위해 회복한 자유를 유지해 나가기 위해서 브루투스가 엄한 태도를 취한다는 것은 아무래도 필요했을 뿐만 아니라 유효한 수단이기도 했다. 아버지가 재판관의 자리에 참석하여 아들에게 사형 판결을 내렸을 뿐만 아니라 사형 집행에도 입회했다는 것은 역사 속에서도 특이한 실례의 하나이다.(리비우스,《로마사》I, 50~60. II, 1~2).

옛날 역사를 읽어 보면 다음의 점이 쉽게 이해된다. 정치형태의 전환, 말하자면 공화 정치에서 참주 정치로, 또는 참주 정치에서 공화 정치로 정체가 바뀔 경우에는 수립된 새로운 체제에 적의를 갖는 자에 대해 아주심한 엄한 형벌을 과하는 것이 관례이다.

따라서 참주의 권력을 손아귀에 넣은 자가 브루투스 같은 반항적인 사람을 죽이지 않거나, 또는 공화국을 이룩한 인물이 브루투스의 아들들 같은 화근을 제거하지 않는다면 어느 체제든 모두 단명으로 끝나게 될 것이다.

이 문제에 대해서는 이미 상세하게 살펴보았기에 그쪽으로 미루기로 한다. 여기서는 현재 이 나라에서 일어나고 있는 기억할 만한 실례를 서술하는 것으로 그치기로 한다.

그것은 피에로 소데리니에 대한 일이다. 그는 자기만 꾹 참고 신사적으로 행동하면 브루투스 아들들이 행한 것 같은 옛 체제에의 복귀 운동은 억압되리라고 믿었다. 그런데 그 기대는 어긋나고 말았다.

그렇지만 천성적인 조심성으로 보더라도 그는 이 기회에 단호한 조치로 나가야 한다는 것을 잘 알고 있었고, 당시의 객관적인 상황이나 적의 속셈으로 보더라도 그는 그것을 실행으로 옮길 수 있었음에도 불구하고 실행할 결심이 서지 않았다.

인내와 관용을 가지고 대하면 인간의 악 같은 것은 날려 버릴 수 있다고 생각하고 있었을 뿐 아니라 특정한 적에게는 약간의 보수만 주면 그 적의를 누그러뜨릴 수 있다고 믿고 있었기 때문이다. 그뿐만 아니라 만약 자기가 반대 세력과 격돌해서 이를 타도하려고 하면, 독재권을 확립해서 시민의 평등의 원칙을 깨뜨리지 않는 한, 그 실현은 어렵다고 판단했기 때문이다.

그 뒤에도 소데리니는, 이런 방법을 참주가 될 목적을 위해서는 사용하려 하지 않았다. 그러나 일반 대중에게 준 충격이 컸기 때문에 그가 죽은 뒤 그들은 다시는 종신 원수를 세우는 일에 동의하지 않았다. 그러나 당사자인 소데리니는 정부를 강화하고 유지해 나가기 위해서는 이 제도가 없어서는 안 되는 것으로 알고 있었다.

소데리니가 나타낸 법에 대한 배려는 현명하기도 하고 또 선의에서 나왔다. 그러나 좋은 점에 마음을 빼앗긴 나머지 바람직하지 못한 경향이 고개를 쳐드는 일에 무관심해서는 안 된다. 그것은 나쁜 경향이 모처럼의 좋은 것을 쉽사리 압도해 버리기 때문이다.

소데리니로서는 자기 일이나 그 목적이 동기로서가 아니라 결과로 판단된다는 것을 깨달아야 했다. 운과 장수의 혜택만 누리고 있었더라도 그가 한 일은 나라를 생각하는 마음에서 나온 것이지 절대로 개인적인 야심을 채우기 위해서는 아니었다는 것이 누구의 눈에나 다 밝혀졌을 게 틀림없다.

그리고 소데리니는, 훌륭한 목적을 위해 만든 제도를 후계자가 악용하려해도 못하게끔 법률의 결말을 지어 두었어야 했다. 그러나 소데리니는 처음부터 착각하고 있었다. 사람의 악의는 세월의 흐름과 더불어 씻기는 것도 아니고 또 무엇인가를 얻었다고 해서 물러지는 것도 아니라는 사실을 그는 알지 못했다. 그렇기 때문에 브루투스의 예를 본받지 않았다가 추방당하고, 지위도 명성도 잃게 되었다. 앞에서 말한 것처럼 공화국을 유지하기란 지극히 어려운 일인데, 왕국을 보호하고 유지하는 것도 이에 못지않게 어려운 일이다. 이 점에 대해서는 다음 장에서 설명하기로 한다.

제4장 나라를 빼앗긴 사람을 국내에 버려 두면 찬탈자는 늘 안심할 수 없다

타르키니우스 프리스쿠스(로마 5대 왕(재위 기원전 616년~579년))는 선왕 안쿠스의 아들들에 의해 비명의 죽음을 당했다. 그리고 세르비우스 툴리우스(로마 6대 왕(재위 기원전 578년~535년))는 타르키니우스 수페르부스에게 살해되었다. 이런 예를 보더라도 한 왕으로부터 왕국을 빼앗은 뒤에도 그를 살려 두는 것이 얼마나 위험한 일인가를 알 수 있을 것이다. 설사 어떤 은혜를 베풀어서 호의를 갖게끔 만든다 해도 그건 아무 소용도 없다.

한편 타르키니우스 프리스쿠스는, 로마의 왕권은 인민에 의해 주어졌고 또 원로원에 의해 확인된 것이므로 법적으로는 자기 수중에 있는 것이라고 믿고 있었다. 하지만 이것이 얼마나 잘못이었던가를 이해할 수 있을 것이다. 말하자면 안쿠스의 아들들이 무척 분격해 있었기 때문에 설사 온 로마가 타르키니우스 프리스쿠스의 지배에 만족하고 있었다 하더라도, 이 형제만은 도저히 그것에 만족할 리가 없다는 점에 대해서는 그는 의심도 해보지 않았던 것이다.

한편 세르비우스 툴리우스는 타르키니우스 프리스쿠스의 아들들*에게 새로 선물을 해서 그들의 기분을 맞춰 두었으니까 염려 없다는 착각을 했던 것이다.

타르키니우스 프리스쿠스의 실례를 보더라도 모든 군주는 나라를 빼앗긴 인물이 살아 있는 한, 그 국가는 결코 안심할 수 없는 것임을 알아야 한다. 그리고 세르비우스 툴리우스의 실패를 보더라도 대체로 군주는 다음의 점을 명심해 두어야 한다. 묵은 원한은 새삼스레 은혜를 베푼다 해서 결코 없어지는 것이 아니다. 더욱이 묵은 원한에 비교해서 그 은혜가 작은 것일 때에는 더더욱 그렇다.

세르비우스 툴리우스는 경솔하게도, 타르키니우스의 아들들이 원칙적으로는 신하되는 사람의 사위가 되더라도 참고 견딜 줄로만 생각했다. 왕위에 오르려는 그들의 욕망은 지극히 격심해서 왕위의 계승권이 자기에게 있다는 생각을 가지게 되었을 뿐만 아니라 현재의 왕위마저 손에 넣으려 했다.

타르키니우스의 작은아들에게 출가한 세르비우스의 딸은 이 욕망에 눈이 멀어서, 부녀간의 애정 따위는 저버리고 남편을 부추겨 친아버지를 죽게 해서 왕국을 찬탈해 버렸다. 이는 왕녀의 입장보다 여왕의 지위에 오르고 싶었기 때문이다.

이처럼 타르키니우스 프리스쿠스와 세르비우스 툴리우스는, 일찍이 찬탈한 상대로부터 몸을 지켜 내지 못하고 그 왕국을 잃었다. 한편 타르키니우스 수페르부스는 선왕이 수립한 법률을 어긴 나머지 왕위를 빼앗기게 된다. 이에 대해서는 다음 장을 보라.

제5장 국왕이 세습한 왕국을 잃는 이유에 대하여

타르키니우스 수페르부스는 세르비우스 툴리우스를 죽였다. 세르비우스에게는 후계자가 없었으므로 타르키니우스는 빼앗은 왕국을 아무 걱정도 없이 유지하고 있었다. 그래서 그는 이전의 왕들이 겪어야만 했던 위험을 전혀 의식치 않고 지내왔다.

그는 아주 가증스런 방법으로 왕국을 손에 넣었다. 그렇다고는 하나 그가

＊수페르부스와 아룬의 두 형제를 가리킨다. 툴리우스는 이 두 사람에게 두 딸을 출가시켰다. 티투스 리비우스,《로마사》 I, 42.

이전의 왕들의 유훈에만 따랐더라도 그의 입장은 그대로 용인되었을 것이 틀림없다. 그리고 원로원과 평민이 힘을 합해서 그의 손으로부터 국가를 빼앗는 사태도 일어나지 않았을 것이다. 따라서 그가 추방된 것도 그의 아들 세스투스가 루크레티아에게 무례함을 저질렀기 (제3권 제2장, 리비우스 《로마사》 I 참조) 때문이 아니라 본인 자신이 국법을 유린하고 제멋대로 폭정을 폈기 때문이다.

사실 그는 원로원으로부터 모든 권한을 빼앗아 자기 수중에 넣었다. 말하자면 그때까지는 공공의 장소에서 로마 원로원의 동의하에 처리되던 사무를 자기 궁전으로 가지고 가서 자기 혼자만의 책임과 속셈만으로 처리하도록 했다. 그래서 잠깐 동안에 타르키니우스는 다른 왕들이 손도 대지 않았던 모든 자유를 로마로부터 박탈해 버렸다.

그는 원로원을 적으로 삼는 것만으로는 부족해서 평민과도 대립하게 되었다. 그때까지의 국왕들은 해 보지도 않았던 기계적이고 단조로운 일에 평민들을 동원시켜서 그들을 싫증나게 만들었다. 그래서 로마는 타르키니우스의 잔혹하고 거만한 사업으로 온통 메워져서, 민심은 완전히 그로부터 떠났기에 계기만 있으면 언제든지 폭동을 일으키게끔 되어 있었다.

앞에서 말한 루크레티아에 대한, 아들 세스투스의 능욕 사건이 일어나지 않았다 하더라도 뭔가 다른 사건이 벌어져서 결국은 같은 결과가 되었을 것이다. 타르키니우스 자신이 자중하며 처음부터 끝까지 그 때까지의 국왕과 변함 없는 행동을 했더라면, 아들 세스투스가 실수를 저질렀다 하더라도, 브루투스도 코라티누스도 세스투스에게 복수하겠다는 것을 타르키니우스에게 호소했을 뿐이지 인민에게 호소해서까지 그와 같은 행동을 일으킬 리는 없었다.

따라서 옛날부터 오랜 세월에 걸쳐서 사람들이 익혀 온 법률이나 제도나 습관을 군주 스스로 깨뜨렸을 때 국가가 그의 수중으로부터 떠나기 시작한다는 것을 군주는 명심해야 한다.

군주의 권위를 박탈당한 뒤에야, 그때 순순히 충언을 들었더라면 왕국을 유지해 나가기가 쉬웠을 텐데 하고 아무리 후회해 봤자, 국가를 잃었다는 슬픔만 점점 더 더해갈 것이다. 이런 자책감은 어떤 벌보다도 더 뼈에 사무칠 것이다.

실상 악당들의 비위를 맞추기보다는 선인(善人)들의 인기를 얻는 쪽이 더 쉽고, 법률을 제 마음대로 뜯어고치기보다는 있는 대로의 것을 지켜 나가는 편이 쉬운 법이다.

따라서 군주가 권위를 유지해 나가기 위한 방법을 배우고자 하면, 굳이 이것저것 고생할 것까지도 없이, 다만 현군의 생애를 거울삼아 스스로의 자세를 바로 하기만 하면 된다. 코린트의 티몰레온*이나 시키온의 아라투스 (제2권 제32장 참조) 및 그 밖의 현군이 모범이 될 것이다.

이들의 생애를 보면, 다스려지는 쪽도 서로 충분히 신뢰하고 충족된 생활을 하고 있음을 알 수 있다. 따라서 이런 훌륭한 선례를 모범삼아 실천해나가자는 생각도 저절로 우러날 것이다. 더구나 이미 설명한 것과 같이, 선현의 유훈에 따르기만 하면 군주의 길을 다하기란 지극히 쉬운 일이 된다. 왜냐하면 인민들은 선정을 누리는 한, 자유 같은 것은 특별히 구하지도 않고 바라지도 않기 때문이다. 내가 앞에서 예로 든 두 현군에 의해 통치되던 인민들은, 이들 두 현군이 여러 차례 은퇴해서 사적 생활로 돌아가고자 하는 의향을 가졌음에도 불구하고 평생 군주로 있도록 붙잡아 두었을 정도였다.

이 장과 앞 장에서 나는 군주에 대해 생기기 쉬운 반감이나, 브루투스의 아들들이 조국을 향해 꾸민 음모, 타르키니우스 프리스쿠스 및 세르비우스 툴리우스에 대한 모반에 대해 살펴보았다. 다음 장에서는 이 문제들을 상세히 살펴보기로 한다. 그것은, 음모라는 문제가 군주 측으로나 또 인민들 측으로나 주목할 만한 의미가 있는 주제이기 때문이다.

제6장 음모에 대하여

음모란 군주에게나 개인에게나 위험하기 짝이 없는 일이므로, 여기서 이 문제를 취급하는 것도 적절한 일인 것 같다. 그것은 군주가 목숨을 잃거나 나라를 빼앗기는 일이 눈에 보이는 전쟁보다도 음모 때문인 수가 훨씬 더 많기 때문이다. 군주에게 공공연히 전쟁을 거는 자는 소수에 지나지 않지만, 군주에게 음모를 꾸미는 일은 누구라도 할 수 있기 때문이다.

이것을 개인의 입장에서 보면, 음모에 가담하는 일만큼 위험하고 무서운

---

* 참주를 노리는 형제를 죽이고 기원전 344년 시칠리아의 해방자가 되었다. 제1권 제10장, 제17장 참조.

일은 없다. 음모란 어느 부분을 보더라도 어렵고 위험한 일이기 때문이다. 그러므로 음모를 꾸미는 자는 많지만 기대했던 대로 결과를 얻는 사람은 지극히 적다. 그런 까닭에 군주에게는 이 위험으로부터 몸을 지키는 방법을 가르치고, 인민에게는 함부로 음모에 가담하지 말고 운명에 의해 주어진 정부 밑에서 만족하게 살아가도록 권장하기 위해, 나는 이 문제에 충분한 지면을 할애할 작정이다. 그리고 양자 중 어느 쪽이든 간에 도움이 되는 사항이라면 상세하게 빠짐없이 기술하겠다.

코르넬리우스 타키투스의 다음 말(^{역타키투스}_{(역사) Ⅳ, 8})은 참으로 주옥 같은 명언이라 하겠다.

"사람은 과거를 존중하고 현재에 복종하며, 명군(名君)의 출현에 기대를 걸고 그 군주의 행동이 어떻든 간에 이를 참아야 한다."

이를 지키려 하지 않는 자는 대개의 경우, 제 자신뿐만 아니라 조국까지도 파멸로 이끌고 만다는 것은 틀림없는 사실이다.

구체적인 내용으로 들어가기 전에, 음모가 꾸며지는 대상 그 자체에 대해 고찰해야 한다. 그것에는 조국에 대한 음모와 군주에 대한 음모, 두 가지가 있다는 것을 알 수 있다. 여기서 설명하려고 하는 것은 이 두 가지 음모에 대한 것들이다. 포위군과 내통해서 국토를 넘겨주려는 음모라든가, 그 밖에 이와 비슷한 음모에 대해서는 이미 충분히 지면을 할애했다(^{제2권 제32장}_{참조}).

먼저 군주에게 꾸며진 음모를 다루기로 한다. 이 경우, 첫째로 원인이 되는 것을 들추어 내야 한다. 그 원인은 많지만 두드러지게 중요한 것 한 가지는, 군주가 인민들의 증오의 대상이 된다는 점이다. 왜냐하면 일반 민중의 증오심을 북돋우는 군주에게는, 그때까지 특히 그 군주에게 학대되어 왔기 때문에 복수심을 굳히는 개인이 생겨나는 것은 당연하기 때문이다.

이와 같은 일부 사람들의 복수심은 일반 민중들의 군주에 대한 나쁜 감정에 이끌려서 더욱 커져간다. 그러므로 군주는 일반 민중들의 증오의 대상이 되지 않도록 충분히 조심해야 한다.

이를 막는 방법에 대해서는 다른 저작(^{(군주론) 제19장,}_{제20장, 제21장 참조})에서 취급했기 때문에 여기서 서술하는 것은 그만둔다. 아무튼 여론으로부터 공격을 받지 않도록 주의하면 한 개인으로부터 사소한 공격을 받는다 하더라도 크게 영향은 미치지 않을 것이다. 그 한 가지 이유는, 자기에게 가해진 해를 아무리 원한으로 삼고 있다 하더라도 커다란 위험을 무릅쓰고까지 복수를 하려는 사람은 지극히 적기 때문이다. 또 다른 이유로서는, 설사 복수를 해낼 기대와 실력을 갖춘 인물이 있다 하더라도 그 군주에게 일반 민중들이 경애심을 가지고 있을 때는 계획을 포기해야 하기 때문이다.

한마디로 위해(危害)라고 하지만, 그것에는 재산에 대한 것, 직접 육체에 대한 것, 명예에 대한 것이 있다. 육체에 가해지는 위해일 경우 언제 당할지 몰라 조마조마하도록 상대를 위협해 두는 편이 일도양단 확실히 처단하는 것보다 훨씬 위험하다. 상대에게 위협을 준다는 것은 무한한 위험의 가능성을 의미하지만, 실제로 상대를 죽이고 나면 뒤에는 아무 위험도 남지 않는다. 살아 남은 사람은 가해자에 대한 원한을 절대로 잊어버리지 않지만, 살해된 사람은 복수하겠다는 생각 따위는 할 수 없기 때문이다. 협박을 당하고 상대방이 시키는 대로 하든가, 또는 거부를 해서 해를 입든가 그 둘 중 한 가지 길을 아무래도 택해야 할 처지에 놓인 사람이야말로 군주에게 있어서 가장 위험한 존재가 된다. 이에 대해서는 다시 살펴보기로 하겠다.

인명을 위협하는 일은 별도로 치고, 재산이나 명예에 해를 입히는 일만큼 사람을 손상시키는 것은 없다. 군주는 이 점에 깊이 주의를 기울여야 한다. 왜냐하면 아무리 재산을 모조리 몰수한다 하더라도 복수에 쓸 단도까지 미리 빼앗아 둘 수는 없고, 또 명예를 완전히 떨어뜨린다 하더라도 집념 어린 복수심까지 모두 버리게 할 수는 없기 때문이다.

상대의 명예를 손상시키는 일 가운데서도 가장 대표적인 것은, 그 사람의 아내를 능욕하는 일이다. 그 다음으로는 본인의 인격을 모독하는 일이다. 후자의 경우에 해당하는 것이 마케도니아 왕 필립포스를 죽인 파우사니아스의 실례(2권 제28장 참조)이다. 이것이 원인이 되어 얼마나 많은 사람이 자기의 군주론을 향해 무기를 잡았던가.

화제를 현대로 옮겨서, 시에나의 참주 판돌포(《군주론》 제20장. 제22장 참조)에 대하여 루치오 베란티(시에나 시민)가 음모를 꾸민 것도, 판돌포가 베란티에게 일단 자기 딸을 아내로 주고는 도로 빼앗아 버렸기 때문이다. 이 사건은 나중에 서술하기로 한다.

그리고 파치(피렌체의 유력 시인. 메디치 가에 대해 음모를 꾸미다가 발각되었다)가 메디치에 대해 음모를 꾸민 가장 큰 원인이 된 것은, 조반니 본로메이의 유산 문제였다. 파치 가는 메디치 가의 명령에 의해 그 상속권을 빼앗겼기 때문이다.

한편 인민이 군주에 대해 음모를 꾸미는 더욱 유력한 동기는, 군주의 지배 하에 허덕이고 있는 조국에 자유를 되돌리자는 욕망임이 틀림없다. 이것이 바로 카이사르에 대해 브루투스가 카시우스를 움직인 것이었다. 그리고 팔라리스 가(팔라리스 가는 아그리젠트의 참주. 단테 《신곡》 지옥편 제27곡, 7~12), 디오니시우스 가, 그 밖에 로마를 손아귀에 넣었던 사람들에 대해 많은 사람을 무기를 잡고 일어서게 했던 것이다. 만약 참주가 이런 위험을 당하고 싶지 않다면 참주 정치를 그만두는 수밖에 없다. 이를 실행치 않는 자는 반드시 비참한 결과로 끝나고 있다. 그래서 다음과 같은 유베날리스의 시(《풍자시》 X. 112~113)도 나왔다.

죽어 편안히 잠드는 참주의 수도 적고
상처 입고 피 흘리며 저승으로 가지 않는 왕도 없도다.

이미 설명한 것처럼 음모를 꾸미는 것은 언제나 대단한 위험이 따르는 법이다. 그 이유는, 음모를 계획하고 실행하고 성취한다는 일련의 경과를 통해서 처음부터 끝까지 음모는 위험을 수반하기 때문이다.

음모를 꾸미는 데는 혼자의 힘으로 일을 추진할 경우와 동지가 있을 경우가 있다. 혼자만일 경우는 음모라고 할 수 없을지도 모른다. 오히려 한 인간 속에 군주를 죽이려는 굳은 결의가 있다는 것에 지나지 않는다.

음모를 수행함에 있어서 위와 같이 세 단계에 걸쳐서 위험을 무릅써야만 하는데, 혼자서 음모를 꾸밀 때에 한해서는 제1기의 위험을 겪지 않아도 된다. 왜냐하면 실행으로 옮기지 않는 한, 혼자만의 비밀이어서 남이 알 바 없으니까 아무 위험도 따르지 않기 때문이다. 그리고 군주의 귀에 음모에 대한 것이 들어갈 염려도 없기 때문이다.

빈부귀천을 막론하고, 또 군주와 가깝게 지내든 가깝게 지내지 않든 간에 모든 사람 마음에 음모의 그림자는 다가가는 법이다. 왜냐하면 누구나 언젠가는 군주를 만날 수 있으므로 이때를 이용해서 뜻을 이룰 수 있기 때문이다.

파우사니아스가 마케도니아 왕 필립포스를 살해한 것은 많은 무장병에게 호위된 필립포스가 아들과 사위를 데리고 사원에 막 발을 들여놓았을 때였다. 더구나 이때 자객은 귀족으로서 필립포스가 잘 아는 인물이었다.

가난하고 비천한 에스파냐인이 에스파냐 왕 페르난도의 목을 단도로 찔렀다. 치명상은 아니었지만, 이 사건은 이런 사람이라도 국왕을 찌를 마음과 기회가 있다는 사실을 나타내고도 남음이 있다.

터키의 한 이슬람 교승이 지금의 터키 황제의 아버지뻘 되는 바야지트(2세. 제1권 제19장 참조)를 향해 칼을 뽑아 덤벼들었던 적이 있다. 황제가 상처를 입지는 않았지만, 이 사람 역시 그럴 마음만 있으면 이런 계획을 짜고 실행에 옮길 기회를 잡을 수 있음을 알려 주었다.

이런 행동을 마음속으로 공상하는 사람은 꽤 있을 것이다. 생각만 하는 일이라면 형벌을 받을 염려도 없고 위험을 당할 일도 없다. 그런데 이것을 실행으로 옮기는 사람은 별로 없다. 게다가 실행으로 옮긴 사람이 살해되지 않는 경우는 지극히 드물거나 전혀 없다고 해도 과언이 아니다. 따라서 죽을게 뻔한 일을 하려는 사람이 있다는 것이 이상한 노릇이다. 단독 의사로 음모를 꾸미는 사례는 이쯤 해 두고 몇 사람이 공모해서 꾸미는 음모에 대해 말해 보기로 한다.

역사에 의하면, 모든 음모는 상류 계급이나 군주와 가까운 사람들에 의해 계획되곤 했다. 그 밖의 사람들은 정신이 이상해지지 않는 한 음모를 꾸민다는 일은 있을 수 없기 때문이다. 하층 계급의 사람들이라든가, 군주의 얼굴도 제대로 모르는 사람들은 음모를 실행으로 옮김에 있어서 성공할 가망성도 없을뿐더러 그런 기회도 없기 때문이다.

하층 계급 사람들은 자기 생각을 신용해 줄 인물을 찾아내지 못한다. 왜냐하면 무서운 위험에 대응하는 이익의 뒷받침 없이는 도저히 사람의 마음을 움직일 수 없기 때문이다. 따라서 두세 사람의 인물에게 자기 계획을 털어놓으면 당장에 배반당하여 파멸하고 만다. 운 좋게 배반자에게 밀고되는 변을 당하지 않는다 하더라도, 음모를 실행함에 있어서 목표로 삼는 군주에게 접근할 수 없다는 뜻밖의 장애를 만나, 목적도 이루지 못하고 파멸해 버린다. 군주에게 접근하기 쉬운 자라 하더라도, 앞으로 말하는 것 같은 어려움을 만나 실패하게 되므로, 하물며 보통 사람에게는 어려움이 어디까지 늘어날지 모른다.

그런데 사람이란 생명이라든가 재산에 대한 일이 되고 보면 이를 완전하게는 방임하지 못하게 되므로, 자기 역량이 아직 부족하다는 것을 깨달으면 조심스럽게 몸을 지키게 된다. 또 군주를 좋게 생각하고 있지 않은 경우에는, 뒤에서 험구하여 울분을 털어놓고 자기보다 지위가 높은 사람이 그 군주에게 복수해 주기를 기다리게 된다. 그러므로 하층 계급의 사람들이 음모를 꾸미는 일이 있더라도, 그 의도는 장할지 모르나 조심성에 대해서는 칭찬할 수가 없다.

음모를 꾸민 인물은 모두가 한결같이 귀족이거나 군주와 친근한 입장의 사람이었다. 그리고 그 태반이 해를 입은 보복으로서 음모를 꾸민다든가 은혜를 너무 입는 바람에 음모를 꾸미게 되는 경우이다.

이에 해당하는 실례로서 코모두스에 대한 페렌니스,*1 세베루스에 대한 플라우티아누스,*2 티베리우스에 대한 세이아누스*3 등을 들 수 있다. 이런 모반자들은 하나같이 저마다 황제로부터 많은 재부와 명예와 지위를 부여받고 있어서, 자기네의 권력을 완전한 것으로 만드는 데 부족한 것이라고는 이제 황제의 권력뿐이라고 생각했다. 그래서 이를 손에 넣으려고 황제에 대해 음모를 꾸미게 되었는데, 그들의 음모는 하나같이 배은망덕한 자에게 어울리는 비참한 결과로 끝났다.

이와 비슷한 실례를 좀 새로운 시대에서 찾아보면, 야코포 디 아피아노*4가 피사의 지배자 피에로 잔 바코르티에게 취한 음모를 들 수 있다. 잔 바코르티는 야코포를 어렸을 때부터 돌보아 길러주고 믿어 주었건만, 그자에게 나라를 빼앗기는 결과가 되고 말았다.

이와 비슷한 사건을 최근의 일로 예를 들자면, 아라곤 왕 페르난도에 대해 코포라*5가 행한 음모가 있다. 코포라는 많은 권세를 손에 넣는 바람에 아직 장악하지 못한 건 왕국뿐이라는 교만한 마음이 들어, 실제로 이걸 손아귀에

---

*1 로마 황제 아우렐리우스 코모두스(재위 180년~192년)의 근위대장. 그 군대를 사용해서 황제를 죽였다. 코모두스 황제에 대해서는 《군주론》 제19장 참조.

*2 로마 황제 세베루스(재위 193년~211년)의 근위대장. 카라칼라 황제에게 살해되었다. 세베루스에 대해서는 《군주론》 제19장 참조.

*3 로마 황제 티베리우스(재위 14년~37년)의 총애를 받았는데 보위를 찬탈하려다가 살해되었다.

*4 1325년~1398년. 1392년 10월 21일, 피에로 잔 바코르티로부터 피사를 빼앗은 인물.

*5 1420년~1487년. 사르노 후작. 나폴리에 있어서의 귀족의 반란(1485년~1486년)의 지도자였는데, 1486년에 체포되어 재판에 회부되었다.

넣으려다가 실패하고 목숨을 잃었다.

음모가 성공을 거두기 위한 조건은, 거의 국왕과 다름없는 실력을 갖춘 인물이 지도해야 한다는 것이 전제가 된다. 이런 실력자라야만 계획을 성공으로 이끌 수 있는 많은 기회를 얻을 수 있기 때문이다. 그런데 이런 자들이 지배욕에 눈이 멀면 음모를 수행하는 데 있어서 판단 기준을 잃어버리게 된다. 왜냐하면 이런 간계를 성공시키기 위해서는 신중한 배려가 필요하기 때문이다.

따라서 음모로부터 몸을 지키고자 하는 군주는, 마냥 학대한 상대가 아니라 오히려 많은 호의를 베풀어 준 인물에게 충분한 경계를 해야 한다. 왜냐하면, 학대당한 사람들에게는 그것을 수행할 기회가 없는 데 비해 총애를 받고 있는 인물에게는 그럴 기회가 얼마든지 있기 때문이다. 게다가 둘 다 목적하는 바는 같지만, 지배권을 손에 넣고자 하는 욕망이 단순한 복수욕에 비해서 크기가 같거나 또는 훨씬 더 큰 것이기 때문이다.

그러므로 군주가 친근한 사람에게 많은 권위를 부여해 줄 경우, 그 사람과 군주의 지위 사이에 일정한 간격을 두어야 한다. 즉 그의 중간에다 뭔가를 놓고 그 사람이 원하면 차지할 수 있게끔 해 두어야 한다. 이런 수를 써 놓지 않는 한, 앞에서 말한 군주와 똑같은 운명의 길을 걷게 된다.

여기서 이야기를 본래 주제로 되돌리기로 한다. 음모를 꾸미는 자는 언제든지 군주에게 접근할 수 있는 지체 높은 사람이어야 한다고 말했다. 다음으로 이렇게 행해진 음모가 어떤 결말에 이르는가, 그리고 성공과 실패의 기로가 되는 건 무엇인가에 대해 살펴보아야 한다.

이미 말한 것처럼 음모를 꾸밀 때 기다리고 있는 위험은 세 단계로 나뉜다. 즉 계획을 짜는 단계, 실행으로 옮기는 단계, 실시 뒤의 단계가 그것이다. 이 세 관문을 무사히 빠져나가기란 지극히 어려운 일이므로 목표에 도달하는 사람은 매우 적다.

먼저 첫째 단계의 위험을 살펴보기로 한다. 이 경우 가장 중요한 점은 매우 신중한 배려와 아울러 상당한 행운이 따라야 한다는 것이다. 이 두 가지 점이 있어야만 탄로나지 않고 음모를 추진해 나갈 수 있다.

음모가 탄로나는 것은 밀고를 당하거나 눈치 채게 되거나 둘 중 하나이다. 밀고되는 것은, 주모자가 음모를 털어놓은 상대가 신용이 가지 않는 인물이

거나, 신중함이 부족한 인물일 경우이다.

신용이 가지 않는 인물은 쉽게 간과할 수 있다. 여러분이 중요한 일을 털어놓을 수 있는 인물이란, 여러분을 위해서라면 죽음을 마다하지 않는다고 믿을 수 있는 사람이거나 또는 군주에 대해 불만을 품고 있는 사람이다.

믿을 수 있는 인물이란 기껏해야 한두 사람 정도밖에 찾아볼 수 없다. 여러분이 계획을 다시 많은 사람들에게 털어놓고자 마음먹어도 그건 안 될 이야기이다. 이런 사람들은 여러분에게 아주 큰 호의를 바치고, 어떤 위험이라도 무릅쓰고, 어떤 벌도 두려워하지 않고 일에 임하는 사람이어야 한다. 사람은 남이 자기에게 호의를 베풀고 있다고 지나치게 평가하는 바람에 배반당하기가 쉽다. 그러므로 실제의 경험에 비추어 보는 수밖에는 이를 확인할 방법이 없다. 그런데 이것을 신용의 도구로 시험한다는 것은 위험하기 이를 데 없다. 다른 위험한 일에 사용해 본 뒤에 비로소 믿도록 한다고 해도 그것만 가지고 그 인물에게 전폭적인 신뢰를 할 수는 없다. 왜냐하면 정작 기다리고 있는 본격적인 음모는 그때까지의 일과 비교도 안 될 만큼 위험한 것이기 때문이다.

또 현재의 군주에게 불만을 품고 있는 인물에게라면 중요한 일을 털어놓을 수 있다고 생각하다가는 큰 실수의 원인이 될 수도 있다. 불평하는 사람에게 속셈을 털어놓았다가는, 그 사람이 군주에게 투신하여 그 총애를 회복하기 위한 밀고의 재료를 준다(^{군주론}제19장 참조). 따라서 사람을 신용함에 있어서는 이 사람이 군주를 얼마만큼 철저하게 싫어하는가, 또 여러분에게 이 사람을 제압할 힘이 어느 정도 갖추어졌는가를 생각해서 판단해야 한다. 따라서 음모라는 것은 갓 시작하자마자 탄로나서 망가지는 수가 대단히 많다. 그러므로 많은 사람들의 마음속에서 남몰래 음모가 키워져서 오랫동안 비밀이 보존되고 있는 경우는 실로 놀랄 만한 현상이라 할 수 있다.

네로에 대한 피소*¹의 음모, 오늘날의 실례로는 메디치 가의 로렌초 및 줄리아노 형제에 대한 파치의 음모*²가 이것에 해당한다. 파치의 음모는 50명 이상의 사람이 가담했는데도 불구하고 실행으로 옮겨지기까지 비밀이 누설

---

*1 로마의 귀족. 황제 네로(재위 54년~68년)에 대한 음모의 우두머리가 되었으나 탄로가 나서 살해되었다. 타키투스, 《연대기》 XV, 49~50.

*2 이 음모 사건에 대해서는 마키아벨리의 《피렌체사》 VIII, 3~7에 상세히 나와 있다.

되지 않았다.

한편 조심성이 부족해서 음모가 탄로나는 경우는, 가담자가 부주의하게 지껄인 말을 하인이나 제삼자가 들었을 때 일어난다. 브루투스의 아들들의 음모가 발각되었을 때도 바로 이런 경우였다. 그들이 타르키니우스의 사자와 밀담하고 있을 때 한 노예가 이를 엿듣고 고발한 것이었다(티투스 리비우스,《로마사》Ⅰ, 4).

또한 사랑하는 처자나 그 밖의 경솔한 사람들에게 비밀을 누설시켰을 때 탄로나는 수가 많다. 이 예로서는 알렉산드로스 대왕에 대해 음모를 꾸민 필로타스에게 가담한 딤누스의 실패가 있다. 그는 자기가 좋아하던 젊은이 니코마코스에게 이 음모를 털어놓았다. 니코마코스는 형제인 키바리누스에게 이야기했는데, 이 말을 들은 키바리누스가 왕에게 알렸던 것이다. *

은연중에 눈치 채는 바람에 음모가 탄로나 버린 실례는, 네로에 대한 피소 일당의 음모를 들 수 있다. 이 음모에 가담한 사람인 스카에비누스는 네로 암살을 결행하기 전에 유서를 작성했다. 그리고 해방 노예인 미리키우스에게 일러서 오래되어 녹이 슬어 버린 단검을 갈게 하고, 모든 노예들을 해방하고 돈까지 주었다. 또 상처를 동이기 위한 붕대까지 준비시켰다. 이런 태도로 비추어 미리키우스는 뭔가 있다고 판단하고 네로에게 밀고했다. 스카에비누스는 그 일당인 나탈리스와 함께 체포되었다. 두 사람이 그 전날 오랜 시간에 걸쳐서 마주 앉아 밀담하는 것을 보았기 때문이다. 그들은 진술을 거부했으므로 고문에 의해 자백을 강요당했다. 그래서 음모가 탄로나 그 밖의 사람들도 모두 살해되었다.

이상과 같은 여러 가지 음모 발각의 원인이 있는 데다가, 음모하는 동료가 서너 명을 넘을 때는 이것이 탄로나지 않도록 지키는 것이 더욱 어렵다. 왜냐하면 탄로의 원인이 되는 것은 배반, 부주의, 경솔함이므로 인원수가 늘어나면 이를 막을 수단이 없어지기 때문이다. 또한 두 명 이상의 동료가 체포되면 음모는 모두 탄로난 거나 마찬가지이다. 왜냐하면 체포된 두 사람이 완전히 말을 맞추어서 진술할 수는 없는 일이기 때문이다. 단 한 사람이 체포되었을 경우, 그 사람이 의지가 굳세면 동료 이름을 대는 일은 절대로 없다.

---

* 이 이야기는 아마도 쿠르티우스 루푸스의 《알렉산드로스 대왕전》 Ⅵ, 7에서 빌려온 것이라고 생각된다.

따라서 잡히지 않고 남은 사람들은 단단히 배짱을 가지고 그 자리를 움직이지 말아야 한다. 도망치면 도리어 음모가 발각날 따름이다. 말하자면, 붙잡힌 사람이건 붙잡히지 않은 사람이건 어느 쪽에서든 용기가 부족하면 음모는 탄로나고 마는 법이다.

이 점에 대해 티투스 리비우스가 들고 있는 실례(티투스 리비우스 《로마사》 XXVI, 4~7)는 대단히 귀중한 것이다. 그것은 시라쿠사의 참주 히에론에 대한 음모이다. 이 음모에 가담한 한 사람인 테오도로스(테오도르스)는 체포되었다. 그는 기력이 충만한 사람이었으므로, 음모에 가담한 사람을 아무도 불지 않았을 뿐 아니라 왕의 친구 이름을 들어 이를 고발했다. 한편 테오도로스의 동료들은 그의 용기에 전폭적인 신뢰를 두고 있었기 때문에 아무도 시라쿠사에서 달아나려 하지 않았고, 조금도 불안한 표정을 보인 사람도 없었다.

음모를 추진해 나가는 데 있어서 이를 실행으로 옮기게 될 때까지 지금 말한 모든 위험을 뚫고 나가야 한다. 이런 위험을 피하기 위해서는 다음과 같은 방법을 취해야 한다.

첫째로 꼽을 만한 제일 확실한 방법, 아니 유일한 최상의 방법은 동료들 누구에 대해서도 밀고할 시간을 갖지 못하도록 하는 일이다. 즉 주모자는 일을 실행하기 직전에 내용을 참가자에게 알리도록 하고 그 이전에는 결코 말해서는 안 된다.

이 방법에 따라 일을 추진하는 사람은 음모를 행할 때 만나는 세 가지 위험 중 첫째의 관문을 무사히 피할 수 있을 뿐 아니라, 대개 다른 두 가지도 무사히 뚫고 나갈 수 있다. 그 결과 음모는 모두 성공을 거두게 된다. 현명한 사람이라면 누구나 이 방법으로 성공을 거둘 수 있을 것이다. 그것에 대해서는 다음의 두 가지 실례만 들어도 충분하리라 믿는다.

네레마토스*는 에페이로스의 참주 아리스토티무스의 참주 정치에 견딜 수가 없어서, 자기 집에 많은 친척들과 친구들을 모아 놓고 조국을 해방해야 한다는 것을 선동했다. 그 중 한 사람이 생각을 정리해서 결심하기 위한 시간을 달라고 말했다. 그러자 네레마토스는 노예를 시켜서 문에 자물쇠를 채

---

* 에페이로스의 참주 아리스토티무스에 대해 음모를 꾸민 것은 실제로는 네레마토스가 아니라 에라니코스라는 인물이다.

우게 하고, 요구한 자에게 이렇게 말했다.

"여러분은 지금 당장 이곳을 떠나 이 계획을 실행으로 옮길 것을 서약하겠소? 그렇지 않으면 나는 여러분 모두를 묶어서 아리스토티무스에게 넘겨버릴 작정이오."

이 말에 겁을 먹은 사람들은 서약을 한 다음 지체 없이 출발하여 네레마토스의 음모를 실행으로 옮겨 성공시켰다.

페르시아의 마법사 가우마타는 술책을 부려 속이고 페르시아 왕국을 빼앗았다. *¹ 그래서 왕국의 유력자의 한 사람인 오르타네스*²는 그 기만을 간파하고 왕국은 다른 6명의 주된 귀족과 협의하여 가우마타의 전제로부터 페르시아를 해방하기 위해서는 어떻게 해야 하는가를 설명했다. 그 중 한 사람이 당분간 기다려 달라고 말했을 때, 오르타네스에게 초대된 6명 중의 한 사람인 다리우스가 일어나서 다음과 같이 말했다.

"지금 당장 가서 결행해야 하오. 그렇지 않는다면 나는 가우마타에게 가서 여러분 모두를 고발할 것이오."

급기야 모두 일어나서 이것저것 망설일 겨를도 없이 훌륭히 계획을 수행했다.

이 두 가지 실례와 비슷한 것으로서 아이톨리아인이 스파르타의 참주 나비스(제1권 제10장, 제40장 참조)를 죽일 때 사용한 방법을 들 수 있다. 아이톨리아인은 원군을 파견한다는 명목으로 나비스에게 기병 30기와 보병 200명을 인솔한 자국인 알렉사메네스를 파견했다. 그래서 알렉사메네스에게만 음모의 비밀을 알리고, 그 밖의 부하들에게 어떤 일이든지 알렉사메네스에게 복종하도록 명령하고 이를 거역하면 추방시킨다는 것을 인식시켰다. 스파르타로 간 알렉사메네스는 계획을 결행할 직전까지 그 사명을 말하지 않았기 때문에 감쪽같이 나비스를 죽이는 데 성공했다.

이런 방법에 따라 음모를 추진해 나간 사람들은, 모든 음모에 따르기 마련인 위험으로부터 무사히 빠져나갈 수 있었다. 그러므로 이 방법을 모범으로 삼고 음모를 꾸미면 언제든지 위험을 피할 수 있을 것이다.

---

*1 가우마타는 페르시아 왕위를 찬탈했으나 그 뒤 기원전 522년에 살해되었다.
*2 이 오르타네스의 에피소드의 출전은 헤로도투스의 《역사》 Ⅲ, 70～78이라고 생각된다.

이상의 방법에 따라 일을 추진하는 것은 누구라도 할 수 있다. 그 예로서 나는 이미 인용한 피소를 들고자 한다. 피소는 로마의 제일가는 명문 출신인데다 평판도 좋았고 네로와도 친밀해서 그 신임도 한층 두터웠다. 네로는 피소와 회식하기 위해 피소의 정원으로 가는 일도 많았다. 그리고 피소는 머리도 좋고 기력도 충실한 동료를 동지로 끌어들여서 음모를 결행하는 데 안성맞춤인 준비를 해 두었다.

이와 같은 조건이 갖추어져 있었으므로 성공은 틀림없을 것이었다. 네로가 정원을 나오는 틈을 봐서 음모의 내용을 동료에게 알리고, 망설일 겨를도 없이 격려의 말을 주었더라면 성공 못할 이유가 없었다.

이와 같이 다른 실례도 자세히 살펴보면 대개의 경우 이 방법을 써서 음모를 추진해 나갈 수 있음을 알 수 있다. 그런데 사람이란 실제로 일을 추진하는 일에 대해서는 경험이 없기 때문에 때때로 큰 실책을 저지르게 된다. 특히 음모라는 매우 특이한 사례인 경우는 실패하는 수가 너 많다.

그러므로 어지간히 필요하지 않은 한 계획을 털어놓아서는 안 된다. 털어놓더라도 결행 직전에 해야 한다. 정 털어놓아야 할 필요가 있을 때는 아주 오랜 경험을 가진, 당신과 같은 뜻으로 불타는 인물 하나를 택해서 털어놓아야 한다. 이런 인물 한 사람을 찾는다는 것은 여러 사람을 찾아내는 것에 비해 쉽기도 하고 위험도 적다. 또 동료가 주모자인 당신을 배반하는 일이 있더라도 아직 달아날 길은 남아 있다. 그러나 무리가 될 때는 그렇게 되지 않는다.

어떤 조심성 있는 사람으로부터 들은 말인데, 공모자가 한 사람일 때는 입만으로도 모든 일이 충족되나, 사람이 많게 되면 글을 써서 의사 표시를 해두지 않는 한 같은 말이 받아들이는 사람에 따라 제각기 달라져 버린다. 그런데 서류로 만들어 둔다는 것은 큰 장해가 되니 이 점은 명심해두어야 한다. 왜냐하면 필적은 꼼짝 못하는 증거가 되어서, 이것으로써 죄를 자백시키기란 제일 간단한 방법이기 때문이다.

플라우티아누스가 세베루스 황제와 그 왕자 안토니누스 카라칼라를 죽여 없애려고 마음먹고, 계획을 백인 대장 사투르니누스에게 말했다. 사투르니누스는 선봉을 맡아 보기보다는 차라리 고발할까 생각했지만, 고발해 봤자 플라우티아누스보다도 자기가 의심받게 될 거라고 생각하고 이 일을 정식으로 위임한다는 취지의 자필 서류를 달라고 청했다.

용솟음치는 야심으로 넋을 잃고 있던 플라우티아누스는 사투르니누스에게 서류를 주었다. 그 바람에 플라우티아누스는 사투르니누스에게 고발되어 처형되고 말았다. 자필의 서류나 그 밖의 증거가 없었다면 플라우티아누스는 완강하게 거부해서 무죄가 되었을 게 틀림없다. 필적 같은 증거만 남겨 두지 않으면 한 사람으로부터 고발당한다 하더라도 빠져나갈 구멍은 있다. 따라서 그런 증거를 남기지 않도록 삼가야 한다.

피소의 음모에 가담한 사람 중에는 이전에 네로와 친근하게 접했던 에피카리스라는 여성이 있었다(타키투스《연대기》XV51). 그녀는 네로가 호위대원으로 부리고 있던 배의 선장 한 사람을 음모에 끌어넣어야 한다고 판단했다. 그렇지만 그녀는 음모가 있다는 것만 말하고 가담자들에 대해서는 전혀 밝히지 않았다. 그런데 그 선장은 그녀를 배반하고 네로에게 밀고했다. 이때 그녀의 태도는 참으로 당당했다. 그녀가 계속 부인하는 바람에 네로도 알 수가 없어서 그녀를 처벌할 수 없었던 것이다.

음모의 내용을 단 한 사람에게만 말했을 때도 두 가지 위험이 기다리고 있다. 한 가지는 음모의 내용을 듣게 된 본인이 자진해서 주모자의 고발을 할 경우고, 또 한 가지는 그 사람이 혐의를 받거나 꼬리가 잡히는 바람에 체포되어서 고문에 못 이겨 주모자의 이름을 불어 버리는 경우이다.

그런데 그 어느 쪽 위험이건 막을 수단이 없는 것은 아니다. 전자의 경우에는 자기를 고발한 자는 평소부터 자기에게 앙심을 품고 있었다고 진술하면 된다. 후자의 경우에는 자기 이름을 댄 것은 고문에 못 이겨서 엉터리 진술을 했을 따름이라고 하며 부인하면 된다.

하지만 무엇보다도 제일 안전한 방법은 일체 아무에게도 음모를 털어놓지 않는 일이다. 그래서 앞에서 든 실례에 따라서 일을 추진해야 한다. 아무래도 말을 해야 할 경우가 생긴다면 꼭 한 사람에게만 해야 한다. 이렇게 해두면 위험이 있다 해도 많은 사람에게 말하는 것보다는 훨씬 위험이 적기 때문이다. 이에 매우 적절한 것은 군주가 당신에 대해 뭔가 처벌을 궁리하고 있어서 선수를 써 긴급히 군주에 대해 음모를 꾸밀 필요가 있을 때이다. 게다가 정세가 시급해서 한시라도 지체가 되면, 몸의 안전을 도모할 수 없는 이런 상황에 있으면 도리어 음모는 뜻대로의 결과를 낳는 법이다. 이 예로는 다음의 두 가지만 들어도 충분하리라.

코모두스 황제는 가장 신뢰할 수 있는 측근으로서 두 친위 대장 레투스 및 엘렉투스를 거느리고 있었다. 한편 총애하는 첩인 마르티아라는 여성이 있었다. 그런데 코모두스의 행위는 황제의 이름뿐만 아니라 제국을 더럽히는 것이라고 이 세 사람이 여러 차례에 걸쳐서 황제에게 직언했기 때문에, 황제는 이 세 사람을 죽여 버려야겠다고 작정했다. 황제는 마르티아, 레투스, 엘렉투스와 그 밖의 인물의 명단을 적어 놓고 이튿날 밤에 그들을 처형하기로 결정했다. 그리고 그 명단을 침대의 베개 밑에 넣어 둔 채 목욕을 하러 나갔다.

방에는 황제가 귀여워하는 아이가 장난을 하고 있었다. 이 아이가 침대에서 그 명단을 발견하고, 그것을 들고 방을 나가다가 마르티아와 마주치게 되었다. 그녀는 그것을 빼앗아 읽다가 그 내용에 짚이는 데가 있자 레투스, 엘렉투스에게 심부름꾼을 보냈다. 세 사람은 몸에 닥친 위험을 깨닫고 황제보다 선수를 써서 지체 없이 그 날 밤에 황제를 죽였다.

안토니누스 카라칼라(^{군주론}_{제19장 참조}) 황제는 군대를 이끌고 메소포타미아에서 전전하고 있었는데, 총독으로서 마크리누스를 기용했다. 이 인물은 군인이라기보다도 정치가형의 사람이었다.

나쁜 왕이라고 불릴 정도의 지배자는 늘 뒤가 켕기기 때문에, 자기에 대해 음모를 꾸미고 있는 자가 없을까 하고 강박감에 시달리는 법이다. 그도 그랬다. 그래서 로마에 있는 친구 마테르니아누스에게 편지를 보내어, 제국을 노리는 자가 있나 없나를 점성술사에게 점을 쳐서 결과를 알려 달라고 의뢰했다. 그러자 마테르니아누스가 황제에게 답을 보내기를, 마크리누스야말로 그 사람임에 틀림없다고 말했다.

그런데 이 답신이 황제에게 들어가기 전에 우연히 마크리누스의 손에 들어갔다. 이것을 읽은 마크리누스는 다음 편지가 로마에서 도착하기 전에 황제를 죽이지 않으면 자기가 살해되고 만다는 것을 깨달았다. 그래서 그는 심복 부하며 며칠 전에 동생이 황제에게 살해된 백인 대장 마르티알리스에게 황제를 죽이도록 명령했다. 그는 계획대로 일을 추진하여 훌륭히 목적을 이루었다.

이런 일을 보더라도 알 수 있는 것처럼 한순간의 지체도 용납되지 않는 위험 앞에 놓이게 되면 도리어 에페이로스의 네레마토스처럼 좋은 결과를 얻는 법이다. 또한 이 장의 앞부분에서 지적해 두었던 것 같은 현상이 일어나는 것도 볼 수 있다. 말하자면 군주가 특정된 사람에 대해 계속 위협을 준다는 것은 사실 훨씬 더 중대한 음모를 야기하는 원인이 되므로 일을 처음에 확실하게 마무리해 앞날의 위험을 예방하는 것이 좋다.

따라서 군주는 부하를 위협하는 태도를 일체 삼가야 한다. 군주는 부하를 고무하고 안심입명(安心立命)의 경지에 놓아 두어야 한다. 군주를 죽이지 않으면 자기가 죽임을 당하게 된다고 생각하는 막다른 길에 부하를 몰아넣는 일은 엄격히 삼가야 한다.

음모를 결행하는 데 있어서의 위험은 다음과 같은 상황 속에서 생겨난다. 말하자면 도중에 계획을 변경할 경우, 또는 계획을 짜는 방법이 불충분해서 실시에 차질이 생길 경우, 또는 죽일 계획에 들어간 사람을 미처 죽이지 못해 음모를 완전하게 수행하지 못하는 경우이다. 막바지에 이르러서 갑자기 계획을 변경하여 처음의 계획과는 전혀 동떨어진 방향으로 가져가는 일만큼 사람들의 모든 행동을 혼란에 빠뜨리거나 방해하는 것은 없다. 이와 같은 계획 변경은 어떤 경우에도 혼란의 씨를 뿌리는 것이지만, 전쟁 지도를 할 때와 여기서 취급하고 있는 음모 같은 것을 결행할 때는 특히 커다란 혼란이 생기는 법이다.

이런 두 가지의 경우, 참가하는 사람들은 전제 조건으로서 각기 맡겨진 임무를 수행하는 데 필요한 굳건한 정신을 갖추고 있어야 한다. 그때까지 오랜 동안에 걸쳐서 참가자가 방법이나 절차에 대해 궁리해 왔는데, 갑자기 계획이 변경되는 사태가 일어나면 누구라도 갈팡질팡해서 모든 일이 뒤집혀 버릴 수밖에 없다.

그러므로 계획을 실시할 때 설사 불편한 점이 생기더라도 처음에 정한 순서에 따라 일을 추진해 나가는 것 이상의 좋은 방법은 없다. 불편한 점을 변경해 보려고 해도 도리어 좋지 못한 일만 많이 일어나게 된다. 게다가 이런 사건은 계획을 고쳐 짤 시간 여유가 없을 때 한해서 일어나는 것이니까 공연히 허둥대어 새로운 계획 따위를 궁리해서는 안 된다. 그런 여유가 있으면 누구든지 자기 좋은 대로 계획을 고쳐 나갈 수 있기 때문이다.

메디치 가의 로렌초, 줄리아노 형제에 대한 음모는 유명하다. 그 결행은 성 조르조의 추기경*¹을 정찬에 초대하는 날로 예정되어 있었으며, 그들을 살해하는 것이 그 목표였다. 가담자에게 할당된 역할은 각기 다음과 같은 것이었다. 두 사람을 살해하는 역할, 저택을 점령하는 임무, 시중으로 달려나가 인민들에게 자유를 부르짖는 역할 등이라는 식이다.

그런데 파치가, 메디치 가와 추기경이 의식에 참석하기 위해 피렌체의 대성당에 입장하고 있는 동안, 줄리아노가 그 날의 추기경과의 정찬에 출석하지 않는다는 것이 판명되었다. 이것을 알게 된 일당들은 모여서 메디치의 저택에서 결행할 예정으로 되어 있었던 것을 변경하고 교회 안에서 결행하기로 결의했다.

여기서 완전히 예정이 어긋나 버렸다. 그 이유는 조반바티스타 다 몬테세코는 교회당 안에서는 살인을 하고 싶지 않아서 거기서 거사를 하는 것은 싫다고 말했기 때문이다. 그 결과 담당 역할을 모두 다시 배당해야 했다. 이래서 마음의 준비가 갖추어지지 않은 채로 실패를 저질러서 모처럼의 계획이 진압되고 말았다.

음모의 실행에 투신할 사람이 쓰러뜨려야 할 상대에게 겁을 먹거나, 또는 타고난 소심함이 고개를 쳐들어서 의연한 태도가 상실되는 수가 있다. 위풍당당한 풍격, 사람을 압도하는 위신이 군주에게 갖추어져 있기 때문에 자객은 꼼짝없이 마음이 좌절되거나 위축되고 만다.

마리우스는 민투르눔의 주민에게 포로 신세가 되었다. 민투르눔 사람들은 한 노예를 마리우스에게 보내어 그를 죽일 준비를 갖추고 있었다. *² 그런데 막상 마리우스 앞에 나가고 보니 노예는 마리우스의 위엄과 혁혁한 과거의 명성에 완전히 압도되고 소심증이 고개를 쳐들어 위축되고 말았다.

마리우스같이 옥에 갇혀 비운을 한탄하고 있는 경우라도 이처럼 사람을 위압하는 힘을 갖추고 있었으니, 하물며 죄수의 생활을 모르는 군주가 현란한 왕의를 걸치고 많은 신하들을 거느리며 당당하게 앉아 있다면 위엄의 정도는 측량할 수 없는 것이었으리라. 그 화려한 모습은 상대를 위축시키고 그

---

*1 피사에 있던 라파엘로 리알리오. 1478년 4월 26일토요일, 산타마리아 델피오레 교회의 미사에 이 추기경이 출석할 의향을 가지고 있었으므로, 메디치 가도 그 정찬에 의리로라도 출석할 것이라고 음모측은 예측하고 있었다.
*2 플루타르코스, 《가이우스 마리우스전》 37~40.

훌륭한 초대는 분발한 출석자의 마음을 누그러지게 만든다.

몇 사람이 트라키아 왕 시탈케스*에 대해 음모를 꾸민 적이 있었다. 음모를 결행할 날짜를 정하고 그 날 약속한 장소에 갔더니 그곳에 왕이 나타났다. 그런데 누구 한 사람 왕을 찌르려고 덤벼들지 않았다. 그러다가 아무것도 못한 채 그 자리를 떠나고 말았다. 그들은 결행하지 못한 이유도 납득하지 못한 채 서로가 서로를 책망했다. 이런 실패를 여러 번 거듭하는 동안 음모는 발각되고, 미수로 끝나기는 했지만 꾸민 죄를 문책받고 처벌되었다.

페라라 공작 알퐁소에 대해 두 동생 줄리오와 페르디난드가 음모를 꾸미고, 앞잡이로서 잔네스라는 사람을 썼다(1506년). 이 사람은 공식적인 사제이며 궁정의 전속 음악사기도 했다. 그는 부탁에 따라 공작을 두 사람 앞으로 데리고 나가 언제든지 죽일 수 있게끔 주선했다. 그런데 두 사람 다 암살 거사를 하지 않았다. 그러는 동안 음모는 발각되고 간계와 경솔한 행동에 적합한 벌이 주어졌다. 이런 우유부단한 태도는, 군주 앞에서 위축되어 버렸든가 또는 군주의 다정한 응대에 분발되던 마음이 누그러져 버렸든가, 그것 외에는 생각할 수 없다.

계획의 실행이 좌절되는 것은 충분히 계획을 짜지 않았거나 용기가 모자랐기 때문이다. 이 두 가지 중 어느 것인가의 경우에 혼란스러워서, 해서는 안 될 말을 하거나 해서는 안 되는 일에 손을 대버리기 때문이다.

이런 경우 흥분하는 바람에 사람이 얼마나 잘 혼란스러워하는가에 대해서는 티투스 리비우스가 든 아이톨리아의 알렉사메네스의 예만큼 잘 표현한 것은 없다. 이미 말한 것처럼 알렉사메네스가 스파르타의 참주 나비스를 죽이려고 기도했을 때, 드디어 계획 실행을 하는 단계가 되고서야 비로소 부하에게 알렸던 것이다.

이 점에 대해 티투스 리비우스는 다음과 같이 말했다(티투스 리비우스, 《로마사》 XXXV, 35, 18).

"큰일을 결행한다고 생각하면 자칫하면 마음이 혼란스럽기 마련인데 그 자신 역시 정신을 차리지 않으면 안되었다."

확고한 신념을 가지고 용기에도 부족함이 없으며, 사람이 죽는 광경도 항

---

* 시탈케스는 실은 오도리시아의 왕이다. 마키아벨리는 아마 코린트의 참주 키프세로스와 혼동한 것이리라.

상 보아 왔고 무기를 휘두르는 일도 일상 다반사처럼 되어 있는 사람들도 막상 그 자리에 임하면 흥분되는 것이 당연한 일이다. 따라서 경험을 쌓은 사람에게만 큰일을 맡겨야 하며 평소에 아무리 용기가 있는 인물이라도 신뢰할 수는 없다. 경험으로 단련된 사람이 아닌 한 아무리 용기가 있더라도 마음놓고 큰일을 맡길 수는 없다. 경험이 없는 사람들이라면 흥분되어 무기를 떨어뜨리거나 엉뚱한 말을 지껄이거나, 아무튼 이와 비슷한 실수를 저지르기 때문이다.

코모두스 황제의 누이동생 루킬라는 퀸티아누스에게 황제의 살해를 명령했다. 이자는 코모두스가 원형 극장으로 들어가는 것을 기다렸다가 단검을 뽑아들고 황제에게 다가가서 외쳤다. '원로원이 그대에게 이 칼을 보냈노라.' 그러나 이런 말을 지껄였기 때문에 황제를 찌를 겨를도 없이 체포되고 말았다.

안토니오 다 볼테라는 로렌초 데 메디치 살해의 대역을 맡았는데, 로렌초에게 다가가서 배반자라고 소리치고 말았다. 이 한 마디로 로렌초는 피신하여 목숨을 구하고 음모는 허사가 되고 말았다.

앞에서 말한 것 같은 이유로 보더라도 단 한 사람의 중심 인물을 노리고 꾸민 음모도 성공하기 어렵다. 그런데 두 사람의 거물에 대한 음모는 더욱 성공하기 어려워서, 성공한 예가 전혀 없다고 해도 될 만큼 곤란하다. 그 이유는 같은 시각에 다른 장소에서 같은 음모를 실행한다는 것은 거의 불가능하기 때문이다.

동시에 결행하지 못할 경우, 처음에는 수행한다 하더라도 제2단계는 실행하지 못하게 된다. 그리고 한 사람의 군주를 노린 음모라도 성공은 의심스러우며 위험하고 무분별한 행동이다. 하물며 동시에 두 사람이나 노리는 음모에 이르러서는 헛된 발버둥이나 마찬가지이므로 경솔하다는 비방은 피할 수 없다.

역사가에 대한 나의 존경을 이 경우만 제외해 준다면, 나는 플라우티아누스에 대해 헤로디아누스*가 쓴 말에 대해서는 아무래도 납득이 가지 않는

---

* 2~3세기경의 시리아의 역사가. 그의 작품은 15세기 후반의 뛰어난 인문주의자 안젤로 폴리치아노(1454년~1494년)의 손에 의해 번역되었다.

다. 헤로디아누스의 말에 따르면, 플라우디아누스는 백인 대장 사투르니누스 혼자서 저마다 다른 곳에 살고 있는 세베루스와 안토니누스를 죽이도록 명령했다고 한다. 이것은 실로 상식에서 벗어난 명령이다. 만약 헤로디아누스 정도의 권위 있는 사람이 한 말이 아니라면 도저히 믿지 못할 정도다.

몇 명의 아테네 청년이 참주 디오클레스*와 히피아스에 대해 음모를 꾸몄다. 디오클레스를 죽이기는 했지만 난을 피한 히피아스가 그들에게 복수를 했다.

헤라클레아의 키온과 레오니다스는 플라톤의 제자였는데 그들도 참주 클레아르코스(제1권 제16장 참조)와 사티루스에 대해 음모를 꾸몄다. 이 경우도 클레아르코스는 죽였지만 미처 죽이지 못한 사티루스에 의해 도리어 복수를 당했다.

지금까지 여러 번 언급한 파치의 음모만 하더라도 겨우 줄리아노 한 사람을 죽였을 따름이었다.

이상에서 열거한 실례로 보더라도 두 사람 이상의 우두머리를 타도하려는 음모는 누구나 삼가야 한다. 그런 일을 하는 것은 자기를 위해서나 조국을 위해서나, 또 다른 누구를 위해서도 도움이 되는 것이 아니기 때문이다. 오히려 살아 남은 사람이 점점 더 감당하기 어려워져서 더욱 포학해지는 일은 피렌체·아테네 헤라클레아에 대해서 이미 지적했다.

펠로피다스(제1권 제6장, 제21장, 제3권 제13장 참조)가 조국 테베를 해방시키고자 꾸민 음모의 앞길은 실로 험난했다. 그러나 그는 요행히도 그 목적을 달성할 수 있었다. 펠로피다스는 두 사람이 아니라 열 사람이나 되는 참주를 대상으로 일을 벌여야 했다. 게다가 전혀 참주 측에 믿음을 주지 않았기 때문에 가까이 접근한다는 것도 쉬운 일이 아니었기에 모반을 일으킨다는 것은 생각도 못할 상황이었다. 그럼에도 불구하고 테베에 잠입하여 참주들을 죽이고 조국을 해방했다(플루타르코스, 《펠로피다스전》 7~13, 기원전 372년). 그는 참주들의 상담역인 카론이라는 사람의 원조를 얻어서 일을 추진했기 때문에 참주들에게 쉽게 접근하여 음모를 수행할 수 있었다.

그런데 이 펠로피다스의 예를 본으로 삼아서는 안 된다. 왜냐하면 그가 한 일은 원칙적으로 말해서 불가능한 일이며, 성공한 것이 기적이라고 해야 하

---

* 디오클레스는 오류이고 사실은 히파르코스이다. 히파르코스는 아테네의 참주 페이시스트라토스의 아들로 형인 히피아스와 함께 권력을 계승했다. 그 뒤 기원전 514년, 하르모디오스 등에 의해 살해되었는데 히피아스가 참주를 계승했다.

기 때문이다. 그렇기 때문에 역사가는 그의 성공을 고금에 드물게 보는 현상으로 오히려 앞으로는 일어날 일 없는 예외로 생각해 왔던 것이다.

음모를 추진해 나감에 있어서 장애가 생기는 것은 처음에 예상 착오를 했든가 또는 실행으로 옮기는 동안에 예측 못했던 일이 생겨나기 때문이다. 브루투스와 그의 동지가 카이사르를 암살할 계획을 세우고 있던 당일, 공교롭게도 카이사르는 음모에 가담한 한 사람인 크네우스 포피리우스 레나테스와 길게 이야기를 하였다. 이 광경을 본 다른 가담자는 포피리우스가 카이사르에게 음모의 비밀을 말하고 있는 게 틀림없다고 생각했다. 그래서 카이사르가 원로원에 들어가기 전에 그 자리에서 암살하려고 계획을 바꾸려 했을 정도였다. 그렇지만 긴 이야기가 끝났을 때도 카이사르는 평소와 거의 변함 없는 표정을 하고 있었기 때문에 마음을 놓았다. 만약 그렇지 않았다면 그 자리에서 결행했을 것이다.

이런 지나친 생각에 대해서는 조심에 조심을 서듭해야 한다. 이런 사태는 늘 일어나는 것이다. 왜냐하면 떳떳치 못한 사람은 남이 말하는 것만 보아도 제 말을 하고 있지나 않나 하고 생각하기 쉽기 때문이다. 다른 의도로 한 말에도 찔끔해서 영락없이 제 말을 하고 있는 줄 믿는다. 그래서 허둥지둥 달아나는 바람에 모처럼의 음모가 들통나거나, 남의 말을 곧이듣고 그럴 때도 아닌데 당황하여 행동을 일으킨다. 이런 사태는 음모에 가담해 있는 사람이 많으면 많을수록 일어나기 쉽다.

사태의 발전은 전혀 예측할 수 없다. 그러므로 사람들의 주의를 끌게 하는 실례로부터 배워 나가는 수밖에 방법이 없다.

이미 언급한 예이지만, 시에나의 루치오 베란티는 판돌포가 일단 자기에게 딸을 주었다가 도로 빼앗아 버리는 바람에 분노하여 판돌포를 죽이려고 작정하고 시기를 엿보고 있었다. 한편 판돌포는 거의 매일같이 환자인 친척을 문병 가느라고 루치오의 집 앞을 지나갔다. 이것을 목격한 루치오는 동료를 저택 안에 숨겨 놓고 판돌포가 지나가면 죽이려고 준비를 갖추었다. 그래서 대문 안에 무장한 사람을 배치하고 다른 사람을 창가에 세워서 감시를 시켰다. 그리고 그가 문 앞에 오면 신호하도록 했다. 그런데 신호를 보낸 바로 직후 공교롭게도 판돌포는 친구와 마주치게 되었다. 그래서 판돌포의 수행원들은 그를 남겨 둔 채 걸어왔다. 그러다가 루치오의 대문 안에서 무기의 번쩍임을 보고는 그 스치는 소리를 듣게 되는 바람에 매복은 탄로나고 말았다. 그래서 판돌포는 위기를 벗어나고 루치오와 동료는 시에나로 도망해야 했다. 이 경우, 판돌포가 우연히 친구와 만난 것이 음모에 방해가 되어서 루치오는 계획을 허사로 돌려야 했다.

이와 같은 우발 사고는 예외 중의 예외에 속하는 일이라 어떻게 손을 볼 수가 없다. 그러므로 일어날 수 있는 한도의 가능성을 최대한 생각하고 대처할 수단을 충분히 취해 둘 필요가 있다.

남은 유일한 문제는 음모 결행 뒤에 생기는 위험에 대해서이다. 그 문제점은 하나로 줄일 수 있다. 말하자면 살아 남은 자가 살해된 군주의 원수를 갚으려 할 경우이다. 살아 남은 형제나 자식들, 그 밖의 친척들이 군주국을 계승해 나가려는 것은 당연한 일이다. 살아 남은 자들이 있는 것은 부주의하게도 미처 살해하지 못했거나, 아니면 이미 설명한 것 같은 경우이다. 결국 그들은 복수를 하러 나서게 된다.

조반니 안드레아 다 람포냐노의 경우가 바로 그렇다. 그는 동지와 짜고 밀라노 공 갈레아초 마리아 스포르차를 살해했다. 그런데 아들 하나와 두 동생을 살려 둔 나머지 결국 복수당하여 살해되고 말았다.

이런 경우, 음모를 꾸민 사람들의 실수를 책망할 수는 없다. 왜냐하면, 그들에게는 그 이상 손을 쓸 길이 없었기 때문이다. 하지만 부주의나, 예사로 보거나 해서 미처 살해하지 못하고 살려 두었을 경우는 단연코 너그럽게 볼 수가 없다.

포를리의 인민 몇 사람이 짜고 군주 지롤라모 백작을 죽인 다음 아내와 어린 자식들을 체포한 적이 있었다. 반란 측은 포를리의 성채가 수중에 들어오지 않는 한, 자기네의 입장은 안심하지 못한다고 생각했다. 그러나 수비대는 성채를 명도하려고 하지는 않았다. 백작 부인이라 불리고 있던 마돈나 카테리나는 반란 측에 서약하여 이렇게 말했다.

"성채에 들어가는 것을 허락해 주세요. 수비대를 설득해서 성채를 인도하도록 만들겠습니다. 그 대신 아이들을 인질로 맡기겠습니다."

반란 측은 이 말을 믿고 그녀를 성안으로 보냈다. 성안으로 들어간 그녀는 성벽에 올라서서 남편을 죽인 일을 책망하고 어떤 수단을 써서라도 이 복수를 하고야 말겠다고 큰소리쳤다. 게다가 인질로 두고 온 자기 자식에 대해서는 추호도 미련이 없다는 것을 나타내기 위해 적에게 자기의 치부를 보이며 자식 같은 것은 여기서 얼마든지 만들어 보이겠다고 외쳤다. 반란자는 신중성이 부족했다. 자기들의 실책을 깨달았을 때는 이미 늦어서, 보복으로서 종신 추방의 변을 당하게 되었다.

이런 종류의 위험 가운데서 살해된 군주가 인민들에게 추모를 받고 있을 때만큼 무서운 것은 없다. 왜냐하면 이들 인민에 대해 반란 측은 전혀 쓸 수단이 없기 때문이다. 전 인민을 적으로 해서는 몸의 안전을 확보할 수 없기 때문이다. 카이사르의 경우가 바로 그랬다. 그는 로마 인민에게 인기를 떨치고 있었기 때문에 카이사르 암살의 음모에 가담한 자들은 인민의 복수를 받았다. 그들은 로마에서 추방되어 장소와 때의 차이는 있었지만 한 사람 남김없이 모두 살해되고 말았다.

군주의 목숨을 노리는 음모에 비해서 국가에 반역을 꾀하는 일은 훨씬 위험이 적다. 국가에 대해 음모를 꾸밀 때는, 계획을 실행으로 옮길 때 있건 결행한 뒤건 군주에 대한 음모만큼의 위험은 없다. 음모를 추진해 나감에 있어서도 그다지 위험은 생기지 않는다. 음모를 꾸미는 한, 시민은 자기 의도를 남에게 말하지 않고 권력을 손에 넣을 수 있기 때문이다. 따라서 계획에 방해만 생기지 않으면 수행하기란 문제없는 일이다.

가령 어떤 법률이 목적 수행의 장애가 되는 경우만 하더라도 때가 오기를 기다리면 되는 것이고, 또는 다른 방법을 택하면 되는 것이다. 이것은 특히 부패한 공화국일 경우에 적용된다. 왜냐하면 건전한 국가에서는 나라에 대한 음모 따위는 일어날 여지도 없을뿐더러 누구 한 사람 그런 생각을 가질 까닭이 없기 때문이다. 그런데 부패한 공화국에서는 시민이 여러 가지 수단을 써서 군주의 자리를 손에 넣을 수 있으며, 그때 탄압될 위험도 적다. 게다가 공화국은 군주국에 비해서 일의 진행이 느리므로 사람을 의심하는 분위기가 적으며, 따라서 경계도 그리 엄중하지 않다. 게다가 공화국은 유력 시민에게는 한층 더 경의를 표하므로 이것을 거꾸로 이용한 시민이 국가에 대해 보다 불손하고 대담한 태도로 나오게 되는 것이다.

살루스티우스에 의한 카테리나의 음모에 대한 술^(살루스티우스
카테리나, 전역)을 읽으면, 누구나 카테리나가 음모 발각 뒤에도 로마에 머물러 있었을 뿐만 아니라 원로원에까지 가서 원로원 의원이나 집정관에게 심한 말로 마구 화풀이한 사실을 알 수 있다. 이렇게까지 로마는 시민의 자유를 존중하고 있었다. 그뿐만 아니라 그가 로마를 떠나 군대의 지휘를 맡아 보게 되었을 때도, 렌툴루스*나 그 밖의 사람들이 카테리나의 죄상을 상세히 적은 서류를 가지고 있지 않았던들 그의 체포는 실현되지 않았을 것이다.

카르타고 제일가는 시민 하논은 참주의 지위를 얻으려 열망한 나머지, 딸의 결혼식에 초대한 원로원 의원 모두를 독살하고 군주가 되려고 음모했다 (기원전 350년경). 이 계획은 발각되고 말았으나, 원로원은 법안을 만들어서 피로연과 결혼식의 비용을 제한토록 한 것에 불과했다. 이것도 국가가 상류 시민에게 어느 정도의 존경을 표했던가를 말해 준다.

사실 조국에 대한 반역을 실행에 옮길 때는 그것을 계획할 때보다 훨씬 더 큰 곤란과 위험이 기다리고 있기 마련이다. 아무리 자기 편의 병사들을 끌어 모아 봤자 수가 많은 적을 대항한다는 것은 대체로 불가능하기 때문이다. 카이사르나 아가토클레스나 클레오메네스 및 그 밖의 사람들같이 자기가 통솔하는 군대를 조금만 움직여도 나라를 지배할 수 있었던 것 같은 일은 아무나 할 수 있는 일이 아니다. 이처럼 강력한 군대가 뒷받침되는 사람들은 무엇을 해도 쉽사리 성공을 거둘 수 있다. 하지만 군사력을 갖추지 못한 사람들은 같은 일을 추진하더라도 권모술수에 모두를 걸든가, 외국 세력을 끌어들이는데 의지해야 한다.

권모술수에 의지한 실례로서는 아테네인 페이시스트라토스가 메가라인을 무찔렀을 때의 일(플루타르코스 《솔론전》 Ⅲ)을 들 수 있다. 이 전승으로 인민의 명성을 한 몸에 모으게 된 그는, 어느 날 아침 상처 입은 몸을 이끌고 밖으로 나가서 귀족들이 자기의 승리를 질투한 나머지 이렇게 상처를 입힌 것이라고 말하고, 호위의 무장병을 데리고 다니도록 해달라고 요구했다. 일단 이 특권을 인정받자 그는 문제없이 단번에 권력의 자리에 올라 아테네의 참주가 되었다.

판돌포 페트루치는 다른 추방자들과 함께 시에나에 돌아가 있었다. 그를 기다리고 있던 일은 정무청 앞 광장의 경호의 임무였다. 이것은 대수롭지 않은 임무인지라 모두가 꺼리고 거부해 버린 일이었다. 그런데 무장병을 거느

---

* 로마의 정치가. 사법관이나 집정관을 맡아보았으나 그 악업으로 인해 원로원에서 제명되는 바람에 카테리나의 음모에 가담했다.

리고 임무를 수행해 나가는 동안 어느 사이에 그의 지위는 권위를 가지게 되어 순식간에 군주의 자리에 오르게 되었다.

그 밖에 온갖 수단을 써서 얼마 안 되는 기간 동안에 위험도 만나지 않고 목적을 달성했다는 예도 숱하게 있다. 자기의 군사력에만 의존하든 외국 세력을 끌여들어서 조국을 장악하려 하든 간에 운수에 따라서 여러 가지 결과가 생겨난다. 앞에서 든 카테리나의 음모는 좌절로 끝났다. 그리고 앞에서 말한 하논은 독살에 실패하자 수천 명의 부하를 거느리고 군사를 일으켰지만 결국 부하들과 함께 죄다 살해되었다. 한편 테베의 유력 시민 몇 사람은 참주의 자리를 노리고 스파르타 군대의 원조를 구하여 전제 권력을 빼앗았다.

이처럼 조국에 대한 음모의 모든 예를 검토해 보면 계획 도중에 좌절되는 예는 전혀 없든가, 있다고 하더라도 매우 적다. 성공이냐 실패냐 하는 갈림길은 오히려 실행하는 단계에 있다. 일단 결행해 버리고 나서는 그 군주국이 본래 내포하고 있는 여러 가지 위험한 과제에 대처하면 되는 것이다. 즉 참주의 자리에 오른 사람은 참주 정치에 따르기 마련인 일반적인 위험을 당하게 될 뿐이다. 그 대처 방법에 대해서는 이미 살펴보았다.

이렇게 음모에 대해서 생각나는 대로 살펴보았다. 무기에 의한 음모에 중점을 두어 설명해 왔고 독살에 의한 것은 중시하지 않았지만, 아무튼 결과는 똑같다. 확실히 독살이라는 수단으로 음모를 이루려는 것은 한층 더 위험이 따르고 불확실하다. 군주의 식탁에 다가가서 독을 담을 기회가 아무에게나 있는 것은 아니므로 아무래도 제삼자에게 의뢰할 수밖에 없다. 그래서 주모자는 위험에 직면한다. 게다가 숱한 선례에 비추어 보더라도 독을 먹게 된 사람이 모두 죽는 것도 아니다. 코모두스 황제 살해를 꾸민 자들의 경우도 그랬다. 코모두스는 독을 뱉어 버렸기 때문에 결국 목을 졸라 죽여야 했다.

군주로서는 음모가 꾸며지는 일만큼 무서운 것은 없다. 음모는 목숨을 빼앗게 되고, 그렇게까지는 안 되더라도 체면이 말이 아니게 된다. 음모가 성공하면 군주가 죽고, 음모가 발각되면 군주가 음모자들을 죽인다. 일은 그것뿐이지만 이런 음모가 꾸며지는 애초의 원인은, 군주가 사람을 죽이거나 소유물을 몰수하는 잔학성과 탐욕성에 있다고 누구나 생각하기 때문이다.

여기서 나는 음모를 당한 군주나 공화국에 대해 감히 다음과 같은 충고를 하고자 한다. 즉 자기들에 대한 음모가 탄로났을 경우, 무슨 일이 있더라도 주모자에게 보복하는 것이 아니다. 그 전에 음모의 성격을 이해하도록 신중히 노력해야 한다. 그리고 반역 세력과 자기들의 세력을 잘 비교해서, 반역 세력이 강대해서 얕볼 수 없을 경우에는 결코 음모를 폭로해서는 안 된다. 탄압할 수 있을 만한 실력이 갖추어질 때까지 사태를 조용히 지켜봐야 한다. 그렇지 않으면 공연히 자기의 파멸을 부채질하는 결과가 되기 때문이다. 그러므로 모든 노력을 거듭해서라도 음모를 눈치채지 못한 것처럼 초연할 필요가 있다. 음모가 탄로났다는 것을 알게 되면 음모자들은 힘이 닿는 대로 마구 돌진해 올 것이다.

로마인의 예가 이에 해당한다. 이 이야기는 이미 살펴보았는데,* 삼니움인의 공격으로부터 카푸아인을 지켜 주기 위해 로마인은 두 군단을 수비대로서 카푸아에 주둔시키고 있었다. 그런데 사령관들이 카푸아를 손에 넣으려는 음모를 꾸몄던 것이다.

이 사실이 로마에 알려지자 신임 집정관인 루틸리우스가 감독관 역을 임명받았다. 그는 음모를 꾸미고 있는 자들을 방심시키기 위해, 원로원이 카푸아 주둔군의 주둔 기간을 연장시켰다고 발표했다. 그들은 이 말을 믿고 음모를 실행으로 옮기기에는 아직 시간이 충분하다는 생각에서 일을 거칠게 몰고 나가려고 하지 않았다(기원전 343년). 그래서 집정관이 두 군단을 따로 떼어서 배치하려는 것을 눈치채게 될 때까지는 태평스럽게 지냈다. 집정관이 하는 이 조치로 미루어서 겨우 그들은 의심을 품게 되어 그제야 그 의도를 노출시켜 실행으로 움직이기 시작한 것이다.

음모를 꾸미는 자, 당하는 자, 어느 편에 있어서도 위의 예만큼 적절한 것은 없다. 음모를 꾸미는 자는, 시간적인 여유가 있는 동안은 어물어물하며 당장 행동으로 나가지 않고, 반대로 시간이 절박하면 얼마나 허둥대며 행동으로 옮기는 것인가를 잘 알 수 있기 때문이다. 한편 편리하도록 음모를 폭로할 시기를 늦추고자 하면, 음모적 대상이 되고 있는 군주나 공화국은 음모자들에게 앞으로 음모를 실행으로 옮기는 데 좋은 기회가 온다는 생각을 하도록 꾸며서 시간을 벌어 놓고 철퇴를 가하면 된다.

---

* 제2권 제26장 참조. 티투스 리비우스, 《로마사》 Ⅶ, 38~41.

이 술책을 사용하지 않으면 파멸을 촉진시킬 따름이다. 아테네 공작*¹이나 그리엘모 데 파치의 실패도 이 때문에 일어난 것이었다.

피렌체의 참주가 된 아테네 공작은 음모가 꾸며지고 있다는 것을 눈치챘을 때(1343년), 이런 술책을 강구한다는 것은 꿈에도 생각지 못하고 가담자 중의 한 사람을 체포하게 했다. 이것을 알게 된 동료들은 갑자기 무장봉기하여 그의 손으로부터 국가를 빼앗아 버렸다.

한편 1501년에 발 디 키아나의 총독에 임명된 그리엘모는, 아레초가 비텔리*²에게 편을 들어 피렌체로부터 키아나를 빼앗으려는 음모가 있다는 것을 알았다. 그래서 그는 당장 아레초로 가서, 모반인들과 자기네의 실력도 재보지 않고 또 제대로 군사력도 갖추지 않은 채 아들인 사교(司敎)의 의견을 받아들여 반도 중의 한 사람을 체포하게 했다. 이것이 계기가 되어 다른 아레초인들은 즉각 무장봉기하여 도시를 피렌체인으로부터 탈환하고 그리엘모를 체포했다.

하지만 반역 세력들 측이 약체일 때는 주저하지 말고 탄압해야 한다. 그런 경우는 다음에 말하는 것 같은 대조적인 두 가지 술책 중 어느 것도 본떠서는 안 된다. 하나는 위에서 말한 아테네 공작의 경우이다. 그는 피렌체인 일반의 선의에 전폭적인 신뢰를 두고 있다는 것을 보이기 위해 모처럼 음모의 정보를 알려 준 한 시민 마테오 디 마로초를 사형에 처하고 말았다. 또 하나의 예는 시라쿠사의 디온*³의 경우이다. 그는 의혹을 느끼고 있는 인물의 마음을 떠보기 위해, 신뢰를 두고 있는 칼리포스에게 자기에 대해 어떤 음모를 꾸미고 있는 시늉을 해보도록 명령했다.

그런데 두 가지 다 좋지 못한 결과를 야기하게 되었다. 전자의 경우는 밀고하려는 사람의 용기를 꺾고, 반대로 음모를 꾸미는 자들에게 기운을 주게

---

*1 1356년 사망. 1341년에서 1342년에 걸쳐서 피렌체에서 종사했으며 피사와 싸웠다. 1342년, 종신의 시정장관으로 임명되었으나 이듬해의 폭동으로 추방되었다.

*2 비텔로초 비텔리. 당시는 체자레 보르지아에게 종사하고 있었다. 《군주론》 제8장 참조.

*3 기원전 408년경~354년. 시라쿠사의 귀족. 플라톤의 찬미자. 이상 정치를 시라쿠사의 참주 디오니시우스 2세에게 행하게 하려다가 실패하고 플라톤과 더불어 추방되었다. 그 뒤 군을 이끌고 시라쿠사로 돌아와 디오니시우스를 내쫓고 대신 지배자가 되었다. 아테네인 칼리포스에 의해 암살되었다. 플루타르코스, 《디온전》 54.

되었다. 후자의 경우는 스스로 무덤을 파는 결과가 되었다. 아니, 그보다도 제 자신이 자기에 대한 음모의 원흉이 되고 말았다. 말할 것도 없이 칼리포스는 이 가짜 음모를 역용해서 손쉽게 디온에게 모반하여 목숨과 아울러 국가를 찬탈했기 때문이다.

제7장 자유에서 예속상태로, 예속상태에서 자유로 정체가 변혁될 경우, 때로는 무혈로 달성되고 때로는 참혹한 유혈이 따르는 것은 무엇 때문인가

공화 정치에서 전제 정치, 또는 그 반대의 과정을 걷는 많은 정변이 때로는 유혈의 참혹함을 부르고, 때로는 무혈 가운데 달성되는 점에 대해서 누구나 이상하게 생각할 것이다.

역사를 거슬러 올라가서 같은 사건을 보더라도 어떤 경우에는 숱한 인명을 잃었는데, 또 어떤 경우에는 아무도 피해를 입는 자가 없는 현상은 왜 생기는 것일까? 예를 들면, 로마가 왕제로부터 집정관 제도로 변모했을 때 타르키니우스 가만이 추방되고, 그 이외에는 피해가 미치지 않은 일도 있었다.

그 까닭은, 변혁되는 국가가 폭력에 의해 성립한 것인가의 여부에 달려 있다고 생각한다. 국가가 폭력에 의해 수립되어서 그에 따라 숱한 사람들이 시달림을 받고 있을 경우에 그 국가가 붕괴하게 되면, 일찍이 박해를 받은 사람들이 당연히 보복의 처사로 나오게 된다. 그리고 이와 같은 보복심이 인명의 손상을 가져온다.

그런데 국가를 강대한 것으로 만들어 나가자는 일반 민중들의 일치된 마음가짐에 의해서 국가가 성립되어 있을 경우, 비록 그 국가가 멸망의 위기에 놓여 있을 때라도 그들 민중은 우두머리에게 공격을 가할지언정 그 이외의 사람에게 힘을 휘두르지는 않는다.

로마의 국가 형태는 여기에 해당하는 것이었기 때문에 타르키니우스 가의 추방만으로 그쳤다. 그리고 피렌체의 메디치 정권에서도 이와 같았다. 1494년의 정변에서는 추방된 메디치 가 이외에는 아무도 피해를 입지 않았다. 이런 경우의 정변은 별로 위험이 따르지 않는다.

그런데 복수를 위해 정변이 생길 때는 실로 위험하다. 이때 행해지는 일들은 읽는 이로 하여금 눈을 가리게까지 하는 것이 있다. 그것은 역사의 어디를 취해 보더라도 흔히 있는 일이므로 말하지 않기로 한다.

제8장 공화정치를 변혁하려는 자는 정체의 내용을 음미해야 한다

이미 말한 것처럼(제1권 제55장 참조), 타락하지 않은 공화국에서는 아무리 악랄한 시민이라 하더라도 그다지 나쁜 짓을 할 수 없다. 그것은 그렇다 치고, 다시 스푸리우스 카시우스*와 만리우스 카피톨리누스(제1권 제8장, 제24장, 제58장 참조)의 예를 들면 이 생각의 정당성이 한층 더 뒷받침될 것이다.

스푸리우스는 야심에 불타는 사람이었으므로 로마에서 큰 권력을 잡으려고 인민의 환심을 끌기 위해 많은 재보를 주었다. 예를 들면, 로마인이 일찍이 헤르니키인으로부터 빼앗은 토지를 인민에게 나누어 주려고 했다. 그런데 그의 야심이 원로원에게 간파되어 의혹의 눈길이 쏠리게 되었다.

때마침 그가 인민들을 향해 연설하고 국비로 시칠리아로부터 운반한 곡물의 매상금을 인민에게 분배하겠다고 제안했으나 인민들은 한 사람도 남김없이 거절했다. 스푸리우스가 인민의 자유를 빼앗는 대가로 돈을 주려는 것이라고 간파했기 때문이다. 만약 당시의 로마 인민이 타락해 있었더라면 그 돈을 받았을 것이다. 그리하여 참주정치를 향한 길이 스푸리우스 앞에 열렸을지도 모른다. 그러나 실제 그렇지 못했다.

만리우스 카피톨리누스의 예는 더욱 뚜렷하다. 그가 탁월한 자질을 갖추고 있어서 그것으로 인해 조국에 얼마만큼 훌륭한 공헌을 했다 하더라도, 그 추한 지배욕 때문에 깡그리 허사가 되고 말았다.

만리우스의 지배욕은 카밀루스에게 주어진 영예에 대한 질투가 원인이 되어 일어난 것인데, 그 바람에 그는 완전히 분별을 잃어버려 로마의 풍속·습관을 무시하고, 한번도 하찮은 정치체제를 채용한 적 없는 공화국의 성격도 돌이켜보지 않고 원로원과 법률에 배반하는 소동을 로마에서 일으켰던 것이다.

여기서 우리는 로마의 법률이 얼마나 완비되었고, 인민들이 얼마나 훌륭한 양식을 갖추고 있었던가를 알게 된다. 귀족들은 본래 유사시에는 동료들

---

* 집정관. 농지법의 기한을 연장했으나 왕정을 음모하는 자로서 고발되어 기원전 488년, 사형에 처해졌다.

끼리 서로 돕는 법인데 누구 한 사람 만리우스 편을 들지 않았다. 게다가 친척들까지도 만리우스를 외면했다. 당시에는 피고인에 대해 자비를 청하기 위하여 지기나 친척들이 상복이나 허름한 옷을 입고 근신하며 피고인을 따라 출정하는 것이 관례였다. 그런데 만리우스를 따라 나가는 사람은 아무도 없었다.

대체로 호민관이라는 직책은 인민의 이익이 되는 일이라면 언제나 무엇이든지 추진하는 법이므로 인민의 이익을 추구하는 나머지 자칫하면 귀족과 대립하게 된다. 그러나 이 경우에 한해서 호민관은 귀족과 손을 잡고 공통의 적 만리우스를 대했다.

로마 인민은 본래 자기들의 이익에는 매우 민감해서 귀족과 자주 대립했다. 이때도 처음에는 만리우스에게 지극히 호의적이었다. 그럼에도 불구하고 호민관이 만리우스를 환문하고 사건을 인민들의 재판에 맡기자, 그 인민들이 정의의 옹호자가 되어서 주저 없이 만리우스에게 사형의 판결을 내리고 말았다.

실상 역사상의 어떤 예를 찾아봐도 이 예만큼 로마 공화국의 제도의 우수함을 훌륭히 보여 주는 것은 없다고 생각한다. 이 예에 의하면, 이 도시 안에서는 아무도, 모든 재능을 갖추고 공적으로, 사적으로 갖가지 칭찬할 만한 업적을 남긴 만리우스를 변호하려고 하지 않았다. 말하자면 나라를 생각하는 마음이 다른 어떤 감정보다도 우선하고 있었다. 그들은 만리우스에 의해 초래된 현재의 위협이 중요해 과거의 실적은 염두에 두지 않았던 것이다. 따라서 현재 드러나 있는 위기를 구하기 위해서는, 인민은 만리우스를 죽이는 수밖에 없었던 것이다. 티투스 리비우스는 다음과 같이 말하고 있다 ^(티투스 리비우스
《로마사》 II, 41)

"공화국에만 태어나지 않았더라면 명성을 역사에 남길 수 있었던 인물이 그 생애를 끝마쳤다."

여기서는 두 가지 중요한 점을 고려해야 한다. 첫째로, 부패한 도시에서 명성을 획득하는 것과 우수한 정치 체제하에 있는 국가에서 이름을 떨치는 것은 다른 것이라는 점이다. 둘째로는, 큰일을 수행할 때는 살고 있는 시대를 잘 생각하여 환경에 맞추도록 해야 한다는 점이다.

선택 방법이 서투르거나 타고난 성격이 화근이 되어 아무래도 시대에 맞출 수 없는 사람은 생애의 태반을 불행 속에서 지내야만 할 것이고 무엇을 하든 한심한 결과로 끝나 버린다. 이와 반대로 시류를 타는 사람들은 무슨 일을 하든지 잘 되어 나가는 법이다.

앞에서 인용한 역사가 티투스 리비우스의 말에서 다음과 같은 결론을 얻을 수 있다. 만약 만리우스가 인민들이 이미 타락해 버린 마리우스나 술라의 시대에 뒤늦게 태어났다면 그는 야심대로 큰일을 이룰 수 있었을 것이다. 그리고 마리우스나 술라를 비롯하여 그 뒤에 참주 정치를 꾀한 사람들과 같은 성공을 거두었을 게 틀림없다. 하지만 만약 술라나 마리우스가 만리우스의 시대에 태어났다면 사업에 착수하는 단계에서 타도되었을 것이다.

일의 운용 여하에 따라서, 또한 악랄하게 술책을 강구하면 혼자서라도 한 도시의 인민을 타락하게 만들지 못할 것은 없다. 그러나 살아 있는 동안에 자기가 뿌린 씨앗의 열매를 거둘 수 있을 만큼 누구나 장수할 수 있는 것은 아니다. 가령, 목적을 달성할 만큼 장수할 수 있다고 가정하더라도 사람이면 항상 갖는 습성 때문에 결국 실패로 끝날 것이다.

왜냐하면 인간 본래의 조급함 때문에 욕망을 언제까지나 품고 있을 수 없기 때문이다. 게다가 사람이란 자기에 대한 일, 특히 열망하고 있는 일이 되고 보면 눈이 어두워지기 쉬운 법이다. 그래서 조급함과 착각 때문에 당시 사정에 알맞지 못한 일에 착수하여 고배를 마시고 마는 것이다. 따라서 공화국의 자유를 빼앗고 절대 권력을 확립하고자 하면, 인민이 이미 타락하기 시작해서 때를 거듭함에 따라 무질서 상태로 향하는 것을 미리 포착해 두어야 한다.

좋은 선례를 도입해서 국정의 쇄신을 단행하고 새 법률을 만들어서 국가 초창기의 모습을 되찾지 않는 한, 어느 국가건 타락 일로를 걷게 되는 것은 피할 수 없는 일이다. 따라서 만리우스가 가령 타락한 도시에 태어났다고 하면 역사상 드물게 보는 인물로서 성공을 거두었을 게 틀림없다.

공화국에 자유를 수립하는 경우건, 전제정치를 확립하려 할 경우건, 먼저 자기가 놓여 있는 상황을 잘 생각한 뒤에 일의 어려움을 판단해야 한다. 왜냐하면 노예의 처지를 감수하며 살고 있는 사람을 해방시키려는 것은, 자유를 갈망하는 사람을 노예의 처지로 떨어뜨리는 것과 같을 정도로 곤란하고 위험한 일이기 때문이다.

이 장에서는 행동을 함에 있어서 시대의 성격을 생각하고 이에 맞추어 나가야 한다는 것을 말해 왔다. 이 점에 대하여 다음 장에서 다시 말하기로 한다.

제9장 항상 행운을 누리고 싶으면 시대와 더불어 자기를 바꾸어야 한다

사람의 운과 불운은 시대에 맞추어서 행동하는가의 여부에 달려 있다. 누구나 다 아는 바와 같이, 어떤 사람은 마음내키는 대로 일을 추진하고 어떤 사람은 조심에 조심을 거듭하며 일을 추진해 나간다. 그리고 어느 쪽 경우나 한계를 넘기 쉬워서 적절한 방법을 지켜 내지 못하고 실패로 끝나 버린다.

그런데 오류를 범하는 일도 적고 행운으로 아로새겨진 사람들은, 시대의 성격을 민감하게 느끼고 항상 자연이 명하는 대로 일을 추진해 나간다.

주지하는 바와 같이 파비우스 막시무스(제1권 제53장 및 〈군주론〉 제17장 참조)는 신중한 배려와 세심한 주의를 기울이면서 작전을 추진해 나갔다. 이는 로마인에게 있기 쉬운 충동에 사로잡혀서 분별 없이 내닫는 경향과는 참으로 먼 것이다. 그런데 파비우스의 이 방법이야말로 행운에도 시대의 움직임에도 바로 응하는 것이다.

당시 이탈리아에 진공해 온 한니발은 젊음과 발랄한 운의 혜택을 누리고 있어서 로마인을 두 번이나 격파했다. 그와 반대로 로마 공화국은 정예 군대의 태반을 잃고 사기가 저하되어 있었다. 따라서 이를 만회하고 행운을 손에 넣기 위해서는, 다소 둔중하더라도 조심성 있는 장군이 나와서 적을 감시할 필요가 있었다.

한편 파비우스에게 있어서도, 자기가 타고난 성격이나 방법에 이처럼 꼭 맞는 시대를 만나는 것은 생각도 할 수 없었다. 그래서 그런 영예를 한 몸에 누릴 수 있었다. 게다가 파비우스가 그런 일을 수행한 것도 그의 타고난 성격 때문이지 즐겨서 택한 길은 아니었다. 이 점은 다음의 사실로부터도 알 수 있다.

스키피오가 전쟁을 종결시키기 위해 군대를 아프리카로 파견하려 했을 때의 일이다. 파비우스는 이에 완강하게 반대했다. 이것은 자기가 익혀 온 방법을 버리지 못하여 생각을 바꾸지 못하는 사람에게 있기 쉬운 일이다. 그러므로 파비우스의 주장이 관철되었더라면 한니발은 아직 이탈리아에 머물러 있었을 것이다. 이는 파비우스가 때의 흐름을 알아차리는 데 둔하고, 상황에 따라서 전쟁 수행의 방법도 바꾸어야 함을 알지 못했다는 것을 나타내는 것이다. 파비우스가 로마 국왕이었다고 하면 이 전쟁은 간단하게 지고 말았을 것이다. 왜냐하면, 그가 시대의 추이에 따라 술책을 바꾸어 가야 한다는 철칙을 몰랐기 때문이다.

그런데 실상 파비우스는 공화국에서 태어났다. 공화국에는 여러 가지 형의 시민과 여러 가지 성격을 가진 사람이 있어서, 장기전을 끌어 나가기에 꼭 알맞은 파비우스가 있었고, 한편 승세를 몰고 나갈 때는 거기 알맞은 스키피오가 대기하고 있었다.

이 점으로 보더라도 공화국은 군주국에 비해 훨씬 번영하고, 또 장기간에 걸쳐서 행복을 누릴 수 있음을 알 수 있을 것이다. 왜냐하면 공화국에서는 국내에 여러 재능을 갖춘 인물이 있으므로 시국이 어떻게 바뀌든 이에 맞춰 나갈 수 있으나, 군주국의 경우는 그렇게 되지 않기 때문이다. 항상 고정된 수단밖에 쓰지 못하는 사람은 시국의 움직임에서 탈피하지 못한다. 시세가 변하여 그때까지의 방법이 통용되지 않게 되면 파멸하는 수밖에 도리가 없다.

앞에서 여러 차례 언급한 피에로 소데리니는 일에 대처함에 있어서 모두 인간미와 인내로 밀고 나갔다. 그의 방법이 시대에 적합할 동안은 소데리니도 피렌체도 화려했다. 그러나 그 뒤 시세가 바뀌어서 인내도 겸양도 돌아보지 않는 세상이 되자 손을 쓸 길이 없어져서 조국과 함께 파멸하고 말았다.

마찬가지로 교황 율리우스 2세는 재위 기간 내내 감정이 격발하는 대로 몸을 내맡겼다(제1권 제27장 및 《군주론》 제25장 참조). 그런 태도라도 시대에 맞는 것이었는지 그가 하는 일은 모두 잘 되었다.

그러나 시국이 변해서 다른 방법이 요구되자 율리우스도 파멸에서 몸을 지킬 수 없었다. 시대의 요구에 맞추어서 여태까지의 태도나 방법을 바꿀 줄 몰랐기 때문이다. 시대에 맞추어서 방법을 바꾸지 못하는 이유로서 두 가지를 들 수 있을 것이다. 첫째로, 타고난 성격은 아무래도 거스를 수가 없다. 둘째로, 일단 어떤 방법을 써서 성공한 사람에게 이번에는 다른 방법을 채용하는 편이 잘 될 것이라고 믿게 만드는 일은 지극히 어려운 노릇이다. 그래서 사람의 운명이 여러 가지로 바뀌어 간다. 시세는 시시각각으로 변하는데, 사람은 그것에 대응해서 태도를 바꿀 줄 모르기 때문이다.

국가가 멸망해 가는 경우를 같은 이유로써 설명할 수 있을 것이다. 이미 상세히 설명한 것처럼(제3권 제1장) 공화국은 시대에 따라서 법률을 바꾸지 않기 때문에 실패한다. 게다가 공화국의 경우, 군주국에 비해 아주 작은 변혁밖에 하지 못한다. 또 더 많은 곤란이 따른다. 변혁을 위해서는 공화국 전체가 혁명을 필요로 하는 상황이 될 때까지 기다려야 하기 때문이다. 따라서 혼자서 아무리 기를 쓰며 시대에 맞도록 방침을 바꾸어 봤자 아무 소용도 없다.

이 장에서는 파비우스 막시무스가 한니발의 공격을 막았을 때를 예로 들었다. 다음 장에서는 아무리 장군이 적과 싸우려고 마음먹어도 적의 태도에 따라서는 싸우지 못할 경우도 있다는 것을 설명하려 한다.

제10장 적이 갖은 수단을 써서 결전을 걸어 올 경우 지휘관은 싸움을 피할 수 없다

"임시 독재 집정관 그나에우스 술피티우스(임시 독재 집정관으로서 기원전 358년, 갈리아 군과 싸운 인물)는 갈리아인에 대한 싸움을 질질 끌고 있었다. 그는 흥망이 좌우되는 결전에 모두를 거는 일을 피하였다. 갈리아 군은 시간이 흐르면 흐를수록 피로의 기색이 짙어졌고, 지리적인 불리함 때문에 날로 지쳐갈 것을 내다보고 있었기 때문이다."(티투스 리비우스 《로마사》 Ⅶ, 11, 12.)

대체로 실수라는 것은 대부분의 사람들이 저지르기 쉽지만, 나로서는 그런 실패를 항상 되풀이해야 한다고 생각하지는 않는다. 그래서 나는, 현대인이 중대한 용건을 처리하는 태도가 고대인의 그것과는 완전히 동떨어진 것이 되었음을 거듭 말해 왔다. 지금 여기서 다시 한번 되풀이해 두는 것도 반드시 헛일은 아닐 것이다.

특히 전술 분야는 고대와 많이 달라져 있다. 고대인이 높이 평가하던 전술이라도 오늘날 전혀 채택되지 않고 있는 것도 있다. 이런 차이는 요즘의 공화국이나 군주가 모두 전쟁을 용병 군대에 전적으로 맡기기 때문에 생긴다. 즉 위험을 당하고 싶지 않은 나머지 군역에서 완전히 손을 떼어 버린 것이다.

그리고 현대의 국왕 가운데도 친히 군대를 이끌고 싸움에 임하는 인물이 있다고 해서 각별히 칭찬할 만한 것도 못 된다. 왜냐하면 이런 지배자는 대중들의 갈채를 노리고 있을 따름이지, 이렇다 할 훌륭한 동기에서 행동을 일으키는 것이 아니기 때문이다. 그러나 때로는 휘하의 군대를 직접 지휘하면서 스스로 최고 사령관의 칭호를 얻으려는 이들 군주는 공화국, 특히 이탈리아에 비하면 실패할 확률이 매우 적다고 할 수 있겠다.

사실 이탈리아의 공화국은 전쟁을 용병 군대에다 전적으로 맡겨 놓고, 아무것도 모르면서 훌륭한 지휘를 할 수 있다는 것을 나타내려고 서툰 방침을 세우다가 결국 헤아릴 수 없을 정도의 많은 실패를 거듭하고 있다. 이 문제에 대해서는 다른 장에서 어느 정도 살펴보았다. 여기서는 좀더 중요한 점에 대해서만 언급하겠다.

무기력한 군주나 타락한 공화국이, 장군을 전장으로 보낼 때 내리는 가장 영리한 명령으로 생각하는 것은, 교전하게 될 경우라도 어떤 수단을 써서라도 백병전만은 삼가라는 점이다. 그래 놓고 그들은 파비우스 막시무스의 신중한 행동을 모범으로 삼고 있는 것처럼 여긴다. 이 파비우스야말로 한니발과의 결전에서 지연책을 취해서 로마 공화국을 구한 바로 그 사람이다.

한데 그들은, 대부분의 경우 그 같은 명령은 의미가 없을 뿐만 아니라 해를 초래하는 것임을 모르고 있다. 전장에 있는 장군의 입장으로서는, 적이 갖은 수단을 써서 결전을 걸어 오면 아무래도 피할 수 없다는 원칙을 머리에 넣게 되지 않기 때문이다.

그러므로 다음과 같은 조언을 줄 수 있을 따름이다.

"적이 싸움을 걸어 오면 교전하라. 그러나 이쪽에서 도전해서는 안 된다."

전장으로 나갈 작정은 되어 있으나 결전은 하고 싶지 않을 경우, 적어도 적으로부터 80킬로미터의 거리를 취해 두어야 한다. 이렇게 해놓고 민첩한 첩자를 풀어서 적이 접근해 오면 보고게 하여 퇴각할 시간을 갖게 만든다. 그 밖에 또 한 가지 방법이 있다. 그것은 도시에서 농성하는 일이다. 어느 쪽이건 그것으로 인해 받는 타격은 헤아릴 수 없다. 전자의 경우는, 국토를 적의 약탈에 맡기게 된다. 용감한 군주라면 전쟁을 지연시켜서 주민에게 다대한 손해를 주기보다 결전을 시도해서 운명에 결착을 지으려 한다. 후자의 전법에서도 그 손실은 뻔하다. 왜냐하면 군대를 이끌고 도시에서 농성하면, 반드시 적에게 포위되어 얼마 안 가 굶주림에 시달려 항복하게 되기 때문이다.

이와 같이 양쪽 다 결전을 회피하는 것은 위험한 일이다. 파비우스 막시무스가 한 것 같은 유리한 지점을 점거하는 전법은, 용감한 군대를 인솔하고 있기 때문에 적이 겁을 먹고 이쪽 진지 안에 쳐들어오지 못할 경우에만 유효하다. 사실 파비우스가 결전을 피했다고는 말할 수 없다. 오히려 유리한 태세로 몰고 나가 결전하려 했다.

만일 한니발이 결전을 걸어 왔다면 파비우스는 이를 맞아 쳐서 결전했을 것이다. 그런데 한니발은 이런 상황 아래서는 굳이 파비우스와 교전하려고 들지 않았다. 한니발도 파비우스와 마찬가지로 결전을 피하려고 했다. 그러나 한쪽이 어떻게 해서든지 결전으로 끌고 가려고 했다면, 이를 회피하기 위해 다른 쪽은 지금 말한 두 가지 방법에다 도망치는 것을 더해 세 가지 중에서 한 가지 방법을 택해야 했을 것이다.

내가 말하는 것의 정당성은 숱한 실례를 보더라도 명백하다. 특히 로마인이 페르세우스의 아버지인 마케도니아의 필립포스와의 사이에 행한 전쟁*에서 뚜렷하게 참작할 수 있다. 필립포스는 로마 군의 공격을 받았으나 정면으로 싸우기를 피하려고 마음먹고 있었다. 그러기 위해서는 무엇보다도 파비우스가 일찍이 이탈리아에서 했던 대로 행동하려고 했다.

그는 대단히 견고한 산꼭대기에 모든 군을 집결하고, 로마 군이 도저히 거기까지는 쳐들어 오지 않으리라고 단정하고 있었다. 그런데 로마 군이 진격해 와서 공격하여 산꼭대기에서 내몰기 시작했다. 지탱할 수 없게 된 필립포스는 부대의 대부분을 이끌고 퇴각하고 말았다. 필립포스의 군대가 전멸하지 않을 수 있었던 것은 이 지방의 지세가 불규칙한 바람에 로마 군이 그를 추적할 수 없었기 때문이다.

필립포스는 이와 같이 로마 군과 정면으로 부딪치기를 피하려 했는데도 로마 군의 바로 곁에다 진을 치는 바람에 결국은 퇴각하고 말았다. 결전을 피하려고 했다면 산꼭대기에 진을 치는 것만으로는 충분치 않다는 것을 그는 이 쓰디쓴 경험으로부터 배웠다. 그렇다고 도시에서 농성할 마음도 나지 않아 또 한 가지 남겨진 방책을 쓰려고 결심했다. 즉 로마 군의 진영으로부

---

* 기원전 198년, 에페이로스 북방에서 로마 군이 필립포스 5세와 싸운 전쟁을 가리킨다. 티투스 리비우스 《로마사》 XXXII, 9~12.

터 몇십 킬로미터의 거리를 두고 진을 쳤던 것이다. 로마 군이 진격해 오면 필립포스는 다른 지방으로 이동하고, 로마 군이 철수하면 그 뒤에 언제든지 필립포스가 나타났다.

그러나 결국 이 전법으로 싸움을 지연시키다가는 부대의 입장이 점점 더 나빠지게 될 뿐이고, 게다가 국민은 때로는 아군으로부터, 때로는 적으로부터 이중으로 손해를 입는다는 것을 알게 되었다. 그래서 필립포스는 한 번의 결전 (이 전투는 기원전 197년, 테살리아의 키노케파루스에서 행해졌다) 에 운명을 걸 마음이 들었다. 그리하여 로마 군과 정면으로 부딪치게 되었다.

그러므로 파비우스라든가 그나에우스 술피티우스의 군대와 같은 이점을 확보하고 있을 때는 교전을 하지 않는 편이 득책이다. 즉 여러분이 통솔하는 군대가 정예기 때문에 적군도 감히 여러분의 진지에 공격을 가해 오지 않을 경우라든가, 적군이 여러분의 영내에 쳐들어오기는 했으나 발붙일 곳을 얻지 못했기 때문에 생활 필수 물자의 결핍으로 시달림을 받고 있을 것 같을 때는 굳이 싸워서는 안 된다. 이런 상황 아래서야말로 시간을 끄는 방법은 효력을 발휘한다. 그 이유로서 티투스 리비우스가 술피티우스의 작전을 들어서 말한 것을 보기로 하자.

"그는 흥망을 좌우하는 결전에다 전부를 거는 것을 피하고 있었다. 갈리아 군은 시간이 흐르면 흐를수록 피로의 기색이 짙어졌고, 지리적인 불리함 때문에 날로 지쳐갈 것을 내다보고 있었기 때문이다."

그러나 이 이외의 상황에서 결전을 피하려다가는 반드시 불명예와 위험을 짊어져야 할 것을 각오해야 한다. 필립포스처럼 퇴각하는 것은 패배를 당하는 것과 같은 결과가 된다. 이는 불명예스럽기 짝이 없는 일이므로 여러분의 무용을 나타내는 데는 아무런 도움도 되지 않는다. 다행히 필립포스는 달아날 수 있었지만, 필립포스처럼 지리적 유리함의 도움을 받지 못할 경우에는 도저히 살아날 가망이 없다.

한니발이 전술의 대가가 아니라고 말하는 이는 아마 없을 것이다. 한니발이 아프리카에 출진해 있던 스키피오와 대치했을 때, 싸움을 끄는 것이 득책인 것을 알았다면 틀림없이 결전을 회피했을 것이다. 게다가 한니발은 유능한 장군과 정예한 부대를 갖추고 있었으니 파비우스가 이탈리아에서 거둔 것과 같은 성과를 거두었을 것이다. 그런데 사실은 천연책을 취하지 않았다.

여기에는 어떤 중대한 이유가 있었을 거라고 생각한다. 그것은 자기의 지휘 하에 군대를 편성은 했지만, 전쟁 비용도 부족하고 편을 들어 줄 사람도 적을 경우에 군주는 도저히 군대를 유지해 나가지 못하기 때문이다. 이런 경우, 군대가 흩어져 버리기 전에 결전을 시도하지 않는다는 것은 말이 되지 않는다. 왜냐하면 결전을 벌였더라면 승리를 잡았을 텐데 주저한 나머지 확실한 승리까지도 잃어버리는 결과가 되기 때문이다.

그리고 다음과 같은 점에 대해서 충분히 주의해 두어야 한다. 즉 지휘관은 전쟁에 지더라도 명예만은 확보하려 하고 있다는 사실이다. 더구나 잡다한 사정으로 패전하기보다는 차라리 한바탕 싸워서 패배하는 편이 훨씬 명예롭다. 한니발이 행동을 결정한 것은 이런 제약이었을 게 틀림없다.

한편 스키피오는, 한니발이 결전을 지연시키려 하고 있을 때라도 견고한 진을 펴고 있는 한니발 군에게 돌격을 피하려 하지도 않았고, 그것에 대해 아무런 감각도 느끼지 않고 있었다. 스키피오는 그때까지 시파크스를 무찔렀고 게다가 아프리카에서 숱한 토지를 손에 넣었으므로 이탈리아에 있을 때와 같이 마음놓고 편안하게 일을 추진할 수 있었기 때문이다. 이런 상황은 한니발이 파비우스와 대치했을 때의 상황과는 전혀 다른 것이다. 그리고 술피디우스와 단결한 갈레아초의 경우와도 다른 것이다.

군대를 이끌고 외국에 침입하려는 자에게 있어서는 더더구나 결전을 피할 수 없다. 왜냐하면 적국으로 쳐들어가서 적과 만나면 언제든지 일전을 벌여야 하기 때문이다. 그리고 적의 도시를 포위하려고 하면 당연히 정면 충돌을 피할 수 없다. 현대의 예로서는 부르고뉴 공작 샤를을 들 수 있다. 그는 스위스의 도시 모라를 포위했다가 스위스인의 공격으로 패배했다(1477년). 그리고 노바라를 포위한 프랑스 군도 스위스인에게 격퇴되어(^{제2권 제17장,}
^{제18장 참조}) 같은 변을 당했다.

제11장 많은 적과 싸워야 할 경우,
열세더라도 서전의 공격만 견뎌내면 이길 수 있다

지금까지 여러 차례 말한 것처럼(^{제1권 제3장~제7장,}
^{제37장, 제39장}) 로마에서 호민관의 권력은 절대적이었다. 그리고 아무래도 그럴 필요가 있었다. 그들에게 권력이 없었다면 귀족의 야망은 누르지 못했을 것이고, 그렇게 되면 공화국은 오래전에 멸망했을 것이다.

그런데 이미 다른 대목에서 언급한 것처럼 무슨 일이건 사람이 만든 제도는 무엇인가 고유의 결함을 갖추고 있다. 그래서 거기서 뜻하지 않은 장애가 대두되기 때문에 다시 새 법률을 만들어서 대처해야 했다.

호민관의 권력에 있어서도 이 점이 적용된다. 권력은 귀족에 대해서만이 아니라 로마 전체에 대해서도 무서운 것으로 성장해 갔기 때문에, 만약 아피우스 클라우디우스가 호민관의 야망으로부터 자유를 지킬 방책을 강구하지 않았더라면 그의 자유에 대해 중대한 위험이 초래되었을 것이다. *

그 방책이란, 호민관 가운데 남달리 소심한 사람, 매수되기 쉬운 사람, 사회의 이익을 첫째로 생각하려는 사람이 늘 선택되게끔 해 놓은 점이다. 이 사람들은 다른 호민관이 원로원의 뜻에 거스르는 결의(決議)를 밀고 나가려 하더라도 그것에 반대하는 자세를 보였다. 확실히 이것은 호민관이 강력한 권력을 장악하는 것을 단호히 억제했다. 이 점이 오랜 세월에 걸려서 로마의 역사에 요행을 갖다 준 것이다.

이와 같은 현상을 나는 다음과 같이 생각한다. 권력자가 여럿이 단결하여 다른 하나의 권력에 대항하려고 할 때는, 만약 그 결집된 세력이 단 하나의 세력보다 훨씬 더 강하다 하더라도 수효에 있어서 압도적으로 뛰어나고 실력에서도 견줄 자가 없는 집단보다는, 단독이고 힘에도 뒤떨어지는 개인 쪽이 언제나 훨씬 더 위력을 발휘한다는 것이다. 왜냐하면 단독일 경우는 다수일 때보다도 연달아 생기는 무수한 좋은 기회를 이용하기 쉬운 것은 물론이며, 다음과 같은 이점이 항상 갖추어져 있기 때문이다. 즉 조금만 머리를 쓰면 상대의 집단에 불화를 일으켜서, 단결해 있는 동안은 강했던 힘을 약화시킬 수 있다는 점이다. 이 점에 대해서는 수많은 고대의 실례 대신 요즘의 사례를 들기로 하겠다.

1483년, 전 이탈리아는 베네치아와 동맹을 맺고 일어섰다. 완전히 패해 버린 베네치아는 전장으로 군대를 보낼 수조차 없게 되었다. 그런데 베네치아는 밀라노를 지배하고 있던 로도비코(루도비코)(일 모로)를 매수하여, 협정을 맺고 잃어버린 땅을 되찾았을 뿐만 아니라 페라라 령의 일부까지 탈환했다. 이와 같

---

* 리비우스, 《로마사》 Ⅳ, 48. 아피우스 클라우디우스는 십인회를 만든 동명의 조카다.

이 그들은 싸움에서 졌지만 외교에서 승리를 차지했다.

몇 년 전 일인데, 전 세계가 동맹하여 프랑스와 대항한 적이 있었다. 그런데 전쟁의 결말도 보기 전에 스페인이 동맹에서 이반하고 프랑스와 협정을 맺어 버렸다. * 이 바람에 다른 동맹국도 연달아 프랑스와 화의를 맺을 수밖에 없었다.

이 점으로부터도 당연히 다음과 같은 생각에 도달한다. 한 나라에 대해 많은 나라가 단결해서 전쟁을 걸 경우, 첫 공격을 버텨낼 만한 힘을 가지고 기회가 올 때까지 시간을 벌 수만 있다면 이 나라는 승리를 얻을 수 있을 것이다. 그러나 그것을 못할 때는 이 나라는 큰 위험을 당하게 될 것이다.

1508년의 베네치아인의 체험이 그 좋은 예이다. 그때도 베네치아인이 프랑스 군을 적당히 다루어 시간을 벌면서 적 중의 몇 나라만 편으로 만들 수 있었다면 그토록 파멸하지 않아도 되었을 것이다. 그러나 적의 공격을 막을 만한 우수한 군사력이 없었기 때문에 적에게 이간질시킬 시간적 여유도 없이 패배하고 말았다.

이 사건에 관련해서 교황은 바라던 것을 손에 넣자 즉각 베네치아와 우호 관계로 들어갔고, 에스파냐 역시 마찬가지였다. 더구나 이 둘은 모두 베네치아를 위하여 자진해서 롬바르디아 지방을 프랑스로부터 탈환하려 했고, 이탈리아에서 프랑스의 세력이 커지는 것을 될 수 있는 대로 막으려고 했다. 그러므로 베네치아인은 영토의 일부를 할양하는 것만으로 나머지를 확보할 수 있었을 것이다.

만약 막다른 길에 몰리지 않은, 싸움 이전에 할양했더라면 그것은 아주 현명한 방법이었을 것이다. 그러나 일단 싸움이 벌어진 뒤의 할양은 체면이 서지 않고 아마 얻는 것도 적을 것이다.

실상 싸움이 벌어지기까지는 베네치아 시민 가운데서 사태의 위험을 인식하고 있던 사람은 드물었고, 그 예방책을 설득할 만한 사람은 더더구나 적었다. 그리고 의견을 자세히 알릴 사람은 전혀 없는 상태였다.

여기서 이 장의 처음으로 되돌아가 다음과 같이 결론지을까 한다. 즉 많은

---

* 에스파냐 왕 페르난도 5세는 샤를르 8세에 대한 동맹에서 중도에 탈퇴하고, 1497년 2월 25일, 단독으로 프랑스 왕의 정전협정에 조인했다.

나라로부터 공격받고 있는 로마 원로원이 대부분의 호민관의 야심으로부터 조국을 지킬 때 사용했던 방법과 마찬가지로, 상대국 안에 이간질을 하도록 만드는 방책을 조심스럽게 추진해 나가면 된다는 것이다.

제12장 우수한 장군은 부하 장병으로 하여금 전투를 피할 수 없는 상태로 몰아넣는다. 그리고 적에 대해서는 결전을 걸어 오지 않도록 갖은 방책을 강구한다

이미 여러 번 말한 것처럼, 절박한 상태에서 가까스로 행동을 일으켰을 경우 굉장한 성과를 올리는 법이다. 철학자의 말$\binom{\text{토마스 아퀴나스, } \langle De}{Regimine\ Principum\ I,\ 1\rangle}$에, 사람이 명성을 떨치기 위해서는 수단과 변설이 가장 중요한 도구라는 말이 있다. 그러나 이 두 가지가 있더라도 절박한 상태에서 필요에 의해 모든 기능을 발휘하지 않는 한, 일을 성취할 수도 없고 뛰어나게 해내지도 못한다.

고대의 장군은 필요성이 발휘하는 위력에 대해서 잘 알고 있었을 뿐만 아니라 부하 장병들에게 무슨 일이 있어도 싸워야 한다는 마음이 있으면 강한 공격력을 발휘할 수 있다는 것도 알고 있었으므로 부하를 이런 상태에 놓으려고 갖은 방책을 다 강구했다. 한편 적이 필요성에 쫓겨서 공격해 오는 일이 없도록 이리저리 연구했다. 그렇기 때문에 고대의 장군들은 폐쇄할 수 있는 길을 일부러 적을 위해 열어 두거나, 반대로 아군 군대가 이용 못하도록 갈 수 있는 길을 폐쇄해 버렸다.

따라서 도시를 포위로부터 완강하게 지켜 내거나 또는 전선에서 군대의 힘을 완전히 발휘하도록 만들려면 무엇보다도 전투의 담당자인 부하 장병들에게도 전쟁의 필요성을 인식시켜야 했다. 그러므로 탁월한 지휘관은 도시를 공략함에 있어서 작전 수행이 얼마나 어려운지를 잴 때 주민들이 어느 정도까지 절박하게 사수할 각오를 하고 있는가를 생각하게 된다. 수비군을 방어에 동원하고 있다는 절박한 사정이 뚜렷하게 인식되면 공략은 쉽게 이루어지지 않는다고 생각해야 한다. 그것이 느껴지지 않는다면 공략은 문제없다고 생각해도 좋다.

자국으로부터 이반한 도시를 또다시 종속하여 둔다는 것은 아무 관계도 없었던 도시를 점령하는 경우에 비해서 훨씬 곤란한 일이다. 처음으로 공격을 받을 때는 그때까지의 관계가 없기 때문에 처벌을 받을 염려가 없으므로 아무래도 열성껏 방어하게 되지 않아서 쉽게 항복해 버리는 결과가 된다. 한 번 거역했던 사람들을 공격할 경우, 그들은 지게 되면 지난날의 모반 행위의 보복으로서 굉장한 처벌을 받을까 두려워하여 열심히 방어하게 되므로, 그들을 함락시키기 위해서는 상당한 노력이 필요해진다.

이런 끈질긴 저항은 이웃인 군주나 공화국 간에서 자연히 자라난 적대감에서도 야기될 수 있다. 이 적대 감정은 지배욕이라든가 경쟁심 때문에 나온다. 특히 토스카나 지방에서 볼 수 있는 것처럼 공화국끼리는 이 경향이 한층 더 강하다. 이런 경쟁심과 적대감은 한 나라가 다른 공화국의 지배에 감수할 것을 매우 곤란하게 만들고 있다.

이제 여기서 피렌체와 베네치아의 각 주변 국가들의 성격을 검토해 보기로 하자. 피렌체는 영토 확장을 위해서 막대한 돈을 들이고도 베네치아만큼은 많은 것을 얻지 못했다. 그 이유로서 베네치아 주변의 여러 국가들은 피렌체 주변의 도시들에 비해 그처럼 완강하게 저항하지 않았다는 점을 들 수 있다.

베네치아와 경계를 접하고 있던 국가들은 군주에 의해 통치되었지 공화국에 지배되고 있었던 것은 아니었다. 그들은 지배되는 일에 습관이 되어 있어서 지배자가 바뀐다 해도 개의치 않았을 뿐만 아니라 대개의 경우 도리어 바라는 바였다. 그런 정세에 있었기 때문에 베네치아는 피렌체에 비해서 보다 만만찮은 나라들에 둘러싸여 있었음에도 불구하고, 공화국에 둘러싸여 있던 피렌체만큼 강한 저항에 부딪치지도 않고 쉽사리 그 나라들을 손아귀에 넣을 수 있었다.

이야기를 본래 주제로 되돌리기로 한다. 국가에 공격을 가하려 할 경우 지휘관은, 상대가 궁지에 몰려서 끝까지 완강하게 저항해야 한다는 각오를 굳히지 않도록 모든 수단을 써 두어야 한다. 이를테면, 벌을 두려워하여 철저하게 항전하게끔 만드는 일이 없도록 절대로 처벌은 하지 않겠다고 약속하거나, 또는 상대가 자유를 잃을까봐 걱정하고 있을 때는, 나라 전체에 위해를 가하려는 것이 아니며, 적은 오로지 군대의 일부 야망을 품고 있는 자들뿐이라고 타일러서 국민을 납득시켜야 한다. 이런 방법이야말로 언제나 도시 공략을 지체 없이 성공시켰다.

이런 구실은 특히 머리가 좋은 사람에게 걸리면 단번에 간파되어 버린다.

그러나 대개 일반 민중 같으면 문제없이 속일 수 있다. 민중은 눈앞의 평화를 구한 나머지 형식적인 약속의 배후에 숨겨져 있는 함정에 대해서는 눈을 감는 법이다.

이 함정에 속아넘어가 독립을 잃은 국가는 일일이 헤아릴 수가 없다. 아주 최근에 피렌체에서 일어난 예[1]가 그렇다. 크라수스와 그의 군대의 파멸도 이 예 중 하나이다. 크라수스 자신도 파르티아인의 약속이 엉터리라는 것을 알고 있었다. 파르티아인은 로마 군의 병사들을 속여서 싸워야 한다는 절박한 기분을 없애고 왕성한 전투 정신을 약화시키려고 했다. 로마인은 파르티아인에 의한 화평의 제안에 그만 눈이 어두워지고 말았다.

이에 대한 사정은 크라수스의 전기(플루타르코스, 《마르쿠스》 크라수스전 27~31)에 특히 상세하게 나와 있다. 여기서 삼니움인의 예를 들기로 한다. 그들은 일부 사람들의 야망에 이용당하여 로마와의 협정을 어기고 로마의 동맹국 영내로 침입하여 약탈했다. 그런 뒤에야 그들은 로마에 사절을 파견하여 지금까지 약탈한 것을 반환하고 소동과 약탈의 주모자를 체포해서 인도한다는 조건으로 화평을 제안했다.

로마인이 이를 거부하는 바람에 사절은 화평의 희망을 잃고 삼니움으로 되돌아갔다. 삼니움 군의 사령관 클라우디우스 폰티우스[2]는 그의 유명한 연설 가운데서 다음과 같은 의견을 피력했다.

"로마인이 무슨 일이 있어도 싸울 작정으로 있는 이상, 삼니움인이 화평을 바란다고 해서 전쟁으로 돌입하지 않을 수는 없을 것이다. 즉 부득이한 때의 전쟁은 정의이며, 무력 외에 희망이 끊겼을 때는 무력 또한 신성하다."
(티투스 리비우스, 《로마사》 IX, 1, 10)

이 말과 같이 그가 부하와 더불어 승리의 희망을 잇는 뒷받침이 된 것은 필요에 의해서 아무래도 싸우지 않으면 안 된다는 상황이었다.

이 문제에 대해서는 이쯤에서 결말을 짓고 두 번 다시 끌어 내지 않아도 되게끔 뒷받침이 될 주목할 만한 예를 《로마사》에서 인용해 보고자 한다.

---

*1 피렌체가 1512년 스페인과의 평화 조약에 조인하는 바람에 메디치 복귀의 길을 열었던 사실을 가리킨다.
*2 에렌니우스의 아들. 삼니움 군의 지휘를 맡았다. 제3권 제40장, 제42장 참조.

그나에우스 만리우스가 군을 이끌고 베이이 군과 대치했을 때의 일이다 (제1권 제36장 참조). 베이이 군의 한 부대가 로마 군의 진내에 침입해 왔으므로, 만리우스는 일대를 이끌고 구원을 하러 달려가서 베이이 군의 탈출을 불가능하게 만들기 위해 침입했을 때의 돌파구를 죄다 막아 버렸다. 독 안에 든 쥐가 되었다는 것을 깨달은 베이이 군은 필사적으로 싸워서 마침내 만리우스를 전사시켰다. 만약 한 호민관이 현명하게도 일부러 베이이 군의 탈출구를 열어 두지 않았던들 나머지 로마 군도 전멸당했을 것이다.

이 사실로 보더라도 베이이인은 필요에 의해 부득이 싸워야 하게 되면 불덩어리같이 되어서 분전했던 반면, 일단 퇴로가 확보되었다는 것을 알게 되자 싸우기는커녕 달아나고 말았다는 사실을 알 수 있을 것이다.

볼스키인과 아에키인이 군대를 이끌고 로마 국경에 침입해 왔을 때의 일이다. 집정관은 방어를 위해 군대를 보냈다. 싸움이 한창 막바지에 이르렀을 때 베티우스 메시우스에게 인솔된 볼스키 군은 어느 틈에 진지에 틀어박혀 로마 군과 그 동맹군에게 완전히 포위되고 있다는 사실을 깨달았다. 앉아서 죽음을 기다리든가, 나아가서 죽음 속에서 활로를 찾든가 둘 중 한 가지 길 밖에 남아있지 않다는 것을 깨달은 메시우스는 '모두들 내 뒤를 따르라. 이렇게 되면 울타리도 성벽도 소용이 없다. 몸과 몸을 부딪쳐서 싸우는 수밖에 도리가 없다. 기력에 있어서는 절대로 뒤지지 않는다. 배수진을 치고 있는 우리 군대야말로 유리하다'라는 호령을 내렸다. 이와 같이 그 이상 물러설 수 없는 막다른 길에 몰려서 싸우는 것을 가리켜 티투스 리비우스는 '최후이자 최상의 무기'라고 말했다(티투스 리비우스, 《로마사》 Ⅳ, 28, 5).

수많은 로마의 장군 중에서도 아주 지혜로운 장군이었던 카밀루스는 군대를 이끌고 베이이의 도시에 돌입했을 때, 이를 쉽게 손아귀에 넣기 위해, 그리고 너무 막다른 길에 몰아넣어서 적이 필사적인 방어를 하지 않게 하기 위해 다음과 같이 명령했다. 즉 무기를 포기한 사람에게는 절대로 공격을 가해서는 안 된다는 것을 철저하게 지키도록 하여서 그 사실이 베이이인의 귀에도 들어가게 만들었다. 이 바람에 베이이인은 연달아 무기를 버렸으며, 이로 인해 거의 무혈 점령에 가까운 상태로 그 도시를 손에 넣을 수 있었다 (티투스 리비우스, 《로마사》 Ⅴ, 21, 13~14). 그 뒤부터 많은 장군들이 이 방법을 답습하게 되었다.

제13장 걸출한 장군 밑에 나약한 병사가 있을 경우와 나약한 장군 밑에 뛰어난 병사가 있을 경우 어느 쪽을 믿을 수 있는가

코리올라우스는 로마에서 추방되어 볼스키로 갔는데, 그곳에서 군대를 편성하여 자기를 추방한 자들에게 쌓인 원한을 풀려고 로마로 귀환했다. 얼마 뒤 그는 다시 로마를 떠났는데, 이는 로마 군에게 굴복했다기보다도 어머니의 사랑 때문이었다.

이에 대하여 티투스 리비우스는 다음과 같이 말하고 있다 (티투스 리비우스, 《로마사》 Ⅱ, 39~40).

"이 점으로 미루어 로마의 국력의 증강은 정예 병사보다도 걸출한 장군에게 힘입는 바 크다는 것을 알 수 있다."

그가 이런 생각을 갖게 된 것은, 그때까지 볼스키인은 연전연승했는데 코리올라누스라는 명장이 한 번 통솔하게 되자 놀랄 만한 강한 힘을 발휘했다는 사실에 크게 감명을 받았기 때문이다.

티투스 리비우스의 의견과는 반대로, 지휘관이 없더라도 뛰어난 병사들 때문에 빛나는 활약을 성취해 낸 예를 역사의 도처에서 숱하게 볼 수 있다. 뿐만 아니라 집정관이 지휘할 때보다도 그가 전사한 뒤에 부하 병사들이 더 일사불란한 통제를 유지해서 용맹스럽게 싸운 실례도 드물지 않다. 에스파냐에 있던 스키피오 휘하의 로마 군은, 두 지휘관 코르넬리우스 스키피오 카르우스와 푸블리우스 코르넬리우스 스키피오가 전사한 뒤 도리어 용기를 내어서 위험한 지역으로부터 탈출했을 뿐만 아니라, 적을 격파하고 로마 공화국을 위해 이 속주를 지켜냈다.

이와 같이, 전투에서 승리를 획득하기 위해서는 병사들만 용기를 갖추고 있으면 충분하다는 숱한 실례를 볼 수 있을 것이다. 그러나 동시에 훌륭한 지휘를 하기만 하면 전투의 승리는 확실하다는 증거도 많다. 그러면 이 두 가지 입장은 서로가 의존하며 목적을 달성하는 것이라고 판단할 수 있다.

먼저 생각해 두어야 할 점은 나약한 장군을 윗사람으로 둔 정예의 군대와, 명장이 지휘하는 엉터리 병사로 이루어진 군대 중 어느 쪽을 믿을 수 있는가 하는 문제이다. 이에 대해서는 카이사르의 의견을 끌어낼 것까지도 없이 양쪽 다 별로 믿을 것은 못 된다. 에스파냐에서 아프라니우스*와 페트레이우

---

* 폼페이우스에게 파견되어 에스파냐에서 카이사르와 싸웠으나 패했다(기원전 49년).

스[*1]가 통솔하는 정예군과 대항했을 때 카이사르는 지휘관이 없는 군대와 싸우는 것이므로 대수롭지 않을 거라고 생각했다. 카이사르는 소심한 장군이 통솔하는 군대는 겁날 것이 없다는 것을 말하고 있는 것이다. 이와 반대로 테살리아에서 폼페이우스와 싸웠을 때는 '병사를 갖지 못한 장군과 일전을 벌인다'[*2]고 말했다.

이어서 우수한 장군이 정예한 군대를 만드는 것과, 충실한 군대가 유능한 장군을 낳는 것 중 어느 쪽이 쉬운가 하는 의문이 생긴다. 이에 대한 답은 이미 정해진 것이나 마찬가지이다. 한 사람의 우수한 자가 많은 사람들을 좋은 방향으로 이끄는 것보다는, 많은 훌륭한 사람들이 단 한 사람을 위대한 인물로 육성하는 편이 훨씬 쉽다는 것이다.

미트리다테스에 파견되었을 때 루쿨루스(술라의 지지자)는 전쟁에 대해서는 아무 경험도 갖지 않은 보통 사람에 지나지 않았다. 그런데 휘하의 군대가 우수하고 많은 우수한 지휘관을 거느리고 있었으므로 대번에 걸출한 명장으로 성장했다.

반면 병사 부족으로 고민한 로마는 많은 노예에게 무기를 들려서, 그 훈련을 셈프로니우스 그라쿠스에게 맡겨 순식간에 훌륭한 군대를 만들어 냈다(티투스 리비우스, 《로마사》 XXIV, 57). 그리고 이미 소개된 에파미논다스와 펠로피다스는 조국 테베를 스파르타의 압정으로부터 해방(《군주론》 제5장, 《정략론》 제1권 제6장, 제21장, 제2권 제3장 참조)시킨 뒤 농민을 순식간에 우수한 군대로 만들었다. 이 군대는 스파르타 군의 공격을 막아냈을 뿐만 아니라 이를 격파할 정도의 큰 공을 세웠다.

이런 예를 생각해 보더라도, 장군과 병사 중 어느 쪽에 더 무게가 있는가를 논할 수는 없다. 장군이나 병사나 그 어느 한쪽이 우수하면 다른 쪽을 보충해서 훌륭한 군대를 만들어 낼 수 있다. 그러나 아무리 우수한 군대라 할지라도 지휘관에게 통솔되고 있지 않으면 자칫 교만해져서 감당할 수 없는 존재가 되는 법이다. 알렉산드로스 대왕 사후의 마케도니아 군이라든가, 로마의 내란 시대의 옛 용사들이 그 좋은 예이다. 따라서 부하를 단련할 여가도 있고 무기를 잡게 할 좋은 기회를 포착할 힘도 있는 장군이, 분쟁 끝에

---

*1 카테리나 전쟁(기원전 62년)에서 전공을 세웠으나 에스파냐에서 카이사르에게 졌다(기원전 49년).

*2 수에토니우스, 《율리우스 카이사르》 34. 수에토니우스는 1세기의 로마의 전기작가.

자기들이 선택한 장군을 추대한 교만한 군대에 비해 훨씬 믿을 만하다고 생각한다.

이런 우수한 장군은 이중의 칭찬과 명예를 받을 만한 가치가 있다. 왜냐하면 전장에 나가서 적을 무찌를 뿐 아니라 그 전에 이미 군대를 훈련해서 정예 부대로 만들기 때문이다. 이를 성취하려면 남다른 재능을 필요로 한다. 이 두 가지 조건을 동시에 충족시키기란 지극히 힘든 일이어서, 세상에 이름을 떨치고 있는 명장의 수는 많지만 그들이 실제로 일에 부딪쳤을 때 기대대로 성과를 올리는 일은 대체로 없다고 해도 좋다.

제14장 전투 중 지금까지 사용했던 적이 없는 계략을 쓰거나 난데없는 소리를 내는 일의 효과에 대하여

한창 격전 도중에 어떤 새로운 사항이 눈에 띄거나 귀에 들리면 어떤 일이 대두될까? 이에 대해서는 수많은 예가 있다. 이런 예 가운데에서 특히 유명한 것은 로마인이 볼스키인과 한창 싸우고 있던 도중에 일어난 사건이다. 로마의 장군 퀸티우스(제3권 제15장, 제19장 참조. 티투스 리비우스, 《로마사》 Ⅱ, 64)는 자기 군대의 일부가 무너질 듯한 것을 알아차리자 사수하라고 고함을 질러 질타했다. 그 밖의 장소에서 아군은 이미 우위에 서 있었기 때문이다. 이 고함 소리로 아군의 사기는 크게 높아지고, 반대로 적은 혼비백산해져서 승리를 손에 넣을 수 있었다.

이런 질타 소리는, 정예 부대에 대해서조차 효과를 갖는 것이므로 하물며 통제도 어지럽고 훈련도 제대로 되어 있지 않은 군대에 있어서는 얼마나 큰 영향을 주는 것인지 모른다. 어떤 집단이라 할지라도 이런 충격에는 흔들리기 쉽다. 이에 대해서는 최근에 일어난 유명한 예를 들기로 한다.

페루지아는 옷디 가와 발리오니 가의 두 파로 분열되어서, 몇 년 전까지 발리오니파가 정권을 잡고 옷디파를 추방하고 있었다. 그런데 추방된 옷디파는 동료들의 도움으로 군대를 모아서 페루지아 부근의 모처로 군을 진군시켰다. 그리고 어느 날 밤 내통자의 도움으로 성안에 잠입하여 아무도 모르게 광장을 향해 진군해 갔다.

그런데 이 도시의 길은 모두 사슬을 둘러서 차단되어 있었기 때문에 옷디파의 기병은 한 사람이 쇠망치를 들고 사슬을 끊으며 진군해야만 했다. 드디어 광장으로 나가는 길만 돌파하면 도달하게 되었는데, 그때 이미 성안 사람들은 무기를 들고 떠들기 시작하였다. 게다가 사슬을 끊는 사람은 뒤에 따르는 사람이 거치적거려서 마음껏 쇠망치를 휘두를 수가 없었으므로 일을 하기 쉽도록 뒤에 따르는 자에게 '뒤로 물러가 있어 달라'고 요구했다. 그런데 이 말이 뒤쪽으로 전달되며 '후퇴'라는 뜻으로 바뀌고 말았다. 이로 인해 맨 끝의 부대가 달아나는 바람에 나머지 사람들도 저마다 정신 없이 달아나 버렸으므로 모든 군이 무너지고 말았다. 이처럼 하찮은 일이 계기가 되어서 옷디파의 계획(^{1495년 옷디파가 행한 음모를}_{가리키는 것으로 여겨진다})은 엉망이 되고 말았다.

이 점으로 보더라도 일사불란한 통제하에서 실전에 구사할 수 있도록, 또 사소한 계기로부터 수습 못할 큰일을 야기하는 일이 없도록 평소부터 군대를 훈련해 두어야 한다(^{마키아벨리, 《전술론》 Ⅲ,}_{V에 상세하게 나와 있다})는 점을 이해할 수 있을 것이다. 정녕 오합지졸은 실전에는 쓸모가 없다. 그들은 사소한 웅성거림이나 말이나 외침 소리를 들으면 정신 없이 달아나 버리기 때문이다.

따라서 뛰어난 지휘관은 무엇보다도 먼저 명령을 받고 전달할 인물을 임명해 두어야 한다. 한편 부하들에게는 전령이 하는 말만을 신용하도록 교육시켜 두어야 한다. 그리고 전령에게는 지휘관이 명한 것만을 부하에게 전하는 습관을 심어 두어야 한다. 그렇지 않으면 대개의 경우 당치도 않은 대혼란에 빠지게 된다. 그러므로 지휘관은 교전 중에 예상치 못할 새로운 수법을 써서 아군의 사기를 고무할 뿐만 아니라 적으로부터는 전의를 빼앗아 버리도록 노력해야 한다. 승리에 이르는 길은 여러 가지 있으나 지금 말한 방법은 특히 유효하다.

이에 대해서는 로마의 임시 독재 집정관 그나에우스 술피티우스*의 예를 들 수 있다. 그가 갈리아 군을 상대로 싸웠을 때의 일인데, 짐꾼이나 잡병에게까지 무기를 들리고 갑옷을 입혀서 군기를 휘날리게 하고, 노새나 당나귀에 태워서 기병으로 가장했다. 그리하여 군기를 들려 언덕 뒤에 잠복시켜 놓고, 전투가 한창 치열할 때쯤을 봐서 신호를 하거든 달려나와 적들 앞에 모습을 나타내라고 명령해 두었다. 이 작전은 계획대로 실행되었는데, 갈리아 군은 혼비백산해서 싸움에 지고 말았다.

걸출한 지휘관으로서 해야 할 일이 두 가지 있다. 첫째로 적을 깜짝 놀라

---

* 제3권 제10장 참조. 티투스리비우스, 《로마사》 Ⅶ, 14.

게 만드는 새로운 수법의 작전을 짜놓을 것과, 둘째로 적의 다음 수법을 간파하고 그 효과를 없앨 만한 대비책을 세워 두어야 하는 점이다. 세미라미스*1의 책략이 인도 왕에게 간파되었다는 고사가 이에 해당한다. 세미라미스는 인도 왕이 많은 코끼리를 거느리고 있으리라 생각하고, 자기도 그에 못지않은 많은 코끼리를 소유하고 있음을 보여서 적에게 겁을 주려고, 많은 물소와 쇠가죽을 준비해서 그것을 낙타에 씌워서 전장으로 내보냈다. 그런데 인도 왕이 이 계략을 간파해 버렸기 때문에 모처럼의 세미라미스의 계략도 수포로 돌아가서 혹독한 변을 당하고 말았다.

임시 독재 집정관 마멜루쿠스*2가 피데나에인과 싸웠을 때의 이야기이다. 이때 피데나에인은, 로마 군의 간담을 서늘케 해 주려고 싸움이 한창일 때 틈을 봐서 창 끝에 불을 단 수많은 병사들에게 성 밖으로 밀고 나가도록 명령했다. 이 기습에 로마 군이 기겁을 하고 괴멸해 버릴 것을 노렸던 것이다.

이런 계략은, 형식만의 것이 아니라 어디까지나 박진감이 있는 경우에 사람들의 눈을 교묘하게 속여서 성공하는 것임을 명기해 두어야 한다. 자신에 차고 힘만 깃들어 있다면 약점을 그리 쉽게 간파당하지는 않는다. 반면에 형식적이고 박진감이 없을 때는 결코 이런 책략을 써서는 안 된다. 부득이 필요할 때는 쉽게 간파되지 않도록 어느 정도 거리를 두어야 한다. 그나에우스 술피티우스가 마부 등을 씨시 연극을 꾸몄던 것이 이에 해당한다.

상대방에게 너무 접근하면 당장에 약점이 간파되므로 당치도 않은 변을 당한다. 세미라미스가 가짜 코끼리를 사용한 것이나, 피데나에인이 불을 이용해서 실패한 것이 바로 이것이다. 피데나에인의 계략 따위는 겨우 서전에서 상대를 당황하게 만들었을 따름이다. 마멜루쿠스가 달려와서 '연기에 눈이 매워서 꿀벌처럼 도망을 치다니 이게 무슨 꼴인가. 당장 불을 향해 돌진하라. 놈들이 들고 있는 불로 거꾸로 피데나에를 태워 버려라. 그 이외의 행동은 절대 용서치 않겠다' 질타하자 피데나에인의 계획은 실패하고 결국은 싸움에서 지고 말았다(^{티투스 리비우스,} _{로마사} V, 33, 5).

---

*1 아시리아의 전설상의 여왕. 이 내용은 그리스의 디오도루스 시쿨루스(기원전 80년~20년경)의 작품에서 인용한 것.

*2 임시 독재 집정관(기원전 433년). 기원전 426년에 피데나에인을 무찔렀다.

제15장 한 군대의 지휘관은 한 명이어야 하며 여러 사람이어서는 안 된다. 사공이 많으면 배가 산으로 올라간다

피데나에인이 반란을 일으켜서 로마의 둔전병을 살해했다. 이 반란에 보복하기 위해 로마는 집정관 권한을 띤 네 명의 호민관을 창설하고, 네 사람 중 한 사람만 로마 방어를 위해 남겨 놓고 다른 세 사람을 피데나에인과 베이이인과의 전쟁에 파견했다. 그런데 이 세 사람은 싸움에 지지는 않았으나 서로 의가 상해서 아주 체면을 잃고 말았다. 위신 실추는 이 세 사람의 책임임에 틀림없었고, 패전당하지 않은 것은 장병들의 과감한 행동 때문이었다.

이런 상태를 알게 된 로마는 임시 독재 집정관의 제도를 부활하고 세 호민관이 파괴한 질서를 회복하려고 했다. [*1]

이 점으로 보더라도 방어를 임무로 삼는 군대나 도시에서는, 여러 명의 지도자가 있으면 오히려 마이너스가 된다는 것을 잘 알 수 있을 것이다.

티투스 리비우스의 다음의 말(티투스 리비우스,《로마사》IV, 31, 2.)만큼 이 사정을 뚜렷하게 표현하고 있는 것은 없다.

"집정관의 권한이 부여된 세 사람의 호민관은 지휘 계통이 분열되면 될수록 전쟁은 어려워진다는 것을 실증한 것이다. 각기 제 나름대로의 생각을 끌어내어 의견의 차질을 낳았기 때문에 적에게 이용당할 틈을 준 것이다."

이 예로써 이미 많은 지도자들의 결점은 명백해졌지만, 다시 고금을 통한 다른 예를 들어서 더 명백하게 해 두고자 한다.

1500년, 프랑스 왕 루이 12세는 밀라노를 재점령한 뒤에 피사로 군대를 보내어 피렌체 공화국을 위해 피사를 탈환하려고 했다. 한편 피렌체도 조반바티스타 리돌피와 루카 디 안토니오 델리 아르비치를 사령관(반(反) 피에로 소데리니파의 귀족 우두머리)에 임명하여 전선으로 내보냈다. 조반바티스타는 명성도 높았고 나이도 지긋했으므로 루카는 무슨 일이든 모두 그에게 맡겼다. 루카는 자신의 생각을 겉으로 나타내어 조반바티스타에게 거역하는 일은 없었지만 침묵을 수단으로 삼아 매사에 의욕을 보이지 않고 훼방만 놓았다.

전투에 참가하는 것도 아니고, 작전 상담에 상대가 되어 주는 것도 아니고, 아무런 도움도 없이 마치 아무 짝에도 쓸모 없는 사람같이 굴고 있었다.

---

* 이때 임시 독재 집정관에 취임한 사람이 마멜루쿠스다. 티투스 리비우스,《로마사》IV, 30.

그런데 조반바티스타가 어떤 사건(^{피렌체가 고용했던} ^{가스코뉴 병의 반란을 말함})으로 말미암아 피렌체로 돌아가게 되자 루카는 당장 태도를 바꾸었다. 혼자가 된 루카는 의욕을 보이기 시작하더니 정력적으로 섬세한 작전을 행했다. 이런 루카의 능력은, 동료인 조반바티스타가 재임 중에는 그 편린조차 엿볼 수 없었던 것이다.

여기서 나는 다시 한 번 티투스 리비우스의 말을 빌려, 이제까지 말해 온 것을 뒷받침하려고 한다. 로마인이 아에키인을 치기 위해 퀸티우스와 동료인 아그리파를 파견했을 때의 일이다(^{기원전} ^{446년}). 아그리파는 작전 지도의 모든 권한을 퀸티우스에게 맡겨야겠다는 생각을 했다. 티투스 리비우스는 다음과 같이 말했다(^{티투스 리비우스} ^{《로마사》 Ⅲ, 70, 1}).

"비상 사태 아래서 방침을 결정할 경우, 무엇보다도 한 사람에게 지도권을 집중하는 것이 중요하다."

그런데 현재의 공화국 및 군주는 이와 정반대의 일을 하고 있다. 그들은 상태를 호전시키려고 한 가지 임무에 여러 대표나 지휘관을 보내고 있다. 이 때문에 헤아릴 수 없을 정도로 혼란을 야기했다. 오늘날 이탈리아 군이나 프랑스 군이 지독한 변을 당하고 있는 가장 큰 이유는 바로 여기에 있다.

나는 확신을 가지고 다음과 같이 결론을 내릴 수 있다. 즉 작전 지도자를 파견할 때는 두 사람의 실력 있는 자를 같은 지위에 앉히기보다, 열 사람 몫의 판단력을 갖춘 단 한 사람을 임명하는 편이 훨씬 바람직한 결과를 얻을 수 있다.

제16장 곤란한 사태 아래에서 참다운 역량을 갖춘 인물이 나타난다. 태평한 세상에는 역량 있는 인물이 나타나지 않고, 돈의 힘이나 인척관계를 배경으로 한 자가 누구보다도 인기를 부른다

드물게 보는 큰 인물은 국가가 태평세월을 즐기는 동안에는 소홀한 대접을 받기 일쑤였는데 앞으로도 역시 그럴 것이다. 왜냐하면 그의 역량에 의해 마땅히 누려야 할 영광을, 태평세월을 보내는 민중들이 질투하는 나머지 빼앗아 버리기 때문이다. 더구나 이런 민중들과 같은 정도의 사람들뿐만 아니라, 그 이상의 역량을 갖춘 사람들까지 한통속이 되어서 꼼짝 못하게 만들어 버린다.

그리스의 역사가인 투키디데스는 다음과 같은 적절한 예(^{투키디데스, 《페르시아} ^{전쟁》 Ⅳ, 8~24})를 보여 주고 있다. 펠로폰네소스 전쟁의 패자가 되어서 스파르타인의 콧대를 꺾고 그리스 대부분의 경찰을 산하에 넣은 아테네 공화국은 명성이 자자한 가운데 이번에는 시칠리아도 점령하려고 기도했다. 그래서 이 계획이 아테네에서 토의되었다(기원전 415년). 알키비아데스[*1] 외 몇 명의 시민들이 이 계획에 찬성의 의향을 표명했다. 그러나 이것은 나라를 생각하는 관심에서 나온 것은 아니었다. 오히려 자기의 영달을 얻기 위해 원정군의 총지휘관이 되려고 획책한 것이다.

그런데 당시 아테네에서 명성을 견줄 자가 없던 니키아스[*2]는, 이 계획을 중단시키려고 인민들에게 연설을 했다. 이 연설에서 제일 큰 설득의 논거가 되던 것은, 그가 전쟁 반대를 부르짖는 것은 결코 자신에게 편리한 방향으로 추진하려는 의도에서가 아니다, 나라를 생각하는 정성이라는 점에 있다.

"아테네의 평화가 계속되면 나에게는 오히려 마이너스이다. 나를 앞지르려는 시민이 얼마든지 나오리라는 것은 뻔한 일이다. 그런데 전쟁이 나면 아무도 나를 앞지르거나 나와 어깨를 견주지 못하게 된다. 사실 전쟁은 나의 보신을 위해서는 더없이 편리하다. 그러나 나라를 생각하면 감히 전쟁에 반대하지 않을 수 없다."

이 사실로 보더라도 태평 시대의 공화국에서는 우수한 인물이 별로 평가되지 않는다는 통폐가 있음을 알 수 있을 것이다. 이 폐해는 걸출한 사람들을 두 가지로 분격시킨다. 하나는 적절한 대접을 받지 못하는 것에 대한 원한이고, 또 하나는 자기보다 못한 무리들이 동료나 상관으로서 앉아 있음을 보아야만 하는 분노이다.

이런 공화국의 통폐는 자칫 파멸을 초래하는 원인이 된다. 왜냐하면 부당하게 경멸을 받고 있다고 느끼는 시민은 이런 변을 당하는 것도 다 시대가 태평해서 긴장감이 없기 때문이라고 판단하고, 국가에 해를 끼칠 만한 전쟁을 일으켜서 세상에 한바탕 소동을 벌여 주려고 애쓰게 되기 때문이다.

이 대책으로서 다음의 두 가지 방법이 있다. 하나는 민중들을 빈곤한 채로

[*1] 기원전 450년 무렵~404년. 아테네의 장군이자 정치가. 그의 주장이 관철되어서 시라쿠사에 원정했으나 원정 중에 신성모독죄로 사형을 선고받고 스파르타로 피신했다.

[*2] 니키아스(기원전 470년~413년)는 펠로폰네소스 전쟁 시대의 아테네의 정치가이자 군인. 실제는 니키아스의 충고가 통하지 않으며, 알키비아데스는 시라쿠사에원정했다가 참패했다. 니키아스도 이 때 체포되어 살해되었다.

내버려두는 일이다. 그렇게 하면 능력도 없는 주제에 재부만을 가지고 자기뿐만 아니라 타인까지 타락시켜 버리는 일이 없게 된다. 또 하나는 초기의 로마에서 볼 수 있었던 것처럼 언제든지 전쟁에 임할 수 있도록 준비하고, 평판이 높은 우수한 시민이 언제든지 있도록 만들어 두는 일이다.

로마는 군사력을 상비하고 있었기 때문에 용감성을 발휘할 기회가 언제든지 누구에게나 있었다. 그러므로 공적 있는 인물의 지위를 박탈하여, 그에 해당하는 자격도 없는 자에게 그 지위를 주어 버리는 일은 일어나지 않았다. 설사 우연한 기회에, 또는 일부러 시험삼아 훌륭한 인물의 지위에다 하찮은 인간을 앉힌 적이 몇 번 있었다 하더라도, 엉뚱한 혼란과 위기에 빠지는 게 고작이었으므로 즉시 본래의 모습으로 되돌아가곤 했다.

로마와 달리 환경도 갖추어져 있지 않은 다른 공화국의 경우는, 절박한 상태에서 마지못해 전쟁을 하는 데 지나지 않으므로 이 폐해를 미연에 막을 방책이 없었다. 오히려 항상 이 폐해를 초래하는 방향으로 발전해 갔다. 그래서 평소에 중요시되지 않아 불만을 품고 있던 역량 있는 인물이, 이 기회에 울분을 품고 명성과 세력 분야를 획득하려고 반드시 혼란을 일으키게 된다.

로마는 한참 동안 이 악습에 물이 들지 않았다. 그런데 그 로마도 카르타고와 안티오코스를 격파하고부터는 전쟁을 할 염려가 없어졌으므로 뜻대로의 인물에게 군대의 시휘를 맡길 수 있게 되었던 모양이다. 그래서 로마는 역량의 높이에 대해서는 별로 고려하지 않게 되고 인민의 환심을 사는 일에 중점을 두게 되었다.

파울루스 아에밀리우스*1가 좋은 예이다. 그는 여러차례 집정관 취임을 거부당했다. 그러다가 마케도니아 전쟁이 벌어져 겨우 집정관에 임명되었다. 더구나 이 전쟁이 중대한 국면을 맞게 되자 전 시가 그의 지휘하에 들어가게 되었다.

1494년 이후, 피렌체는 숱한 전쟁을 체험했다. 피렌체의 시민 중 누구 한 사람 전쟁국면의 호전에 공헌할 자가 없었을 때, 마침 군대의 지휘에서 재능을 발휘한 한 인물이 나타났다. 바로 안토니오 자코미니*2이다. 전국이 위급

---

*1 고대 로마의 집정관. 기원전 168년, 페르세우스에게서 승리를 거두었다. 무용에 뛰어난 그도 평시에는 무시되고 있었다.

*2 피렌체에 고용되었던 유명한 용병 대장. 제1권 제53장 참조.

할 동안에는 다른 시민들의 야망도 잠잠했으므로 자코미니를 군사령관으로 임명하는데 경쟁 상대는 나타나지 않았다. 그런데 전쟁의 양상이 위험한 고비를 넘어 영예와 출세를 찾기에 좋아지자 많은 경쟁자가 나타나서 피사 전선의 지휘를 맡는 자만도 세 사람의 사령관이 임명되었다. 그래서 자코미니는 선출에서 빠지게 되었다.

자코미니를 피사 전선에 배치하지 않는 바람에 피렌체가 얼마나 비참한 변을 당했는지 확실한 증거는 세울 수 없지만, 대략은 아주 간단하게 추측할 수 있을 것이다. 피사인은 무기도 식량도 부족한 형편이어서 만약 자코미니가 계속 전선의 지휘를 하고 있었더라면 뜻대로 궁지에 몰아넣을 수 있었을 것이다. 그런데 포위 작전이나 강습(強襲) 작전이 무엇인지를 모르는 피렌체 사령관들이 피사 공략에 임했기 때문에 피사는 그럭저럭 지탱하여, 원래는 무력으로 해결될 일을 금력(金力)으로 처리하게 되었다.

자코미니가 노한 것은 당연한 일로서, 피렌체를 파괴하거나, 가능하면 특정한 시민을 살해해서 원한을 풀려는 기분을 누르기에는, 보통의 인내나 선의를 가지고는 도저히 될 일이 아니었다.

공화국은 이런 불만에 대해 항상 신경을 써야 한다. 이에 대해서는 다음 장에서 말하기로 하겠다.

제17장 한번 혼낸 인물에게 중요한 직책이나 임무를 맡겨서는 안 된다

공화국은 이전에 혼난 일이 있는 인물을 새로 중요한 직책에 임명하는 일이 없도록 주의해야 한다. 클라우디우스 네로*는 한니발 군과 대치시켰던 군대를 철수시켜서 일부를 이끌고 마르케(안코나)로 향하여 거기서 또 한 사람의 집정관과 합류하여 하스드루발과 싸우려 했다. 하스드루발은 이보다 먼저, 형인 한니발의 뒤를 쫓아서 이탈리아에 와 있었다.

클라우디우스는 전에 하스드루발과 에스파냐 전쟁에서 싸운 적이 있었다. 그때 클라우디우스의 군대는 하스드루발을 궁지에 몰아넣어서 불리한 태세 그대로 싸우든가, 아니면 기아로 인해 굶어 죽게 하는 막다른 길로 몰아넣었

---

* 고대 로마의 집정관. 기원전 207년 리비우스 사리나토 레스와 더불어 집정관으로 뽑혔다. 같은 해 메타우로스에서 하스드루발을 무찔렀다. 리비우스, 《로마사》 XXVI, 17.

다. 그런데 간사한 지혜에 능했던 하스드루발은 휴전을 신청하는 것처럼 보이고 교묘하게 포위망을 탈출하는 바람에 클라우디우스는 이를 무찌를 좋은 기회를 놓치고 말았다. 이것이 로마에 알려지자 원로원과 민중 사이에 클라우디우스에 대한 비난의 소리가 일어나게 되어, 시민이 온통 그의 태만을 책망하고 로마의 면목을 실추시킨 것을 견책하여 모멸을 가하지 않는 사람이라고는 한 사람도 없었다.

그 뒤 집정관의 직책에 올라 한니발과 싸우게 된 클라우디우스는 이미 말한 것처럼 ^(제2권 제10장 참조 티투스 리비우스, 《로마사》 XXVII, 44) 위험하기 짝이 없는 방책을 썼다. 그때까지 로마 시는 불안에 잠겨 있었는데, 하스드루발의 패전 소식에 겨우 안도의 가슴을 쓸어 내릴 수 있었다.

뒷날, 왜 그런 위험한 방책을 썼는가, 절박한 필요성에 의해서 한 것이 아니라면 로마의 자유를 흥하느냐 망하느냐 하는 승부에다 건 것이 되지 않느냐는 물음에 클라우디우스는 다음과 같이 대답했다.

"굳이 그런 승부로 나간 것은 이 일전에서 이기면 에스파냐에서의 싸움에서 실추한 면목을 되찾을 수 있다고 생각했기 때문이다. 만일 실패해서 뜻을 이루지 못하더라도 이전에 그토록 배은망덕하고 무도한 처사를 한 로마와 그 시민에 대해서 복수가 되리라고 생각했다." ^(티투스 리비우스 《로마사》 XXVII, 40, 9)

이처럼, 로마가 아직 타락하지 않았던 시대에도 로마 시민에게서 받은 모욕에 대한 원한은 그토록 깊었으므로, 당시의 로마와는 사정이 아주 다른 도시에서는 모욕당한 것에 대한 원한이 얼마나 컸던가는 상상도 못할 것이다. 공화국에 일어나기 쉬운 이런 악폐에 대해서는 이만하면 염려 없다 할만한 대책이 없으므로, 영원히 번영을 계속하는 공화국의 건설은 불가능하다. 어느 길을 걷든 당도하는 곳은 국가의 파멸이기 때문이다.

제18장 적의 계략을 간파하는 일은 지휘관에게 주어진 가장 큰 임무이다

적의 의도를 미리 알아 두는 것만큼 지휘관에 있어서 소중하고 필요한 일은 없다. 이것은 테베의 에파미논다스의 말이다. 실상 적의 심중을 간파하기란 어려운 일이므로 적의 계획을 추측할 수 있는 비법을 쓸 줄 아는 인물은 아무리 칭찬해도 모자랄 지경이다.

경우에 따라서는 적의 의도를 예측하는 것이 적의 행동을 알아차리는 것만큼 어렵지 않다. 그리고 적의 바로 곁에서 적의 행동을 짐작하기보다는 멀리서 적을 관찰하고 그 행동을 알아내는 편이 쉬운 법이다.

밤까지 전투가 연장될 경우에 이기고 있는 쪽이 지고 있는 줄 알고, 반대로 지고 있는 쪽이 이긴 줄 지레짐작해 버리는 일이 흔히 있다. 이런 착각을 한 나머지 모처럼의 행운을 허사로 돌려 버리는 수가 종종 있었다.

브루투스와 카시우스의 예*¹가 이에 해당한다. 그들은 착각한 나머지 이길 수 있는 싸움을 지고 말았다. 브루투스는 그 전열의 한쪽에서 적을 압도하고 있었는데, 카시우스의 군대가 무너지는 바람에 모든 군이 패한 줄 알았다. 그래서 브루투스는 살아날 가망은 완전히 끊겼다고 착각하여 자살하고 말았다.

최근에는, 롬바르디아의 산타 체칠리아에서 프랑스 왕 프랑수아가 스위스 군과 싸운 전쟁*²을 들 수 있다. 밤이 다가와 아직 다치지 않은 채로 있던 스위스 군의 한 부대는 다른 스위스 군이 비참하게 격파되어서 많은 전사자를 낸 것을 알 길이 없어서 이긴 줄로만 알고 있었다. 그 때문에 전선을 이탈하려고도 하지 않고 이튿날 아침 다시 전투를 시작하려고 기다리다가 돌이킬 수 없는 사태에 빠지고 말았다.

이런 실패를 저지른 것은 스위스 군뿐만이 아니다. 교황 군이나 에스파냐 군도 마찬가지로 하마터면 괴멸될 뻔했다. 그들은 승리의 낭설에 현혹되어 포 강을 건너고 말았다. 조금만 더 전진했더라면 승리에 기고만장해 있는 프랑스 군에게 포착되었을 것이다.

이와 똑같은 실패가 로마 군과 아에키인의 두 진영에 일어났다. 집정관 셈프로니우스*³는 군을 이끌고 아에키인과 대치하여 전투를 개시했다. 싸움은 종일 계속되어 저녁이 되어도 승부가 나지 않았다. 밤이 되자 양군 다 심한 타격을 입어 자기들 진영까지는 철수하지 않고 가까운 언덕 밑에 모두 몸을 숨겼다. 이것이 안전하다고 생각했기 때문이다.

---

*1 기원전 42년, 브루투스가 필리피 전쟁에서 옥타비아누스와 안토니우스에게 패했던 일을 가리킴. 플루타르코스, 《브루투스전》 42~43.

*2 1515년의 마리냐노 회전. 프랑스와 1세는 베네치아와 제노바의 원조를 얻어서 에스파냐, 교황, 스위스, 밀라노 연합군을 격퇴했다.

*3 기원전 423년, 집정관으로서 아에키인을 무찔렀다. 제3권 제46장에도 셈프로니우스라는 인물이 나오는데 다른 사람이다. 티투스 리비우스 《로마사》 Ⅳ, 37~41.

로마 군은 두 부대로 나누어져서 한 부대는 집정관, 한 부대는 백인 대장 템파니우스의 지휘에 맡겨졌다. 이튿날의 전투에서는 템파니우스의 용감한 활약 덕분에 완전한 패배는 면하게 되었다.

날이 밝자 집정관 지휘하의 부대는 적에 대한 정보도 충분히 알지 못한 채 로마로 철수했다. 한편 아에키 군도 철수를 시작했다. 그 이유는, 양군 다 적이 패퇴한 줄 알고 있었기 때문이다. 게다가 두 쪽 모두 자기네 진영이 적의 손에 약탈되리라고는 생각도 하지 않았다. 그런데 로마의 별동대를 이끌고 역시 퇴각하려던 템파니우스가 아에키인 부상병에게 물어보았더니 아에키 군도 이미 진지를 철수했다는 것이 판명되었다. 이 정보를 들은 그는 되돌아가 로마 군의 진지를 확보하고, 다시 아에키인의 진지를 마구 휘둘러서 개가를 올리고 로마로 귀환했다. 이와 같이 로마가 승리를 차지한 것도 오로지 적의 혼란 상태를 간파했던 덕분이다.

따라서 다음의 점을 충분히 명심해 두어야 한다. 두 군대가 대치하고 있을 경우, 대개는 양군 모두 불안한 상태이므로 퇴각의 필요성에 쫓기게 된다. 그래서 적의 그런 낌새를 먼저 간파한 자가 승리를 획득한다.

이 점에 대해서 피렌체에서 최근에 일어난 실례를 덧붙여 두고자 한다. 1498년, 피렌체는 대군을 집결하고 피사로 육박하고 있었다. 베네치아는 피사를 원조하려고 했으나 이를 구할 방법이 없어서, 선쟁을 산만하게 만들기 위해 피렌체령에 측면 공격을 가하기로 작정했다. 베네치아는 정예 부대를 기용하여 발 디 라모나를 거쳐서 피렌체령으로 침입, 말라디 마을을 점령하고, 마을을 내려다보는 언덕에 서 있는 카스틸리오네의 성채를 포위했다.

이 소식을 들은 피렌체인은 말라디를 구원하기로 작정했다. 그러나 피사 전선의 군대를 배치 전환해서 약체화할 것을 피하고, 새로이 보병과 기병을 편성해서 보냈다. 이 지휘관에는 피옴비노의 영주인 아피아노 가의 야코포 세와 리누치오 다 마르치아노가 임명되었다. 이 군대가 말라디를 바라보는 언덕 위에 진출하자, 그때까지 카스틸리오네의 성채를 포위하고 있던 베네치아 군은 모든 군이 기슭의 말라디 마을로 철수했다.

양군은 여러 날 동안 서로 노려보기만 하는 가운데 식량과 그 밖의 군수품의 결핍 때문에 고민하기 시작했다. 이리하여 서로가 공격하려고도 하지 않고, 또 상대가 진퇴양난의 궁지에 빠져 있다는 것도 모르는 채로 양군 다 이

튼날 아침에 진지를 철수할 것을 우연하게도 같은 날 저녁나절에 결정했다. 베네치아 군은 베르시게라(브리시게라를 가리킴)와 파엔차로, 피렌체 군은 카사리아와 무젤로로 철퇴하기로 했다.

그런데 새벽녘에 양군이 짐을 나르기 시작했을 때 한 여인이 말라디 마을을 떠나 피렌체로 왔다. 이 여자는 나이도 들고 옷차림도 헙수룩해서 견책도 받지 않고 피렌체 진에 있는 아는 사람을 만나러 왔던 것이다. 이 노파로부터 베네치아 군이 진영을 철수했다는 것을 알게 된 피렌체 군의 지휘관은 새로 용기를 내어 결정을 변경하고, 마치 자력으로 베네치아 군을 내쫓은 것 같은 기세로 진격했다. 이렇게 적을 격퇴하고 승리를 장악했음을 피렌체에 보고했다. 피렌체가 승리를 얻은 것도 적보다 먼저 상대방의 퇴각을 알 수 있었기 때문이다. 만일 이 정보가 먼저 적에게 전해졌다면 피렌체 군이 패배했을 것이 틀림없다.

제19장 민중을 통제하기 위해서는 관대함과 엄격함 중에 어느 편이 유효한가

로마 공화국은 귀족과 평민의 대립으로 인해 내란 일보 직전의 상태에 있었다. 그러나 다른 나라와 전쟁이 일어나자 퀸티우스와 아피우스 클라우디우스*에게 군을 맡겨 국외로 파견했다. 아피우스는 엄격하고 난폭하게 지휘했기 때문에 부하들이 그의 명령대로 움직이려 하지 않아서 패배한 것과 같은 상태로 몰려, 자기가 지배하는 속주에서 탈출해야 했다. 한편 퀸티우스는 인정이 많고 인품도 뛰어나 병사들이 곧잘 귀순해서 승리를 얻을 수 있었다. 이 예로 보더라도 민중을 잘 다스릴 경우 위엄보다는 인간미, 엄격함보다는 자비가 더 소중한 것같이 생각된다.

그러나 코르넬리우스 타키투스는 대부분의 사람들과는 달리 다음과 같이 말했다.

"민중을 잘 다스리기 위해서는 겸손보다는 고압적인 태도로 대하는 것이 바람직하다."(타키투스, 《연대기》 III, 55, 4)

＊티투스 퀸티우스 바르바투스 카피톨리누스 및 아피우스의 아들 아피우스 클라우디우스, 티투스 리비우스, 《로마사》 II, 55.

이처럼 대립되는 견해를 어떻게 조화시키면 좋을 것인가. 그러기 위해서는 먼저 피지배자가 지배자와 같은 위치의 사람일 경우와 피지배자가 항상 지배를 감수하는 하층인일 경우를 구별해야 한다. 전자인 경우에는 언제나 형벌을 가지고 임해서는 안 된다. 그리고 타키투스가 말하는 고압적인 태도도 삼가야 한다. 이를테면 로마의 평민은 귀족과 동등한 권력을 가지고 있었기 때문에, 임기를 한정하여 임명된 지배자는 누구 한 사람 전제적이고 고압적인 태도로 정치에 임한 사람이 없었다.

또는 로마의 장군이 부하에게 경애를 받도록 하기 위해 자비를 가지고 대우했을 경우가 이상한 두려움과 공포를 심어 주는 것보다 훨씬 더 좋은 결과를 얻었다는 것도 항상 인정된다. 단, 두렵게 만든다 하더라도 만리우스 토르쿠우투스같이 뛰어난 힘을 갖는 인물일 경우에는 이야기가 다르다.

그러나 타키투스가 말하는 것 같은, 신하에게 명령하는 입장에 있는 사람은 그로 하여금 교만해지지 않도록, 그리고 너무 친숙하게 대하는 바람에 마침내 주군을 짓밟는 행동을 하지 않도록, 따뜻하게 대우하기보다는 오히려 엄벌로써 대해야 한다. 단, 이런 방침으로 나간다 하더라도 미움은 받지 않도록 엄벌도 적당하게 사용해야 한다. 어떤 군주건 증오의 대상이 되면 결코 이롭지 않기 때문이다.

증오를 피하기 위해서는 신하의 재산에 손을 대지 말아야 한다. 군주가 신하의 생명을 해치는 것은 그 밑바닥에 신하의 재산에 대한 욕심이 있기 때문이다. 어떤 군주건 함부로 신하의 생명을 해치는 일은 하지 않는 법이다. 가령 필요가 있다 하더라도 그것은 아주 드문 일이다. 그런데 신하의 재산에 욕심이 생겼을 때는 생명을 해치는 사례가 흔히 생긴다. 즉 신하의 재산에 욕심을 내는 것은 곧 그들의 피를 흘리게 하는 일이 되며 동시에 포악한 의욕을 돋구는 일이 되기도 한다. 이 점에 대해서는 다른 곳(군주론 제17장 참조)에서 상세히 논했다. 따라서 퀸티우스는 아피우스보다 훨씬 더 칭찬할 만한 가치가 있다. 그리고 타키투스의 말도 일정한 틀 안에서는 인정될 만한 것이므로 아피우스의 방법이 이에는 해당되지 않는다.

이 장에서는 엄격함과 관대함에 대해서 논했다. 다음 장에서는 팔레리인이 군대의 위력보다 인간미 넘치는 행동에 의해 얼마나 감동되었는가 하는 예를 보여 주는 것도 엉뚱한 일은 아닐 것이라고 생각한다.

제20장 로마의 대군보다도 인간미 있는 행위가 팔레리인에게 유효했다

카밀루스($^{제1권 제8장 참조. 티투스}_{리비우스 《로마사》 V, 27}$)는 팔레리인의 도시 주변에 군을 배치하고 포위한 적이 있었다. 이때 시내의 상류 귀족들 자제가 배우던 학원의 한 교사가 카밀루스와 로마 군의 환심을 사려고 생각했다. 그는 성 밖에서 실습한다는 구실을 만들어 카밀루스의 진영으로 학생들을 데리고 갔다. 그래서 학생들을 카밀루스에게 인도하고, '그들을 인질로 삼으면 이 도시는 당신 수중에 떨어질 것입니다' 말했다. 그러나 카밀루스는 선물을 받지 않고 이 교사를 발가벗겨서 묶은 다음, 학생들 하나하나에게 매를 주어 실컷 때리게 한 다음 학생들 손으로 시내로 돌려보내게 했다.

팔레리의 시민은 이 말을 듣자 카밀루스의 인간미와 순수한 기질에 대단히 감명을 느끼고 더이상 방어할 마음이 없어져서 로마 군에 항복하기로 했다.

이 적절한 예로 미루어 생각해야 할 점은, 때에 따라서는 비정하고 격렬한 행동으로 나가기보다는 인간미 있는 행동을 보여 주는 편이 사람의 마음에 훨씬 더 호소력이 있다는 것이다. 군대나 무기나, 사람이 휘두르는 어떤 힘에 의해서도 함락되지 않던 도시나 지방이 단 한번의 인간적인, 온정에 넘치고 고결하고 관대한 행동에 굴복하는 사례도 종종 일어나고 있다. 앞의 예 이외에도 역사상 이런 예는 수없이 많다.

로마 군은 어떻게 해서든지 피루스를 이탈리아로부터 몰아내려고 고민하고 있었다. 때마침 피루스의 측근 한 사람이 주인을 독살하겠다고 제의해왔다. 그러나 파브리키우스는 이 사실을 피루스에게 알렸으므로 감동한 피루스는 군을 철수했다($^{기원전}_{287년}$). 그리고 스키피오 아프리카누스가 굉장한 명성을 떨친 것은($^{티투스 리비우스,}_{《로마사》 XXIV, 42~46}$) 에스파냐의 신(新) 카르타고($^{카르타고}_{노바}$)의 공략 때보다도, 젊고 아름다운 부인에게 손 하나 대지 않고 남편에게 돌려보낸($^{티투스 리비우스}_{《로마사》 XXVI, 50}$) 고결한 행위 덕분이었다. 이 행동 덕분에 그의 평판은 에스파냐 사람들의 호감을 불러일으켰다. 그리고 훌륭한 사람들이 나타낸 기풍을 민중들이 얼마나 기대했으며, 또 군주의 일생과 군주의 생활 방식의 규범을 세우는 저술가가 얼마만큼 찬양하고 있는가. 그것은 주지하고 있는 바대로이다.

이런 저술가 중에서도 크세노폰은 지극히 열심이어서, 특히 키루스 왕의 인간미 있고 자애로운 태도가 얼마만큼의 명성을 초래했으며, 여러 차례 승리를 이끌어서 훌륭한 평판을 불러일으켰던가를 논증하려 했다(제2권 제13장 참조). 그리고 그는, 키루스 왕은 오만과 무도함 그리고 사치 같은 일생의 오점이 될 악덕은 스스로 경계하고 후세에 나쁜 예를 남기지 않도록 노력했다고 해설했다.

그런데 한니발은 이와는 정반대의 방법을 써서 커다란 명성과 승리를 거두었다. 그렇다면 왜 그런 사태가 생겼는가를 다음 장에서 검토해야 할 것이다.

제21장　스키피오가 에스파냐에서 올렸던 것과 같은 효과를, 한니발이 이탈리아에서 다른 수단으로 올린 까닭은 무엇인가

앞장에서 말한 사람과 반대의 방법으로 살아 간 지휘관이 있다. 그러면서도 그들이 올린 효과는 마찬가지였다. 사람에 따라서는 이런 사태에 갸우뚱할 것이다. 그들의 성공은 앞에서 말한 원인 때문이라고는 여겨지지 않는다. 그렇기는커녕, 반대의 방법으로 영광이나 명성이 얻어진다고 하면, 앞장에서 말한 수단으로는 세력이나 행복을 잡지 못하는 게 아닐까 하는 의문조차 들게 될 것이다.

나는 여기서, 앞에서 말한 사람들로부터 떠나고 싶지 않으므로, 이미 말한 것을 더욱 명확하게 해 두고자 한다. 아는 바와 같이 스키피오는 에스파냐로 들어가자 인간미와 자비로 잠깐 동안에 그 지방 전체를 자기 편으로 만들고 민중의 숭배와 칭찬을 받게 되었다. 반대로 이탈리아에 침입한 한니발은 정반대의 수단, 즉 잔학함과 폭행과 강탈을 비롯한 갖은 무도함을 자행하고도 스키피오가 에스파냐에서 올린 것과 같은 효과를 올렸다. 즉 모든 이탈리아의 도시가 한니발에게 붙어서 반란을 피했고 민중도 역시 이에 따랐다.

어째서 이런 사태가 생긴 것일까? 거기에는 허다한 이유가 있을 수 있다. 우선 첫째로, 사람이란 원래 신기한 것에 동경한다는 사실 때문이다. 불우한 사람도, 행복한 사람도 똑같이 색다른 것을 구하는 법이다. 앞에서도 이미 말한 대로 사람이란 행운을 만났을 때에는 권태를 느끼고, 불우한 때에는 현실에 대해 애써 생각하는 법이기 때문이다.

이와 같이 사람들의 새로운 것을 열망하는 마음이, 이것 저것 구별 없이 불러들여서 국가 혁명의 지도자로 만들어 버린다. 외국인일 경우는 유순하게 따라가고, 자국인이면 주위에 몰려 들어서 그 사람의 세력을 강화하고 원조를 아끼지 않는다. 그가 어떤 행동을 하건 그의 당치 않은 태도는 국내에서 마음대로 통하게 된다.

이런 욕구 외에 사람은 주로 사랑과 공포심에 의해 강하게 북돋아진다. 따라서 사랑을 받는 사람도 두려움을 받는 사람도 마찬가지로 인민을 복종시킨다. 아니, 오히려 대개의 경우 사랑을 받는 사람보다도 두려움을 받는 사람 쪽으로 따라가고 복종한다.

그러므로 역량 있는 인물로서 그 역량 때문에 이 세상 사람들의 평판을 받고 있는 지휘관이라면, 수단에 대해서는 어느 쪽을 택해도 무방하다. 한니발이나 스키피오처럼 역량이 뛰어난 사람이라면, 지나치게 사랑을 받거나 지나치게 미움을 받아서 생기는 결점 따위는 모두 상쇄되고 마는 법이다.

어느 쪽을 수단으로 삼든 군주의 파멸을 초래하는 큰 재액이 생길 가능성은 있다. 예를 들면, 사랑을 받겠다고 유독 원하는 자는 정도를 약간만 벗어나도 경멸을 초래하는 수가 있다. 한편, 두려움의 대상이 되겠다는 자는 행동에 조금만 지나친 데가 있어도 미움을 사는 수가 있다. 게다가 중도를 가려고 해도 대체로 사람의 성질이 중도를 가게 만들지 않으므로 이것은 무리이다. 이렇게 도에 지나친 행위는 한니발이나 스키피오같이 뛰어난 수완으로 완화하지 않으면 안된다. 요컨대 그들 두 사람은 그 생활 태도에 의해서 사람들에게 칭찬받았는데, 한편으로 비방당한 것도 사실이다.

두 사람이 칭찬받은 일에 대해서는 이미 말했다. 다음으로 비방받은 일에 대해서 말하기로 한다. 스키피오는 동맹군의 일부와 내통한 부하 병사로 말미암아 에스파냐에서 반란을 만났다. 그것은 그가 조금도 두려움의 대상이 되지 않는 데에 원인이 있었다. 인간이란 지극히 변덕스러운 존재여서 자기의 야심 앞에 조금이라도 문호가 열려 있기만 하면, 이 병사나 동맹군처럼 인간미 넘치는 군주에게 품고 있던 친애감 따위는 당장에 잊어버리고 만다. 이런 불리함을 피하려고 스키피오는 지금까지 나타내지 않았던 잔혹한 태도를 조금은 발휘했다(^{티투스 리비우스} (로마사) XXVIII, 24~34).

한니발에 대해서는 잔혹함이나 불신이 불리한 점으로 된 특별한 사례는 눈에 띄지 않는다. 그러나 생각해 보면, 나폴리나 그 밖의 많은 도시가 로마 인민 측에 가담한 것도 한니발을 두려워했기 때문이었다. 한니발의 무자비한 생활 태도는, 로마인이 지금까지 부딪친 어떤 적보다도 로마인에게 가증하게 보였다는 사실로 보더라도 이 점은 이해된다. 그렇기 때문에 로마 인민은 이탈리아에 군대를 이끌고 온 피루스 왕에 대해서는 그를 독살하려고 음모하는 자가 있다고 통보해 주었지만, 한니발에 대해서는 그가 무력을 빼앗기고 패주를 거듭하고 있을 때조차도 단연코 용납하려 하지 않았다. 이와 같이 한니발은 무자비한 사람으로, 신의를 저버리고 잔혹하다는 평판이 나 있었기 때문에 불리함을 초래했던 것이다.

그러나 이 평판은 어느 저술가로부터나 찬사를 받을 매우 큰 이점도 가지고 있었다. 즉 한니발의 군대에 있어서는 여러 인종이 있었음에도 불구하고 한 번도 병사들 간에서나 또 그 자신에 대해서나 분쟁이 일어나지 않았다. 사실 그의 사람됨을 두려워하는 마음 외에 다른 것은 없었다. 부하 병사들은 매우 강한 두려움을 가졌고 그의 용맹스러움에 대한 존경심도 뒤섞여 있어 순순히 단결하고 있었다. 결론으로서, 지휘관에게 묘미를 낼 수단만 갖추어져 있다면 어느 쪽 방침을 취하건 상관없다는 것이다. 어느 쪽 수단에도 결점이나 위험은 있으며, 단지 뛰어난 역량의 소유자만이 이 결점을 시정할 수 있다.

그러므로 스키피오는 사람들로부터 칭찬받는 행위에 의해서, 한니발은 사람들이 싫어하는 행위에 의해서 같은 효과를 올렸다고 할 수 있다. 그러면 다시 두 사람의 로마 시민에 대해 살펴보기로 한다. 이 두 시민은 둘 다 칭찬받는 수단이기는 하나 각기 다른 방법으로 같은 영광에 도달했다.

제22장 만리우스 토르쿠아투스는 엄격한 태도에 의하여, 발레리우스 코르비누스는 따뜻한 동정심에 의하여 두 사람 다 같은 영광을 손에 넣었다

로마에 때를 같이하여 두 사람의 명장, 만리우 토르쿠아투스 (제1권 11장, 제2권 16장, 제3권 19장)와 발레리우스 코르비누스 (점거되었던 카피톨을 탈환한 집정관. 제1권 제60장 참조)가 배출되었다. 두 사람 모두 대단해서 용맹스러움이나 명성이 로마에서 우열이 없었다. 두 사람 다 버금가는 용맹스러움에 의해서 승리를 차지했다. 그런데 부하 장병에 대한 단련 방법이나 취급 방법에 있어서는 전혀 다른 태도를 취하고 있었다.

만리우스는 할 수 있는 한 최대의 엄격함으로 장병들에게 임했으며, 그들이 어떤 고통을 당하든 어떤 벌을 받든 개의치 않았다. 이와 반대로 발레리

우스는 매사에 인정을 다하여 동정심을 가지고 부하를 대우했다. 이런 형편
이어서 만리우스는 부하 장병을 복종시키기 위해서는 자식을 죽이는 일도
서슴지 않았다. 한편 발레리우스는 아무리 작은 일이라도 남을 해치는 일은
하지 않았다.

그러나 적을 격파하고 공화국을 지켜서 영광을 한 몸에 모은 점에서는 똑
같았다. 왜냐하면 막상 결전 단계에 들어서면 한 사람도 겁을 먹는 사람이
없었고, 배반하는 사람도 없었으며, 어떤 사소한 일이라도 자기에게 거스르
는 일이 없었기 때문이다.

사실 만리우스의 경우에는 명령이 냉혹하기 짝이 없었기 때문에 엄격한
명령을 가리켜 모두 '만리우스식 명령'이라고 부르게 되었을 정도였다. 그럼
에도 불구하고 이의를 제기하는 사람은 한 사람도 없었다.

이 점에서 다음의 의문들에 대해 생각하지 않을 수 없다. 만리우스는 왜
이런 엄격한 조치로 나가야 했는가. 발레리우스는 왜 그렇게까지 인정미 넘
치는 행동을 할 수 있었던가. 이처럼 다른 길을 택했는데 왜 같은 효과를 얻
을 수 있었는가. 어느 쪽 방법에 찬성해야 하며 어느 쪽을 모범으로 삼아야
하는가?

여기서 티투스 리비우스가 처음으로 만리우스의 이름을 거론한 때로 거슬
러 올라가서 인품을 상세히 검토해 보면, 유례 없는 강인한 인물일 뿐만 아
니라 아버지나 조국에 대해 헌신적이고 윗사람을 극진히 존경했음을 알 수
있다. 이 사실은 만리우스가 갈리아인과 결투해서 쓰러뜨린 일이라든가, 아
버지를 옹호하여 호민관과 대립했던 사건으로도 알 수 있다. 갈리아인과의
결투를 하러 떠나기 전에 그는 집정관에게 다음과 같이 말했다$\binom{\text{티투스 리비우스,}}{\text{《로마사》 VII, 10, 2}}$.

"비록 승리가 확실하다 하더라도 귀하께서 명령을 내리지 않는 한 결코
적과 싸우지는 않겠습니다."

이런 경향의 인물이 명령하는 입장에 설 때, 누구나 똑같이 헌신적인 인물
이기를 요구하게 된다. 그래서 강한 기질은 위압적인 명령으로서 반영된다.
그리고 일단 주어지면 명령에 완전히 복종하기를 바라는 것이다. 실행하기
어려운 명령이라도 엄격히 준수하는 것이 철칙이다. 그렇게 하지 않으면 명
령은 쉽게 무시되어 버리기 때문이다.

하인을 복종시키고자 하는 인물은 명령 방법에 주의해야 한다. 명령을 내

리는 자는 자기의 실력과 복종을 요구하는 상대의 힘을 비교해 봐서, 균형이 잡혀 있으면 명령을 내려야 한다. 그리고 차이가 클 때는 삼가야 한다.

선현의 말씀(아리스토텔레스 (정치학) 1286d)에도 있듯이, 공화국을 힘으로 유지하려 할 경우, 힘을 행사하는 측과 지배를 받는 측에 균형이 있어야 한다. 균형만 이루어져 있다면 언제든지 힘에 의한 지배가 영속적이라고 생각해도 좋다. 피지배자가 힘을 휘두르는 지배자보다 강력할 경우에는, 권력은 매일같이 파멸의 그림자 때문에 벌벌 떨게 된다.

이제 본래 주제로 되돌아가겠다. 여기서 말할 수 있는 것은 엄격한 명령을 할 수 있는 사람은 강한 마음을 지녀야 한다는 것이다. 그리고 의연한 정신의 소유자라도 간단한 수단으로는 명령을 철저하게 할 수 없다. 그러므로 강한 성격이 아닌 사람은 더구나 고압적인 명령을 내리지 않도록 신경 써야 한다. 그리고 평범한 사건에 대처할 때면 전적으로 자기가 지니고 있는 상냥함을 활용해야 한다. 즉 보통의 처벌로 끝내면 군주의 탓이라고는 절대로 생각하지 않고 법률이나 제도에 대해 원망이 집중될 따름이기 때문이다.

따라서 만리우스가 그렇게까지 냉혹한 수단을 써서라도 명령에 복종시켜야 했던 것은, 천성적으로 갖고 있던 강한 성격 때문이라고 생각해야 한다. 이런 명령 방법이 공화국에 있어서는 효과가 있다. 이런 엄한 명령이 내려지게 되면, 국가는 건국의 모습으로 되돌아가 본래의 역량이 일깨워지기 때문이다.

이미 말한 것(제3권 제1장 참조)처럼 어떤 공화국이 요행히 인재를 얻어서 지도가 잘되고 법률이 쇄신되어서 파멸의 속도가 느려질 뿐만 아니라 건국 당시의 모습으로 되돌아갈 수 있다고 하면 그 국가는 영원한 생명을 유지할 수 있을 것이다.

이리하여 만리우스는 엄격한 명령에 의해 로마 군사 훈련을 지속시킨 사람들 중의 한 사람으로 꼽히게 되었다. 이것이 만리우스에게 가능했던 것은 우선 그의 타고난 성격 때문이다. 그 다음은 명령으로써 마음에 정한 일은 무엇이든 꼭 지키게 하려 한 기개 때문이었다.

한편 발레리우스는 지극히 인간적으로 행동할 수 있었다. 그것은 당시의 로마 군대에서 습관으로 되어 있던 훈련법을 그대로 지켜 나가기만 하면 되었기 때문이다. 발레리우스 시대의 로마 군대는 이미 수준 높은 훈련이 실시

되어 왔기 때문에, 현행 관습을 유지해 나가기만 해도 충분히 성과를 올릴 수 있었다. 현행 관습을 지키는 일도 그다지 어려운 일이 아니어서 그는 위반자를 처벌할 필요가 없었다. 이렇게 지키기 쉬운 관습을 굳이 범하는 자는 아무도 없었다. 설사 위반자가 나와서 처벌한다 해도 원망받는 것은 법률이지 당국자가 냉혹한 처사를 한다고 비난받을 염려는 없었다. 그래서 발레리우스는 무슨 일을 하든 깊은 동정심을 나타낼 수 있었다. 그 결과 부하의 감사와 심복을 한 몸에 모을 수 있었다.

앞에서 말해 온 것처럼 만리우스와 발레리우스는 둘 다 부하의 복종을 얻을 수 있었다. 그들이 사용한 수단은 달랐지만 같은 성과를 거둘 수 있었다.

그러나 이 두 사람이 행한 것을 그대로 본받으려 하다가는 이미 한니발과 스키피오에 대해 설명한 것처럼 멸시와 증오를 받게 될 것이다. 다만 본인이 뛰어난 역량을 갖추고 있을 경우에만 이 폐해를 피할 수 있다. 그렇지 않고는 멸시와 증오를 피할 수 없다.

이제 남은 문제는 어느 쪽 방법이 장려할 만한가 하는 점이다. 사람들이 제각기 다른 방법을 추천하고 있는 점으로 보더라도 이 문제는 크게 주장이 나눠질 것이다. 어쨌든 통치할 때 군주가 알아야 할 일을 문제로 삼는 이는 만리우스보다 발레리우스를 취한다.

앞에서 말한 크세노폰^(제2권 제13장, 제3권 제20장 참조)은 그의 저서에서 동정심이 많던 키루스에 대해 여러 가지 예를 들고 있다. 그것은 티투스 리비우스가 발레리우스에 대해서 말한 내용과 일치한다. 발레리우스는 집정관에 임명되어 삼니움인과 싸우게 되었는데, 싸움이 벌어지는 그 날도 평소와 다름없이 정다운 태도로 부하들에게 이야기했다.

티투스 리비우스는 발레리우스의 연설을 소개한 뒤 다음과 같이 쓰고 있다^(티투스 리비우스 《로마사》 Ⅶ, 33, 1~4).

"그처럼 부하들과 정답게 지낸 지휘관은 여태 없었다. 그는 하급 병사와 말을 주고받는 것도 꺼리지 않았다. 그리고 군사 경기 때도 사람들은 상하의 구별 없이 스피드나 힘을 겨루었다. 그때 그는 승자에게도 패자에게도 똑같은 표정으로 정답게 대했다. 게다가 그와 버금가는 힘을 가졌다고 소문난 상대를 앞에 놓고도 적의를 보이지 않았다. 사정이 허락되는 한 그의 행동은 항상 온화했다. 그리고 이야기를 할 때도 자기의 위엄에 대해 신경을 쓰는 것과 마찬가지로 상대방 기분을 존중하는 일도 잊지 않았다. 또 그가 고관에게 명령을 내릴 때의 태도는, 마치 진정하러 온 평민과 같은 태도였다. 이런 태도만큼 일반 인민들의 공감을 얻은 것은 없었다."

만리우스에 대해서도 티투스 리비우스는 같은 칭찬을 하고 있다. 티투스 리비우스는, 만리우스가 자기 아들을 죽인 그 준엄한 태도야말로 군대를 뜻대로 복종시켜서 라티움인에 대해 로마 인민을 승리로 이끈 원인이 되었던 것이라고 지적했다. 만리우스에 대한 그의 칭찬은 그칠 줄 몰라, 전투에 대한 일과 상황을 상세히 서술하여 당시 로마인이 직면해 있던 위기와, 승리를 손에 넣는 어려움을 남김없이 기술하고 다음과 같이 결론지었다.

즉 로마가 그와 같은 승리를 얻을 수 있었던 것은 한결같이 만리우스의 역량 덕분이라는 것이다. 티투스 리비우스는 또한 양군의 실력을 비교, 검토하여 만리우스를 지휘관으로 둔 편이 이겼으리라고 단언했다 (티투스 리비우스, 《로마사》 VIII, 7~10).

이와 같이 많은 식자들의 주장을 생각해 보았지만 만리우스와 발레리우스 중의 어느 쪽 방법이 바람직한가를 정하는 것은 쉬운 일이 아니다. 하지만 이 문제를 해결하지 않은 채로 내버려둘 수도 없으므로 나는 감히 다음과 같은 의견을 내세울까 한다.

즉 공화국의 법률에 따르는 인물이라면, 만리우스의 준엄한 방법을 취하는 것이 일반적으로 평판도 좋고 실시함에 있어서 위험도 적다. 왜냐하면 이 방법은 진심으로 여럿을 위한 행동이며 사심이 조금도 섞여 있지 않다는 것이 누구의 눈에나 명백하기 때문이다. 즉 이 방법을 사용하면 개인에게는 준엄한 태도로 임하게 되며, 사회 전체를 위해서 애정을 기울이는 결과가 되고, 심복 부하는 만들어지지 않기 때문이다. 바꾸어 말하면 우리가 이미 여당이라는 이름으로 부르고 있는 각별히 친숙한 동료는 얻을 수 없다는 것이다. 그러므로 만리우스의 방법에 따르면, 공화국의 경우에 이처럼 유효하고 바람직한 것은 없다. 이 방법은 사회를 위해서는 다시없는 것이어서 개인적 야심이 개입할 염려는 조금도 없다.

그런데 발레리우스 쪽은 이와는 정반대이다. 공공의 이익을 초래한 점에서는 만리우스의 방법과 같은 효과를 올렸다고는 하나 많은 의심을 낳게 된다. 지휘관이 오랫동안 지배권을 잡고 있는 과정에서 부하 장병들로부터 바쳐지는 헌신적 애착이 자유의 전통에 대해 좋지 못한 결과를 초래할 수 있기 때문이다. 푸블리콜라(발레리우스)의 경우에 이 같은 우려할 만한 결과가 생기지 않았던 것은 로마인의 정신 상태가 아직 타락해 있지 않았기 때문이다. 또 발레리우스가 장기간 계속해서 로마 인민에게 군림해 있지 않았기 때문이기도 하다.

하지만 크세노폰을 본받아서 (크세노폰, 《키루스》 / 전) Ⅳ, 2, 34 및 Ⅴ) 어떻게 하면 군주를 위해 가장 도움이 되는가를 생각할 경우, 전면적으로 발레리우스의 입장을 지지해야 하며 만리우스의 방법은 버려야 한다. 군주는 병사나 신하에게 복종심과 존경심을 심도록 노력해야 하기 때문이다. 복종심은 군주 자신이 법률을 지키고 역량이 풍부한 인물이라는 평판을 얻어야만 획득된다. 그리고 부하로부터의 존경심은 군주가 태도도 부드럽고 인정도 많으며 자애심도 깊고, 그리고 발레리우스가 갖추었고 크세노폰이 키루스에게서 인정하고 있었던 것 같은 여러 가지 자질을 지니고 있어야만 비로소 얻을 수 있다.

군주의 인품이 경애의 대상이 되어서 헌신적인 군대가 거기에 집중는 것은 국가에 있어서 다른 모든 이해와 일치한다. 그런데 공화국에 있어서는, 충실한 군대를 갖는다는 것이 법률에 복종하고 당국에 따라야 하는 시민으로서의 의무와 양립하지 않는다.

베네치아 공화국의 옛 연대기를 읽어 보면 다음과 같은 것을 알게 된다. 베네치아에 노예 선대가 귀항했을 때의 일인데 승무원과 일반인 사이에 일종의 소동이 벌어져서 무기를 들고 싸우게까지 되었다. 당국의 위력과 존경을 받고 있는 시민의 조정과 각료의 염려에도 아랑곳없이 도무지 소동은 가라앉을 기색이 없었다.

그런데 승무원들 앞에 한 귀족*이 나타나자 소동은 당장 가라앉았다. 그는 지난해에 승무원의 지휘를 맡고 있던 인물이었다. 그에 대한 경애심에 눌려서 승무원들은 싸움을 중단했던 것이다. 그런데 그의 장악력이 원로원의 시기심을 북돋우어서 얼마 뒤 베네치아인은 그를 투옥하거나 처벌함으로써 몸의 안전을 도모했다.

결론을 말하자면, 발레리우스의 방법은 군주의 경우에 효과가 있지만 시

---

* 비트르 피자니. 베네치아의 제독이었던 그는 1379년 3월, 제노바와의 싸움에서 패했다. 그 뒤 투옥되었는데 민중의 폭동에 의해 다시 최고 사령관이 되었다.

민이 사용하면 해가 된다는 점이다. 조국에 대해서만이 아니라 자기 자신에 대해서도 해가 된다. 그 국가에 대해서는 참주 정치로의 길을 여는 것밖에 되지 않고, 그것을 사용하는 본인에게 있어서는 조국으로부터 의혹의 눈길을 받게 되며, 조국의 안전을 위해 사라져 버리게 될 수도 있기 때문이다.

그런데 반대로 만리우스의 방법을 사용한다는 것은 군주에게는 해가 된다. 그러나 시민에게는 유익하며, 조국 자체에도 매우 유익하다. 단 다음과 같은 경우에 한하여 드물게 해를 초래할 수도 있다. 준엄한 태도로 임하는 인물에게 초래되는 증오가 다시 다른 의혹을 받고 과열(過熱)되는 경우이다. 이런 의혹은 그 인물이 공명을 더 얻으려는 나머지 다른 수법을 썼을 때 닥쳐온다. 이 예로서 카밀루스를 들 수 있다. 이에 대해서는 다음 장에서 말하기로 한다.

제23장 카밀루스가 로마에서 추방된 것은 무엇 때문인가

나는 이미 발레리우스 같은 방식은 국가에도 자기 자신에도 해를 초래하고, 만리우스 같은 방식은 국가에는 유익하겠지만 자기에게는 불리함을 초래할 수 있다고 결론지었다. 이 점은 카밀루스의 예를 하나만 들어도 입증된다. 그의 방식은 발레리우스보다 만리우스 쪽을 더 닮았다.

티투스 리비우스는 그에 대해 이렇게 말했다.

"병사들은 그의 용기를 미워하면서도 감사하고 있다." (티투스 리비우스,《로마사》Ⅴ, 26, 8)

사람들이 그가 훌륭한 인물이라고 감복하게 된 것은 그에게는 조심성 깊은 생각, 넓은 도량, 군대를 다루는 방법이나 지휘에서 나타낸 훌륭한 통솔력 등이 있었기 때문이다. 미움을 산 것은, 사람을 가리지 않고 아무에게나 너무 상을 많이 내렸기 때문이 아니라 오히려 부하에 대한 처벌이 너무 엄격한 데에 있었다.

병사들의 증오의 원인에 대해서 티투스 리비우스는 다음과 같은 점을 지적했다(티투스 리비우스,《로마사》Ⅴ, 23). 첫째, 베이이인의 재산을 처분해서 얻은 돈을 국고로 돌리고 다른 전리품과 함께 병사들에게 나누어 주지 않았다는 것, 둘째, 개선식에서 네 필의 백마에 마차를 끌게 하여 자기를 태양에다 비교하는 등 거만한 행동으로 뒤에서 평판이 좋지 않았던 것, 셋째, 베이이인의 전리품의 10분의 1을 아폴로 신전에 바치겠다고 제 마음대로 맹세하고, 그 때문에 이미 분배했던 것을 병사들에게서 도로 몰수하려 했던 것(제1권 제55장).

이 사실로부터 군주가 민중에게서 미움을 사는 원인이 무엇인가를 쉽게 알 수 있다. 가장 큰 원인은 민중으로부터 어떤 소중한 것을 몰수해 버리는 일일 것이다. 사람이란 자기가 소중히 여기는 것을 빼앗기면 두고두고 잊지 않는 법이다. 걸핏하면 그 물건의 필요성이 뼈저리게 느껴져서 언제까지나 잊을 수 없다. 이 점이 매우 중요하다.

더구나 필요성은 매일같이 절실히 느껴지므로 나날이 여러 사람의 마음속에 떠오른다. 또 한 가지 원인은, 군주가 거만하게 보이거나 방자해 보이는 것이다. 이처럼 민중, 특히 자유로운 시민의 미움을 사는 것은 없다. 이런 거만함이나 뽐내는 태도가 특별히 민중에게 심한 불리함을 주는 것은 아니다. 그러나 민중은 그런 태도로 나오는 인물을 미워한다. 요컨대 군주는, 민중의 증오를 마치 하나의 암초처럼 알고 경계해야 한다. 왜냐하면, 군주 자신의 이익도 되지 않으면서 미움만 산다는 것은, 아주 무모하고 사려가 부족한 방침이기 때문이다.

제24장 지휘권을 연장했기 때문에 로마는 노예 상태에 빠졌다

로마 제국의 행보를 잘 관찰해 보면 그 파멸의 원인이 두 가지 있음을 깨닫게 될 것이다. 하나는 농지법에서 발단이 된 분쟁이고, 또 하나는 군 지휘권을 연장한 데서 온 것이다. 이 사태가 당초부터 분명하게 인식되어 있어서 적절한 대책만 강구되었더라면, 이 나라는 그 뒤 다시 오랫동안 자유로운 생활, 평온한 생활이 계속되었을 것이다. 하긴, 군 지휘권의 연장뿐이었다면 로마에 소요가 발생하지는 않았을 것이다. 그러나 이 방침이 정해지는 바람에 어떤 시민의 권력이 얼마만큼 도시에 해를 주었던가는, 사실 사람들이 잘 아는 바 그대로이다.

그렇지만 집정권의 연장이 인정된 시민이 루키우스 퀸티우스처럼 현명하고 훌륭한 인물이었다면 이런 해악은 생기지도 않았을 것이다. 이 인물의 훌륭함은 특별히 모범이 된다.

평민과 원로원 사이에 논의가 타협되어서 평민 측은 호민관을 귀족의 야심에 저항할 수 있는 사람들이라 판단하고 그들의 임기를 1년 연장하려고 했다. 한편 귀족도 평민과의 대립관계를 생각해서 루키우스 퀸티우스의 집정권을 연기하는 데 동의했다.

이때 루키우스는 자기의 선출을 단호히 거부하고, 나쁜 때는 꼭 폐기할 것이며, 나쁜 예에다 또 한 가지 나쁜 예를 보태는 일은 절대로 하지 말아야 한다고 역설하면서 새 집정관을 뽑으라고 했다. 가령 로마의 모든 시민이 이런 기풍과 정신을 갖추고 있었다면, 집정관 임기의 연장 같은 풍습은 일어나지 않았을 것이다. 그와 동시에 군 지휘권의 연장도 일어나지 않았을 것이다. 이런 사태가 오랜 세월 계속되다가 마침내 로마는 멸망으로 몰리게 되었던 것이다.

군의 지휘권을 연장한 최초의 주인공은 집정관 푸블리우스 피로였다. 팔라에폴리스의 도시를 공격하며 진을 치고 있을 즈음, 그는 사령관으로서의 임기가 끝나가고 있었다. 원로원은 그가 이미 승리를 눈앞에 두고 있음을 알고 후계자를 보내지 않고 통솔 대리라는 형식으로 그대로 그를 유임시켰다. 그래서 그는 초대 집정관 대리로 추천되었다.

이는 원로원이 국가의 이익을 생각해서 제창한 일이었으나, 시간이 흐름에 따라 이 사실은 로마에 노예 상태를 초래하는 바탕이 되었다. 이후 로마는 군에 원정을 명령할 때, 사령관의 임기 연장의 필요성을 통감하게 되고 또 자주 그것을 행했다. 이렇게 되자 다음과 같은 부작용이 생기게 되었다.

하나는, 소수의 사람들이 지휘권을 전담하게 되고 따라서 그 몇 사람에게 명성이 집중하게 되는 현상이다. 또 하나는, 로마의 군단 사령관이 오랫동안 군림하게 되자 부하의 마음을 사로잡아 완전히 자기 심복으로 만든다는 것이다.

그 바람에 군단은 세월이 갈수록 원로원의 존재를 무시하고, 사령관에 대한 감사함만을 깊이 간직하게 되었다. 그렇기 때문에 술라나 마리우스는 나라의 이익은 무시하더라도 자기에 대해서만은 충성을 바치는 병사를 얻게 되었다.

그리고 카이사르도 이로 인해 조국을 정복할 수 있었다. 만약 로마인이 집정관이나 사령관의 임기 연장을 인정하지 않았다면, 또 그들이 그 뒤 재빨리 권력의 자리를 굳히는 일이 없이 결과적으로 그들에 의한 정복이 늦어졌다면, 로마인이 노예 상태로 빠지는 것은 실제보다 훨씬 먼 일이었을 것이다.

제25장 킨키나투스와 많은 로마 시민의 청빈함에 대하여

다른 대목에서도 말한 것(제1권 제37장)과 같이 자유로운 시민 생활을 훌륭하고 질서 있게 하기 위해서 가장 중요한 것은 시민에게 청빈함을 지키게 하는 일이다. 그렇지만 이 규율이 과연 효과를 거둘 수 있는 것인지는, 특히 농지법이 심한 반대를 초래한 로마에서는 확실하지가 않았다. 그럼에도 불구하고 확실한 것은, 로마 건설 뒤 400년의 긴 시간이 지나도 여전히 청빈이 지켜지고 있다는 사실이다.

아마 이 사실은 다음과 같이 설명될 것이다. 로마 시민은 가난하더라도 항상 어떤 지위에 오르고 어떤 명예를 누릴 수 있는 길이 언제든지 열려 있었기 때문이다. 설사 어떤 초라한 집에 살고 있더라도 능력 있는 인재이기만 하면 반드시 누군가 찾아온다는 생각이 마음 밑바닥에 있었기 때문이다. 그밖에 어떤 제도가 있어서 그것을 지켜왔던 것은 아니다. 이와 같은 태도였으므로 로마 시민들은 재부 같은 것은 바라지 않았다. 이 사실은 다음과 같은 점에서 분명하게 알 수 있다.

사령관 미누티우스*가 군대와 더불어 아에키인에게 포위되어 공격받을 때, 로마에서는 그의 군단이 섬멸되지나 않을까 하고 크게 두려워했다. 할 수 없이 이 난국에 대한 마지막 수단으로서 임시 독재 집정관을 세우기로 계획했다. 그래서 뽑힌 인물이 루키우스 퀸티우스 킨키나투스였다. 당시 그는 전원의 작은 집에서 살며 직접 농사일을 하고 있었다. 이런 사정에 대해 티투스 리비우스는 그를 다음과 같이 찬양했다(티투스 리비우스,《로마사》 II, 26, 7).

"모든 인간적인 일을 경멸하고, 오직 재산밖에는 위대한 것도 공상(功賞)도 있을 수 없다고 생각하는 무리들은 귀기울여 잘 듣도록 하라."

로마 원로원의 사자는 임시 독재 집정관에 선출되었음을 킨키나투스에게 전함과 동시에 공화국이 지금 어떤 위험에 직면해 있는가를 그에게 설명했다. 당시 킨키나투스는 조그만 산장에서 얼마 안 되는 채소밭을 일구고 있었다. 킨키나투스는 곧 정복을 입고 로마로 가서 군을 통솔하여 미누티우스를 구원하러 나섰다. 그래서 적군을 무찔러 결정적으로 패주시키고 미누티우스

---

*로마 집정관 (기원전 459년). 아에키인에게 포위되었다가 킨키나투스에게 구출되었다. 티투스 리비우스, 《로마사》 III, 25~26, 29

를 구했다. 킨키나투스는 포위 공격을 받은 부대에 대해서는 전리품의 분배를 용납지 않고 미누티우스에게 이렇게 말했다^(티투스 리비우스, 《로마사》 Ⅲ, 29, 2~3).

"당신은 하마터면 적의 밥이 될 뻔했소. 그러니까 당신은 전리품의 분배를 받을 수 없소."

그래서 미누티우스를 사령관직에서 은퇴시켜 차관의 지위로 내려놓고 다시 다음과 같이 말했다^(티투스 리비우스, 《로마사》 Ⅲ, 27, 1).

"당신은 집정관이 어떤 것인가를 알게 될 때까지 이 자리에 있는 편이 낫소."

그리고 킨키나투스는 가난해서 맨발로 싸운 루키우스 타르키니우스를 기병대 대장으로 임명했다.

앞에서도 말했듯이 여기서도 주목을 끄는 것은, 로마에서는 가난이 명예로 생각되었다는 점이다. 그리고 킨키나투스 같은 훌륭하고도 유능한 인물이 아주 작은 땅만으로 생계를 꾸려 나가고 있었다는 점이다.

이런 청빈함이 마르쿠스 레굴루스 시대까지도 남아 있었음을 알 수 있다. 군을 이끌고 카프리카에 원정 나가 있는 도중에 레굴루스는 원로원에 휴가원을 내고, 시골 자기 집의 밭일을 소작인이 아무렇게나 하고 있어서 그걸 직접 감독하고 싶다고 청했다.

여기서는 두 가지 점이 특히 주목할 가치가 있다. 하나는 가난이다. 시민이 가난 속에서 얼마나 즐겁게 지냈는가, 또 전쟁에 의해 시민 한 사람 한 사람이 체면을 세우는 일에 만족하고 다른 모든 이익을 공공에 맡겼다는 사실이다. 만약 시민들이 전쟁에 의해 부를 얻고 영광을 누리려고 생각했다면, 자기의 논밭이 황폐화되는 것 따위는 무시했을 것이다.

또 하나는 시민들의 대범함이다. 그들이 일단 부대의 대장으로 뽑혔을 때는, 정신적인 고매함이 그 어떤 군주도 능가하고 있었다. 어느 국왕도 어느 공화국도 두려워하지 않고 어떤 일에도 당황하지 않았다.

그러면서도 다시 한 시민의 신분으로 돌아가면 겸허하고 소박하게 작은 일에도 힘껏 정진하고, 공직에 있는 사람에게 복종하고 연장자에게 존경심을 가졌다. 한 인간의 마음가짐이 이렇게 변한다는 것이 이상하게 여겨질 정도였다.

이런 청빈함은 파울루스 아에밀리우스*의 시대에도 역시 계속되었다. 그의 시대는 공화정의 마지막 화려한 시대로서, 그에 의해 로마의 도시는 번영했다. 그러나 한 시민으로서의 파울루스는 여전히 가난했다. 그리고 그는 전쟁에서 훌륭한 공을 세운 인물들을 포상하면서 사위 한 사람에게도 은잔을 하사했다. 이것은 그의 일가로서는 처음 받는 은잔이었다고 한다. 이 이야기에서 짐작할 수 있는 것처럼, 이 시대는 아직도 이처럼 청빈함이 존중되고 있었다.

청빈함은 재산보다도 더 훌륭한 결과를 낳는다. 청빈함이 도시나 속주나 시민들에게 위대한 영예를 안겨준 것과는 반대로, 재산은 도시를 멸망시켰다. 이 논제에 대하여는 많은 저술가들이 논하고 있으므로 여기서는 언급하지 않겠다.

제26장 어떻게 해서 여자 때문에 나라가 망하는가

아르데아스라는 도시에서 어떤 집의 결혼 문제가 원인이 되어 귀족과 평민 사이에 싸움이 벌어진 일이 있었다(티투스 리비우스,《로마사》IV, 9~11) (기원전 433년). 그것은 어떤 부잣집 딸을 평민 집과 귀족 집에서 서로 며느리로 삼으려는 데서 발생했다. 처녀에게 아버지가 없었기 때문에 처녀의 후견인은 평민에게 출가시키려 했고, 어머니는 귀족에게 출가시키려 했다. 그 바람에 두 집은 서로 무기를 들고 싸우는 소란으로 발전했다.

귀족은 모조리 귀족에게 편을 들어 무기를 들었고, 평민 또한 모조리 평민 측에 붙었다. 패한 평민은 아르데아스를 쫓겨나 볼스키인들에게 도움을 구했다. 한편 귀족들은 특사를 로마로 파견했다. 그런데 먼저 볼스키인이 도착해서 아르데아스의 주위를 포위했다. 이윽고 로마 군이 쳐들어와 성안 사람과 협력하여 볼스키인을 협공하고 보급로를 끊어서 마침내 항복시켰다. 그래서 로마 군은 아르데아스에 입성하여 내분의 주모자를 죽이고 치안을 회복했다.

이 사실에서 주목할 만한 일이 많다. 여자 때문에 여러 번 파멸이 일어났

---

* 아에밀리우스에 대해서는 제3권 제16장 참조. '아에밀리우스의 시대'란 기원전 2세기를 말한다. 아에밀리우스가 페르세우스를 격파한 기원전 166년까지의 일을 가리킨다. 티투스 리비우스,《로마사》XLIV, 40, XLV, 1

다는 것, 도시의 통치자에게 커다란 손해를 입히고 도시의 내부에 무수한 분열을 초래했던 것이 첫 번째로 눈을 끈다. 마찬가지로 우리의 이 역사서에도 씌어 있는 것처럼, 타르키니우스가 왕위를 빼앗긴 것도 원인은 루크레티아라는 여자에 대한 폭력 사태에 있었다^(제3권 제2장 참조). 또 십인회가 권한을 잃은 것도 역시 비르기니아라는 여자 때문이었다^(제1권 제40장 참조).

아리스토텔레스는 전제 군주가 파멸하는 첫째 원인으로 여자를 들고 있다 ^(아리스토텔레스, 《정치학》 1311a, 1314b). 여자를 유혹하거나 능욕하거나, 결혼 생활을 어지럽히는 것은 남에게 커다란 피해를 준다고 말했다. 이 논점에 대해서 나는 앞에서 모반을 들어 논한 장^(제3권 제6장 참조)에서 상세히 말해 두었다. 여기서 나는 전제 군주나 공화국의 시정자는 이 문제를 가볍게 보아서는 안 된다고 말하고 싶다. 이런 뜻하지 않은 일로부터 질서의 교란이 생긴다는 것을 생각해야 한다. 그래서 자기 나라나 공화국에 손해를 초래하거나 명성을 손상시키기 전에 적절한 대책을 강구해야 한다.

이를테면 아르데아스인에게 일어난 일처럼, 시민들 사이에서 일어난 소동이 커져서 분열 항쟁하다가, 마침내는 두 세력이 저마다 힘을 강화하기 위해 외국의 원조를 구하게까지 되고 끝내는 스스로 노예 상태를 초래하는 중대한 원인을 만들었는데, 그런 일은 없도록 해야 하겠다.

다음 장에서는 또 한 가지 유의해야 할 문제, 즉 도시의 통일을 도모하는 수단에 대해 생각해 보기로 하자.

제27장 내부가 분열된 도시의 통일을 도모하기 위해서는 어떻게 하면 좋은가, 또 도시를 정복하려면 내부 분열을 도모해야 한다는 의견은 옳은가

아르데아스인들을 화해시키려던 로마의 집정관들이 남긴 행동에서, 우리는 분열된 도시를 재건하는 수단을 알 수 있다. 즉 소란을 일으킨 지도자를 죽이는 수밖에 없으며, 그 밖의 방법으로써는 타개할 가망이 없다.

그러나 실제로는 세 가지 방법이 있다. 즉 그들처럼 주모자들을 죽이든가, 또는 도시에서 추방하든가, 아니면 서로가 손상되는 짓을 하지 않겠다는 서약 아래 화해시키는 것이다. 이 세 가지 방책 중 셋째 수단은 제일 위험하고 확실성이 없으므로 대체로 헛일이다. 왜냐하면, 이미 숱한 피를 흘리고 난폭함이 행해진 뒤이므로 강제로 화해시켜도 날마다 얼굴을 맞대고 있는 사람들이어서는 화해가 오래 계속될 까닭이 없다. 날마다 말을 주고 받는 동안에 또다시 싸움의 원인이 되는 일이 일어날 수 있으므로, 가해 행위를 피할 수 있으리라고는 생각되지 않기 때문이다.

이에 대해서는 피스토이아의 도시가 남긴 실례만큼 적절한 것은 없을 것이다. 오늘날도 그렇지만 이 도시는 15년 전 판챠티키 가와 칸체리에리 가로 분열되어 있었다. 더구나 그 당시는 지금과 달리 무기를 들고 싸웠다. 여러 차례 격론이 계속된 끝에 유혈 참사가 벌어져 가옥은 파괴되고 재산은 약탈되어 갖은 적대 행위가 전개되었다. 그들을 평정하려던 피렌체인은 그때마다 세 번째 방책을 썼으나 더 심한 소란과 혼란이 일어났다. 그래서 하는 수 없이 두 번째 방책을 취하여 양파의 우두머리를 투옥하거나 타국으로 추방해서 재난을 배제하려고 했다. 그래서 가까스로 화해해 오늘날에 이르게 된 것이다.

그러나 제일 안전한 방책은 첫째의 것이다. 그런데 이 방책의 실행에는 매우 중대하고 단호한 결의가 필요하므로 약체인 공화국에서는 단행하지 못한다. 둘째 방책을 쓰는 것과는 뜻이 다르다. 둘째 방책을 쓰는 데도 애를 먹는 나라에서는 도저히 무리한 일이다. 처음에 말한 것 같은 실패를 피하기 위하여는 중대한 문제의 결단에 임하여 군주가 취한 조치를 반성해 보아야한다. 그런데 요새 사람들은 섣부른 교육을 받고 사물을 잘 모르고 있기 때문에 옛사람의 견해를 비인간적이니 불가능하다느니 하고 지레 생각해 버린다.

이런 현대인의 견해는 진실을 무시한 것이다. 예를 들면, 우리 도시의 지식인들이 얼마 전까지만 해도 '피스토이아를 유지하려면 분열을 수단으로 가지고, 피사에 대해서는 성채를 굳힘이 요긴하다'라고 말한 것이 좋은 예이다. 그들은 이런 방책이 모두 무의미하다는 것을 모르고 있다.

성채에 대해서는 이미 길게 말했으므로 생략하고자 한다. 그러므로 여기서는 도시를 평정하려 할 때 내부 분열책을 쓰는 것은 무의미하다는 것을 입증해 두고 싶다. 군주국이건 공화국이건 그 국내의 두 세력을 동시에 자기 편으로 만들 수는 없다. 왜냐하면 사람은 본래 두 당파 중 어느 쪽에 가담하는 성질을 가지고 있으므로 반드시 한쪽에 호의를 가지게 되기 때문이다.

그래서 일부가 불만을 품게 되어서 전쟁이 일어나게 되면 나라를 잃는 수도 있다. 나라의 안팎에 적을 갖는 도시는 도저히 지켜낼 수가 없기 때문이다. 그리고 만약 공화국이라면, 시민을 타락시키고 국내의 분열을 도모하여 나라를 다스린다는 것은 그 이전에 내부 분열이 있었던 도시의 통치에 비해 쉽지 않다. 각 분파는 지원을 얻고자 악착스런 방책을 여러 가지로 강구해서 지배자의 환심을 사려 하기 때문이다.

여기서 두 가지 중대한 불리함이 생긴다. 하나는 여러분에게 편들 사람이 아무도 없게 된다는 점이다. 어떤 때는 이쪽을 지원하고 어떤 때는 저쪽을 지원한다는 식으로 정책을 빈번히 바꾸게 되므로 훌륭한 통치를 할 수 없기 때문이다. 또 하나는 이런 당파성 때문에 나라가 지리멸렬해진다는 점이다. 비온도가 피렌체인이나 피스토이아인에 대해서, '피렌체 시민은 피스토이아의 통일을 도모하려고 애써 생각하는 동안 시민들끼리 서로 사이가 벌어졌다'*1고 한 말이 그 뒷받침이 될 것이다. 이와 같이 분열에는 폐해가 따르기 마련이라는 것은 쉽게 짐작할 수 있다.

1502년에 아레초와 발 디 테베레 및 발 디 키아나 일대가 비텔리 일파 및 발렌티노 공작에 의해 공격받아서 점거된 적이 있었다. 이때 프랑스 국왕은 피렌체가 점령지를 되찾게끔 란을 파견했다. 요새를 방문한 란은 성내 사람 누구나 자기는 마르초코 당*2이라고 주장하는 것을 듣고 그들의 당파 근성을 몹시 꾸짖었다.

본래 국왕을 따라야 할 국민이, 나는 왕당파니 어쩌니 하면 국왕에게 대립하는 세력이 있다고 추정되므로 프랑스에서라면 마땅히 처벌될 판국이다. 그리고 국왕은 국민 모두가 자기를 신뢰하고 일치 단결하여 당파가 생기지 않기를 바라고 있다고 그는 성내 사람들을 훈시했다.

아무튼 이런 어리석은 방침이나 의견은 대체로 군주의 약함에서 생긴다. 약한 군주는 자기의 무력이나 역량으로는 나라를 다스릴 수 없다는 것을 알아차리고 이런 공작을 행한다. 하긴 평온한 시대에서는 이런 공작도 도움이 되겠지만, 역경이나 난세가 닥치면 그 어리석음은 곧 나타난다.

---

*1 플라비오 비온도 Historia, V. (1392년~1463년)는 인문주의자로서 역사가.
*2 피렌체 파를 뜻한다. 마르초코는 피렌체 공화국의 문장의 라이온 상을 말한다.

제28장 공화국에서는 항상 시민의 행동에 신경 써야 한다. 자비로운 행동 뒤에는 때때로 전제군주를 낳는 동기가 숨어 있기 때문이다

일찍이 로마의 도시가 기근으로 고생하게 되었지만 국가의 비축으로는 식량 부족을 해소하지 못하게 되었을 때의 일이다. 당시 큰 부자였던 스푸리우스 마에리우스*라는 사람이 용기를 내어, 자기 돈으로 밀을 사모아 제 마음대로 하층 시민에게 밀을 배급하려고 했다.

그 바람에 민중들은 서로 다투어 그에게 잘 보이려고 했다. 스푸리우스의 관대함 때문에 머지않아 일어날 폐해를 예견하고 원로원은 사태가 악화하기 전에 그를 누르려고 했다. 그래서 임시 독재 집정관을 한 사람 임명하여 스푸리우스를 살해하기로 했다(제3권 제1장 참조).

여기서 주목되는 것은, 대개의 경우 표면상으로는 자비롭게 보일뿐더러 해가 된다고는 여겨지지 않는 선행이더라도 적절한 시기에 시정해 두지 않으면 그 선행이 나쁜 방향으로 바뀔 수가 있으므로 공화국에서는 위험하기 짝이 없다는 점이다.

그래서 이에 대해 구체적으로 말하기로 한다. 공화국은 명성이 있는 시민이 없어서는 성립되지 않을뿐더러 또한 훌륭한 정치도 행해지지 않는 것도 사실이다. 그러나 한편 이 시민의 명성이 공화국에 대하여 전제 정치를 낳는 원인을 만든다. 따라서 이것을 완전히 방지하려면 든든한 조직을 만들어서 한 시민의 명성이 도시나 도시의 자유에 대하여 해가 되지 않고 오히려 도움이 되는 방향으로 가져가야 한다. 그래서 그 시민이 명성을 획득한 수단에 대하여 충분히 검토해 두어야 한다.

사실 그것은 공적 수단과 사적 수단의 어느 한쪽에 속한다. 공적 수단이란 공공의 복지를 위해 훌륭한 의견을 말하고 뛰어나게 활약을 해서 한 시민이 명성을 떨쳤을 경우를 가리킨다. 이런 명성은 널리 시민에게 길을 열어 두어야 한다. 이런 의견이나 활동에 대해서는 명예를 주고 충분히 만족할 만한 은상을 주어야 한다. 이런 수단으로 얻은 명성이 순수하고 다른 의도가 없는 것인 한 위험의 염려는 전혀 없다.

---

* 이야기에 의하면 이 인물은 참주가 될 야망을 품었다가 원로원의 명령을 받은 가이우스 세르비우스 아하라에게 살해되었다고 한다.

이와 반대로 둘째의 사적 수단으로 평판을 떨치는 경우는 위험하기 짝이 없으며 전면적으로 해가 된다. 사적 수단이란 개인에게 돈을 빌려주거나 딸을 출가시키거나 관리를 옹호해 주어서 은혜를 입히는 것, 또는 마찬가지의 개인적인 원조를 하여 민중을 손아귀에 넣거나, 뒤에서 지지해주어 격려하는 일을 가리킨다. 이런 수단은 국가를 부패시키고 법률을 침해한다. 따라서 훌륭하게 조직이 굳어진 공화국은 공적 수단으로 인기를 얻고자 하는 사람에게는 길을 열어 두어야 한다. 그러나 사적 수단으로 인기를 얻으려는 자에 대해서는 로마가 행했던 대로 문호를 굳게 닫아야 한다.

로마는 공공을 위해 훌륭한 활약을 한 사람에게는 은상으로서 개선식을 거행하거나 적당한 명예를 주었지만, 그 반면 사적으로 자기 세력의 확장을 도모하는 자는 다른 구실을 만들어서 고발해 왔다.

그래도 아직 불충분하다고 생각하면 임시 독재 집정관을 임명하여 위선적인 행복에 도취하는 민중의 방자함을 깨우치려고 했다. 그의 절대적인 권력으로 마치 스푸리우스 마에리우스의 처형에서 볼 수 있는 것처럼 일탈한 인물을 본래의 모습으로 되돌아가게 했다.

아무튼 이런 인물을 처벌하지 않고 사태를 방임해 두면 공화국을 망치게 된다. 왜냐하면, 선례가 생기면 뒤에 가서 본래의 올바른 노선으로 복귀시키기 어렵기 때문이다.

제29장 민중의 잘못은 군주의 잘못에서 생긴다

군주는 자기가 다스리는 민중이 어떤 과실을 저질렀을 때는 특히 불만을 말해서는 안 된다. 왜냐하면 민중의 과실은 본시 군주 자신의 태만이든가, 군주가 그와 같은 나쁜 일에 물들어서 일어난 것이 틀림없기 때문이다. 따라서 현대에 있어서도 약탈 행위나 그와 비슷한 종류의 악덕으로 가득 차 있다고 보여지는 민중을 자세히 조사해 보면 군주 자신에 그 원인이 있음을 알 수 있다.

교황 알렉산데르 6세가 멸망시키기 이전의 로마냐에서는, 영주들이 온갖 사악한 생활 태도의 전형을 보여 주었다. 당시 이 지방에서는 하찮은 원인으로 살상 사태와 무서운 강도 행위가 횡행했다.

이 사실은 군주가 생각하는 것처럼 민중이 사악했기 때문에 일어난 것이 아니라, 군주 자신의 사악함에서 일어난 일이었다. 사실 이 군주들은 가난한 주제에 부자다운 생활이 하고 싶었던 것이다. 그래서 자꾸 계획을 세우고 많은 간책을 써서 강도 행위를 했다.

그들의 수많은 비열한 수단 가운데는 법률을 조작해서 활동 금지를 명령한다는 방식도 있었다. 그래 놓고 처음에 군주는 이 법률을 지키지 않아도 될 만한 원인을 자기부터 만들었다. 그리고 위반자를 처벌하지 않았다. 군주는 이렇듯 많은 사람이 같은 잘못을 예사로 저지르게 되기를 기다리고 있었다. 그러다가 갑자기 본격적으로 위반자를 처벌하기 시작했다. 물론 정한 법률에 의거해서 행한 일이었지만 그의 진정한 의도는 오직 벌금을 탐욕스럽게 빼앗아 내려는 속셈이었다.

그래서 그들의 탐욕으로 민중은 더욱더 피폐하게 되어 괴로워하며 인심도 나빠졌다. 이를테면, 영락한 사람들은 자기들보다 더 약한 사람들을 상대로 자기네가 입은 손해의 본전을 찾고자 획책했다. 이렇게 해서 앞에서 말한 나쁜 일이 자꾸 발생되는 것이다. 요컨대 원인은 모두 군주에게 있었다.

이 주장이 정당함은, 티투스 리비우스가 다음과 같이 말하는 점 (티투스 리비우스, 《로마사》 V, 28, 4.) 으로도 알 수 있을 것이다. 언젠가, 로마의 사절이 베이이에서의 전리품을 아폴로 신전으로 가져가려고 했다. 그러나 사절은 가는 도중 시칠리아 앞바다에서 리파리 군도의 해적에게 붙잡혀 그들의 근거지로 끌려갔다.

그러나 군도의 영주인 티마시테우스는 이 물건의 성질과 행선지, 그리고 누구로부터 부탁받은 것인가 하는 사정을 따져 물었다. 이때 영주는 리파리 출신이면서도 로마인 같은 태도를 보였다. 그는 자기 영민을 향해, 이런 물건을 강탈하는 것이 얼마나 신을 두려워하지 않는 못된 행동이 되는가를 설명했다. 그래서 대중들의 동의를 구한 다음 로마 사절에게 이 봉납품을 들려서 귀국시켰다. 이에 대해 티투스 리비우스는 다음과 같이 말했다 (티투스 리비우스, 《로마사》 V, 28, 4).

"티마시테우스는 대중에게 종교적인 외경심을 충분히 불러일으켰다. 대중은 항상 정치하는 사람을 모방하는 법이다."

로렌초 데 메디치도 이런 사고방식을 인정하고 다음과 같이 말했다. *

"영주가 행하는 바를 대중도 역시 행한다. 왜냐하면 만인의 눈이 항상 영

---

* 로렌초 데 메디치, 《Reppresentazione di San Giovanni e Paolo》

주에게 쏠려 있기 때문이다."

제30장 한 시민이 공화국에서 자기 권력을 사용하여 어떤 의의 있는 일을 하려면 질투심을 일으키지 않도록 하는 것이 특히 필요하다는 것, 그리고 적군의 내습에 대한 도시의 방비에 대하여

로마 원로원은 언젠가, 에트루리아 전 지역이 새로 병력을 모집하여 로마에 쳐들어오려 하고 있다는 정보를 들었다. 그리고 지금까지 로마 인민과 우호 관계를 유지하고 있던 라티움인과 헤르니키인이 로마의 숙적인 볼스키인과 접근을 도모하기 시작했음을 알았다. 그래서 이번 전쟁은 꽤 만만치 않게 되리라는 것을 알아차렸다. 이때 카밀루스는 집정관의 권한을 갖는 호민관직에 있었는데, 그는 이런 생각을 했다.

'만약 동료 호민관들이 나에게 최고 지휘권을 준다면 임시 독재 집정관을 세우지 않더라도 해나갈 수 있을 것이다.'

동료 호민관들은 기꺼이 그의 뜻을 따랐다. 이에 대해 티투스 리비우스는 이렇게 말하고 있다^(티투스 리비우스, 《로마사》 VI, 6, 7).

"위대한 이 인물에게 권한을 맡긴다 하더라도, 호민관들은 자기네의 존엄성이 덜해진다고는 생각하지 않았기 때문이다."

카밀루스는 이렇게 동료들의 복종을 약속받자 세 개의 부대를 편성하라고 명령했다. 제1군단에서는 직접 그 자신이 지휘관이 되어서 에루스키에 대항했다. 제2군은 퀸투스 세르빌리우스*¹를 지휘관으로 임명하여 로마 주변에 대기시키고, 라티움인이나 헤르니키인이 책동하는 낌새를 보이면 제압하도록 시켰다. 제3군은 루키우스 퀸티우스*²에게 맡겨서 로마의 도시 수호를 굳히고, 만일의 사태에 대비해서 성문과 원로원 사당의 경비를 명령했다.

이상의 명령 외에 그는 동료인 호라티우스*³에게 명하여 무기와 식량과 그밖에 전시의 필수품을 조달케 했다. 그리고 역시 동료인 코르넬리우스*⁴에 대해서도 원로원이나 공적인 협의회의 석상에서 나날이 계획하고 실행해 나

---

*1 세르빌리우스 피데나스를 말함. 카밀루스에서 집정관 권한을 가졌던 호민관.
*2 퀸티우스 킨키나투스를 말함. 단, 동명이인인 집정관(기원전 460년 취임)도 있다.
*3 호라티우스 플빌루스. 기원전 386년, 집정관 권한을 가진 호민관.
*4 코르넬리우스 마르기네제스. 앞에서 말한 세 사람의 동료.

가야 할 제반 활동의 심의를 정리하도록 의뢰했다. 사실 당시의 호민관들은 조국의 안전을 위해서는 어떤 때라도 지휘를 할 수 있었고, 명령에 복종할 마음 자세도 되어 있었다.

우리는 이 사실에서, 용기 있는 현명한 사람은 어떤 일을 해야 하는가를 짐작할 수 있다. 그와 동시에 얼마만큼 훌륭한 행동을 낳았으며, 또 조국에 대해 얼마만큼 의의 있는 행동을 할 수 있었던가를 짐작할 수 있다. 특히 이 경우, 항상 이 인물이 훌륭한 인격과 역량으로 동료의 질투심을 일어나게 하지 않았기 때문에 그런 일을 할 수 있었다.

이 질투심이라는 것은, 대부분의 경우 사람들의 훌륭한 활동을 방해하게 되는 법이다. 바꿔 말하면, 매우 중대한 사태에 임하여 한 인물에게 아무래도 주어야 할 권력의 위임을 인정하지 못하도록 작용한다.

이와 같은 질투심을 누르기 위해서는 두 가지 수단이 있다. 그 하나는 당면한 무서운 난국을 끌어내는 일이다. 이 난국을 자각하면 누구나 몸의 위험을 느끼고는, 자기의 야심 따위는 뒤로 돌리고 자진해서 신변이 뛰어난, 자기들의 위기를 구해 줄 용맹스럽고 믿을 만한 인물의 명령에 복종할 마음이 되기 때문이다.

카밀루스의 실례가 그렇다. 이 사람은 이미 뛰어난 인물이라고 널리 알려져 있는 데다가, 세 번씩이나 임시 독재 집정관에 임명되었다. 게다가 처음부터 끝까지 오직 공공의 이익이 되도록 그 역할을 수행해 사람들은 그의 훌륭함에 대해 조금도 의심을 품는 일이 없었다. 그가 이토록 위대하고 존경을 모으고 있었기 때문에 그의 아랫자리에 놓여 있어도 그것을 굴욕이라고는 생각하지 않았다. 그런 까닭에 티투스 리비우스가 앞에서 한 말은 참으로 옳다.

다음으로 질투심을 없애는 또 한 가지 방법이란 폭력에 의하여, 또는 자연의 형세에 의하여 명성이나 권력의 추구를 둘러싸고 당신의 경쟁자였던 사람들을 멸망시키는 일이다. 이런 사람들이란, 당신의 평판이 자기들을 능가하는 것을 보면 마음이 초조해서 아등바등하는 사람들을 가리킨다. 특히 이런 사람들이 부패한 도시에서 살아 왔기 때문에, 훌륭한 인격을 만드는 교육을 받고 있지 않았을 경우라면 사소한 일에도 반드시 이의를 제기하는 법이다. 그리고 자기가 바라는 것을 손에 넣고, 자기의 사악한 기분을 만족시키기 위해서는 나라가 망해도 좋아한다.

이런 사람들의 적대감을 누르기 위해서는 없애는 수밖에 없다. 때로는 운명이 덕이 있는 자에게 미소를 던지며 아주 자연스럽게 이런 자들을 없애는 경우가 있는데, 이런 때는 특별히 보기 흉한 난폭한 짓을 하지 않아도 영광에 빛나게 된다. 즉 이런 경우에는 조금의 장해도 상해 사태도 없이 자기 역량을 충분히 발휘할 수 있게 된다.

이와 반대로, 이런 행운을 만나지 못할 경우에는 갖은 수단을 다 써서 그들을 자기 눈앞에서 말살할 것을 생각해야 한다. 무엇보다도 먼저 이 어려움을 극복할 수단을 강구해야 한다. 머리를 써서 성경을 읽는 이는, 모세가 자기의 법률과 제도를 확립하고자 원했던 것, 또 그로 인해 그가 수 없는 사람을 부득이 죽였던 일^(출애굽기
32·25~28)을 기억하고 있을 것이다. 그의 손에 죽은 사람이란, 질투 때문에 모세의 계획에 반대한 사람임이 틀림없다.

이와 같은 필요성은 수도사 지롤라모 사보나롤라도 자각하고 있었고, 또 피렌체의 원수 피에로 소데리니도 잘 알고 있었던 일이다. 그러나 전자가 질투심을 누를 수 없었던 것은, 첫째는 수도사였기 때문에 그것을 감히 실행할 권력을 갖지 못했던 데 있었고, 둘째로는 그를 따르고 있는 사람으로 권력을 휘두를 수 있었던 사람이 이 사정을 잘 알지 못했던 데에 있었다. 하지만 이 점은 그 자신의 잘못이라고는 말할 수 없었다. 이에 반해, 이 세상의 현자들에 대한 탄핵이나 비방으로 가득 찬 그의 설교는, 질투하는 자들과 그 새로운 제도에 대한 반대자를 초래하는 결과가 되었다. 후자는, 세월이 흐름에 따라 자기의 선량함과, 좋은 운을 만나 남에게 은혜를 베풂으로써 질투의 불길을 끌 수 있다고 믿고 있었다. 그와 동시에 그의 방식에 사람들이 여러 모로 호의를 가지기 시작했던 일이고 아직 나이도 있었으므로, 질투로 으르렁대는 자들^(귀족파, 알라만노 사르비아티와
조반바티스타 리돌피를 가리킨다)에 대해서는 보기 흉한 것이나 폭행이나 소란 따위를 일으키지 않아도 진압할 수 있다고 생각하고 있었다. 그는 시간이란 기다려 주는 것이 아니며, 선량한 인품만으로는 부족하다는 것, 사악한 마음은 어떤 선물을 해도 마음이 온화해지지 않는다는 사실을 모르고 있었다. 그래서 두 사람은 다 같이 파멸의 길을 걸었는데, 그들의 파멸의 원인은 이 질투심을 극복할 방법을 몰랐고 또 능력이 없었던 데 있다.

또 한 가지 주목할 만한 것은 카밀루스가 로마의 안전을 지키기 위해 도시의 안팎에서 보여 준 규율에 대한 것이다. 이를테면 티투스 리비우스 같은, 훌륭한 역사가라 불리는 사람들이 특히 어떤 사건을 들어서 면밀하게 설명하는 것은 뭔가 이유가 있어서 하는 일이다. 즉 같은 사건이 일어났을 때 후세 사람들이 그것을 막을 방법을 알아 두도록 하라는 마음에서일 것이다. 따라서 이 대목에서는, 무질서하고 갈팡질팡하게 행하는 방법 따위는 실로 무익하며 위험하기 짝이 없는 일임을 기억해 두어야 한다.

카밀루스가 도시의 방어를 위해 로마에서 대기하라고 명령을 내린 앞에서 말한 제3군은, 이런 사태의 좋은 본보기를 보여 주었다. 옛날부터 지금에 이르기까지 대부분의 사람들은, 로마의 시민은 대체로 무장에 익숙해 있는 데다가 호전적이므로, 이런 질서를 갖추는 방법 따위를 무의미한 것처럼 알고 있는 것 같다. 바꿔 말하면, 그 때문에 일부러 징병 같은 것은 할 필요가 없으며, 다만 필요할 때에 시민을 무장시키면 그것으로 충분하리라고 알고 있는 것 같다.

이에 대해 카밀루스는 다르게 생각했다. 그리고 어떤 현명한 지휘관이라도 그와 똑같은 태도를 취했을 것이다. 즉 그는 단단히 군사 조직을 정비하고 훈련을 거쳐서야 비로소 대중에게 무기를 들게 했다. 따라서 그의 모범에서 볼 수 있는 것처럼 어떤 도시를 방비하고자 뜻하는 자는, 인민을 공연히 어수선하게 무장시키는 것은 하나의 장애물로 생각하고 피해야 한다. 먼저 무장하려고 마음먹는 자를 소집해서 골라 두어야 한다. 그리고 누가 지휘하는가, 어디에 집합하는가, 어디를 향해 진격하는가를 미리 정해 두어야 한다. 그와 동시에 소집하지 않은 자에 대해서도 각자가 자택에서 대기하며 도시의 방어를 맡아야 함을 명해 두어야 한다. 공격을 받는 도시에 있어서 이런 규율을 잘 살리는 사람은 수월하게 지켜 낼 수 있는 법이다. 이와 반대되는 방식을 취하고 카밀루스를 본받으려 하지 않는 사람은 도저히 도시를 지켜 내지 못한다.

제31장 강한 공화국이나 탁월한 인물은 어떤 운명에 대해서도 조금도 변함 없는 기백과 위엄을 갖추고 있다

우리의 역사가는 카밀루스의 언동에 대하여 여러 가지 근사한 말을 써서 남겼는데, 특히 이 인물이 어떤 풍격을 갖추고 있었는가를, 카밀루스 자신의 입으로 이렇게 말하게 했다^(티투스 리비우스,)^{(로마사) Ⅶ, 7, 5}.

"임시 독재 집정관이 되었다고 해서 특별히 용기가 나는 것도 아니고, 추방당했다고 해서 용기가 꺾이는 것도 아니었다."

이 말에서, 위대한 인간은 어떤 환경에 놓이더라도 항상 변치 않음을 알 수 있다. 이를테면 운명이 사람을 높은 지위에 앉히거나, 또는 학대하는 때에도 그들은 변치 않으며 항상 불굴의 마음을 갖는다. 그들의 생활 태도에도 그것이 반영되어 있기 때문에 누구의 눈에도 운명이 그들에게는 어떤 영향도 끼치지 못한 것으로 비친다.

한편, 나약한 인간은 이와는 정반대로, 행운을 만나면 자랑스레 여기고 우쭐해진다. 그 행운이 자기의 실력 덕분이라고 터무니없는 주장을 한다. 그래서 그들은 주위에 있는 사람들로부터 미움을 받고 아니꼬운 존재가 된다. 그러다가 얼마 가지 않아 운명의 역전을 만나게 된다. 그들의 표정에 역력히 그것이 나타나며, 순식간에 돌변해서 나약함으로 빠져든다. 그래서 비굴한 인간이 된다. 이런 군주는 역경을 만나면 방어하기보다는 도망갈 궁리를 먼저 한다. 그런데도 그들은 행운을 만났을 때는 평화로운 상태를 잘 살리지 않고, 방비에 대해서도 전혀 배려하지 않는다.

이런 미덕과 악덕은 같은 사람의 마음속에서 볼 수 있으며, 국가에 대해서도 이와 똑같은 말을 할 수 있다. 예를 들면 로마와 베네치아가 그렇다. 로마는 아무리 비참한 운명에 빠져도 결코 비굴해지지 않았으며, 행운을 만나도 결코 교만하게 뽐내는 일이 없었다. 이 사실은, 칸네에서 패배를 당한 직후와 안티오코스에 대해 승리를 거둔 직후의 일이 명백하게 나타내고 있다. 이 패전이 세 번째의 중대한 패전^(제2권 제12장)^{참조}이었음에도 불구하고 로마인의 의기는 결코 꺾이지 않았던 것이다. 그렇기는커녕, 로마는 새로운 군사를 국외로 파견하고 여태까지의 법률에 반해서 적의 포로를 석방하는 일은 인정하지 않았다. 또 한니발이나 카르타고에 대해 사절을 파견하여 화평을 구하려고도 하지 않았다. 아니, 이와 같은 비열한 생각은 죄다 버리고 항상 전쟁만을 염두에 두고, 인원이 부족했기 때문에 노인과 노예까지 무장시켰다. 앞에서도 말한 것^(제2권 제30장)^{참조}처럼, 이 상황을 알게 된 카르타고의 하논은 원로원에서 칸네의 승리는 그다지 중시하고 있지 않다고 설명했다.

요컨대 이 사실로부터 로마인이 지독한 국면에 빠져도 허둥대는 일 없이 비굴해지지 않았음을 알 수 있다.

한편, 융성하는 때를 맞아도 로마인은 교만하게 뽐내는 일이 없었다. 예를 들면, 다음과 같은 사실에서 알 수 있다. 안티오코스는 평화 교섭의 사절을 스키피오에게 보내어, 전쟁을 해서 지기 전에 화해를 도모하려고 했다. 이에 대하여 스키피오는 다음과 같은 강화 조건을 표시했다. 즉 안티오코스는 시리아 국내로 철수할 것, 남기고 간 지역은 로마 인민의 자유 의사에 맡길 것 등이다. 안티오코스가 이 제안을 거부했기 때문에 전쟁이 시작되었는데 결국 그는 패했다. 안티오코스는 대사에게 승리자 측의 어떤 조건이라도 받아들이라고 일러서 스키피오에게 보냈다. 그러나 스키피오는 대사를 보고, 싸움을 하기 전에 제창했던 조건밖에 꺼내지 않고 다만 다음의 말(티투스 리비우스, 《로마사》 XXXVII, 45, 11)을 덧붙였을 따름이다.

"로마인은 져도 그 기력은 꺾이지 않소. 그러나 이겨도 결코 뽐내지 않소."

이런 로마인의 태도와 반대인 것은 베네치아인의 태도이다. 그들은 행운을 만났을 때는 있지도 않은 용맹함으로 행운을 잡은 것처럼 오만불손한 행위를 한다. 즉 그들은, 프랑스 국왕을 성 마르코의 아들이라 부르고, 로마 교회를 존중하지 않고, 이탈리아 국내에 대한 야심으로 로마 제국과 같은 나라를 만들고자 하는 의도를 품었다.

얼마 가지 않아 행운을 잃고 프랑스 왕이 바일라에서 반쯤 패전을 당하게 되자 베네치아는 국내의 내란(베르가모 및 브레시아에서 일어난 반란)까지 만나게 되어서 영토를 죄다 잃었을 뿐만 아니라 소심해지고 비굴해져서 영토의 태반을 교황과 스페인 국왕에게 양도하고 말았다. 그럼에도 불구하고 기력이 완전히 꺾여 버려, 황제에게 대사를 보내서 스스로 공물을 바치는 나라가 되고, 교황에게는 동정을 사려고 비굴한 예속적인 언사로 가득 찬 시간을 보냈다. 이런 불행한 상태에 빠진 것도 불과 나흘 동안에 생긴 일로서, 전황이 약간 나쁠 정도의 한 번의 패전 때문이었다. 즉 베네치아의 군대는 일전을 벌였으나, 후회하면서 계속 싸우다가 병력의 반이 전멸되는 판국이 되었다. 그래서 살아 남은 부대장 한 사람은 2만 5천 명을 넘는 보병과 기병과 함께 베로나로 달아났다.

만약 베네치아 국내에, 그리고 이 나라의 제도 속에 강력함이 발휘되었다면 쉽게 재건할 수 있어서, 다시 정면으로 대결하여 싸움에서 이기든가, 영광 속에서 멸망하든가, 또는 명예로운 협정에 도달하든가, 그 중 어느 것인가를 적절하게 택했을 것이 틀림없다. 그러나 베네치아 군사 제도의 결함에서 오는 정신력의 나약함이, 순식간에 국토와 사기를 잃게 했다.

아무튼 베네치아 같은 행동을 하는 나라에서는 이런 사태가 항상 일어날 수 있다. 왜냐하면, 이처럼 행운을 만나면 우쭐해지고, 역경에 빠지면 의기소침해지는 태도는, 그들의 생활 태도라든가 교육에서 생긴다. 교육이 천박하면 사람들은 그와 비슷해진다. 교육이 그와 반대의 방식이라면 사람들은 전혀 다르게 된다. 그리고 세상사에 대해서도 더 깊게 아는 사람이 되고, 상태가 좋을 때도 우쭐해지지 않으며, 재난을 만나도 비탄에 잠기게 되지 않는다.

이렇듯 한 인간에 대해 말한 것은 또한 국민 전체에 대해서도 할 수 있는 말이다. 그들의 태도도 나라 전체의 규율이 어느 정도까지 활성화되어 있는가에 따라서 좌우된다.

모든 국가의 기초는 훌륭한 군대에 있으며, 이것 없이는 훌륭한 법률도 다른 좋은 일도 있을 수 없음은 앞에서 말한 대로이다. 그러나 여기서 거듭 말하는 것도 쓸데없는 일은 아니다. 왜냐하면 《로마사》를 읽으면 모든 대목에서 이것을 강조할 필요성이 느껴지기 때문이다. 이를테면, 군대란 끊임없이 훈련을 받지 않고는 훌륭해질 수 없다는 것, 또 그 나라 자신의 시민으로 조직하지 않는 한 충분하게 훈련할 수 없다는 것 등을 통감하게 된다. 전쟁이란 줄곧 있는 것이 아니며, 따라서 실전에 항상 참가하는 것도 아니므로 평시에서도 충분히 훈련에 힘을 기울여야 하기 때문이다. 이때 시민으로 된 군대가 아니어서는 비용 때문에 훈련을 못하게 된다.

앞에서도 말했듯이 카밀루스는 군을 이끌고 에트루스키에 쳐들어간 일이 있었다. 그런데 그의 군대는 적의 강력한 병력을 보는 순간 모두 기가 죽고 말았다. 병사들은, 적의 심한 공격을 도저히 견뎌낼 수 없을 정도로 자기들이 훨씬 열세라고 생각했다.

카밀루스는 공격 측의 이런 걱정스러운 기분에 대한 말을 듣자 몸소 전선으로 나가 성을 공격할 한 사람 한 사람의 병사에게 말을 걸어서 병사들의 머릿속의 이런 불안을 일소시켰다. 그리고 마지막으로 전선에 명령한 것은 특별히 색다른 명령이 아니라 이런 말이 있다.

"각자 평소에 배우고 행해 온 대로 해라." ^{(티투스 리비우스}《로마사》 Ⅶ, 7, 6)

따라서 그가 취한 방침이나, 그가 병사를 고무하여 공격토록 하기 위해 명령한 이 말을 잘 음미해 보면, 이런 언동은 전시뿐만 아니라 평시에 있어서도 군대가 훌륭하게 조직되고 훈련이 철저히 되어 있지 않았다면 무의미했음을 알 수 있을 것이다. 왜냐하면, 지휘관이 좋다고 생각하는 일이라도 병사들이 잘 습득하고 있지 않다면, 지휘관은 자신을 가지고 병사에게 실행하게 할 수 없기 때문이다. 그러므로 비록 한니발 같은 용맹한 장군이 새로 군을 지휘했다 하더라도 그런 병사로는 패했을 것이다.

물론 지휘관이 전투 중에 여기저기 출몰할 수 없으므로, 전투 이전에 이미 전면적으로 훌륭한 조직을 갖추어 두어야 한다. 병사가 지휘관의 마음을 짐작하고, 그의 명령이나 방식을 충분히 납득할 수 있도록 되어 있어야 한다. 그렇지 않고서는 필연적으로 파멸의 길을 걸을 수밖에 없다.

앞에서 말한 점에서, 이를테면 로마처럼 어떤 도시 국가가 무장되고 조직이 갖추어졌고, 또 늘 시민이 공사를 막론하고 각자가 지닌 역량과 운명의 힘을 충분히 발휘할 수 있는 기회가 주어졌다면, 어떤 시세가 되더라도 그 도시의 시민은 항상 변함 없는 정신력을 가지고 위엄을 보전하고 유지할 수 있을 것이다. 이와 반대로 만약 시민이 무장되어 있지 않으면, 바꿔 말해서 자기 역량을 의지하려 하지 않고 심한 운명의 물결에 그저 몸을 맡겨 버린다면, 운명의 변천에 따라서 동요하게 될 것이다. 그리고 베네치아인이 연출한 것을 재연하게 될 것이다.

제32장 일부 사람이 평화교란을 위해서 사용한 수단

로마의 두 식민지인 키르케와 벨리트라에는 라티움인의 지원을 기대하고 로마 인민에게 모반을 일으켰다(티투스 리비우스《로마사》Ⅵ, 21). 그러나 라티움인이 싸움에 지는 바람에 모든 소망이 끊겼다. 그래서 많은 시민들이 협의한 끝에, 로마의 원로원에 사정을 변명할 설득 사절을 보내기로 했다. 그러나 이 방침에 대해 모반 당사자들은 난색을 보였다. 그들은 자기들의 머리 위에 처벌이 내릴 것을 두려워하고 있었기 때문이다. 그들은 화의에 대한 논의를 철회시키려고 일반 대중들을 부추겨서 무력 행동을 일으키게 하여 로마의 변경(邊境)을 습격시켰다.

따라서 누군가, 즉 시민이든 군주든 누군가 어떤 맹약으로부터 민심을 완전히 돌리고자 하면 좋아하지 않는 맹약의 상대국에 대해 민중 자신의 손으로 중대한 가해 행위를 하게 만들어야 한다. 이것 말고는 확실하고 결정적인 대책이 없다. 게다가 이로 말미암아 그가 범한 잘못 때문에 마땅히 받아야 했던 형벌에 대한 두려움도 어디론가 사라져 버린다.

카르타고와 로마 사이에서 벌어졌던 제1차 포에니 전쟁 뒤, 카르타고는 평화 조약을 맺고 시칠리아와 사르디니아(카르타고가 아프리카로 철수시킨 것은 시칠리아에서 온 병사들뿐이었다)의 전투에 참여한 병사들을 아프리카로 철수시켰다. 그런데 그 병사들은 그곳에서 급료의 불만 때문에 마토와 스펜디우스를 지휘관으로 앉히고, 카르타고에 대해 공격을 시작했다(군주론 제12장 참조). 그리하여 카르타고의 많은 도시를 점령하고 마음대로 약탈을 자행했다.

카르타고인은 우선 본격적인 투쟁이 되지 않도록 정세를 타개하려고 동포의 한 사람인 하스드루발을 사절로 보냈다. 이 사람은 원래 그들의 대장이었으므로 지금도 위압할 수 있으리라 믿었기 때문이다.

그러나 이 사절이 도착할 무렵, 스펜디우스와 마토는 카르타고와의 화평 교섭에 기대를 거는 병사들의 마음을 고쳐먹게 하려고 생각했다. 그리하여 어떻게 해서든지 전쟁을 계속시키려고 도모했다. 그래서 병사들에게 이미 포로의 신세였던 카르타고 시민들과 함께 이 사자를 암살하는 편이 좋다고 역설했다.

그래서 병사들은 사절을 죽였을 뿐만 아니라, 죽이기 전에 수없는 고문으로 고통을 주었다. 게다가 다음과 같은 끔찍한 법칙을 정했다. 장차 그들에게 붙잡히는 카르타고인은 누구를 막론하고 똑같은 고문을 가하여 죽인다는 것이다. 이런 결단과 실행에 의하여 병사들은 카르타고에 대한 감정이 더욱 잔혹해져서 집념에 불타게 되었다.

제33장 전투에서 승리를 거두기 위해서는 군대에 자신을 갖게 할 것, 그리고 군대 내에서는 지휘관에 대해 신뢰를 갖게 할 필요가 있다

전투에서 이기기 위해서는 군대에 자신감을 갖게 해서, 어떤 일이 있더라도 이겨야 한다는 신념을 지니게 만들어야 한다. 자신감을 갖는 일이란 훌륭하게 무장되고 조직이 갖추어져 있다는 것, 병사가 서로의 마음을 알고 있다는 것, 이 두 가지에서 생긴다. 이런 신뢰감이나 질서는 병사들이 같은 지방에서 태어나고 자라지 않았다면 얻을 수 없다. 다음으로, 지휘관은 신뢰할 수 있는 인물로서 존경받고 있어야 한다. 그러기 위해서는 병사들에게 그가 규율이 바르고 침착하며, 또 용기 있는 인물임을 보여 주고, 지위에 알맞은 명성을 유지해 나갈 필요가 있다. 이런 것은 병사들의 잘못을 처벌하고, 불필요하게 그들을 피로케 하지 않도록 하고, 엄격하게 약속을 지키고, 이긴다는 것이 얼마나 쉬운 것인가를 병사들에게 보여 주고, 또 예측되는 위험을 병사들에게 숨기거나 그들에게 가르쳐 주거나 하는 일로써 실현된다.

이런 일을 잘 지키는 것이, 지휘관에 대한 신뢰감으로 병사들을 분발시키는 최고의 방법이다. 신뢰감이야말로 승리를 위한 가장 큰 보증이다. 로마인은 군대에 이런 자신감을 불어넣기 위해 종교라는 수단을 이용했다. 점을 쳐 집정관을 선출하든가 병적을 만들고, 군대의 출발이나 전투 개시의 시기 등을 정했다. 그래서 현명한 지휘관은 반드시 점을 친 다음 전장에 나갔다.

즉 먼저 신들이 아군의 편이라는 것을 병사들이 깊이 명심하게 만들었다. 그렇게 하지 않으면 반드시 패전한다고 생각했다. 그래서 어떤 집정관 내지 지휘관이 새점의 결과를 거스르고 출격하면, 이를테면 클라우디우스 풀케르와 마찬가지로 신들은 그에게 벌을 내렸을 것이다(제1권 제14장 참조).

《로마사》의 어디를 읽어 보아도 이런 실례를 볼 수 있는데, 제일 명확한 증거는 다음과 같은 대목이다. 아피우스 클라우디우스(아피우스 클라우디우스 크라수스 제3권 제11장 참조)는 호민관의 횡포를 하층민에게 호소하여 그들이 새점이나 그 밖의 종교상의 일조차 소홀히 하고 있음을 역설했는데, 티투스 리비우스는 클라우디우스의 입을 빌려 말하고 있다(티투스 리비우스 《로마사》 Ⅵ, 41, 8).

"그들은 오늘날 신에 대한 일마저 소홀히 하고 있다. 새가 먹이를 먹든 말든, 새장에서 나오는 시간이 늦든 빠르든 상관없지 않은가, 새의 울음소리가 나빠도 상관없지 않은가 하고. 하긴 이건 사소한 일임에 틀림없다. 그러나 우리 조상은 이 사소한 일을 무시하지 않았기 때문에 나라를 훌륭하게 만들었던 것이다."

사실 이 사소한 일로 말미암아 군대에 결속과 자신감을 불어넣는 격려가 되고, 또 이런 힘이 항상 승리의 가장 큰 원인이 되었다. 그러나 물론 이에는 용맹함이 따라야 한다. 용맹함 없이는 아무 소용이 없는 것이다.

프라에네스테인은 로마 군에 대해 군사를 일으켜 진격하여 아리아 강변에

진을 쳤다. 이 장소는 예전(기원전 390년,)에 갈리아인이 로마 군을 격파한 곳이
제2권 제29장 참조
었다. 이 포진은 지리적으로 유리하여 아군 병사들의 용기를 북돋우고 로마
인의 간담을 서늘케 하는 데에 있었다. 그런데 그들이 취한 이 방법은, 앞에
서 말한 이유로 납득은 간다. 그래도 실상 승패의 결과를 보면 참다운 무용
앞에는 이런 사소한 일 따위는 전혀 문제가 되지 않았음을 알 수 있다.

이 사태에 대해서 역사가는 다음과 같은 말을 전하고 있다. 이것은 로마의
임시 독재 집정관이 기병대의 소대장을 향해 한 말이다. *1

"그들은 보는 바와 같이 지리를 이용하여 아리아 강변에 진을 친 것 같소.
그러나 당신은 무력과 용맹함을 믿고 적진 속으로 쳐들어가시오."

즉 참다운 용맹함, 훌륭한 조직, 수많은 승리를 거두었다는 자신, 이런 것
은 어지간해서는 잃어 버리는 것이 아니며 또 하찮은 공포에 미혹되는 일도
없으므로, 비록 어떤 혼란이 일어나더라도 꿈쩍도 안 하게 된다. 이 사실은
다음과 같은 예에서도 알 수 있다.

집정관이었던 두 사람의 만리우스*2는 볼스키인에 대해 전쟁을 벌였는데,
그때 그들은 일부 부대가 진지를 떠나서 전리품을 약탈하러 갈 것을 허락했
다. 그 결과 진지를 떠난 병사도 남은 병사도 당장에 함께 적의 공격을 받았
다. 여기서 그들 군대가 위기를 벗어날 수 있었던 것은, 두 집정관의 사려
때문이 아니라 병사들의 용맹함 때문이었다. 이 사건에 대해 티투스 리비우
스는 이렇게 말했다(티투스 리비우스,).
《로마사》 VI, 6

"비록 지휘관이 없어도 평소 병사들의 용맹심이 이를 지탱케 했다."

여기서 나는 또 파비우스*3가 취한 방법도 언급하지 않을 수 없다. 그는
새로운 병력을 이끌고 에트루리아에 쳐들어간 적이 있었다. 그는 군대에 자
신감을 갖게 하는 일이, 새로운 땅에서 새로운 적에 대항하기 위해서는 꼭
필요하다고 판단했다. 그래서 자신감을 갖게 하기 위해 병사들을 향해, 전투
에 대하여 미리 다음과 같이 훈시했다.

---

*1 티투스 퀸티우스 킨키나투스가 셈프로니우스 아트라키누스에게 한 말이다. 리투스 리비우스,
《로마사》 VI, 29, 1~2

*2 C. 만리우스와 P. 만리우스를 말함. 단 집정관은 아니며 기원전 379년에 군관이었다. 티투스 리
비우스, 《로마사》 VI, 30

*3 파비우스 막시무스 롤리아누스, 티투스 리비우스, 《로마사》 IX, 37, 6~8

"실은 확실하게 승리를 잡을 수 있는 이유가 여러 가지 있는데, 이야기해도 좋지만 여러분에게 밝혀 버리면 위험하므로 말하지 않기로 한다."

책략도 이만큼 빈틈없이 하면 모범으로 삼을 만할 것이다.

제34장   어떤 평판이나 풍문 또는 여론이 있을 때에 한 시민이 인민의 지지를 받게 되는가, 그리고 인민이나 군주는 행정 장관의 선출에 있어서 정당한 판단을 내릴 수 있는가

티투스 만리우스는 토르쿠아투스라는 통칭을 얻은 사람인데, 그는 이미 말한 것 (제1권 제11장 참조 티투스 리비우스, 《로마사》 Ⅷ, 4~5)처럼, 호민관인 마르쿠스 폼포니우스에게 고발된 아버지 루키우스 만리우스를 구출했다. 비록 그의 구출책 자체는 좀 과격하고 이상하지만 그의 아버지에 대한 효심은 세상 사람들을 감격시켰다. 그로 인해 누구에게도 비난받지 않았고, 비난은커녕 티투스 만리우스는 군단장 선출의 기회에서 만장일치로 부군단장에 추천되었다.

그의 성공에 대해 생각해 보면, 민중이 사람됨을 평가할 때 그 사람의 어떤 태도를 특히 고려하는가를 알 수 있다. 그리고 앞에서 말한 것처럼 민중이 군주 이상으로 어떤 사람에게 명예를 줄 만한 판단력이 있는가의 여부를 알 수 있다.

민중이 어떤 사람에게 명예를 줄 경우, 그 인물이 아직 두드러진 일을 하지 않아서 사람들에게 알려지지 않았을 때는 그에 대한 선입관이나 인물 평 등에서 만들어진 세상의 소문이나 평판을 살펴보기 마련이다. 그런데 소문이라든가 평판은 그 사람의 조상에 의해서 형성되는 수도 있다. 예를 들어, 어떤 사람의 조상이 위대한 인물이고 도시에서도 유력자였다면, 본인이 어떤 실수를 저질러서 보기와는 다르다는 소문만 나지 않으면 그 본인을 조상과 비슷하다고 생각해 버린다.

다음으로, 소문이 본인의 태도에서 생기는 수도 있다. 이런 태도 중에서 최상의 것은, 친구로서 성실하고 품성이 좋으며 누가 보아도 총명하다고 인정되는 사람을 가지는 것이다. 사실 사귀고 있는 친구를 보는 것만큼 인물 평가의 적확한 근거는 없다. 왜냐하면 성실한 친구와 사귀는 사람은 반드시 그 친구와 비슷해지고, 따라서 좋은 평판을 얻기 때문이다. 셋째로 두드러지게 뛰어난 행동에 의해 좋은 평을 얻을 수도 있다. 설사 그 행동이 사적인 목적이더라도 빛나는 효과를 거둔다.

이상의 세 가지의 원인으로 어떤 시민의 평판이 생긴다. 그 중에서도 세 번째 것이 제일 큰 명성을 얻는다. 왜냐하면 첫째의 경우, 조상이나 가문에서 오는 이유는 지극히 믿을 수가 없기 때문에 민중은 인물을 평가함에 있어서 신중해지지 않을 수 없다. 또 그의 역량이 일반적으로 생각했던 것보다 못하다는 것을 알게 되면 당장에 그 평판은 날아가 버린다. 다음으로, 교제하는 사람으로 인물이 평가되는 두 번째의 경우는 첫 번째보다는 낮지만 세 번째 경우에 비교하면 훨씬 못하다. 그 이유는, 이렇게 해서 좋은 평판을 얻어도 그 사람 자신이 남에게 인정된 것은 아니기 때문이다. 즉 간접적인 소문에 의거하고 있다. 더구나 이런 소문은 아주 쉽게 사라지는 성질의 것이다. 이에 비하여 세 번째 경우는, 당신 자신이 행한 행동이나 사실에 의거하고 있으며 또 전면적으로 그것에 입각해 있다.

그러므로 처음부터 위대한 명성을 얻을 수 있다. 더구나 이렇게 쌓은 명성은 그 뒤 그가 어지간히 정반대의 행동을 되풀이하지 않는 한 절대로 사라지지 않는다. 지금 말한 점을 생각해 보고 공화국에 태어난 사람은 꼭 이 세 번째의 방식을 행해야 한다. 뛰어난 활동을 해서 자기 이름을 떨치도록 애써야 한다. 사실 로마의 많은 시민들은 청년 시대에 이런 일을 실천하고 있다. 즉 공공의 이익이 되는 법률을 제정하거나, 혹은 권력자인 한 사람을 법률 위반자로서 탄핵하거나, 혹은 이와 같은 신기한 일을 해서 사람들의 화제에 오를 만한 일을 하고 있다.

이런 행동은 단순히 세상의 평판을 얻기 위해서 필요할 뿐만 아니라 그 평판을 유지해 나가고 더욱 높이기 위해서도 필요하다. 그런데 이것을 효과 있게 만들기 위해서는, 티투스 만리우스가 일생을 통해서 행했던 것처럼 줄곧 새로운 일을 일으켜야 한다. 그는 지극히 거친, 흔하지 않은 방식으로 아버지를 구출하여, 그 행동으로 우선 평판을 세웠다. 몇 년 뒤에는 갈리아인과 싸워 상대를 죽이고, 그래서 금목걸이를 빼앗았다. 그리하여 토르쿠아투스 (Torquatus. 라틴어로 torques는 '목걸이'를 뜻한다)라는 별명을 얻었다. 그것으로도 부족하여 장년의 아들을 죽이고 말았다. 이것은 아들이 적을 무찌르기는 했으나 전쟁을 자기 허락 없이 제마음대로 행했기 때문이다. 이 세 가지 행동으로 그는 더욱 유명해져서 그 뒤 몇 백 년 동안이나 그의 명성은 높아졌다.

그는 다른 로마인이 어떤 승리를 차지하고 개선했을 때보다도 훌륭한 영예로 장식되었다. 그 이유를 설명하기로 한다. 그것은 군사상의 승리라면 지금까지 매우 많은 사람들에 의해 획득되었다. 그러나 이런 색다른 행동이라는 것은 극히 소수의 사람, 아니 티투스 만리우스 이외에는 아무도 하지 못했기 때문이다.

대(大) 스키피오가 그만한 영광에 빛났던 것은 그가 전쟁에서 이겼기 때문이 아니다. 오히려 그가 젊었을 때 티키누스 강변에서 아버지를 구했으며, 칸네 패전 직후 용맹하게도 칼을 휘두르며 로마의 젊은이에게 다음과 같은 서약을 시킨 데에 있었다. 서약이란, 그들 젊은이가 전부터 밀의하고 있었던 것처럼, 절대로 이탈리아를 버리지 않는다는 데에 있었다. 이 두 가지 행위에서 대 스키피오는 명성을 올렸다. 더구나 그 뒤 에스파냐와 아프리카에서의 승전은 그의 평판에 박차를 가했다. 그리고 그가 에스파냐에서 한 사람의 말을 아버지에게로 돌려보내고, 한 사람의 아내를 남편에게 돌려보냈을 때 (제3권 제20장 참조) 그의 명성은 확고부동한 것이 되었다.

이런 행동은 공화국에서 한 시민이 좋은 평판을 얻어서 훌륭한 지위를 구축하는 데 꼭 필요하다. 그와 동시에 군주가 군대에서 명성을 유지하기 위해서도 역시 필요하다. 왜냐하면, 공공의 복지를 위해 유례 없는 실례를 나타내는 일만큼 큰 명성을 올리는 일은 달리 없기 때문이다. 게다가 이런 언동을 보이면, 이 군주는 도량이 넓다느니, 인심이 후하다느니, 정의감이 있다느니 하고 여겨져서 영민들 사이에 속담이나 그 밖의 형식으로 평판이 난다.

여기서 원래 주제의 출발점을 돌이켜 생각해 보기로 하자. 지금까지 말한 세 가지 이유의 어느 것인가에 의해서, 가령 민중이 한 시민을 높은 지위에 앉혔다고 치자. 그렇다면 판단의 기초는 결코 나쁘지 않다. 게다가 곧 이 시민이 훌륭한 모범을 보여서 이름을 더욱 높이면 지극히 견실한 기초에 선 것이 된다. 왜냐하면, 이쯤 되면 민중이 속는 일은 없게 되기 때문이다.

내가 말한 것은 어떤 사람을 처음으로 어떤 직무에 추천할 경우의 일이었다. 바꿔 말하자면 이 인물이 평소의 끊임없는 노력을 통해서 인정되거나 또는 평소와는 정반대의 행동으로 나가기 이전 단계의 일이다. 이에 대해, 지위를 얻고부터는 처음 그 직무에 오를 때보다 여론의 잘못이나 악평의 실수는 훨씬 적다.

그런데 민중은 어떤 인물에 대해 실제보다 훨씬 높이 평가하기 쉽다. 그래서 판단을 그르친다. 그러나 군주에게는 이런 일이 일어나지 않는다. 왜냐하면 군주에게는 상담역이 있어서 여러 가지로 대답해 주거나 귀띔해주기 때문이다. 그런데 민중도 이런 상담역을 가지려고 마음먹으면 못 가질 것도 없다. 그러므로 공화국의 제도를 훌륭하게 수립한 사람들은 다음과 같은 일을 하고 있다. 예를 들어, 만일 도시 국가의 최고 기관에 실력이 없는 자가 선출되었다면 위험하기 이를 데 없을 것이다.

그래서 이런 경우, 실력이 없는 사람이 민중의 인기를 얻기 시작해서 높은 지위에 오를 것같이 되었을 때, 그들은 이 사람의 결점을 공식 회의 자리에서 누군가에게 발표시키기로 했다.

더구나 발표를 명예로운 행위로서 존중했다. 즉 이로써 이 인물에 대한 지식을 충분히 민중들에게 전해서, 민중의 판단이 틀리지 않게 하려고 했다.

사실 이것은 로마에서 늘 행해졌던 일이다. 파비우스 막시무스가 제2차 포에니 전쟁 때 민중들 앞에서 대연설을 했는데, 이 연설이 그 명확한 증거다. 그것은 집정관 선거에서 티투스 옥타키리우스가 인기를 얻어 그가 선출될 것 같은 기미가 보였다. 이에 대해 파비우스는, 비상 사태에 있어서 집정관 임무를 수행하는 데는 이 사람의 실력을 가지고는 도저히 힘들 것이라고 생각하고, 공공연히 그의 무력함에 대해 비난의 연설을 했다. 그래서 옥타키리우스를 물리치고 그 이상의 적임자에게 민중들의 인기를 전환시켰다(티투스 리비우스, 《로마사》 XXⅦ, 8).

이렇게 민중도 고급 관리의 선출에 있어서는 사람의 진실성을 파악할 수 있는 증거를 근거로 하여 정확한 판단을 내릴 수 있다. 따라서 민중도 군주처럼 이런 상담역을 가질 때는 군주보다 훨씬 판단의 그릇됨이 적어진다. 반대의 입장에서 시민의 누군가가 민중의 인기를 얻고자 하면, 예를 들어 티투스 만리우스처럼 뭔가 사람의 눈에 띄는 사실을 스스로 나타내야 한다.

제35장 솔선해서 새로운 계획을 제안할 경우의 위험 및 계획의 중요성에 따라 위험이 증대하는 일에 대하여

많은 사람들에게 영향을 미칠 만한 새로운 계획에 앞장서는 사람에게는 얼마나 위험이 따르는지 모른다. 또 이런 계획을 추진하고 완성시키고 유지해 나가는 것의 어려움은 말할 수 없을 정도이다.

이 문제는 너무나 폭이 넓고 그 내용도 복잡하므로 다루기가 쉽지 않다. 따라서 나는, 여기서는 문제를 다루기 쉬운 범위로 줄일까 한다. 즉 내가 대상으로 하는 것은, 공화국의 시민이나 군주의 위정(爲政)에 참여하는 사람들이 솔선해서 중대하고 중요한 건의를 내놓을 때에, 그 모든 책임을 한 몸에 짊어져야 한다는 위험에 대해서이다. 대체로 사람이란 결과로 일의 되고 못 됨을 판단하는 것이어서 결과가 나쁘면 그들에게 모든 책임이 돌려지게 된다. 비록 그 결과가 좋아서 칭찬의 대상이 되는 일이 있더라도, 얻는 바는 적고 잃는 바가 많은 것이 보통이다.

터키에서 온 사람들의 말에 따르면, '위대한 터키 왕'이라 불리는 현재의 황제인 셀림은 시리아와 이집트에 싸움을 걸 준비를 하고 있었다. 그런데 페르시아와의 국경을 수비하고 있던 어느 대관이 페르시아의 소피아로 진격하라고 황제를 격려했다. 이 진언에 마음이 움직여진 황제는 많은 대군을 파견해서 이 대작전($^{1514년\sim1516}_{년의 원정}$)을 수행하려고 했다.

막막한 사막이라 물도 제대로 없는 끝없이 넓은 지방에 당도했는데, 이야말로 지난날의 로마 군을 괴멸로 이끌었던 것과 똑같은 무서운 환경임에 틀림없었다. 즉 황제의 군대는 역병과 굶주림에 시달려, 전투 자체는 우위에 있었지만 병사의 태반을 잃었던 것이다. 이에 격노한 황제는 원정 계획을 건의한 대관을 죽였다.

역사의 가르침에 의하면, 어떤 사업을 발안했던 시민이, 그 계획의 결말이 잘못되었다는 책임을 견책받고 추방당했다는 예는 얼마든지 많다. 한 예를 들기로 한다. 로마 시민 중의 한 유지가 로마 평민 출신의 집정관을 세우려고 앞장선 일이 있었다. 그런데 이 초대 평민 출신 집정관*은 출진해서 패배하고 말았다. 이 계획에 찬성했던 당파의 힘이 그토록 강하지 않았더라면 당연히 이를 주장했던 이들은 당치도 않은 변을 당했을 것이 틀림없다.

공화국에 대해, 또는 군주에 대해 의견을 낱낱이 보고하는 사람은 반드시 다음과 같은 곤란한 중간 입장에 빠지게 되는 법이다. 즉 그들이 자기 조국에나 군주에게 유익하다는 것을 알면서도 일부러 이것을 건의하기를 꺼릴 경우 자기의 직책을 다하고 있지 않는 것이 된다. 한편 감히 의견을 말할 경

---

*루키니우스 섹스티우스를 말함. 기원전 367년, 그는 처음으로 평민 출신의 집정관이 되었다.

우에는 자기의 지위나 생명을 위험 앞에 드러내는 일이 된다. 그 이유는 사람이란 모두 장님이나 마찬가지여서 결과를 보고 그 의견의 선악을 판단하려 하기 때문이다.

의견을 낱낱이 보고한 나머지 불명예나 위험이 그 몸에 닥치게 되는 것을 피하려면 다음과 같은 방법을 취하는 수밖에 없다. 즉 일에 대처할 경우 공정한 태도를 취하도록 힘쓰며, 자기 의견을 억지로 고집하는 일이 있어서는 안 된다. 또 자기 의견을 주장할 경우라도 감정에 사로잡혀서 발언하지 말고 온화한 말투로 설득하도록 노력해야 한다. 그리고 도시나 군주를 자기 의견에 따르도록 함에 있어서도, 그들이 자진해서 이쪽 의견에 따르게 된 것이지 집요한 설득에 굴한 것이 아니라는 인상을 일반 사람들에게 주도록 신경 써야 한다.

이런 수순으로 일을 추진해 나가면, 이 진언이 여론의 반대를 무릅쓰고 강행된 것이 아닌 이상 군주로서도 공화국으로서도 이에 대해 트집을 잡는 것은 말이 되지 않는다. 많은 사람들이 그 제안에 반대하고 있을 경우에는 위험이 따르기 때문이다. 이런 경우 결과가 실패로 끝나면 사람들은 그 주창자를 파멸시켜 버리는 법이다.

이와 같은 부드럽고 온화한 설득 방법을 사용할 경우는, 여론의 반대를 받으면서도 하나의 계획을 단호히 제안하여 그것이 좋은 결과로 이른 경우에 비교해서 아주 작은 영예밖에 얻지 못한다고는 하나, 다음의 두 가지 이점은 충분히 이것을 보충할 만한 것이다. 그 이점의 첫째로 꼽을 수 있는 것은 위험의 염려가 없다는 것이다. 그리고 둘째는 다음과 같은 점을 생각할 수 있다. 즉 온화한 태도로 자기 의견을 말한 나머지 그 제안이 채용되지 않고 다른 사람의 제안이 통과되어 버릴 경우라도, 만일 다른 사람의 제안의 결과가 실패로 끝나는 날에는 반대로 더욱 이쪽의 면목이 서게 된다는 것이다.

하기야 자기의 도시나 군주가 타격을 받고 괴로워하고 있는데, 반대로 자기 일신만 영예로 빛나서는 별로 마음이 개운할 것도 못 되지만, 그래도 이런 이익도 충분히 계산에 넣어 두어야 할 것이다.

따라서 이 점에 대해서는 나는 지금까지 말해 온 방법보다 더 좋은 것은 달리 없다고 믿고 있다. 그 공화국이나 군주에게 아무리 보아도 좋지 못한 상황을 짐작하고 있으면서도 입을 봉하고 충고하지 않는다고 해서 결코 위험에서 벗어나지는 못한다. 왜냐하면 머지않아 그 태도는 의혹의 눈으로 보여지게 되기 때문이다. 즉 마케도니아 왕인 페르세우스의 친구들에게 닥쳤던 일과 같은 결과가 된다.

페르세우스는 파울루스 아에밀리우스 때문에 패전을 당하고 소수의 심복인 친구들과 함께 패주 도중 지금까지의 경위를 말했는데, 이에 대해 친구 하나가 왕이 저지른 많은 실수를 들어 이것이 바로 이번 패전의 원인이라고 책망했다. 이 말을 들은 페르세우스는 그 사람을 향해

"이 배반자야, 그런 충고를 해야 할 때에 말하지 않고 아무 수단이 없어지게 될 때까지 잠자코 있다니 이게 무슨 짓인가."

말하기가 무섭게 직접 그 사람을 죽여 버렸다. 이 사람이 살해된 것은, 말해야 할 때에 하지 않고 반대로 잠자코 있어야 할 때에 지껄인 것의 당연한 보복에 지나지 않는다. 즉 충고해야 할 일을 모르는 척하고 있었기 때문에 위험을 초래하고 만 좋은 예이다. 그렇기 때문에 내가 앞에서 권장해 둔 방식을 지켜서 이를 벗어나는 일이 없도록 명심해야 한다.

제36장 갈리아인은 전쟁시 처음에는 대단히 남성적인데 나중에는 매우 여성적이 되며, 지금도 그런 것은 무엇 때문인가

갈리아인은 용감하게도 아니오 강변에서 로마인에게 일 대 일의 결투로 도전했는데, 여기서 티투스 만리우스가 이에 응수하여 갈리아인과 격투를 하기에 이르렀다(제3권 제22장, 제34장 참조). 나는 이에 관련해서 티투스 리비우스가 말하고 있는 다음의 말(티투스 리비우스, 《로마사》 X, 28, 4.)을 상기하지 않을 수 없다.

"갈리아인은 서전에서는 대단히 남성적인데, 싸움이 길어질수록 여성보다도 못하게 되어 버린다."

이런 견해가 어디에서 생기는가를 생각할 경우, 많은 사람들의 의견은 갈리아인 본래의 성격이 그렇게 만든다고 믿고 있다. 나도 그 의견은 옳다고 생각한다. 그렇다고 해서 갈리아인이 전쟁시 처음에 용감한 성격을 단련 방법에 따라 잘 이끌어서 그것을 싸움이 끝날 때까지 지속시킨다는 것은 결코 불가능한 일이 아니다. 이 점을 실증하기 위해 나는 군대에는 세 종류가 있다는 것을 지적해 두고자 한다.

첫째는, 용감하고도 규율이 엄정한 군대이다. 즉, 엄정한 규율로부터 아주

용맹한 기풍이 생긴다. 이에 대한 좋은 예는 로마 군에서 볼 수 있다. 어느 역사를 들추어 보더라도 로마의 군대는 훌륭한 군규율을 유지하고 있었음이 인정된다. 이것도 장기간에 걸친 군사 훈련의 소산임이 틀림없다. 이렇게 말하는 것은, 군규율이 엄정해 그 누구를 막론하고 규칙을 무시하고는 아무 일도 할 수 없었기 때문이다. 실로 이 규칙 엄수는 로마 군대 속에서 볼 수 있는 특징이다. 이로 말미암아 그들은 전 세계를 정복했고 이것은 모든 다른 군대에 거울이 될 만한 것이다. 즉 로마 군은 전시와 평시의 구별 없이 집정관의 명령이 없으면 식사도 하지 않고 잠도 자려 하지 않았다. 더구나 외도를 한다든가 그 밖의 행동은 절대로 삼갔다.

이런 로마 군 같은 규율을 지켜 내지 못하는 군대라면 그건 군대라고 부를 가치도 없다. 가령 이런 군대가 어떤 활약을 했다고 하더라도 그건 덮어놓고 한 공격이 우연히 효과를 냈을 뿐이지, 결코 본래 갖추어진 역량 때문이 아니다. 하지만 연마된 역량이 그때의 정세에 적합하도록 용기를 내어서 임할 경우, 아무리 어려운 사태에 직면하더라도 굴하는 일은 없다. 또 전의를 잃어버리는 일도 없다. 실로 연마된 군대는 전의를 고양시키고 전투 정신을 분기시켜서 필승의 신념을 심기 때문이다. 이런 신념이란 군율이 엄정하게 유지되고 있는 한 결코 없어지지 않는다.

이와는 반대로, 갈리아 군의 경우처럼 만용은 있으나 군규율이 어지러운 군대에서는 반대의 결과가 초래된다. 실제로 그들은 결전에 임하여 패배당하고 말았다. 그 까닭은 전쟁 처음에 승리를 얻지 못하자, 그들이 의지하고 있는 만용은 단련된 역량의 뒷받침이 없는 데다가, 그 밖에는 이렇다 할 확신의 근거가 될 만한 것을 못 가졌던만큼 나약하게도 괴멸하고 말았던 것이다.

이와 반대로 로마 군은, 충분한 군규율이 뒷받침되기 때문에 어떤 어려운 사태에 직면해도 당황하지 않고, 필승을 믿으며 처음과 변함 없는 사기와 힘을 싸움이 끝날 때까지 그대로 지속해서 완강하고 끈질기게 싸워 냈다. 그뿐 아니라, 싸움이 치열해질수록 그들의 전의는 더욱 불타올랐다.

군대 중에서 셋째 부류에 속하는 것은 본래부터 전의도 없고 군규율도 주어져 있지 않은 군대를 가리킨다. 현대의 이탈리아 각국의 군대가 이에 해당한다. 그들이야말로 싸움에는 아무 소용도 없는 오합지졸이다. 그러므로 어떤 뜻밖의 사건으로 인해서 달아나는 적과 마주치지 않는 한 절대로 승리를 얻을 수 없는 군대이다. 우리는 매일같이 이런 사람들의 투혼 부족을 싫도록 보고 있으므로 여기서 새삼스레 그 실례를 설명할 필요도 없다고 생각한다.

티투스 리비우스에 의하면, 누구나, 우수한 군대는 어떻게 해서 만들어지는가, 어떻게 하면 쓸모 없는 군대가 만들어지는가를 이해할 수 있을 것이다. 이 점에 대해서 나는 임시 독재 집정관인 파필리우스 쿠르소르 $\binom{\text{제1권 제31장, 제2권}}{\text{제2장, 제3권 제1장 참조}}$ 의 말을 인용하기로 한다. 다음은 쿠르소르가 기사장인 파비우스를 처벌하려고 한 말이다 $\binom{\text{티투스 리비우스,}}{\text{《로마사》 Ⅷ, 34, 8~10}}$.

"누구 한 사람, 인간에게도 신에게도 경의를 표하려 하지 않는다. 또 군의 포고에도 복종하지 않고 새점도 믿지 않는다. 보급을 받지 못한 병사는 적의 영내, 아군의 영내 할 것 없이 어정거리며 헤맬 따름이다. 복종의 서약 같은 것은 아랑곳없이 자기가 편리한 측에 투신해 버린다. 각지에서 난동을 부리고 명령이 내려도 도무지 집합하지 않고 순찰도 나가려 하지 않는다. 밤이면 더더구나 심하다. 지형 같은 것은 아랑곳없이 지휘관의 명령 따위는 무시하고 싸운다. 규율이고 계급이고 아무것도 없다. 병사들은 마치 도둑 떼처럼 생각도 없이 닥치는 대로 떼를 짓는다. 그래서 훈련이 철저한 엄격한 군단은 그 모습을 감추고 말았다."

이 문장을 읽으면, 현대의 이탈리아의 군대가 사려도 없이 닥치는 대로 떼를 짓는 것인지 아니면 신성한 위엄을 갖추고 있는 것인지는 쉽게 판단이 갈 것이다. 그리고 이탈리아 군은 군대라 불리는 것과는 거리가 멀어서, 로마 군같이 용맹심을 발휘하고 규율을 갖춘 군대에는 발끝에도 따라가지 못하며 겨우 갈리아 군 같은 만용만을 지녔을 따름이라는 것을 알게 된다.

제37장 결전 전에 전초전은 필요한가 아닌가, 전초전을 하지 않을 경우, 어떻게 해서 처음 부딪치는 적에 대해 지식을 얻어야 하나

내가 다른 대목에서 이미 논해 둔 것같이 사람이 일에 임하는 경우, 그것을 달성하기까지의 여러 가지 어려움은 고사하고라도, 매번 당하는 일이라고 하면 아무리 좋은 일에도 반드시 좋지 못한 일이 따르기 마련이다. 이 단점은 장점과 매우 굳게 결부되어 있기 때문에 단점까지도 받아들이지 않는 한 성공을 기대하기란 어려운 법이다. 더구나 이 경향은 사람이 하는 일이라면 무슨 일에든 따라다닌다. 따라서 좋은 운의 도움으로 그 좋지 못한 점을 끊어 버리지 않는 한, 성공을 손에 넣기 위해서는 상당한 어려움을 겪지 않으면 안 된다.

이 점으로부터 마음에 떠오르는 것은 만리우스와 갈리아인의 결투이다. 이 점에 대해서 티투스 리비우스는 다음과 같이 말했다(티투스 리비우스, 《로마사》 Ⅶ, 11, 1).

"이 승부의 결말은 모든 국면에 중대한 영향을 초래했다. 즉 갈리아 군은 쩔쩔매며 진지로 철수하여 티브르티움(현재의 티볼리) 근교를 거쳐서 캄파니아로 후퇴했다."

이 실례에서 생각할 수 있는 한 가지는 사려 분별이 풍부한 장군이라면 아군에 좋지 못한 영향을 끼칠 염려가 있는 일은 아무리 사소한 일이라도 이를 단연코 행하지 않아야 한다는 점이다. 이를테면 적과 결전하는 마당에서 전력을 투입하지 않고 싸우고서도 이에 모든 운명을 거는 것은, 교통의 요충에만 경계를 한다는 것에 대해 내가 비판해 둔 것(제1권 제23장 참조)과 마찬가지로 경솔하기 짝이 없다는 비난을 면치 못하기 때문이다.

또 한 가지 생각할 수 있는 것은 다음과 같은 점이다. 즉 명장이라면, 전혀 처음 만나는 상대로서 특히 평판이 높은 적과 대전해야 할 때는, 결전을 벌이기 전에 가벼운 싸움을 해서 부하에게 그 적의 힘을 시험할 기회를 줄 필요가 있다는 점이다. 이런 전초전에 의해 적의 실력을 알고 상대를 어떻게 다루면 되는가를 알아 두면, 적의 명성에 질린 아군의 공포심을 해소시킬 수도 있다.

이 점이 장군에게는 가장 중요한 일이다. 즉 장군이 처음에 약간의 전초전을 해서 적의 명성 때문에 자기 부하들의 마음을 누르고 있는 공포심을 제거해 주지 않으면 전쟁을 해도 진다는 것을 알고 전장에 임해야 된다.

로마인에게 파견된 발레리우스 코르비누스는 군을 이끌고 처음 만나는 삼니움인과 싸웠다. 이 점에 대해서 티투스 리비우스는, 발레리우스는 로마 군에게 여러 번 삼니움인과 작은 싸움을 시켰다고 말했다. 즉 '새로운 전쟁과 처음 부딪치는 적에게 절대로 놀라는 일이 없도록(티투스 리비우스 《로마사》 Ⅶ, 32, 5.)' 전초전이 필요했던 것이다.

이렇게 말은 했지만 실상 앞에서 말한 전초전의 사용법이란 위험하기 이를 데 없다. 왜냐하면 부하 병사들이 그 작은 싸움에서 패배했을 경우, 병사들의 공포심과 열등감을 더욱 조장하게 되어서 장군이 의도했던 것과는 전혀 반대의 결말이 되기 때문이다. 즉 부하에게 안심을 주기는커녕 도리어 겁을 먹게 만들어 버리는 것이 된다. 따라서 전초전이라는 문제는 단점과 장점이 등을 지고 바싹 달라붙어 있기 때문에, 그 중 좋은 점만 잡으려고 해도 그것에 따라 좋지 못한 점까지 따라오기 쉬운 것이라는 일반적인 경향의 하나에 해당된다.

이 점에 대해서 나는 다음과 같은 의견을 가지고 있다. 즉 우수한 장군은 배려에 배려를 거듭해서, 자기의 군대가 자신을 잃어버릴 만한 사건은 절대 일으키지 않도록 몸을 삼가야 한다는 점이다. 부하들의 전의를 상실시킬 만한 일이 있다가는 그때는 진 거나 마찬가지이다. 그러므로 설사 아무리 소규모의 충돌이라도 이를 피해야 한다. 그리고 매우 큰 이득이 있다든가, 절대로 이길 수 있다는 예상이 없는 한 결코 전초전 따위를 벌여서는 안 된다.

그리고 모든 군을 그곳에 집결할 수 없는 좁은 통로를 근거로 해서 방비를 굳히는 일도 삼가야 한다. 그 지점이 탈취되면 필연적으로 국가의 멸망과 결부되는 일이 없는 한, 굳이 특정한 지점만을 지키는 일이 있어서는 안 된다.

한편 방비를 굳히기 위해서는 다음과 같은 점에 신경 써야 한다. 즉 포위를 당했을 때는 모든 군으로써 그 공격에 대처할 수 있도록 수비군이나 군대를 배치해야 한다. 그리고 그 이외의 장소는 무방비 상태로 방치해 두는 것이 좋다. 그 이유는, 이쪽에서 버리려 드는 것을 빼앗겨 봤자 그 군대만 여전히 건재하다면 군사적 위신을 손상하는 일은 되지 않기 때문이다. 또 전쟁국면에 있어서의 장래에 조금의 불안도 주는 일이 되지 않기 때문이다. 그런데 여러분이 지켜 내려고 작정하고 있었고 다른 사람들도 여러분이 지켜내리라고 믿고 있던 것을 잃기라도 하는 날에는 여러분은 실로 커다란 손실과 깊은 타격을 받게 될 것이다. 갈리아인의 실례(한 사람의 전사가 지는 바람에 전 갈리아 군이 패주했던 일. 제3권 제36장 참조)가 보여 주는 것처럼 사소한 실수가 원인이 되어 결국 전쟁에 지고 말 것이다.

페르세우스의 아버지, 마케도니아의 필립포스는 당시 일류 군인이었다. 이 나라가 로마의 침략을 당했을 때 도저히 마케도니아 모든 지역을 지켜낼 수는 없다는 것을 판단하고, 그 일부를 포기하여 난동을 당하는 대로 내버려 두었다. 지켜내려던 것을 지켜내지 못했을 경우는, 일부러 적을 낚기 위한 미끼로서 버려 두었던 것을 예정대로 빼앗겼을 때에 비해 그 체면을 전적으로 잃게 되는 것임을 판단했기 때문이다〈^{티투스 리비우스,}_{로마사〉 XXXII, 13}〉.

이와 똑같은 일이, 로마가 칸네에서 패배한 뒤에 있었다. 로마는 모든 상황이 최악의 정세에 빠졌을 때 많은 동맹국이나 속국으로부터의 원군의 의뢰를 거부하고 각기 나라에 각자가 전력해서 제 자신의 나라를 지키라고 명했다〈^{티투스 리비우스,}_{로마사〉 XXII, 5}〉.

이 방법은 모두를 방어하려다가 결국은 손이 미치지 않아 실패하고 마는 일에 비하면 얼마나 상책인지 모른다. 로마가 그 지배하의 여러 나라로부터의 원조 요청을 거부하면 잃는 것은 그 우호국뿐이다. 그런데 일단 방어를 맡았다가 이에 실패하면 이들 우호국뿐만 아니라 로마 자신의 힘까지도 잃게 된다.

다시 작은 문제로 화제를 돌리기로 하겠다. 내가 확신하는 바에 의하면, 한 장군이 처음 만난 적과 아무래도 싸워야 할 경우 그가 착안해야 할 점은, 그 전쟁에 의해 큰 이익을 올릴 수 있는지 또 질 염려가 없는지의 문제를 생각하는 것이다.

그렇지 않으면 마리우스가 킴브리인과 대치했을 때와 같은 방법을 택하면 된다. 이 방법이야말로 무엇보다 나은 것이라 할 수 있다. 이 야만스럽기 이를 데 없는 킴브리인은 이탈리아를 강제로 빼앗기 위해 습격해 왔다. 그들은 그 흉포함과 압도적인 병사로 온 로마를 공포의 도가니 속으로 몰아넣었다. 그때까지 이미 로마 군은 참패를 겪고 있었다. 그래서 마리우스는 다음과 같은 방법을 취해야겠다고 판단했다. 즉 전초전에서 적을 살피기 전에 로마 군대로부터 킴브리 군에 대한 공포심을 제거하기 위해 어떤 수단을 써야겠다고 생각했다. 그래서 지혜로운 장군답게 그는 킴브리 군이 통과할 듯한 장소를 택하고 그곳에다 로마 군을 여러 곳에 배치해 두었다. 이리하여 그 진지 뒤에 숨어서 킴브리 군의 모습을 직접 보게 해서 이에 익숙하게 만들고자 했던 것이다. 이윽고 로마병의 눈에 비친 것은, 제대로 쓸모도 없는 무기를 멘 자가 있는가 하면, 맨손으로 가는 자도 섞여 있는 등 질서고 뭐고 아무것도 없이 서로 떼밀어가며 행군하는 대군의 모습이었다. 마리우스는 이런 광경을 로마병에게 보인 뒤에 그들로 하여금 자신을 갖게 하여 자진해서 싸움에 임할 마음을 갖게 하려 했다.

마리우스가 사용한 이런 방법은, 이미 말한 것 같은 위험을 피하고자 하는 사람들이 거울로 삼아야 할 것이다. 그리고 갈리아인처럼 사소한 일에 겁을 먹고 티브르티움 근교를 거쳐서 캄파니아로 퇴각한 그 면목 없었던 일을 범하고 싶지 않는 사람도 마리우스의 방식을 모범으로 삼아야 할 것이다.

이 장에서는 발레리우스 코르비누스에 대해 말했으므로 다음 장에서는 같은 코르비누스의 말을 인용해서 장군 되는 자의 마음가짐을 살펴볼까 한다.

제38장 부하의 신뢰를 한 몸에 모으는 장군은 어떤 자질을 가지고 있는가

앞에서 말한 것(제3권 제22장,
제37장 참조)처럼 발레리우스 코르비누스는 군을 이끌고 삼니움인과 싸운 적이 있었다. 이 삼니움 군은 로마 인민으로서는 처음 만나는 상대였다. 그래서 그는 자기 부하에게 자신도 갖게 할 겸, 적에게도 익숙하게 만들어 두기 위해 자기 군대에다 작은 싸움을 몇 군데 붙여 보았다. 하지만 그것만으로는 충분치 않다고 생각하고 그는 전투에 임하기 전에 부하들에게 연설을 했다. 그래서 부하 장병뿐만 아니라 자기 자신의 감투 정신을 북돋우면서 지금 상대하고 있는 적이 얼마나 하찮은 것인가를 열심히 설명했다.

티투스 리비우스가 코르비누스의 입을 빌려서 한 말(티투스 리비우스,
《로마사》 Ⅶ, 32, 10~13)을 보더라도 부하 장병으로부터 신뢰받을 만한 장군은 어떻게 몸을 처신해야 하는가를 알 수 있다. 그 말이란 다음과 같다.

"그렇다면 제군은 대체 누구의 지휘 아래, 또 어떤 신의 인도로 결전에 임하려 하는가를 생각해 보라. 제군이 그 명령을 받고 있는 지휘관이, 공연한 설교를 하는 사람에 지나지 않아 쓸데없이 무서운 말만 할 뿐인가, 또는 그 지휘관 스스로가 창술에 능해 깃발 앞에 서서 돌격하며 저편과 이편이 뒤섞인 혼전 속으로 뛰어드는 참다운 군인인가를 생각해 보도록 하라. 내 말에 따르는 것이 아니라 나의 행동에 따라 주기를 바란다. 나의 명령에 따를 뿐만 아니라, 스스로의 오른팔에 의해 세 번이나 집정관의 지위에 올라 최고의 영예에 빛난 나를 모범으로 삼아 주기 바란다."

위의 말을 충분히 음미하는 사람들은 장군의 지위를 유지해 가려면 어떤 행동을 취해야 하는가를 납득할 수 있을 것이다. 또 그 행동에 위배되는 일이 있더라도, 그 장군의 지위가 운이 좋거나 야심으로 손에 넣은 것일 경우는 더욱, 시간이 흐름에 따라 그 지위를 유지하고 있을 수 없게 되어서 명성을 떨치기는커녕 그럴 형편이 아니게 된다는 것을 깨닫게 될 것이다. 직함이 사람을 빛내는 것이 아니라 사람이 직함을 빛나게 하기 때문이다.

여기서 이 장의 시작으로 되돌아가서 다음과 같은 문제를 생각해 보자. 즉 위대한 장군이 처음 만나는 적과 싸울 때, 능숙한 군대라도 그 사기를 높이기 위해서는 뜻밖의 방법을 사용하는 배려가 필요하다. 더구나 한번도 적과 싸워 본 적이 없는 새로 편성된 군대를 지휘할 경우, 지나치다 싶을 정도로 배려해야 할 것이다. 이제까지 한 번도 맞닥뜨려 본 적이 없는 적군에 대해서는 아무리 잘 연마된 군대라 할지라도 겁을 먹기 일쑤이다. 더구나 새로 편성된 군대는 어떤 적을 보아도 겁을 먹게 된다.

그렇지만 이런 어려움도 로마의 그라쿠스(^{군주론} 제9장 참조)나 테베의 에파미논다스 (^{제1권 제17장 참조}) 같은 명장의 배려에 의해 여러 차례에 걸쳐서 극복되었다. 이 두 사람의 위대한 업적은 이미 언급해 두었다. 그들은 전혀 전쟁 경험이 없는 군대로써 아주 잘 연마된 군대를 격파했다. 그들이 취한 방법은 다음과 같은 것이었다. 즉 여러 달에 걸친 모의전을 통해서 훈련하고, 명령에 따르고, 규율을 존중하는 습관을 길렀다. 그리고 이것에서 얻은 체험을 바탕으로 하여 실전에 임하는 확고한 자신을 심었던 것이다.

따라서 군인은, 좋은 부하가 없다 해서 정예 부대를 키울 수 없다고 단정해 버릴 것까지는 없다. 국내에 많은 인구를 가지고 있으면서도 군대가 부족한 군주는 국민의 패기 없음을 한탄하기에 앞서 군주 자신의 태만과 통찰력 부족을 한탄해야 한다.

제39장 지휘를 하는 장군은 지형을 잘 알고 있어야 한다

여러 가지 일 중에서도 지휘를 맡아보는 장군에게 특히 요구되는 것은, 지형이나 지리를 알아 두어야 한다는 일이다. 그 이유는, 대국적이면서도 세부에 걸친 지식을 갖고 있지 않으면 지휘관은 어떤 작전도 실시할 수 없기 때문이다. 모든 기술이란 훈련을 거듭하고서야 비로소 완전하게 그것을 내 것으로 만들 수 있다.

따라서 이런 경우, 지형을 충분히 알기 위해서는 상당한 훈련을 해야 한다. 그러면 어떻게 해서 이를 습득하면 좋은가, 또한 이런 특수한 지식을 어떻게 해서 몸에 익히면 좋은가. 이를 위해서는 다른 어떤 연습 방법보다도 수렵을 통해서 지형에 대한 지식을 알아 두는 것이 가장 좋은 방법이다. 따라서 고대의 저술가들은 그 당시 세상을 정복하고 있던 영웅들에 대해 이렇게 말했다.

"그들 영웅들은 숲 속에서 수렵을 즐기며 자랐다."

수렵에 의해 그 지방의 지형을 세밀하게 알 수 있게 되는 동시에 수렵은 전쟁에 필요한 그 밖의 많은 지식과 기술을 부여해 주기 때문이다.

크세노폰은 그의 저서 《키루스전》($\text{크세노폰}^{(Cirope}_{\text{dia II}),\ 4,\ 22\sim29)}$에서 키루스가 아르메니아 왕을 공격했을 때의 일을 다루고 있다.

키루스는 부하들에게 수렵이 갖는 역할을 상기시키고, 이번 싸움도 이제까지 여러 번 해 온 것처럼 수렵의 하나에 지나지 않는다고 말했던 것을 크세노폰은 기록하고 있다. 그뿐만 아니라 키루스는, 군대를 산에 잠복시켜 상대를 기다리게 하는 작전은 마치 사냥에서 덫을 놓고 짐승을 기다리는 것과 같고, 전쟁에서 들판을 달리는 것은 잠자리에서 짐승을 몰아내어 쳐놓은 망 쪽으로 모는 작업과 같다고 설명했다는 것도 기록되어 있다.

지금 말한 것은 크세노폰이 설명하는 바에 따라 수렵도 전쟁의 한 투영이라는 의견을 나타내기 위한 것이다. 그래서 걸출한 인물은 수렵을 통해서 그 군대의 명성을 높이고 충분한 위력을 발휘할 수 있는 존재로 만들었다. 사실 한 지방의 지형을 훤히 알기 위해서는 수렵이라는 방법을 빼고는 달리 이렇다 할 편법이 없다. 사냥을 하면 사냥했던 장소를 샅샅이 알 수 있게 되기 때문이다.

그래서 한 지방의 지리를 훤히 알게 되면, 어떤 새로운 지방에 가더라도 그 지세를 쉽게 알 수 있게 된다. 어느 나라든 각 부분은 어딘지 유사성이 있기 때문이다.

따라서 한 고장의 지형을 잘 알아 두면 그 밖의 지방에 대해서도 이를 쉽게 추측할 수 있게 된다. 그러나 한 고장에 대한 것도 제대로 모르는 자는 다른 고장의 지형을 유추하기란 어려울 뿐만 아니라 아무리 시간이 걸려도 짐작하지 못하는 법이다.

그렇지만 한 지방의 지형을 습득한 사람은 슬쩍 보기만 해도 들판이 어떻게 펼쳐져 있는가, 산은 어떻게 솟아 있는가, 그 산에는 어떤 골짜기가 있는가를 간파해 버린다. 그 밖에 이와 비슷한 여러 가지 일도, 그 사람이 이전에 명확한 형태로 포착하고 있는 하나의 지식에서 유추하여 금방 알아낸다.

이 점에 대하여 티투스 리비우스가 보여 준 푸블리우스 데키우스*의 예를 드는 것이 적절하리라 생각한다. 집정관 코르넬리우스가 삼니움인과 싸웠을 때의 일이다. 데키우스는 부대의 대장을 맡아 보고 있었다. 집정관은 한 골짜기로 로마 군을 끌어들였다. 그러나 그들은 삼니움 군에게 포위될 염려가 있었다. 사태가 위험함을 알아차린 데키우스는 집정관에게 이렇게 말했다.

"아울루스 코르넬리우스 각하, 적군의 머리 위에 솟은 고지를 보십시오. 다행히 적은 아직 저 중요성을 모르고 있습니다. 그러니 과감하게 저 지점만 점령해 버리면 이처럼 의지되는 안전한 장소는 없을 것입니다."

데키우스의 이 말을 소개하기 전에 티투스 리비우스는 다음과 같이 말했다(티투스 리비우스 《로마사》 Ⅶ, 34, 3~5).

"대장 푸블리우스 데키우스는 좁다란 길 끝에 솟은 고지를 보았다. 이 지점은 적진을 들여다보는 것 같은 꼴로 되어 있다. 그곳은 짐을 가진 군대는 오르지 못하나 홀가분한 옷차림의 병사라면 별 고생 없이 오를 수 있을 것 같았다."

그래서 집정관은 데키우스에게 3천 명의 장병을 주어서 이 고지를 점거하게 했다. 그는 로마 군을 위험에서 구했다. 게다가 밤을 틈타 그 지점에서 벗어나 자기와 3천의 부하를 구하려고 마음먹었다. 이리하여 티투스 리비우스는 데키우스의 입을 빌려 부하에게 말하게 하고 있다(티투스 리비우스, 《로마사》 Ⅶ, 34, 14~15).

"나를 따르라. 해가 지기 전에 어느 지점에 적이 정비병을 배치하고 있는가, 우리는 어떻게 하면 여기를 탈출할 수 있는가를 이 눈으로 똑똑히 찾아 두어야 한다."

그래서 적병에게 장군 스스로가 정찰을 나가 있음을 눈치 채지 않도록 일반 병사의 군복을 입고 적의 상황을 상세히 관찰한 것이다.

이 문장을 주의해서 읽으면, 한 사람의 장군이 그 지방의 지세를 알아 두는 것이 얼마나 유효하고 필요한 일인가에 생각이 미치게 될 것이다. 왜냐하면, 만약 데키우스가 그 지형에 대해 아무것도 몰랐다고 하면, 로마 군에게

---

*기원전 340년의 집정관. 라티움인과의 전쟁에서 스스로 희생되었다. 제3권 제45장에 등장하는 같은 이름의 데키우스는 이 사람의 아들이다.

그 고지를 점거시키는 것이 얼마나 유리한가를 판단하지 못했을 것이기 때문이다. 또는 먼 곳에서 그 고지로 갈 수 있는지의 여부도 몰랐을 게 틀림없기 때문이다.

그래서 데키우스가 고지의 꼭대기를 점령한 뒤 다시 집정관의 본대에 합류하기 위해 철수하려 했을 때, 주위가 모두 적에게 포위되고 말았으므로 어느 곳이 적에게 제압되어 버렸는지, 어느 길을 택하면 안전하게 탈출할 수 있는지조차도 짐작하지 못 했을 게 틀림없다. 그런데 데키우스는 그 지형에 대한 완전한 지식을 갖추고 있었기 때문에 이런 점에서는 아무 문제도 없었다. 즉 그 고지를 점거해서 로마 군을 구할 수 있었고, 포위당했으면서도 제 자신과 부하가 탈출할 길을 발견할 수 있었다.

제40장 전투에 즈음하여 책략을 써서 적을 속이는 것은 오히려 훌륭한 일이다

일반적인 일에서는 어떤 경우라도 간계를 써서 상대를 속이는 것은 꺼려야 할 일이다. 그렇지만 단지 전쟁에서만은 칭찬할 만한 일이고 명예도 얻을 수 있는 일이다. 따라서 계략을 써서 적을 격파하는 일은 힘으로 적을 타도하는 경우와 똑같이 찬양받아 마땅하다. 이와 마찬가지의 의견을 위인들의 전기를 쓴 사람들도 가지고 있었던 것 같다. 즉 계략에 의해 승리를 얻은 것으로서 매우 유명한 한니발이나 그 밖의 사람들의 행위를 전기 작가는 칭찬해 마지않았다. 그 실례는 너무 많아서 도저히 다 읽을 수 없을 정도이므로, 여기서는 되풀이하지 않을 작정이다.

다만 다음의 점만은 말해 두고자 한다. 즉 계략으로 적을 속이는 것이 칭찬할 만한 것이라고 말하는 것은, 정해진 동맹이나 체결된 조약을 파렴치하게 어겨 버려도 좋다는 것을 의미하는 것은 아니다. 그 이유는 간계에 의해서 공화국이나 왕국을 손에 넣는 일이 있다 하더라도 그 행동은 아무런 명예가 되지 않기 때문이다.

내가 여기서 대상으로 하고 있는 속임수라는 것은 처음부터 이쪽을 신용하고 있지 않은 적에 대해서만 사용할 성격의 것으로서 전쟁의 계략에만 써야 할 것이다. 이를테면 한니발이 쓴 계략 등이 이에 해당된다. 그는 페루지아 호숫가에서 도망치는 시늉을 하고 집정관과 그 군대를 감쪽같이 포위했다. 그리고 한니발이 파비우스 막시무스의 포위망에서 탈출하기 위해 쇠뿔에 횃불을 비끄러맨 것도 이에 해당된다(티투스 리비우스, 《로마사》 XX, 2).

이런 간계와 비슷한 것으로서는 삼니움의 장군 폰티우스가 로마 군을 카우디움 계곡에서 포위했던 일을 들 수 있다. 폰티우스는 그의 군대를 언덕 뒤에 숨겨 놓고 목동으로 변장시킨 부하들에게 헤아릴 수 없을 정도의 많은 가축을 몰게 하여 평지로 가게 했다. 이 사람들이 로마 군에게 붙잡혀 삼니움 군의 소재를 심문당했다. 모두 이구동성으로 폰티우스가 시켰던 대로, 삼니움 군은 한창 노케라를 포위 공격하는 중이라고 말했다. 이 말에 감쪽같이 속은 집정관은 카우디움을 향해 군을 진격시켜 그곳에 들어가자마자 삼니움의 포위에 떨어지고 말았다.

이 간계를 써서 얻은 삼니움 군의 승리는, 폰티우스가 그의 아버지의 의견을 받아들여서 사후 처리에 임했더라면 그 성과는 더욱 훌륭한 것이 되었을 것이다. 즉 폰티우스의 아버지는 로마 군을 그대로 보아 넘기든지, 또는 몰살해 버리든지 두 가지 중 한 가지를 취해야 하며, 어중간한 방법을 취해서는 단연코 안 된다고 충고했다.

그런데 폰티우스가 취한 어중간한 수단이란 '편을 늘리는 것도 아니고 적으로부터 벗어나는' 것도 아니었다. 사실 이와 같은 어중간한 방식은 앞에서 (제2권 제23장 참조) 논해 둔 것처럼 언제나 국가에 중대한 위기를 초래하는 것임에 틀림없다.

제41장 영광에 빛날 경우에도 또 치욕을 당해야 할 경우에도 조국은 방어해야 한다. 어떤 방법으로든 방어해야 한다

이미 말한 것처럼 집정관과 그의 군대는 삼니움인에게 첩첩으로 포위되고 말았다. 그래서 삼니움인은 로마인에게 굴욕스럽기 이를 데 없는 조건을 강요했다. 즉 멍에를 씌우고 무장을 해제한 다음 로마로 돌아갈 것을 허락한다는 조건이었다. 이 가혹한 조건을 들은 집정관은 넋을 잃었으며, 장병들은 모두 절망에 잠기고 말았다. 그러나 로마 군의 사절 루키우스 렌툴루스는, 조국을 구하려면 어떤 수단일지라도 이를 피해서는 안 된다고 말했다(티투스 리비우스, 《로마사》 XX, 4가 전거).

렌툴루스의 근거는 다음과 같은 것이었다. 즉 로마의 존망은 그 군대에 달려 있다, 그러므로 어떤 희생을 치르더라도 이 군대를 구출해야 한다, 그리고 그 몸에 어떤 치욕을 당하든 또는 영광을 누리든 어떤 수단을 써서라도 조국은 보호되어야 한다, 그 군대만 구출되면 로마는 머지않아 그 오명을 씻을 수 있기 때문이다, 만약 이 군대를 구출하지 않고 명예로운 전멸로 이끌어 버린다면 로마와 그 자유는 잃게 될 것이다.

이렇게 해서 렌툴루스의 의견은 받아들여지게 되었다.

이 사건은, 그 조국에 충고를 하는 입장에 있는 모든 시민이 모범으로 삼아야 할 일이다. 그 이유는, 전적으로 조국의 존망을 걸고 일을 결정할 경우, 그것이 정당하건 도리에 벗어나 있건, 동정심에 넘쳐 있건, 냉혹하고 무참하건, 또는 칭찬에 해당하건 파렴치한 일이건, 전혀 그런 것을 고려에 넣을 필요가 없다. 그런 것보다도 모든 속셈을 버리고 조국의 운명을 구하고, 그 자유를 유지할 수단을 철저히 추구해야 한다.

이와 같은 사항에 대해서는 프랑스인이 자기네 국왕의 존엄과 왕국의 위신을 위해 몸소 나타내고 있다. 즉 프랑스인들은 아무도 '저런 짓을 해서는 왕의 이름을 더럽힐 뿐이다'라고 비판하는 소리를 그냥 흘려듣지 않는다. 국왕이 어떤 결단을 내리고 그것이 어떤 결과가 되든 국왕의 치욕이 될 까닭이 없다고 생각하기 때문이다. 그리고 일이 되고 안 되는 것에는 상관없이 국왕이 해야 할 의무를 수행했다고 국민은 생각하기 때문이다.

제42장 강요된 약속은 지킬 필요가 없다

집정관 스푸리우스 포스투미우스는 무장 해제된 군대를 이끌고 치욕스럽게 로마로 돌아왔다. 그는 맨먼저 원로원에 출두하여 카우디움에서 체결한 화평은 지켜서는 안 된다고 호소했다. 그리고 그는, 그 화평 조약에는 로마 인민이 전혀 구속될 것이 없으며, 그 협약을 맺은 그 자신과 그 밖의 사람들이 대상이 될 따름이므로 인민 여러분이 그 구속을 파기하고자 하면 그런 약속을 체결한 자신과 거기 수행했던 사람을 삼니움인의 손에 인도하기만 하면 된다고 말했다.

그가 그 의견을 강력하게 밀고 나갔으므로 원로원도 그것에 동의했다. 그래서 그와 그 측근을 체포하여 삼니움으로 보내고 삼니움인에 대해 화평 약속은 무효라고 이의를 제창했다. 그런데 이 경우에도 운명은 포스투미우스에게 미소를 던져 주어서 삼니움은 그를 체포한 채로 두지는 않았다.

로마로 귀환한 그는 패군의 장수라고는 하나 사람들로부터 한층 더 높은 영예로써 장식되었다. 그가 누린 영광은 삼니움 측의 폰티우스가 그 전승에 의해서 사람들로부터 받았던 명성을 훨씬 더 능가하는 것이었다 (티투스 리비우스, 《로마사》 Ⅸ, 8~12).

여기서 다음의 두 가지 점에 주목해야 한다. 그 하나는, 어떤 행위에 의해서도 명성을 떨칠 수 있다는 사실이다. 싸움에 이겼을 때 영예가 주어지는 것은 말할 나위도 없다. 설사 패전의 오명을 썼다 하더라도 자기 책임으로 진 것이 아니었음을 증명하거나, 또는 실패의 보충이 될 만한 행동을 재빨리 해서 세상의 칭찬을 얻을 수가 있다. 둘째로 들 수 있는 점은, 억지로 강요당한 약속은 이를 지키지 않더라도 결코 파렴치한 일이 되지 않는다는 것이다. 즉 국가에 대한 약속을 강요로 맺었을 경우에는 어떤 때라도 그 압력이 약화되기만 하면 이를 파기해야 한다. 그래서 그 이행에 충실치 않더라도 아무런 수치가 되지 않는다. 역사서를 읽어 보면 여기저기 그런 실례가 넘쳐 있다. 그리고 현대에서도 늘 이런 것을 보고 있다. 군주 간에 강제로 체결된 약속은 그 압력이 없어지면 파기될 뿐만 아니라, 그 밖의 약속이라도 그것을 체결시킨 이유가 소멸되면 지켜지지 않는 것이 최근의 상황이다.

이와 같은 약속 위반이 칭찬받을 일인가, 그리고 군주가 그런 위약을 해도 좋은 것인가 아닌가 하는 점에 대해서는 나의 저서 《군주론》에서 충분히 논해 두었으므로 여기서는 그 이상은 말하지 않기로 한다.

제43장 한 고장 주민은 어느 시대를 막론하고 대개 같은 성격을 지니고 있다

사람들은 앞으로의 일을 미리 알고자 하면 과거로 눈을 돌리라고 말한다. 이 발언은 이치에 맞는 말이다. 어느 시대를 막론하고 이 세상의 모든 일은, 과거에 매우 비슷한 선례를 가지고 있기 때문이다. 즉 항상 똑같은 욕망이 인간의 행동을 움직여 왔으므로 똑같은 결과가 일어나는 것은 당연하다. 그런데 똑같은 행위라고는 하나 나라에 따라 그 내용에 우열이 있는 것은 각 나라의 교육 방법이 다르므로 그것에 따라서 다른 생활 태도를 갖기 때문이다. 과거로 눈을 돌림으로써 손쉽게 장래를 추측할 수 있는 것은, 한 국민은 오랫동안에 걸쳐서 동일한 습속을 유지하기 때문이다. 즉 지금까지 일관되게 교활한 기질을 지속해 온 국민이라면 앞으로도 계속 그 성격을 버리지 못할 것이다. 그리고 그 밖의 선악 어느 쪽의 경향에 대해서든 같은 말을 할 수 있다.

우리 조국 피렌체의 역사를 읽고 거기서 가장 최근에 일어난 사건을 생각해보면, 독일 국민과 프랑스 국민은 그 국민성이 일관되게 탐욕스럽고 거만하고 흉포해서 신용이 가지 않는 사람들임을 알 수 있다. 실로 이 네 가지 점이야말로 어느 시대에고 변함 없이 우리의 도시에서 헤아릴 수 없는 재난을 초래했다. 그들이 신용할 수 없는 사람들이라는 것에 대해 말하자면, 샤를르 8세가 피사의 성채를 빼앗겠다고 약속하여 여러 차례 돈을 내게 해놓고 결국 그것을 수행하지 않았다는 일은 누구나 다 아는 사실이다. 이런 왕의 행동을 통해서 그가 얼마나 신용할 수 없는 사람인가, 얼마나 탐욕스러운 인간인가를 알 수 있다.

하지만 이같은 사실은 이쯤 해두기로 한다. 피렌체 공화국이 밀라노 공작 비스콘티와 싸운 전쟁의 결말이 어떻게 되었나 하는 것은 누구나 알고 있는 대로이다. 고립무원에 빠진 피렌체는 황제를 이탈리아로 불러 들여서 그 위신과 군사력을 이용하여 롬바르디아를 공격하려고 계획했다.

이에 대해 황제는 강력한 군대를 끌고 남하하여 비스콘티와 싸워서 피렌체를 그 위협으로부터 구할 것을 약속했다. 그러나 그 조건으로서 피렌체인이 먼저 10만 두카티를 제공할 것, 그리고 황제의 군대가 이탈리아에 들어오면 또 10만 두카티를 내놓을 것을 요구했다. 이 신청에 동의한 피렌체는 먼저 처음의 10만 두카티를, 그리고 잇달아서 두 번째의 10만 두카티도 지불했다. 그런데 황제 군은 베로나에 들어갔을 뿐 아무 약속도 수행하지 않고 귀국했다. 그들의 변명이란, 양자간의 약속을 피렌체 측이 어겼으므로 더 이상 머물 이유가 없어졌다는 것이다.

만약 피렌체가 절박한 주위의 상황에 좌우되거나, 일시적 감정에 사로잡혀 이성을 잃는 행동으로 나가는 것을 스스로 경계했더라면, 또는 또 외국인의 옛부터의 습관을 읽거나 이해하고 있었더라면, 이 경우와 그 밖의 경우에도 그렇게까지 오랑캐에게 속는 일은 없었을 것이다. 분명 그들의 습관은 항상 변하는 것이 아니라 무슨 일을 하든 같은 수법을 쓰기 때문이다.

이 사실은 그들의 조상인 갈리아인이 고대의 에트루스키인에게 사용한 수법이기도 하다. 즉 그 옛날 에트루스키인은 로마인에게 압박되어 여러 차례 퇴각과 패배를 거듭했는데, 도저히 혼자의 힘으로는 로마의 공격을 견뎌내지 못하리라는 것을 예측하고, 알프스를 넘어 이탈리아 측에 정주하고 있던 갈리아인의 힘을 이용하려고 생각했다.

그래서 갈리아인에게 거액의 돈을 주고 그 군대가 에트루스키 군과 연합하여 하나가 되어 로마 군과 맞설 것을 약속했다. 이에 동의한 갈리아인은 돈을 받아 놓고도 그 뒤에 에트루스키인을 위해 무기를 들고 싸우려고는 하지 않았다.

그들의 구실이란, 자기들이 돈을 받은 것은 본래 로마 군과 싸우기 위해서가 아니라 다만 자기네가 에트루스키인의 영내를 약탈하지 않는다는 보증을 위해서였다는 것이다 (티투스 리비우스, 《로마사》 X, 10이 전거).

에트루스키인은 갈리아인의 탐욕과 불신 행위로 인해 순식간에 그 돈을 빼앗겼을 뿐만 아니라 기대했던 원조조차도 받을 수 없게 되고 말았다. 그러므로 예전에는 에트루스키, 요즈음에는 피렌체인이 맛본 고배에 비추어 보더라도 갈리아인들은 언제나 변함 없는 수법을 되풀이하고 있다는 것을 알 수 있다. 이 점으로 보더라도 일반 군주들은 그들을 어느 정도로 신용하면 좋은가를 쉽게 추측할 수 있다.

제44장 보통 수단으로는 해결되지 않을 때, 과감한 수단을 쓰면 성공하는 수가 많다

로마 군의 공격을 받은 삼니움인은 그 병력으로는 도저히 마주 싸울 것 같지 않았으므로, 삼니움의 도시에는 수비대만을 남겨 놓고 모든 군을 에트루리아로 이동하기로 결정했다. 당시 에트루스키인은 로마와 휴전하고 있었다. 그래서 삼니움 군이 에트루리아 영내로 들어간다면, 동정을 해서 무기를 들고 로마인과 맞서 줄 것인가 어떤가를 에트루스키인에게 타진해 보았지만 그들은 삼니움의 사절에 대해 거절의 뜻을 표시했다.

그런데 에트루스키인의 설득을 맡고 있던 삼니움인은 자기들이 무기를 들고 일어나게 된 이유를 최대한으로 늘어놓으며 다음과 같은 명언을 토했다 (티투스 리비우스, 《로마사》 X, 16, 5).

"노예의 처지를 감수하며 태평스레 산다는 것은, 자유를 위해 무기를 잡고 싸우기보다도 괴로웠기 때문에 삼니움인은 궐기한 것이다."

이런 설득에 감동되고 눈앞에 삼니움 군의 시위가 있었기 때문에 이러지도 저러지도 못하게 된 에트루스키인은 마침내 무기를 잡고 일어섰다.

위의 예로부터 다음과 같은 점을 알 수 있을 것이다. 군주가 타인의 소유를 손에 넣으려 할 경우 상황이 허락한다면 상대에게 오래 생각할 틈을 주어서는 안 된다. 곧 태도를 정하지 않으면 안 된다는 심정으로 몰아넣어야 한다. 이쪽의 요구를 거부하거나 결단을 내리는 데 시간을 끌다가는 당치도 않는 변을 당한다는 것을 미리 알려 둘 필요가 있다.

이 방법을 교묘하게 이용한 예로서 현대에는 교황 율리우스 2세가 프랑스에 대해 취한 행동, 그리고 프랑스 왕의 장군 가스통 드 프와 각하가 만토바 후작*¹을 농락했던 때를 들 수 있다.

교황 율리우스는 볼로냐로부터 벤티볼리오 가를 추방하려고 생각했다. 그러기 위해서는 아무래도 프랑스 군의 힘을 빌려야 하며, 또 베네치아 공화국에는 중립을 지켜 달라고 해야 한다고 판단한 교황은 이 나라들에게 이런 점들을 의뢰했다. 그런데 두 나라의 반응이 애매했으므로, 망설일 틈을 주지 않고 자기 생각을 받아들이게 만들려고 율리우스는 작정했다.

그래서 그는 모을 수 있는 대군을 이끌고 로마를 떠나 볼로냐를 향해 전진했다. *² 그리고 사절을 파견하여 베네치아 공화국에는 중립을 유지하도록, 또 프랑스 국왕에 대해서는 병력을 제공하도록 신청했다. 생각할 여유를 완전히 빼앗겨 버린 데다가 지체하거나 거절하다가는 얼마나 격노할지 몰랐으므로 교황의 생각대로 양보해서 프랑스 왕은 원군을 보내고 베네치아는 중립을 유지하기로 했다.

브레시아에 반란이 일어났을 때(제2권 제17장·제24장 참조) 아직 볼로냐에 머물러 있던 드 프와는 진압을 하러 나서려 했다. 여기에는 두 가지 진로가 있었다. 하나는 밀라노 공국 영내를 가로지르는 진로로 진력이 날 만큼 먼 길이었다. 또 하나는 지름길인데 이리로 가기 위해서는 만토바 후작 영내를 통과해야 했다.

---

*1 프란체스코 곤차가(재위 1484년~1519년). 1495년 포르노보에서 프랑스 군과 싸운 동맹군의 지휘관. 1506년, 교황 군을 지휘하여 볼로냐를 정복했다. 그리고 루이 12세와 동맹을 맺었으나 베네치아에 잡혔다.

*2 교황 군은 1506년 8월 26일 로마를 출발했다. 마키아벨리도 같은 달 28일 치비타 카스텔라나에서 교황 군에 참가했다. 마키아벨리의 《로마에의 사절각서》에 그 동안의 일들이 적혀 있다.

게다가 이 지방 여기저기에 흩어져 있는 늪과 호수 사이를 누비는 산간의 오솔길을 지나가야만 했다. 더구나 만토바 후작은 성채와 그 밖의 것으로 엄중하게 경비를 굳히고 있었다.

여기서 드 프와는 지름길인 만토바 경유의 진로를 택하기로 결심했다. 그래서 이 지름길에 따르는 여러 가지 곤란을 타개하기 위해 만토바 후작에게 생각할 틈을 주지 않도록 갑자기 군을 몰고 나가 도로의 통행권을 요구했다. 이렇게 신속 과단한 행동에 깜짝 놀란 만토바 후작은 드 프와의 통행권을 인정해 주고 말았다.

만약 드 프와가 조금이라도 겁쟁이였더라면 통행권 획득이라는 성과는 도저히 손에 넣을 수 없었을 것이다. 왜냐하면 후작은 교황이나 베네치아와 동맹을 맺고 있는 데다가 아들 페델리코를 인질로서 교황에게 보냈기 때문에 드 프와의 신청을 거부할 수 있는 지당한 이유를 갖추고 있었기 때문이다. 그런데 뜻밖의 요구를 강요당하는 바람에 앞에서 설명한 것 같은 이유로 요구를 받아들이고 말았다. 이것은 에트루스키인이 삼니움인에게 취한 태도와 같다. 처음에는 거부할 생각이었던 에트루스키인이 삼니움의 군대가 눈앞에 나타나자 방침을 바꾸고 로마 군과의 싸움에 응했던 것이다.

제45장 적의 공격을 받고 일어서는 것과 처음부터 적을 격렬하게 공격하는 것 중 어느 쪽 전법이 유리한가

로마의 집정관 데키우스(제3권 제39장에 나온 데키우스의 아들)와 파비우스(파비우스 막시무스 룰리아누스)는 두 군대를 이끌고 각기 따로 삼니움 군, 에트루스키 군과 대치하여 같은 날 전투를 벌였다. 두 집정관은 저마다 다른 전법을 채용했다. 여기서 어느 쪽이 더 많은 효과를 올렸는가를 검토해 두어야 한다.

데키우스는 전력을 기울여서 공격한 데에 반해, 파비우스는 수동적인 태세로 적의 공격을 될 수 있는 대로 견뎌 나가다가 공격을 가하는 것이 유효하다고 판단했다. 적이 전투의 처음에 전의를 잃고 공격에도 피로가 나타나게 될 때까지 충분히 준비하고 기다리며 힘을 비축해 두는 편이 좋다고 생각한 것이다. 이 결과 파비우스의 방법이 데키우스의 계획에 비해 훨씬 좋은 결과를 초래한다는 것을 알았다.

처음부터 맹공으로 힘을 다 소모해 버린 데키우스는 지휘하고 있는 한쪽이 무너지기 시작하는 것을 보고 이제 승리를 얻을 가망은 없어졌다는 생각에서, 죽음으로 명예를 지켜 내려고 그의 아버지를 본받아 로마의 군단을 위해 자기 몸을 희생했다. 이 소식을 들은 파비우스는 동료가 죽음으로써 획득한 명예를 살아서 손에 넣고자 생각하고, 그때까지 비축해 둔 힘을 짜내어서 유례 없는 승리를 획득했다(^{티투스 리비우스,}_{《로마사》 X, 28~29}).

이 사실로부터도 파비우스의 방법 쪽이 확실하며 모범이 될 만한 것임을 알 수 있다.

제46장 어떤 도시에서 한 가문이 같은 경향을 지속하는 이유에 대하여

도시는 각기 별개의 습관이나 제도를 가지며 강인한 인간과 나약한 인간을 낳고 있다. 그뿐만 아니라 같은 도시 안에서도 저마다 성격이 다른 가족이 자라는 법이다. 어느 도시를 보더라도 이런 경향이 있다. 로마의 도시의 경우에도 역사상 많은 예가 있다. 예를 들면, 만리우스 가는 언제나 엄격하고 외고집이었고, 푸블리콜라 가(발레리우스 가)의 사람들은 인민에게 정을 베풀고 자비를 내렸다. 또 아피우스 가는 야심적이어서 평민에게 적의를 가지고 있었다. 그 밖에도 많은 가족이 저마다 독특한 가풍을 갖추고 있었다.

이런 것은 단순히 혈통을 가지고 설명할 수 있는 것이 아니다. 왜냐하면 혈통이라는 것은 혼인에 따라서 아무렇게나 변하는 것이기 때문이다. 오히려 각기 다른 가풍을 초래하는 원인은 교육의 차이 때문이다. 왜냐하면 젊은이는 어렸을 때부터 사물의 옳고 그름과 선악에 대한 판단이 서 있어서 그것이 그의 전 생애를 통해서 행동의 규범이 되기 때문이다.

만약 이런 사실을 생각할 수 없다면, 티투스 리비우스가 그의 저작 속에서 종종 되풀이하고 있는 것처럼, 아피우스 가의 사람 전체가 하나같이 똑같은 욕망의 포로가 되거나 똑같은 야망에 사로잡히는 일은 일어나지 않았을 것이다.

감찰관직에 있던 아피우스 가의 아피우스 클라우디우스는, 그의 동료가 아멜리아 법의 결정에 따라 18개월의 임기가 끝나자 그 직책에서 물러난 것과는 반대로, 그만두려고 하지 않고 감찰관의 직제를 결정한 본래의 법률은 그 임기를 5년으로 하고 있다고 우겼다. 이 때문에 여러 차례 민회가 열리고 큰 소동이 일어났다. 그러나 인민과 대부분의 원로들은 아피우스를 파면할 마땅한 방법을 찾지 못했다.

호민관 푸블리우스 셈프로니우스가 행한 아피우스에 대한 탄핵 연설을 읽는 이는 누구나 그 속에 아피우스의 방자한 태도가 폭로되어 있음을 깨달을 것이다. 또한 법률을 존중하고 조국을 지키려는 수많은 시민이 품고 있던 선의와 유순한 태도에 감동할 것이다.

제47장 조국애에 불타는 선량한 시민은 사적인 원한을 잊어버려야 한다

집정관 마르키우스는 삼니움 군과 싸우다가(제2차 삼니움 전쟁(기원전 310년).
리비우스, 《로마사》 Ⅸ, 38) 그 전투에서 부상당했다. 이로 말미암아 그 휘하의 군대가 궁지에 빠져 원로원은 집정관 마르키우스의 자리를 메우기 위한 후임으로 파필리우스 쿠르소르*를 임시 독재 집정관으로 임명해서 파견해야 한다고 판단했다. 그런데 법률의 규정에 따르면, 임시 독재 집정관은 집정관 파비우스에 의해 임명하도록 되어 있으며, 그 파비우스는 에트루리아에서 이리저리 옮겨 다니며 싸우는 중이었다. 더구나 파비우스는 개인적으로 파필리우스에게 적의를 품고 있어서 그 임명에는 반대할지도 모른다는 걱정이 되었다. 그래서 원로원은 파비우스에게 두 사람의 사절을 보내어 개인적인 원한은 물에 씻어 버리고 국가를 위해 파필리우스를 임시 독재 집정관에 임명하도록 부탁하게 했다. 파비우스는 조국애에 감동하여 그를 임명했다. 그때 파비우스는 침묵을 지킨 채였다. 그러나 그 밖의 여러 가지 형편에서 짐작하건대 그 임명은 파비우스를 무척 괴롭혔을 것이다. 좋은 시민의 본보기로 존경받고자 하면 그 누구를 불문하고 이 파비우스의 실례를 본으로 삼아야 한다.

제48장 적이 당치 않은 실책을 저질렀다 하더라도 그것에는 함정이 있다고 의심해야 한다

집정관이 어느 행사에 참석하기 위해 로마로 돌아가게 되자 에트루리아에 있는 로마 군의 지휘를 풀비우스에게 맡겼다. 한편 에트루스키 군은 풀비우스(기원전 298년에
집정관이 되었다)가 함정에 빠지는지 어떤지를 보려고 로마 군의 진지 바로 곁에

---

* 삼니움 전쟁 시대의 집정관. 기원전 325년 및 기원전 310년에 임시 독재 집정관이 되었다. 제1권 제31장, 제2권 제2장, 제3권 제1장 참조.

복병을 두는 한편 병사를 목동으로 변장시켜서 많은 양떼를 몰고 로마 군의 바로 코앞을 지나가게 했다. 그래서 목동으로 변장한 에트루스키 병사들은 로마 군 진지의 울타리 가까이까지 접근했다.

목동들이 뻔뻔스레 접근해 오는 데에 놀란 풀비우스는 아무래도 동태가 수상하다고 느끼고 책략이 숨겨져 있다는 것을 알아챘다. 그래서 에트루스키인의 책략도 허사가 되었다. 한 부대를 지휘하는 자는 누가 보아도 명백하게 실책이라고 느껴지는 수법에 이용당하는 일이 없도록 조심해야 한다. 이런 경우에는 뒤에 책략이 숨겨져 있음이 틀림없다. 왜냐하면 보통 이런 실수를 할 까닭이 없기 때문이다. 그러나 사람들은 승리를 잡고 싶은 일념으로 분별을 잃어버리고 자기에게 편리하게만 해석하려 든다.

로마 군을 아리아에서 격파한 갈리아 군이 로마에 쇄도해 보니, 정문은 활짝 열려 있고 수비를 하는 기미도 보이지 않았다. 책략일 우려도 있었고 로마인이 조국을 버리고 달아날 만큼 소심한 얼간이들이라고는 도저히 믿어지지 않아 갈리아인은 날이 샐 때까지 시내 돌입을 연기했다^{(타투스 리비우스,} ^{《로마사》 V, 39)}.

한편 피렌체 군이 피사를 포위 공격하던 1508년의 일인데, 피사 시민 알퐁소 델 무톨로는 피렌체 군에 붙잡히고 말았다. 그는 석방의 대가로서 피렌체 군에 내통하여 피사의 성문을 안쪽에서 열기로 약속했다. 석방이 된 뒤 그는 약속을 실행에 옮기기 위해 여러 번 피렌체 군의 사령관을 찾아가 의논했다. 그런데 그는 비밀리에 하는 것이 아니라 공공연히 방문하는 데다가 피사인을 데리고 왔다. 물론 피렌체인과 이야기할 때는 수반한 피사인을 내보내긴 했다.

이런 상황으로 보더라도 무톨로의 심중에 뭔가 있다는 것은 쉽게 짐작이 갔을 것이다. 비밀 계획을 착실하게 실행하려는데, 탄로가 날지도 모르는 것을 예사로 하고 있다는 것은 아무리 보아도 이치에 맞지 않기 때문이다.

그러나 어떻게 해서든지 피사를 손에 넣어야겠다고만 생각한 피렌체 군은 앞뒤의 분별을 완전히 잃어버리고 무톨로의 인도로, 루카로 통하는 성문으로 이끌려 나가는 바람에 그의 이중 스파이에 속아 넘어가 불명예스러운 패배를 당하고, 사령관 이하 수많은 장병을 잃고 말았다.

제49장 공화국이 자유를 유지해 나가기 위해서는 항상 시대에 맞는 법률 제도를 고안해 나가야 한다. 그리고 퀸티우스 파비우스가 위대한 파비우스라 불리게 된 것은 어떤 공적이 있었기 때문인가

이미 지적한 것(제3권 제1장 참조)과 같이, 대도시는 매일같이 의사를 필요로 하는 병에 비유될 수 있다. 병이 무거우면 무거울수록 뛰어난 인물이 나와서 이를 맡아야 한다.

로마가 체험한 것 같은 기괴하고 뜻밖인 사건은 다른 어느 도시에서도 대두된 일이 없었다. 예를 들면, 로마의 여자들이 하나같이 남편을 살해하려고 음모를 꾸민 적이 있었다. 실제로 제 남편을 죽인 사람도, 또 독살을 위한 독을 마련하고 있는 사람도 나타났다(기원전 331년, 티투스 리비우스, 《로마사》 VIII, 18).

그리고 바쿠스 축제의 음모*도 발생하고 있었다. 이것은 마케도니아 전쟁 당시에 탄로된 사건인데, 수천에 이르는 남녀가 가담하고 있었다. 만약 이 음모가 발견되지 않았던들, 또는 이에 가담한 많은 사람을 솜씨 있게 처벌할 수 없었던들 로마는 얼마만큼의 위기에 놓이게 되었을까? 로마 공화국의 위대함의 증거를 나타냄과 동시에, 로마인이 국가를 운영해 나감에 있어서 발휘한 실력을 보여주는 데는 여러 가지 실례로써 불충분하다 할 경우라도, 죄를 범한 자들에게 가한 벌의 성격을 생각하면 이해가 갈 것이다.

로마인은 정의를 지키기 위해서는 한 부대 모두를 일시에 몰살하거나 한 도시 전체를 근절시키는 일도 사양하지 않았다. 또는 8천 명에서 1만 명에 이르는 사람을 일시에 추방하는 일도 있었다. 더구나 단 한 사람의 추방자에게도 준수시키기 어려운 지독한 조건을 이 많은 사람 모두에게 과한 뒤에 추방지로 내몰았다. 운이 나빠 칸네에서 패전을 당한 장병들이 그 예이다. 그들은 시칠리아에 유배된 다음 도시 안에 거주할 수도 없는 데다가 선 채로 식사를 하도록 명령받았다(티투스 리비우스, 《로마사》 XXII, 25).

그런데 여러 가지 형벌 중에서 아무리 가혹하다고 해도 병사를 10명에 1명 꼴로 뽑아서 죽이는 데 치마레라는 방법보다 더 지독한 것은 없으리라. 많은 사람에게 벌을 줄 경우 이 방법만큼 공포감을 주는 것도 없다. 많은 사

---

* 기원전 186년에 발각된 사건. 심야의 종교 의식이점차로 음탕한 양상을 띠게 되었을 뿐만 아니라, 정치적 음모가 꾸며져 탄압되었다. 단 근절되기까지에는 이르지 않았다. 티투스 리비우스, 《로마사》 XXXIV, 8~9

람들에게 책임이 있다는 것은 확실하나 우두머리가 분명치 않을 경우에는 모두를 처벌하려고 해도 수가 너무 많아서 못한다. 또는 일부 사람을 처벌하고 다른 사람을 내버려두면 어쩌다가 처벌된 사람은 불운하기 이를 데 없고, 처벌을 면한 자들은 우쭐해서 또다시 다른 죄를 범하게 된다.

그런데 제비로 죄인을 뽑아서 죽이는 방법은 본래 처벌하는 것과 마찬가지로 어쩌다가 살해된 자도 불운을 슬퍼하는 수밖에 없다. 한편 벌을 면한 사람은 이번에는 제비에 뽑힐지 모른다는 공포심에서 죄를 범하는 짓을 삼가게 된다.

남편을 독살한 아내들이나 바쿠스 축제에 참가했던 자들은 그 나름대로의 벌을 받았다. 이런 범죄는 공화국에 유해한 결과를 초래하기는 하나 국가를 사멸시킬 정도까지는 이르지 않는다. 시간만 들이면 회복할 수 있기 때문이다. 그러나 국가 자체가 병이 들었을 경우는 조금의 지체도 용납되지 않는다. 지혜로운 사람이 어떤 방법을 쓰지 않는 한 국가의 멸망은 면치 못한다.

로마에서는 외국인에 대해서도 시민권을 주었으므로, 그 결과 많은 사람들이 로마로 흘러들어와 유권자의 대부분을 차지하게 되어서 정치체제의 변화가 초래되었다. 새로운 정치체제는 그때까지 몸에 밴 법률 제도와는 동떨어진 것이어서, 지도자들에게는 감당하기 어려운 것이 되고 말았다.

이런 정세를 알아차린 감찰관 퀸티우스 파비우스는 새로 흘러들어온 외래민을 네 부족으로 나누어서 좁은 곳에 모으고, 로마 전체에 나쁜 영향이 퍼지지 않도록 배려했다. 파비우스는 이를 솜씨 있게 처리했는데, 그다지 급격한 변혁도 행하지 않고 적절한 방법을 사용했다. 그의 방침이 공화국에 잘 채택되어 성과를 거둠으로써 '위대한 인물(막시무스)'이라는 호칭에 어울리는 빛나는 공적을 남겼다.

마키아벨리에 대하여

마키아벨리의 시대

피렌체의 발전

강변도시

피렌체는 BC 80년 루카우스 코넬리우스 술라가 '플루엔시아(Fluentia)'라는 이름의, 퇴역 군인을 위한 거주지역으로 건설한 것으로 플루엔시아는 그 주거지가 '두 개의 강' 사이에 지어졌던 데서 비롯된 명칭이며, 이것이 잘못 전해져서 플로렌시아로 바뀌었다.

나중에 '피오렌차(Fiorenza : 플로렌시아의 지방 방언)'로 바뀌었으며, 고대 이탈리아어에서 '피오렌체', 근대 이탈리아어에서 '피렌체'로 바뀌어 오늘에 이른다. 토스카나주 북방에 위치하여 북으로는 알바노 산맥, 남으로는 키안티 산맥이 골짜기를 감싸고, 그 사이를 아르노 강이 서쪽으로 완만하게 흐른다. 이곳을 '아르노 계곡'이라고 부른다. 높은 곳에서 내려다보면 봄이면 천지에 흐드러지게 꽃이 피고 아르노 강은 은빛으로 빛난다. 강의 서쪽 기슭을 사이에 두고 자연의 꽃보다 더욱 기품 있게 과시하는 듯이 도시 피렌체가 보인다.

피렌체의 역사에는 매우 높은 정치적 의식과 풍요로운 발전형식이 결합되어 나타나 있다. 그런 의미에서 피렌체는 세계 최초의 근대국가라는 이름을 얻을 만하다. 그 놀라운 피렌체 정신, 날카로운 이성과 동시에 예술적 창조력을 지닌 정신은 정치적 및 사회적 상태를 끊임없이 변화시키고, 나아가 그것을 끊임없이 기술하고 조정한다. 이처럼 피렌체는 정치 학설과 이론, 실험과 비약의 고장이 되고, 나아가 통계술의 고장, 그리고 세계의 온갖 나라들에 앞선 새로운 의미의 역사적 서술의 발상지가 되었다.

경제발전과 코무네

신성로마 황제와 로마 교황 사이에 성직서임권을 둘러싼 다툼이 일어났을 즈음에 피렌체는 이탈리아 중부 토스카나 지방의 교황당(겔프당)의 본거지였다. 1197년 독일 황제에게 저항하는 토스카나 동맹에 가담했다가 13세기 초 사교(司敎)권에서 독립하여 완전한 자치도시가 되었다. 토스카나 지방의 다른 도시 루카, 피사, 볼로냐 등도 차츰 피렌체의 산하로 들어와 피렌체는 토스카나 전체의 패권을 장악한다. 이런 두드러진 발전은 특히 경제번영의 덕택이다.

피렌체에는 유독 상공업이 발전했다. 밀라노라든가 파비아 등은 십자군원정의 통로였던 덕분에 동양물자를 유럽 여러 국가로 나르는 중개무역으로 번영했다. 베네치아, 피사, 주네브 등 항구도시도 그런 투기적인 이익에 참여했다. 이에 반해 피렌체는 모직물공업과 견직물제조업 등 생산도시로서 견실하게 발전했다. 또한 피렌체는 손꼽히는 금융도시였다. 교황당 세력의 중심이었으므로 로마 교황청과 밀접한 관계를 맺고 그 재정을 도맡아 처리했기 때문이다. 피렌체라는 이름은 유럽 금융계에 널리 알려지기에 이른다. 이에 근대 최초의 은행업이 일어나 13세기 초에는 유명 은행가가 20명을 넘었다고 한다. 그들은 유럽 각지에 지점을 두고 금융망을 넓혔으며, 피렌체 금화 피오리노는 국제통화로 쓰였다. 토스카나 지방에 패권을 수립한 것은 이런 경제번영 덕분이다.

한편 경제발전에 합당한 조건이 정치상태 속에 있었다. 코무네(자치도시)가 그것이다. 코무네의 발전과 흥성은 북이탈리아 롬바르디아 지방이 가장 빨랐다. 이 지방은 원래 신성로마 황제의 세력범위에 들어 있었는데 황제권을 대표하는 대귀족은 도시와 농촌을 직접 지배하는 소귀족에게 차츰 제압을 당한다. 마침내는 도시가 이들 소귀족에게 반항하기에 이르렀고, 황제에게서 자치 특권을 얻어 홀로 서게 된다. 마찬가지로 북이탈리아에서 베네치아 등은 동로마제국으로부터 사실상 독립된 상태였다. 중부 이탈리아에서도 비슷한 과정을 거쳐 12세기에는 영주에게 반기를 들고 독립을 얻어내 각지에 코무네가 발생한 것이다.

원래 이탈리아에서는 로마시대 이래로 도시생활의 전통이 이어지고 있었다. 봉건제도가 없었던 것은 아니다. 피렌체조차도 13세기까지는 봉건제도의 찌꺼기가 남아 있었다. 특히 남이탈리아에서는 영주의 봉건적 지배가 줄곧 이어지고 있었다. 현재도 이탈리아 남부가 뒤떨어진 것은 그 때문이다. 그

15세기 피렌체

러나 전체적으로는 이탈리아의 봉건제도는 알프스 이북의 나라들처럼 깊이 뿌리를 내리지 못했다. 현대의 역사가 오토카르는 이탈리아의 도시 코무네의 특색을 알프스 이북의 도시와 달리 주변 세계와의 교류, 시민계급과 봉건귀족의 융합에서 찾고 있다. 도시생활의 전통을 지닌 이탈리아인에게는 봉건제도는 익숙하지 않았을 것이다. 경제발전과 더불어 코무네야말로 이탈리아 르네상스의 모태라고 해도 과언이 아니다.

각각의 코무네마다 차이가 있지만 구조는 비슷비슷하다. 먼저 유력자인 대상인이 시정에 관여했다. 완전한 사법권과 자치권을 얻은 뒤에는 대상인, 대지주, 금융업자 등의 상층계급에서 뽑힌 직업조합의 대표자가 시참사회를 만들어 시정을 맡았다. 일반시민, 즉 소상인, 수공업자, 일일노동자 등은 전혀 시정에 관여하지 않는다. 따라서 당시의 코무네는 귀족색이 짙어서 결코 민주적이라고 할 수는 없다. 13세기 중반에 시참사회 위에 행정을 총괄하는 역할로서 포데스타(행정장관)를 두어 6개월 내지 1년을 기한으로 최고행정권을 맡겼다. 교황당 대 황제당의 다툼, 대시민과 소시민의 반목이 들끓어 자주 시정을 혼란에 빠트렸다. 때문에 초당파적인 조정자 역할로서 포데스타 제도를 두었던 것이다. 하지만 중산계급의 기세가 높아지자 여전히 귀족적인 포데스타 제도에 불만을 품는다. 그리하여 민중의 이익을 지키기 위해 시민장이라는 관직을 두게 된다. 이처럼 한편으로는 상층계급으로 이루어진 시참사회와 포데스타, 다른 한편으론 민중의 장으로서 시민장이 있는 동거 정권이 구성되었다.

정정이 불안한 피렌체

이런 이탈리아 코무네의 발전경로를 피렌체는 전형적으로 밟아 나간다. 즉, 13세기 초 교황당에 가담했던 유복한 상층계급은 황제당의 봉건귀족과 다투었다. 13세기 말 시민측이 승리를 거두어 귀족들을 시정에서 몰아냈다. 그러자 시민 내부에서 분쟁이 일어난다. 대조합에 속하는 대시민과 소조합에 속한 소시민이 그것이다. 당시 피렌체에서는 시민권을 지닌 사람은 어떤 직업조합에든지 들어가도록 규정되어 있었다. 이 직업조합을 '아르떼'라고 하는데 직업별 아르떼가 21개 있었다. 대시민은 대조합을 만들어 공증인, 모직물 판매업자, 모직물 제조업자, 은행업자, 견직물상인, 의사 등이 들어갔다. 그중에서도 모직물 제조조합과 견직물 제조조합이 가장 유력했다. 이에 반해 소조합에는 푸주장이, 포도주상인, 여관업자, 철물상인 등이 들어갔다. 소시민은 대시민의 재벌정치에 불평을 품고 지위 향상을 추구한다. 개혁을 피할 수 없게 되자 1282년 프리오리(시정위원) 제도가 생겨나 시 전체 6개 구에서 1명씩 선출한 6명의 프리오리가 시의 정무를 담당하게 된다. 그러나 프리오리도 여전히 대상인 가운데서 나왔으므로 소시민의 불만은 전혀 가라앉지 않는다. 그리하여 1293년 대상인인 지아노 델라 벨라가 소시민의 의견을 받아들여 개혁을 단행한다. '피렌체 시민의 마그나 카르타'라고 불리는 '정의의 규정'이 그것이다. 시민의 자유와 권리를 지키는 100개 조항이 정해지고, 정부를 지키기 위해 '정의의 기사'를 두어 2천 명의 병사를 배치했다. 이리하여 프리오리와 정의의 기사가 피렌체의 최고 행정기관인 시뇨리나를 구성하였다. 겉으로는 민주적이지만 사실은 대상인의 과두정치나 다름 없었다. 피렌체 민주정은 줄곧 그런 성격을 잃지 않았을 뿐만 아니라 나중에는 개인 독재로 변질된다.

이런 상황에선 정국은 안정을 꾀하기 어렵다. 교황당과 황제당이 격렬하게 싸운 것이 정정 불안을 증대한다. 1302년 단테(1265~1321)가 피렌체에서 추방당한 것은 이런 정쟁의 틈바구니에서였다. 그는 황제당에 속해 의사조합에서 프리오리에 선출되었다. 14세기에도 양당의 분쟁은 끊이질 않고, 더군다나 대소 시민 사이의 다툼도 해결될 기미를 보이지 않자 그런 정정 때문에 자주 정변이 일어났다. 예를 들면 1342~1343년 구알티에리라는 귀족이 귀족과 하층민의 지지 아래 피렌체를 지배했다. 이어 1378년 치옴피의 난이 일어났다. 모직물 제조업자의 하청을 받는 소모공(ciompi)이 폭동을 일으켰다. 그러나 이런 동요는 오히려 개인의 대두를 부추긴다. 정국의 동요를 수습하려면 결국 독재적인 지배자의 수완에 의지할 수밖에 없기 때문이다. 즉, 겉보기뿐인 민주정은 독재자 출현을 준비하고 있었던 것이다. 이때 메디치 가가 대두하여 피렌체의 역사와 운명을 함께 하게 된다.

메디치 가 성쇠기

메디치 가의 번영

메디치 가는 원래 약종상을 가업으로 했었다. 집안의 문장이 6개의 둥근 공인 것은 약국 간판으로 알약을 나타냈기 때문이라고 한다. 메디치 가의 살베스트로는 치옴피의 난 때 하층민 편을 들어 민중의 인기를 모았다. 메디치 가는 이후로도 세력을 유지하기 위해 민중의 신뢰를 얻는 일을 상투적인 수단으로 삼는다. 다음 대인 조반니(1360~1429)에 이르러서는 힘으로 누를 수도, 눌리지도 않는 존재가 되었다. 은행업에 종사하여 돈의 힘을 디딤대 삼아 정계에 진출했기 때문이다. '정의의 기사'로서 시민당 우두머리를 맡았다. 다른 한편으로는 교황의 재산관리인이 되어 교황청에까지 파고들었다.

조반니의 맏아들 코시모(1389~1464)는 은행업에 수완을 발휘해 메디치 가의 재력을 더욱 불려 나갔다. 교황청에 대한 고리대출, 원격지 상업, 양모 공업 등을 혼자서 총괄했다. 메디치 은행은 유럽 전체로 지점망을 넓혀 나갔고, 대출 장부에는 교황에서 프랑스 국왕, 독일 귀족, 에스파냐와 포르투갈 왕족의 이름까지 올라 있었을 정도로 가업이 번창했었다. 더구나 현명하게도 제도상 민주제를 표방하는 피렌체에서 지배자처럼 행동하는 것은 시민감정을 긁는다는 것을 너무나 잘 알고 있었으므로 그는 정계에서 표면에 나서려고 하지 않았다. 대신에 요소요소에 부하를 배치하고 뒤에서 정부를 움직였다. 이름을 버리고 실리를 얻는 상인 근성의 표출이다.

이렇게 코시모의 명성이 드높아지자 전부터 메디치 가의 전복을 꾀하던 알비치 가가 지배의 야심을 품은 위험인물로 코시모를 찍어 재판을 통해 나라 밖 추방령을 내렸다. 코시모는 잠자코 처분에 따른다. 그도 그럴 것이 정부 안에 자기편이 있고, 반대파도 매수해 두었기 때문이다. 아니나 다를까 1년도 채 지나지 않아 코시모는 피렌체로 돌아왔다. 이번엔 알비치 일파가 추방을 당할 차례였다.

조국의 아버지 코시모

피렌체로 돌아온 코시모는 형식상으로는 한 시민에 지나지 않았지만 사실상 독재자였다. 오랜 원수 알비치 일파는 처형을 당했고, 경쟁상대는 추방을 당했으므로 대항할만한 자는 없다. 재력으로 시정을 움직인 것, 민중을 자기편으로 만든 것이 성공 요인이었다. 코시모가 세상을 떠날 때까지 10년 남짓 동안 피렌체는 눈부신 발전을 거둔다. 그가 죽었을 때, 피렌체 시민이 '조국의 아버지'라고 칭송한 것도 결코 지나친 찬사는 아니다. 실제로 그의 치정 동안에 피렌체는 영토를 넓히고 로마 교황이나 베네치아와 손을 잡는 한편, 나폴리의 아라곤 가와 밀라노 공국과도 동맹을 맺어 피렌체의 지위를 안정시켰다. 오랜 당쟁을 가라앉혀 전에 없던 정치적 안정을 가져왔다. 경제적 번영과 정치적 안정을 바탕으로 코시모는 문화보호에 힘썼다. 그는 르네상스 시대가 배출한 문화보호자 가운데 빼어난 인물이었다. 예를 들면 신플라톤 학자인 게오르기오스 게미스토스 플레톤(1355~1452경)은 1438~39년에 피렌체에서 '아리스토텔레스와 플라톤이 신(神)을 보는 서로 다른 관점'에 관한 강연을 통해서 서유럽에 플라톤 사상을 다시 소개했는데, 그 자리에 참석했던 코시모가 그를 지지하고 후원하는 뜻에서 플라톤 아카데미를 세워 그리스 학문의 부흥에 힘썼다. 니콜로 니콜리(1364~1437)라는 학자에게 로마의 자연철학자 플리니우스(23경~79)의 값비싼 사본을 사주었다. 니콜로 컬렉션은 그가 죽은 뒤에 코시모의 도움으로 산마르코 수도원에 보관되었다. 코시모 자신도 로렌치아 도서관을 세워 고서를 수납했다. 피렌체를 아름답게 가꾸기 위해 도시를 정비하고, 집짓는 사업에 막대한 돈을 썼다. 성모마리아 대성당, 산마르코 수도원, 산로렌초 교회 등에서 많은 예술가들에게 마음껏 기량을 펼치게 했다. 피렌체가 르네상스 문화의 수도가 된 것은 코시모의 통치 아래에서였다.

〈코시모 데 메디치의 귀환〉 바사리 작. 베키오 궁전, 코시모 일 베키오의 방.

르네상스 문화의 첨단

르네상스 문화의 발전으로 피렌체는 첨단을 달린다. 교황당과 황제당의
다툼에 휘말려 피렌체에서 쫓겨나 다시는 고향땅을 밟지 못하고 세상을 떠
난 단테는 이탈리아 국민문학의 시조일 뿐만 아니라 세계문학사상 제1급의
시인이다. 시인 페트라르카(1304~1374)는 피렌체와 직접 관계는 없지만 그
가 시작한 고전부흥(인간주의적 연구)은 피렌체에서 가장 활발했다. 페트라
르카에 이은 보카치오(1313~1375)는 피렌체 상인의 아들로 피렌체와 연고
가 적지 않다. 대표작 《데카메론》은 당시 미쳐 날뛰던 흑사병을 피하기 위해
피렌체의 10명의 신사숙녀가 근교의 별장에서 열흘 동안 머물면서 하루에
한 가지씩 이야기를 한다는 줄거리이다. 피렌체가 이탈리아 시문학의 중심
이 된 것은 의심할 것도 없이 이런 전통이 내린 선물이다.

그런데 페트라르카는 로마의 칸피돌리오 언덕에서 영광스런 계관시인 칭
호를 받은 국민시인인데 고전부흥에도 앞장을 섰다. 고전부흥의 목적은 무
엇이었을까? 원래 '휴머니즘'이란 말은 인간다움, 인간의 가치라든가 존엄성
을 나타내는 '후마니타스'라는 라틴어에서 유래한다. 그 기원은 그리스어에
있다. 그리스 문화의 특색은 인간적이라는 것이다. 이 생각을 로마인이 받아
들여 '후마니타스'라고 불렀다. 후마니타스, 즉 인간성을 획득하려면 그리스
의 학예를 연구하는 것이 가장 빠른 길이다. 그래서 로마의 문인이자 웅변가

인 키케로(BC 106~43)는 인간성을 획득하는데 필요한 교양을 '스투디아 후마니타티스(인간성 연구)'라고 명명하고, 그리스를 모범으로 삼았다. 페트라르카가 고전 부흥과 고서 수집에 노력한 것도 '스투디아 후마니타티스'를 얻는 것이 목적이었기 때문이다.

중세에 고전의 지식과 연구가 전혀 없었다고 하면 거짓말이 된다. 교회나 수도원에서 초보적인 고전연구는 이루어졌다. 그중에서도 8세기에 나온 앨퀸(735경~804)은 중세 초기 고전학자로서 카를 대제(샤를마뉴, 742~814)를 받들어 카롤링 왕조의 르네상스를 추진했다. 13세기에는 토마스 아퀴나스(1225~1274)가 스콜라 철학으로 고전지식과 그리스도교 사상을 융합했다. 그러나 중요한 것은 무엇을 읽었는가가 아니라 어떻게 읽었느냐 하는 것이다. 중세 때는 고전은 그리스도교에 봉사했다. 이에 반해 르네상스 휴머니스트는 고전을 '리터리 후마니오레스(인문학)'이라고 보고 고전 속에서 약동하고 있는 인간성, 그리스도교의 속박을 모르는 인간성을 배워 얻으려 했다. "우리가 일반적으로 인문주의라고 부르는 문화운동에서 처음으로 새로운 인간관과 삶의 형성을 목표로 하고, 더구나 인간을 풍요롭게 하고 정화하기 위한 원천으로서 열광적으로 우러를 만한 의미에서의 고대작가의 인식과 모방이 등장했다."(부르다흐《종교개혁, 르네상스, 인문주의》)

이탈리아의 휴머니즘

이상은 휴머니즘의 일반적 정의인데 르네상스 시대 이탈리아인에게 고대나 고전은 죽은 과거의 유물이 아니라 살아 있는 친근한 것이었다는 점에 유의해야 한다. 특히 로마 시대는 선조의 역사이고, 라틴어는 그들이 사용했던 언어였다. 그것은 다른 민족과는 달리 피로 이어져 있는, 말하자면 국민감정과 밀착해 있었다. 나아가 이탈리아의 휴머니즘 운동이 도시생활과 떼어놓고 생각할 수는 없다는 점이다. "이탈리아인이 대규모로 고대에 빠져드는 것은 14세기가 되어 차츰 시작된다. 그러려면 이탈리아에서만, 그것도 이제 막 나타나기 시작한 도시생활의 발전이 필요했다. 즉 귀족과 시민의 공동생활과 사실상의 평등과 교양의 필요를 느끼고, 나아가 그를 위한 여가와 돈의 여유가 있는 일반적 사회의 형성이다."(부르크하르트《이탈리아 르네상스의 문화》) 고전 지식은 성직자가 담당했던 신학적 교양을 대신하는 인간적이고 세속적인 교양으로 도시민의 요구와 맞아떨어져 환영을 받았다. 휴머니즘 발상지가 시민정신과 시민생활이 가장 활발했던 피렌체였던 것은 자연스러운 것이다.

그리하여 페트라르카가 시작한 고전연구는 날이 갈수록 번성했고, 페트라르카와는 별로 인연이 없었던 시민계급과의 관계가 밀접해지기 시작한다. 갈렌이 15세기 휴머니즘을 '시민적 휴머니즘'이라고 부른 까닭이다(《이탈리아 휴머니즘》). 좋은 예로 코르티오 사르타티(1331~1406)가 있다. 그는 뛰어난 휴머니스트임과 동시에 정치가로서 1375년부터 죽을 때까지 피렌체 공화정부 우두머리였다. 정부의 요직에 있었기 때문에 휴머니스트 보호에 앞장서기도 했다. 코시모의 문화보호 또한 피렌체의 빛나는 전통의 선물로 볼 수 있다.

피렌체파의 미술

시와 고전의 연구뿐만 아니라 미술도 피렌체는 첨단을 달렸다. 피렌체 시민사회가 신선한 예술운동의 온상이 된 것은 전혀 이상하지 않다. 예술에서 피렌체파의 특색은 다양성에 있었다. 미술사가 버나드 베렌슨은 이렇게 말한다.

"베네치아파 사람들의 의의는 그들이 화가였다는 점에서 끝이 난다. 하지만 피렌체파는 그렇지 않다. 설령 그들이 화가였다는 점을 무시하더라도 여전히 위대한 조각가로 존재한다. 조각가였음을 무시하더라도 그들은 나아가 건축가로, 시인으로, 또한 과학자로도 존재한다. 그들이 시도하지 않았던 표현형식은 아무것도 없었다. 회화는 그들의 인격을 단지 부분적으로 표현하는데 불과할 뿐, 반드시 가장 정확하게 표명하는 것은 아니었다. 따라서 우리는 그 작품보다도 예술가로서의 그들이 위대하다고 생각하고, 또한 예술가로서의 그들보다도 인간으로서의 그들이 더 위대하다고 느끼기 때문이다. 피렌체파 회화는 특히 위대한 인격에 의해 형성된 예술이었기 때문에 그것은 최고로 흥미 있는 여러 문제를 다루고, 그 가치를 결코 잃지 않는 해석을 제공했다."(《르네상스의 이탈리아 화가》)

여기서는 피렌체 시민사회를 무대로 하여 화가, 조각가, 건축가가 어떻게 묘기를 부렸는지 살필 겨를은 없다. 다만 피렌체가 새로운 학문의 대학이자 미술의 한 대학이었음은 분명하다. 그리고 코시모 데 메디치는 그들이 각자의 천재성을 유감없이 발휘하도록 지원했다.

로렌초의 등장

코시모가 세상을 떠난 뒤 장남 피에로(1416~1469)가 뒤를 이었다. 공화국에서는 독재자의 세습 같은 것은 있을 수 없지만 코시모는 반대파를 누르고 메디치 가의 지배체제를 굳혀 놓았다. 그런 아버지의 배려에도 피에로는 '통풍에 걸린 피에로'라는 별명처럼 병약한데다가 아버지만한 기량을 지닌 인물이 아니었다. 그런데도 5년 동안 어떻게든 메디치 왕국을 지키다가 장남 로렌초(1449~1492)에게 바통을 넘겼다. 이 로렌초야말로 세간에 '위대한 로렌초'라고 불리고, 할아버지 코시모 시대의 성대함을 적어도 표면적으로는 지켜낸 인물임에 틀림이 없다.

그는 첫 무대를 밟을 때부터 이미 드라마틱했다. 스무 살이 될까 말까한 애송이가 메디치 가를 지킬 수 있을까 세상은 고개를 갸우뚱했다. 반대파인 파치 가가 이런 기회를 놓칠까보냐고 덤벼들었다. 파치는 메디치와 마찬가지로 은행가로 말하자면 사업상의 적이었다. 1478년 4월 26일 자객들은 로렌초와 그의 동생 줄리아노(1453~1478)의 목숨을 노렸다. 마침 대성당에서 일요일 미사가 한창 거행되는 때를 덮쳤다. 줄리아노는 죽음을 당했고 사체는 아르노 강으로 던져졌다. 로렌초는 침착함과 행운의 덕을 입어 구사일생으로 살아났다. 파치 가는 도시에서 폭동을 일으키려 했지만 시민은 응하지 않았다. 메디치 가 집 앞에 모여 있다가 로렌초가 무사한 모습으로 나타나자 환성을 질렀다. 음모자는 모조리 교수형에 처해졌고, 파치 가는 깡그리 제거되었다. 아울러 줄리아노 암살 하수인의 한 사람인 베르나르도라는 사제는 본보기로 대중 앞에서 교수형에 처해졌다. 피렌체 화가 레오나르도 다 빈치(1452~1519)의 소묘 작품 〈베르나르도의 처형〉은 그 처참했던 모습을 그리고 있다.

그런데 반메디치의 음모자로 피사의 대주교가 가담했다가 파치 가와 함께 처형되었다. 분노한 교황 식스투스 4세(재위 1471~1484)는 로렌초를 파문한다. 아울러 교황에게 동조했던 나폴리군이 피렌체를 위협하고, 밀라노와 베네치아는 피렌체를 도우려 하지 않는다. 산 넘어 또 산이었다. 이때 로렌

파치 가 일당이 메디치 형제를 습격한 사건을 묘사한 그림 로렌초는 상처를 입고, 동생 줄리아노 메디치는 죽었다.

초는 아슬아슬한 재주를 부려 사람들을 경악케 했다. 홀몸으로 나폴리로 뛰어든 것이다. 그리하여 나폴리 왕을 설득하여 화의를 맺고, 나폴리 왕의 중

개로 교황과도 화해를 하기에 이른다. 로렌초가 피렌체로 돌아오자 시민의 대대적인 환영받은 것은 말할 것도 없다. 공화정부에서 로렌초의 지배체제는 반석을 이룬다.

로렌초 행장기

로렌초의 권세는 이제 할아버지 코시모를 능가한다. 공화정은 이름뿐이었다. 그는 결혼정책으로 교황과 인척관계를 맺는다. 차남인 조반니를 추기경으로 만든다(뒷날의 교황 레오 10세). 베네치아 및 밀라노와도 수교를 회복한다. 15세기 후반 이탈리아가 비교적 평온했던 것은 로렌초의 외교수완에 힘입은 피렌체를 중심으로 한 세력균형 덕분이었다.

좋든 싫든 로렌초만큼 르네상스의 전성기를 상징하는 인물은 없을 것이다. 할아버지 코시모 같은 대규모 건축사업은 벌이지 않았지만 정치적인 목적에서 학자와 예술가를 보호했다. 정치적 목적이란 그들에게 메디치 가를 찬미하게 하거나, 여러 나라로 내보내 피렌체 문화를 선전하게 하려 했기 때문이다. 그 자신은 평생토록 사치의 극치를 누렸다. 풍광이 뛰어난 곳에 별장을 짓는다, 화려한 경기대회를 개최한다, 보석을 위해 돈을 물 쓰듯이 쓴다, 고대 화폐 수집은 근사한 일이라는 식으로. 세상 사람들이 '위대한 로렌초'라고 부른 것도 무리가 아니다.

휴머니스트인 란디노(1424~1498)는 《카말돌레스 논쟁》에서 플라톤 철학에 심취했던 당시 휴머니스트들이 카센티노 산속에 있는 카말돌레스 수도원에서 열렸던 우아한 연회를 표현하고 있다. 실제생활과 명상생활 중 어느 것이 훌륭한가 논쟁을 하게 했다. 플라톤(BC 427~347)의 《향연》에 대항했던 것이다. 로렌초는 이 저명한 휴머니스트와의 철학논의로 시간 가는 줄 몰랐다. 그런가 하면 손수 시나 극을 짓는 재주꾼이기도 했다. 자작시 《바커스와 아리아드네》에서 카니발의 도취를 이렇게 노래하고 있다.

청춘은 얼마나 아름다운가,
이렇게 덧없이 지나가건만.
즐겁다면 즐겨야 하리라,
내일이라는 날은 허무한 것을.

부르크하르트가 말한 것처럼 이 노래 후렴구는 르네상스의 짧았던 영광을 예감한 듯 싶다. 로렌초는 어떤 풍모를 지녔었을까? 키는 컸지만 창백한 얼굴에 이마와 턱이 튀어나와 전체적인 인상은 추남에 가까웠다. 목소리는 기묘하게 쉬어 있었다. 그런데도 보는 사람을 매료시켰다. 피렌체 역사가 귀차르디니(1483~1540)는 "로마제국이 멸망한 뒤로 지금까지 코시모와 그의 손자 로렌초만큼 커다란 권위를 지닌 시민은 없었다"라고 말한다. 과장된 말

로렌초 데 메디치(1449~1492)
바사리 작. 우피치 미술관 소장.

이라고 해도 르네상스 전성기가 로렌초에 의해 구현되었다는 것은 부정할 수 없는 사실이다.

　하지만 지배자가 이래가지고야 피렌체의 장래를 마음 놓을 수 있겠는가. 마음을 놓기는커녕 걱정거리는 한두 가지가 아니었다. 코시모는 엄격하고 검소했지만 로렌초는 사치 그 자체였다. 코시모는 업무에 힘썼지만 로렌초는 가업은 돌아다보지도 않았다. 메디치 가의 재산이 차츰 탕진되어 간 것은 당연했으리라. 다만 할아버지와 손자의 이런 생활태도의 차이는 시대풍조의 차이에서 온 것이다. 그도 그럴 것이 르네상스 초기에 왕성했던 기업정신은 온데간데없고 부를 일군 부르주아는 그 부를 새로운 기업에 투자하기보다는 금리생활자의 안일을 탐하게 되었기 때문이다. 로렌초는 1492년에 죽었다. 임종 때 도미니코파 수도사 사보나롤라(1452~1458)에게 참회했다고 전해진다. 한 시대를 풍미한 건방진 젊은이와 수도사의 만남은 르네상스 종말을

암시하기라도 하는 것 같았다. 사실 로렌초의 죽음을 전기로 피렌체의 내외 정세는 급물살을 탄다.

피렌체 문화의 그늘

로렌초 시대부터 피렌체 문화에 그늘이 지기 시작하는 과정을 휴머니스트와 예술가의 경우로 나누어 살펴보자. 고전부흥과 함께 많은 휴머니스트가 등장했다. 그러나 초기 휴머니스트에게 넘치던 인생과 세계에 대한 진지한 관심은 사라지고 고대의 것에 대해 아는 수준에 불과해진 것은 누가 보아도 자명했다. 갈렌은 이렇게 지적한다.

"초기 휴머니즘은 대체로 시민생활을 강조하고, 인간에 의한 지상국가의 자유로운 건설을 부르짖고 있지만, 15세기 말쯤이 되면 현세 도피와 명상적 경향이 차츰 분명하게 드러나기 시작한다. 사르타티와 부르니로 강조되는 인생의 찬미에 더하여 프라토니즘에선 철학은 죽음에 대한 접근으로 이해되고, 금욕적 분위기로 거론되었다."(《이탈리아의 휴머니즘》)

휴머니스트는 일반시민으로부터 동떨어져 후원자인 귀족의 취미에 따르는 것만이 능사였다.

원래 이탈리아 휴머니즘은 이탈리아 국민감정을 모태로 하여 발달했다. 이것은 중세 이후 외국인 지배로부터 이탈리아를 해방하는 염원을 고취하고, 따라서 전제군주라는 것을 혐오했다. 그런데 그런 기풍은 차츰 엷어진다. 때마침 프랑스와 에스파냐가 쳐들어올 기회를 노리고 있었으므로 이탈리아는 바람 앞의 등불이었다. 위기는 그러나 평화에 젖은 휴머니스트의 눈에는 비치지 않아 귀족사회 속에서 유유자적 세월을 보내고 있었다. 이런 이탈리아 휴머니즘의 변화는 피렌체에서는 더욱 확연하게 나타난다. 예를 들면 신플라톤주의 유행이 그것이다. 코시모가 창설한 플라톤 학원은 로렌초의 지지로 한층 번성했다. 원장인 피치노(1433~1499)는 플라톤뿐만 아니라 신플라톤 파인 프로티노스(204~270)를 연구하고 그의 저서를 번역했다. 그러나 프로티노스의 세계관은 미적, 신비적인 특징을 지닌다. 그것은 귀족 티를 내는 대시민의 기분과 딱 들어맞았다. 《카말돌레스 논쟁》에 나오는 화려한 사교는 상류시민의 정서와 풍경을 나타낸다.

그늘은 미술계에도 나타난다. 앞에서 말한 것처럼 피렌체파의 특색은 다양성과 인간성에 있다. 그런 것들을 일관하는 것은 강한 리얼리즘 정신이다. 하지만 리얼리즘이 절정에 달하자 새로운 방향을 모색한다. 15세기 말은 사실주의에서 고전주의로의 전환기이다. 좋은 예가 레오나르도 다 빈치이다. 그는 사실주의에 철저하면서도 완성과 조화의 고전주의를 지향하여 마침내 그것을 달성하게 되는데 당시 피렌체 미술계에 실망한 끝에 밀라노로 떠난다. 내면적인 고민도 있었을 것이다. 하지만 직접적인 동기는 로렌초의 예술정책이

〈모나리자〉
레오나르도 다 빈치 작(1503~1506). 루브르미술관 소장.

마음에 들지 않기 때문이다. 로렌초는 코시모처럼 대규모 건축사업을 벌이지 않았다. 따라서 피렌체 예술가들은 활동 터전을 잡지 못해 처지를 한탄하고 비관할 따름이었다. 이름 있는 예술가가 교황이나 제후의 초청을 받으면 떠나는 배와 함께 그것으로 끝이었다. 그런 때문에 피렌체 미술계는 갑작스레 휑뎅그렁해졌다. 그것이 로렌초가 바라던 바이기도 했다. 뛰어난 예술가를 다른 나라에 보내 명성을 떨치려 했으니까. 레오나르도가 이런 로렌초의 예술정책에 반감을 품었을 것이다.

이리하여 15세기 말 피렌체 문화에는 그늘이 지기 시작한다. 그런 그늘은 따지고 보면 피렌체가 맞닥뜨린 정치적, 경제적 위기가 낳은 것이었다.

무기 없는 예언자

레오나르도 다 빈치(1452~1519) 자화상
1508년 9월 레오나르도는 피렌체를 떠난다. 이로써 피렌체의 예술은 급격히 쇠퇴한다.

로렌초가 죽은 뒤에 외아들인 피에로(1472~1503)는 기량이 별로 뛰어나지 않은 사람으로 마침내 메디치 가에도 쇠퇴의 기미가 나타난다. 1494년 가을 프랑스왕 샤를 8세(재위 1483~1498)는 나폴리 왕국의 상속을 구실로 이탈리아 원정에 나선다. 이 사건은 이탈리아를 국제정치의 소용돌이에 밀어 넣고, 마침내는 이탈리아 르네상스의 운명을 결정짓게 된다. 원정길에 프랑스군은 피렌체를 습격하지만 국민군 없이 임기응변식 용병에 매달리고 있던 피렌체는 어찌할 바를 모르고 허둥댄다. 피에로는 상금 20만 굴덴을 지불하는 것과 피렌체가 악전고투 끝에 정복한 피사 독립을 인정하는 조건으로 샤를과 화의를 맺게 된다. 피렌체 시민은 시답지 않은 피에로를 쫓아내고 오랜만에 공화정을 부활한다.

부활했지만 쓸데없이 우왕좌왕할 뿐 이렇다 할 만한 지도자가 없다. 이때 혜성처럼 나타나 단숨에 사태를 수습한 것이 사보나롤라이다. 지롤라모 사보나롤라는 북이탈리아의 페라라에서 태어났다. 도미니코 수도원에 들어갔다가 1482년 피렌체의 산마르코 수도원으로 옮겨 1491년 원장이 된다. 때는 르네상스 최고조기. 신앙은 바닥에 떨어지고 기풍은 흩어질 대로 흩어져 있다. 그는 대성당 설교단에서 시민을 향해 경고한다. "참회하라, 때가 왔다. 속죄하라, 그렇지 않으면 커다란 재앙이 반드시 너희를 덮치리라." 처음엔

〈비너스 탄생〉 보티첼리 작.

미친 사람으로 보던 시민도 차츰 그의 예언자적 열변에 마음이 움직인다. 그의 설교가 얼마나 강렬한 감명을 주었는지는 〈비너스 탄생〉이나 〈봄〉 같은 이교적 그림을 그렸던 보티첼리(1440경~1510)가 어엿한 사보나롤라 신자가 된 것을 보아도 추측할 수 있다. 독재자 로렌초의 죽음과 프랑스군의 침입이 그의 예언을 뒷받침해 시민의 인기는 폭발적으로 솟아오른다. 사보나롤라는 샤를 8세와 교섭하여 어찌 됐든 화의를 성립시킨다. 프랑스군이 물러간 뒤에 시민이 그에게 공화정의 지도를 맡긴 것은 당연한 결과다.

그러나 사보나롤라가 펼친 것은 시민적 공화정이 아니라 신정 정치였다. 엄격한 금욕주의를 부르짖어 모든 사치와 향락을 금하고, 시민의 도덕적 갱생을 주창했다. 그뿐만 아니라 르네상스 풍조에 젖은 로마교회에도 비난의 화살을 돌려 교회개혁을 외친다. 종교개혁의 선구자라고 하는 것은 바로 그 때문이다. 열광적 신앙은 1497년과 98년 카니발 때 '허영의 소각'에서 극치에 이른다. 장식품과 음란한 그림, 수상쩍은 책을 정부청사 앞 광장에 모아 놓고 불태운 것이다.

한편, 이런 엄격한 방식에 불만을 품은 반대파가 프란체스코파 수도사들과 결탁하여 사보나롤라 배척에 나선다. 비난을 피할 수 없게 된 교황 알렉산데르 6세(재위 1492~1503)는 사보나롤라를 이단자로 파문을 선고한다.

사태를 지켜보던 프랑스왕도 지원과 원조를 끊는다. 고립된 그는 교황에게 잡혀가 심문 끝에 유죄 판결을 받는다. 그리고 '허영의 소각'을 단행했던 정부청사 앞 광장에서 화형에 처해진다(1498년 5월 23일). 신정 정치는 4년 만에 종지부를 찍는다. 사보나롤라 사건의 시작과 끝을 지켜보던 마키아벨리는 15년 뒤에 이렇게 쓴다.

"그러므로 이 문제를 충분히 검토하기 위해서는 우선 개혁을 시도하는 군주가 과연 자력으로 할 것인가 아니면 다른 사람의 힘에 의존할 것인가를 알아볼 필요가 있다. 다시 말해서 자기 일을 달성하기 위해 원조를 필요로 하느냐, 아니면 자력으로 처리할 수 있느냐의 문제이다. 원조를 필요로 하는 경우에는 반드시 재난이 발생하여 아무 일도 달성하지 못한다. 반대로 자력으로 힘을 발휘했을 때에는 궁지에 빠지는 일은 별로 없다. 그래서 무장을 한 예언자는 승리를 차지할 수 있으나, 말뿐인 예언자는 멸망하고 마는 것이다.

그것은 이미 언급한 이유 외에도 민중의 천성이 변덕스럽다는 것을 들 수 있다. 민중에게 어떤 일을 설득시키는 일은 쉽지만 설득된 상태로 언제까지나 그들을 잡아 두기란 어렵다. 그러므로 말로써 되지 않으면 힘으로 믿게 하는 대책을 강구해야 한다.

모세, 키루스, 테세우스, 로물루스 역시 만일 무력을 갖고 있지 않았던들 그들의 율법을 오랫동안 민중이 지키게 할 수는 없었을 것이다. 오늘날에도 수도사 지롤라모 사보나롤라의 예가 이를 말해 주고 있다. 대중이 이 수도사의 말을 믿지 않게 되자, 그는 자기가 만들어 놓은 새 제도와 함께 망해 버렸다. 결국 이 수도사는 일단 자기를 믿었던 민중을 무슨 방법으로라도 잡아 두며 믿지 않는 자들을 믿게 하는 수단을 갖지 못했다."(《군주론》 6)

자유도시 피렌체의 말로

사보나롤라가 실각한 뒤에 피렌체 공화정부는 지도자도 없는데다가 대외 무역 부진으로 경제적으로도 난국에 빠졌다. 1502년 헌법개정이 이루어져 귀족이자 부호이고 시민에게 인기가 있었던 피에로 소데리니(1452~1522)가 종신 '정의의 기사'에 임명되어 내외정치를 맡게 된다. 소데리니 치하에서의 피렌체의 정치정세는 마키아벨리의 활동과 평행선을 달리므로 다음 장에서 자취를 살펴보기로 하고, 피렌체의 말로를 알아보자.

공화정부는 재정 핍박에
다 메디치 가의 복귀에 대
비해야 했다. 하지만 치명
적이었던 것은 대외관계의
악화. 로렌초 시대에 유지
되던 여러 나라의 세력균
형이 프랑스군 침입으로
깨진 뒤로는 피렌체를 포
함한 이탈리아 전체가 국
제정세의 커다란 파도에
휩쓸리게 된다. 1508년
캉브레 동맹(베네치아 대
로마 교황, 이탈리아 소
국, 독일, 프랑스, 에스파
냐), 1511년 신성동맹(로
마 교황 대 독일과 프랑
스)이 성립해 이탈리아는
국제정치의 초점이 되었
다. 문화를 보호하고 권장
할 여유가 있을 리 없다.

산드로 보티첼리(1445~1510)
자화상. 그는 사보나롤라의 추종자로서 예언자적 신비주의에
심취하였다. 피렌체 우피치미술관 소장.

피렌체는 기회를 엿보고 있었지만 신성동맹이 교황보다 우세해지고, 프랑
스의 기색이 나빠지자 과거 친프랑스적이었던 피렌체는 궁지에 빠진다. 마
침내 1512년 교황 율리우스 2세(재위 1503~1513)와 에스파냐 등 반프랑스
동맹국이 피렌체 공화정부를 쓰러뜨리고, 그들의 지원으로 메디치 가가 다
시 돌아왔다. 1527년 독일 황제 카를 5세(재위 1519~1556)의 흉포한 군대
가 로마를 약탈한다. 이 '로마 약탈' 때 피렌체 시민은 알레산드로 데 메디
치를 일단 추방하는데 교황 클레멘스 7세(재위 1523~1534)가 메디치 가 출
신이어서 1530년 다시 알레산드로를 지배자로 세운다. 피렌체 공화정은 이
로써 역사 위에서 자취를 감춘다.

공화정은 막을 내렸다. 그러나 르네상스 문화사에서 자유도시 피렌체는

찬란하게 빛나고 있다. 르네상스 문화는 자유 코무네에서 탄생했다. 풍요로운 경제생활은 교양사회를 낳았다. 단테를 비롯한 수많은 시인과 학자가 이 도시 출신이거나 마음의 고향으로 삼았다. 고대문화 부흥도 이 도시를 중심으로 했다. 시문학의 융성뿐만 아니라 미술도 영화를 누렸다. 중세 고딕의 극복에서 사실주의를 거쳐 고전주의에 이르기까지 피렌체는 위대한 예술가의 요람이자 등단 무대였다. 피렌체는 르네상스의 시작과 끝을 모두 지켜본 역사의 증인이었다.

이탈리아 여러 나라의 정세

앞 장에서 피렌체 및 메디치 가의 성쇠를 살펴보았으므로 이번에는 마키아벨리의 정치사상을 성숙시킨 현실을 한층 깊이 이해하기 위하여 시야를 넓혀 이탈리아 여러 나라의 정세를 알아보자.

비스콘티 가의 악행

15세기 중반 이탈리아에서는 북부 밀라노 공국, 베네치아 공화국, 피렌체 공화국, 중부 로마교회 국가, 남부 나폴리왕국이 5대 강국으로 존재하고 그 사이에 작은 나라들이 있었다. 두세 나라들을 소개하겠다. 우선 밀라노를 통치한 비스콘티 가이다. 마테오 1세(1250~1321)는 자리를 빼앗겨 망명했다. 적의 사자가 와서 '언제 밀라노로 돌아오느냐'고 묻자 '너희 주인의 비행이 나의 비행을 웃돌게 될 때'라고 태연히 대답했다. 당시 밀라노의 국가적 중요행사는 군주의 멧돼지 사냥이었다. 방해하는 자는 단칼에 처형된다. 때문에 민중은 군주를 위해 5천 마리의 사냥개를 길러야 했다. 민중에게 한줌의 측은함도 갖지 않는다. 몇 대를 거쳐 갈레아초(1352~1402)가 나왔을 무렵에는 밀라노는 북이탈리아 대부분을 장악하고 있었다. 그는 비스콘티 가의 역대 군주 중에서도 손꼽는 폭군인데 어마어마한 일을 한 점에서도 빠지지 않는다. 30만 굴덴을 쏟아 부어 거대한 댐을 쌓고, 크기와 화려함에서 그리스도교계의 모든 교회를 능가한다는 밀라노 대성당을 건조하기도 했다.

아들인 조반니 마리아(1388~1412)와 필리포 마리아(1392~1447)도 아버지에게 물려받은 잔인성을 발휘했다. 조반니는 개를 끔찍이 좋아했다. 개는 보통 사냥개와 달리 사람을 물도록 길들였다. 전쟁이 계속되어 굶주림에 허덕이던 민중이 "평화, 평화를!"라고 외쳤다. 그러자 용병을 투입해 그 자리에서 2백 명을 죽였다. 그 뒤로 평화라는 말은 금기가 되었고 어기는 사람은 교수형을 당했다. 그러나 조반니는 반란자의 손에 죽음을 당한다. 필리포도 약간 별났다. 불의의 습격이 무서워 성곽에서 한 발짝도 나가지 않았다. 성내 사람도 끊임없이 감시했다. 밖으로 신호를 보낼 것이 걱정되어 창가로 다

〈가타멜라타 기마상〉 도나텔로 작(1447~1453).

가서는 것도 허락하지 않았다. 이런 깊은 조심성 덕분에 비운의 죽음은 맞지 않는다. 필리포의 죽음으로 비스콘티 가의 대가 끊어져 사위인 프란체스코 스포르차(1401~1466)가 뒤를 잇는다. 그는 우두머리 자리를 차지했지만 아무 짝에도 쓸모없는 콘도티에리(용병대장)의 벼락출세였다.

콘도티에리 군상

전쟁으로 해가 뜨고 지는 이탈리아의 군소 국가와 도시국가에서 용병은 귀한 대접을 받았다. 군소 국가에서는 군비는 무시 못할 부담이다. 때문에 전쟁은 용병에게 청부한다. 이런 용병의 대장이 콘도티에리이다. 군인을 직

업으로 하기 때문에 군주나 도시와 계약한다. 계약을 맺게 되면 보병과 기병수, 대포 수에서 길고 짧은 기간의 전투에 이르기까지 모든 것을 콘도티에리에게 맡긴다. 계약의 성격이 그렇듯 매번 애국심에서 싸울 리는 없다. 승세를 만들면 그뿐이다. 미리 짜고 치는 이런 협잡전쟁에서는 자기편 손상은 중대한 일이다. 모든 것을 잃는 것이므로. 전쟁이 시작되면 콘도티에리는 제세상을 만난다. 대부분 돈이 목적이지만 개중에는 한 나라나 성의 주인이 되는 자도 있다.

예를 들면 카르마뇰라(1382~1432)는 근본 없는 농부의 아들이었다. 밀라노 공을 섬겨 공을 세웠다. 그러다 공의 의심을 받게 되자 적인 베네치아와 내통하여 베네치아를 위해 거꾸로 밀라노 공을 무찔렀다. 결국 베네치아에게도 미움을 받아 목이 달아나기는 했지만. 콜레오니(1400~1475)는 베네치아, 밀라노, 다시 밀라노로 번갈아 가며 봉사를 했다. 가타멜라타(1370경~1443)도 유명한데 피렌체의 조각가 도나텔로(1386경~1466)는 그를 위해 청동 기마상을 만들었다. 파도바의 산토광장에 서 있는 것이 그것이다. 이탈리아의 혼란스런 정국과 실리주의가 낳은 기형아지만 용감한 기개로 이름을 떨쳤을 뿐만 아니라 교양인 소리를 들은 콘도티에리도 있다. 페데리고 몬테펠트로(1422~1482)는 나폴리왕과 이탈리아 동맹군에게 고용되어 한밑천 잡는다. 그 돈으로 우르비노에 장엄하고 화려한 궁정을 세우고 문인과 예술가를 초빙하고, 희귀한 서책과 미술공예품을 수집했다. 그 자신도 뛰어난 교양인이었다. 저명한 휴머니스트인 카스틸리오네(1478~1529)가 쓴 《궁정인의 글》은 그가 한때 일했던 우르비노에서의 경험을 바탕으로 신사도를 설명한 책이다.

스포르차 가

이런 콘도티에리 중에 최대의 성공을 거둔 이는 프란체스코 스포르차(1401~1466)이다. 아버지도 용병대장으로 나폴리와 교황을 위해 싸워 용맹의 평판이 높았던 데서 '스포르차(강인한 사람)'이라는 이름을 얻는다. 비스콘티 가가 멸망하던 당시 프란체스코는 베네치아와 싸우고 있었는데 화의를 하고 급거 밀라노로 돌아와 주인 자리를 빼앗는다. 제노바를 정복하여 롬바르디아 지방에서 패권을 휘둘렀지만 내치에서도 업적을 올렸다. 오늘날 밀라노는 이탈리아에서 제일 가는 상공업 지역인데 그것은 비스콘티 가와 스포르차 가의 문화장려의 결과이다. 현재는 고고학 미술박물관이 된 밀라노성은 프란체스코가 지은 것이다.

교황 알렉산데르 6세(재위 1492~1503)

프란체스코의 아들 갈레아초 마리아(1444~1476)는 변덕스럽고 잔혹했기 때문에 마지막엔 암살되었다. 아들인 조반니 갈레아초(1469~1494)는 변변치 못해 숙부인 루도비코 스포르차(1452~1510)가 실권을 쥐고, 조카가 죽은 뒤에 밀라노 공이라 칭했다. 이 찬탈이 프랑스왕 샤를 8세의 원조로 이루어지고, 프랑스의 북이탈리아 침입의 계기가 된다. 루도비코는 피부색이 검었기 때문인지 '무어인 루도비코'라고 불렸다. 무어인을 나타내는 '모로'에는 '검다'는 뜻도 있지만 '굉장하다'거나 '흉악'의 의미도 있다. 전제군주답게 경계심이 강하다. 사람들을 만날 때는 울타리를 치는 바람에 목소리를 크게 내지 않으면 말이 들리지 않는다. 이런 군주이면서도 학자와 예술가를 후하게 대우했다. 레오나르도 다 빈치도 그 중 한 사람이다. 사는 곳이 일정치 않았던 레오나르도는 어디가 마음에 들었는지 밀라노에는 오래 머물렀다. 루도비코는 처음엔 프랑스와 사이가 좋았다. 이윽고 불화를 초래하여 루이 12세(재위 1498~1515)에 의해 밀라노를 점령당한다. 그 뒤 일단 회복했다가 다시 무너져 프랑스로 잡혀가 그곳에서 옥사한다.

르네상스적 교황

지금까지 서술에서 로마 교회국가에 대해서는 별로 다루지 않았다. 사실대로 말하자면 중세 말에서 르네상스 시대에 걸쳐 자치도시가 발전한데 반해 로마는 별 볼일 없이 없었다. 1300년에 로마축전이 열렸으나 과거 위세의 찌꺼기에 지나지 않았다. 실제로 조반니 빌라니(1276경~1348)라는 피렌체 상인은 축전에 나왔을 때, '로마는 차츰 쇠퇴하고 있지만 나의 조국은 한창 상승세여서 위대한 사업을 이룩할 준비가 되어 있다. 그러므로 나는 조국의 과거를 모조리 기술해야겠다'고 마음먹고 피렌체로 돌아오자마자 《피렌체 연대기》의 집필을 시작했다. 빌라니의 말처럼 로마는 스러져가고 있었다. 교황의 아비뇽 유수(1309~1377), 교회분열(1378~1417)과 불상사가 겹쳤으니 쇠퇴하는 것도 당연하리라. 교황이 있어야 로마다. 교황 없는 로마는 두드러지게 황폐해져 소귀족이 다투고, 노상강도가 횡행하는 무질서 상태에 빠진다.

이처럼 15세기 초까지 교회국가는 별 볼일이 없었지만 마르티누스 5세(재위 1417~1431) 때 교회분열이 겨우 종식되었다. 르네상스의 진전에 뒤쳐진 정치와 문화 양면의 후진성을 극복하기 위해 종교 활동은 뒤로 미뤄놓는다. 여기서 '르네상스적 교황'이 나타난다. 르네상스 문화의 장려에 힘쓰는 한편 권모술수에 열중한다. 성스러운 신의 대리인이 속세의 냄새를 풍기는 군주로 바뀌었다. 예를 들어보자.

사보나롤라를 파문한 교황 알렉산데르 6세를 기억할 것이다. 본명은 로드리고 보르자라고 하는데 에스파냐 출신이다. 숙부인 갈리스토 3세(재위 1455~1458) 덕분에 추기경에 임명되고, 승진하여 발렌시아 대주교가 되었다. 그 사이 방종한 생활을 한다. 인노켄티우스 8세(재위 1484~1493) 뒤에 성직 매수로 교황이 되었다. 로마의 화류계 여자와의 사이에서 생긴 체사레 보르자(1475~1507)와 공모하여 교황령 확대에 힘쓰고, 밖으로는 이교국인 터키와 동맹을 맺는 일조차 마다하지 않았다. 그 결과 교황권은 두드러지게 강화되었다. 그러나 갑작스레 죽는다. 일설에 따르면 어느 날, 포도밭에 몇 명의 추기경을 초대했다. 그들의 재산과 추기경 자리를 손에 넣으려고 독살을 꾀했던 것이다. 그런데 부자가 실수로 초대손님용으로 마련한 독이 든 포도주를 마신다. 알렉산데르는 절명하고, 체사레는 간신히 목숨을 건진다. 사실은 말라리아에 걸려 고열이 노인의 목숨을 빼앗았지만 이런 소문이 마치 사실인 것처럼 퍼질 정도로 평소 소행이 괘씸했던 것이다.

〈아담과 이브〉(부분)
라파엘로 작(1508).
로마 바티칸 궁전
'서명의 방' 천장에
그려진 작품.

　이런 알렉산데르 6세 뒤에 원수지간이었던 율리우스 2세(재위 1503～
1513)가 오른다. 교황자리에 오르기까지 얼마나 많은 책략을 짜냈던가? 하
지만 교황으로서는 일류급이었다. 노령에도 분투하여 교황권을 확립하고 교
황령을 확장한다. 알렉산데르와 달리 이탈리아인의 피를 이어받은 율리우스
는 이탈리아에 있는 외적 격퇴를 염원했다. 16세기 초 이탈리아 여러 국가
가 부진한 가운데 '아드리아 해의 여왕' 베네치아만이 기세가 등등했다. 이
것이 율리우스에게는 눈엣가시여서 독일, 프랑스, 이탈리아 여러 국가와 캉
브레 동맹을 맺어 베네치아를 굴복시킨다. 베네치아 멸망과 동시에 프랑스
세력이 북이탈리아에 미친다. 그러자 '야만족을 몰아내자!'는 구호를 앞세워
프랑스에 대항해 신성동맹을 맺어 끝내는 프랑스를 격퇴한다. '군인교황'이
란 칭호를 얻기에 손색이 없다.

이런 적극성은 학예보호에도 나타난다. 로마의 산피에트로 대성당을 기공하고, 건축가 브라만테(1444~1514)와 미켈란젤로(1475~1564)에게 설계를 맡기고, 바티칸 궁내의 시스티나 성당 천장그림에 미켈란젤로를, 벽그림에 라파엘로(1483~1520)를 기용했다. 로마 미술의 르네상스는 이제 피렌체의 그것을 능가한다. 이리하여 율리우스는 로마에 공의회를 개최하여 득의의 절정에 있을 때, 바람처럼 죽음을 맞는다.

권력의 마신(魔神) 체사레

알렉산데르 6세의 갑작스런 죽음은 체사레 보르자의 운명을 바꿔놓았다. 체사레는 3형제의 맏이이다. 아버지 덕에 18세에 추기경이 되었다. 동생을 죽였다는 의혹 때문에 추기경을 그만둔 뒤에 교황 사절로 프랑스에 가서 루이 12세의 신뢰를 얻는다. 루이의 모략으로 왕의 사촌누이 나바르와 결혼하고 귀국한다. 그 뒤로 아버지인 교황과 프랑스왕의 위세를 등에 업고 로마냐, 페루자, 시에나, 우르비노 등의 작은 국가를 공략하여 교황령을 넓힌다. 공에 따라 로마냐 공(발렌티노 공이라고도 함)에 책봉된다. 체사레는 알렉산데르보다 한수 위의 악인이어서 그의 악행은 범상치 않았다. 형제고 친척이고 마음에 들지 않으면 죽여 버린다. 피붙이 누이동생마저도 정략의 도구로 삼기를 마다하지 않는다. 밤이면 밤마다 로마 시내를 살인을 위해 어슬렁거려 사람들에게 악귀 같은 두려움의 대상이었다. 칼을 휘두르지 않을 때는 독살이라는 수법을 쓴다. '보르자 가의 독살'은 맛좋은 하얀 가루로 요리나 음료에 섞는다. 서서히 효과가 나타난다.

나는 새도 떨어뜨리는 체사레도 병에는 이길 재주가 없었다. 기력은 떨어지고 평소 그토록 치밀했던 머리는 변고를 보이기 시작한다. 마침내 알렉산데르와 사이가 나쁜 델라 로베레 추기경을 새로운 교황(율리우스 2세)에 앉히는 실수를 저지른다. 배려해 주리라고 믿었던 것일까? 안됐지만 율리우스는 그리 호락호락하지 않았다. 병석에 누운 체사레를 잡아다 로마의 산탄젤로 감옥에 가뒀다가 에스파냐로 추방한다. 그러나 체사레는 도망쳐서 아내의 친정인 나바르로 가서 나바르 왕의 군대를 도와 반란군과 싸우다가 전사한다. 프랑스군은 이탈리아에서 철수해 도움의 손길을 내밀지 않았던 것이다. 체사레 보르자는 반란으로 점철된 생애와 예측이 불가능한 성격으로 인

해 르네상스 말기의 포악
한 정치가 중에서도 눈에
띄는 인물이다. 나중에 마
키아벨리는 《군주론》에서
체사레의 인간상을 자세히
기록한다.

이탈리아 르네상스의 빛
과 그림자

지금까지 15, 6세기 이
탈리아 지배자를 몇 사람
들어 보았다. 현란한 르네
상스 문화를 낳은 이탈리
아에도 이런 암흑지대가
있었다. 르네상스 시대는
중세에서 근대로 넘어가는
시기여서 근대적인 것이
일어나는 한편으론 중세적

라파엘로(1483~1520) 자화상

인 것이 아직 남아 있어서 신구 문물의 충돌이 일어나 혼란에 빠졌다. 분명
한 것은 그런 충돌과 혼란 속에서 차츰 근대적인 것이 우위를 차지해 간다는
점이다. 르네상스 시대는 역사의 빛과 그림자가 복잡 미묘하게 뒤섞였던 시
대였다. 영국 역사가 플럼은 말한다.

"여러 분야에 걸친 이탈리아의 진정한 지적, 예술적 활동의 위업이 폭력
과 전쟁의 세계 속에서 이룩되었다고 생각하면 심각한 기분이 든다. 도시는
불화와 서로 죽고 죽여 갈가리 찢겨 있었다. 밀라노는 베네치아와, 피렌체는
피사와, 로마는 피렌체와, 나폴리는 밀라노와 전쟁했다. 동맹이 결성되었는
가 싶으면 어느새 깨지고, 시골은 끊임없이 약탈과 포획, 전투에 의해 피폐
해졌고, 그런 소용돌이 속에서 옛 사회의 유대는 깨지고 새로운 유대가 만들
어졌다. 한동안 평화가 계속되다가 15세기 후반 샤를 8세, 루이 12세, 및
프랑수아 1세에 의한 프랑스 대침략에 의해 혼란과 학살은 점점 더 심해진

다. 이런 고통의 시대는 신성로마 황제 카를 5세에 의한 1527년 로마 약탈 때까지 계속된다. 그러나 이 폭행은 사람들의 시각에 심각한 영향을 주었다. 사람들은 인간의 운명에 대한 해답을 교회의 도그마 속에서 찾기를 그만두었다. 사람들은 진리로 이끌어 줄지도 모르는 선례를 찾아 고대 사서를 탐구하기도 하고, 또 마키아벨리처럼 자기들이 살고 있는 세상을 자기들이 인간의 본성으로 인정한 것에 의해 해명하려고도 한다. 가장 독창적인 정신의 소유자 가운데 몇 사람이, 특히 마키아벨리와 레오나르도 다 빈치는 진리를 논의에서 찾지 않고, 관찰에서 찾았다. 르네상스 시대 사람들은 그들의 광범위한 탐구와 신선한 회의(懷疑)를 날카로운 관찰에 의해, 진리를 천상에서가 아니라 지상에서 구하도록 자극하고, 또 그런 관점에서 이지적인 찬성을 얻도록 촉구했다."(《이탈리아 르네상스》)

국제정세와 이탈리아

중세 말기 역사적 변동 속에서 나타난 왕권 변화와 민족국가 성립을 살펴보자.

영국에서는 플랜태저넷 왕조의 존(재위 1199~1216)의 실정을 계기로 1215년 '대헌장'이 공포되고, 에드워드 1세(재위 1272~1307) 때 모범의회라고 하는 신분제의회가 생겨났다. 프랑스는 오랫동안 봉건적 분열로 괴로워하고 있었지만 필리프 2세(재위 1180~1223)는 제후를 제압하고 영국 왕 존에게서 프랑스에 있는 영국령 대부분을 탈환하고 루이 9세(재위 1226~1270)는 남프랑스에까지 왕권을 신장했다. 필리프 4세(재위 1285~1314)는 삼부회를 소집하여 로마 교황청을 아비뇽으로 옮기고, 교황은 프랑스왕의 간섭을 받는 아비뇽 유수를 단행한다. 이처럼 영국 및 프랑스는 계속된 경쟁과 발전을 이룩하는 데 백년전쟁(1339~1453) 왕권 신장에 더욱 기여한다. 오랜 기간에 걸친 전쟁으로 제후기사가 대부분 몰락했기 때문이다. 샤를 8세는 프랑스 전역 통일에 성공하고 그 여세를 몰아 이탈리아 원정에 나선다. 영국에서도 왕위 승계를 둘러싸고 장미전쟁(1455~1485)이 일어나는데 그 결과로 새로이 헨리 7세(재위 1485~1509)가 튜더 왕조를 연다. 남쪽 에스파냐 반도에서는 북부 그리스도교 국가가 국토회복운동을 일으켜 8세기 이래로 이곳에 살던 이슬람 세력 축출에 힘쓴다. 1479년 카스틸라와 아라곤

두 나라가 합병하여 에스파냐 왕국을 건설한다. 포르투갈은 12세기 말 카스틸라에서 독립했지만 에스파냐와 포르투갈은 대항해 시대의 개척자가 되어 유럽뿐만 아니라 세계 역사에 커다란 변동을 일으킨다.

그런데 중세봉건 시대는 주권이란 것이 지극히 모호했다. 근대국가는 주권적이라는 말로 중세국가와 구별한다. 주권적이란 국가가 자기 영토 안에서 최고 절대의 지배권을 지닌 상태를 말한다. 주권자는 당장은 군주이다. 군주는 봉건세력을 무너뜨리고 국가와 국토 통일을 꾀한다. 군주가 절대지배권과 강제력을 지니면 정치는 권력적으로 바뀐다. 그런 근대국가가 출현하면 국가 상호간 이해 대립과 충돌이 일어날 수밖에 없다. 그리스도교를 바탕으로 하는 유럽 통일 이념이나 연대성(십자군을 떠올리라) 따위는 염두에 없으며 각자의 국가적 이익을 추구한다. 국가적 이익은 국내적으로는 부분적이고 지역적인 이해의 극복을, 국제적으로는 영토와 권익의 옹호 내지 확대를 꾀한다. 르네상스 시대는 서유럽에서 주권국가 간의 관계, 즉 국제관계와 국가 간의 항쟁, 국제전쟁이 일어난 때이다.

이런 근대국가와 정치의 원형을 만들고 노골적인 권력투쟁이 일어났던 곳이 르네상스 시대 이탈리아였다. 이탈리아는 또한 국제전쟁의 최초 초점이 되었다. 분열된 이탈리아가 서유럽 여러 국가에게 절호의 침략목표로 보였다는 것은 전혀 이상하지 않다. 샤를 8세의 침입을 시작으로 이탈리아는 눈 깜짝할 사이에 유럽 세력의 각축장이 된다. 이런 국제정세 변화 속에서 이탈리아의 동향을 냉정하게 바라본 이가 마키아벨리이다.

마키아벨리의 생애

공화정청으로 들어오기까지

어린 시절

니콜로 마키아벨리는 1469년 5월 3일 아버지인 법률가 베르나르도 디 니콜로 마키아벨리(1428~1500)와 어머니 바르톨로메아 디 스테파노 넬리 사이에서 태어난 '피렌체 토박이'이다. 마키아벨리 가는 기벨린 당에 속하고, 집안 이름은 상당히 옛날부터 피렌체 역사에 나타나 있다. 귀족이지만 '가난'이 늘 따라다녔다. 베르나르도 대에 들어와서는 완전히 보잘 것이 없었다. 동업조합 변호사 노릇으로 간신히 먹고사는 형편이었으므로 가족을 부양하기 위해 모든 것을 절약해야만 했다. 찢어질 듯이 가난하지는 않았어도 마키아벨리는 어린 시절부터(만년에도 그랬지만) 궁핍한 생활을 감내해야 했다. 하지만 아버지 베르나르도는 고서적 수집 취미가 있었는데 그중에는 키케로나 리비우스가 들어 있었다. 마키아벨리가 일찍부터 고전과 친숙했던 것은 아버지의 그런 취미 덕분이다.

마키아벨리의 어린 시절 일은 전혀 알려지지 않았었다. 베르나르도의 《회상록》이 제2차 세계대전 뒤에 발견되고 나서 어느 정도 상세한 사실이 밝혀졌지만 이 《회상록》이 1487년 기사에서 뚝 끊겨 있기 때문에 중요한 것은 알 도리가 없다. 그나마 상세한 사실이 밝혀진 것은 예를 들면 1476년에 일곱 살 난 마키아벨리가 마테오라는 사람에게서 라틴어 초급을 배웠다든지, 이듬해부터 산베네데토 교회의 바티스타 포피라는 스승에게서 라틴어 문법을 배웠다든지, 1480년 열한 살 때 수학을 공부하기 시작했다든가 하는 것이다. 당시에 유복한 집에서는 개인교사를 고용하는 것이 상례였다. 개인교사를 둘 형편이 못 되었다는 점을 보더라도 마키아벨리 가의 쪼들린 생활을 짐작할 수 있다.

산탄드레아 인 페르쿠시나에 있는 산장
《군주론》을 이곳에서 집필했다. 1513년 마키아벨리는 "별장에서 지내고 있다"고 썼다.

　1486년 열일곱 살 때, 아버지를 대신하여 리비우스의 《로마사》 제본을 제본소에서 받아온 대가로 포도주 3병과 식초 1병을 받았다. 무척이나 하찮은 기록이다. 그렇지만 마키아벨리가 뒷날 가장 기울어져 있었던 것이 리비우스였다는 점을 감안하면 하찮은 기록 속에 마키아벨리의 정신형성의 먼 요인이 감춰져 있다고 보아야 할 것이다. 이처럼 라틴어에는 어느 정도 익숙했지만 그리스어를 배운 흔적은 없다. 그 무렵 피렌체 사상계에서는 신플라톤주의가 유행이어서 그리스어 습득은 당연한 일로 받아들여졌던 만큼 기이한 느낌이 든다. 마키아벨리는 시와 희극을 지었다. 그러나 예술가 기질과는 인연이 없었던 듯 르네상스의 문예와 예술에 대해서도 그다지 관심을 갖지 않았다. 그리스어를 배우지 않았던 것은 그럴 만한 여유나 기회가 없어서가 아니라 관심이 없었기 때문인지도 모른다. 어쨌든 아버지 베르나르도의 《회상록》은 이 부분에서 끝나 있으므로 어린 시절을 더 자세하게 알 도리는 전혀 없다.

　그러면 청년 시절은? 그것도 전혀 없다. 마키아벨리 연구가에게는 유감천만한 일이다. 다만 장년 이후 일은 여러 형태로 나타나 있어서 어린 시절이나 청년 시절 회상 등은 아무래도 상관이 없다. 전기적 사실이 빠져 있지만 피렌체에서 일어난 사건에서 큰 영향을 받았다는 것 만큼은 한 점 의심도 없다. 그렇지 않으면 마키아벨리가 피렌체 공화정청에 들어갔을 때, 그처럼 확고한 사상을 가지고 있었을 리가 없으므로.

정치세계에 눈을 뜨다

여기서 앞장에서 살핀 것들을 떠올리기 바란다. 1478년(9세)에 파치 가의 습격 사건으로 동생 줄리아노 메디치는 죽고, 형 로렌초 메디치는 살아남는다. 1480년(11세) 로렌초가 피렌체의 행정개혁을 단행하여 메디치 가의 지배체제를 굳힌다. 피렌체 내분을 진압하고, 당당히 이웃 나라 넷을 제압한 왕자적 풍모에서 어린 마음에도 강한 인상을 받았을 것이 분명하다. 실제로 뒷날 쓴 《피렌체 역사》에서 로렌초 대목은 유독 선명하다. 필치로 미루어 짐작하건대 로렌초와 면식은 물론 없었지만 그를 보고 알았던 것은 분명하다. 1490년(21세)에 사보나롤라가 피렌체에 와서 산마르코 성당에서 예언자적인 설교를 하여 시민에게 경종을 울렸다. 마키아벨리가 사보나롤라의 설교를 들은 것도 의심의 여지가 없다. 1494년 프랑스왕 샤를 8세가 쳐들어와 메디치 가의 피에로가 쫓겨나고, 1495년 사보나롤라의 지도 아래 새로운 정권이 성립한다. 그러나 그도 화형에 처해진다. 이들 일련의 사건을 마키아벨리는 어떻게 생각했을까? 피에로의 낭패에 애처로움을 느꼈으리라. 성공을 거두는 프랑스군의 위풍당당함을 찬탄함과 동시에 그들의 행패에 분개했을 것이다. 사보나롤라의 종교적 정열에는 감동을 받으면서도 '무기 없는 예언자'의 연약함을 통감했을 것이다. 군중에 섞여 사보나롤라의 처참한 화형을 목격했을 지도 모른다. 어쨌든 이들 사건이 마키아벨리에게 정치세계를 보는 시야를 열어 주었다고 상상해도 틀리지 않는다.

사보나롤라가 처형(5월 23일)을 당한지 5일 뒤인 5월 28일 니콜로 마키아벨리는 29세에 피렌체 공화정청 제2서기국 서기관으로 정식 채용된다.

동분서주

서기관 마키아벨리

피렌체 정청에는 2개 사무국이 있어 제1사무국은 외교와 문서를, 제2사무

흉상

마키아벨리(1469~1527)
피렌체 베키오 궁전.

국은 내정과 군사를 담당한다. 제2사무국이 실제로는 중요하지만 격으로는
제1사무국 쪽이 위여서 사무국장은 박사, 공증인, 이름 높은 문인이 맡는 것
이 상례였다. 당시 피렌체 대학 문학교수로서 명성을 떨치던 마르첼로 비르
질리오(1464~1521)가 제1사무국장을 맡고 있었다. 무명의 신인 마키아벨리
가 서기관 자리를 얻은 것은 마르첼로의 추천에 의한 것이라고 한다. 전부터
마키아벨리와 사제관계였기 때문이다. 또 다른 이야기로는 전임 제1사무국장
인 바르톨로메오 스칼라가 아버지 베르나르도와 친했기 때문에 친구 아들을
추천한 것이라고도 한다. 어쨌든 마키아벨리는 제2사무국 서기관으로 채용되
어 같은 해 6월 서기장으로 승진한다. 7월에는 '군사위원회' 사무도 담당했
다. '군사위원회'는 정확히는 '자유와 평화에 관한 10인위원회'라고 해서 시
뇨리아 관할 아래 있다고는 해도 독자적 사명을 띠고 있었다. 외국에 사절을
파견한다든지 각 국가와 조약을 맺는 외에 군사적인 일에도 관여한다. 마키
아벨리는 이런 중대 임무를 띤 10인위원회의 모든 회의에 출석하여 의정서나

훈령 초안을 작성한다. 무명의 청년으로서는 보기 드문 활약이었다.

마키아벨리는 중차대한 책임을 맡아 그것을 충분히 해냈다. 1512년 9월 직위에서 내려올 때까지 14년 동안 공화정부를 위해 헌신적으로 일했다. 현대 이탈리아인은 일반적으로 제도 개혁에 무관심하며 일의 낮은 능률이 두드러진다고 한다. 16세기에도 사정은 큰 차이가 없지 않았을까? 마키아벨리는 피렌체의 내정과 군사제도에 대해 개혁의 열의에 불타올라 자주 개혁을 제안했지만 좀처럼 받아들여지지 않았다. 정부 안을 둘러보아도 유능한 관리라는 점에서 그의 손을 들어 줄 사람은 없었다. 공화정부의 낮은 능률의 반증이 될지도 모르겠다. 그가 직무에 힘쓴 증거로 그의 손으로 작성한 보고와 10인위원회 초안은 분량이 엄청나다. "이들 서류는 그의 실험실로서 그 속에서 정치적 세계의 전체를 추론하기 위해 여러 사건 개요를 분석한다. 그는 지배세계에 이르기 위해 자기의 사무 책상을 떠나는 일 따위는 생각지 않는다."(마르크《마키아벨리―권력의 학파》) 프라이어도 말한다. "그는 어디까지나 관찰자이다. 정치적 인간의 두 부분인 권력의지와 투쟁본능을 지니지 않는다. 권력의지가 아니라 활동욕, 투쟁본능이 아니라 지적 예민함이 그의 고유의 것이다."(《마키아벨리》) 그렇기 때문에 오히려 권력의지나 투쟁본능의 실태를 간파해낼 수가 있었다. 마키아벨리 자신이 정치가가 아니라 사무가였다는 점이 이런 지적 예민함과 관련되어 있을 것이다.

마키아벨리의 생김새

사무형 기질이라는 것 외에 생김새도 성격을 판단하는 재료가 된다. "그의 얼굴의 날카로운 윤곽과 넓은 이마, 크게 휜 코를 보아도 이 인물이 철두철미하고 지성이 지배적임을 알 수 있다. 총명한 눈과 날카롭게 다문 냉소적으로 보이는 입매도 그것을 잘 나타내 준다. 하지만 쑥 들어간 약한 턱은 그가 행동하는 인물이 아니라 생각하는 인물임을 나타내고 있다."(포를렌더 《마키아벨리에서 레닌까지》) 여러 사람의 관상학적 판단은 대체로 일치하고 있다. 하지만 '냉소적으로 보이는 입매'라는 말은 거슬린다. 마키아벨리는 애당초 냉소적인 사람이었던 것일까? 피렌체 베키오 궁전에 있는 그의 장년의 초상화와 흉상을 보면 그런 느낌은 없다. 그것은 오히려 솔직한 한 남자의 모습이다. 그는 인간과 사물을 있는 그대로 보고, 본대로 기술했다. 어째서 후세는 마키아벨리를 냉소적이라고 보았던 것일까?

현재 가장 믿을만한 마키아벨리 전기를 쓴 로베르토 리돌피는 말한다. "우리는 마키아벨리 초상화 몇 점을 갖고 있지만 마키아벨리가 가깝게 교제했던 레오나르도 다 빈치만이 마키아벨리의 희미하고 모호한 미소의 진정한 의미를 선과 색채로 우리를 위해 재현해 줄 수가 있었을 것이다."(《마키아벨리의 생애》) 평범한 화가나 조각가는 마키아벨리의 풍모를 그렇게밖에는 그릴 수가 없었다. 만약

카테리나 스포르차 데 메디치(1463~1509)
피렌체 화가 로렌초 디 크레디 작. 포를리 시립미술관 소장.

레오나르도 다 빈치가, 그 '모나리자의 미소'를 그린 희대의 인간통찰가가 마키아벨리를 그렸더라면 솔직한 마키아벨리의 인물 됨됨이를 표현할 수 있었을지도 모른다. 하지만 초상이나 용모 등에 연연할 필요는 없다. 그가 성실한 사무가였다는 것을 알아두면 된다. 그리고 제2사무국 책상에 산더미처럼 쌓인 서류를 살피고 깊이 생각하다가 펜을 움직이는 마키아벨리, 일을 마친 뒤에 공화정청 앞 광장을 빠른걸음으로 집으로 돌아가는 그의 모습을 상상하면 된다.

최초의 외교교섭

공화정부에서 일했던 14년 동안의 사건들 가운데 중요한 것만 살펴보자. 당시 피렌체와 이탈리아의 분쟁과 국제분쟁이 어떻게 얽혀 있었는지에 주목

하기 바란다.

최초의 사건은 피사공략이었다. 피사는 10세기부터 동방무역으로 번성하여 제노바나 베네치아와 경쟁할 정도였으나 1284년 멜로리아 전투에서 제노바에게 패한 뒤로 쇠퇴의 길을 걷다가 1406년 피렌체에 병합되었다. 그런데 1494년 프랑스왕 샤를 8세가 피렌체를 공격했을 때, 당시 피렌체의 실권자 피에로 데 메디치가 피사 독립을 인정하여 떨어져 나왔다. 물론 피렌체는 피사를 포기하지 않았다. 1496년 이래로 수도 없이 공격했지만 베네치아의 뒷바라지로 완강하게 저항한다. 피사 문제는 피렌체에게 성가시기 짝이 없었다. 1499년 5월쯤에 쓴 《피사 상태에 관한 논책》에서 마키아벨리는 피사가 얕보기 어려운 존재라는 점, 민중을 무기로 삼을 수 있다는 점, 용병이 그다지 쓸모가 없다는 점 등을 상세히 설명하고 있다. 최초의 논문이 군사와 군사제도론인 점에 주목해야 한다. 훌륭한 군대(용병군이 아닌 국민군)와 훌륭한 법이 국가를 유지하기 위해서는 빼놓을 수 없다는 근본사상이 피사공략 경험으로 뇌리에 깊이 박힌 것이다.

1499년 7월 아펜니노 산맥 맞은편의 포를리와 이몰라의 여자영주 카테리나 스포르차(1463~1509)에게 파견된다. 피렌체 공화정부는 1494년 정변 이래로 친프랑스 정책을 취했고, 피사공략에 즈음해서도 프랑스 원조를 기대했지만 샤를 8세가 죽는 바람에 계획이 어긋났다. 이렇게 되면 자력으로 맞서는 수밖에 없다. 용병대장 파올로 비텔리를 고용하여 피사 공격을 재개하는 한편 마키아벨리를 카테리나에게 보내 용병계약과 무기구입을 교섭하게 하려던 것이다. 카테리나는 밀라노공 루도비코의 조카딸로 세 차례나 남편을 바꾼 맹렬여성으로 작은 국가끼리의 치열한 분쟁 속에서 남편이 남긴 땅을 지키고 있었다. 두 번째 남편과의 사이에서 낳은 아들 오타비아노 아리오가 용병대장이 되어 있었다. 그 와중에 마키아벨리는 카테리나에게 농락당한다. 큰아버지 루도비코에게서도 똑같은 요구를 받고 있었으므로 카테리나로서는 조건이 좋은 쪽을 선택하면 그뿐이었다. 외교교섭을 익힌 마키아벨리를 손아귀에 쥐는 것은 손쉬운 일이었을 것이다. 결국 마키아벨리는 허둥지둥 물러났다. 카테리나와 우호관계를 유지할 약속을 받아낸 것이 그나마 위안이었다. 그러나 그해 말 카테리나 스포르차는 체사레 보르자에게 포를리와 이몰라를 빼앗긴다.

마키아벨리가 피렌체로 돌아왔을 때, 피사공략이 한창이었다. 용병대장 비텔리가 지휘하는 피렌체군은 성벽 일부를 허물어 승리는 눈앞에 다가왔다. 불가사의하게도 비텔리는 공격을 중지하고 포위망을 풀었다. 피렌체 공화정부는 노기등등하여 비텔리를 처형한다. 콘도티에리(condottieri)란 원래 그런 존재이다. 마키아벨리의 용병군에 대한 불신감은 차츰 강해져 국민군 창설의 필요를 통감한다. 독자적인 힘에 의한 피사공략이 이렇게 실패로 돌아간다면 남은 방법은 강대한 지원, 프랑스의 지원밖에는 없다.

새로운 위협

그 즈음에 프랑스왕 루이 12세는 샤를 8세가 죽을 때 남긴 뜻을 받들어 이탈리아 원정을 획책한다. 베네치아 및 교황 알렉산데르 6세의 양해를 얻은 뒤 밀라노 침공을 시작한다. 루도비코 일 모로는 군대와 시민의 반란을 피해 도망친다. 프랑스군은 밀라노를 점령하고 루이 12세가 입성한다. 북이탈리아 소국은 순식간에 프랑스에게 복종한다. 이런 루이의 기세를 보고 피렌체는 막대한 군사비를 대준다는 약속 아래 루이에게 피사공략에 대한 지원을 구걸한다. 루이는 돈은 받아놓고 약속을 지키지 않는다. 뿐만아니라 체사레 보르자를 부추겨 카테리나 스포르차의 영지를 탈취하게 한다. 아펜니노 산맥을 경계로 떨어져 있기는 하지만 포를리와 이몰라가 속해 있는 로마냐 지방이 교황의 세력범위로 들어가는 것은 앉아서 그냥 보고만 있을 수 없었다.

그럭저럭 하는 동안에 밀라노에서는 시민이 프랑스 총독에게 반항하여 도망가 있던 루도비코가 1500년 2월 밀라노로 돌아온다. 프랑스는 진용을 다시 정비하고 밀라노를 공격해 끝내는 루도비코를 프랑스에 유폐시킨다. 밀라노 공국을 빼앗고, 한때는 이탈리아 전역의 정복마저 꿈꾸었던 야심가의 말로는 처참했다. 이렇게 밀라노 사건을 마무리 지은 피렌체 정부는 새삼 루이에게 원조를 청한다. 스위스 용병을 포함한 프랑스군은 마침내 무거운 몸을 일으키기는 했지만 좀처럼 결말이 나지 않는다. 5월에 피사 전선을 시찰한 마키아벨리는 프랑스군의 군기가 극도로 풀어진 것을 보고 아연해한다. 게다가 프랑스군의 공격이 조금이라도 느슨해지면 피사는 맹렬히 반격에 나선다. 피사공략은 진흙탕에 빠져든 것과 같았다.

프랑스와의 교섭

이처럼 피사공략은 효과를 내지 못하고 손해만 부풀린다. 끝내 공화정부는 루이 12세에게 직접 사절을 보내 해법을 강구하기로 결말을 내린다. 그리고 마키아벨리가 프란체스코 카사와 함께 이 임무를 맡게 된다. 1500년 7월, 두 사람은 프랑스로 향한다. 어머니 바르톨로메아는 마키아벨리가 공화정부에 들어가기 2년 전인 1496년 10월 세상을 떠났다. 아버지 베르나르도도 같은 해 5월 타계했다. 2명의 누이는 이미 결혼했지만 동생 토트가 아직 남아 있다. 마키아벨리로서는 멀리 프랑스로 여행길에 나서자니 분명 마음이 무거웠을 것이다. 그러나 피사공략에 대한 원조와 부담금 경감이라는 임무는 다해야만 했다. 반년 동안 프랑스에 머물렀지만 여비는 빠듯해 고생의 연속이다. 7월 26일 리용에 도착했지만 루이는 없다. 8월 6일에야 간신히 만날 수 있었다. 왕은 부담금 경감은 고사하고 프랑스군의 이탈리아 주둔비용까지 요구했다. 힘으로 치자면 피렌체는 프랑스의 상대가 되지 않는다. 결국 요구를 받아들일 수밖에 없었다. 9월에는 함께 간 프란체스코 델라 카사가 병을 핑계로 귀국해서 모든 것이 마키아벨리의 어깨에 달려 있다.

이 첫 번째 프랑스 파견은 마키아벨리에게 귀중한 교훈을 주었다. 이탈리아와 피렌체를 유럽과의 관계에서 파악해야 한다는 것을 배웠을 뿐만 아니라 국민적 기반에 선 절대주의 국가가 이탈리아 소도시 국가에 비해 얼마나 강대한지를 뼈가 사무치게 느낀 것이다. 이것은 1500년 8월 시뇨리아에게 낸 보고서에 잘 나타나 있다. 이 보고서는 또한 실무의 한가운데서 이론적인 고찰을 하는 그의 특색이 잘 나타나 있으며, 12년 뒤에 쓴 《군주론》에서는 한층 분명해진다.

"이런 이유로 루이 왕이 롬바르디아를 잃은 것은 정복지를 훌륭히 지키려는 군주들이 마땅히 지켜야 할 방침을 하나도 지키지 않았기 때문이다. 따라서 그 상실 자체는 조금도 이상할 게 없고, 오히려 당연한 결과라고 할 수 있다.

그런데 이 문제에 대하여 알렉산데르 교황의 아들 발렌티노 공작(체사레 보르자)이 로마냐 지방을 점령했을 당시, 나는 루앙의 추기경과 낭트에서 대화를 나눈 일이 있다. 그때 루앙의 추기경은 이탈리아인은 전쟁이라는 것을 모른다고 하기에 나는 프랑스인은 정치를 모른다고 반박하고, 만일 그들이 정치를 알았다면 로마 교회 세력을 그렇게 크게 되도록 하지는 않았을 것이라고 말했다. 또한 경험으로 봐서 명백한 것은 로마 교회와 에스파냐가 이탈리아에서 큰 세력을 얻은 것은 결국 프랑스 때문이라는 것이다. 더구나 프랑스 왕의 몰락은 바로 이들이 야기했다는 것이다.

이런 사실에서 일반 원칙을 발견할 수 있다. 이는 거의 틀림없는 규칙일 것이다. 즉 타인을 강하게 만드는 자는 자기를 자멸시킨다는 것이다. 그 이유는, 강하게 되는 자는 그

체사레 보르자(1475~1507)
교황 알렉산데르 6세의 넷째 아들. 피렌체 우피치미술관 소장.

를 그렇게 만드는 이의 술책과 권력으로 그렇게 되는데, 일단 강하게 된 뒤에는 바로 이 두 가지 수단을 두려워하기 때문이다."《군주론》3)

《군주론》3은 마키아벨리의 제1차 프랑스 파견 체험에 바탕한다. 그 즈음 프랑스 루이 12세의 고문이었던 루앙의 추기경 조르주 당부아즈(1460~1510)와 낭트에서 나누었던 대화는 31세의 젊은 외교관 마키아벨리의 면모를 보여주는 삽화이다.

체사레와의 만남

1501년 1월 프랑스에서 피렌체로 돌아왔을 때, 프랑스에 머물던 때부터 느꼈던 불안이 현실이 되어 있었다. 교황 알렉산데르 6세와 체사레 보르자의 질리지도 않는 침략이 그것이다. 1501년 1월 그때까지 피렌체의 지배 아래 있었던 피스토이아에서 민중파와 귀족파 사이에 분쟁이 일어났다. 프랑스에

서 돌아와 한시름 놓기도 전에 마키아벨리는 피스토이아로 파견되어 조정에 나선다. 이 피스토이아 소요가 채 진정되기도 전인 1502년 체사레 보르자의 용병대장 비텔로초 비텔리와 파올로 오르시니의 선동으로 알레초와 키아나 계곡 지방에서 피렌체에 대한 반란이 일어났다. 배후에서 조종하는 것은 말할 필요도 없이 체사레다. 그의 마수가 피렌체 가까이까지 뻗쳐 온 것이다. 피렌체는 서둘러 프랑스에게 원조를 요청한다. 이 모습을 본 체사레는 갑자기 피렌체와 화의를 맺고 알레초를 돌려준다. 이때의 교섭도 마키아벨리가 담당한다. 《키아나 계곡의 반란무리의 처치》는 그의 전말을 기록한 것이다.

키아나 계곡 사건을 계기로 마키아벨리는 처음으로 체사레를 알았다. 그들의 만남이야말로 운명적이다. 그도 그럴 것이 권력정치가인 체사레는 마키아벨리의 정치사상에 결정적인 영향을 미치고, 체사레의 풍모는 그의 붓에 의해 오래도록 후세에 전해졌기 때문이다. 두 사람의 첫 번째 만남과 교섭은 1502년 6월 25일에 체사레의 우르비노 궁정에서 며칠에 걸쳐 이루어졌다. 체사레는 강경한 태도를 누그러뜨려(알레초의 반환 등) 일단은 피렌체의 성공으로 끝났다. 고작 며칠의 교섭에서 얼마나 강한 인상을 받았는지는 6월 26일자로 정부에 보낸 편지에 나타나 있다.

"공은 궁정인으로서는 당당하고, 군인으로서는 매우 진취적인 기상을 띤다. 공에게는 아무리 큰일이라도 작은 일로만 보인다. 영광과 권력을 얻기 위해서는 쉴 줄도 피로도 모른다. 어디서 출발했는지 동에 번쩍, 서에 번쩍 신출귀몰한다. 병사들은 충성을 바친다. 이런 모든 것들이 공을 두려운 존재이게 하고, 행운의 연속에 의해 승리하고 있다."

체사레를 보는 마키아벨리의 눈

첫 번째 파견은 짧았지만 두 번째는 1502년 10월 초부터 1503년 1월 말까지 4개월에 이르고 우르비노 궁정에서 머문다. 때마침 중부 이탈리아 여러 나라는 반보르자 동맹을 맺고 피렌체에 지지를 요구했다. 체사레도 그에 맞서려면 피렌체의 지지를 필요로 했다. 그런 정보를 수집하기 위해 마키아벨리가 파견된 것이다. 그러나 체사레는 동맹국을 와해시켜 위험을 제거한다. 마키아벨리가 정부에 보낸 52통의 보고서는 상세한 사정을 전하고 있다. 특히 돌발사건에 처한 체사레의 매우 두드러진 행동에 그는 감탄했다. 체사레

수하의 4명의 용병대장이 페루자 및 볼로냐와 내통하여 돌연 체사레에게 반란을 일으켰다. 그는 궁지에서 벗어났을 뿐만 아니라 눈에 보이지도 않을 정도로 신속하게 그들을 붙잡아 가족까지 몽땅 처형했다. 사경에서 활로를 찾는 그의 행동을 마키아벨리는 《발렌티노 공이 비텔로초 일당을 살해한 전말의 기술》에 적었다. 원래 마키아벨리의 보고는 사무적 보고가 대부분을 차지한다. 개인의 성격 묘사는 드물다. '발렌티노 공'은 예외여서 마키아벨리의 육성을 듣는 느낌이 든다.

마키아벨리는 체사레의 인격을 존경했던 것일까? 프라이어는 단호하게 부정하고 있다(《마키아벨리》). 그가 체사레를 범죄자로 보았음은 1494년에서 1504년까지의 사건을 기술한 《최초의 10년사》에 분명히 나와 있다. 체사레가 발산하는 '히드라의 독기'라든가 '적을 함정에 빠뜨리는 독사'라는 말은 여러 차례 쓰고 있다. 마키아벨리는 체사레를 도덕적으로 위대하다고는 전혀 생각하지 않았다. 그러나 '강력한 사람'이라고 생각한 것은 분명하다. 체사레는 말하자면 '선악이라는 잣대로 평가할 수 없는' 행위적 인간이다. 이탈리아의 분열과 프랑스의 침입이라는 최악의 사태에서 행위적 인간만이 난국을 타개할 수 있다. 그런 행동력을 지닌 정치가만 있으면 되지 구태여 체사레라는 특정 인간일 필요는 없다. 따라서 체사레의 찬미는 도덕적이 아니라 정치적 관점에서 나온 것이다.

체사레와의 만남은 그에게 하나의 정치적 실험을 의미했다. 실험인 바에야 도덕적으로 선이냐 악이냐를 논하는 것은 의미가 없다. 한참 뒤에 마키아벨리는 체사레에게서 보았던 정치 실험의 결과를 이렇게 보고한다.

"능력에 의해 군주가 되느냐, 아니면 운수에 의해 군주가 되느냐에 대해 현대인의 기억에 생생히 남아 있는 실례를 두 가지 들기로 하자. 그것은 프란체스코 스포르차와 체사레 보르자의 경우이다.

프란체스코는 적절한 수단과 자신의 훌륭한 능력에 의해 평민에서 밀라노 공작이 되었다. 따라서 그가 나라를 차지하기까지는 숱한 고난을 겪었지만 다스리는 단계에서는 조금도 어려움이 없었다.

그와 반대로 발렌티노 공작이라 불리는 체사레 보르자는 아버지 교황 알렉산데르 6세의 덕으로 나라를 얻기는 했으나, 아버지가 세상을 떠나자 그 지위를 잃고 말았다. 하지만 보르자가 비록 프랑스 왕 루이 12세의 군대로부터 지원받아 영토를 얻기는 했지만 사려 깊고 능력 있는 자로서 해야 할 일, 즉 자기 세력의 팽창을 위해 해야 할 일은 모두 했던 것은 사실이다.

앞서 말했듯이 모름지기 인간은 일찌감치 기초를 닦아야지 뒤늦게 기초를 닦으려면 몇 배의 노력이 필요하다. 원래 거기에는 건축가의 노고가 필요한 데다 건물 그 자체도 튼튼한 것이 못 되기 때문이다.

여기서 발렌티노 공작이 취한 발자취를 살펴본다면, 그는 장래의 자기 세력을 구축하기 위해 기초를 훌륭히 닦았음을 알 수 있다. 내 생각으로는 새로운 군주로서 그 이상 본받을 만한 실례는 없다고 본다. 그러므로 여기서 그를 논하는 것도 뜻이 있으리라 믿는다. 그의 방침이 성공하지 않았다 해도 그것은 그의 죄는 아니었다. 결국 그것은 악의적인 운명의 일격에 의한 것이었기 때문이다."《군주론》 7)

"예를 들어 체사레 보르자는 잔인한 인간으로 알려져 왔다. 그러나 그의 잔인함은 로마냐의 질서를 회복하고, 그 지방을 통일하여 평화와 충성을 지키는 결과를 가져왔다. 그렇다면 피렌체 시민이 냉혹하다는 악평을 피하려고 피스토이아의 붕괴를 수수방관한 데 비하면 보르자가 훨씬 더 자애로웠다는 것을 알 수 있다."《군주론》 17)

이처럼 마키아벨리는 어디에서도 체사레를 도덕적으로 칭찬하거나 하지 않는다. 과학자가 실험결과를 보고하는 것처럼 사실만을 보고하고 있다. 체사레가 몰락해 로마에 유폐되어 있던 즈음에 마키아벨리는 어떤 기회에 체사레를 만났던 듯하다. 그러나 페렌체 정부에 보낸 편지에서 "이 사람은 이제 끝났다. 이미 죽은 것이나 마찬가지다"라고 쓰고 있다. 마키아벨리가 체사레에게 성실해야 할 의무는 없다. 마키아벨리가 감탄하는 것은 떠오르는 해의 기세일 때의 체사레였지 지는 해의 체사레는 아니다. 체사레의 극은 이렇게 어이없게 막을 내리게 된다. 에스파냐에서 전사했을 때, 마키아벨리의 염두에 체사레라는 존재는 이미 없었다.

다 빈치와의 만남

피사 전선, 프랑스, 우르비노로 바쁘게 뛰어다니던 동안에 마키아벨리의 공적 사적 생활에 변화가 없었을 리 없다. 첫째는 1502년 8월에 피렌체 공화정부는 종래의 비효율적인 행정기구를 개혁하고 소데리니를 종신 '정의의 기사'로 선출하고는 상당히 커다란 권한을 부여했던 것이다. 명문가 출신이 기만 했지 이렇다 할 쓸모 있는 인물이 못되었지만 달리 적임자가 없었다. 마키아벨리는 서기관 취임 이후로 소데리니에게 알려져 있었고, 소데리니도 그의 재능을 알고 있었으므로 다른 사람이 '정의의 기사'가 되는 것보다야 나았을 것이다. 다만 극도의 재정난으로 마키아벨리에게 충분한 봉급을 줄 수가 없었다. 부모에게서 물려받은 '가난의 신'과 앞으로도 줄곧 친하게 지 낼 도리밖에 없다. 두 번째는 1501년 여름 중산계급 출신인 마리에타 코르 시니와 결혼하여 마키아벨리가 로마에 출장 가 있을 동안에 장남 베르나르 도가 태어났다. 마키아벨리의 전기를 소설풍으로 쓴 마르크는 이런 이야기 를 전하고 있다. 체사레 보르자에게 파견되었을 때의 일이다. 일주일 뒤면 돌아오겠다고 하고 나간 뒤로 감감 무소식이다. 3주째가 되자 남편에게 버 림받은 것이 아닐까, 평판 나쁜 체사레 밑에서 무슨 변고가 있는 것은 아닐 까 아내는 노심초사다. 그래서 남편 소식을 듣고자 날마다 시뇨리아로 찾아 갔다고. 남편으로선 좀처럼 얻기 힘든 기회를 놓칠 수 없었다. 설령 아내가 독수공방을 하는 한이 있더라도.

에피소드 하나가 더 있다. 레오나르도 다 빈치와의 기이한 만남이다. 1502년 여름에 레오나르도는 체사레 보르자의 초청을 받았다. 다만 예술가 로서가 아니라 군사기술가로서. 왜냐하면 중부 이탈리아를 병합할 야망에 불타던 체사레에게 군사기술은 매우 중요했거니와 다른 한편으론 레오나르 도도 과학기술자로서의 능력을 시험할 기회라고 생각했기 때문이다. 과거 밀라노 공 루도비코 일 모로를 섬기던 시절에도 똑같은 사정이었다. 즉, 정 치가는 예술가를 존경하기 때문에 대우하는 것이 아니라 정치목적으로 이용 할 뿐인데 그것은 예나 지금이나 다르지 않다. 이리하여 레오나르도는 1503 년 3월에 피렌체로 돌아올 때까지 반년 동안을 우르비노 궁정에 머물면서 체사레를 수행하여 여기저기를 여행했다.

마키아벨리도 그 무렵에 체사레의 궁정에 있었으므로 레오나르도와 만났 을 것이다. 궁정은 아무래도 좁았을 것이므로 누가 누군지 구별은 했을 것이 다. 마키아벨리는 체사레를 수행하는 백발노인(사실은 50을 갓 넘겼을 뿐인 데 그렇게 보였다)이 이름 높은 예술가임을 알아보았을 테고, 레오나르도도 열일곱 살 아래의 같은 고장 출신 외교관의 특출한 지적 예민함을 알아챘으리라. 만났다고 가정하고 예술에 관심 없는 사내와 정치에 관심 없는 사내 사이에서 대체 어떤 대화가 오갔을까? 현대 최고의 레오나르도 연구가인 케네스 클라크는 레오나르도는 우르비노 궁정에서 마키아벨리를 처음 만나 피렌체로 돌아온 뒤에도 교제를 했다고 쓰고 있다(《레오나르도 다 빈치》).

국민군 창설과 율리우스 2세

체사레 보르자의 실각으로 당장의 위험은 사라졌지만 낙관은 이르다. 새 교황 율리우스 2세가 외국세력을 축출하면서 이탈리아의 대외관계가 시끄러웠고, 피렌체는 당연히 그 여파에 시달린다. 실제로 나폴리를 둘러싸고 프랑스와 에스파냐가 싸우고, 에스파냐가 승리를 거두자 남쪽에서 북상하여 피렌체를 공격할 우려가 생겨났다. 체사레의 몰락으로 무주공산이 된 로마냐 지방을 베네치아가 호시탐탐 노린다. 그러던 1504년 1월 마키아벨리는 니콜로 바롤리와 함께 프랑스로 간다. 리용에서 루이 12세를 만나 어려운 처지를 호소한다. 하지만 프랑스와 에스파냐의 휴전이 이루어져 당분간은 가슴을 쓸어내리고 안도할 수가 있었다. 마음 놓을 수 없는 것은 피사공략이다. 1505년 3월 피렌체는 또다시 피사에 패배한다. 여러 번 말하지만 이토록 애를 먹는 것은 피렌체가 용병에 의존하고 자국군대를 지니지 않은 때문이다. 마키아벨리가 입에 침이 마르도록 국민군 창설의 필요성을 역설해 왔던 바로 그 열의가 마침내 소데리니를 움직인다. 1506년 12월 마키아벨리의 《피렌체 국민군 무장론》에 기초하여 국민군 창설 법령이 나온다. 마키아벨리는 주위의 몰이해와 무관심을 설득하는 한편, 창설에 따르는 성가신 사무, 예를 들면 민병모집과 명부작성에서부터 훈련방법과 장병임명에 이르기까지 모두 떠맡아야 했다. 숱한 노력에도 별 성과가 오르지 않을 뿐만 아니라 소데리니 정부가 쓰러지자 국민군은 해산해 버린다.

국민군의 일에 더하여 외교 사무가 있다. 1505년 4월 페루자 파견, 6월과 5월 시에나 파견, 8월 피사전선 시찰, 1506년 8월과 9월 율리우스 2세에게 파견되었다. 율리우스 2세도 마키아벨리가 성격을 묘사한 몇 안 되는 인물 가운데 하나이다.

"그 뒤 율리우스 교황(율리우스 2세)이 나타났을 때 로마 교회는 한층 융성하게 되었다. 로마냐 지방 전부를 지배하고, 이미 알렉산데르 압제하에 무력해진 로마 봉건 귀족들과 그 당파 사람들의 세력을 제거했다. 거기다 율리우스는 알렉산데르 치세 이전에는 없었던 축재의 수단인 성직 매매까지 행했다. 율리우스는 이렇게 전임자의 발자취를 따랐을 뿐 아니라 그것을 더 확대하여 볼로냐를 차지하고, 베네치아 공화국을 공략하여 이탈리아에서 프랑스를 축출하는 데 거의 성공하게 되었다. 더구나 율리우스는 무엇이나 자기 개인을 위해서가 아니라, 로마 교회의 세력 신장을 위해 일했으므로 명성이 더욱 드높아졌다."(《군주론》 11)

동시에 율리우스의 결점도 빼놓을 수 없다.

"마찬가지로 교황 율리우스 2세는 재위 기간 내내 감정이 격발하는 대로 몸을 내맡겼다(제1권 제27장 및 《군주론》 제25장 참조). 그런 태도라도 시대에 맞는 것이었는지 그가 하는 일은 모두 잘 되었다.

그러나 시국이 변해서 다른 방법이 요구되자 율리우스도 파멸에서 몸을 지킬 수 없었다. 시대의 요구에 맞추어서 여태까지의 태도나 방법을 바꿀 줄 몰랐기 때문이다."(《정략론》 3-9)

독일인 찬미

1507년 새로운 불안이 생겨났다. 샤를 8세의 원정 이후 프랑스는 북이탈리아에서 세력을 얻었다. 북이탈리아는 중세 때는 독일제국의 세력범위에 들어 있었다. 독일 황제 막시밀리안 1세(재위 1493~1519)는 프랑스의 행동에 반발을 했는지 갑작스레 신성로마 황제의 '중세의 꿈'을 재현하려 했다. 그 때문에 프랑스와의 대립을 새로이 촉발한다. 막시밀리안은 이탈리아 원정에 필요한 군비를 난처하게도 피렌체에게 요구해 왔다. 친프랑스 정책으로 일관하던 피렌체는 호락호락 막시밀리안의 요구에 응하지 않는다. 그렇다고 해서 일축할 만한 힘도 없다. 기껏해야 프랑스와의 관계를 얼버무리고 막시밀리안에게 비용의 경감을 구걸하는 것이 고작이다. 그래서 마키아벨리는 프란체스코 베트리(1471~1539)의 보좌역으로 독일(스위스와 티롤지방)로 간다.

보르차노에서 황제를 만나지만 결말이 나지 않는다. 그러던 차에 황제군은 베네치아군에게 패퇴하여 화의가 이루어지는 바람에 막시밀리안의 이탈리아 진출은 좌절된다. 불안이 사라진 것을 확인하고 마키아벨리는 6월 귀국한다. 그는 이 독일 파견 때에도 막시밀리안의 성정, 스위스와 독일의 상황에 날카로운 관찰력을 들이대《독일사정 보고》《독일의 상황과 황제에 대한 논고》《독일사정의 초상화》등을 썼다. 이탈리아의 휴머니스트는 독일인의 야만성을 경멸하곤 했다. 이에 반해 마키아벨리는 독일인의 욕심 없음과 타고난 병사적 유능함을 칭송한다.

"그들에게는 빵과 고기, 방한용 따뜻한 난로만 있으면 충분하다. 시민은 무장하고 훈련에 힘쓰고 있으므로 병사에게는 한 푼도 들지 않는다. 어느 도시든 풍요롭다. 만약 그들이 일치단결한다면, 그리고 도시가 제후에게 반항하지 않고, 제후가 황제에게 반항하지 않는다면 독일의 세력은 대항하기 어려운 것이 되리라."

피사공략

독일 황제의 위협은 일단락되었다. 프랑스도 조금은 잠잠해졌다. 이 기회를 놓치면 피사공략은 불가능할 것이었다. 이번에야말로 기필코 공략해야 한다. 1508년 8월, 마키아벨리는 피사공략을 진두지휘한다. 피사의 주변지역을 약탈하여 황폐하게 만들고, 외부 지원을 차단한다. 완강히 저항했지만 보급로를 차단당하고서야 도저히 어찌하지 못하고 1509년 5월 마침내 항복한다. 6월 마키아벨리는 피렌체군과 함께 입성한다. 자기가 편성한 국민군으로 이만한 성공을 거두었으므로 득의만면했을 것이다. 물론 피사공략 15년의 결말은 혼자만의 공적은 아니더라도 수훈감이라 할 만하다. 피렌체로 돌아오자 소데리니는 그를 따뜻이 맞아들이고, 시뇨리아도 공화정부의 이름으로 공적을 치하했다. 사무국은 아르노 강변 요정에서 축하연을 열고 다년간 노고를 위로했다. 피사공략은 마키아벨리의 정치생활의 정점이었다고 할 수 있다.

피사공략은 그러나 현안 하나가 해결된 것에 불과하다. 외부로 눈을 돌리면 율리우스 2세의 적극 외교 때문에 국제정세는 급박하게 돌아가고 있었다. 마키아벨리는 이탈리아 통일을 방해하는 장본인은 교회국가라며 곱지 않은 시선을 보내고 있었다. 때문에 율리우스의 실행력에는 감탄하면서도 불신감도 감추지 않았다. 피렌체가 교황청과 깊은 관계를 맺었었음은 앞에서 말했다. 그러나 메디치 가가 쓰러지고 공화정부가 부활한 뒤에는 프랑스 일변도이다. 율리우스가 적극책을 내세운 상황에서 모호한 태도를 취할 수가 없다.

피사공략 피렌체 국민군의 활약. 바사리 작.

마키아벨리가 1510년 7월 3번째, 1511년 9월 4번째로 프랑스로 건너갔던 것
도 보다 확실한 태도 결정을 위한 탐색이었으며, 마침내 피렌체 공화정부는
프랑스 쪽에 서기로 결정하지만 이것이 파멸의 화근이 된다.

공화정부 붕괴와 마키아벨리의 면직

1512년 4월 11일, 율리우스 2세의 제창으로 맺어진 신성동맹의 군대는 프
랑스군과 라벤나 부근에서 충돌한다. 밀라노 총독으로 천재적인 장군 가스
통 드 푸아(1489~1512)는 격전 끝에 승리를 거두고 연합군의 장군과 추기
경을 포로로 삼았다. 라벤나는 물론 이웃한 포를리, 이몰라 등은 순식간에
프랑스군에 항복한다. 그러나 가스통이 라벤나 전선에서 전사하자 사기가
떨어지고 영국이 프랑스 본국을 덮칠 기미(1513년 영국은 북프랑스에 침입
한다)가 있고, 나아가 프랑스의 스위스 용병이 배반을 하는 통에 프랑스는
어쩔 수 없이 이탈리아에서 철수한다. 그렇게 되자 피렌체는 고립무원 상태

에 빠진다. 동맹군인 에스파냐 군대는 8월 프라토를 점령하고 약탈한다. 프라토는 엎드리면 코 닿을 곳. 피렌체 공화정부는 15만 두카텐의 금을 지불하고 약탈에서 벗어나지만 교황 쪽에 설 것을 강요당한다. 마키아벨리는 필사적으로 국민군 강화를 꾀했지만 흉포한 에스파냐 군대에게는 턱도 없다.

사태가 이렇게 악화일로를 걷자 피렌체 정부 내에서 소데리니를 등지고 메디치 가와 내통하는 자가 꿈틀거리기 시작한다. 율리우스 2세는 진작부터 소데리니 추방과 메디치 가 복귀를 획책하고 있었다. 그 까닭은 이렇다. 로렌초 데 메디치의 장남 피에로(통풍에 걸린 피에로와 구별하여 피에로 2세라고 한다)는 1494년 프랑스 피렌체 침략에 항복하고는 베네치아로 망명했으며, 에스파냐군과 프랑스군의 싸움이 한창이던 1503년 가릴리아노 강에서 익사했다. 차남 조반니(1475~1521)는 교황청으로 들어가 추기경이 되어 율리우스의 신임을 받고 있었다(뒷날 교황 레오 10세). 3남 줄리아노(1478~1516)가 그 즈음 메디치 가의 주인이었다. 이런 곡절로 율리우스는 음으로 양으로 메디치 가를 도왔고, 그만큼 소데리니 정부는 곤욕을 치른다. 에스파냐 군대의 프라토 공략이 소데리니 정권을 뒤집어엎는다. 반 소데리니파는 8월 31일에 소데리니의 책임을 따져 사직으로 몰아간다. 마침내 종신직인 '정의의 기사'를 그만두고 피렌체를 떠난다. 9월 1일에 줄리아노는 시민의 환호 속에 귀환한다. 민중이란 늘 이리저리 옮겨 다니기 쉬운 법이지만 이런 급변은 한두 달 안에 일어난 일이었다.

18년만에 메디치 가가 돌아오자 서둘러 정치기구의 변혁을 시작한다. 소데리니 추방, 종신직인 곤팔로니에레(gonfaloniere)를 1년 임기의 임기직으로 고치고 국민군 해산 등이 그것이다. 그 결과 대부분 과거 피에로 2세 시대 상황으로 돌아갔다. 그러면 소데리니의 심복 부하인 마키아벨리가 새로운 지배자에 의한 당연한 처단을 기다리고 있었는지, 아니면 새 정권 아래서 계속 일하는 일말의 희망을 품고 있었는지는 상세히 알 수 없다. 한동안 몸을 낮추고 일의 흐름을 지켜보고 있었을 것으로 추측할 뿐이다.

그러나 결국 11월 7일 새 정부는 마키아벨리를 모든 직위에서 해임하고 1월 10일 앞으로 1년 동안 피렌체로부터 추방하며, 명령을 어길 시에는 보증금을 내야 한다는 처분을 받았다. 그래서 그는 근교인 산탄드레아 인 페르쿠시나에 있는 허름한 집으로 옮긴다. 공인으로서의 활동은 이것으로 끝이다.

"마키아벨리가 사무국 책상을 서재 책상으로 바꾼 것은 이 드라마의 지극히 작은 에피소드에 불과하다"고 프라이어는 쓰고 있다. 확실히 그의 면직은 하찮은 사건이었다. 이 하찮은 사건이 유럽의 새로운 정치를 예언하는 계기가 되는 것을 생각하면 사건은 작지만 의미는 크다.

맑은 날, 흐린 날

악의 없이 순진한 인생관

"마키아벨리의 생김새는 그가 관찰에 아주 예민하다는 것을 나타내고 있지만, 행동가적 능력은 조금도 보여주지 않는다. 그의 성격과 어느 한 가지도 놓치지 않을 것 같은 그의 지성 사이에는 부조화가 존재했다. 그는 셈에 밝은 인물임에도 호인이어서 사사로운 정이나 관계의 일에는 느슨하기 한량없고, 친구에게는 성실하고 사랑스러운 다변가였다. 그는 어디서나 무한한 관찰의 재능을 증명했지만 정치적 행동이 공적인 판단에서 확고한 가치를 얻은 적은 없다. 피렌체 사태에서 보인 성실하고 단호한 공화주의적 기질과, 이탈리아 통일을 위한 군주제에 대한 동경이라는 모순 때문에 그의 정치적 태도의 동요, 즉 처음엔 공화정의 색채였다가 뒤에는 메디치 가의 색채로 외부에 대해 어쩔 수 없이 색깔을 바꿔야 하는 일이 생겨났다. 그러나 그의 정치적 명성을 잃게 만든 것은 그가 가혹한 난국 속에서 보여 준 인격적인 무정견이었다."(딜타이《르네상스와 종교개혁―15, 6세기 인간의 파악과 분석》)

딜타이(1833~1901)의 말은 세간의 일반적 생각을 집약한 것으로 보아도 무방할 것이다. 이런 생각에는 중대한 오해가 있다.

마키아벨리가 날카로운 관찰가라는 것, 그것은 그의 사무가 기질이나 재능과 떼어놓을 수 없다는 것을 앞에서 살펴보았다. 그렇다고 해서 냉소적인 사람이었던 것은 아니다. 이 점에서 영국의 시인 비평가로 노벨문학상을 받은 T.S. 엘리엇(1888~1965)은 마키아벨리의 진수를 가장 잘 파악하고 있다.

"마키아벨리는 견유가(세상을 비꼬고 냉소적으로 보는 것)라고 할 수 있다. 하지만 마키아벨리에게는 견유주의는 전혀 존재하지 않는다. 그의 생활이나 성격에는 그의 견해의 명석한 거울을 흐리게 할 만한 한 점의 약점이나 결점도 없다. 분명 세세한 점에서는 언어의 의미가 조금 달라지면 의식적인 냉소로 느껴지는 것도 있지만 그의 견해 전체는 그런 감정적인 색채로 더럽혀져 있지 않다. 마키아벨리의 인생관은 순진한 영혼의 상태를 포함하고 있다. 그의 정직성과 일반적으로 인간의 심정이 지니는 허위, 부정직, 변절 등과 비교해 보고 그 차이가 막대하다는 것을 느낄 때 비로소 우리는 그의 보기 드문 위대함을 깨닫는다."(《다른 신을 찾아서》)

물론 그의 시대는 도의심이 땅에 떨어진 르네상스 말기이다. 성인군자가 아닌 단지 한 인간이기 때문에 남들과 똑같이 현세의 쾌락을 맛보았겠지만, 도를 넘었는지 여부는 모르겠다.

딜타이의 설 가운데 마키아벨리의 정치적 무정견에 대한 설을 따져보자. 단순히 겉으로만 보고 변절자라고 치부하는 것은 너무나 단순한 판단이다. 르네상스 시대의 시인, 학자, 예술가는 대개 세계주의자여서 후원자를 바꾸거나 타국으로 망명하는 것을 아무렇지도 않게 생각했다. 하물며 정치 같은 비정하고 잔혹한 세계에서 사는 사람에게 남의 목숨보다 자기의 목숨이, 즉 타인보다 오래 사는 것이 중요한 것은 자명한 일이었다. 그렇다면 마키아벨리만이 비난받아야 할 까닭은 없다. 만약 정견이 없다고 한다면 소데리니 정부가 무너졌을 때, 제2서기관장 마르첼로 비르질리오 등은 재빨리 그만둘 것 같지만 새 메디치 정부 아래서 몸을 보전한다. 공화정부에서 함께 일했던 프란체스코 베트리도 로마주재 공사를 하면서 부끄러워하는 기색이 없었다. 현대인의 관점으로 르네상스 시대를 가늠해서는 안 된다. 그들에 비하면 마키아벨리는 정직하다고 해도 좋았다. 가난한 생활이 그 증거이고 만년에 아들에게 남긴 편지 등에도 잘 나타나 있어 그가 과연 마키아벨리즘의 창시자인가 의심될 정도이다. 그런 선입관을 갖는 것 자체가 잘못이다.

피렌체를 위하여

마키아벨리는 대체 무슨 생각으로 메디치 가에 접근했던 것일까. 그가 열망했던 것은 이탈리아의 통일국가 건설이지만 당장의 애국심은 피렌체를 향해 있다. 설령 피렌체가 예전의 모습을 잃는다 해도 그는 피렌체 사람이다. 피렌체가 공화정으로 번영한다면 만만세다. 하지만 그것이 어렵다면 메디치

가라도 상관이 없지 않을까? 피렌체를 가볍게만 해 준다면. 그럴 경우 과거 정치활동에서 얻은 지식과 경험을 보태는 것은 시민으로서의 의무이다.

프란체스코 베트리에게 썼던 것처럼 "운명은 내가 실크나 의상에 대해서도, 손해나 이득에 대해서도 논할 수가 없게 만들었다. 나는 국가에 대해 논할 수밖에 없다." 여러 번 말했다시피 그는 단순히 관조하는 관찰자가 아니라 관찰과 사색을 활동과 연결하려는 욕구를 갖고 있었다. 《카말돌레스 논쟁》의 사람들이 그랬던 것 같은 유희가 아니다. 항상 이론과 실제를 하나로 간주했던 증거는 예를 들면 국민군 창설이 있다. 실패로 끝나기는 했지만 분명 그의 책임은 아니었다. 그의 독자성은 그때그때의 데이터를 잡다하게 모으는 것이 아니라 중심사상으로 정리하여 체계화하는, 즉 개별 데이터에서 일반규칙을 세우는 뛰어난 능력을 지녔던 점에 있다. 메디치 가에 접근했던 것이 생계비를 얻기 위해서가 아니었다고 한다면 거짓말이지만 세상에서 말하는 야비한 관직 사냥운동이 아니었던 것은 확실하다. 거기에는 보다 깊은 생각이 있었다.

마음 가는대로 붓 가는대로

1513년 2월 반메디치 가 음모가 발각되고, 음모자 명단에 마키아벨리의 이름이 올라 있었다. 가담했다는 의혹으로 투옥된다. 사실무근이었지만 당분간 정계복귀 가능성은 없어졌다. 이해에 율리우스 2세가 세상을 떠나 3월 추기경 조반니 데 메디치가 교황 레오 10세(재위 1513~1521)가 된다. 새 교황 취임에 즈음하여 특별사면령이 내려져 4월 마키아벨리는 석방되고, 소데리니도 추방처분에서 풀려난다. 산탄드레아인 페르쿠시나에서 유유자적하는 가운데 마키아벨리는 프란체스코 베트리와 자주 편지를 주고받는다. 깊은 의미의 친구는 아니었지만 로마주재 공사라는 직무상 여러 정보를 제공해 주었기 때문이다. 그 편지들 가운데 1513년 12월 10일 것이 널리 알려져 있다. 당시 생활상을 생생하게 볼 수 있다.

"요즘은 아침에는 태양과 함께 일어나서 늘 나무를 하는 산으로 가서 그곳에서 그럭저럭 2시간 가량을 어제 일을 정리하거나 나무꾼과 함께 시간을 보냅니다. 숲을 나서면 나는 샘으로 갔다가 전에 장치해 두었던 새 올가미로 갑니다. 반드시 단테나 페트라르카의 시집을, 때로는 티브루스나 오비디우스 그 밖의 시인의 시집에 이르기까지 뭔가를 들고 가서 그들의 연정과 사랑을 읽고, 그리고 나의 경험과 함께 떠올리면서 한동안 즐거운 추억에 잠깁니다. 그런 다음 길가 주점에 가서 길을 지나는 사람들과 이야기를 나눔으로써 그 나라의 진기한 이야기를 듣고, 여러 가지 것들을 알고, 인간의 다양한 취미와 발상을 깨닫습니다. 이렇게 하다보면 어느덧 식사시간이 됩니다. 나는 가족과 함께 이 누추한 별장과 나의 보잘 것 없는 재산이 제공해 주는 식사를 합니다. 식사가 끝나면 주점으로 돌아가지요. 해가 저물면 나는 집으로 돌아와 서재로 들어갑니다. 입구에서 먼지와 진흙이 묻은 평상복을 벗고 예복으로 갈아입어 위엄을 갖춘 다음 옛 현인의 오래된 궁정에 들어갑니다. 그 사람들은 나를 맞아줍니다. 그리고 오직 나만의 것이고 나만을 위한, 나에게 익숙한 음식을 나에게 줍니다. 나는 주저하지 않고 그 사람들과 이야기하고, 그들이 취했던 행동의 동기를 묻습니다. 그러면 그들은 다시 친절하게 대답해 줍니다. 4시간 동안 나는 전혀 피곤함을 느끼지도 않고 고통도 잊고, 가난을 두려워않고, 죽음마저도 개의치 않게 되어 이 사람들 속으로 완전히 녹아들고 마는 것입니다."

아무 걱정도 없어 보이는데 과연 그는 무슨 생각이었을까? 전에는 프랑스 국왕, 독일 황제, 로마 교황, 체사레 보르자를 상대로 당당히 의견을 펼치던 사내가 나무꾼과 함께 시간을 보내거나 지저분한 선술집에 붙박이는 것 외에 할 일이 없다? 전성기에 있던 사내가 하릴없는 생활을 강요당하고 있다. 전혀 태평할 리가 없다. 하지만 《군주론》과 그 밖의 주요 저서는 이런 불우한 시절에 탄생했다. 정갈한 서재가 결코 걸작을 만드는 절대 조건이 아닌 것이다.

'올리첼라리 동산' 사교 모임

마키아벨리가 앞으로 살아가는 14년 세월은 밝음과 어둠, 희망과 좌절이 교차하는 날들이었다. 이제 공인으로서 피렌체나 이탈리아 정국에서 일하는 일은 없다. 사건은 곁을 스쳐 지나갈 뿐, 방관자일 수밖에 없다. 다행스럽게도 정치의 사색이 정치의 실제를 맡지 않는다는 손실을 메워 준다. 아니, 메우고도 남는다. 만약 그가 실직하지 않았다면 그의 관찰은—아무리 관찰력이 뛰어나다 해도—죽음과 함께 소멸해 버렸을 것이다. 그리고 보면 마키아벨리 개인의 불운은 후세의 우리에게는 행운이라고 할 수 있을지도 모르겠다.

한편, 이 시기의 피렌체에 '올리첼라리 동산'이라는 사교 모임이 있었다. 피렌체의 부자로 메디치파인 베르나르도 루첼라이(1448~1514)가 시내에 지닌 아름다운 저택을 그렇게 부른 것이다. 소데리니 시대 때부터 베르나르도 일가와 메디치 가 사람들, 문인이 모여서 문학과 철학, 정치를 이야기했다. 1512년 메디치 가가 복귀하자 모임도 한층 활발해졌다. 마키아벨리가 어떤 연줄로 들어갔는지는 알 수 없다. 하지만 1516년 무렵에는 멤버의 하나가 되어 꽤 가까운 교류를 맺는다. 이 그룹에 이따금 집필 중인 《군주론》이나 《정략론》을 읽어 들려줄 정도였으니까 마키아벨리는 그들에게서 경제적 도움을 받았다는 생각도 할 수 있다. 이렇게 자신의 저술을 그룹의 작은 무리 속에서 펼치는 사이에 정치이론가로서 이름이 알려지게 된다.

1520년 6월 마키아벨리는 피렌체 정부의 명령으로 루카로 파견 나간다. 대단치 않은 일이었지만 정계은퇴 뒤 첫 번째 일이고, 추기경 줄리오 데 메디치(1478~1534) 같은 유력자가 힘을 써 주었음을 감안하면 메디치 가와 어떤 연고가 있었던 것은 확실한 것 같다. 나아가 루카 체류 중에 쓴 《카스트루치오 카스트라카니의 생애》가 줄리오의 귀에 들어가 루카에서 돌아오자마자 11월에 피렌체 정부로부터 《피렌체 역사》 집필 의뢰를 받는다. 같은 해에는 그의 희극 《만드라골라》가 상연되어 호평을 받았다. 앞날에 서광이 비치기 시작한 것이다.

1521년 12월 교황 레오 10세가 갑자기 죽었다. 마키아벨리가 가장 기대를 걸고 있었던 것이 다름 아닌 레오 10세였기 때문에 충격이었을 것이다. 게다가 여러 모로 자기편을 들어주던 '올리첼라리 동산' 사교 모임이 차츰 반메디치의 기치를 선명하게 해 줄리오 암살계획마저 세운다. 사전에 발각되어 그들은 도망친다. 커다란 충격이다. 그러나 버리는 신이 있으면 줍는 신도 있다. 레오 10세의 뒤를 이은 하드리아누스 6세가 재위 1년만에 갑자기 죽어 줄리오 데 메디치가 교황 자리에 올랐다(클레멘스 7세, 재위 1523~1534). 그곳에서 마키아벨리는 집필 중이던 《피렌체 역사》를 완성하고 1525년 6월에 로마로 가서 교황에게 헌상하였다.

마키아벨리의 죽음
《피렌체 역사》의 완성에 심혈을 기울이던 즈음에 이탈리아를 둘러싼 국제

정세는 차츰 긴박의 도를 더해 가고 있었다. 프랑스왕 프랑수아 1세(재위 1515~1547)—르네상스 예술 애호가로서 레오나르도 다 빈치를 귀빈으로 모시고 편안한 말년을 보내게 했다—는 선왕인 루이 12세의 이탈리아 정책을 답습했다. 1525년 몸소 대군을 이끌고 롬바르디아 평원을 남하하여 독일 황제군과 싸웠다. 그러나 2월 24일 밀라노 남쪽 파비아에서 크게 패하고 왕 자신도 포로가 된다. 1526년 1월 마드리드 강화에서 에스파냐왕 겸 독일 황제인 카를 5세에게 굴복하고서야 석방되는데 그때까지 북이탈리아를 지배 아래 넣고 있었던 프랑스로서는 카를의 이탈리아 진출을 보고만 있을 수 없었다. 교황 클레멘스와 결탁하여 카를에게 전쟁을 선언한다. 얼마 전까지만 해도 프랑스와 교황은 적대시했다. 국가적 이익 때문에 왕이 이렇게 행동한 것이다. 그리하여 카를은 교황공격에 군대를 출동시키고, 이에 1527년 5월에 '로마약탈'을 촉발한다. 교황은 산탄젤로 성에 갇힌다. 이탈리아 르네상스의 종말을 고한 사건이다.

이 소식이 피렌체에 다다르자 당장에라도 황제군이 쳐들어오는 것은 아닐까 전전긍긍이다. 메디치 가의 알레산드로(1510~1537) 등은 도망하고, 시민은 공화정 부활을 선언하고 니콜로 카포니라는 사람이 곤팔로니에레에 선출된다. 메디치 가에 다시 등용될 희망을 품고 있던 마키아벨리의 꿈은 완전히 무너져 내렸다. 오랜 세월에 걸친 무리는 육체를 갉아먹고 있었던 데다가 깊은 실망이 살아갈 기력을 빼앗았던 것일까? 6월 20일 지병인 위통이 일어나 22일 가족이 지켜보는 가운데 58년 생애의 막을 내린다.

마키아벨리의 위대함은 생전에는 인정을 받지 못하여 누추한 집에서 가난하게 죽었다. 제노바 사람 콜럼버스(1446 무렵~1506)가 '아메리카 발견'이라는 대사업을 이룩하고서도 그 세계사적 의의와 영향을 알지 못한 채 실의 속에서 죽어 간 것처럼. 오늘날 피렌체의 산타크로체 성당을 찾는 사람은 마키아벨리의 묘비에서 다음과 같은 글귀를 읽을 것이다. "명성이 큰 이는 송사 없어도 충분하리니. 니콜로 마키아벨리 1527년에 돌아가다" 생전에 아무에게서도 송사를 받지 못했다는 것이야말로 이 피렌체인에 대한 가장 고귀한 송사였던 것은 아닐까?

저술활동

마키아벨리 기념비 피렌체의 산타크로체 성당

마키아벨리의 여러 재능

이탈리아 르네상스는 이른바 '만능 천재'를 배출했다. 레오나르도 다 빈치가 가장 대표적이다. 마키아벨리는 천재라고까지는 할 수 없어도 다재다능했다. 정치 저술이 내용과 분량면에서 가장 중요한 것은 말할 필요도 없다. 하지만 정치와 관계가 있는 군사에 대해《전술론》같은 독창적인 저서가 있고, 역사에 대해서는《10년사》라든가《피렌체 역사》가 있다. 그뿐인가,《만드라골라》라든가《클리치아》같은 희곡도 남겼다. 르네상스 문화에 대한 무관심을 때때로 밝혔음에도 깊은 밑바닥에선 영향을 받고 있었다.

이렇듯 저술활동은 다방면에 걸쳐 있지만 그의 사상이 산만하다는 것을 의미하지 않는다. 오히려 단순한 근본사상이 있고, 그것을 때와 장소에 따라 다르게 표현하고 있는 것이다. 예를 들면《군주론》에서 마키아벨리는 권력사용의 기술자, 얼음처럼 차가운 합리주의자, 목적을 달성하기 위해서는 수단을 가리지 않는 타산적 현실가이다. 이에 반해《정략론》《로마사론》에서는 고대 로마 공화정에 뜨거운 관심을 갖고 로마적 비르투(용기, 실행력)의 부활을 바라는 이상가이다. 언뜻 보기에 서로 상반되는 사고의 밑바탕에는 열정으로 가득 찬 애국자의 혼이 깃들어 있다. 그것이 근본이며, 때와 장소에 따라 표현이 다른 것은 15세기 말에서 16세기 초에 걸친 이탈리아 피렌체의 정치정세가 임기응변의 처치를 하게 만들었기 때문이다.

이 점에 대하여 카시러가 다음과 같이 말하고 있다. 어느 일정한 정치적 사실을 가능한 한 명료하고 정확하게 기술하는 것만이 마키아벨리의 오직 하나의 목적이었다고 하는 것은 잘못이다. 이런 경우에 그는 역사가로서 행동한 것이 되기는 해도 정치이론가로 행동한 것이 되지는 않을 것이다. 이론은 그 이상의 것을 요구한다. 그것은 여러 사실을 통일하고 종합하는 구성원리를 필요로 한다(《국가의 신화》). 마키아벨리는 고대사에서 많은 예를 뽑아내고, 자기의 개인적 견문과 경험도 많이 펼쳐냈다. 그뿐이라면 역사가의 방법을 좇은 것에 지나지 않는다. 그가 포괄적이었던 것은 그런 역사가의 기술 능력뿐만 아니라 갖가지 사실에 대해 논리적 추론과 분석적 능력을 지녔었기 때문이다. 즉, 기술적(역사적), 분석적(이론적) 능력을 동시에 지닌다. 그렇기 때문에 역사가로서 인간주의적 역사서술의 높은 봉우리에 서서 새로운 정치학의 수립에 불멸의 공적을 남긴 것이다. 마키아벨리의 저술을 볼 때, 항상 이 두 가지 능력과 보다 높은 관점에서의 종합에 유의해야 한다. 마키아벨리의 다재다능함은 결코 함량미달은 아니었다.

《군주론》과 《정략론》

주요 저서를 간단히 소개하겠다. 《군주론》과 《정략론》—상세히 말하면 티투스 리비우스 《로마사》 초편 10권의 논의 3권—두 책은 마키아벨리 정치사상의 양대 축을 이룬다. 《군주론》의 집필 시기는 확실치 않지만 1513년 여름쯤으로 추정된다. 왜냐하면 앞에서 인용했던 프란체스코 베트리에게 보낸 편지에서 이렇게 말하고 있기 때문이다.

"전에 단테가 했던 말 가운데 배운 바를 남기지 않는다면 학문의 길은 없다고 했다. 나는 이 사람들과 나눈 대화를 글로 써서 남기고 이에 《군주론》이라는 책자를 만들었습니다. 국가의 성격, 종류, 유지 방법, 상실 이유를 논의 탐구하고 이 문제에 대해 가능한 한 깊이 생각하였습니다. 이 하찮은 책이 당신의 마음에 든다면 굳이 싫지는 않을 것 같습니다. 특히 새 군주에게는 환영을 받을 것입니다. 그러므로 줄리아노 전하께 이것을 바칩니다"라고.

이 글을 쓴 것은 1514년 초쯤이다.

이 편지에서 밝힌 것처럼 줄리아노 데 메디치에게 바칠 생각이었지만 줄리아노가 세상을 뜬 탓에 줄리아노의 조카이자 로렌초의 손자인 로렌초

(1492~1519)에게 헌정하려 했다. 그러나 마키아벨리는 이 책을 공간하지 않았기 때문에 로렌초가 사본을 보았는지 여부도 확실하지가 않다. 실제로는 헌정되지 않고 헌사가 쓰이는 것에 그쳤다. 마키아벨리가 죽은 지 5년이 지난 1532년에 인쇄 발행되었다. 그러나 로마 교황청이 서둘러 금서에 올린다. 《군주론》이 겪은 역사는 그대로 유럽정치의 역사였다. 마키아벨리즘을 설명한 악마의 책이라는 오해는 19세기가 되어 비로소 풀린다.

《정략론》의 집필은 시기적으로 《군주론》보다 약간 먼저인 듯하다. 어느 정도 집필이 된 상태에서 군주정을 논한 부분을 떼어내 《군주론》으로 한 것이 아닐까? 《군주론》은 16세기 초 이탈리아의 격동의 정세를 반영해서인지 논조가 매우 격렬하다. 이에 반해 《정략론》은 리비우스 《로마사》를 바탕으로 로마 흥망을 마치 커다란 강줄기를 따라 내려가듯이 유유하게 논하고 있다. 소년 시절부터 친숙했던 리비우스는 역사의 실천적이고 실용주의적인 의의를 중시한 역사가이다. 마키아벨리가 공감한 것도 수긍이 간다. 《정략론》도 지인에게 회람하는 사이에 평판이 높아졌다. 이 책을 헌정했던 코시모 루첼라이와 자노비 본델몬티는 '올리첼라리 동산' 멤버였기 때문에 이 그룹을 통해 메디치 가에 접근할 길이 열렸다. 1520년 무렵에 완성했지만 생전에는 햇빛을 보지 못하다가 1531년에 간신히 출판되었다.

그 밖의 저서

마키아벨리는 피렌체 공화정부에서 일하던 초기부터 군사제도 개혁에 관심을 가졌다. 국가의 유지와 독립에서 군사제도 개혁이 긴급하다는 것과 용병이나 외국 지원군의 폐해를 속속들이 알고 있었다. 따라서 《군주론》과 《정략론》이 군사에 대해 자주 언급하는 것은 당연하다. 본격적으로 나선 것은 은퇴 후에 여유가 생긴 뒤부터인데 역시 '올리첼라리 동산'과의 교제가 직접적인 동기이다. 파브리치오 콜론나라는 가공의 인물(실은 마키아벨리)이 그룹 멤버인 코시모 루첼라이, 자노비 본델몬티 등과 대화하는 체재를 띠고 있다. 《전술론》 1권과 7권에서 일반문제를, 2권에서 고대 로마 군사제도, 3, 4, 5권은 상세한 전술, 6권은 축성법을 논한다. 이런 군사 사상을 피렌체 국민군에게 응용하려 했다. 물론 오늘날로 치면 유치한 것이어서 소총이나 대포의 위력도 다루고 있지 않다. 하지만 16세기 초에 이런 군사론을 밝힌 예가 달리 없다. 이 점에서 선각자적 의의는 자명할 것이다. 친구들의 도움으로 1521년에 출판되고, 그룹의 한 멤버인 로렌초 스트로티에게 바쳤다.

필생의 대작 《피렌체 역사》는 1520년에 쓰기 시작해 1525년에 전체 8권을 완성하여 클레멘스 7세에게 바쳤다. 출판은 1531년이다. '머리말'에 따르면 메디치 가가 권세를 얻은 1434년부터 붓을 들 예정이었다. 그 전의 역사는 이미 휴머니스트인 레오나르도 브루니(1369~1444)나 포지오 브라치올리니(1380~1459)가 썼기 때문이다. 그러나 그들은 피렌체인이 외국 군주나 인민과 했던 전쟁에 대해서는 상세하게 기술했지만 국내 분쟁이나 그 원인 결과에 대해서는 아무것도 쓰지 않았다. 이것에 불만을 갖고 애초의 계획을 바꾸어 피렌체를 중심으로 한 이탈리아 흥망사를 쓰기로 한 것이다. 마지막 8권은 1492년 로렌초 데 메디치의 죽음까지를 다룬다. 따라서 종래 역사가보다 시야가 넓다. 휴머니즘적 역사서술의 대표작이라고 하는 것도 다 까닭이 있다.

이상의 저서 외에 문학작품이 적지 않다. 《카스트루치오 카스트라카니의 생애》는 가공의 영웅호걸로 사고무친의 천지에서 일어나 마침내 천하에 용맹을 떨친 인물의 로망이다. 마키아벨리의 뇌리에는 체사레 보르자가 있었는지도 모른다. 시도 많지만 그중에도 희극 《만드라골라》는 문학적 대표작일 뿐만 아니라 르네상스 시대 풍자희극으로 일품이다. 《군주론》이 당시 정치를 적나라하게 그렸다면 이것은 피렌체의 세태풍속을 그렸다. 목적을 위해 수단을 가리지 않는 정치가는 여기서는 자기의 사랑을 이루기 위해 온갖 수단을 동원하는 피렌체의 청년과, 그를 돕는 치기어린 젊은이들의 모습을 그린다. 말하자면 《군주론》의 문학판인 셈. 1520년 처음 상연되었을 때, 우레와 같은 갈채를 받았다고 한다. 군주된 자는, 특히 새로이 군주 자리에 오른 자는, 나라를 지키는 일에 곧이곧대로 미덕을 지키는 것은 어렵다는 것을 명심하라고 논했던 그의 다른 면이 《군주론》이라는 갑옷 뒤에 감추어 두었(다기 보다는 인정하고 싶지 않았)던 면이 이 작품을 통해서 드러났다고 볼 수 있다.

마키아벨리의 사상

첫 번째 문제점

마키아벨리의 뛰어난 연구가인 리터는 이렇게 말하고 있다.

"마키아벨리의 수수께끼는 사색적 고찰에 늘 새로운 매력을 부여한다. 그의 본질이 모순을 지녔다는 것은 이 피렌체인 스스로 잘 알고 있었다. 이런 모순이 여러 가지로 해석되지만 대개는 마키아벨리의 정치적 이론적 저서, 특히 《군주론》과 《정략론》으로 시야가 한정되어 있다. 그러나 마키아벨리 사상의 긍정적 동기를 파악하려면 모든 저서로 눈을 돌려야 한다."(《권력의 윤리적 문제》)

그의 말처럼 모든 저서를 빠짐없이 훑어 보아야 비로소 마키아벨리의 전모를 알 수 있고, 모순이 사라질 것이다. 그러나 이 작은 저서로 저서 전체를 천착할 수는 도저히 없는 노릇이고 지나치게 전문적이 될 우려가 있다. 우선 세 가지 문제점을 지적한다. 그것으로 적어도 마키아벨리 사상의 핵심으로 좁혀 들어갈 수가 있기 때문이다. 마키아벨리가 《정략론》 같은 언뜻 보기에 수지 맞지 않는 책을 썼던 까닭과 다른 저서와의 연관성이 첫 번째 문제점이다.

카이사르와 브루투스

《정략론》은 제1권 '제1장 도시의 기원, 특히 로마의 기원'으로 시작되어 제3권 '제49장 공화국이 자유를 유지해 나가기 위해서는 항상 시대에 맞는 법률 제도를 고안해나가야 한다. 그리고 퀸티우스 파비우스가 위대한 파비우스라 불리게 된 것은 어떤 공적이 있었기 때문인가'로 끝나는데 3권 모두 공화정 시대 로마에 대한 찬미이다. 마키아벨리는 로마 공화정이 국가정치 일반의 모범이라고 보았다. "나라를 건설하기 위해서는 로마의 조직에서 모범을 찾아야지 그 밖의 국가 사례들은 따를 가치가 없다고 믿는다."(1-6)

"내가 고대 로마를 너무 추켜세웠기 때문에, 오늘날의 세계를 비난하는 말을 앞으로의 논의에서 펴기라도 하다가는 나 자신 역시 고대병 환자 축에 들어가 버리게 될지도 모르겠다. 분명히 고대는 역량이 지배하고 있었는데 현대는 악덕이 횡행하고 있다는 것이 태양을 보기보다 명백한 사실이 아니라면, 내가 비난한 그 사람들과 같은 실패를 나 자신이 거듭하지 않도록 더 자제해서 이야기를 진행시켜야 할 것이다. 그러나 이 점은 명백한 사실이므로 이 두 시대에 대해 내가 생각하고 있는 것을 솔직히 말해 두기로 한다."(2-머리말)

'왕국이나 공화국의 창설자는 찬양되어야 하고, 참주정치의 시조는 저주받아야 한다'라는 제목으로 시작되는 장에서 마키아벨리는 카이사르를 혹평한다. "숱한 사람의 붓으로 가장 많은 존경을 받는 카이사르의 영광에 미혹되지 않는 사람은 없을 것이다. 카이사르를 칭찬하는 무리들은 그의 재력에 매수되어 버렸든지 또는 카이사르의 이름 밑에서 제국이 어디까지나 계속되므로 완전히 위축되어서 카이사르에 대한 것을 마음대로 말할 수 없게 된 사람들이다.

카이사르에 대한 자유로운 논평을 알고자 하는 이는 카테리나를 논하고 있는 대목을 보면 된다. 거기서는 카테리나보다 카이사르가 한층 더 비난받는다. 그것은 나쁜 일을 음모했을 뿐인 카테리나보다 실행에 옮긴 카이사르 쪽이 더 비난의 대상에 해당되기 때문이다. 또한 브루투스에 대한 찬사를 보더라도 잘 알 수 있다. 논자가 카이사르의 권세에 겁을 먹고 도저히 눈앞에 대고 비난은 못해도, 그 보복으로 카이사르의 적인 브루투스를 극구 칭찬하고 있는 것만 보아도 잘 알 수 있다. 한 나라의 지배적인 지위에 오를 만한 인물이라면, 법을 존중하여 현군이라는 평판이 자자했던 로마 제정 시대의 황제들이 그와 반대의 길을 걸었던 어리석은 군주에 비해 얼마나 칭찬할 만한 존재였던가를 생각해 봐야 한다. (중략) 로마에서는 수없이 많은 잔학 행위가 되풀이되고 고귀함, 부, 과거의 영광, 특히 용기 같은 것은 죽음에 상당하는 대죄로 삼았다. 중상을 일삼는 자는 도리어 칭찬받았고, 노예는 뇌물을 받고 주인을 배반했으며 자유인도 같은 것을 했다. 남에게 원망받을 일을 한 적 없는 사람이라도 친구로부터 파멸당할 만큼 지독한 변을 당했다. 이런 사실을 알아야만 비로소 로마가, 그리고 이탈리아가, 나아가 전 세계가 카이사르 때문에 어떤 파국에 놓이게 되었는가를 똑똑히 알 수 있을 것이다.

만약 카이사르가 다시 한 번 환생한다면 모든 사람들이 카이사르 시대를 흉내내고자 하고 있음을 보고 기겁할 것이며, 세상을 좋은 방향으로 되돌리고자 하는 마음으로 안절부절못할 것이 틀림없다.

사실 전세계의 영광을 한몸에 모으고자 진심으로 열망하는 군주라면, 카이사르같이 국가를 붕괴시키기 위해서가 아니라, 로물루스처럼 재건하기 위해서 부패한 국가를 다스려야 할 것이다. 사실 신이라 할지라도 인간에게 이 이상 멋진 영예를 초래할 기회는 주지 않을 것이며, 인간 역시 그 이상을 바랄 수 있는 것은 못 된다."(1-10) "이런 경향은 뒤에 카이사르와 폼페이우스 시대에 또다

DISCORSI DI NICOLO MACHIAVELLI CITTADINO, ET SEGRETARIO FIORENTINO, SOPRA LA PRIMA DECA DI TITO LIVIO, A ZANOBI BVONDEL. MONTI, ET A COSIMO RVCELLAI.

Con Gratie, & Priuilegi di. N.S. Clemente VII. & altri Prencipi, che intra il termino di. X. Anni non si stampino, ne stampati si uendino: sotto le pene, che in essi si contengono. M. D. XXXI.

《정략론》(1521)

시 재발했다. 이때 마리우스파의 수령은 카이사르가 되고, 술라파의 두목은 폼페이우스가 되었다. 그렇게 무기를 든 싸움이 계속되다가 카이사르의 승리로 끝나게 되었다. 카이사르가 로마에서 처음으로 참주가 되자, 로마의 자유는 두 번 다시 되살아나지 않게 되었다."(1-37) 카이사르에 의해 공화정이 사실상 끝나면서 제정으로 옮아가고, 로마는 악덕과 타락의 심연으로 빠져들어 갔다는 것이다. 그런 만큼 카이사르를 암살한 브루투스(BC 85~42)를 칭송한다.

"훌륭한 일을 수행했기 때문에 그 철저한 배려와 현명함을 높이 찬양받는 인물이라 하더라도, 유니우스 브루투스가 바보처럼 가장하고 수행한 그 행동에는 가까이 따라갈 수 없으리라 생각된다.

티투스 리비우스는 브루투스가 그런 짓을 한 것은 자기의 몸의 안전과 집안의 대를 지켜 나가기 위해서였다고 말하고 있다. 그러나 브루투스가 한 행동을 생각해 보면, 그가 바보를 가장하고 있었던 것은 자신의 속셈을 눈치채이지 않으려는 수단이었던 것이 틀림없다. 그는 왕을 타도하고 로마를 해방할 기회를 엿보고 있었다."(3-2).

이처럼 마키아벨리는 로마 공화정을 이상적인 국가정치 형태로 보았다. 로마 공화정의 고찰 없이는 그의 사상을 알지 못한다고 해도 과언이 아니다. 그러나 그런 고찰은 단순히 '옛날의 좋은 시절'에 대한 향수에 불과했던 것은 아닐까? 이탈리아 피렌체의 정세에 휘했던 그가 현실을 떠난 회상에 빠질 리 없다. 거기에는 적어도 두 가지 근거가 있을 것이다. 하나는 로마 공화정과 건전한 시기의 피렌체 공화정과의 일체성이다. 피렌체의 장관이었던 사르타티는 "피렌체의 자유는 로마 자유의 정통한 적자(嫡子)다"라고 자랑스럽게 말하고, 시민의 자유와 자치를 위협하는 전제군주를 증오했다. 피렌체 시민의 공화정에 대한 이상이 로마 공화정에 친근감을 갖게 한 것이다. 따라서 로마의 자유를 빼앗은 카이사르를 비방하고, 카이사르를 암살한 브루투스를 칭송하는 것은 피렌체 인본주의자들의 공통점이다. 마키아벨리가 로마 공화정을 예찬한 것은 이치 때문만이 아니라 정서적으로도 자연스러웠다.

로마의 군비와 법

두 번째로 로마 공화정을 고찰하는 것은 그곳에서 현대에 주는 교훈을 찾아낼 수가 있다고 믿기 때문이다. 실제로 그는 여기저기에서 고대 로마와 현대 이탈리아—피렌체를 비교 검토한다. 두세 가지 예를 들어보자. 우선 군사 문제이다.

"용병대 및 외국 원군은 도움이 되지 못하고 위험하다. 어느 군주가 용병대로 국가의 토대를 구축했다면 장래의 안정은 보장할 수 없게 된다. 이유는 용병은 통솔하기 어렵고, 야심적이며, 규율이 없고, 충실하지 않기 때문이다."(《군주론》 12) 피렌체도 예외가 아니다. "피렌체 공화국은 무력을 전혀 갖고 있지 않았기 때문에 피사 공략 때 프랑스 병사 1만 명을 불러들였다. 그 결과 피렌체는 말할 수 없는 위험에 처하게 되었다."(13) 그렇다면 로마인은 어땠을까? "로마인이 광대한 영역을 확보한 것은 실력에 의해서인가? 아니면 운이 좋았기 때문인가?"(《정략론》 2-1) 어느 쪽도 아니다. 국가체제를 정비하고 군사력을 갖고 있었기 때문이다. 자국민에 의한 강대한 군사력을 갖추고 있었던 것이 로마가 대업을 이룬 근본 원인이다.

다음은 '훌륭한 법'이다. "그런데 예로부터 군주국이든, 복합형국가든, 신생 군주국이든 간에 가장 중요한 토대가 되는 것은 좋은 법률과 훌륭한 군대이다. 훌륭한 군대가 없는 곳에 좋은 법률이 있을 수 없고, 훌륭한 군대가 있어야 비로소 좋은 법률이 있을 수 있다."(《군주론》 12) 이 일반론은 로마에 가장 잘 들어맞는다. "로마 본래의 법률은 빈틈이 많은 것이었지만, 그것을 완성의 영역으로 높여가는 과정에서 한 발도 헛디디는 일이 없었다."(《정략론》 1-2) "행운과 군사력이 로마의 국력의 기초였음은 부정할 수 없는 사실이다. 그러나 군사력이 있다는 것은 질서가 유지되고 있기 때문이고, 또 군사력과 좋은 질서가 있는 곳에는 반드시 행운이 찾아올 것이다."(1-4) 더이상 인용할 필요는 없다. "마키아벨리의 역사적 흥미는 결코 임시변통적이지 않고 항상 실제적 과제와 연관되어 있다. 로마민족의 역사가 그에게 타당한 것은 생생한 이상을 분명하게 해주기 때문이다."(마이어 《마키아벨리의 역사관과 비르투 개념》)

로마의 비르투

마키아벨리는 인본주의자로 연면히 전해지는 공화정 로마 숭배를 이어받았다고는 하지만 실천적 의도에 의해 그들과는 구별된다. 이것을 '로마의 비르투'가 잘 보여 준다. 그에 의하면 비르투는 처음엔 아시리아에 있었고, 이어 메디아로, 다시 페르시아로 옮겨갔다가 그리스·로마가 번영의 중심지가 되었다. 로마제국이 와해된 뒤로는 과거의 로마의 비르투를 강력하게 살려나가려 했던 중세의 많은 나라들(프랑크 왕국, 터키왕국, 이집트 이슬람교 국가 등)로 퍼져나갔다(《정략론》 2-머리말). 오늘날 이탈리아의 쇠퇴는 이탈리아인이 그런 비르투를 상실한 때문이다. 비르투의 회복이 매우 시급한 일이다. 그러면 비르투란 무엇인가, 로마의 비르투란 어떤 것인가?

원래 '비르투'(영어의 버튜, 라틴어의 비르투스)라는 말에는 두 가지 의미가 있다. 하나는 덕이라든가 덕행 같은 인간의 윤리를 나타낸다. 다른 하나는 역량, 재능, 용기 같은 인간의 능력을 나타낸다. 이탈리아 인본주의자의 용어법에선 앞의 의미가 차츰 희박해지고 뒤의 의미에 무게를 두게 된다. 마키아벨리는 가장 명백하다. 고대에는 한니발이나 스키피오, 현대는 체사레 보르자에게서 활동력과 정력, 강한 의지, 강인한 신체능력을 볼 수 있다는 것이다. 말은 그렇게 해도 단순히 맹목적인 정열에 휘둘린 행동이라면 야만인과 구별이 되지 않는다. 문화민족의 교육과 조직이 비로소 올바른 방향으로 이끈다. 힘에 더하여 사려가 중요하다. 즉 비르투는 '비르투—오르디나타'(질서 있는 비르투)이어야 한다. 정치가는 이들 두 가지 비르투를 겸비해야만 더할 나위 없는 정치가가 될 수 있다.

이런 비르투 개념의 변화에는 시대의 추이가 반영되어 있다. 중세 때는 덕은 오로지 기독교적으로 해석되었다. 용기라든지 재능 같은 인간적 특성은 문제가 되지 않았다. 하물며 신체능력 따위는 동물적 충동에 비유될 뿐만 아니라 기독교적 윤리에 반하는 것으로서 비난을 받았다. 인간이 기독교적 윤리의 속박에서 벗어나기 시작한 르네상스 시대가 되어 비르투의 이른바 자연주의적인 의미가 인정되기에 이른다. 부르크하르트는 '개인의 발전'을 이탈리아 르네상스의 특색의 하나로 든다. "13세기 말 이탈리아에는 개성적 인물이 우글대기 시작한다. 개인주의 위에 놓여 있던 속박이 이에 완전히 단절되었다. 무수히 많은 하나의 얼굴이 아무런 제한도 없이 저마다 특이한 모습을 띠기 시작한다."(《이탈리아 르네상스의 문화》) 생각해 보라. 이탈리아 르네상스의 개인이 개성적인 것이 기독교적 윤리의 소유자이기 때문이겠는가? 오히려 기독교적 윤리에 어긋나지만 어떤 비르투를 발휘했기 때문은 아니었을까? 비르투를 발휘할 수 있다면 출생이나 가문 따위는 따질 필요 없다. 출생이나 가문만 내세우고 변변한 재능도 없는 인간은 경멸당한다. 자기 능력으로 운을 개척해 나가는 인간만이 평가를 받는다. 르네상스인의 자유와 활발함은 여기서 유래한다. 물론 힘에는 이지(理智)가 따라야 한다. 그것이 다름 아닌 '비르투—오르디나타'이다.

이런 비르투 개념은 마키아벨리에게서 가장 확연하게 나타난다. 하지만 주목해야 할 것은 비르투가 단순히 개인의 특성에 머무르지 않고 역사생활이나 국가생활에도 해당된다는 점이다. 비르투의 유무가 한 국가의 성패를 좌우한다. "비르투는 역사를 재는 잣대이며, 역사의 경과는 비르투의 역사이다."(렘《서유럽 사상에 나타난 로마몰락》) 그는 전에는 로마에 비르투가 활발했지만 이것을 잃음과 동시에 쇠망하여 이제는 각 나라로 뿔뿔이 흩어지고 말았다고 한다. '로마의 비르투'의 부활이 현대 이탈리아인을 구하는 유일한 길이며, 《정략론》은 '로마의 비르투'를 현대에 부활하는 것을 최종 목표로 삼고 있었다고 해도 좋을 것이다.

종교관과 로마교회

이탈리아 르네상스가 대체로 종교에 관심이 없었다는 통설은 논란의 여지가 있다. 지금 그런 논의로 들어가지는 않겠지만 마키아벨리가 무관심 또는 반종교적인 의견의 선구자쯤으로 생각하는 것도 선입견의 하나이다. 그는 종교라는 것을 부정한 것이 결코 아니다. 아니, 종교가 '튼튼한 군대' 및 '훌륭한 법'과 나란히 국가의 세 기둥이라고 굳게 믿는다. "민중이 매우 광포하다는 것을 알아차린 누마는 평화적인 수단으로 그들을 유순한 시민의 모습으로 되돌리고자 종교에 주목했다. 그는 종교를, 사회를 유지해 나가기 위해서는 필요 불가결한 것이라 생각하고, 종교를 기초로 하여 국가를 구축했다. 그래서 몇 세기 지나는 동안에 이 나라의 신에 대한 존경은 다른 어디에서도 볼 수 없을 정도가 되었다. 이 사실이 배경에 있었기 때문에 로마의 원로원이나 유력자가 시도한 계획은 어느 것이나 모두 쉽게 진행되었다.

로마 민중이라는 집합체로서, 또는 많은 로마인의 개인으로서 수행한 일들을 검토하는 사람이라면, 누구나 로마인들이 법률에 저촉되는 일보다 맹세를 어기는 일을 훨씬 더 두려워하고 있었음을 알게 될 것이다. 이 사실은 그들이 인간의 힘보다 신의 힘을 더 존중하고 있었기 때문임이 틀림없다. (중략) 또한 로마 역사를 곰곰이 짚어 보면, 군대를 지휘하거나 민중을 북돋우거나 선인을 지지하거나 악인으로 하여금 부끄러워하게 만드는 데에 종교의 힘이 얼마나 도움이 되었던가를 알게 될 것이다. 로물루스냐 누마냐, 로마가 그 어느 군주에게 더 많이 힘입었는지를 논한다면 나는 누마를 우선적으로 밀어야 한다고 믿는다. 왜냐하면 종교가 골고루 퍼져 있는 국가에서는 민중에게 무기를 잡게 하는 일이 쉬운 데 비해, 군사적 무용에는 뛰어나나 종교가 없는 국가에서는 민중을 종교에 의해 교화해 나가는 것이 지극히 어려운 일이기 때문이다. (중략) 누마가 초래한 종교야말로 로마에 가져온 행복의 첫 원인이라고 결론지을 수 있다. 왜냐하면 종교가 우수한 법률 제도를 로마에 가져온 것이 밑바탕이 되어, 법률 제도가 국운의 발전을 초래하고 그러한 국운의 융성에 따라 어떤 사업을 행해도 잘 맞아들어갔기 때문이다. 종교를 소중히 한다는 것이 국가를 크게 만드는 원인인 것처럼 종교를 무시하는 일이 국가 멸망의 근원이 된다."(《정략론》 1-11)

마키아벨리는 로마인의 종교를 모범이라고 간주한다. 그러나 종교를 종교 자체로서 절대적 가치를 부여하는 것은 아니다. 종교를 정치적 관점에서, 바꿔 말하면 법이나 군사와 함께 국가를 유지하고 질서를 세우는 것으로서 정치생활에 영향력을 갖는 한도에서 존중한다. 종교는 수단이지 목적은 아니다. 그렇다면 인간을 유약하게 하는 기독교, 특히 로마교회를 신랄하게 비판한 것은 당연할 것이다. 다만 아시시의 프란체스코(1181경~1226)라든가 에스파냐의 도미니코(1170경~1221)의 아름다운 신앙에 아낌없이 경의를 표한다. "성 프란체스코와 성 도미니코의 힘으로 본래의 모습으로 되돌려지지 않았던들 지금쯤 기독교는 완전히 소멸하고 없었을 것이다. 이 두 성인은 청빈의 힘과 그리스도의 생애를 거울로 삼음으로써, 사람들 마음속에서 꺼져가고 있던 신앙의 불길을 다시 타오르게 만든 것이었다."(3-1) 사보나롤라도 마찬가지다. "조야하고 단순한 사람들에게 새로운 법률 제도나 새로운 생각을 불어넣어서 납득시키기는 쉬운 일이다. 문화가 발달되어 스스로 선진적이라고 자부하고 있는 사람들을 같은 방법으로 끌고 간다는 것도 그다지 불가능한 일은 아니다. 확실히 피렌체 사람들은 무지하지도 않고 조야하지도 않은 것 같은데, 수도사 지롤라모 사보나롤라의 신과 이야기를 나누었다는 설교에 넘어가고 말았다.

나는 사보나롤라가 옳으냐 그르냐 하는 것을 여기서 말하려는 것이 아니다. 이 정도의 거물쯤 되면 존경하지 않고서는 말할 수 없기 때문이다.

그러나 나는 다음과 같은 말만은 할 수 있다고 생각한다. 즉 숱한 사람들이 사보나롤라가 한 말을 믿었는데, 그렇게 된 것이 기적을 자기 스스로 체험해서가 아니었다는 점이다. 사람들은 그의 생애의 순수함, 그의 가르침, 그가 설교에 채택한 성서의 내용이 사보나롤라의 설교를 사람들로 하여금 믿게 만드는 데 충분한 수단이 되었다."(1-11) 따라서 이런 사람들보다는 수도사의 길을 밟지 않는 자, 특히 로마 교황과 교황청이다. 로마인에게 종교의 힘에 의지하는 것이 중요했던 데에 반해 이탈리아는 로마교회 이용에 실패하여 자멸했다. "만약 기독교가 기독교 국가 안에서 성립 당시와 같은 모습을 유지하고 있었다면 오늘날의 여러 기독교 국가는 현재보다 훨씬 질서 있는, 훨씬 행복한 나라가 되어 있었을 것이다. 기독교 교황의 자리인 로마 교회의 바로 곁에서 살고 있는 사람들이 이렇다 할 종교심을 갖고 있지 않다는 현실보다 더한 기독교 타락의 증거는 없을 것이다."(1-12)

이탈리아의 질서가 로마교회에 의해 유지되고 있다는 항간의 설에 대해 마키아벨리는 단호하게 반대한다. "이탈리아의 안녕 질서는 첫째로 로마 교회 덕분이라는 생각이 널리 받아들여지고 있다. 그래서 나는 그 의견에 반대하기 위해서 머리에 떠오르는 몇 가지 이유를 말하고자 한다. 이 이유 중에서도 제일 근거 있는 두 가지 이유를 들까 하는데, 내가 생각할 때 이 이유에 대해서 아무도 반박하지 못할 것이다. 그 첫째의 것은, 로마 교황청이 나쁜 데 물이 들어 이탈리아가 완전히 신앙심을 잃어버려서 무한한 재해와 끝없는 대혼란 속으로 끌려들어가고 말았다는 사실이다. 즉 종교가 있는 곳이면 어디서나 반드시 선행이 행해지고 있는 것과 마찬가지로, 종교가 없는 곳에서는 악이 지배한다고 생각해야 한다. 교회나 성직자들 덕분에 우리 이탈리아인은 종교도 제대로 갖지 않고 비뚤어진 생활에 빠져 있다는 것이다. 그뿐만 아니라 훨씬 더 큰 불행을 교회나 성직자들 때문에 겪고 있다. 그것은 이탈리아가 붕괴하는 원인이 되는 것이다. 즉 교회는 예부터 지금까지 일관되게 이탈리아를 분열시켜 온 것이다.

확실히 공화국의 경우든 군주국의 경우든 프랑스나 에스파냐의 예에서 볼 수 있는 것처럼, 한 정부의 것으로 통일되지 않는 한 어떤 나라든 통합이라든가 행복 같은 것은 있을 리가 없다. 이탈리아가 프랑스나 에스파냐같이 되지 않고, 이탈리아 전체를 통합해서 통치하는 단일 공화국이나 군주국을 출현시킬 수 없는 이유는 첫째로 교회에 달려 있다. 즉 교회가 세속 권력에 안주해서 이를 행사하는 일에 노력하고 있었지만, 국력과 의욕이 충분하지 않았으므로 전 이탈리아를 제압해서 그것을 지배하기까지에는 이르지 않았다. (중략) 이와 같이 교회는 이탈리아 전국토를 정복할 힘은 없으나 다른 나라가 통일을 이루는 것을 방해할 정도의 힘은 갖추고 있었다. 그 때문에 이탈리아는 한 사람의 지배자 밑에서 통일되지 못하고 결국 여러 군후의 지배를 받는 결과가 되고 말았다. 이런 상황은 이탈리아에 내분을 일으키고 힘을 잃게 해, 강력한 외적이 아니더라도 쳐들어오기만 하면 아무 손에나 쉽게 떨어지게 되고 말았다. 이렇게 되어 버린 것도 이탈리아인에 있어서는 교회 때문이지 다른 누구의 탓도 아니다."(1-12)

피렌체에 보내는 만가

공화정체, 군사, 법, 비르투, 종교의 다섯 가지 점에서 《정략론》의 근본사상을 살펴보았다. 결국 로마사의 교훈을 본보기로 이탈리아 피렌체에 활용하려는 것이 목적이었다. 이탈리아 피렌체라고 했지만 당장의 관심은 피렌체로 향한다. 피렌체인으로서 팔이 안으로 굽어서가 아니다. 공화정부에서 일했던 개인적 사정 때문도 아니다. 이탈리아 코무네의 기수, 르네상스 문화의 프린스, 중요한 점은 이탈리아 여러 국가들 가운데 피렌체가 차지하는 지위를 종합적으로 판단한 뒤의 일이다. 그러나 피렌체의 현재 상황을 보면 볼수록 환멸을 느끼지 않을 수가 없다. 모든 면에서 로마의 반대의 길을 가고 있다. 예를 들면 "시민과 귀족의 감정의 괴리야말로 공화국을 분열시키는 분쟁의 근원이다. 똑같은 원인으로 로마에서도 분쟁이 일어났다. 그리고 로마의 경우와 완전히 똑같은 원인이 피렌체에서도 분쟁의 원인이 되었다. 물론 이 두 도시에서는 서로 다른 경과를 보인 것은 말할 것도 없다. 로마에서는 귀족과 평민이 다투게 되어도 초기에는 토론으로 결말이 났다. 그러나 피렌체에서는 결투로 결말이 났다. 로마에서는 하나의 법률로 충분했지만, 피렌체에서는 수많은 시민을 추방이나 사형에 처하고서 나서야 비로소 진정될 수가 있었다. 로마에서는 분쟁이 일어나면 시민이 싸울 뜻이 점점 더 굳어지기만 하였으나, 피렌체에서는 그 의지가 약해지기만 했다."(《피렌체 역사》 3 -머리말)

이런 로마사와 피렌체와의 비교는 빈번히 이루어진다. 철이 들던 무렵부터 마키아벨리는 피렌체 정변을 목격했다. 서기관 시절 및 백수 시절을 통해 여러 번 환멸과 좌절을 겪었다. 만약 현재의 공화정부가 제대로 하고 있다면 고생할 필요는 없다. 그러나 현재의 공화정부에는 왕년의 의지도 기세도 전혀 보이지 않는다. 프랑스의 비위를 맞추고, 로마 교황에게는 위협을 당하는 사면초가의 상황이다. 정책에 일관성이 없고 모든 일이 그날그날 닥치는 대로 살아가야 하는 하루살이다. 로마에 대한 찬가는 이탈리아 피렌체에 대한 만가(輓歌)가 되지 않을 도리가 없다. "마키아벨리는 시대정신과 대립하는 사람이다. 그는 시대의 무자비한 비판자이다. 그의 강직한 눈은 시대의 약점을 통찰한다. 16세기의 슈펭글러는 시민문화가 봄과 여름을 지나 가을로 접어들어 겨울이 닥쳐오는 것을 본다. 이 비극적 순환은 그에게 모든 역사의 법칙이다. 그리스와 로마가 이것을 증명하며, 지금 또다시 르네상스의 경험이 증명한다."(마르틴《르네상스의 사회학》)

마지막 소원

슈펭글러(1880~1936)는 제1차 세계대전 뒤에《서양의 몰락》을 써서 일대 센세이션을 불러일으킨 독일 철학자이다. 그렇다면 마키아벨리는 과연 '16세기 슈펭글러'일까? 거듭되는 좌절에도 지지 않고 그는 마지막 소원을 품는다. 다시 말하면 피렌체의 공화정신은 이미 속이 텅 비어 있다. 시민사회 자체가 위태한 상황에 빠져 있을 때, 공화정신을 견지하는 것은 무리이다. 한편, 이탈리아 전체가 과거에 없던 위기에 빠져 있다. 마키아벨리는 그런 현실을 알면 알수록 작은 도시국가의 한계와 결함을 깨닫지 않을 수 없었다. 그러면 어떻게 해야 좋을까? 한가롭게 '이탈리아 몰락'을 한탄하고만 있을 수는 없다. 즉각 이탈리아에 통일국가를 건설하고, 튼튼한 군대와 훌륭한 법을 갖춰 '로마의 비르투'를 회복해야 한다. 문제는 누가 어떻게 그것을 수행하느냐이다. 힘의 정치에 의해 여러 나라를 강력하게 통일하여 새로운 국가를 세우는 것인지, 아니면 여러 나라의 연합 같은 조직을 생각한 것인지 이점에 대하여 마키아벨리의 생각은 반드시 분명하지는 않다. 그러나 어쨌든 공화정 국가가 아니라 군주정 국가가 시대의 필요라고 보았던 것은 의심할 수 없다. 독일이나 프랑스에 사절로 가서 서유럽 여러 나라를 직접 눈으로 보면서 그런 신념을 조금씩 군혔을 것이다. 과거 체사레 보르자에게 희망을 걸었던 적도 있지만 지금은 아니다. 그렇다면 역부족임은 알지만 결국 메디치 가 이외에는 머리에 떠오르는 것이 없다.

《군주론》끝부분에서 그는 메디치 가에게 말했던 사정을 밝힌다.

"지금까지 이방인들의 침입에 괴로움을 받던 이탈리아의 각처 사람들은 얼마나 경모하는 마음으로 이분을 맞이할 것인가! 얼마나 보복에 대한 갈망을 갖고, 얼마나 충성의 일념으로, 얼마나 사랑하는 마음으로, 얼마나 눈물을 흘리며 이분을 맞이할 것인가! 이에 대하여 나는 뭐라 표현해야 할지 모르겠다. 그렇게 되면 군주에 대해 닫혀진 어떤 문이 그 앞을 가로막는단 말인가! 어느 백성이 이분에 대한 충성을 거절한단 말인가! 어떤 질투심이 이분에게 대항한단 말인가! 어느 이탈리아인이 이분을 따르기를 거부한단 말인가. 이 야만족의 지배는 누구에게나 못 견디는 일이다.

그러니 명예로운 당신 가문은 정의의 싸움을 할 때의 그 용기와 희망을 안고 이 책무를 짊어져야 한다. 그래서 당신이 게양한 깃발 아래 조국이 고귀하게 빛나고, 당신의 지도 아래 페트라르카의 다음 시구가 현실화되기를 바란다.

미덕은 광포한 공격에 대항하여
무기를 들고 일어섰노라.
싸움은 곧 끝나리라.
이탈리아의 민심에
그 옛날의 용맹이 아직 사라지지 않았거늘."

마이네케가 결론으로 다음과 같이 말하고 있다. "자유국가를 다시 일으키려면 한 개인의 창조적인 '비르투'가, 즉 하나의 지배 권력, 왕에 버금가는 권력이 국가를 그 수중에 넣고 새로이 활력을 불어넣는 것만이 유일한 수단임을 간파하였다. 뿐만 아니라 그는 완전히 부패되어 더 이상 재생능력이 없는 자유국가에게 군주정이야말로 유일하고 나아가 가능한 정치체제라고 믿었다. 이렇게 마키아벨리의 비르투 개념은 공화주의적 경향과 군주주의적 경향 사이에 내적인 다리를 만들고, 이것에 의해 그는 주의의 절조를 잃지 않고 피렌체 자유국가 붕괴 뒤의 메디치 가의 공국에게 기대를 걸고, 메디치 가를 위해 《군주론》을 저술할 수가 있었다."(《근대사에서의 국가이성의 개념》) 여기서 《정략론》에서 《군주론》으로 가는 길을 열고 있음을 볼 것이다. 추이는 당돌하지 않고 자연스러우며, 내면적으로 통일되어 있다.

마키아벨리즘의 실상―《군주론》의 세계

두 번째 문제점

'마키아벨리즘'이라는 말을 모르는 사람은 없겠지만 정확한 의미를 누구나 다 아는 것은 아니다. 마키아벨리즘은 넓게 해석하는 경우(일상적)와 좁게 해석하는 경우(특수적)가 있다. 넓게 해석하면 경영계에서의 사장의 축출에서 회사의 적대적 인수 합병, 신문 사회면 기사를 장식하는 사건에 이르기까지 다양하다. 좁게 해석하면 정치세계(국내와 국제를 불문하고)에서 윤리적인 제약을 무시하고 권력을 획득 유지 또는 증대하기 위해 수단을 가리지 않는 권력정치적인 행동양식을 가리킨다. 수단은 반윤리적이었어도 그 수단에 의해 목적이 완수되는, 즉 결과가 유효한 때는 반윤리적인 수단을 올바르다고 한다. 권력정치라든가 현실정치, 권모술수(상당히 기술적인)도 거의 같은 의미로 쓰인다. 여기서

《군주론》(1514)

는 마키아벨리를 좁은 의미에서, 즉 정치세계에 한하여 생각하고자 한다.

그런데 《군주론》이 악명 높은 것은 지금 말한 것과 같은 정치의 행동양식을 너무나 노골적으로 드러내고 있기 때문이다. "그러나 군주는 경솔하게 남을 믿거나 경거망동해서는 안 되며, 자기 그림자를 두려워해서도 안 된다. 그리고 상대편을 너무 지나치게 믿어 분별 없이 군다든가 아니면 너무 불신에 사로잡혀 편협되지 않도록 사려와 인간미로써 침착하게 일을 해 나가야 할 것이다.

여기서 또 하나의 문제가 생기게 된다. 즉 사랑을 받는 것과 두려움의 대상이 되는 것 중 어느 쪽이 좋은가 하는 점이다. 누구나 양쪽을 다 갖추었으면 하는 대답을 할 것이다. 그러나 이 두 가지를 동시에 구비하기란 어려운 일이다. 따라서 만일 그 중 어느 하나를 택해야 한다면 사랑받는 것보다는 두려움의 대상이 되는 편이 훨씬 안전하다."(17) "신의 같은 것은 전혀 개의치 않고, 간계로써 사람들을 혼란케 한 군주가 오히려 위대한 업적을 성취하고 있다." (18) "군주는 짐승의 성질을 적당히 배울 필요가 있는데, 그런 경우에는 여우와 사자의 성질을 배우도록 해야 한다. 왜냐하면 사자는 책략의 함정에 빠져들기 쉽고, 여우는 늑대를 당해 내지 못하기 때문이다."(18) 이런 말들만으로도 이미 사람들은 혐오감을 느낄 것이다. 우리의 윤리의식을 거스르기 때문이다.

그러나 마키아벨리즘과 비슷한 생각은 마키아벨리가 처음 외친 것은 아니다. 정치가 이루어지는 곳에서 마키아벨리즘은 크든 적든 서슴지 않고 그 모습을 적나라하게 드러내 자행되고 있다. 인간에게서 이기주의와 권력욕이 사라지지 않는 한. 그런데도 어째서 마키아벨리라는 특정 인물의 이름을 관사처럼 쓰게 된 것일까? 마키아벨리즘과 마키아벨리의 정치사상은 동일한 것일까? 마키아벨리즘이라고 하는 그의 말의 참뜻은 무엇일까? 이런 것들이 두 번째 문제점이다.

마키아벨리즘의 선구

그리스 철학자 플라톤의 대화편 《고르기아스》에 칼리클레스라는 소피스트가 나와서 소크라테스(BC 470경～399)와 문답을 한다. 칼리클레스는 정의란 강한 자가 약한 자를 지배하고, 약한 자보다 많이 지니도록 결정되어 있다. 그것은 자연의 정의이며 소크라테스가 외치는 정의니 절제니 덕은 '노예의 도덕'에 지나지 않는다고 깎아내린다. 물론 소크라테스는 반박을 하지만 강자의 권리를 강조하고 힘은 정의라고 한 마키아벨리보다 앞선 생각을 펴고 있음은 주목할 만하다. 중국에서도 순자(BC 298경～238경)는 "인간의 본성은 악이며, 선은 후천적이고 인위적인 교정에 의한다"는 성악설을 폈다. 한비자도 "군주는 형벌과 도덕에 의해 신하를 제어하기 마련이다"라는 법가사상을 주장했다. 동서양을 막론하고 이런 비슷한 사고가 생겨난 것은 왜일까? 아마도 아테네에서 폴리스적 사회와 윤리가 와해되려는 상황을 보고서 칼리클레스가 반도덕론과 약삭빠른 실리주의를 말했을 것이다. 중국에서도 주나라 왕실의 권위가 떨어진 춘추전국시대에 공자(BC 551～479)의 덕치주의는 더 이상 실정에 맞지 않게 되었다. 그럴 때 순자나 한비자 같은 사고가 생겨났다. 이처럼 실질적으로나 이론적으로 모두 마키아벨리즘의 선구자가 엄연히 있었음에도 어째서 공론화될 수 없었던 것일까?

정치와 도덕의 일치

플라톤의 생각에 따르면 국가는 개개 시민의 집단이 아니라 개인을 초월한 전체이다. 시민은 이 전체인 국가에 생활의 기초를 갖고, 국가를 통해서만 자기 삶의 의의와 목적을 얻는다. 개인이 제멋대로 자유를 갖지 않는다.

각자의 터전에서 국가 공동체에 봉사할 때 개인은 살아난다. 그곳에 '정의'가 실현된다. 국가론은 정의론이다. 플라톤의 철인정치는 여기서 구상되었다. 국가는 물론 폴리스이다. 도덕은 폴리스적 도덕을 말한다. 국가와 개인, 정치와 도덕은 폴리스적 성격을 띠며, 그런 성격을 버릴 수가 없다. 당시 아테네는 쇠퇴일로를 걷고 있었다. 당쟁도 격렬했다. 더구나 플라톤은 도시국가의 도덕관념에 얽매여 정치권력이나 권력투쟁에 대해, 정치와 도덕의 대립과 모순에 대해 통찰하지 못했다.

플라톤의 뛰어난 제자 아리스토텔레스(BC 384~322)는 이미 헬레니즘 시대의 입구에 서 있었기 때문에 사고방식이 보다 현실적이었다. 그러나 기본적으로는 플라톤과 같아서 "인간은 본성상 폴리스적 동물"이라는 말에서도 알 수 있는 것처럼 역시 국가, 즉 폴리스가 개개 인간에게 완전한 생활의 전제를 이루며, 국가가 있어서 인간의 자연(본성)은 완성된다. 정치학과 윤리학은 서로 떼어놓을 수 없다. 다만 윤리학은 인간을 개인으로 논하는데 반해 정치학은 인간을 사회인으로 논하는 차이가 있다. 윤리학이 끝나는 곳에서 정치학이 시작된다. 그런 생각에서 아리스토텔레스는 국가형태와 기능, 정치의 통합기술 등을 세분하여 말한다. 그에게도 도덕은 어디까지나 폴리스적 도덕이어서 폴리스가 모든 가치기준인 이상 정치와 도덕은 일치하여 대립이나 모순은 일어날 수 없었다.

이상을 요약하여 마이네케는 이렇게 말한다. "다신교와 인생가치의 현세주의가 고대 국가이성의 배양토였다. 최고의 인생가치란 폴리스 국가의 융성기 때는 국가 그 자체였다. 그곳에서는 윤리와 국가윤리는 일치하며, 따라서 정치와 도덕 사이에 상극은 존재하지 않았다. 뿐만 아니라 갖가지 계율로써 국가의 여러 종류의 힘이 자유롭게 지배하는 것을 제한하려 했던 세계종교라는 것도 전혀 없었다." 여기서 세계종교란 기독교를 가리킨다. 그러면 기독교적 중세는 '정치와 도덕'을 어떻게 파악했던 것일까.

종교의 우월

기독교는 원래 정치사상을 강설하는 것이 아니라 그 자체는 비정치적이다. 예수(BC 4경~AD 30경)가 말하는 사랑의 공동체는 현세 국가에 초연하다. 사도에 이르러서는 그것은 더욱 진전하여 신의 권위가 세속권력의 기초를 만든다고 보고 신의 우월을 내세웠다. "사람에게 순종하는 것보다 하느님께 순종하는 것이 더욱 마땅합니다."(〈사도행전〉5-29) 고대 말기에 나타난 아우구스티누스(354~430)는 기독교 교의에 커다란 영향을 주고, 중세 기독교의 방향을 정한 사람이다. 잘 알려진 것처럼 그의 저서 《신의 나라》에서 그는 이렇게 말한다. 신의 나라와 지상의 나라가 대립한다. 신의 나라는 선을, 지상의 나라는 악을 나타낸다. 두 나라는 끊임없이 싸우는데 마침내는 선이 악을 이긴다. 그 과정이 인류의 역사이다. 이교도를 반박하기 위한 기독교 호교론이 동시에 웅대한 세계사라고 회자되는 까닭이다. 그는 이런 기독교 사상에서 국가정치를 논한다. 그것에 따르면 국가의 목적 또는 사명은 평화와 질서를 유지하는 것이고 그럼으로써 정의가 실현된다. 지배자는 이 것을 명심해야 한다. 지배자를 이끄는 것은 기독교의 가르침이다. 자기를 위해서가 아니라 신을 위해, 신하를 위해 다한다면 그 행동은 인정된다. 전쟁도 평화를 지키고 이교도를 굴복시키기 위해서라면 정의로 인정될 것이다. 지배욕이나 명예욕의 발로에서 행동하는 것은 전제군주에 지나지 않는다. 아우구스티누스는 그러나 고대 말기 사람이기 때문에 그의 국가정치관을 곧바로 중세의 그것으로 지레짐작해서는 안 된다. 국가에 대한 교회의 절대 우위는 중세 가톨릭 교회의 융성의 결과로 일어난 것이기 때문이다.

로마 교황과 로마 교회가 종교적 세력뿐만 아니라 사회적 세력을 지니게 된 과정은 이미 알 것이므로 여기서는 12, 3세기에 전성기를 맞이한다는 데 서 그치겠다. 황제, 국왕에서 농민, 서민에 이르기까지 교회의 가르침에 따르고 교회에 공경의 뜻을 표했다. 어길 때는 파문의 벌을 받았다. 이 시기에 십자군원정이 일어난 것도 우연은 아니다. 중세 최대의 신학자인 토마스 아퀴나스가 스콜라 철학을 완성한 것도 이 시기다. 아퀴나스는 국가정치관에 서는 아우구스티누스보다 훨씬 적극적이었다. 아우구스티누스는 지상의 나라를 신의 나라에 이르는 전단계로 보았던 데 반해 아퀴나스는 지상의 나라 자체가 신의 의지의 출현이다. 교회는 국가에 우월할 뿐만 아니라 모든 것의 중심에 이른다. 대체 세속권력은 어째서 교황권에게 고개를 들지 못했던 것일까? 세속의 국가정치에 약점이 있었기 때문이다.

기독교적 공동체

리터(Gerhard Ritter, 1888~1967)에 따르면 중세 전성기에 대해서는 두 가지 점에 주의할 필요가 있다. 하나는 기독교적 중세는 아직 근대의 주권개념을 알지 못한다. 지배자를 특징짓는 것은 모든 국내세력을 잠재우는 물질적인 힘을 지니거나 국제적 교류에서 법적으로 완전한 독립성을 지니는 것이 아니라 도덕적인 특질을 지닌다는 것이다. 지배자의 물질적인 힘은 봉건제도에 의한 국가권력의 분열 때문에 미미했다. 당연한 결과로 지배자는 물질적인 힘에 의지하지 못하고 신하의 충성 같은 도덕적인 유대에 의지한다. 기독교의 가르침에 얽매여 있으므로 지배의 본질은 신의 위임을 행사하는 것이다. 따라서 정치란 기껏해야 평화롭고 영속적인 질서를 만들거나 유지하는 것이다. 두 번째로 중세의 국가세계는 원칙적으로 투쟁적인 외교의 기초로서의 권력이해라는 근대적 개념을 모른다. 중세의 강대국인 독일과 프랑스는 카롤링 제국의 부분 왕국에서 일어나 15세기 말까지 서로 적대시한 적이 없었다. 오히려 양국은 서양 기독교 세계의 로만-게르만적 통일의 중핵을 이루고 있었다. 기독교적 서양은 로마 교황과 독일 황제와의 공동지도 아래서 종교적이고 세속적인 전체를 이루는 것으로 간주되었다. 이런 전체는 외부를 향해서 더욱 확연하게 나타났다. 이교도나 이단에 대한 투쟁은 공동사업이었다. 그런 의미에서 중세 유럽은 적어도 이념상 '기독교적 공동체' 였다. 그러므로 비록 여러 나라 사이에 분쟁이 일어나도 그것 때문에 유럽 공동체가 파괴되는 데까지는 이르지 않았다. 내부적으로는 긴장의 연속이었으나 기독교적 서양은 하나의 민족가정을 형성하고 있었기 때문이다(《권력의 윤리적 문제》).

이런 유럽의 통일성과 연대감에 균열이 생기기 시작하면서 중세의 국가세계의 양상은 바뀌기 시작한다. 뒤집어 말하면 근대가 시작되면 균열이 눈에 띄기 시작한다. 유럽에 근대 민족국가가 성립하자 유럽의 통일이나 연대감보다도 자국의 이해가 앞설 수밖에 없어 국가간 분쟁이 일어나게 마련이다. 자국의 이익을 추구하는 경우에 종교라든가 도덕에 의한 속박에서 벗어나 종교나 도덕의 겉치레를 내팽개친다. 근대국가의 출현과 이에 따르는 권력투쟁이 기독교적 중세의 국가정치관을 무너뜨린다. 리터는 다른 곳에서 이렇게 말한다. "부르크하르트는 《개인의 출현》에서 시대의 전환을 밝히고 있지만 근대국가 출현 속에서 특징을 찾아야 한다. 중세 때는 모든 생활이 말하자면 대성당의 그늘 아래서 이루어지고, 교회의 종소리로 지워졌던 것처럼 근세기에는 시대를 따라 점점 더 강대한 정치의 웅성거림으로 지워진다. 십자군 시대의 종교적 열광은 정치적 권력투쟁의 열광으로 해소된다. 이제 교회를 대신하여 국가가 생활을 규정한다"(《권력사상사》)

근대국가의 원형

고전 고대에서 실제로는 권력투쟁은 끊임이 없었다. 그럼에도 폴리스 국가에서는 정치와 도덕의 일치가 원칙으로 되어 있었기 때문에 정치권력이나 투쟁의 본질을 간파해 낼 수가 없었다. 기독교적 중세 때도 봉건제후의 투쟁은 끊이지 않았다. 그럼에도 종교와 도덕이 정치에 우선한다는 원칙은 무너지지 않았다. 근대 국가정치가 출현하면서 본질이 낱낱이 드러나게 된다. 정치는 어떤 것의 수단이 아니라 자기목적으로 바뀌어 고유의 논리를 갖고 발전해 나간다.

'국가이성'(레종 데타, 라치오 스타토)이란 그렇게 자기목적으로 바뀐 국가와 정치의 행동에 이론을 부여하는 데 쓰이는 말이다. 마이네케의 정의를 빌리면 "국가행동의 기본원칙, 국가의 운동법칙이다. 그것은 정치가에게 국가를 건전하고 강력하게 유지하기 위해 그가 해야 할 것을 알려준다. 또한 국가는 하나의 유기체 조직이며, 더구나 그 유기체의 충실한 힘은 어떤 방법으로든 더욱 발전할 수 있을 때에만 유지되기 때문에 국가이성은 발전의 진로와 목표를 지시한다." 목적을 달성하기 위해 법과 종교가 도움이 된다면 수단으로 쓰지만 도움이 되지 않는다면 무시한다. 아니, 짓밟아버리는 것도 마다하지 않는다. 이렇게 일단 국가이성의 목표가 잡히면 고전이나 고대의 정치와 도덕의 일치, 중세시절 종교의 우월은 이제 과거의 유물에 지나지 않는다. '정치와 도덕'에 본래 얽혀 있는 모순이나 긴장이 이때 명료하게 사람들의 의식에 떠오른다. 이 모순과 긴장을 어떻게 해소할 것인가가 근대 정치학에 부과된 과제였다.

근대 국가정치의 원형이 만들어지고 권력투쟁의 처참함이 있는 그대로 드러난 것이 르네상스 시대 이탈리아라고 한다면 이탈리아는 중앙집권 국가이기는커녕 분열된 작은 나라가 아니었느냐면서 고개를 갸웃할 것이다. 하지만 그런 분열과 말로 나타내기 힘든 혼란이야말로 '있는 그대로 드러난 권력'의 표출이다. "전통적 권력의 버팀목이 되어 왔던 신념과 습관이 겉으로 드러남에 따라 이 권력은 차츰 어떤 새로운 신념을 바탕으로 하는 권력에 굴복하거나, 그도 아니면 있는 그대로 드러난 권력, 바꿔 말하면 전혀 이해되지 않는 권력에 굴복하는 것이다. 권력이 드러난 경우에는 권력획득 방법은 다른 어떤 경우보다도 훨씬 가혹한 것이 된다."(버트런드 러셀《권력》)

이탈리아의 소전제군주, 도시공화국, 용병대장, 교황 등이 3파전, 4파전을 이뤄 권력투쟁에 광분한다. 이런 의미에서 이탈리아 소국가세계가 근대 국가정치의 원형으로 볼 수 있다. 마키아벨리는 그런 이탈리아 소국가세계의 아수라장을 냉엄한 눈길로 바라보았을 뿐만 아니라 그곳에서 이론을 추출함으로써 근대정치학에 부과된 과제에 응답하려 했다.

마키아벨리의 인간관

마키아벨리의 정치사상에 접근하려면 그의 인간관을 아는 것이 빠른 길이다. 고대 이래로 정치학은 특정 인간관에 바탕하고 있다. 고전 고대 때는 폴리스적 인간관(플라톤, 아리스토텔레스), 중세 때는 기독교적 인간관(아우구스티누스, 토마스 아퀴나스), 근대 시민사회 때는 시민적 인간관(홉스, 로크, 루소 등)의 식으로. 정치는 인간 또는 인간집단을 상대로 하므로 인간이란 존재를 먼저 따져야 한다. 마키아벨리는 인간을 어떻게 생각했을까?

"국가를 수립하고 거기에 법률을 정비시키고자 하는 사람이면 다음과 같은 점을 명심해 둘 필요가 있다. 즉 사람이란 모두 사악해서 자유로이 행동할 수 있는 조건이 갖추어지면, 본래의 사악한 성격을 마음껏 발휘해 보려고 틈을 노리게 되는 것이다."(《정략론》1-3) "사람은 선보다는 악으로 기울기 쉬워서"(1-9) "사람이란 아무리 선량하게 태어나고, 제아무리 훌륭한 교육을 받았다 해도 아주 쉽게 타락해 버리고 또 손바닥을 뒤집듯 그 성격이 바뀌어 버리는 본재라는 것을 알 수 있다."(1-42) "원래 인간은 은혜도 모르고 변덕이 심하며, 위선자인 데다 뻔뻔스럽고, 신변의 위험을 피하려 하고, 물욕에는 눈이 어둡기 때문이라고. 그래서 당신이 은혜를 베푸는 동안에는 모든 사람이 당신 뜻대로 되고, 그들은 피와 재산과 생명과 아이들까지도 당신에게 바친다."(《군주론》17) "그러나 인간은 사악한 존재라 당신에 대한

신의를 충실히 지켜주지 않을 것이니 당신도 그들에게 신의에 구속될 필요는 없다."(18)

그러면 악으로 기울어지기 쉬운 인간은 선을 향하는 일은 없는 것일까? 아니다. "인간은 타고난 성질 대로 기울기 쉽고, 거기서 헤어나기는 어렵기 때문이다."(25) "마치 하늘·태양·원소·인간은 예전에 있었던 모습과는 운행과 체계와 작용을 바꾸어서 완전히 다른 것이 되어 버린 것 같다."(《정략론》 1-머리말) 그렇지만 인간은 하늘이나 태양, 원소와 마찬가지로 예나 지금이나 변함이 없다. "과거의 일이나 현재의 일들을 생각해 보면, 비록 도시나 국가는 다르다 할지라도 사람들의 욕망이나 성질은 어느 시대이고 같은 것임을 쉽게 이해할 수 있다."(1-39) 요컨대 성악설에 기초한 인간동형설이다.

"모든 국가이론 및 정치이념은 인간학을 음미하고, 그것들이 의식적이든 무의식적이든 '본성이 악한' 인간을 전제로 하느냐, '본성이 선한' 인간을 전제로 하느냐에 따라 나눌 수 있다. 이 구별은 총괄적이어서 특수하게, 도덕적 내지 윤리적인 의미로 받아들여서는 안 된다. 중요한 것은 그 뒤의 모든 정치적 고려의 전제로서 인간을 문제시하느냐 여부이며, 인간이 '위험한' 존재인지 아닌지, 걱정스러운 존재인지, 아니면 무해하고 위험하지 않은 존재인가 하는 물음에 대한 해답이다"라고 칼 슈미트는 명쾌하게 말한다(《정치적인 것의 개념》). 마키아벨리가 앞엣것의 해답을 제시하고 있음은 선각자적 지혜라고 할 수 있다.

리얼리즘과 에고이즘

이렇게 말하면 여러분은 마키아벨리가 성질이 나쁘고 왜곡된 사람이었던 것처럼 생각할지도 모른다. 그는 인간을 보는 그대로 담담하게 말하고 있을 따름이다. 당시 이탈리아 정치의 어두운 부분을 똑바로 보고서 아무런 꾸밈 없이 말하고 있을 뿐이다. 철저한 리얼리즘이다. 현대 정치학자 보링은 이렇게 말한다.

"이탈리아가 국민국가로 통일되지 않고 도시국가 내에서 불안정한 정치생활, 지위와 권력을 쉽사리 손에 넣을 수 있기 때문에 정치적 모험가들이 유혹에 곧잘 빠져든 사정은 정치를 인간생활의 구석구석까지 침투하게 하고, 정치와의 연관을 저항하기 힘든 것이게 했다. 그러나 순수하게 정치적인 차원의 행동이 성립되려면 정치가 종교적 세계관에 의해 강하게 속박되어 있는 듯한, 그 이전 시대로부터 계승되어 온 사고양식을 내다버릴 필요가 있었다. 그리고 《군주론》이 씌어지기 거의 1세기 전부터 이탈리아의 정치사상에는 속속 '리얼리즘'의 전통이 자라났다. 마키아벨리의 정치사상은 이 잠재적인 가능성을 받아들여 '순수' 정치이론을 만들기 위한 위대한 실험의 효시라 할 수 있다. 그가 새로운 정치학을 위해 했던 선언은 정치현상의 분석이 의미를 가지려면 먼저 그 정치현상들이 과거의 정치사상에 의해 짜여진 갖가지 환영의 주술과 속박에서 풀려나야 한다는 그의 신념을 반영하고 있다." (《서유럽 정치사상사》 Ⅲ)

그런데 인간이 악으로 기울어지기 쉽고, 더구나 성향이 바뀌지 않는다고 한다면 인간은 선을 향해 노력하기보다는 이기주의를 채우는 쪽을 택할 것이다. 이기주의는 성악설의 필연적 결론이며, 그런 이기주의의 바탕에는 손해냐 이익이냐를 따지려는 심리가 있다. 타산적 합리적 정신은 경제인 특유의 것은 아니다. 정치행동이나 전쟁에도 필요할 것이다. 기업가는 정치행동이나 전쟁에서 이해손실을 따지는 정치가나 용병대장과 같은 줄에 서 있다. 정치란 결국은 계산이다.

리얼리즘을 다룬 유명한 부분을 들어보자.

"상상의 세계보다 구체적인 진실을 추구하는 편이 도움이 되리라고 생각한다. 세상 사람들 중에 현실 속에 존재하지도 않고, 또 알려지지도 않는 공화국이나 통치권에 대해 상상하는 이가 많다. 그러나 사람이 어떻게 살아가야 하느냐 하는 문제 때문에 현재 사람이 살아가고 있는 실태를 허술히 보아넘기는 자는 자기를 보존하기는커녕 눈 깜짝할 사이에 파멸을 초래하게 될 것이다."(《군주론》 15) 그는 선악을 구별할 줄 몰랐던 것이 아니라 결과의 유효가 선보다 중요하다고 본다. 선이든 악이든 실제 효과를 발휘하면 그만이다. 따라서 마키아벨리의 정치적 윤리는 실제윤리와 순수윤리로 나뉜다. 실제윤리는 정치와 관련되고, 순수윤리는 개인과 관련된다. 정치처럼 공적인 것과 개인처럼 사적인 것 가운데 어느 것이 중대한가, 국가의 이익과 개인의 이익 중에 어느 쪽이 중대한가? 개인의 이익이 국가의 이익을 위해 자주 희생되거나 유린되는 것은 비극이지만 도리가 없다. 물론 정치는 개인의 이익을 도모하고 행복을 지키기 위해 힘써야 한다. 하지만 국가의 존망이 걸린 위기에는 아무래도 정치가 개인의 우위에 서지 않을 수 없다. 그리고 마키아벨리가 문제 삼고 있는 것은 조국의 존망과 관계된 일들이다. "어떤 치욕을 당하든 또는 영광을 누리든 어떤 수단을 써서라도 조국은 보호되어야 한다."(《정략론》 3-41) "그 이유는, 전적으로 조국의 존망을 걸고 일을 결정할 경우, 그것이 정당하건 도리에 벗어나 있건, 동정심에 넘쳐 있건, 냉혹하고 무참하건, 또는 칭찬에 해당하건 파렴치한 일이건, 전혀 그런 것을 고려에 넣을 필요가 없다. 그런 것보다도 모든 속셈을 버리고 조국의 운명을 구하고, 그 자유를 유지할 수단을 철저히 추구해야 한다."(《정략론》 3-41)

대담한 선언

군주가 개인으로서 도덕을 지키는 일에 이의가 있을 리 없다. 그러나 국가의 운명을 떠맡은 군주라면 개인의 도덕에 앞서 조국의 존망을 염두에 두어야 한다. 바꿔 말하면 마키아벨리는 기독교적 도덕이 잘못되었다거나 지킬 필요가 없다는 것은 아니다. 정치는 도덕이나 종교와 다르다, 정치는 정치 선전의 윤리와 법칙을 지닌다, 양자를 혼동하지 말라는 것이다.

카시러는 이 부분을 잘 설명하고 있다.

"마키아벨리는 정치투쟁을 체스 게임처럼 바라보았다. 그는 이 게임의 규칙을 변경하거나 비판할 생각은 조금도 없었다. 그는 정치적 경험을 통해서 정치 게임이 사기, 허위, 변절, 중범죄가 아니라면 연출할 수 없다는 것을 배웠다. 그는 이런 일들을 비난하거나 장려하지는 않았다. 그의 유일한 관심은 최선의 말의 움직임, 즉 그 게임에서 이기는 수를 찾아내는 것이었다. 이것이야말로 마키아벨리가 그의 눈앞에 펼쳐진 거대한 정치적 드라마의 변화무쌍한 광경을 바라보던 당시의 태도였다."(《국가의 신화》) 그러므로 《군주론》은 도덕적 책도 비도덕적인 책도 아니라 그저 기술적인 서책에 지나지 않는다. 기술서에서 윤리적 행위나 선악의 준칙을 찾는 것은 산에 가서 물고기를 찾는 격이다. 무엇이 쓸모가 있는지 없는지를 안다면 그것으로 일은 끝난다. 《군주론》의 다음 말은 이상의 것을 확고하게 나타내 준다.

"요컨대 군주는 앞서 말한 여러 가지 좋은 기질을 모두 갖출 필요는 없다 하더라도, 갖추고 있는 것처럼 보일 필요는 있다는 것이다. 아니, 더 대담하게 말한다면, 그런 훌륭한 기질을 갖추고 항상 존중하는 것은 오히려 해로우며, 갖추고 있는 것처럼 보이는 바로 그것이 더 유익하다. 즉 자비심이 많다든가, 신의가 두텁다든가, 인정이 있다든가, 겉과 속이 같다든가, 경건하다든가 하는 것을 믿게 하는 그것이 바로 필요한 것이다. 그러면서도 만일 그와 같은 태도를 버려야 할 경우에는 전혀 반대 기질로 전환할 수 있어야 하고, 또한 전환의 수단을 알고 있다는 자신감을 항상 갖고 있어야 한다.

군주라 하면, 특히 신생 군주라면 나라를 유지하기 위해서는 신의도 버리고, 자비도 버리고, 인간미도 잃고, 반종교적인 행동도 때로는 취해야 한다는 것을 알아 두어야 한다. 즉 일반인에게 좋은 사람으로 통하려는 생각만을 소중히 여기고 있을 수 없다는 것이다. 그래서 군주는 운명의 방향과 사태의 변화에 따라 자유자재로 행동할 수 있는 태도가 필요하다. 또 앞서 말했듯이 가능하다면 좋은 일도 저버리지 말아야 하며, 그러면서도 부득이 필요한 때는 나쁜 일에도 발을 들여놓을 줄 아는 것이 중요하다.

인간은 대체로 직접 손으로 만지는 것보다는 눈으로 보는 것만으로 판단해 버리는 경우가 많다. 그 이유는 눈으로 보는 것은 누구나 할 수 있으나, 손으로 만지는 것은 몇몇 사람들에 한해서만 허용되기 때문이다. 모든 사람들이 겉으로만 당신을 볼 뿐, 실제로 당신을 속속들이 알고 있는 사람은 극소수에 불과하다. 더구나 이 몇몇 사람도, 자기들을 보호하고 있는 나라의 위력이 되고 있는 다수 국민의 의견에 대해 구태여 반대하려 들지는 않는다. 게다가 사람의 행동, 특히 군주의 행동에 대해서는 반박할 수 있는 재판소가 없으므로 다만 결과만을 보게 된다. 그래서 군주는 오로지 전쟁에 이기고 나라를 유지하는 일이 제일이다. 그렇게 하면, 그 수단은 훌륭하다고 누구에게서나 칭송받을 것이다."(18)

새로운 군주

여기서 마키아벨리가 머릿속에 그렸던 '새로운 군주'가 확연하게 떠오른다. 그는 새로운 군주의 조건을 다음과 같이 말한다.

"한 군주가 신의를 지키며 기만책을 쓰지 않고 공명정대하게 산다는 것은 얼마나 칭찬받을 만한 일인가는 누구나 다 알고 있을 것이다. 그러나 오늘날에는 신의 같은 것은 전혀 개의치 않고, 간계로써 사람들을 혼란케 한 군주가 오히려 위대한 업적을 성취하고 있다. 결국 그들이 신의에 입각한 군주들을 압도해 온 것을 알 수 있다. (중략) 그렇기 때문에 현명한 군주라면 신의를 지키는 일이 오히려 자기에게 불리할 경우나, 약속을 했을 당시의 동기가 이미 없어졌을 경우에는 신의를 지킬 수도 없고, 또한 지켜서도 안 된다. 물론 이런 가르침은 만일 세상에 모두 선한 인간만 있다면 올바른 가르침이 아니다. 그러나 인간은 사악한 존재라 당신에 대한 신의를 충실히 지켜 주지 않을 것이니 당신도 그들에게 신의에 구속될 필요는 없다. 게다가 군주에게는 신의의 불이행을 합법적으로 내세울 만한 구실은 얼마든지 있는 법이다. (중략) 그리고 군주를 찾아보고 그의 말을 듣고자 하는 사람에 대해서는 군주가 어디까지나 성실하고, 신의가 두텁고, 겉과 속이 같고, 인정미가 넘치고, 신실한 인물이라고 생각하게끔 마음을 써야 한다. 더구나 그 중에서도 마지막 요소인 종교심이 몸에 배어 있게 보이는 것만큼 중요한 것은 없다." 《군주론》 18) 고전 고대(플라톤 철인군주)와도 중세(기독교적 군주)와도 전혀 성격이 다르다. "물론 여기 열거한 기질 중에서 좋은 점만을 갖춘 군주가 최고로 찬양받으리라는 것은 누구나 인정할 것이다. 그러나 인간이란 하나에서 열까지 다 구비할 수는 없으므로, 한 군주가 좋은 기질을 다 지니고 훌륭히 지켜 나간다는 것은 불가능한 일이다. 그러므로 군주는 세심하게 주의해서 자기 나라를 빼앗기는 수치스러운 악덕의 오명만은 피해야 할 것이고, 가능하면 나라를 빼앗기는 일과는 무관한 오명이라 하더라도 이를 피해야 한다. 후자의 경우가 불가능하다면 너무 신경 쓰지 말고 되는 대로 내버려두는 게 좋다.

하지만 어떤 악덕을 행사하지 않으면 나라를 유지하기 힘든 어쩔 수 없는 경우라면 오명 따위는 생각하지 말고 행사하는 것이 좋다. 왜냐하면 미덕처럼 보이는 것도 그것을 행하다 보면 자신을 파멸로 이끌어 가는 수도 있으며, 반면 악덕으로 보이지만 그것을 행사함으로써 자신의 안전과 번영이 유지되는 경우도 있기 때문이다."(15)

마키아벨리즘적 군주나 정치의 예는 셀 수도 없이 많지만 당대에는 뭐니 뭐니 해도 체사레 보르자이다. "그와 반대로 발렌티노 공작이라 불리는 체사레 보르자는 아버지 교황 알렉산데르 6세의 덕으로 나라를 얻기는 했으나, 아버지가 세상을 떠나자 그 지위를 잃고 말았다. 하지만 보르자가 비록 프랑스 왕 루이 12세의 군대로부터 지원받아 영토를 얻기는 했지만 사려 깊고 능력 있는 자로서 해야 할 일, 즉 자기 세력의 팽창을 위해 해야 할 일은 모두 했던 것은 사실이다.

앞서 말했듯이 모름지기 인간은 일찌감치 기초를 닦아야지 뒤늦게 기초를 닦으려면 몇 배의 노력이 필요하다. 원래 거기에는 건축가의 노고가 필요한 데다 건물 그 자체도 튼튼한 것이 못 되기 때문이다. 여기서 발렌티노 공작이 취한 발자취를 살펴본다면, 그는 장래의 자기 세력을 구축하기 위해 기초를 훌륭히 닦았음을 알 수 있다. 내 생각으로는 새로운 군주로서 그 이상 본받을 만한 실례는 없다고 본다. 그러므로 여기서 그를 논하는 것도 뜻이 있으리라 믿는다. 그의 방침이 성공하지 않았다 해도 그것은 그의 죄는 아니었다. 결국 그것은 악의적인 운명의 일격에 의한 것이었기 때문이다."(7)

마키아벨리는 아마도 다음 기준에 비추어 체사레를 평가한 듯하다. 첫째, 마키아벨리즘적 술책은 정치 영역과 관계된다. 둘째, 그것에 의해 정치목적이 완수될 때 시인된다. 이 시인은 물론 도덕적 의미가 아니라 정치적 의미이다. 효과가 중요하다. 셋째, 책략이 단순히 충동적이고 모험적이어선 안 된다. 넷째, 성공을 거두려면 현재 정세분석을 꼼꼼히 하고 사태에 적합하도록 탄력적으로 수단을 바꾸어야 한다. 다섯째, 질질 끌기만 하고 결말을 내지 못하거나, 망설이지 말고 기회를 민첩하게 포착하는 결단력이 요구된다. 마키아벨리는 이렇게 체사레를 평가하여 결론을 내린다.

"앞서 말한 군주의 기질에 대해 좀더 말을 하자면, 모든 군주들이 잔인하다기보다는 인자하다는 평판을 받기 원한다는 것을 알 수 있다. 그러나 이런 온정도 역시 서투르게 사용하는 일이 없도록 신경 써야 할 것이다. 예를 들어 체사레 보르자는 잔인한 인간으로 알려져 왔다. 그러나 그의 잔인함은 로마냐의 질서를 회복하고, 그 지방을 통일하여 평화와 충성을 지키는 결과를 가져왔다. 그렇다면 피렌체 시민이 냉혹하다는 악평을 피하려고 피스토이아의 붕괴를 수수방관한 데 비하면 보르자가 훨씬 더 자애로웠다는 것을 알 수 있다. 따라서 군주는 자기네 백성을 단결시키고 충성을 지키게 하려면 잔인하다는 악평쯤은 개의치 말아야 한다. 그것은 자애심이 너무 깊어서 혼란 상태를 초래하여 급기야 시민들을 죽거나 약탈당하게 하는 군주에 비하면, 소수의 몇몇을 시범적으로 처벌하여 질서를 바로잡는 잔인한 군주가 훨씬 인자한 셈이 되기 때문이다."(17)

권력의 마신 발견

마키아벨리즘적 술책의 목표는 이탈리아에 '새로운 군주'가 나타나서 분열을 극복하고 외국세력을 몰아내고, 국민 국가를 건설하는 것이다. 하지만 이탈리아의 현 상태는 그의 희망으로부터 한참 동떨어져 너무나도 멀리 있다. 어떤 환상에도 빠지지 않았던 이 희대의 리얼리스트는 이탈리아 피렌체의 현 상태를 알게 될수록 깨뜨리기 힘든 벽에 부딪쳐야 했다. 그렇다고 '16세기 슈펭글러'에 머물러도 될 것인가? 비록 실패로 끝나더라도 그런 한계 속에서 전력을 다하는 것이 중요하다. "마키아벨리의 충고가 맨 먼저 예정하고 있는 것은 평화로운 질서 시대가 아니라 위급 존망의 때이다. 정치적 도덕적 해체, 또는 새로운 국가권력 건설이라는 위험한 시기이다. 이런 시대에는 공화주의자의 자유에 대한 모든 바람은 우선 쇠퇴한 국가와 민족의 재생을 위임하고, 영속적인 질서의 회복을 신뢰할 수 있는 강하고 능력 있는 권위를 만든다는, 안 된다고 말하기도 힘든 필요의 배후로 물러나야 한다."(리터《권력사상사》) 마키아벨리가 이른바 마키아벨리즘의 창시자인 듯한 인상을 준 것은 그 자신에게 전혀 책임이 없었다고는 하지 않겠다. 그러나 그의 정치사상은 15, 6세기 이탈리아의 정치정세에 의해 규정되어 있었다. 그 점을 도외시한다면 올바르게 이해할 수는 없다. 세상 사람들은 그런 이해 없이 단지 겉으로 드러나는 언사로 마키아벨리의 모습을 만들어 내고 마키아벨리즘의 창시자라는 딱지를 붙여버린 것은 아닐까?

그것은 그렇더라도 특정의 역사적 한정을 떠맡은 자가 하나의 보편적인 정치원리로 통용되게 된 곳에 역시 마키아벨리가 제기한 문제의 영속성이 있다. 리터도 마키아벨리의 통찰의 영속적 이익을 이렇게 논하고 있다.

"그의 정치학의 위험한 일면성에 대해서는 이제와 새삼 말할 필요가 없다. 그렇지만 이 일면성이 전에는 알지 못했던, 또는 불완전하게 알고 있었던 진리를 밝힌다면 일면성에도 역사적 공적이 있을 것이다. 마키아벨리가 새로이 발견한 것은 권력에 실재하는 마신(魔神)이다. 그렇다면 권력의 마신이란 무엇인가? 권력의 마신은 그것 없이는 제아무리 위대한 권력조직도 성취하지 못하지만, 또한 동시에 위험하고 파괴적인 힘을 지닌다는 이율배반적 성격을 띤다. 권력이 도덕적 가치를 파괴하거나, 법에 어긋나거나, 정치적 투쟁자의 권력의지 속에서 최고의 무아가 최고의 아욕(我慾)과 결합되거나 하는—이런 것들은 모두 권력의 마신이다. 현실의 실질적인 권력의 소유 없이는 어떤 국가도 유지될 수 없다. 권력이 지니는 건설적이자 파괴적이고, 유익하면서도 해로운 성격은 오랫동안 도덕이나 종교의 베일에 덮여 있었다. 마키아벨리는 이 베일을 걷어내고 권력의 마신을 발견했다. 그럼으로써 근대 국가정치 사상을 개척했다."(《권력사상사》)

마키아벨리는 정치를 도덕과 종교로부터 해방시켜야만 하는 시대의 과제에 대하여 그만의 방식으로 대답했다. 어려운 시국 속에서 꺾이지 않고 싸웠다.

운명과 필연—역사의 세계

제3의 문제점

이탈리아는 근대역사학의 요람이다. 오스트리아 역사학자 스르비크(Srbik)가 말한 것처럼 "이탈리아는 중세신학 대신에, 또 기독교 및 세속적 권력의, 교회적 및 세속적 질서의 지배적 시점 대신에 근대적인 역사연구와 역사서술, 근대적인 정치이론의 발상지가 되었다. 이탈리아 소국가의 젊은, 전통으로부터 해방된 현실세계가 위대한 전통과 나란히 역사적 정치적 사고를 규정하였다."(《독일 휴머니즘의 정신과 역사》) 그리고 근대 이탈리아 역사학의 발전에서 솔선했던 것이 피렌체이다.

근대 이탈리아 역사학을 보통 휴머니즘적 역사서술이라고 칭한다. 퓨터에 따르면 휴머니즘적 역사서술에는 세 가지 원리가 있다(《근대사학사》). 첫째는 고대의 수사학적 형식의 채용이다. 리비우스라든가 키케로 같은 고대 로마의 저술가가 본보기가 된다. 둘째는 역사의 세속화이다. 중세의 종교적 역사관과의 연을 끊고 역사의 중심에 인간을 놓는다. 셋째는 정치사적 경향이다. 역사를 주로 정치적 관점에서 파악한다. 이런 원리는 마키아벨리에 이르러 가장 확연해지는데 그를 휴머니즘적 역사서술의 대표자로 간주하는 것은 그 때문이다. 즉, 리비우스 같은 로마 역사가에 열중한 것, 인간을 중심으로 하는 역사풍조, 정치사적 경향이 두드러진다. 시문이나 예술에 대한 언급이 보이지 않는다. 마키아벨리 이전의 휴머니즘적 역사가(브루니, 포지오 등)에게도 현대의식이 전혀 없었던 것은 아니지만 마키아벨리에 도저히 견줄 바가 못 된다. 역사를 관조하거나 회고적 감상에 빠졌던 그들에 비해 국가열망과 실제적 오성과의 연결이 두드러진다.

그러면 마키아벨리의 휴머니즘적 역사서술의 특징은 무엇인가? 그의 역사관에 의문의 여지는 없는가? 이런 것들이 제3의 문제점이다.

우쭐한 무관심과 역사지식의 결여

마키아벨리가 역사를 중히 여기고, 역사고찰 위에서 정치학을 펴 올렸다. 《정략론》 첫머리에서 이렇게 말한다.

"고대에 대한 오늘날의 숭배의 풍조는 헤아릴 수 없을 만큼 실례가 많으므로 다음의 예만 들어보기로 한다. 때때로 볼 수 있는 일인데 고대 조각상 나부랭이를 거액의 돈으로 사들여서 신변에 놓고 어루만지며 집안의 자랑으로 삼거나 나아가서는 예술가에게 의뢰하여 모조하게 하는 일들에 바쁘다."

마키아벨리는 르네상스 예술에 대해 관심이 없었기 때문에 이 말에는 얼마간 야유가 섞여 있음을 알 수 있다. "이에 대하여 역사가 우리에게 전해주는 저 고대의 왕국이나 공화국이 이행한 거룩한 역할에 대해서는 어떠한가? 현대인들은 고대의 국왕·군인·시민·입법자, 그 밖에 조국을 위해 몸을 바쳐 활약해 온 사람들에 대해서는 그들의 행위를 본받으려 하지 않고 말로만 칭찬할 따름이다. 즉 거기서는 아무도 고대 미덕의 흔적조차 인정하려 하지 않고 지극히 가볍게 다루고 있는 형편이다. 나에게는 이 풍조가 의아하게 느껴짐과 동시에 유감스레 여겨져서 견딜 수 없다.

시민 간에 대두되는 민법상의 분쟁이 늘어나고, 또 사람들이 점점 병에 걸리는 일이 많아지면서 현대인들이 의지하는 것이라고는 고대인에 의하여 내려진 판결뿐이다. 그들에 의하여 조합된 약의 처방인 것이다. 민법은 사실상 고대의 재판이 내린 판결로서 그것을 정리해서 판례집으로 만들어 놓은 것에 지나지 않는다. 그것을 현대의 재판관이 판결을 내릴 때의 안내서로 삼고 있다. 또한 의술도 고대 의사들의 경험에 불과하며, 그것을 기초로 해서 오늘날의 의사가 진단을 내리고 있다.

그러나 공화국을 정비하고, 왕국을 통치하고, 시민군을 편성하고, 전쟁을 지도하고, 정복의 결과로 지배하에 들어온 국민을 인도하고, 나아가 국토를 확장하는 일이 되고 보면 군주에게서도, 공화국에서도, 군인에게서도, 또한 시민에게서도 이런 점들을 해결하는 데 고대의 선례에서 구원을 찾고자 하는 사람은 누구 하나 눈에 띄지 않는 실정이다.

생각건대 이와 같은 고대를 무시하는 현상은 오늘날 교육의 결함 때문에 사회가 무기력해진 데에도 이유가 있을 것이다. 그러나 그보다는 오히려 기독교 국가의 여러 지방이나 도시에 퍼져 있는 교만한 무관심이 야기한 것이고, 또 참다운 역사 지식의 결여에 의한 것이다. 이것이 없으면 비록 역사를 읽는다 할지라도 거기서 진정한 의미를 알아낼 수도 없고 역사 속에 있는 진정한 맛도 이해할 수 없는 것이다.

역사를 읽는 이의 대부분은 역사가 펼치는 사건의 추이에 흥미를 가질 뿐 그것을 본보기로 삼으려는 생각은 잘 하지 않는다. 오히려 역사에서 배우는 건 시간이 걸릴 뿐만 아니라 불가능한 일이라고 단정하고 있다. 마치 하늘·태양·원소·인간은 예전에 있었던 모습과는 그 운행과 체계와 작용을 바꾸어서 완전히 다른 것이 되어 버린 것 같다.

그래서 나는 사람들을 이런 오류로부터 구제했으면 하는 생각으로 티투스 리비우스의 저작 중 오랜 세월 동안 그 일부가 누락되지 않고 완전한 형식으로 우리 손에 남은 것에 의거하여 저술하는 것이 적절하다고 판단한 것이다. 그리고 고대와 현대의 일들을 비교해서 올바르게 이해하기 위해 필요하다고 여겨지는 사항만을 덧붙이기로 했다."(1-머리말)

이리하여 《리비우스 초편10권 논의》가 시작되었다. 보다 절박했던 과제 때문에 썼던 《군주론》이 고대와 현대를 비교하는 것은 당연하다. 한 가지만 예를 들자면 최근 사건에 대해서이다. 몸이 찢기는 것 같았음이 분명한데도 마치 남의 일처럼 담담한 필체를 고수하고 있다.

"1512년의 일인데, 에스파냐 군은 피렌체에 메디치 가를 복귀시킨 다음 돈을 짜내려고 그 영내로 침입해 들어갔다. 에스파냐 군은, 피렌체 내부의 일부 시민의 음모로 들어갔다. 왜냐하면, 그들이 에스파냐 군에 대해 '당신 군대가 피렌체 영내로 들어오기만 하면 즉시 무기를 잡고 응원하러 나서겠다'는 약속을 해서 기대를 갖게 했기 때문이다. 그런데 에스파냐 군이 막상 아르노의 평원에 들어와도 원군이라고는 눈에 띄지 않았다. 군사에게 먹이는 식량과 군마에게 먹이는 풀도 부족하고, 아무래도 불안한 생각이 들어서 부득이 화목을 맺는 수밖에 없다는 생각에서 그 방법을 강구하기 시작했다.

이것을 보고 우쭐해진 피렌체인은 그 신청을 거부하고 말았다. 그 결과 프라토는 빼앗기고 피렌체 공화국 자체도 멸망하게 되었다."(《정략론》 2-27)

프라토 사건은 피렌체 시민이 에스파냐의 습격에 두려워 떨었던 사건이다. 마키아벨리는 이런 뒷이야기에서 하나의 교훈을 이끌어 낸다. "자기보다 월등하게 강력한 군대에 공격당하는 군주가 저지르는 실수 중 가장 큰 실패는 화목을 거부해 버린다는 것이다. 특히 상대방 쪽에서 신청이 있었을 경우는 더더욱 그렇다. 그 이유는, 제시된 내용이 아무리 마음에 차지 않는 것이라 하더라도 그 속에는 받아들이는 쪽이 유익한 조건도 반드시 포함되어 있는 법이기 때문이다. 따라서 승리자의 몸의 일부를 내 것으로 만들 수 있는 것이다."

역사는 인생의 스승

이런 살아 있는 교훈을 얻기 위해서도 사람은 역사를 공부해야 한다. "한편 두뇌를 써서 훈련하기 위해서는 군주는 역사물을 읽고, 그를 통해 위인의 행적을 연구해야 한다. 전쟁을 치르는 데 있어서 위인들이 어떻게 지휘했는지를 알아보고, 그들의 승패 원인이 어디에 있었는지를 검토하여 하나의 모범으로 삼아야 한다. 그리고 위대한 인물이 밟아 온 길을 뒤따라야 한다. 그 위대한 인물 역시 그들 이전에, 세상 사람들에게 칭송을 받고 영광을 누렸던 위대한 인물을 모범삼아 그 행동과 업적을 항상 좌우명으로 삼았다."(《군주론》 14) 실로 '역사는 인생의 스승'이다. 정치와 역사가 밀접하게 맺어진 밑바탕에는 인생의 스승으로서의 역사라는 생각이 가로놓여 있다. 프라이어는 말한다.

"정치 이론이 역사의 고찰에서 퍼 올린 것이라고 한다면 마키아벨리의 《피렌체 역사》에서는 반대로 역사연구와 역사서술이 항상 정치이론에 봉사한다. 그에게 역사는 언어의 뛰어난 의미에서 정치과학이라는 것에 주목한다면 역사가로서의 마키아벨리에 대한 잘못된 판단을 피할 수 있다."(《마키아벨리》)

이론적이고 원리적인 것과 실제 역사가 서로 결합되는 것은《피렌체 역사》에서도 변함이 없다. 예를 들면 이렇다. "정치가 변화되어 가는 동안에 처음엔 대개의 경우 질서 있는 상태에서 무질서 상태로 옮아가고, 다음엔 반대로 무질서 상태에서 질서 있는 상태로 되돌아가기 마련이다. 왜냐하면 이 세상 사물은 결코 일정불변하지 않으며 모든 것은 충분한 상태에 이르면 그보다 더 이상 완전해질 수는 없어서 내리막길로 접어드는 법이다. 마찬가지로 내리막길로 내달려 무질서도 그 바닥에 이르면 더 밑바닥으로 내려가지 못하고 오르막길로 접어든다. 이처럼 사람은 행운에서 불운으로 떨어지고, 또 불운에서 행운으로 올라간다. 실제로 용기는 휴식을, 휴식은 안일을, 안일은 무질서를, 무질서는 파멸을 낳는다. 마찬가지로 무질서에서 질서가, 질서에서 용기가, 용기에서 명성이, 명성에서 행운이 탄생한다. 때문에 문(文)은 무(武)를 좇아 나아가고, 어떤 나라든 먼저 위대한 장군이 나온 뒤에 대학자가 나오기 마련이라고 생각한다. 잘 훈련된 군대가 용기를 발휘해 승리를 얻고, 그 승리에 의해 평화가 찾아오면 이 용감한 정신력은 문약(文弱)으로 흐르는 것 이외에 타락의 길은 없거니와 또한 그 사람들의 도시에 안일의 바람을 옮겨와 질서 정연했던 도시를 타락시켜 버리기 마련이다."(제5권 '1434년에서 1440년까지'의 머리말)

《피렌체 역사》는 이론만 내세우는 역사, 설교의 나열은 아니다. 중세역사를 개관한 제1권, 피렌체 역사를 살핀 2, 3, 4권, 15세기 콘도티에리의 권모술수를 쓴 5, 6권, 밀라노의 스포르차 가를 중심으로 한 7권으로 각 권에 따라 서술은 생생한 색채를 발휘한다. 그중에서도 '1478년에서 1492년까지'를 기록한 제8권은 자신이 보고 들은 사건을 다룬 만큼 박진감과 현장감이 넘친다. 로렌초 데 메디치에 대해 파치가 펴는 음모의 전말 등이 손에 땀을 쥐게 한다. 책 전체의 압권이다. 소설성이 다분하다. 더구나 애국자의 정열이 행간에 묻어나 있다. 이탈리아 통일을 가로막는 로마 교황에 대해 말을 삼가는 태도는 보이지 않는다. 정정당당하게 피렌체 학파의 자유로운 비판정신이 건재함을 증명한다. 마키아벨리는 이 책을 교황 클레멘스 7세에게 당당히 바치고 있다.

마키아벨리 역사관의 결점과 의의

그렇기는 하지만 그의 역사관에 의문점이 없는 것은 아니다. 첫째로 '역사는 인생의 스승'에 단적으로 나타나는 것처럼 역사를 살피는 목적은 과거와 현재의 역사에서 교훈, 특히 정치적 교훈을 이끌어 내려는 것이지 학문적인 인식을 위한 것은 아니다. 역사의 교훈적 의의는 일찍이 그리스 역사가 투키디데스(BC 460경~404경)나 로마 역사가 폴리비오스(BC 204경~122경), 리비우스가 이미 말했다. 물론 역사의 교훈적 의의를 싸잡아서 부정할 수는 없다. 다만 정치사와 결합하면 천박한 실용주의가 되거나, 도덕적 역사나 애국적 역사가 되기 십상이다. 근대의 과학적 역사가 역사의 도덕화 극복을 중요한 과제로 삼았던 것을 생각할 때, 마키아벨리의 역사관도 전면적으로 긍정할 수는 없다. 두 번째로 그런 역사관은 역사순환론으로 귀착될 수밖에 없다. "과거의 일이나 현재의 일들을 생각해 보면, 비록 도시나 국가는 다르다 할지라도 사람들의 욕망이나 성질은 어느 시대이고 같은 것임을 쉽게 이해할 수 있다. 따라서 과거의 사정을 찬찬히 검토하는 사람들에게는 어떤 국가든 그 장래에 일어날 듯싶은 것을 예견하여 고대인이 사용한 타개책을 적용한다는 것은 쉬운 일이다. 또한 적합한 선례가 없더라도 그 사건과 비슷한 선례로부터 새로운 방책을 수립할 수 있다.

그런데 이런 교훈은 일반 독자들에게는 무시되든가 이해되지 않는 법이다. 비록 이해된다 하더라도 정치를 담당한 사람에게 알려지지 않는다는 식이어서 어느 시대고 같은 소동을 되풀이하기 마련이다."(《정략론》1-39)

이런 역사순환론은 자연현상과 마찬가지로 역사를 되풀이되는 것으로 본다. 그러나 역사를 자연과 동일시하는 그것이 마키아벨리를 진정한 역사적인 것의 사고방식에서 멀어지게 했다. 근대 역사관은 역사가 되풀이되지 않는다고 보기 때문에 인간사의 개성과 발전을 중요하게 본다. 이 결점이 있지만 그의 역사관은 획기적인 의의를 지닌다. 같은 나라 사람인 갈릴레오 갈릴레이(1564~1642)가 자연과학에서 그러했던 것처럼. 정치학과 물리학이라는 언뜻 동떨어져 있는 두 학문의 영역은 사실은 공통된 기반에서 태어났다. "갈릴레이의 역학이 현대 자연과학의 기초가 된 것과 마찬가지로 마키아벨리는 정치학의 새로운 길을 열었다. 마키아벨리는 갈릴레이가 정확히 1세기 뒤에 낙하하는 물체의 운동에 대해 시도했던 것과 동일한 정신으로 정치의 운동을 규명하고 분석하였다."(카시러《국가의 신화》)

운명과 필연

또한 마키아벨리의 역사관을 특징짓는 것으로 운명(포르투나)과 필연(네체시타)이 있다. '운명은 인간사에 얼마나 영향력을 미치며, 또 어떻게 대처해야 할 것인가?'를 논한 《군주론》 25장은 운명과 필연의 관계를 다음과 같이 말하고 있다. "원래 이 세상일은 운명과 신의 지배에 따르는 것으로, 인간이 아무리 머리를 쓴다 해도 이 세상의 진로를 수정할 수는 없다. 아니 대책조차 세울 수 없다. 또 예부터 오늘날까지 많은 사람들이 이렇게 생각해왔다는 것을 나도 결코 모르는 바는 아니다. 이런 사람들의 의견을 따르자면, '무슨 일에나 땀 흘려 애쓸 필요 없고, 운명에 맡기는 것이 최선이다'라는 결론이 나온다.

특히 오늘날에 와서는 인간의 생각을 완전히 초월한 대격변을 밤낮으로 보고 있기 때문에 이런 견해는 점점 허용되는 경향이다. 그리고 이런 사실에 생각이 미칠 때 때로는 나도 어느 정도 그들의 의견에 솔깃하게 된다. 그러나 인간의 자유로운 의욕은 무슨 일이 있어도 잃어서는 안 된다. 가령 운명이 인간 활동의 절반을 주재한다고 해도 적어도 나머지 반은 우리의 지배에 맡겨져 있는 것이라고 생각된다.

운명의 여신을 다음과 같은 파괴적인 강에 비유해 보자. 이 강은 노하면 강물이 들판으로 범람하고, 수목이나 건물을 파괴하고, 이쪽의 흙을 저쪽으로 옮긴다. 누구나 다 그 격류를 보고 도망치고, 누구나 다 저항할 길이 없어 그 앞에 굴복하고 만다." "사람은 운명이 이끌어 가는 대로 몸을 맡길 수는 있어도 이에 거스를 수는 없다. 그리고 사람은, 운명이라는 실을 짜 나갈수는 있어도 이를 찢을 수는 없는 것이다."(《정략론》 2-29)

이런 운명은 인간의 능력으로는 어떻게 하지 못하는, 이해를 초월한 '숙명'이기 때문에 필연이다. "'운명'은 초월적인 힘이어서 목적론적인 필연성이 된다. 마키아벨리를 결정론으로 가져가는 것은 계산하기 힘든 힘의 지배에 대한 신앙이다."(마이어 《마키아벨리의 역사관과 비르투 개념》) 저항하기 힘든 운명에 대한 굴복은 어떻게 하지 못할 필연임을 앎으로써 인간을 숙명론적인 포기로 몰고 간다. 앞에서 말한 것처럼 마키아벨리는 인간본성과 역사를 변하지 않는다고 생각하고, 그런 되풀이 속에서 '역사생활의 자연학'을 구상했다. 변하지 않는다는 것은 달리 존재할 도리가 없는 것이므로 일종의 필연이다. 필연이기 때문에 인간에게는 외부의 '강제'가 되기도 한다. 이런 생각이 그가 말하는 '네체시타'이다. "사람이란 필요에 강요당하지 않는 한

선을 행하지 않는 것이라는 증거가 된다"(《정략론》1-3)에서 이 '필요에 강요당하지 않는'이 '네체시타'이다. 그리고 보면 '포르투나'와 '네체시타'는 동류항이라고 해도 된다.

비르투의 역할

그리고 보니 마키아벨리가 '운명' '필연' '강제'를 단지 일방적으로 강조한 것처럼 보인다. 그러나 《군주론》25에 나오는 운명론에는 다음과 같은 보류가 나와 있다. "그러나 인간의 자유로운 의욕은 무슨 일이 있어도 잃어서는 안 된다. 가령 운명이 인간 활동의 절반을 주재한다고 해도 적어도 나머지 반은 우리의 지배에 맡겨져 있는 것이라고 생각된다." 그리고 운명의 여신을 '파괴적인 강물'에 비유하면서 방비를 함으로써 마음껏 파괴하지 못하게 해야 한다고 주의를 준다. "운명은 아직 저항하는 이 없는 곳에서 힘을 한껏 발휘하며, 또 제방이나 둑이 없어 저지할 힘이 없다고 보이는 곳에서 맹위를 떨친다. 지금 이탈리아는 격변하는 세계의 중심지이자 진원지이다. 이탈리아를 살펴보면 여기가 바로 제방도 없고 둑도 없는 강변이라는 것을 알 수 있다. 만일 이탈리아에 독일이나 에스파냐, 혹은 프랑스와 같이 적절한 힘이 준비되어 있었더라면 이런 홍수도, 오늘날과 같은 큰 격변도 일어나지 않았을 것이다. 이상의 예로, 운명에 대한 일반적인 대책이 어떤 것인가는 충분히 알았으리라 생각된다." 운명의 지배력을 설명하는 한편, 이것에 저항하는 인간의 능력도 중요하다고 본다. "인간의 능력이 부족할 때는 운명은 자기가 가진 힘을 마음대로 발휘하기 때문이다."(《정략론》2-30)

그렇다면 운명, 필연, 강제는 절대적 개념이 아니라 상대적 개념이다. 개인의 능력에 따라 그 힘이 약해지고 방향을 바꾸는 것도 가능하다. 이처럼 비르투는 포르투나와 네체시타를 제어할 수 있으며, 그 점에서 커다란 역할을 하지만 과대평가해서는 안 된다. 중요한 것은 인간생활과 역사는 포르투나, 네체시타, 비르투의 상호 역학관계에서 진행된다는 점이다.

시간의 힘

마지막으로 마키아벨리의 역사관에서 '시류의 변화(퀄리타 디 템피)에 주목해야 한다. "어떤 군주가 오늘은 융성했다가 내일은 멸망해 버리는 일이 빈번히 일어난다. 더구나 이 군주의 성격이나 기질은 그동안 전혀 변한 것이 없어 보이는 데도 이런 일이 일어나는 이유에 대해 말하기로 하자. 이 사태는 앞서 상세히 말한 대로이다.

그것은 운명에 전면적으로 의존해 버리는 군주는 운명이 바뀌면 망한다는 이유에서 연유된 것으로 생각된다. 시대와 상황의 변화와 함께 자기가 나아갈 길을 일치시키는 사람은 성공하고, 반대로 시대와 자기가 걷는 길이 일치되지 않는 사람은 실패하리라 생각된다."(《군주론》 25) '시류'에 맞느냐의 여부가 성공과 실패의 갈림길이다. "시대와 상황이 변했는 데도 군주가 자기 방침을 바꾸지 않는다면 망하고 만다." 교황 율리우스 2세의 성공은 시류를 탄 덕분이다. 《정략론》에서도 같은 말을 하고 있다. "여기서는 두 가지 중요한 점을 고려해야 한다. 첫째로, 부패한 도시에서 명성을 획득하는 것과 우수한 정치 체제하에 있는 국가에서 이름을 떨치는 것은 다른 것이라는 점이다. 둘째로는, 큰일을 수행할 때는 살고 있는 시대를 잘 생각하여 환경에 맞추도록 해야 한다는 점이다.

선택 방법이 서투르거나 타고난 성격이 화근이 되어 아무래도 시대에 맞출 수 없는 사람은 생애의 태반을 불행 속에서 지내야만 할 것이고 무엇을 하든 한심한 결과로 끝나 버린다. 이와 반대로 시류를 타는 사람들은 무슨 일을 하든지 잘 되어 나가는 법이다."(3-8) "사람의 운과 불운은 시대에 맞추어서 행동하는가의 여부에 달려 있다."(3-9)

마키아벨리의 역사관을 특징짓는 '포르투나' '네체시타' '퀄리타 디 템피' '비르투' 등은 반드시 엄밀한 개념으로는 확립되어 있지 않다. 이곳저곳의 문장에 삽입되어 있는 것을 정리하면 이렇다. 대체로 '시류'는 시간이 가면서 변하므로 대응 방식도 사례별로 나설 수밖에 없다. 즉 일반법칙을 세우기가 어렵다. 다만 마키아벨리는 한편으로는 포르투나와 네체시타, 다른 한편으로는 퀄리타 디 템피와 비르투가 있어서 그것들이 함수관계를 유지하고 있음을 통찰한 것은 독창적인 생각이다. 독창적이지만 현대 역사철학자가 말하는 그런 복잡한 이론이 아니라 아주 상식적인 것들이다. 만약 마키아벨리가 서재에서 조용히 생각을 정리한 것이라면 보다 정교하고 치밀하게 이론을 구성하고 분석했을지도 모른다. 공교롭게도 그럴 짬이 없다. 그의 사색은 항상 현실과 무관하지 않다. 현실과 동떨어진 이론 따위는 관념의 말장난에 지나지 않는다. 때문에 《군주론》 25의 맺음말은 역사관이라기보다는 인생관에 가깝다.

"나는 용의주도하기보다는 오히려 과단성 있는 편이 낫다고 생각한다. 운명의 신은 여신이기 때문에 그 신을 정복하려면 난폭하게 다루어야 하기 때문이다. 운명은 냉정한 생활 태도를 지닌 자에게 보다 이런 과단성 있는 사람들에게 고분고분한 것 같다. 요컨대 운명은 여신이므로 그 여신은 언제나 젊은이에게 이끌린다. 젊은이는 신중함보다는 거칠고 대담하게 여자를 지배하기 때문이다."

시대의 그림자

마키아벨리의 역사관이 관념의 말장난이 아니라 현실과 대결한 결과의 산물인 이상, 시대의 그림자가 그의 역사관 위에 드리워져 있다. 먼저 '운명'인데 르네상스 정치계의 한가운데에 몸담았던 그는 인간의 변덕과 덧없음, 국가의 영고성쇠를 목격했다. 감탄하지 않는 것이 마키아벨리의 두드러진 특색이지만 승자의 허무함, 운명의 불가항력에 때로는 전율하고 두려워했을 것이다. 다음으로 '필연'인데 그는 사람의 일이나 역사의 진행에 신의 섭리라는 초자연적인 것이 개입한다고는 믿지 않았다. 특히 정치적 행동가는 천우신조 따위를 믿어서는 안 된다. 그 점에서 그는 완전한 근대인이다. 사람의 일이나 역사의 진행에 '필연'이 있음을 간파하는 것이 중요하다고 본 것이다. 이런 사고방식은 틀림없는 르네상스 시대의 것이다. 마이어가 말한 것처럼 "사회생활의 메커니즘은 현자에게는 권력의 도구이다. 이것이야말로 자연법칙의 인식에 따른 자연의 지배라는 르네상스 사상이며, 그런 사상이 역사에도 적용되었다."(《마키아벨리의 역사관과 비르투 개념》) 자연현상은 엄연한 자연법칙에 따라 필연이라고 했던 레오나르도 다 빈치나 갈릴레오 갈릴레이의 생각과 일치하고 있다.

운명과 필연에 제동을 거는 힘을 비르투로 보았던 시대에 비르투를 소유하는 인간은 자기 힘에 의지한다. 정치가가 고립무원에 빠졌을 때, 자기의 힘, 물러서지 않는 용기와 결단에 의지할 수밖에 없으며, 운명과 필연에도 행동할 수 있으려면 비르투, 그것도 현명한 비르투밖에 없다.

마키아벨리가 끼친 영향

절대주의 시대의 마키아벨리

마키아벨리 전설

"문학사 전체를 통하여 '책의 운명은 독자의 이해력에 달려 있다'는 격언의 진리를 마키아벨리의 《군주론》의 운명만큼 여실히 입증하는 것은 없다. 이 책의 평판은 독특하고 지금까지 없던 것이었다. 이것은 학자와 정치학자들에 의해 연구되고 비평받아 마땅한 학자 취향의 단순한 논문이 아니었다. 《군주론》은 최초 독자들에 의해 어느새 실행으로 옮겨졌고, 또한 근대세계의 위대한 정치적 투쟁에서도 강력한, 나아가서는 위험한 무기로 사용되었다. 그것이 끼친 효과가 지대하고도 명백한 것은 분명한데, 그러나 그것이 지닌 참뜻은 어떤 의미에서는 감춰진 채였다. 이 책이 여러 각도에서 채택되고 철학자, 역사가, 정치가, 또는 사회학자들에 의해 논의된 뒤인 오늘날에조차도 이 비밀은 아직 완전하게는 밝혀져 있지 않다. 한 세기마다, 아니 거의 한 세대마다 《군주론》에 관한 평가는 달라질 뿐만 아니라 정반대 방향으로 뒤집히고 있다. 그런 사정이 적용되기는 이 책의 저자도 마찬가지이다. 당파적인 애정에 의해 뒤범벅되고, 마키아벨리의 형상은 역사를 통해 수없이 달라져 왔기 때문에 이런 가지각색의 변화의 배후에서 그 사람의 진정한 모습과 저서의 주제를 파악해 내는 것은 매우 힘든 일이다."(카시러 《국가의 신화》)

이상의 서술에서 개략적이지만 참모습과 그 저서의 주제를 파악하고자 하였다. 그러나 세상은 그런 실상을 보려 하지 않고, 저서의 진의를 캐내려고도 않고 덮어놓고 악명 높은 책이라고 단정한다. '마키아벨리 전설'이 생겨나지 않으면 그것도 이상한 일이다. 전설이므로 말이 부풀려지고, 제멋대로 해석되어 차츰 참모습에서 멀어져 갔다. 하긴 그런 전설과 제멋대로의 해석에 각 시대의 모습이 반영되어 있다고 한다면 전혀 무의미하기만 한 것도 아니다.

비난의 시작

《군주론》은 마키아벨리가 세상을 떠난 뒤에 출간되었는데, 교황과 로마교회를 통렬하게 비판했기 때문에 로마교회는 1559년 금서목록에 올렸다. 프로테스탄트 쪽에서도 비난했다. 예를 들면 프랑스의 정치사상가 장티유(1538~1588)는 《반마키아벨리론》에서 생바르텔미의 학살(1572)을 《군주론》 탓으로 돌렸다. 이 사건은 사실은 위그노 교도와 가톨릭 교도의 대립에 프랑스 왕가의 집안다툼이 얽힌 것으로 마키아벨리와는 아무런 관련도 연고도 없다. 무관한 사람에게 책임을 뒤집어씌운 것이므로 억지로 갖다 붙인 것도 이만하면 어지간하다. 그럭저럭하는 사이에 《군주론》은 점점 서유럽 여러 나라로 퍼져 나갔다. 좋은 예는 영국이다.

영국은 일찍부터 마키아벨리에게 주목했다. 《군주론》이 상당히 보급된 것은 엘리자베스 시대의 문예작품을 보면 알 수 있다. 극작가 말로(1564~1593)는 마키아벨리를 등장시키고 있고, 또 셰익스피어(1564~1616) 작품에는 '잔학한 마키아벨리'가 자주 나온다. 《리처드 3세》 등은 마키아벨리즘을 그림으로 그려놓은 듯한 왕이다. 셰익스피어가 왕위 찬탈자라든가 정치적 음모가에게 인간적 흥미를 가졌던 것은 전혀 이상할 것이 없다. 철학자 프랜시스 베이컨(1561~1626)도 마키아벨리에게 공감한다. 그는 일체의 이드라(환영)를 배제했다. 사물의 리얼리스틱한 파악과 윤리적 회의론에 마키아벨리와 일맥상통하는 데가 있었다. 이런 영국의 예에서도 알 수 있다시피 마키아벨리와 《군주론》은 이름이 널리 알려지기 시작했다. 물론 '악마의 글'이라는 낙인이 찍힌 것에는 변함이 없었다. 속으로는 찬성하면서 겉으로는 약속이나 한 듯이 반대했음은 튜더 왕조와 스튜어트 왕조의 국왕이 어떻게 마키아벨리즘을 실행했는지를 떠올리면 금세 알 수 있다.

마키아벨리즘의 변모

17, 8세기 유럽에서는 절대왕조가 널리 퍼져 있었다. 절대주의 군주가 행한 국내외 정치는 마키아벨리즘에 충실했다. 부르봉 가 루이 13세(재위 1618~1643)의 재상이었던 리슐리외(1585~1642)는 안으로는 위그노 교도

와 귀족을 억누르며, 삼부회를 열지 않고, 밖으로는 독일의 30년 전쟁에 간섭하여 합스부르크 왕가의 세력을 약화시켰다. 그의 정책은 마자랭(1602~1661)으로 이어져 귀족인 프롱드의 난 진압, 베스트팔렌 조약에 따른 영토 확대 등 업적을 올렸다. 이어 태양왕 루이 14세(재위 1643~1715) 때 프랑스 절대주의는 최고 전성기에 다다른다. 왕이 자주 획책한 침략전쟁 등은 마키아벨리즘 이외의 어떤 것도 아니다. 이에 대항했던 영국의 세력균형정책도 영국의 국익을 지키기 위해 모습을 바꾼 마키아벨리즘이다.

한편, 절대주의 시대에 나타난 마키아벨리즘의 양상에 이변이 일어난 것에 주의하기 바란다. 첫째, 마키아벨리즘이 실행되는 무대가 터무니도 없이 커졌다. 이탈리아의 소군주, 교황, 도시공화국끼리의 다툼은 찻잔 속 폭풍이다. 이에 비하면 서유럽 중앙집권 국가에서는 국왕의 권력은 절대적이어서 국가는 점점 강대해진다. 따라서 국가 간 분쟁도 치열하다. 체사레 보르자의 정치적 범죄는 절대군주에 비하면 어린애 장난이다. 둘째, 절대군주가 마키아벨리즘을 실행하는 수단으로 썼던 군대 또한 규모가 커지면서 전쟁 양상도 달라졌다. 이 시대의 군대는 아직 전국민적이지는 않다. 상비군은 군주의 사병집단이었고, 대부분 용병이었다. 이 점에서는 마키아벨리 시대의 연장선에 있다. 그러나 군주가 상비군을 갖고 국내 치안유지라든가 침략전쟁을 일으키는 규모는 르네상스 시대를 한참 웃돈다. 절대주의 시대의 마키아벨리즘은 마키아벨리 시대의 한계를 뚫고 나왔던 것이다.

18세기 후반 프로이센에 나타난 프리드리히 2세(재위 1740~1786)는 계몽 전제군주로 세상에 알려져 있다. 루이 14세가 "짐은 국가다"라고 호언한 것에 "나는 국가의 첫 번째 종이다"라고 낮추어 말했다. 그리고 프랑스 계몽주의에 감화를 받아 여러 개혁을 단행했다. 그러나 본질적으로는 절대주의자여서 인민의 정치 같은 것은 손톱만큼도 인정하지 않았다. 황태자 시절에 《반마키아벨리론》을 써서 "나는 인간성을 옹호하여 이 괴물, 이 공공연한 인간성의 적에게 맞서 도전하고, 궤변과 옳지 못한 논의에 대해 이성과 공정으로 스스로를 무장하고, 그리하여 독자가 한쪽에서 발견하는 독에 대하여 즉각 다른 쪽에서 해독제를 마련할 수 있게 할 것이다"라고 했다. 그러나 즉위하자마자 오스트리아 왕위 계승전쟁에 편승하여 오스트리아와 3차례에 걸쳐 슐레지엔 전쟁을 일으켜 마침내 슐레지엔 지방을 빼앗는다. 나아가 러시아 및 오스트리아와 짜고 폴란드를 분할한다. 반마키아벨리론은 임시방편이었다. 프리드리히의 인도주의적 이상과 새로운 국가이성도 마키아벨리즘의 실행을 가로막지는 못했다.

19세기의 마키아벨리

프랑스 혁명과 마키아벨리즘

19세기는 프랑스 혁명과 나폴레옹 시대가 끝나면서 막을 올린다. 그러는 사이에 싹튼 자유주의와 국민주의가 성장하여 결실을 맺고, 세기 말에 열강이 제국주의 정책을 취하기 시작하는 때에 막을 내린다.

프랑스 혁명시대에 자유의 이름으로 얼마나 많은 피를 흘렸는지, 권력의 악령이 어떻게 미쳐 날뛰었는지는 새삼 말하는 것조차 우습다. 프랑스 혁명을 수습한 나폴레옹(1769~1821)은 권력의 화신이었다. 이 혁명의 경과에서 주목하기 바라는 것은 마키아벨리즘의 변화이다. 절대주의 시대에 그것은 잘해야 절대군주 개인이 실행한 것에 불과했다. 따라서 혁명 지도자들은 민중의 이름으로 혁명을 수행하려 한 때문에 항상 국민의 의지와 바람을 기치로 내걸었다. 겉으로는 국민의 의지와 바람을 내세우지만 본질은 자신의 권력욕을 정당화하기 위한 그럴듯한 말장난에 지나지 않았다. 그러나 다른 한편으론 그들은 국민과 민중의 의지와 바람에 제약을 받았다는 것도 빼놓아서는 안 된다. 말하자면 그림자 군중이 지도자들을 대두시켰다가 몰락시키고, 몰락시켰다가는 새로이 대두하게 했다. 여기서 현대의 대중 마키아벨리즘의 발생을 볼 수 있다. 그것은 현대의 '대중 봉기'(오르테가의 말)의 전조이다.

독일—마키아벨리 재발견

19세기에도 마키아벨리즘은 가차 없이 실행되어 나가는데 마키아벨리에 대한 평가는 과거와 달라지기 시작한다. 그 조짐은 이미 계몽주의자에게서 발견할 수 있다. 《군주론》은 '악마의 책'으로 여전히 고발된 상태였으나, 급선회하여 호의적인 눈으로 보게 되면서 《군주론》 외에 《정략론》에 주의를 기울인다. 예를 들면 프랑스 계몽주의의 총수이자 반가톨릭적인 볼테르 (1694~1778)는 반교회적인 비판을 한 마키아벨리에게 공감했다. 루소 (1712~1778)는 《사회계약론》에서 "마키아벨리는 국왕에게 가르치는 척하면서 인민에게 중대한 교훈을 주었다. 《군주론》은 공화파의 귀한 전서이다"라는 조금은 엉뚱한 해석을 내렸다. 독일의 헤르더(1741~1803)는 《군주론》을 풍자라든가 정치에 관한 유해한 책이라고 생각하는 것은 잘못이다, 마키아벨리는 성실한 인간, 날카로운 관찰가, 조국의 벗이었다, 그의 의도는 일반적인 정치이론을 제공하는 것이 아니라 단지 당시의 관습과 사고, 행동양식을 편 것에 불과하다고 변명했다(《인간성의 촉진을 위한 편지》).

마키아벨리에 대한 이런 평가는 독일에서 한층 높았다. 왜일까? 슈미트는 이렇게 말하고 있다. "마키아벨리는 조국 이탈리아가 16세기에 독일인, 프랑스인, 에스파냐인, 터키인 등의 침입에 노출되어 있었던 것과 마찬가지로 방위하는 처지였다. 이데올로기적 방위라는 상황은 19세기 초 독일에서 프랑스 혁명 및 나폴레옹 침입의 시기에 재현되었다. 독일 국민에게 인도주의적 이데올로기와 함께 확장하기 시작하는 적에 대한 방위가 급선무였던 시기에 피히테와 헤겔이 마키아벨리를 다시 영광의 자리에 앉혔다."(《정치적인 것의 개념》) 오스트리아는 나폴레옹에게 무참히 깨지고 프로이센도 굴욕적인 화평의 강요를 받았다. 그런 비슷한 위기상황에서 동병상련의 처지였던 마키아벨리를 떠올렸다. 그리하여 프랑스군의 베를린 점령 중에 《독일국민에게 고함》이라는 강연을 하여 독일민족의 정신적 분발을 촉구한 철학자 피히테(1762~1814)는 마키아벨리를 변호하고, 그의 정치적 현실주의를 칭송하여 도덕적 비난으로부터 구하였다. 피히테에 이어 헤겔(1770~1831)이 《독일헌법론》에서 "냉정하게 생각해서 이탈리아를 구하려면 그것을 결집하여 하나의 국가로 만드는 길밖에는 없다는 필연적 방법을 파악했다. 그는 피하기 힘든 시대의 타락과 맹목적 광란의 까닭을, 또한 구제가 필요한 과정을 엄밀하고 정합적으로 마음에 떠올렸다"면서 온정적인 이해를 보였다.

이처럼 마키아벨리 재발견이 특히 독일에서 열렬하게 이루어진 다른 하나의 이유는 학문적으로, 즉 역사연구로도 고찰하게 되었기 때문이다. 19세기 독일 최대의 역사가 랑케(1795~1886)는 "마키아벨리가 악을 권했던 것은 피렌체 및 이탈리아의 상황에서는 악을 행하는 것이 목적을 달성할 수 있는 이유였기 때문임에 지나지 않는다. 마키아벨리가 바랐던 것은 이탈리아의 구제였지만, 그는 그것에 독을 부어야 할 만큼 당시 이탈리아의 상황을 절망적으로 보았다"(《근세사가 비판》)라는 역사가다운 판단을 내렸다. 카시러의 말로 요약하고자 한다.

"19세기 문화에서 역사가 지도적인 역할을 하기 시작했다. 한동안 역사는 다른 모든 지적 관심을 대신하고, 그것들의 그림자를 대부분 지워 냈다. 이 새로운 시각에서 보면 마키아벨리의 《군주론》에 대한 과거 평가는 이제 받아들이기 어렵다. 왜냐하면 그것은 이 책의 역사적인 배경을 완전하게 간과하고 있었기 때문이다. 다른 한편으론 내셔널리즘이 19세기 초 이래로 정치적, 사회적 생활의 가장 강력한 충동과 추진력이 되기 시작했다. 이런 두 가지 운동이 마키아벨리 이론의 진가를 인정하는 것에 깊은 영향을 끼쳤다. 17세기 문학에서 마키아벨리는 악마의 화신처럼 그려지고, 마침내는 기묘하게 과장되어 악마 자체가 때로는 마키아벨리스트라는 이름을 얻고, 마키아벨리의 악마화는 일종의 신격화를 띠고 대체되었다."(《국가의 신화》) 독일뿐만 아니라 이탈리아에서도 그러했다. "이탈리아 애국자들은 항상 마키아벨리의 《군주론》 마지막 장을 열광적으로 환영했다. 이탈리아의 시인이자 극작가인 비토리오 알피에리(1749~1803)가 《군주론 및 서한에 대하여》를 저술하던 당시에 그는 '신과 같은 마키아벨리'라고 말했다."

성스러운 권력

마키아벨리가 정당한 평가를 얻은 것과 마키아벨리즘이 실행된 것은 물론 별개 문제이다. 바꿔 말하면 마키아벨리의 실상이 알려지는 여부와 상관없이 마키아벨리즘이 실제정치에 시행된다. 멀리 갈 것도 없이 19세기 영국의 아시아 정책 등은 변명의 여지가 없을 정도로 마키아벨리즘적이지 않았는가? 그런데 마키아벨리즘의 실행에 즈음하여 다시 독일이 특이한 양상을 보인다. 독일은 그 무렵까지는 서유럽 여러 나라에 비해 확실히 뒤쳐진 나라였다. 국민적 통일조차도 이루어져 있지 않았다. 그러나 독일이 프로이센의 수상 비스마르크(1815~1898)에 의해 통일되자 돌변하여 권력국가가 된다. 비스마르크는 독일의 후진성을 단숨에 뛰어넘기 위해 내치외교에 마키아벨리즘적 정책을 단행했기 때문이다. 그때 가장 효과를 거둔 것은 군비확장이다.

앞에서 말한 것처럼 절대주의 군주의 용병적 상비군은 프랑스 혁명 및 나폴레옹 시대에 국민적 군대로 개편되었다. 프로이센은 나폴레옹에게 깨진 뒤로 개혁의 일환으로 병역의무를 국민에게 부과하였다. 다른 나라도 이를 본받아 제각기 국민개병제를 실시했다. 국민군은 처음에는 외적 방어라는 성격을 띠었다. 그러나 열국이 군비 확장에 나서자 차츰 공격적 성격을 띠기 시작한다. 국익을 증대하려면 강대한 군비는 필수요건이다. 즉, 군국주의는 마키아벨리즘을 수행하기 위한 가장 유효한 수단이 된다. 다만 비스마르크는 냉철한 국가이성의 소유자였기 때문에 군부의 힘이 강해지고 커지는 것과 독주를 막을 수 있었다. 어쨌든 군국주의와 마키아벨리즘의 결합은 독일과 유럽의 장래에 불길한 전조였다.

이런 비스마르크의 정책을 지지한 것이 베를린 대학의 역사학 교수 트라이치케(1834~1896)이다. 그는 《정치학》에서 이렇게 말한다. "우리가 국가를 윤리적 공동체로 본다면 국가는 의심할 것 없이 보편적 도덕률 아래 서야 한다. 그러나 사람은 누구나 '정치와 도덕'의 모순에 대해 말한다. 이런 일반적 현상은 이미 이 관계가 그리 간단하지가 않음을 나타낸다." 그리고 마키아벨리에 대해서 말한다. "마키아벨리가 국가를 독립시키고, 그 윤리를 교회로부터 자유롭게 한 것, 특히 그가 최초로 국가는 힘이라고 천명한 것은 영원한 마키아벨리의 영예이다." 그렇지만 "우리가 국가를 교회로부터 억지로 떼어놓으려 해도 일반에게 도덕은 교회적 도덕이라는 관념에서 벗어나 있지 않다"고 한 것을 보면 트라이치케에게는 마키아벨리는 아직 불충분한 것처럼 보인다. 트라이치케에게 국가는 첫째도 힘, 둘째도 힘이다. "국가에 대한 최고의 명령은 자기와 자기의 권력을 유지하는 것이고, 이것이 국가에게는 절대의 도덕이다. 이 최고 목적을 위해 필요하다면 일반의 도덕적 명령에 대한 어떤 위반도 옳다고 인정될 수 있는 강력한 국민국가의 보호 아래서만 국민문화는 영속적으로 번영할 수가 있다."

트라이치케의 마키아벨리론, 아니 그보다는 마키아벨리를 빙자한 자기 주장이 비스마르크 정책의 시인이었음은 명백하다. 따라서 비스마르크의 성공은 자기의 뜻을 이룩하는 것이었으리라. 피히테나 헤겔과는 십 몇 년 차이밖에 나지 않지만 그들의 마키아벨리 논의를 뒷받침했던 정치현실에는 커다란 간극이 있었다. 프로이센 독일이 권력국가로 도약할 때, 트라이치케처럼 권력을 성스럽게 하는 것이 이론상으로도 필요했던 것이다.

현대의 마키아벨리

세계대전 후의 반성

19세기 말 제국주의가 시작되자 열강은 일제히 세계정책에 나섰다. 그 결과, 아프리카와 태평양 수역은 눈 깜짝할 사이에 분할되어 아시아와 인도는 완전히 식민지가 되거나, 아니면 중국처럼 반식민지가 되기에 이른다. 유럽에서 시작된 열강의 대립은 전세계로 확대되었다. 제1차 세계대전은 열강의 정치적, 경제적 대립의 총결산, 또는 국익을 내세운 마키아벨리즘적 정책의 충돌이었다. 따라서 전쟁이 끝난 뒤에 심각한 반성이 일어난 것은 당연하다.

독일 역사가 마이네케(1862~1954)는 《근대사에서 국가이성의 이념》에서 마키아벨리즘적 근대정치를 비판하였다. 그에 따르면 19세기에는 세 가지 힘(군국주의·국민주의·자본주의)이 강대국가의 권력정책에 공헌했다. 이들 힘은 강대국가를 비롯해 지금까지 없던 높은 권력과 능력을 이끌어 냈지만 결국은 저주할 운명이 되었다. 먼저 본래의 방어적인, 강대국에 대한 약소국의 자기방위 수단이었던 국민개병(皆兵)의 이념이 군비경쟁을 촉발하여 정치적 공격수단으로까지 높아진 것이 군국주의의 경우이다. 두 번째로 국민주의는 과열되어 야만적인 정복욕으로 변질되었다. 세 번째로 근대 자본주의는 거대한 물질적 능력을 전개하여 상호 투쟁으로 접어들면서 유럽의 모든 유기체를 붕괴시켰다. 자본주의는 거대 공업을 확장하고, 권력정책에 새롭고 강력한 기술적 전쟁수단을 제공하여 보탬이 되었다. 이상 세 가지 힘이 동시에 합쳐지면서 유럽 열강은 처음엔 높은 권력으로 이끌려 올라가지만 결국엔 파멸로 휩쓸려 갔다.

이런 마이네케의 반성은 조국 독일의 패배가 직접적 동기가 되었지만 그야 어쨌든 그가 양심적인 역사가였음을 증명하고 있다. 그러나 마이네케 같은 석학조차도 통찰하지 못했을 정도로 마키아벨리즘 병의 뿌리는 깊었다. 과연 제1차 세계대전이 끝난 뒤의 약 10년 동안은 세계의 하늘에는 희망의 별이 빛나고 있는 것 같았다. 베르사유 체제라고 불리는 국제협조와 평화주의가 그것이다. 그러나 베르사유는 결국 평화의 허상이었다. 미국 대통령 윌슨(재위 1913~1921)이 내건 '승리 없는 평화'의 꿈은 전승국 영국과 독일에 대한 복수심에 불타던 프랑스의 강경한 반대에 부딪쳐 뼈대가 빠지게 되었다. 베르사유 조약은 '가진 나라'와 '가지지 못한 나라'와의 대립을 없애기는커녕 오히려 격화시켰다. 1929년 미국 대공황이 도화선이 되어 전체주의가 일어나 세계는 제2차 세계대전의 파국을 향해 내달리기 시작한다. 마이네케가 마키아벨리즘을 반성하는 책을 쓴 지 10년 뒤에 독일에서는 히틀러(1889~1945)가 정권을 쥐고 베르사유 체제에 종지부를 찍는다. 이 히틀러와 나치에 군국주의, 국민주의, 자본주의가 최악의 형태로 결합한다.

현대 마키아벨리즘의 특징

1930년대에 다시 일어난 전체주의 국가(파시스트 이탈리아와 나치 독일)에서 마키아벨리즘이 버젓이 통용되었다. 이에 반해 민주주의 국가는 어땠을까? 국제정치에서 힘의 정치를 행한 것은 명분이야 어쨌든 부정할 수 없는 사실이다. 마키아벨리즘이 여전히 바닥을 흐르고 있다. 그러나 현대 마키아벨리즘은 절대주의 시대나 19세기에 비해 훨씬 치열했다. 다음의 세 가지 점에서 지적하고자 한다.

첫째, 대중의 마키아벨리즘이다. 현대는 대중 시대여서 정치는 더 이상 일부 사람의 것이 아니다. 하물며 군주 한 개인의 것은 더더욱 아니다. 이에 따라 마키아벨리즘도 국민 전반의 사항이 되었다. 이미 시사했지만 현대가 되어 확실한 형태를 띠었다. 개인주의적 민주주의를 대신하여 대중 민주주의가 일어난 것도 무관할 리 없다. 민주주의가 상층과 중산계급에서 대중으로 확대되었다. 그러면 민주주의는 도의적이어서 결점이 전혀 없을까? 반드시 그렇지는 않다. 대중이 권력의지를 갖게 된 곳에서 새로운 문제가 발생하고 있다.

둘째, 군국주의이다. 군국주의는 단순히 군사력이 강대하기만 하다고 성립되지 않는다. 물론 군사력이 강대하다는 것은 중대한 조건이다. 하지만 전쟁과 그의 준비를 위한 정책과 제도가 모든 것에 우선할 때, 고유의 의미에서 군국주의라고 일컫는다. 전체주의 시대를 떠올리면 쉽게 알 수 있다. 프로이센-독일이 군국주의의 원산지인 듯한 인상을 준 것은 군국주의 사상과 행동이 특히 두드러졌었기 때문이다. 독일 역사가 리터(1888~1967)는 제2차 세계대전 뒤에 히틀러를 이렇게 비판했다. "모든 군국주의자 중에 가장 극단적인 군국주의자인 히틀러에 의해 저질러진 것보다 모든 생활의 군국주의화가 이토록 과격하게 이루어진 적은 없었다. 히틀러 자신은 프로이센의 프리드리히 2세의 자손이라고 공언하고, 그의 국가사회주의를 포츠담 정신의 혁신이라고 일컬었다. 실제로는 그에게는 프리드리히 2세의 정신적 특징을 이루고 있는 모든 것이 결여되어 있었다. 결국 그는 독일 국방군의 정밀기계를 손에 넣고, 권력정치를 밀어붙이는 저돌적 무사가 되어 갔다."(《독일의 군국주의》)

셋째, 마키아벨리즘 수행 도구로서의 기술이다. 현대 독일 역사가 시더는 "공업시대 기술문명이 국가행동에 무엇을 의미하는가?"에 답하여 전쟁기술, 통신기관 및 교통기관 발달을 들고 있다. 전쟁기술에 대해서는 말할 것도 없다. 통신기관 발달은 정보의 전달이라든가 선전을 손쉽고, 또 대규모로 할 수 있게 하였다. 정치가는 정보기관을 오롯이 가동하여 자기 정견을 널리 알린다. 여론에도 이것을 이용한다. 매스 커뮤니케이션이 오늘날과 같이 발달한 적은 일찍이 없었다. 교통기관도 국가세력이 강해지고 커지는 데 도움이 된다. 시더는 "현대 독재자의 악마적인 것은 실로 권력행사의 합리성과 기술성에 있다"(《현대 변화 속의 국가와 사회》)고 경고하고 있다. 과학기술 사용은 민주주의국가든 사회주의국가든 선택의 여지가 없다. 오늘날 세계 강대국이 군사기술 개발에 부심하고 있는 것, 끊임없는 경쟁에 휘말리고 있는 것은 다 아는 사실이다.

지금까지 현대 마키아벨리즘의 특징을 세 가지 들었다. 이런 현상은 독일뿐만 아니라 세계의 강국이라면 어디에나 나타나고 있다. 마키아벨리 시대의 마키아벨리즘에서 현대의 마키아벨리즘은 얼마나 크게 바뀌었을까? 마키아벨리가 만든 마키아벨리즘은 15세기 말에서 16세기 초에 걸친 이탈리아 소국가 세계에서 탄생했다. 그때는 아직은 동정할 거리가 없는 것도 아니었다. 그러나 터무니도 없는 국가권력을 배경으로, 대중을 기반으로, 심지어 거대과학을 구사하는 현대 마키아벨리즘은 파괴적인 작용을 끼치며, 권력이라는 악령의 부정적인 면만 확대되어 가고 있다. 국가권력도 좋고, 거대과학도 좋다. 문제는 사용하는 목적이 잘못되고 섣불리 운용했을 때 비롯될 수 있는 후폭풍이다.

현대감각과 리얼리즘 정신

시더가 1969년의 마키아벨리 탄생 500년에 즈음하여 기념강연을 했다. 첫머리에서 이렇게 말하고 있다. "대략 500년 동안 정치적 사고는 마키아벨리라는 인물과 관련되어 왔다. 이 사람의 명백한, 그 이상으로 은밀한 영향은 거대했지만 그의 해석은 줄곧 커다랗게 동요하고 있고, 모순에 차 있다. 전문과학적인 의미에서의 마키아벨리 연구는 아직 해결되지 못한 많은 문제에 직면해 있다." 확실히 마키아벨리 해석은 동요했다. 그런 동요가 19세기까지는 대체로 마키아벨리에 대한 오해 또는 제멋대로 이루어진 해석에서 유래한다는 것은 여러 차례 말했다. 역사적 평가를 하게 된 것은 20세기에 들어서고부터이다.

그러나 그런데도 여전히 의문이 속출하고, 시더의 말처럼 전문적 연구가 아직 해결되지 못한 문제에 직면하는 상황이 되었다. 《군주론》에서 말하는 군주정 사상과 《정략론》에 나오는 공화정 사상의 모순에 대한 해답은 마키아벨리만이 알 것이다.

전문적인 연구, 그것은 아주 좋다. 지금까지 인용했던 많은 전문가는 모두 그 즈음 최고의 마키아벨리 연구가였고, 귀담아 들을만한 이야기를 하고 있다. 다만 전문적 연구라는 것이 흔히 사소한 문제까지 후벼 파내기 십상이어서 큰 것을 놓치기 마련이다. 그렇기 때문에 지엽적인 점은 차치하고라도 커다란 줄기를 놓치지 않도록 주의해야 한다. 그러면 마키아벨리에게 가장 중요한 점은 어디에 있는 것일까? 마키아벨리의 저술활동은 정치, 역사, 시, 희극에 두루 걸쳐 있다. 그러나 근본적인 것은 강렬한 현대감각이고, 깨어 있는 리얼리즘 정신이다. 그에게 역사는 과거의 일들이 아니라 현대와 깊이 관련되어 있다. 《정략론》은 리비우스의 《로마사》에 대해 주석을 다는 체재를 취했다고는 하나 고대 로마를 구실로 현대 이탈리아의 정치를 비판하고 있다. 이런 사실은 《군주론》에 대해 더욱 잘 들어맞는다.

이런 의미에서 시더가 "저술가 마키아벨리는 글을 쓰는 경우에도 정치의 실천가이다. 그리고 그의 이론은 언제나 응용 가능성, 즉 실천과 관계가 있었다. 이리하여 《정략론》, 특히 《군주론》은 헤겔 또는 홉스의 철학적 정치학보다도 어느 정도 비스마르크 또는 처칠의 회고록에 가깝다"고 말한 것은 지당하다. 무릇 실천을 떠난 이론은 없으며, 이론을 떠난 실천도 없다. 둘은 항상 하나의 것으로 받아들여지고, 그것의 근본에는 강한 현대감각이 있다. 이런 것은 마키아벨리에게는 자명한 이치였다. 그러나 현대에는 반드시 자명하지만은 않다. 자명하지 않기는커녕 둘의 괴리는 현격하다. 정치학자는 높고 원대한 이론을 읊으며 자기도취에 빠져 현실을 돌아보지 않기에 공리공론이란 소리를 듣는다. 반면에 정치가는 여전히 당리당략으로 내달려 낮은 차원에서 우왕좌왕하다보니 이상도 아무것도 없는 단순한 정치꾼으로 떨어진다. 이론과 실천의 일치를 몸소 증명했던 마키아벨리의 삶은 현대 정치학자에게나 정치가에게도 반성을 촉구하고 있다.

마키아벨리의 교훈

《군주론》은 정치의 일반론 원칙론이 아니라 이탈리아—피렌체의 위기와 혼미를 타개하기 위한 구체적 대책을 강구한 것이다. 마키아벨리에게 정치는 어디까지나 현실의 인간행동이고, 현실의 인간행동이기 때문에 공론에 빠져서는 안 되었다. 예를 들면 이탈리아 쇠망의 직접 원인은 로마교회의 존재이다. 그러나 그 즈음 이런 엄연한 사실을 직시한 사람은 없었거니와 설령 있었다고 해도 마키아벨리처럼 직언했던 사람은 없다. 마음에 없는 빈말을 하거나 속이거나 하지 않고 현실을 보는 것이 마키아벨리의 장점이다. 그런 환상 없는 현실직시 위에 정치학을 세웠다. 고전 고대나 기독교적 중세의 정치론에서는 찾아볼 수 없는 참신성이 그곳에 있다. 그때 생겨난 이른바 마키아벨리즘은 궁극적으로 그에게는 곁다리였다. 현대 스위스의 역사가 케이기는 교묘한 비유를 들어 이렇게 말하고 있다. "마키아벨리가 실천적 마키아벨리주의의 아버지가 아닌 것은 로베르트 코흐가 전염병 콜레라의 창조자가 아닌 것과 마찬가지이다. 코흐는 바실루스(간균)를 발견했다. 그래서 마키아벨리가 발견한 정치적 질환이 마키아벨리즘이라는 이름이 붙은 것처럼 콜레라가 코흐병이라는 이름을 얻은 것도 전혀 이상하지 않다. 마키아벨리즘과 마키아벨리의 관계는 자연현상과 연구자의 관계이지 작품과 작가의 관계가 아니다. 마키아벨리는 발견자일 뿐 발명자는 아니다."(《소국가의 이념》)

500년이 지난 오늘날에도 여전히 그가 남긴 교훈은 날카롭고 풍부한 현대

감각과 일체의 환상 없이 현실을 바라보는 리얼리즘 정신이라고 생각한다. 그렇다고 해서 마키아벨리를 단순히 합리주의자라든가 리얼리스트로 단정하는 것 또한 피상적인 견해이다. '로마의 비르투'의 부활을 바라는 이상주의자, '나보다 조국을 사랑하는' 불타오르는 영혼이 감춰져 있었음을 놓쳐서는 안 되기 때문이다.

지금까지 마키아벨리의 시대, 생애, 사상, 영향에 대해 살펴보았다. 마키아벨리는 정치를 도덕이나 종교와는 뚜렷하게 구분하고, 정치 고유의 이론과 방법을 발견하였다. 이 발견은 그의 위대한 공적임에는 틀림이 없다. 그러나 정치가 그것만 가지고 될까? 정치는 결국에는 인간과 인간사회에서 도덕적인 것에 봉사해야 한다. 비록 고전 고대나 기독교적 중세와 같은 '정치와 도덕' 관계가 오늘날 되살아날 수 없다 해도 정치론이 곧 정의론이었던 플라톤의 심원한 지혜에서 배워야 할 것이 있는지를 여러분 스스로 깊이 생각하기 바란다.

니콜로 마키아벨리 연보

1469년   5월 3일, 피렌체 시에서 법률가인 아버지 베르나르도 디 니콜로 마키아벨리와 어머니 바르톨로메아 디 스테파노 넬리의 장남으로 태어남.

1476년(7세)   마테오라는 사람에게서 라틴어 초급을 배움.

1477년(8세)   산베네데토 교회의 바티스타 포피에게 라틴어 문법을 배움.

1480년(11세) 수학을 배우기 시작함. 아버지 베르나르도가 전 해부터 유행했던 페스트에 걸렸으나 기적적으로 회복됨.

1481년(12세) 파올로 다 론칠리오네에게서 라틴어 작문을 배움.

1486년(17세) 아버지 베르나르도가 장서인 티투스 리비우스의 《로마사》를 제본함. 니콜로는 이 책을 애독한 것으로 보임.

1500년(31세) 5월 9일, 아버지 베르나르도가 죽음. 5월 10일, 전선시찰위원을 따라 피사전선으로 감. 피사전선에서 프랑스 지원군을 관찰하고, 이에 대하여 불신감을 가짐. 이 무렵 《피사 전쟁론》을 씀. 7월~12월 루이 12세와 피사 문제에 대하여 타협하기 위해 프랑스로 감. 당초 프란체스코 델라 카사의 보좌역으로 파견되었으나 그가 병에 걸려 도중에 귀국했으므로, 니콜로 혼자서 프랑스 각지를 돌아다님. 이때 당시 루이 12세의 고문이었던 루앙의 추기경 조르주 당부아즈와 만나서 루이 12세를 비판함.

1502년(33세) 11월 8일, 그가 집을 비운 사이에 장남 베르나르도가 세상에 태어남.

1504년(35세) 10월, 둘째 아들 루도비코가 태어났다. 이 해에 3행시 형식으로 《10년사》를 써서 알라마노 살비아티에게 바침.

1505년(36세) 4월, 페루자에 파견되어 피렌체에서 반란의 우려가 있는 발리오니와 회담함. 경험에 비추어 용병군을 폐지하고 국민군을 창설해야겠다는 생각을 하게 됨.

1506년(37세) 교황 율리우스는 중부 이탈리아 정복을 위해 피렌체에 용병을 제공해 주기를 요구함. 8월 말, 이 문제를 절충하기 위해 교황 율리우스에게 파견됨. 12월, 니콜로가 마련한 초안에 바탕하여 국민군 창설 법령이 비준됨.

1507년(38세) 피렌체 국민군 창설에 전념함. 제노바 내란을 계기로 4월, 루이 13세가 이탈리아로 침입함. 막시밀리안 1세도 대관을 위해 남하하여 이탈리아로 들어가 피렌체에 남하 비용으로 5만 플로린을 요구함. 8월, 피렌체의 부담금을 경감하기 위해 시에나에 파견되어, 황제 사절과 만남. 12월 17일, 다시 황제와의 교섭을 위해 황제를 따라 제노바, 인스부르크, 토렌토 등지를 약 5개월 간 여행함.

1508년(39세) 막시밀리안과 교섭 결과, 4만 플로린을 4회에 분할하여 부담하기로 타협함. 《독일사정 보고》를 씀. 12월 10일, 베네치아에 맞서서 캉브레동맹이 결성됨.

1509년(40세) 《독일의 상황과 황제에 대한 논고》를 씀.

1510년(41세) 국민군 일에 전념함. 7월, 프랑스에 사절로 파견됨. 피렌체가 교황 율리우스와 프랑스 왕 루이 중 누구를 따르느냐를 결정하기까지의 시간을 끄는 일이 임무였음.

1511년(42세) 프랑스 왕 루이 12세와 피사에서 종교회의 개최를 계획하고, 교황 율리우스는 신성동맹으로 대항함. 피렌체는 중립을 지킴. 9월 10일부터 44일 간 프랑스 사절로 파견됨.

1512년(43세) 4월 12일, 라벤나의 싸움에서 프랑스군은 신성동맹연합군을 격파했으나, 가스통 드 푸아가 전사했기 때문에 퇴각함. 이 때문에 피렌체는 위협을 받게 되었음. 8월 29일, 에스파냐군은 프라토를 약탈함. 9월 1일, 피에로 소데리니가 피렌체를 떠나자 공화정이 해체됨. 같은 날, 로렌초 데 메디치의 3남 줄리아노가 귀환함. 11월 7일, 마키아벨리가 장관직에서 쫓겨남.

1513년(44세)	2월 13일, 피에트로 파올로 보스콜리의 반메디치 음모가 발각되고, 니콜로가 이에 가담한 혐의로 스틴케 감옥에 투옥됨. 2월 20일, 율리우스 교황이 죽음. 3월 15일, 조반니 데 메디치가 교황 레오 10세가 됨. 4월 1일, 새 교황취임 사면으로 출옥하여 피렌체 근교 산탄드레아 인 페르쿠시나에서 살았음. 7월~12월, 넉달 만에 《군주론》을 썼음. 《정략론》 앞부분도 이 무렵 함께 쓰기 시작함.
1514년(45세)	11월 4일, 삼남 피에트로가 태어남.
1515년(46세)	루첼라이 토론 모임에 출입하며 피렌체의 지식층에 영향을 미침. 이 해에 《정략론》을 본격적으로 쓰기 시작함.
1517년(48세)	《정략론》 완성함. 이 무렵 루터가 종교개혁의 횃불을 듦.
1518년(49세)	4월 피렌체 무역상의 의뢰를 받고 돈을 징수하기 위해 제노바로 감. 희극 〈만드라골라〉 〈황금당나귀〉(미완, 일설에 따르면 1517년 집필) 등 문학 작품을 씀.
1520년(51세)	6월, 피렌체 정부에서 채권징수 사절로 루카로 가라는 명령을 받음. 루카의 사정을 조사하다 보니, 카스트루치오 카스트라카니에게 흥미를 갖게 됨. 《루카 사정개론(事情槪論)》과 《카스트루치오 카스트라카니의 생애》를 씀. 우화 《벨파고르》가 이 무렵에 완성됨. 11월 8일, 피렌체 정부로부터 피렌체 편년사 집필을 위촉받아 《피렌체 역사》를 쓰기 시작함. 한편, 추기경 줄리오 데 메디치(뒷날의 클레멘스 7세)로부터 피렌체에 적당한 정체에 대한 자문을 받아 《로렌초 사후의 피렌체 사정》을 씀. 피렌체에서 〈만드라골라〉가 상연되어 호평을 받았음. 이 해부터 실각 전 수입보다 반이나 더 많은 수입을 올리게 되어 그의 형편도 어느 정도 호전되었음.
1521년(52세)	4월 13일, 소데리니에게서 서신으로 용병대장 프로스페로 콜론나의 비서관이 되어 달라는 부탁을 받았다. 수입이 4배나 되는데도 피렌체를 떠나는 일이 싫어 거절했다. 추기경 줄리오 및 정부의 의뢰로 카르피에게 가서 피렌체의 프란체스코 수도회 독립을 위해 운동했으나 성공하지 못했다. 도중 모데

나에서 프란체스코 귀차르디니를 만났다. 12월 교황 레오 10
세가 죽음. 1519년~1520년에 쓰기 시작한 《전술론》 완성함.

1523(54세) 9월 14일, 전년에 즉위한 교황 하드리아누스 6세가 죽음. 11
월 19일, 추기경 줄리오가 교황 클레멘스 7세가 됨. 그 때문
에 피렌체에서의 보호자를 잃고, 재차 산탄드레아에 들어감.
이 해에 올리첼라리 사교모임의 반메디치 음모가 발각되어
프란체스코 다 디아체토는 처형되고 자노비 본델몬티는 도망
침.

1525년(56세) 1월 13일, 희곡 〈클리치아〉를 씀. 주 로마 교황청 피렌체 대
사 베트리의 알선으로 클레멘스 7세를 찾아가 국민군 창설의
필요성을 역설했으나 아무런 성과도 얻지 못한 채 귀국함. 6
월, 로마냐의 귀차르디니에게 찾아가 군사상의 소신을 피력
함. 8월 19일, 양모조합 의뢰로 베네치아로 감.

1526년(57세) 5월 18일, 새로 설립한 성벽방위위원회 회장이 되어 방위 문
제에 전념함. 9월, 로마 귀족 콜론나 가문에서 반교황 폭동
을 일으키고 로마 시내를 약탈함. 콜론나 가문을 후원하는
신성로마 황제군의 위협에 대처하기 위해 크레모나·볼로냐를
동분서주함.

1527년(58세) 4월, 피렌체로 돌아옴. 5월 16일, 메디치 정권이 전복되고
공화국이 됨. 당시 치비타 베키오에 있었던 니콜로에게 새
정부로부터 해고통지가 날아와 실의에 차서 귀국함. 6월 22
일, 며칠간 병상에 누웠다가 죽음. 산타 크로체 성당에 묻
힘.

황문수(黃文秀)

고려대학교 철학과와 동 대학원 졸업. 경희대학교 문리대 교수 역임. 지은책에《실존과 이성》
《삶에 대한 책임》《고균 김옥균》《동학운동의 이해》, 옮긴책에 플라톤《소크라테스의 변명》,
모어《유토피아》, 니체《차라투스트라는 이렇게 말했다》, 야스퍼스《이성과 실존》, 프롬《사랑
의 기술》. 러셀《행복의 정복》, E.H. 카《역사란 무엇인가》, 듀랜트《철학이야기》, 하이네만《실
존철학》, 드레이《역사철학》등이 있다.

세계사상전집010
Niccolò Machiavelli
IL PRINCIPE/DISCORSI
군주론/정략론
마키아벨리 지음/황문수 옮김
동서문화사창업60주년특별출판
1판 1쇄 발행/2016. 6. 9
1판 2쇄 발행/2021. 12. 1
발행인 고윤주
발행처 동서문화사
창업 1956. 12. 12. 등록 16-3799
서울 중구 마른내로 144(쌍림동)
☎ 546-0331~6 Fax. 545-0331
www.dongsuhbook.com
＊

이 책의 출판권은 동서문화사가 소유합니다.
의장권 제호권 편집권은 저작권 법에 의해 보호를 받는 출판물이므로
무단전재와 무단복제를 금합니다.

사업자등록번호 211-87-75330
ISBN 978-89-497-1418-9 04080
ISBN 978-89-497-1408-0 (세트)